LINDER BIOLOGIE

Thüringen

9/10

herausgegeben von
Hans-Peter Konopka

bearbeitet von
Bernd Kohl, Leinefelde
Dr. Petra Schmidt, Erlau

[redacted]

Schroedel

Linder Biologie 9/10 **Thüringen**

Herausgeber
Hans-Peter Konopka, Recklinghausen

Autoren
Bernd Kohl, Leinefelde
Hans-Peter Konopka, Recklinghausen
Dr. Petra Schmidt, Erlau

In Teilen ist dieses Werk eine Bearbeitung von
978-3-507-86606-5
978-3-507-86608-9
978-3-507-86582-1
978-3-507-86586-2

Druck A² / Jahr 2014
Alle Drucke der Serie A sind im Unterricht parallel verwendbar.

Redaktion Marcel Tiffert
Illustrationen
Birgitt Biermann-Schickling, Brigitte Karnath, Liselotte Lüddecke, Karin Mall, Tom Menzel
Einbandgestaltung
Janssen Kahlert Design & Kommunikation GmbH
Typografisches Konzept
Farnschläder & Mahlstedt GmbH, Hamburg
Satz
Grepect GmbH, Garbsen
Druck und Bindung
westermann druck GmbH, Braunschweig

ISBN 978-3-507-**86574**-7

Inhalt

Natur- und Umweltschutz 106

Grundlagen der Vererbung 126

Evolutionsbiologie 190

Kompetenztraining

Lebensprozesse von grünen Pflanzen, Pilzen und Bakterien

Orchideen

Orchideen sind Samenpflanzen, die einige Besonderheiten aufweisen.

Recherchiert Merkmale und Artenzahl dieser Familie. Erläutert diese Besonderheit als Angepasstheit an die Lebensweise.

Die Schuppenwurz – ein Parasit

Diese Pflanze kommt in Auenwäldern vor und besitzt kein Chlorophyll. Sie lebt auf den Wurzeln von Erle, Hasel, Buche oder Pappel.

Beschreibe, wie sich diese Pflanze ernährt.

Die Versuche von PRIESTLEY

Im Jahre 1772 untersuchte der englische Chemiker und Naturforscher Joseph PRIESTLEY die Rolle der »Luft« bei Verbrennungen. In einem hellen Raum stellte er in einem Wassertrog zwei Glasglocken so auf, dass sie mit dem Wasser luftdicht abschlossen. In jede Glasglocke führte er eine brennende Kerze ein, bis die Flammen erloschen. Nun stellte der Forscher in eine der beiden Glasglocken eine Pfefferminzpflanze. Zu seinem Erstaunen wuchs sie heran. Nach etwa einem Monat prüfte er die Luft der Glocken erneut mit einer brennenden Kerze. ...

Überlegt euch, wie der Versuch ausging und schreibt die Geschichte zu Ende.

Ein weiterer Versuch PRIESTLEYS beschäftigte sich mit Mäusen in der Glasglocke. Beschreibt und erklärt diesen Versuch mit Hilfe der Abbildung unten.

Sind Pilze Pflanzen?

Informiere dich über den Aufbau und die Ernährung von Pilzen. Gib auch eine Erklärung dafür, dass man viele Pilze, beispielsweise Fliegenpilze, nur im Herbst finden kann. Beantworte die oben gestellte Frage und begründe deine Entscheidung.

Blaue Rosen?

Um diese Rosen zu erhalten, wurde ein Transportprozess bei Pflanzen genutzt. Erkläre.

Keimung einer Sonnenblume

Beschreibe mit Hilfe der Abbildung die Keimung einer Sonnenblume. Benenne dazu auch die gekennzeichneten Teile.

Keimung und Wachstum sind Prozesse, die Energie verbrauchen. Plane Experimente, mit denen du zeigen kannst, welche Speicherstoffe Sonnenblumensamen enthalten. Führe die Experimente durch und protokolliere deine Ergebnisse.

Begründe, zu welcher Gruppe der Samenpflanzen die Sonnenblume gehört.

1 Bau und Funktion von Samenpflanzen

1.1 Grundbauplan der Samenpflanzen

Eine Ameise läuft über den Erdboden und steuert eine Gruppe Gefleckter Taubnesseln an. Nach kurzem Suchen hat sie einen Samen mit einem kleinen weißen Anhängsel entdeckt. Sie schleppt ihn davon. Das Anhängsel wird die Ameise später fressen, da es vor allem Eiweiße und Fett enthält. Der Samen selbst wird einfach liegengelassen. Aus ihm kann sich später eine neue Pflanze entwickeln. Die Gefleckte Taubnessel ist somit eine Pflanze, deren Samen durch Ameisen verbreitet werden.

Solche Pflanzen, die Blüten tragen und Samen ausbilden, fasst man zu den **Blüten- oder Samenpflanzen** zusammen. Sie bilden mit über 250 000 verschiedenen Arten die größte heute lebende Pflanzengruppe. Gemeinsam ist allen, dass der Embryo gut geschützt im Samen liegt. So dienen die Samen nicht nur der Verbreitung, sondern auch dem Schutz. In Form ihrer Samen können diese Pflanzen auch ungünstige Umweltbedingungen wie Kälte und Trockenheit überdauern. Dies ist letztendlich der Grund für die weltweite Verbreitung der Samenpflanzen in fast allen Lebensräumen der Erde. Alle Samenpflanzen haben einen gemeinsamen Bauplan, der am Beispiel der Gefleckten Taubnessel gut zu erkennen ist.

Die unterirdischen **Wurzeln** sind verzweigt und verankern die Pflanze im Boden. Neben der Verankerung der Pflanze dienen sie außerdem der Aufnahme von Wasser und gelösten Mineralstoffen.

Die oberirdische vierkantige **Sprossachse,** auch Stängel genannt, trägt die Laubblätter und Blüten. Sie ist innen hohl und verläuft bei Taubnesseln zum Teil unterirdisch. Man spricht bei diesem Abschnitt deshalb von einem

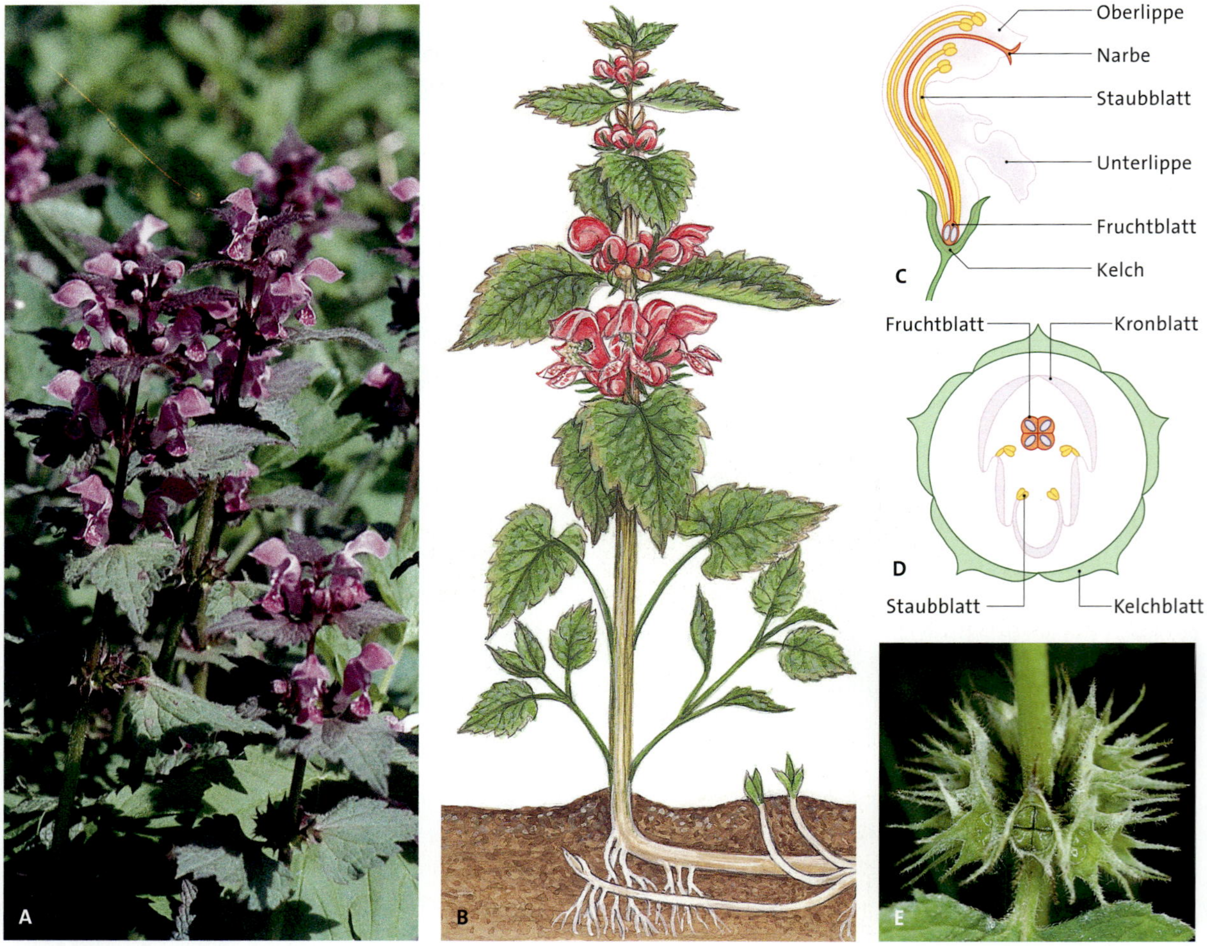

1 Gefleckte Taubnessel. A im Lebensraum; **B** Pflanze; **C** Blütenlängsschnitt **D** Blütengrundriss; **E** Früchte

Erdspross. Am Stängel sitzen die kreuzweise gegenständig angeordneten **Laubblätter.** Der Blattrand ist gekerbt bis gesägt. Die Taubnesselblätter selbst sind spitz zulaufend und herzförmig. Ihre Form erinnert an Brennnesselblätter. Sie besitzen jedoch keine Brennhaare und sind harmlos. Trotzdem reicht allein das Aussehen aus, um Fressfeinde wie Wildkaninchen zu täuschen.

Auch die **Blüten** bestehen aus umgewandelten Blättern, die jedoch der Fortpflanzung dienen. Von außen nach innen unterscheidet man *Kelchblätter, Kronblätter, Staubblätter* und *Fruchtblätter.* Besonders gut kann man die Anordnung der einzelnen Blütenteile erkennen, wenn man eine geschlossene Blüte etwa in der Mitte quer durchschneidet und daraus ein Blütendiagramm erstellt. Bei der Gefleckten Taubnessel zeigt dieses Diagramm, dass die fünf Kelchblätter miteinander verwachsen sind. Von den darauf folgenden fünf Kronblättern, die ebenfalls verwachsen sind, bilden zwei die Oberlippe und drei die Unterlippe. Nach dieser besonderen Blütenform hat man die Pflanzenfamilie benannt, es sind die **Lippenblütengewächse.** Ober- und Unterlippe bilden im unteren Blütenteil eine Röhre. In ihrem Inneren sieht man die Staubblätter. Bei der Taubnessel sind es zwei kürzere und zwei längere Staubblätter, die mit den Kronblättern verwachsen sind. Am Grunde der Blütenröhre bilden Fruchtblätter den viergeteilten Fruchtknoten, dem ein langer Griffel mit Narbe entspringt. Solch ein Blütenbau und die Farbe Rot-Violett ziehen Bestäuber wie Hummeln an. Bei der Gefleckten Taubnessel ist der Nektar tief in der langen Blütenröhre verborgen. Nur Hummeln mit langem Saugrüssel können ihn gut erreichen. Sie landen auf der Unterlippe der Blüte und kriechen tief in die Blütenröhre hinein. Ein Teil des Pollens bleibt in den pelzigen Haaren hängen und gelangt später zur Narbe der nächsten Blüte. Nach der Bestäubung kommt es zur Befruchtung, wobei Ei- und Spermiumzelle verschmelzen. Danach entwickeln sich im Fruchtknoten die Samen. Hummeln mit kurzem Saugrüssel stechen die Blütenröhre oft von außen an, um an den Nektar zu gelangen. Sie bestäuben die Blüten dabei nicht.

Gefleckte Taubnesseln sind in Deutschland an vielen Standorten anzutreffen. Sie besiedeln Waldränder, Hecken, Straßengräben, Auwälder und Unkrautsäume. Das Vorkommen der Pflanzen lässt auf bestimmte Standortbedingungen schließen. Sie zeigen Halbschatten und mineralstoffreiche Böden an.

1 Begründe, dass die Gefleckte Taubnessel eine Samenpflanze ist.

2 Weltweit gibt es über 3000 verschiedene Arten der Lippenblütengewächse. Informiere dich über verschiedene Beispiele und belege dann die Vielfalt in dieser Pflanzenfamilie.

3 Beschreibe die Bestäubung einer Taubnesselblüte. Nutze dazu auch die Abbildung 2.

4 Stelle tabellarisch die einzelnen Teile einer Samenpflanze und deren wichtigste Funktionen zusammen.

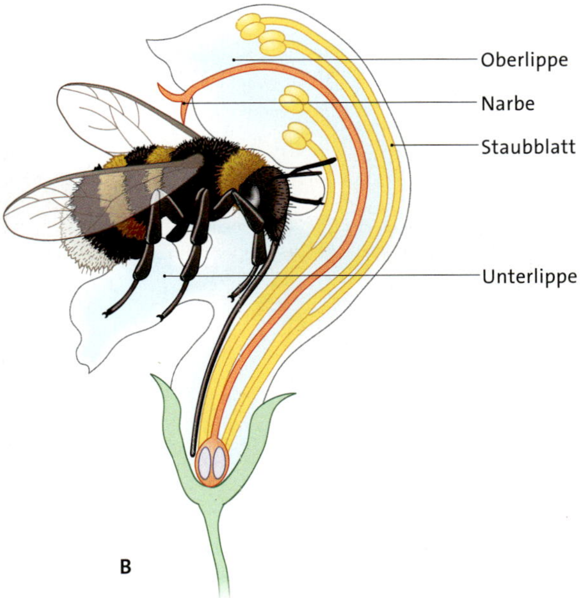

2 Bestäubung von Taubnesselblüten. A Hummel auf einer Blüte; **B** Schema

1.2 Wurzeln haben vielfältige Aufgaben

Bei alten Eichen sind knorrige, bis zu zehn Meter tief reichende Wurzeln keine Seltenheit. Sie verankern den Baum im Boden und werden immer schlanker und verzweigter, je tiefer sie nach unten vordringen. Die jüngsten Wurzeln bilden zahlreiche feine *Wurzelhärchen*. Dabei passieren die Wurzeln die verschiedenen horizontalen Bodenschichten, die so genannten **Bodenhorizonte.** Der Boden ist eine Übergangszone, die bis zum festen Gestein reicht. Hier findet das Sickerwasser seinen Weg zum Grundwasser und es laufen zahlreiche physikalische und chemische Prozesse ab. Je nach Gestein, Klima und Pflanzendecke entstehen unterschiedliche Bodentypen.

Ein typisches **Bodenprofil** in einem heimischen Laubwald zeigt als oberste Schicht unzersetztes Laub und Zweige. Man nennt diese *Streuschicht* deshalb auch L-Horizont (Laubhorizont). Darunter liegt eine dünne Schicht zersetzter Materialien. Es folgt der A-Horizont als mineralischer *Oberboden*. In ihm sammeln sich durch die Zersetzung feine organische Stoffe an. Die Wurzeln der Eiche reichen bis in den darunter liegenden B-Horizont. Dieser *Unterboden* ist reich an Mineralstoffen, die von den Pflanzenwurzeln aufgenommen werden. Sickerwasser wäscht den unteren Teil des Oberbodens aus, sodass dieser etwas heller erscheint. Dabei verlagern sich Humusstoffe, verwitterte Gesteinsreste und Eisenoxide in den Unterboden.

Die typische Färbung gab diesen Waldböden ihren Namen, es handelt sich um **Braunerde.** Den Abschluss bildet der C-Horizont. Er stellt den Übergang zum anstehenden *Gestein* dar, das wiederum erste Anfänge der Bodenbildung zeigt.

Je länger die Bodenentwicklung andauert, um so mehr Mineralstoffe werden durch das Sickerwasser und die Pflanzen entzogen. Zwar werden durch die Verwitterung des Gesteins und die Zersetzung von Laubstreu Mineralstoffe nachgebildet, aber schließlich können die Quellen versiegen. Dann nimmt die Bodenfruchtbarkeit ab. Nur etwa 20 Prozent der Böden weltweit bringen von allein hohe Erträge, wenn sie ackerbaulich genutzt werden. 40 Prozent sind mäßig fruchtbar und müssen regelmäßig gedüngt, be- oder entwässert werden. Auf 40 Prozent ist die Bodenfruchtbarkeit so schlecht, dass kein Anbau erfolgen kann.

Bei Zweikeimblättrigen Pflanzen wie der Eiche besteht das Wurzelsystem aus einer kräftigen Hauptwurzel und zahlreichen Nebenwurzeln. Es entspricht in seiner Ausdehnung ungefähr dem Kronenumfang. Mit seinen Feinwurzeln nimmt der Baum Mineralstoffe und Bodenwasser auf. Außerdem enthält jeder Boden neben gelösten, festen und flüssigen Bestandteilen auch gasförmige Stoffe. Diese Bodenluft brauchen die Wurzeln zum Atmen.

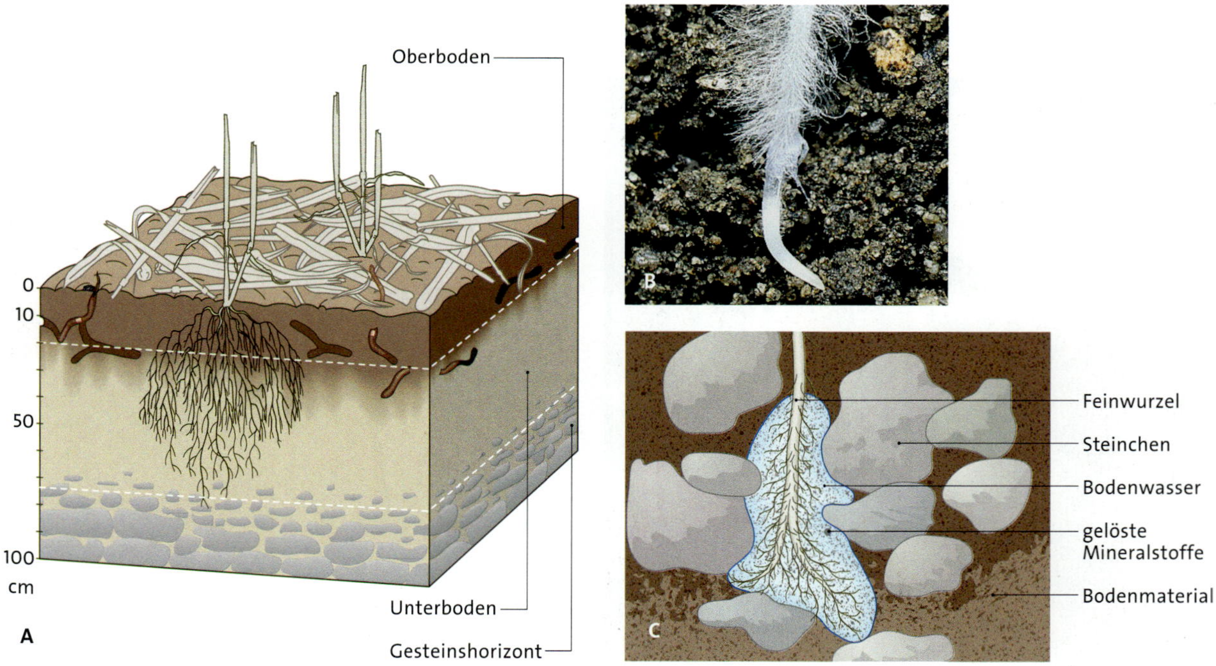

1 Waldboden. A Profil; **B** Ausschnitt junge Wurzel (Foto); **C** Schema

Die Wurzeln einer Samenpflanze können jedoch auch ganz anders als die einer Eiche aussehen. Dadurch sind die Pflanzen an bestimmte Umweltbedingungen und Funktionen angepasst. So dienen bestimmte Wurzeln der *Stoffspeicherung*. Die Hauptwurzel kann dann rübenförmig verdickt sein. Bekannte Beispiele, die der Mensch nutzt, sind Zuckerrübe, Meerrettich, Mohrrübe und Schwarzwurzel. Die Speicherfunktion kann auch von sprossbürtigen Wurzeln übernommen werden. Sie bilden zum Beispiel Stärke speichernde Knollen wie bei Dahlien, Erdorchideen und Scharbockskraut. Einige dieser Wurzeln lagern Stoffe ein, die eine Gewürz- oder Heilwirkung besitzen. So liefern die braunen Wurzeln des Baldrians ein entspannendes und nervenberuhigendes Medikament.

Andere Wurzeln dienen der *Befestigung*. So klettert Efeu mit speziellen Haftwurzeln an glatten Hauswänden empor. Mais und Mangrovenpflanzen bilden Stelzwurzeln aus, die die Pflanzen sicher im Untergrund verankern. Durch ihre mächtigen Brettwurzeln können Regenwaldbäume eine Höhe von bis zu 70 Metern erreichen. Wie Stützpfeiler erhöhen diese Spezialwurzeln die Standfestigkeit an der Stammbasis. Manche Wurzeln können direkt Luftsauerstoff aufnehmen. Zu ihnen zählen die senkrecht nach oben wachsenden Atemwurzeln der Mangrovenpflanzen. Die Luftwurzeln vieler tropischer Orchideen sammeln dagegen Wasserdampf und Mineralstoffe aus der Luft ein.

Hauptfunktionen aller Wurzeln bleiben die Verankerung im Boden und die Stoffaufnahme. So dringen die Wurzeln beim Wachsen langsam in den Boden ein. Dabei werden ihre Spitzen durch eine *Wurzelhaube* geschützt. Hinter dieser Schicht liegt die Zellteilungszone mit dem *Vegetationspunkt*. Hier befinden sich kleine, eng aneinander liegende teilungsfähige Zellen. Sie wachsen später in der Streckungszone zu ihrer vollständigen Größe heran und differenzieren sich zu verschiedenen Zelltypen. Im Inneren der Wurzel liegt der *Zentralzylinder* mit lang gestreckten, verholzten Zellen. Sie leiten Wasser mit gelösten Mineralstoffen in den Spross und gelösten Zucker in umgekehrter Richtung. Der Zentralzylinder wird von einer Zellschicht, der *Endodermis*, umgeben. Ihr schließt sich nach außen das *Rindengewebe* an. Das äußere Abschlussgewebe wird als Rhizodermis bezeichnet. Ein Teil ihrer Zellen ist schlauchförmig und tritt nur bei jungen Wurzeln auf. Diese Wurzelhaarzellen vergrößern die Oberfläche um das Zwölffache und nehmen Stoffe auf.

2 Wurzeltypen

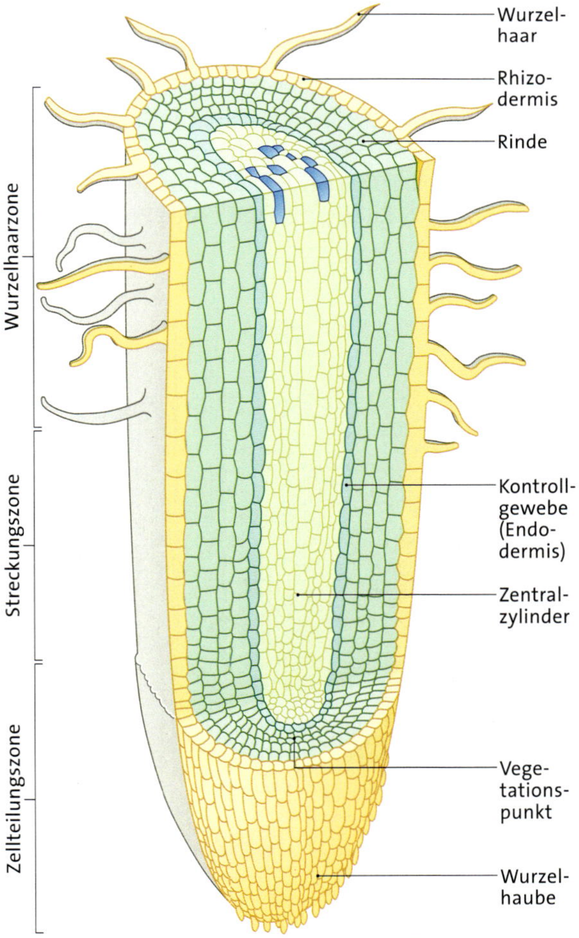

3 Feinbau der Wurzel (Schema)

Wie werden Wasser und gelöste Mineralstoffe von der Wurzel aufgenommen? Das Wasser gelangt zuerst durch Diffusion in die Außenwände der Rhizodermiszellen. Von hier gelangt es auf zwei Wegen in den Zentralzylinder. Zum einen kann es durch die Zellwände der Wurzelrindenzellen bis zur Endodermis vordringen.

Zum anderen kann Wasser auch osmotisch in das Plasma einer Wurzelhaarzelle oder einer anderen Rhizodermiszelle aufgenommen werden. Es gelangt nun langsam von Zelle zu Zelle, bis es ebenfalls die Endodermis erreicht. Diese innerste Rindenschicht besitzt Besonderheiten im Wandbau, die eine Abgrenzung von Rinde und Zentralzylinder begünstigen. So treten zwischen den Endodermiszellen keine Interzellularräume auf, die sonst in der Wurzelrinde regelmäßig zu finden sind. In den Wänden der Endodermiszellen liegen Wasser abweisende Schichten. Sie sind an ihrer dunkleren Färbung auch im mikroskopischen Bild erkennbar. In den gequollenen Zellwänden wird hier der Diffusionsweg für gelöste Stoffe unterbrochen. Das Wasser muss nun entweder bestimmte unverdickte Durchlasszellen durchqueren oder direkt in die Endodermiszellen aufgenommen werden. Solche Durchlasszellen treten jedoch nur bei Einkeimblättrigen Pflanzen auf. Bei Zweikeimblättrigen Pflanzen gelangen Wasser und gelöste Mineralstoffe durch die Zellmembran in das Zellplasma der Endodermiszelle. Das Wasser kann dann unter Energieaufwand in den Zentralzylinder und die dort liegenden Leitungsbahnen gepumpt werden. Die Hauptfunktion der Endodermis ist also der kontrollierte Einlass von Stoffen. Gleichzeitig verhindert sie das Herausdiffundieren von Stoffen aus dem Zentralzylinder. Die Wasserleitung erfolgt über verholzte Zellen, denen die Querwände fehlen. Sie bilden das *Xylem*. In ihnen wird das Wasser letztendlich in den gesamten Spross geleitet. Dabei werden Geschwindigkeiten von 43 Metern pro Stunde erreicht.

Um das Wasser bis in die Krone zu transportieren, sind große Kräfte erforderlich. Sie beruhen zum Teil auf dem **Wurzeldruck,** das heißt Wurzeln transportieren Wasser aktiv gegen die Schwerkraft nach oben. Dieser Vorgang spielt im Frühjahr eine große Rolle, wenn Bäume und Sträucher noch keine Blätter tragen. Die Hauptkraft der Wasserleitung beruht jedoch auf einer passiven Saugwirkung, die durch die Verdunstung von Wasser über die Blätter hervorgerufen wird.

1 Erläutere die Hauptaufgaben einer Wurzel.

2 Stelle die verschiedenen Abwandlungen des Grundbauplanes der Wurzel tabellarisch nach ihrer Funktion zusammen. Ordne passende Beispiele zu.

3 Zeichne mit Hilfe der Abbildung 3 (S. 11) einen schematischen Querschnitt durch die Wurzelhaarzone. Beschrifte deine Zeichnung.

4 Beschreibe den Weg des Wassers durch die Wurzel.

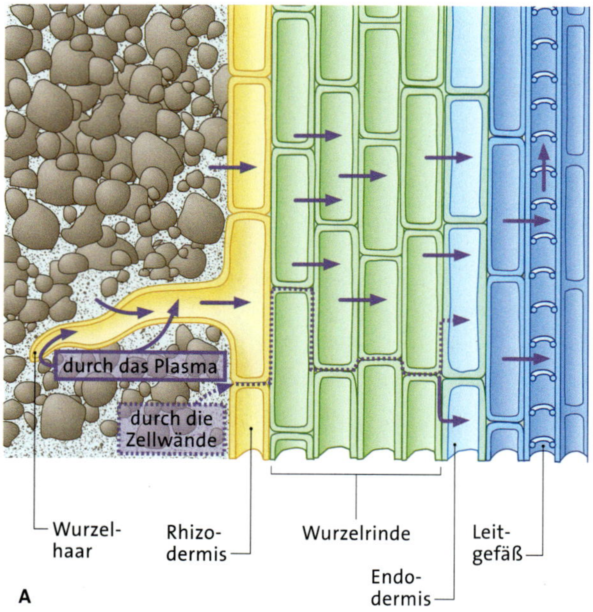

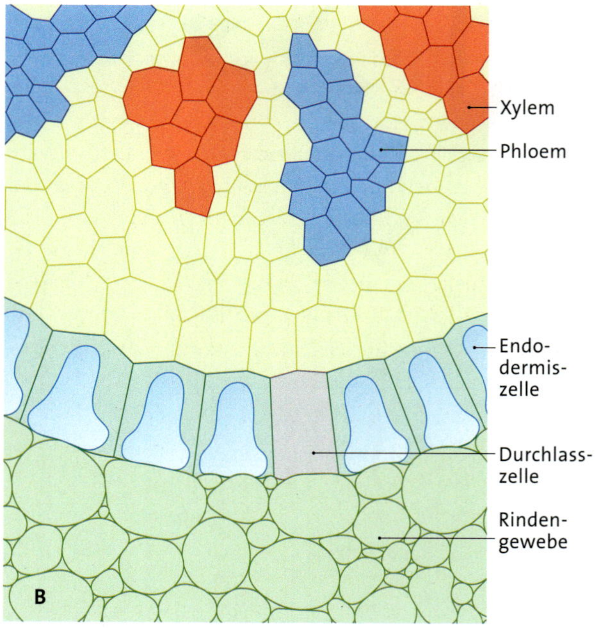

4 **Weg des Wassers in der Wurzel.** **A** Übersicht; **B** Querschnitt durch die Wurzel einer Einkeimblättrigen Pflanze (Schema)

1.3 Diffusion und Osmose ermöglichen Aufnahme und Transport von Wasser

Wenn man reines Wasser mit einer konzentrierten Farbstoff-Lösung unterschichtet, stellt man nach einigen Stunden eine völlige Durchmischung fest. Die Lösung hat nun überall die gleiche Konzentration. Möglich wird dies durch die Eigenbewegung der Teilchen, die BROWNsche Molekularbewegung. Die Durchmischung selbst bezeichnet man als **Diffusion.** Sie tritt immer ein, wenn zwischen mischbaren Stoffen ein Konzentrationsgefälle besteht und ist von der Temperatur und der Teilchengröße abhängig.

Steht dem Konzentrationsausgleich eine Membran mit winzigen Poren im Wege, so können nur sehr kleine Teilchen ungehindert hindurch treten. Ist die Membran lediglich für die sehr kleinen Wassermoleküle durchlässig, nennt man sie **semipermeabel.** Größere Farbstoff-, Salz- oder Zuckerteilchen können die Membran hingegen nicht passieren. Bringt man eine solche Membran in ein Gefäß mit Wasser und gibt auf die rechte Seite Farbstoffteilchen, dringen die Wassermoleküle durch die Poren und verdünnen die Farbstofflösung. Es kommt zum Anstieg des Flüssigkeitspegels auf der rechten Seite. Eine solche Diffusion durch eine semipermeable Membran wird als **Osmose** bezeichnet.

Mit einem Modellversuch lässt sich auch dieser Vorgang auf eine Zelle übertragen. So kann man eine Glasglocke auf der einen Seite mit einem Stopfen mit Steigrohr versehen. Dann füllt man die Glocke mit einer konzentrierten Zuckerlösung. Diese stellt das Zellinnere mit seinen gelösten Inhaltsstoffen dar. Auf der anderen Seite verschließt man die Glocke mit einer Schweinsblase als semipermeable Membran. Setzt man die so vorbereitete Glocke in ein Gefäß mit reinem Wasser, kann man schon bald einen Anstieg der Wassersäule beobachten. Die Osmose läuft ab, Wassermoleküle strömen in die konzentrierte Zuckerlösung ein und verdünnen diese. Dabei kommt es irgendwann zu einem Gleichgewicht zwischen Wassereinstrom und dem Druck, der sich im Steigrohr aufbaut. Die Wasserleitung in der Wurzel arbeitet ganz ähnlich. Auch hier kann das Wasser nur in die Rindenzellen einströmen, wenn die Konzentration an gelösten Stoffen hoch ist. In den einzelnen Zellschichten der Wurzel nehmen deshalb die Zuckerkonzentrationen von außen nach innen kontinuierlich zu.

1 Vergleiche Diffusion und Osmose.

2 Vor dem Ausbringen von Dünger muss der Mineralstoffgehalt des Bodens kontrolliert werden. Begründe.

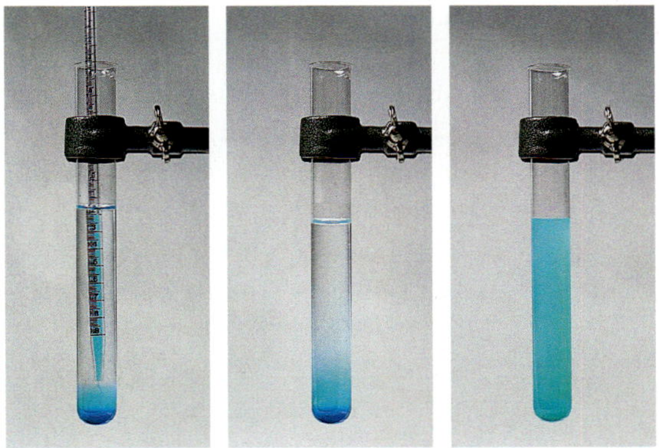

1 Diffusion

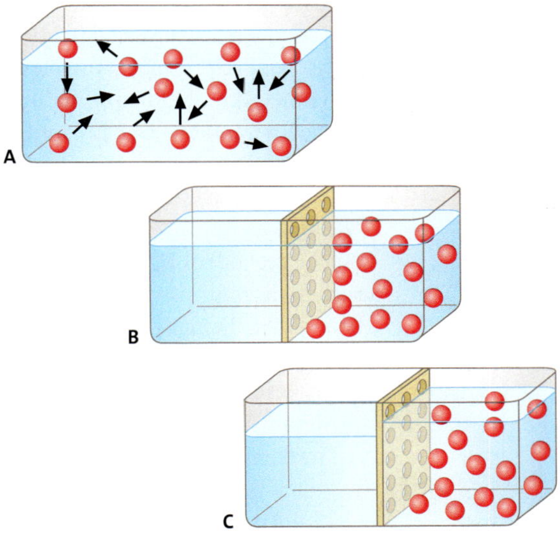

2 Osmose. **A** Eigenbewegung; **B** Beginn; **C** Ende

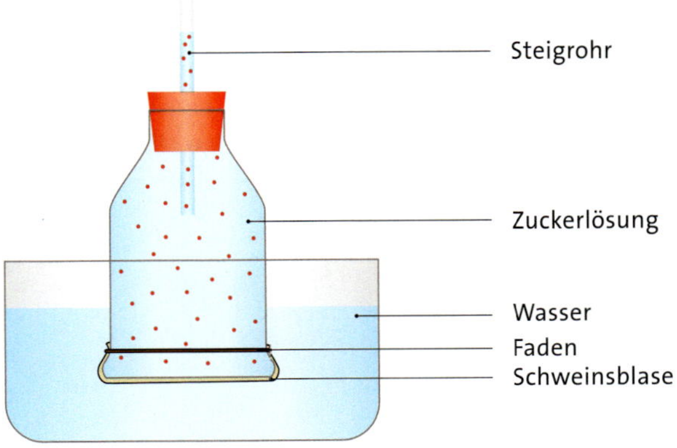

3 Modellversuch zur Osmose

1.4 Die Sprossachse

Früher bauten die Menschen ihre Häuser mit dem, was die Natur in ausreichendem Maße zu bieten hatte: Im Norden Deutschlands waren das vor allem Holz, Schilfrohr und Lehm. Hier kann man heute noch liebevoll erhaltene, reetgedeckte Häuser finden. Die Dachbedeckung stammt aus dem Röhrichtgürtel von Seen und sumpfigen Gebieten. Reet, auch Gemeines Schilf genannt, wird bis zu 2,50 Meter hoch. Die Pflanze vermehrt sich meist ungeschlechtlich. Aus einem waagerecht im Boden wachsenden Erdspross bilden sich neue Triebe und Wurzelbüschel, die die Pflanze im Boden verankern. Der Erdspross ist ebenso wie der oberirdische Teil der hohlen Sprossachse in Knoten und Zwischenknotenstücke gegliedert. Diese besondere Sprossachsenform wird als **Halm** bezeichnet. Durch den speziellen Bau ist das Schilfrohr besonders stabil und biegsam. Dieses Merkmal schützt die Pflanze bei starkem Wind und Wellen vor dem Abbrechen. Der Mensch nutzt diese Eigenschaften des Schilfrohres nicht nur für Dächer, sondern auch für Matten zum Abdecken, Dämmen und als Baumschutz.

Nicht nur Schilfhalme, sondern eine Vielzahl weiterer Sprossachsen werden vom Menschen genutzt. Am bedeutendsten ist sicher die Holznutzung. Holzhäuser, Zäune, Möbel, Dachstühle, Treppen, Eisenbahnschwellen und viele kleinere Dinge wie Holzspielzeug oder Küchenbrettchen zählen zu den vielfältigen Produkten aus Holz. Auch Papier und Pappe sind Holzprodukte.

Andere Sprossachsen spielen eine Rolle als Nährstofflieferanten. So werden zum Beispiel Spargel, Kartoffeln und junge Bambussprossen gegessen. Während die Kartoffelknollen als verdickte Sprossachsen Stärke speichern, lagert das Zuckerrohr in seinem Stängel Zucker ein. Dieses bis zu sieben Meter hohe Süßgras liefert über 60 Prozent der weltweiten Zuckerproduktion.

Für die Pflanze selbst erfüllt die Sprossachse ebenfalls viele wichtige Funktionen: Zum einen trägt sie Blätter und Blüten. Zum anderen dient sie dem Transport von Wasser und gelösten Mineralstoffen von der Wurzel bis zum Blatt. Umgekehrt wird in der Sprossachse Zucker von den Blättern in die Wurzel transportiert. Manche Sprossachsen haben Sonderfunktionen. Mit ihnen können die Pflanzen zum Beispiel zum Licht klettern. Solche Kletterpflanzen bezeichnet man als **Lianen.** Bekannte Beispiele sind die heimische Waldrebe und die tropische Rattanpalme. Die Sprossachsen dieser Liane können über 140 Meter lang werden. Sie werden wie Weidenzweige zu Korbmöbeln verarbeitet. Unterirdische Sprossachsen speichern häufig Stärke. Durch diese Speicherstoffe können die Pflanzen im Frühjahr schnell austreiben und die für sie günstigen Lichtverhältnisse ausnutzen. Buschwindröschen und Veilchen zählen zu solchen Frühblühern. Sie besitzen einen so genannten **Erdspross.** Säulenkakteen speichern dagegen in oberirdischen Sprossachsen Wasser. Sie kön-

A

B

1 **Schilfrohr.** **A** Pflanze; **B** reetgedecktes Haus nen daher in Wüstengebieten überleben. Hier übernimmt die Sprossachse noch eine zweite Sonderfunktion, sie betreibt Fotosynthese.

Für all diese Aufgaben der Sprossachsen sind bestimmte Baumerkmale erforderlich. Diese kann man gut erkennen, wenn man den Querschnitt einer Sprossachse unter dem Mikroskop betrachtet. So sieht man zum Beispiel beim Stängel einer Maispflanze als Abschlussgewebe eine *Epidermis.* Nach innen folgen das *Rindengewebe* und das *Mark.* Hier liegen auch kleine, verstreut angeordnete *Leitbündel.* Jedes Leitbündel besteht aus verschiedenen Zellgruppen, die bestimmte Aufgaben erfüllen. Im *Gefäßteil* liegen lang gestreckte, röhrenförmige Zellen. Sie haben verholzte Zellwände und dienen dem Wasser- und Mineralstofftransport. Man bezeichnet sie als *Gefäße* oder *Tracheen.* Spezielle Zellen im *Siebteil* sind ebenfalls verholzt, besitzen jedoch siebartige Querplatten. Diese *Siebröhren* transportieren gelösten Zucker.

Das gesamte Leitbündel wird zusätzlich durch ein *Festigungsgewebe* stabilisiert. Nicht jeder Sprossachsenquerschnitt sieht wie beim Maisstängel aus. Bei manchen Sprossachsen kann das Mark fehlen, sie haben eine *Markhöhle.* Außerdem gibt es Unterschiede zwischen Einkeimblättrigen Pflanzen wie Mais und Schilfrohr und Zweikeimblättrigen Pflanzen wie Löwenzahn und Rose. Betrachtet man den Stängel einer Rose unter dem Mikroskop, findet man etwas größere Leitbündel als beim Mais. Sie liegen ringförmig angeordnet im äußeren Bereich der Sprossachse. Im Leitbündel liegt zusätzlich ein Bildungsgewebe zwischen Sieb- und Gefäßteil. Es ermöglicht den Pflanzen, mit dem Älterwerden in die Dicke zu wachsen.

Laubbäume wie die Rotbuche können eine Höhe von über 40 Metern erreichen. Um das Wasser in eine solche Höhe zu befördern, sind sehr große Kräfte nötig. Die Hauptkraft der Wasserleitung beruht auf der Saugwirkung, die durch die Transpiration an den Blättern hervorgerufen wird: Blattzellen, die durch Verdunstung Wasser verlieren, ergänzen dieses aus den Wasserleitungsbahnen, den Gefäßen. Diese führen wie Röhren von den Blattadern ausgehend durch die Sprossachse bis in die Wurzel. In den Gefäßen entsteht durch die Verdunstung über das Blatt ein Unterdruck. Dieser führt zum Nachsaugen des Wassers.

Die *Kohäsionskräfte* zwischen den Wasserteilchen ermöglichen es, dass der Wasserfaden trotz der hohen Zugspannung nicht reißt. Die *Adhäsionskräfte* sorgen dafür, dass sich das Wasser nicht von der Gefäßwand ablöst. So kann es wie in einem Rohr langsam noch oben steigen. Diesen Vorgang bezeichnet man als **Transpirationssog.** Eine Buche transportiert und verdunstet an einem heißen Sommertag etwa 400 Liter Wasser.

1 Stelle in einer Tabelle Beispiele für die Nutzung von Sprossachsen durch den Menschen zusammen.

2 Beschreibe mit Hilfe der Abbildung 2 den Bau einer Sprossachse.

3 Erläutere am Beispiel eines Leitbündels den Zusammenhang zwischen Struktur und Funktion. Nutze Abbildung 2.

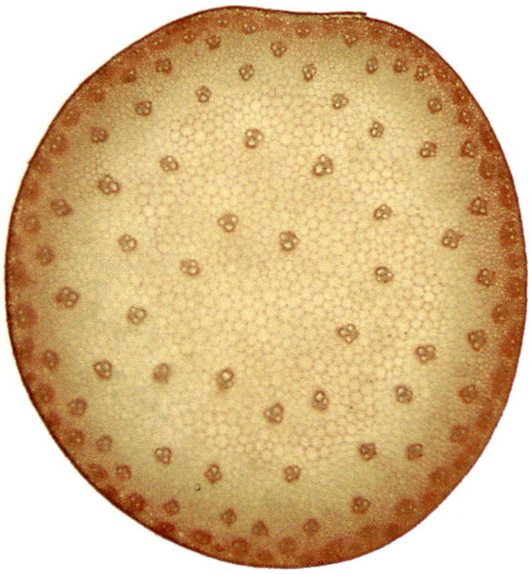

A

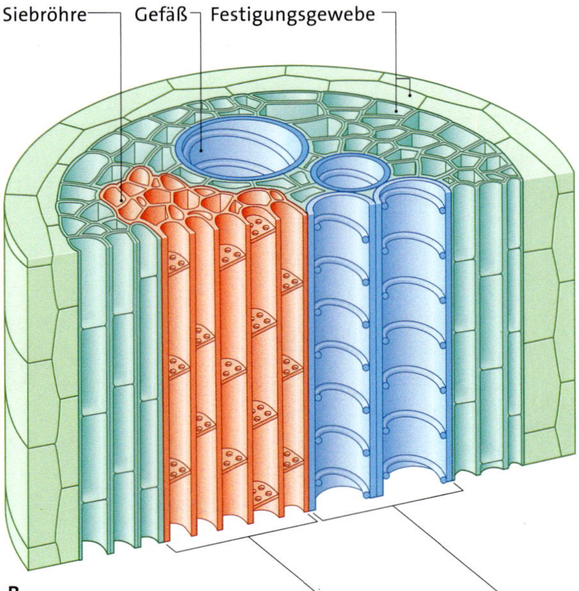

B

2 Bau einer einkeimblättrigen Sprossachse. **A** Mikroskopischer Stängelquerschnitt; **B** Blockbild eines Leitbündels

1.5 **Das Laubblatt**

Blätter werden vom Menschen ganz unterschiedlich und vielseitig genutzt. Einige wie Salat, Weiß- und Rotkohl dienen der Ernährung. Andere wie Zwiebel, Lorbeer oder Basilikum werden in der Küche als Gewürz verwendet. Teepflanzen werden schon seit fast 5000 Jahren genutzt. Man baut die Sträucher in vielen asiatischen Ländern in Plantagen an. Die immergrünen, obersten Blätter werden zu Grünem oder Schwarzem Tee verarbeitet. Sie enthalten Koffein, Gerb- und Aromastoffe, die die anregende Wirkung des Tees ausmachen. Auch bei vielen Heilpflanzen werden die Blätter genutzt. Zu ihnen zählen klassische Hustenmittel wie Eukalyptus, Spitzwegerich oder Salbei und viele Magen beruhigende Kräuter wie Pfefferminze, Zitronenmelisse oder Majoran.

Obwohl Blätter in ihrer Nutzung, Größe und Form recht unterschiedlich sind, haben sie doch einen ähnlichen Grundbauplan. So besteht ein Blatt aus dem *Blattstiel* und der *Blattfläche*, die auch als *Spreite* bezeichnet wird. Wenn man mit dem Mikroskop einen Blattquerschnitt untersucht, findet man weitere Gemeinsamkeiten. Jetzt erkennt man, dass das Blatt aus mehreren Schichten aufgebaut ist. Die oberste Schicht besteht aus eng aneinander liegenden Zellen, die keine Chloroplasten enthalten. Diese *obere Epidermis* schützt das Blattinnere vor Verletzungen. Außerdem trägt die Epidermis auf ihrer Außenseite eine wachsartige Schicht, die *Cuticula*. Sie schließt das Blatt nach außen ab, schützt die Epidermis und verhindert weitgehend den Verlust von Wasserdampf. Unterhalb der oberen Epidermis liegen lang gestreckte Zellen. Sie besitzen Chloroplasten und ähneln in ihrer Form den nebeneinander stehenden Pfählen eines Palisadenzaunes. Man nennt diese Schicht deshalb *Palisadengewebe*. Im darunter liegenden *Schwammgewebe* sind die ovalen Zellen dagegen locker angeordnet. Zwischen den Zellen befinden sich luftgefüllte *Zellzwischenräume*. Die Schwammzellen besitzen ebenso wie die Palisadenzellen Chloroplasten. Beide Gewebe dienen der Fotosynthese und stellen Traubenzucker her. In der *unteren Epidermis* erkennt man *Spaltöffnungen*. Sie bestehen immer aus zwei *Schließzellen*, zwischen denen eine spaltförmige Öffnung liegt. Sie regulieren die Aufnahme von Kohlenstoffdioxid für die Fotosynthese. Gleichzeitig werden über den Spalt Wasserdampf und Sauerstoff abgegeben. Bei den meisten heimischen Pflanzen findet man nur in der unteren Epidermis Spaltöffnungen. Auch dieses Abschlussgewebe dient wieder dem Schutz.

Im Blattquerschnitt kann man häufig »Blattadern« erkennen. Dabei handelt es sich um Leitgewebe, die mit den Leitungsbahnen in der Sprossachse verbunden sind. Sie dienen dem Stofftransport und bestehen aus einem Bündel röhrenförmiger Zellen, die von der Sprossachse über den Blattstiel in die Blattfläche führen. Wie beim Leitbündel im Stängel lassen sich auch hier wieder Siebröhren zur Leitung von gelöstem Zucker und verholzte Gefäßzellen zur Leitung von Wasser und gelösten Mineralstoffen unterscheiden. Ein Festigungsgewebe schützt und stützt diese Leitungsbahnen. Über die Gefäße wird ständig Wasser in das Blatt geleitet. Der sich bildende Wasserdampf sammelt sich in den Zellzwischenräumen und wird schließlich über das Blatt abgegeben. Man nennt

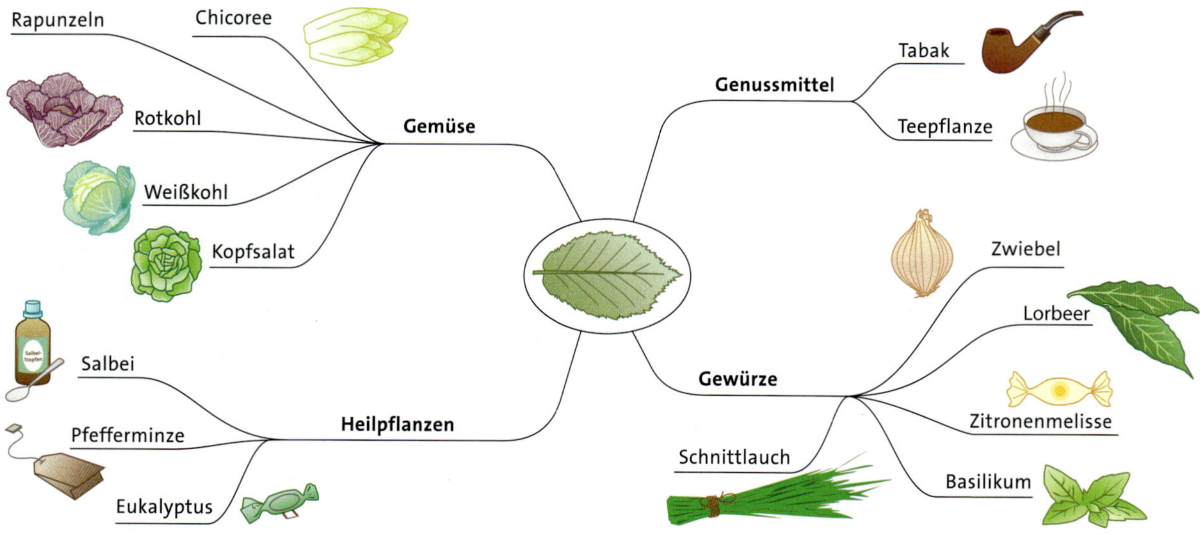

1 Blätter sind vielseitig nutzbar

diesen Vorgang der Wasserverdunstung über eine Blattfläche **Transpiration.** Nur so kann der Transpirationssog in der Sprossachse ständig aufrechterhalten werden. Er ist dafür verantwortlich, dass die Pflanzen ständig neues Wasser mit gelösten Mineralstoffen aufnehmen können.

Die Transpiration erfolgt auf zwei unterschiedlichen Wegen. So gibt das Blatt über die gesamte Blattfläche Wasserdampf ab. Man bezeichnet diese Form als **kutikuläre Transpiration.** Dieser Vorgang ist nicht direkt von der Pflanze steuerbar. Bei Trockenpflanzen liegt der Anteil der kutikulären Transpiration unter zehn Prozent. Solche Pflanzen können zum Beispiel ihre Blätter senkrecht stellen oder haben dicke Wachsschichten, die die Transpiration behindern. Bei Pflanzen feuchter Standorte fehlen solche Mechanismen. Hier liegt der Anteil der kutikulären Transpiration bei fast 30 Prozent.

Den größten Teil der Wasserdampfabgabe kann die Pflanze jedoch steuern. Er erfolgt über die Spaltöffnungen, die *Stomata,* und wird deshalb als **stomatäre Transpiration** bezeichnet. Spaltöffnungen bestehen häufig aus vier Zellen. Das innere Zellpaar, die Schließzellen, begrenzen den Spalt. Sie können bohnenförmig aussehen, tragen Chloroplasten und stehen mit den Nachbarzellen in Verbindung. Durch Wasserabgabe an diese benachbarten Epidermiszellen erschlaffen die Schließzellen, sodass der Spalt verschlossen wird. Das passiert zum Beispiel in der Mittagshitze eines Sommertages. Umgekehrt werden die Schließzellen durch Wasseraufnahme stärker gekrümmt und der Spalt öffnet sich wieder. Die Zahl der mikroskopisch kleinen Spaltöffnungen ist riesig. So liegen zum Beispiel bei Eichenblättern 35 000 Spaltöffnungen auf einem Quadratzentimeter. Man darf sich die Blattunterseite jedoch nicht völlig zerlöchert vorstellen. Die Fläche aller dieser winzigen Spaltöffnungen erreicht nur ein bis drei Prozent der Gesamtfläche des Blattes.

Manche Blätter erfüllen spezielle Aufgaben und weisen deshalb besondere bauliche Merkmale auf. So sind die Blätter vieler Agaven fleischig und speichern Wasser. Andere Pflanzen wie Osterglocken oder Tulpen besitzen unterirdische Zwiebeln als *Speicherblätter.* Sie speichern jedoch Reservestoffe, um im Frühjahr schnell austreiben zu können. Die Blätter der Kakteen sind oft völlig zu *Dornen* umgewandelt. So wird die Blattfläche besonders klein und es besteht gleichzeitig ein Schutz gegen Fressfeinde. Andere Blätter dienen dem *Tierfang.* So bleiben kleine Insekten auf den klebrigen Blättern des heimischen Fettkrautes oder beim Sonnentau einfach kleben. Die Blätter sondern dann Verdauungsenzyme ab, die die Beute zersetzen. Übrig bleibt das Außenskelett aus Chitin. Noch perfektere Blattfallen findet man bei tropischen Tier fangenden Pflanzen wie der Kannenpflanze und der Venusfliegenfalle.

1 Recherchiere nach weiteren Nutzpflanzen, bei denen der Mensch die Blätter nutzt. Berichte.

2 Beschreibe den Querschnitt eines Laubblattes mit Hilfe der Abbildung 2.

3 Ein Hektar Kiefernwald verdunstet pro Jahr im Durchschnitt 1,5 bis 2,7 Millionen Liter Wasser. Bei einem Buchenwald gleicher Größe liegt die Transpiration bei 3,6 Millionen Litern. Erkläre diese Tatsache.

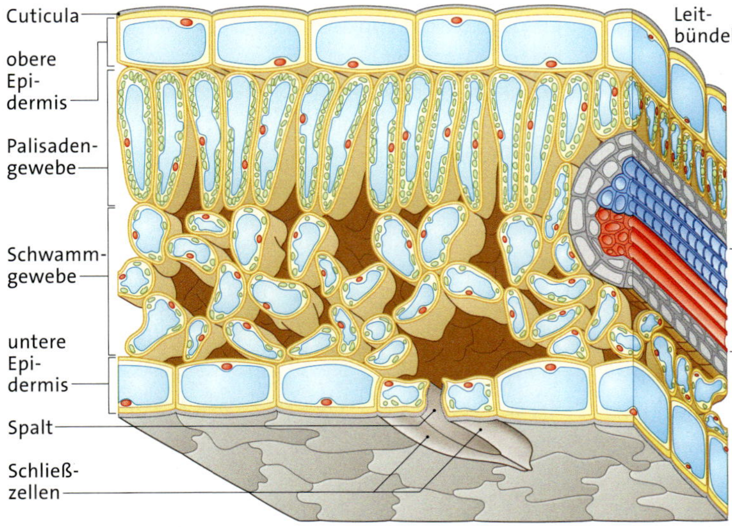

2 Querschnitt durch ein Laubblatt (Schema)

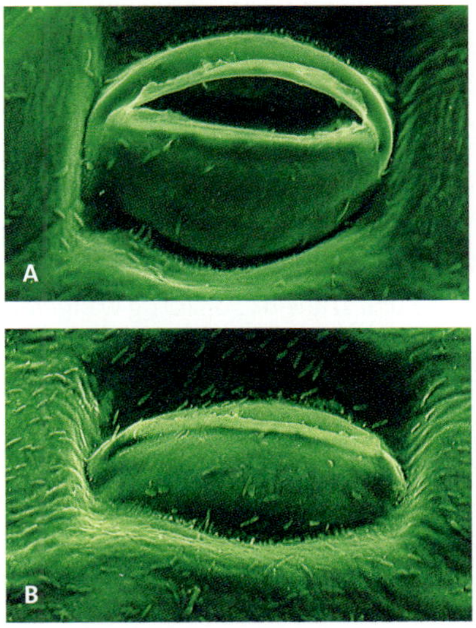

3 Spaltöffnungen. A offen; **B** geschlossen

Aufgaben und Versuche – Untersuchungen von Pflanzenorganen

V1 Wurzeln mikroskopieren

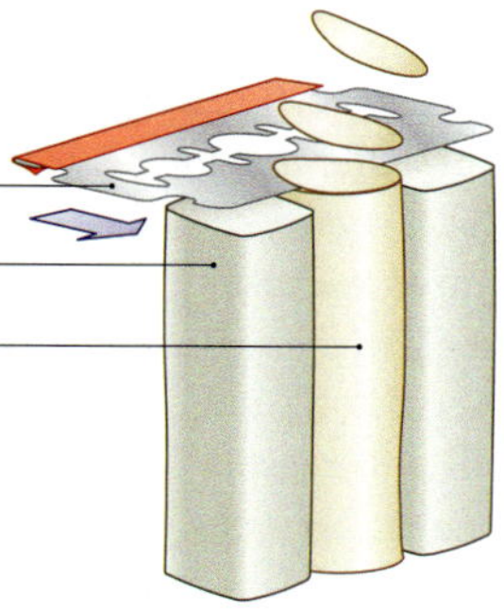

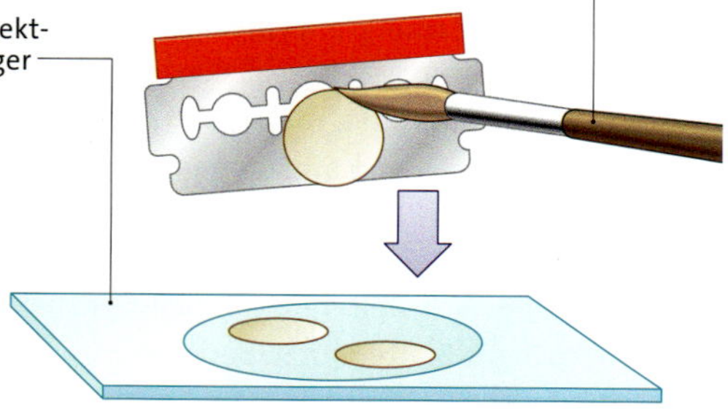

Material: Wurzel einer austreibenden Zwiebel; Sojabohne oder Erbse; Styropor oder Holundermark; Küchenmesser; einseitig abgeklebte Rasierklinge; Pinsel oder Präpariernadel; Pipette; Wasser; Objektträger; Deckgläschen; Lichtmikroskop und Zubehör; Zeichenmaterial

Durchführung: Fertige zunächst eine Haltevorrichtung zum Schneiden des Objektes an. Schneide dazu ein Stück Holundermark oder einen kleinen Styroporblock der Länge nach ein. In diesen Spalt kannst du nun das Wurzelstück einklemmen. Es sollte etwa 2 mm über das Ende der Halterung herausragen. Feuchte nun das Objekt und die Rasierklinge mit etwa Wasser an. Lege die Klinge auf die Halterung und schneide vorsichtig waagerecht mehrere dünne Scheiben ab. Den dünnsten Schnitt wählst du aus und überträgst ihn mit dem Pinsel oder der Präpariernadel in einen Wassertropfen auf den Objektträger. Setze anschließend ein Deckgläschen auf.

Aufgabe: Betrachte dein Frischpräparat bei kleiner und später bei stärkerer Vergrößerung. Fertige von einem Ausschnitt eine mikroskopische Zeichnung an und beschrifte sie.

V2 Sprossachsen mikroskopieren

Material: Stängel von Tulpe und Taubnessel; Sprossstück von Flieder oder Efeu; Styropor oder Holundermark; einseitig abgeklebte Rasierklinge; Pinsel oder Präpariernadel; Pipette; Wasser; Objektträger; Deckgläschen; Lichtmikroskop und Zubehör; Phloroglucin-Salzsäure-Lösung (Nachweismittel für Holz; Vorsicht ätzend!); Zeichenmaterial

Durchführung: Stelle dir zuerst eine Haltevorrichtung zum Schneiden sehr dünner Präparate her. Orientiere dich dabei an V1. Klemme dann ein Sprossachsenstück der Tulpe ein und stelle mehrere, möglichst dünne Schnitte des Stängels her. Wähle den dünnsten Schnitt aus und stelle mit ihm ein Frischpräparat her. Stelle genauso ein zweites Präparat vom Stängel der Taubnessel her. Mikroskopiere beide Präparate bei einer mittleren Vergrößerung und achte auf Gemeinsamkeiten und Unterschiede zwischen beiden Präparaten.

Stelle zum Schluss ein Präparat der Sprossachse von Flieder oder Efeu her. Lege diesen Schnitt jedoch nicht in einen Tropfen Wasser, sondern in einen Tropfen Phloroglucin-Salzsäure-Lösung. Warte etwa fünf Minuten. Das Nachweismittel färbt verholzte Sprossachsenteile rötlich. Mikroskopiere dein Präparat und überprüfe, welche Teile gefärbt wurden.

Aufgaben:

a) Vergleiche die Sprossachsen der einkeimblättrigen Tulpe und der zweikeimblättrigen Taubnessel miteinander. Lege dazu eine Tabelle an.

b) Erkläre, welche Funktion Holz in der Sprossachse einer Pflanze hat.

c) Zeichne und beschrifte mit Hilfe der Abbildung unten einen Ausschnitt aus dem Stängelquerschnitt der Taubnessel.

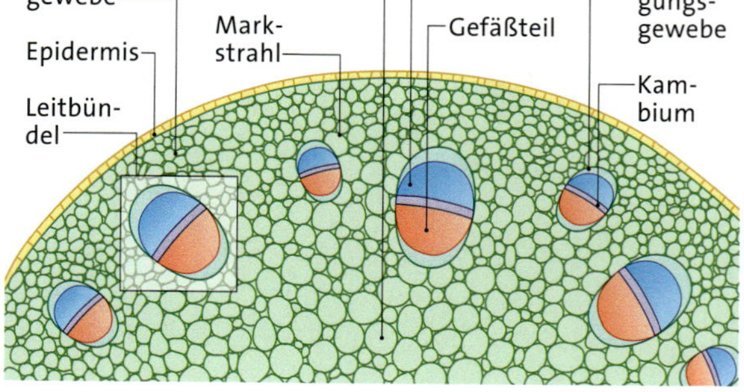

V3 Die Sprossachse leitet Wasser

Material: frisch abgeschnittener blühender Spross von Springkraut, Fleißigem Lieschen oder Weißer Taubnessel; Glaszylinder; Eosinlösung oder rote Tinte

Durchführung: Gib Wasser und etwas Farbstoff in den Glaszylinder. Stelle dann einen der oben genannten Sprosse in die Farbstofflösung und lass den Versuch ein bis zwei Tage an einem hellen Ort stehen.

Aufgaben:

a) Betrachte Stängel, Blattadern und die Blüten am Ende des Versuches. Notiere deine Beobachtungen.

b) Erläutere das Versuchsergebnis.

V4 Die Sprossachse leitet Zucker und Mineralstoffe

Material: frische Sprosse von Tulpe oder Taubnessel; Küchenmesser; Glucoseteststreifen; Nitratteststreifen; Düngerlösung; Wasser; Glaszylinder

Durchführung: Schneide einen Pflanzenstängel frisch durch und drücke auf die Schnittstelle einen Glucose- und Nitratteststreifen. Notiere deine Beobachtungen. Stelle eine zweite Tulpe für einen Tag in eine handelsübliche Düngerlösung. Schneide dann auch diesen Stängel frisch durch und überprüfe die Schnittstelle mit je einem weiteren Glucose- und Nitratteststreifen.

Aufgaben:

a) Werte die beiden Teilversuche aus.

b) Erläutere, in welchen Teilen der Sprossachse die nachgewiesenen Stoffe transportiert werden.

V5 Orte der Transpiration

Material: frisch gepflückte Blätter vom Alpenveilchen, zwei Objektträger, Wäscheklammern, Cobaltchloridpapier, Pinzette, Mikroskop, Objektträger, Deckgläschen, Zeichenmaterial

Durchführung: Lege ein Alpenveilchenblatt zwischen zwei Cobaltchloridpapiere. Decke sie oben und unten mit zwei Objektträgern ab, ohne das Blatt zu pressen. Befestige das Ganze mit zwei Wäscheklammern. Beobachte und protokolliere die Veränderungen des Papiers in den nächsten 10 min. Beachte, dass sich Cobaltchloridpapier bei Anwesenheit von Wasserdampf verfärbt.
Ziehe von einem zweiten Blatt mit der Pinzette ein Stück der oberen und unteren Blattepidermis ab. Übertrage beide Objekte in einen Wassertropfen und stelle zwei Frischpräparate her.

Aufgaben:

a) Mikroskopiere die beiden Präparate. Zeichne jeweils einen Ausschnitt aus der oberen und unteren Epidermis. Beschrifte beide Zeichnungen.

b) Erläutere den Zusammenhang zwischen deinen experimentellen Ergebnissen und den beiden Zeichnungen. Nutze den Zusammenhang zwischen Struktur und Funktion.

A6 Aufbau des Laubblatts

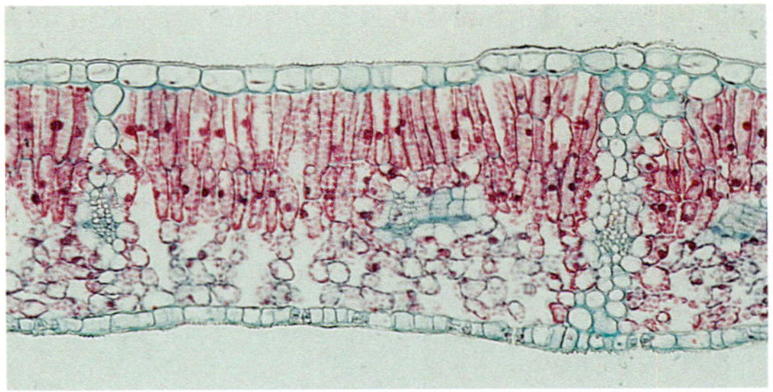

Material: Lichtmikroskop und Zubehör; Dauerpräparat (Blattquerschnitt); Zeichenmaterial

Durchführung: Mikroskopiere das Dauerpräparat zunächst bei kleiner Vergrößerung, um einen Überblick zu erlangen. Betrachte dann verschiedene Strukturen bei höherer Vergrößerung.

Aufgaben:

a) Betrachte den Blattquerschnitt des vorliegenden Dauerpräparates mikroskopisch und fertige eine beschriftete Zeichnung an.

b) Weise an zwei Geweben des Laubblattes nach, dass ein Zusammenhang zwischen Struktur und Funktion besteht. Gehe in diesem Zusammenhang auch auf Fotosynthese und Wasserhaushalt ein.

2 Stoffwechsel grüner Pflanzen

2.1 Grüne Pflanzen brauchen Licht

Eine einzelne hundertjährige Buche leistet wirklich Erstaunliches: Sie produziert an einem Sommertag pro Stunde rund 280 Liter Sauerstoff und zwölf Kilogramm Kohlenhydrate. Wie sind die Leistungen dieses Baumes möglich?

Mit ihren Wurzeln nehmen grüne Pflanzen wie die Buche aus dem Boden Wasser und Mineralstoffe auf. Dies sind *anorganische Stoffe*. Kohlenhydrate wie Traubenzucker oder Stärke sind dagegen Stoffe, die in Organismen vorkommen und Kohlenstoff enthalten. Man bezeichnet sie deshalb als *organische Stoffe*. Verbrennt man Teile einer Pflanze, bleibt unter anderem Kohlenstoff zurück. Das ist auch dann der Fall, wenn man eine Pflanze in einer Nährlösung anzieht, die überhaupt keinen Kohlenstoff enthält. Dies beweist, dass die Pflanzen eine andere Kohlenstoffquelle nutzen müssen. Sie nehmen den Kohlenstoff aus der Luft in Form der anorganische Verbindung Kohlenstoffdioxid auf. Dieses Gas ist zwar nur mit etwa 0,04 Prozent in der Luft vertreten, der geringe Anteil reicht jedoch aus, um die gesamte pflanzliche Biomasse auf der Erde zu bilden.

Da alle grünen Pflanzen in der Lage sind, aus anorganischen Stoffen selbstständig organische Stoffe zu erzeugen, bezeichnet man sie als **autotroph** (gr. *auto*, selbst; *trophein*, ernähren). Der Aufbau organischer Verbindungen durch Lebewesen wird als **Assimilation** bezeichnet.

Zu den wichtigsten Stoffwechselvorgängen autotropher Pflanzen gehört die **Fotosynthese.** Dabei werden aus Kohlenstoffdioxid und Wasser Traubenzucker und Sauerstoff hergestellt. Für diesen Vorgang braucht die Pflanze eine Energiequelle, das Licht.

Die Lichtenergie wird vom *Chlorophyll* aufgenommen. Dieser grüne Blattfarbstoff befindet sich in geldrollenartig übereinander liegenden Membranstapeln in den Chloroplasten. Dort laufen diejenigen Reaktionen der Fotosynthese ab, bei denen die Energie des Sonnenlichtes in chemische Energie umgewandelt wird. Damit die Pflanze diese Energie später nutzen kann, wird sie in einer energiereichen chemischen Verbindung gespeichert, die in der Pflanze ohne Probleme transportiert werden kann. Diese chemische Verbindung ist das Adenosintriphosphat, abgekürzt **ATP.**

An den Membranstapeln läuft parallel zur ATP-Bildung eine weitere Reaktion ab, die Spaltung von Wasser. Auch für diese Reaktion ist Lichtenergie nötig. Bei der Spaltung von Wasser entstehen Wasserstoff und Sauerstoff. Der Wasserstoff wird chemisch gebunden, das Nebenprodukt Sauerstoff gibt die Pflanze über ihre Spaltöffnungen ab. Da diese Teilreaktionen nur im Licht ablaufen, fasst man sie als **lichtabhängige Reaktionen** der Fotosynthese zusammen.

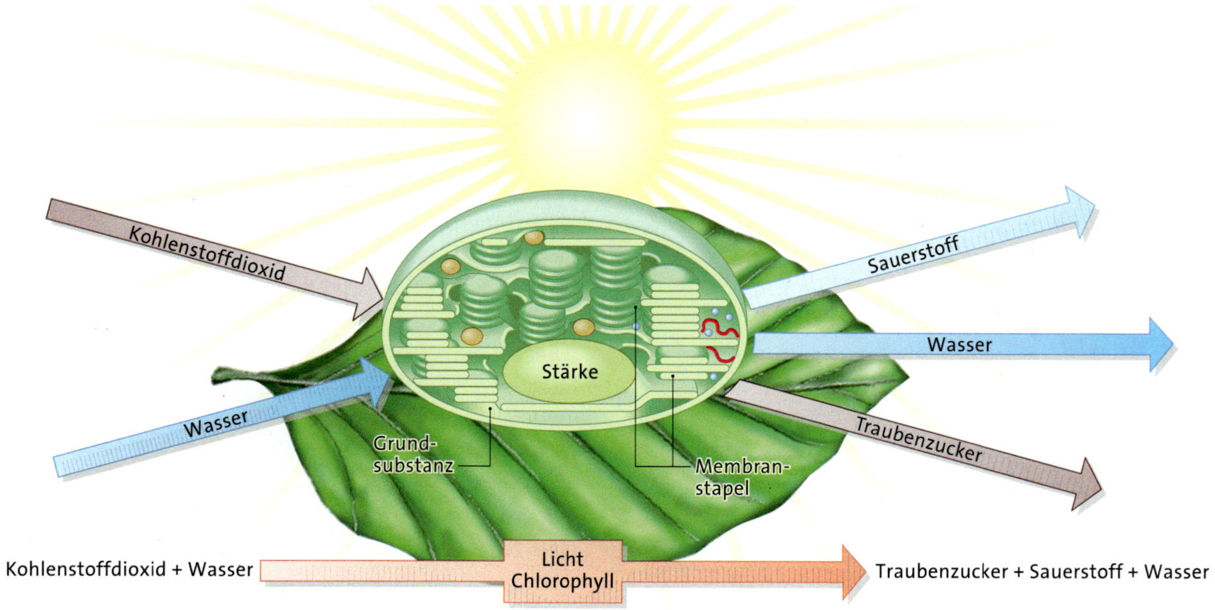

1 **Fotosynthese im Überblick (Schema)**

Der zweite Teil der Fotosynthese findet in der plasmaartigen Grundsubstanz der Chloroplasten statt. Für diesen Vorgang wird kein Licht mehr benötigt, deshalb werden die Reaktionen auch als **lichtunabhängige Reaktionen** zusammengefasst. Voraussetzung ist, dass die Pflanze Kohlenstoffdioxid über die Spaltöffnungen aufgenommen hat. Dieses wird nun mit Hilfe des gebundenen Wasserstoffes verarbeitet. Es entsteht die energiereiche Verbindung **Traubenzucker** oder *Glucose*. Für diesen Vorgang wird Energie benötigt. Sie stammt aus den lichtabhängigen Reaktionen und wird durch den Energieüberträger ATP geliefert. Nach ihrem Entdecker heißen diese Prozesse auch Calvin-Zyklus. Die Summengleichung für den Gesamtprozess der Fotosynthese lautet:
$6\ CO_2 + 12\ H_2O \rightarrow C_6H_{12}O_6 + 6\ O_2 + 6\ H_2O$

Der gebildete Traubenzucker wird in Wasser gelöst und über die Leitungsbahnen der Pflanze überall dorthin transportiert, wo er gebraucht wird. Es ist auch möglich, aus Glucose und einem weiteren Zucker, der bei der Fotosynthese entsteht, der Fructose, Rohrzucker aufzubauen. Dieser Zucker kann ebenfalls gut transportiert werden. Um Traubenzucker speichern zu können, muss er in eine unlösliche Form umgewandelt werden. Dies geschieht, indem die Glucosemoleküle zu langen Ketten verknüpft werden. Auf diese Weise entsteht der Vielfachzucker **Stärke,** der sich gut speichern lässt. Wird in der Pflanze neuer Traubenzucker gebraucht, kann er durch Spaltung aus den Speicherstoffen wieder freigesetzt werden.

Geht man davon aus, dass die Pflanze 100 Prozent Lichtenergie aufgenommenen hat, so weist die entstandene Glucose etwa 30 Prozent dieser Energiemenge auf. Die restliche Energie wird von der Pflanze für Transportvorgänge benötigt oder geht als Wärme »verloren«. Der Wirkungsgrad der Fotosynthese liegt damit bei rund 30 Prozent. Das ist immer noch mehr, als die meisten Verbrennungsmotoren liefern.

Da die grünen Pflanzen in der Fotosynthese ihre Nahrungsgrundlage selbst herstellen und gleichzeitig die Biomasse für fast alle übrigen Organismen bereitstellen, bezeichnet man sie als **Produzenten.** Somit liefern sie durch ihre Ernährung die Grundlage für alle **Konsumenten,** die sich direkt oder indirekt von Pflanzen ernähren. Auch das Nebenprodukt Sauerstoff, das die Pflanzen an die Umgebung abgeben, wird von den Organismen zur Atmung gebraucht. Ohne die Entwicklung der Fotosynthese vor etwa drei bis zwei Milliarden Jahren hätten wir heute keine sauerstoffhaltige Erdatmosphäre. Auch die Ozonschicht, die uns vor zu starker UV-Strahlung schützt, hat sich erst gebildet, als Sauerstoff vorhanden war.

1 Beschreibe die Vorgänge, die bei den lichtabhängigen Reaktionen der Fotosynthese ablaufen.
2 Begründe mit Hilfe der Abbildung 2, dass ohne die lichtabhängigen Reaktionen keine Glucose gebildet werden kann.
3 Grüne Pflanzen sind Produzenten. Begründe.

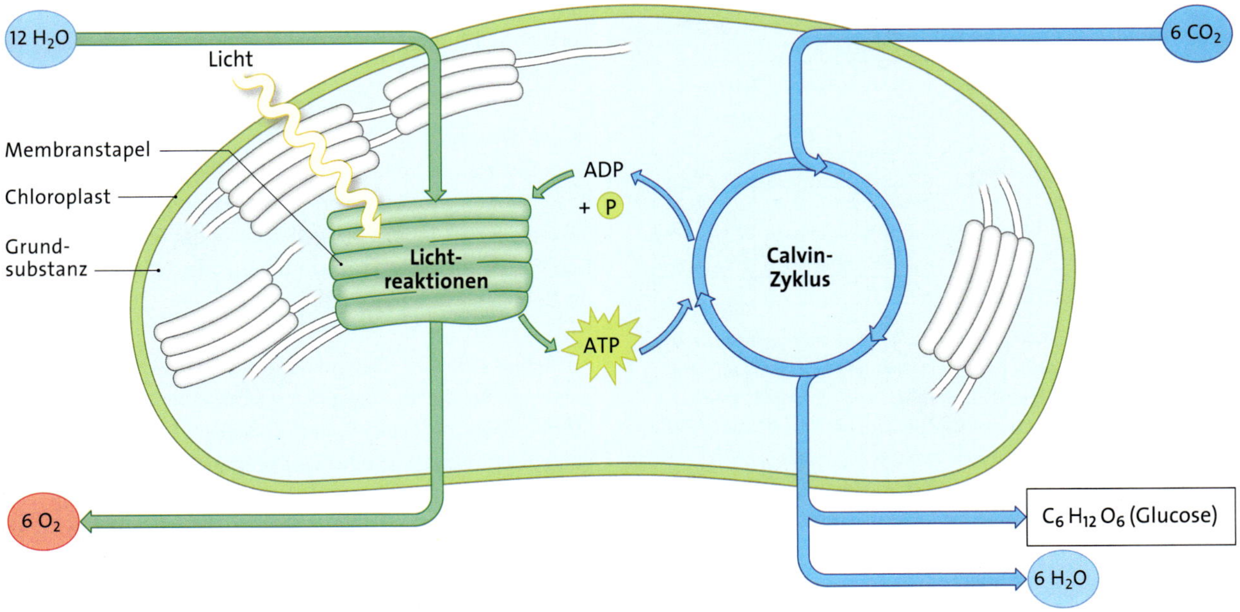

2 **Reaktionen der Fotosynthese (Schema)**

Methode Experimente planen, durchführen und protokollieren

Wenn man herausfinden will, welche Bedingungen Pflanzen für die Fotosynthese brauchen, kann man geeignete **Experimente** durchführen. Dazu ist es wichtig, dass man sich vor dem eigentlichen Experimentieren Gedanken über die Fragestellung und den Ablauf des Versuches macht. Man erstellt eine Versuchsplanung.

Was wird benötigt?

Zuerst wird überlegt, welche Geräte und Chemikalien für den Versuch erforderlich sind. Dann plant man den Versuchsaufbau.

Wie wird der Versuch aufgebaut?

Handelt es sich um einen Langzeitversuch, muss auch geklärt werden, wo der Versuch ungestört stehen bleiben kann.

Alle Phasen des Experimentes müssen in einem Protokoll dokumentiert werden.

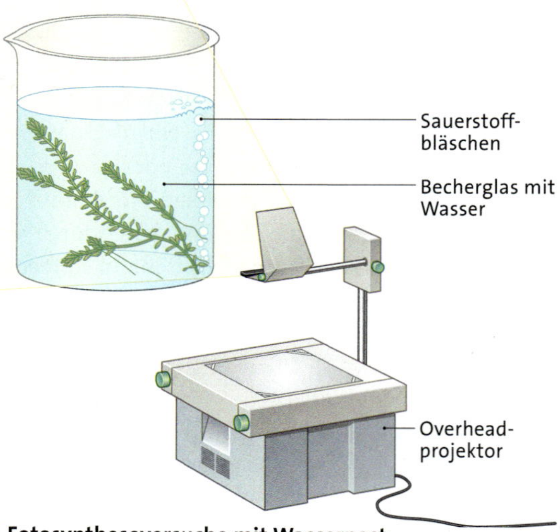

2 **Fotosyntheseversuche mit Wasserpest**

Name: Lena Wenderoth   Klasse: 8b   Datum: 1. 10. 2008

Thema: Bedingungen der Fotosynthese

Problem: Wie beeinflusst die Kohlenstoffdioxidkonzentration die Fotosynthese?

Material: Bechergläser, frische Wasserpest, Schere, abgekochtes Wasser, Leitungswasser, kohlenstoffdioxidreiches Mineralwasser, Lichtquelle (z.B. Overheadprojektor)

Durchführung:

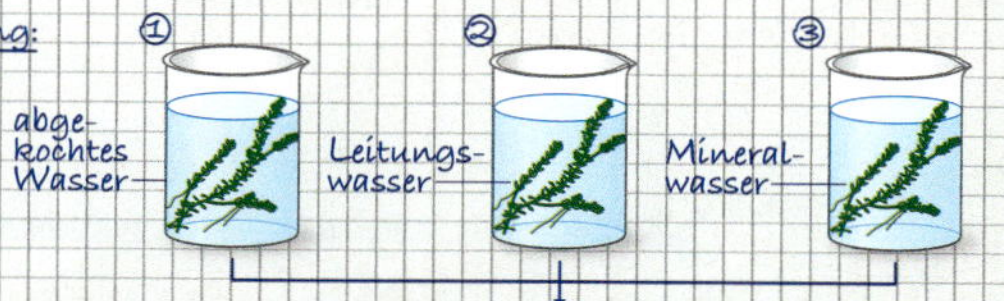

alle gleich beleuchten, Raumtemperatur, Bläschen zählen am angeschnittenen Sprossteil der Wasserpflanzen

Beobachtungen:

Glas Nr.	①	②	③
	keine Gasentwicklung	farblose Gasblasen steigen auf	farblose Gasblasen steigen auf
pro Minute	0 Bläschen	5	16

Auswertung: Im abgekochten Wasser befindet sich kein Kohlenstoffdioxid. Hier läuft keine Fotosynthese ab. Je mehr Kohlenstoffdioxid im Wasser gelöst ist, desto höher ist die Fotosyntheserate und desto mehr Sauerstoff wird gebildet. Dabei läuft in den Zellen der Wasserpest folgende Reaktion ab:

$$6CO_2 + 6H_2O \longrightarrow C_6H_{12}O_6 + 6O_2$$

Der Sauerstoff ist in Form kleiner, farbloser Gasbläschen sichtbar.

1 **Versuchsprotokoll (Beispiel)**

Material

Als Erstes werden Name, Klasse, Datum, Mitarbeiter/in und die Problemstellung notiert. Letztere kann auch als Aufgabe oder Hypothese formuliert werden. Als nächsten Schritt gibt man die Materialien an, die für den Versuch erforderlich sind.

Versuchs-durchführu

Die Durchführung kann in Form einer beschrifteten Skizze oder als Text festgehalten werden. Bei einem Text beschreibt man mit eigenen Worten, wie man den Versuch aufbaut. Die Durchführung muss genau formuliert werden, damit der Versuch später auch von einer anderen Person wiederholt werden könnte.

Durchführu und Beobac tungen

Ist die Planung abgeschlossen, kann man das eigentliche Experiment durchführen. Die Beobachtungen werden in Form von Stichpunkten, Sätzen oder als Tabelle festgehalten. In der Biologie finden sich auch häufig Zeichnungen oder Fotos, die Beobachtungen belegen.

Versuchs-auswertung

Am Schluss werden die Beobachtungen ausgewertet. Bei dieser Auswertung kann man Stoffe benennen, Gleichungen aufstellen, Bedingungen zusammenfassen oder Verallgemeinerungen treffen. Die Auswertung klärt auch, ob die Problemstellung des Versuches gelöst wurde oder ob weitere Versuche nötig sind. Misslingt das Experiment, können an dieser Stelle Ursachen dafür aufgeschrieben werden.

2.2 Entdeckung der Fotosynthese

Der griechische Philosoph und Naturforscher ARISTOTELES war einer der Ersten, der sich über die Ernährung der Pflanzen Gedanken machte. Er vermutete, dass die Pflanzen ihre Nahrung ausschließlich mit den Wurzeln aus dem Boden aufnehmen. Erst 2000 Jahre später begann man, den Stoffwechsel der Pflanzen genauer zu untersuchen und erste gezielte Experimente durchzuführen. So überprüfte um 1640 der flämische Arzt Johan Baptist van HELMONT die Bedeutung des Bodens für Pflanzen. Während die Pflanzen wuchsen und deutlich an Biomasse zunahmen, wurden aus dem Boden nur ganz wenige Stoffe aufgenommen. Es war vor allem Wasser, das immer wieder durch Gießen zugeführt werden musste. Die Menge an Mineralstoffen im Boden änderte sich dagegen kaum.

Im 18. Jahrhundert führte der englische Naturforscher Joseph PRIESTLEY Experimente durch, die zeigen konnten, dass grüne Pflanzen »verbrauchte« in »frische Luft« umwandeln können. Er setzte dazu Mäuse unter Glasglocken, die er entweder leer ließ oder mit verschiedenen grünen Topfpflanzen besetzte. Die Mäuse überlebten nur, wenn Pflanzen vorhanden waren. Einige Jahre später belegte der niederländische Arzt Jan INGENHOUSZ, dass Pflanzen für ihre Ernährung nicht nur Wasser, sondern auch Licht brauchen. Außerdem vermutete er, dass die Pflanzen bei diesen Vorgängen der Luft ein Gas entnehmen und ein anderes an sie wieder abgeben. Erst weiterführende Versuche von Chemikern konnten 1783 zeigen, dass es sich bei dem aufgenommen Gas um Kohlenstoffdioxid und bei dem abgegebenen um Sauerstoff handelte.

Die bisherigen Forschungsergebnisse wurden um 1800 in der ersten Wortgleichung der Fotosynthese zusammengefasst. Sie lautete:

Kohlenstoffdioxid + Wasser →
Pflanzensubstanz + Sauerstoff

Außerdem kannte man als wichtige Voraussetzung für diesen Prozess die Energiequelle: das Licht.

Erst 60 Jahre später wurde die Pflanzensubstanz genauer ermittelt und der Ort der Fotosynthese herausgefunden. Es war der deutsche Botaniker Julius SACHS, der Stärke als Speicherprodukt der Fotosynthese in den Chloroplasten der Pflanzenzellen nachweisen konnte. Trotz dieses Durchbruchs sollten noch weitere 50 Jahre vergehen, ehe man die einzelnen biochemischen Schritte der Fotosynthese kannte. Der englische Chemiker Robert HILL zeigte 1937, dass der gebildete Sauerstoff aus einer fotochemischen Spaltung des aufgenommenen Wassers stammt. Der amerikanische Biochemiker Melvin CALVIN untersuchte 1949 den Verbleib des aufgenommenen Kohlenstoffdioxids genauer. Er konnte nachweisen, dass das Kohlenstoffdioxid in einem Kreislaufprozess in Traubenzucker umgewandelt wird. Aus diesem kann sich dann Stärke bilden. Für diesen Teilprozess, der ihm zu Ehren auch Calvin-Zyklus genannt wird, ist kein Licht notwendig.

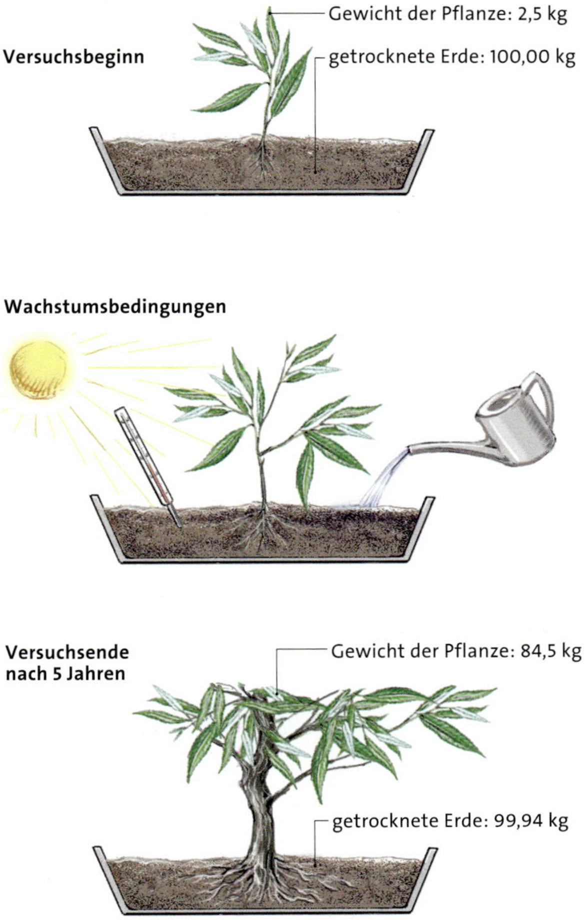

1 Versuche von HELMONT

Nun waren zwar alle wesentlichen Schritte der Fotosynthese bekannt, aber längst noch nicht jedes Rätsel gelöst. Später klärte man zum Beispiel die genauen Strukturen der beteiligten Farbstoffe und Enzyme auf. Auch viele energetische Daten und Transportvorgänge, die bei der Fotosynthese eine Rolle spielen, wurden erst vor wenigen Jahren bekannt.

1 Gestaltet in Partner- oder Gruppenarbeit eine Präsentation oder einen Zeitstrahl zur Geschichte der Fotosynthese. Stellt eure Ergebnisse in geeigneter Form in der Klasse vor.

Aufgaben und Versuche Fotosynthese

V1 Die Fotosynthese ist lichtabhängig

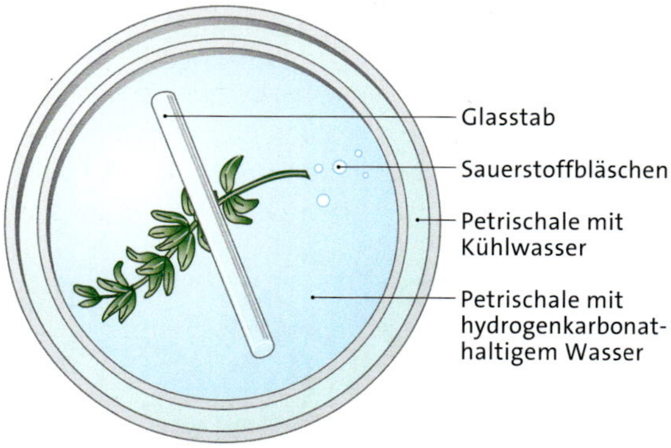

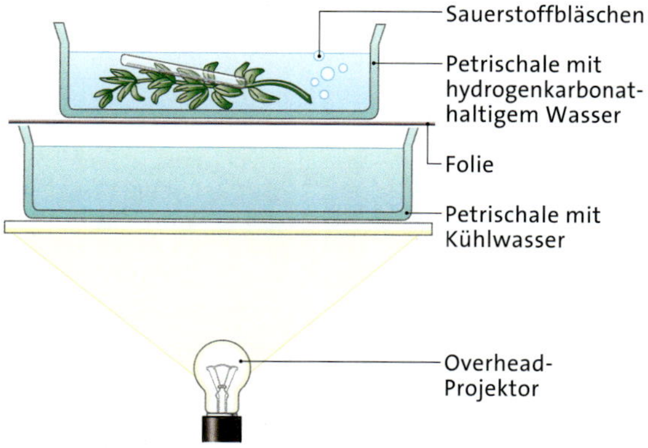

Material: Petrischalen (verschiedener Größe); kurzer Glasstab; kohlenstoffdioxidreiches Mineralwasser; frische Sprosse der Wasserpest; Leitungswasser; durchsichtige Folie in den Farben Rot, Grün und Blau; Overheadprojektor

Durchführung: Fülle eine größere Petrischale mit kühlem Leitungswasser und verschließe sie mit dem Deckel. Gib dann in die zweite Petrischale das kohlenstoffdioxidhaltige Mineralwasser und den frisch angeschnittenen Spross der Wasserpest. Beschwere die Pflanze mit dem Glasstab. Stelle diese Petrischale auf die erste mit dem vorbereiteten Kühlwasser. Beide Schalen bringst du zum Overheadprojektor. Beobachte den Spross bis regelmäßig Gasblasen aus dem angeschnittenen Ende entweichen. Schiebe dann nacheinander die verschiedenen farbigen Folien zwischen die beiden Petrischalen. Beobachte, ob sich die Anzahl der Gasblasen verändert. Zähle die Gasblasen jeweils pro Minute. Schalte den Overheadprojektor zum Schluss ab und beobachte erneut.

Aufgaben:

a) Zähle bei allen vier Teilversuchen die Anzahl der Sauerstoffbläschen pro Minute. Stelle deine Versuchsergebnisse tabellarisch zusammen.

b) Werte den Versuch aus.

V2 Pflanzen produzieren Traubenzucker

Material: Glucoseteststreifen (aus der Apotheke); grüne Blätter von Küchenzwiebel, Schnittlauch oder Tulpe (möglichst Topfpflanzen); Becherglas; Schere; heißes Wasser

Durchführung: Schneide zum Beispiel von einer Tulpenpflanze, die im Hellen gestanden hat, ein Blatt ab. Zerkleinere das Blatt mit der Schere und gib einige Blattstücke in das Becherglas. Übergieße diese dann mit etwas heißem Wasser und lass alles abkühlen. Anschließend tauchst du den Glucoseteststreifen in die Lösung und vergleichst die Farbe des Testfeldes mit der Farbskala auf der Verpackung. Protokolliere die Glucosekonzentration.
Wiederhole den Versuch mit einer Pflanze, die mindestens einen Tag abgedunkelt wurde. Achte auf eine vergleichbare Blattmenge.

Aufgaben:

a) Erläutere das Versuchsergebnis.

b) Begründe, warum die heiße Lösung vor dem Glucosetest abkühlen muss.

V3 Pflanzen enthalten Kohlenstoff

Material: grünes Blatt; Reagenzglas; Reagenzglasklammer; Gasbrenner; Glasstab; Waage; Abdampfschale

Durchführung: Stopfe das Blatt mit Hilfe des Glasstabes in den unteren Teil des Reagenzglases. Bestimme dann mit der Waage die Masse von Glas und Blatt. Stelle beim Gasbrenner eine nicht leuchtende Brennerflamme ein und erhitze das Reagenzglas vorsichtig. Bewege es dazu langsam in der Brennerflamme, bis auch die Wassertropfen an der Reagenzglaswand verschwunden sind und das Blatt völlig verkohlt ist. Nachdem das Glas abgekühlt ist, wird es erneut gewogen. Gibt die Rückstände in eine Abdampfschale und betrachte sie genau.

Aufgabe: Protokolliere den Versuch wie auf Seite 22 dargestellt.

A4 Bestimmte Bedingungen ermöglichen die Fotosynthese

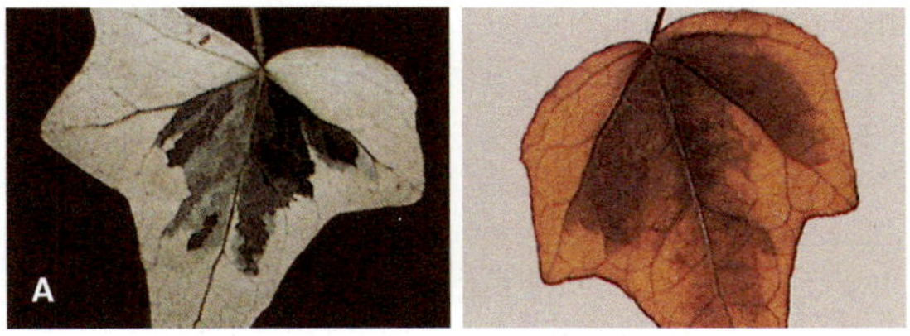

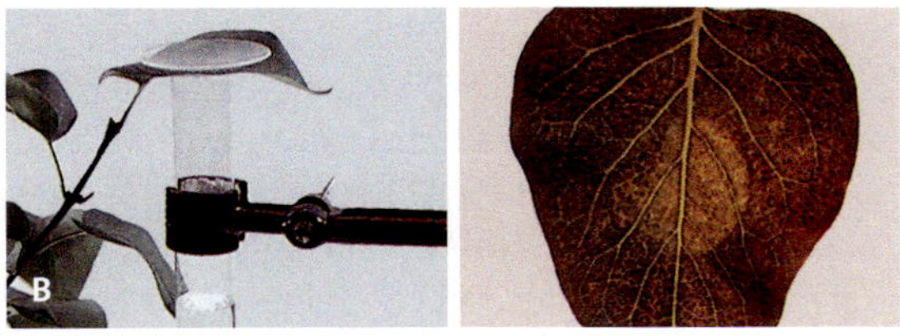

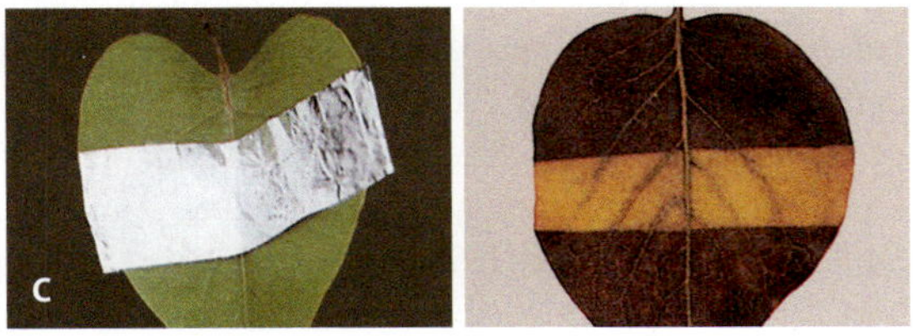

Die Abbildungen A bis C zeigen drei verschiedene Experimente zur Untersuchung der Fotosynthesefaktoren. Dabei werden jeweils die Ausgangsbedingungen des Experimentes und das Ergebnis eines anschließenden Stärkenachweises dargestellt.

Im ersten Versuch wurden panaschierte Efeublätter für etwa vier Stunden belichtet. Im zweiten Versuch verwendete man einen Fliederzweig. Von diesem drückte man ein Blatt mit seiner Unterseite auf ein Reagenzglas. Die Verbindung wurde durch Vaseline am Reagenzglasrand luftundurchlässig. Im Glas selbst befand sich konzentrierte Kalilauge, die der Luft Kohlenstoffdioxid entzieht. Auch dieser Versuchsansatz wurde für etwa vier Stunden belichtet.

Beim letzten Experiment verdunkelte man einen Teil eines Fliederblattes mit Alufolie. Anschließend belichtete man den Zweig wieder vier Stunden mit einer Lampe.

Aufgaben:

a) Werte die abgebildeten Versuche mit Hilfe der Fotos aus und erläutere die Ergebnisse.

b) Führe den dritten Versuch (Abbildung C) selbst durch. Plane dazu ein geeignetes Experiment.

A5 Abhängigkeit der Fotosynthese von verschiedenen Umweltfaktoren

Die Diagramme A bis C zeigen die Fotosyntheseleistung in Abhängigkeit von verschiedenen Umweltfaktoren wie Lichtintensität, Temperatur und Kohlenstoffdioxidgehalt. Diese Zusammenhänge werden zum Beispiel beim Anbau von Kulturpflanzen im Gewächshaus oder im Freiland berücksichtigt.

Aufgaben:

a) Erkläre die dargestellten Zusammenhänge mit Hilfe dieser Diagramme.

b) Recherchiere drei konkrete Beispiele für heimische Licht- und Schattenpflanzen.

c) Erläutere die Angepasstheiten des Maises. Nutze die entsprechenden Diagramme.

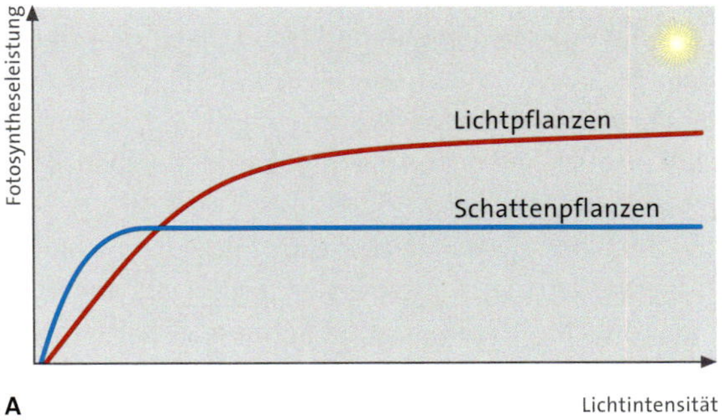

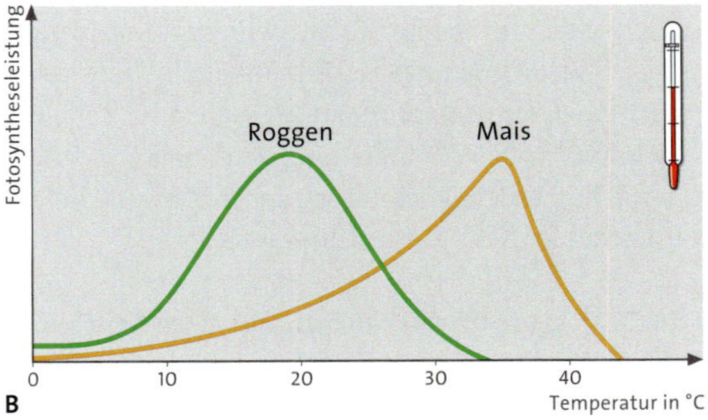

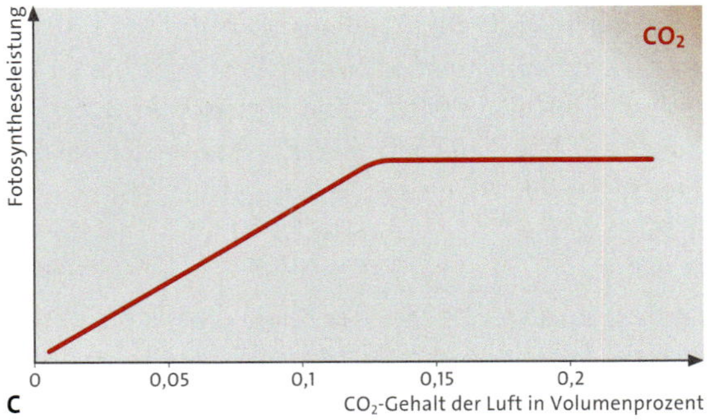

2.3 Traubenzucker wird weiter verarbeitet

Wer denkt schon bei einem leckeren Obstsalat mit Äpfeln, Ananas, Weintrauben und Birnen an die Fotosynthese? Trotzdem stammt zum Beispiel der süße Geschmack der Früchte vom Fruchtzucker. Der saure Geschmack könnte uns an Fruchtsäuren erinnern, Geruch und Farbe der Früchte stammen von Aroma- und Farbstoffen. Möglicherweise essen wir den Fruchtsalat auch wegen seiner vielen Vitamine und Ballaststoffe. Tatsächlich sind alle diese Stoffe direkte oder indirekte Produkte der Fotosynthese. Dazu zählen auch die klassischen Nährstoffe wie Proteine, Fette und Kohlenhydrate.

All diese Stoffe werden im sogenannten **Baustoffwechsel** von der Pflanze erzeugt. Die Zellen können dabei aus dem Ausgangsstoff Glucose eine Vielzahl weiterer Stoffe herstellen. So können die Glucosemoleküle zum Beispiel in den Chloroplasten zu *Stärke*, einer langkettigen Verbindung aus mehreren Hundert Einzelbausteinen, verknüpft werden. Da Stärke nicht wasserlöslich ist, lässt sie sich gut in Samen, Sprossknollen oder Wurzeln speichern. Beispiele für Stärke liefernde Pflanzen sind alle Getreidearten sowie Kartoffel, Süßkartoffel, Maniok und Mehlbanane.

Auch Zellulose besteht aus vielen Glucosemolekülen. Hier liegen die langen, verzweigten Ketten eng aneinander und bilden oft faserartige Strukturen. Zellulose wird von den Pflanzen zum Aufbau ihrer Zellwände genutzt. Durch Ein- und Auflagerungen lassen sich ihre Eigenschaften weiter abwandeln. So entsteht zum Beispiel gemeinsam mit eingelagertem Holzstoff eine sehr festes Material, das *Holz*. Auch für den Menschen ist Zellulose ein wichtiger Stoff. Wir stellen aus ihm Papier und Zellstoff her. Die weißen Samenhaare der Baumwolle liefern den Hauptrohstoff für die Textilindustrie.

Die Pflanze kann den Traubenzucker auch in *Fruchtzucker* umwandeln. Diesen findet man in reifen Früchten wie Äpfeln, Birnen oder Weintrauben. Verknüpfen sich im Stoffwechsel ein Traubenzucker- und ein Fruchtzuckermolekül miteinander, entsteht ein neuer, häufig genutzter Zucker. Die Pflanze stellt diesen *Rohrzucker* als Speicherstoff her. Nutzbare Mengen finden sich in den Zucker liefernden Pflanzen wie Zuckerrohr, Zuckerrübe und Zuckerahorn.

Für den Aufbau von *Proteinen* benötigt die Pflanze neben der Glucose auch stickstoffhaltige Mineralsalze aus dem Boden. Mit den gebildeten Eiweißen werden zum Beispiel Membranen oder Enzyme in der Pflanzenzelle aufgebaut. Außerdem dienen Proteine wieder als Speicherstoff in Samen und Früchten. Typische Eiweiß liefernde Pflanzen sind Erbsen, Bohnen, Sojabohnen und Linsen.

Fette bestehen aus den gleichen chemischen Elementen wie Kohlenhydrate. Sie enthalten Kohlenstoff, Wasserstoff und Sauerstoff und können durch Umbauprozesse aus Traubenzucker aufgebaut werden. Auch sie dienen vor allem der Stoff- und Energiespeicherung und sind oft in Samen und Früchten zu finden. Bekannte Beispiele, die auch vom Menschen genutzt werden, sind Öl liefernde Pflanzen wie Sonnenblume, Raps, Walnuss und Olive.

Neben Stoffen, die für den Bau und die Funktion von Zellen und Organen wichtig sind, produzieren Pflanzen noch weitere **sekundäre Pflanzenstoffe** mit Sonderfunktionen. Zu solchen Stoffen zählen zum Beispiel *Farb- und Duftstoffe*. Diese spielen bei Samenpflanzen eine große Rolle und locken potenzielle Bestäuber und Fruchtverbreiter an. Bekannte Beispiele sind duftende Rosen- und Lavendelsträucher. *Harze, Kautschuk* und *Gerbstoffe* dienen dagegen der Abwehr von Fressfeinden. Sie schrecken entweder durch ihren bitteren Geschmack ab oder verkleben die Mundwerkzeuge des Angreifers. Auch solche Stoffe werden vom Menschen zum Beispiel in der Textil- und Farbstoffindustrie genutzt. Naturkautschuk stammt fast ausschließlich vom Kautschukbaum. Der weiße Milchsaft wird, ähnlich wie unser Kiefernharz, durch Anritzen der Bäume gewonnen. Kautschuk wird weltweit zur Herstellung von Gummi genutzt. Einige *Bitter- und Scharfstoffe* sind in Heil- und Gewürzpflanzen wie Bitterklee, Kümmel, Pfeffer und Chili enthalten. Sie wirken oft Appetit und Verdauung fördernd.

Aus manchen *Pflanzengiften* wie den Stoffen im Roten Fingerhut, im Maiglöckchen oder in der Mistel lassen sich Medikamente herstellen. Sie werden zum Beispiel bei Herzbeschwerden oder in der Krebstherapie eingesetzt.

Kakao, Kaffee und Tee zählen zu den Genussmittel liefernden Pflanzen. Sie enthalten Stoffe wie Koffein oder Theobromin, die eine besondere Wirkung auf den Menschen haben. In vernünftigen Mengen konsumiert, machen sie uns zum Beispiel wacher und steigern Leistung und Wohlbefinden.

1 Recherchiert im Internet und in Fachbüchern konkrete Beispiele für Nutzpflanzen mit verschiedenen Inhaltsstoffen. Gestaltet mit eurem Material Steckbriefe, Poster oder eine Ausstellung, die ihr in der Klasse präsentiert.

1 **Folgeprodukte der Fotosynthese**

2.4 Mitochondrien sind Orte der Zellatmung

In schattigen Laubwäldern wächst der Aronstab. Sein auffälliger Blütenstand besteht aus einem tütenförmigen Hochblatt, das einen braunvioletten Kolben umschließt. Dieser Kolben kann eine beachtliche Wärme entwickeln. Die Temperatur im Kessel kann bis auf 16 °C über die Außentemperatur ansteigen. Durch diese Wärme werden Geruchsstoffe aus dem Kolben verbreitet und dadurch Insekten zur Bestäubung angelockt.

Als »Brennstoff« dient die in den Zellen des Kolbens gespeicherte Stärke. Zuerst wird diese in Traubenzucker zerlegt. Die Zuckermoleküle werden anschließend durch eine Reihe von aufeinanderfolgenden chemischen Reaktionen und mit Hilfe von Sauerstoff zu Kohlenstoffdioxid und Wasser umgewandelt. Bei diesen Vorgängen wird Energie frei. Etwa ein Drittel dieser frei werdenden Energie kann die Pflanze für alle Lebensprozesse wie Wachstum, Bewegung, Stoffaufbau und Stofftransport nutzen. Der Rest der in den Ausgangsstoffen enthaltenen Energie wird als Wärme frei. Auch Tiere, Menschen und andere Lebewesen erhalten durch den Abbau von Glucose und anderen organischen Stoffen ihre notwendige Energie. Der ganze Prozess des Glucoseabbaus wird als Zellatmung bezeichnet. Die folgende Gleichung fasst diesen Prozess zusammen:
$C_6H_{12}O_6 + 6\,H_2O + 6\,O_2 \rightarrow 6\,CO_2 + 12\,H_2O$

Neben diesem Vorgang der Zellatmung gibt es bei den Lebewesen auch noch andere chemische Reaktionen, die der Energiegewinnung dienen, beispielsweise die Gärung. Auch hierbei wird Energie für die Lebensvorgänge in der Zelle gewonnen. Alle diese Stoff- und Energiewechselprozesse, in deren Verlauf energiereiche organische Stoffe zur Energiegewinnung zu energiearmen, anorganischen oder organischen Stoffen abgebaut werden, gehören zur **Zellatmung** oder **Dissimilation.**

Die Zellatmung findet in den nur 1/1000stel Millimeter großen **Mitochondrien** statt. Der innere Aufbau dieser Zellbestandteile konnte erst mit dem Elektronenmikroskop genauer untersucht werden. Mitochondrien werden von einer inneren und einer äußeren Membran begrenzt. Die äußere ist glatt, während die innere Membran stark gefaltet ist. Auf ihr befinden sich die für die Zellatmung benötigten Stoffe. Durch die Faltung ist die Oberfläche der inneren Membran stark vergrößert wodurch die Leistung des Mitochondriums erheblich gesteigert wird. Auch der Zwischenraum zwischen den beiden Membranen spielt für die Zellatmung eine wichtige Rolle. Mitochondrien werden aufgrund ihrer Funktion als »Kraftwerke« der Zelle bezeichnet.

1 Vergleiche den Stoff- und Energieumsatz bei Fotosynthese und Zellatmung. Erläutere die Bedeutung dieser Stoffwechselvorgänge für die Lebewesen.

2 Erläutere den Zusammenhang zwischen Fotosynthese und Zellatmung. Entwickle dazu ein einfaches Schema zur Veranschaulichung.

3 Sowohl in Chloroplasten als auch in Mitochondrien befindet sich im Innenraum eine stark gefaltete Membran. Erläutere.

4 Finde Beispiele, wie Pflanzen die durch Zellatmung gewonnene Energie nutzen.

1 Aronstab

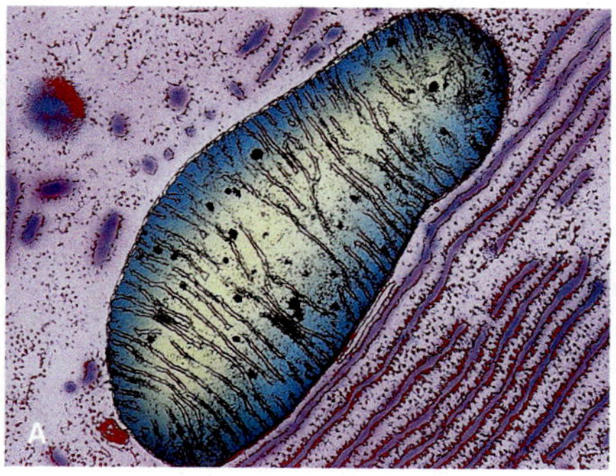

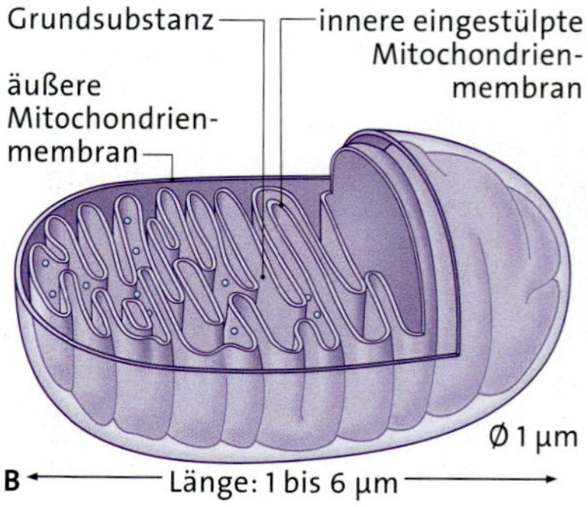

2 Mitochondrium. **A** elektronenmikroskopische Aufnahme; **B** Schema

2.5 Ohne Mineralstoffe kein Pflanzenwachstum

Aus Erfahrung weißt du: Zimmerpflanzen brauchen Licht und Wasser. Doch auch bei ausreichender Versorgung damit sehen viele Pflanzen nach einiger Zeit nicht mehr »gesund« aus. Woran liegt das?

Die Pflanzen brauchen für ein optimales Wachstum *Mineralstoffe,* die sie in Wasser gelöst über die Wurzeln aufnehmen. Wichtige Mineralstoffe sind unter anderem chemische Verbindungen mit Calcium, Kalium, Phosphor, Stickstoff, Magnesium, Eisen und Schwefel. Die Stickstoffverbindungen nennt man *Nitrate,* die Phosphorverbindungen *Phosphate.* Alle diese Elemente sind für die Ernährung der Pflanzen von Bedeutung. Das Gedeihen der Pflanzen hängt davon ab, ob alle notwendigen Mineralstoffe in ausreichender Menge vorhanden sind. Fehlt auch nur einer, beginnen die Pflanzen zu kränkeln. Es kommt zu **Mangelerscheinungen.** Die Pflanzen kümmern und gehen ein. Dabei kann der Mangel an einem Mineralstoff nicht durch einen Überschuss eines anderen Mineralstoffs ausgeglichen werden. Die rechts abgebildete Minimum-Tonne veranschaulicht dies. Sie kann nur bis zur Höhe der kürzesten Brettes gefüllt werden. Schüttet man mehr hinein, fließt der überschüssige Inhalt hinaus. Man bezeichnet diesen von Justus LIEBIG um 1850 erkannten Sachverhalt als das **Gesetz des Minimums.**

Fehlende Mineralstoffe kann man durch gezielte **Düngung** wieder hinzufügen, wobei die einzelnen Mineralstoffe in einem bestimmten Mengenverhältnis stehen müssen. Dies deutet die Daubenbreite an.

Mangelversuche zeigen, wie Pflanzen reagieren, wenn ihnen bestimmte Mineralstoffe fehlen. *Kalium* zum Beispiel reguliert den Wasserhaushalt und den Stoffwechsel. Beim Fehlen werden die Blätter schlaff und knicken. *Magnesium* ist zur Chlorophyllbildung erforderlich. Fehlt es, verfärben sich die Blätter. *Calcium* reguliert den Wasserhaushalt und ist Bestandteil der Zellwände. Bei einem Mangel bleiben die Pflanzen klein. Die Blätter werden bräunlich.

1 Sieh auf dem Etikett einer Flasche mit Pflanzendünger nach, welche Mineralstoffe dort aufgeführt sind. Welche Menge ist jeweils enthalten?

2 Werte die Kulturversuche mit Mais aus (Abbildung 1).

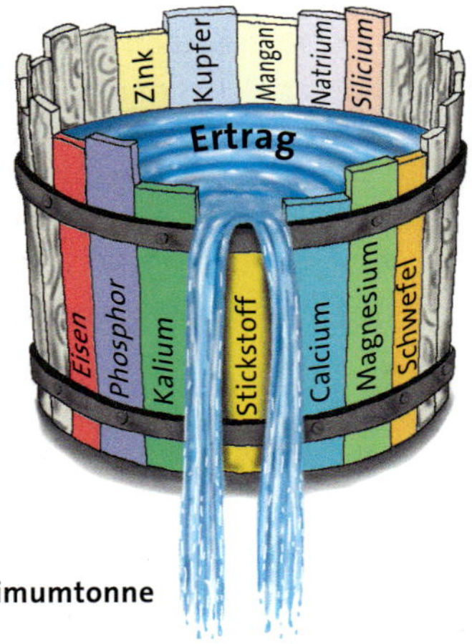

2 Minimumtonne

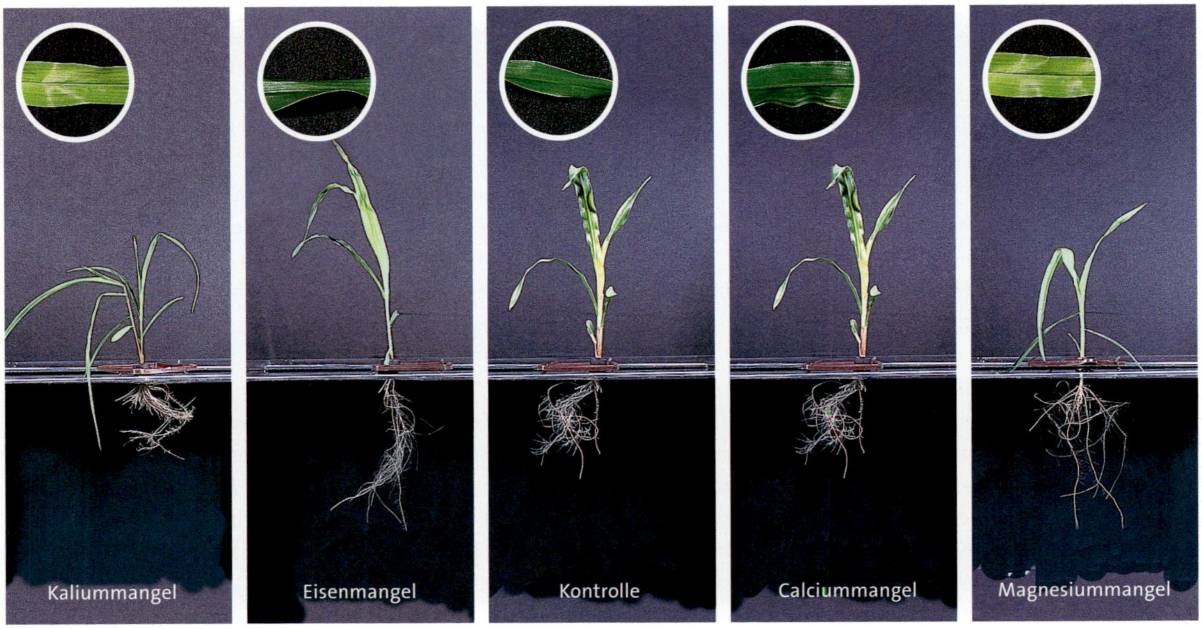

1 Kulturversuche mit Mais

Aufgaben und Versuche – Zellatmung und Pflanzeninhaltsstoffe

V1 Zellatmung und Temperatur

Material: Erbsen; flache Schale; Jogurtglas; 2 Thermometer; Wasser; Watte oder aus Styropor geschnittener passender Deckel für das Glas

Durchführung: Lass 20 g getrocknete Erbsen für etwa 10 h in einer wassergefüllten, flachen Schale quellen. Fülle die gequollenen Erbsen in ein Jogurtglas und stecke vorsichtig ein Thermometer in die Mitte des Glases. Verschließe das Glas mit Watte oder einem Styropordeckel, in den du vorher noch ein kleines Loch für das Thermometer stechen musst. Lass das Glas stehen, bis die Erbsen zu keimen beginnen.

Aufgabe: Bestimme die Temperatur der keimenden Erbsen und vergleiche sie mit der Raumtemperatur. Erkläre das Ergebnis.

V2 Zellatmung und Sauerstoff

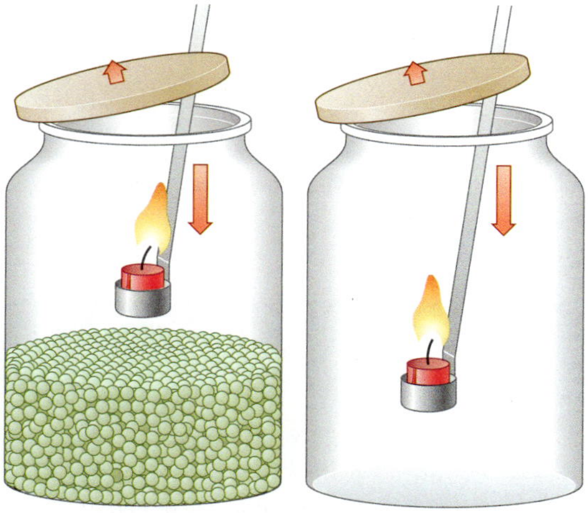

Material: Erbsen oder Bohnen; zwei hohe gleichgroße Gläser mit Deckel; Verbrennungslöffel mit Kerze; Wasser; flache Schale; Uhr mit Sekundenangabe

Durchführung: Lass die Erbsen oder Bohnen wie in V1 etwa 10 h quellen. Fülle dann etwa ein Drittel des ersten Glases mit den gequollenen Samen. Verschließe das Glas und lass es ein oder zwei Tage an einem warmen Ort stehen. Zünde dann die Kerze auf dem Verbrennungslöffel an. Öffne das Glas mit den gequollenen Samen vorsichtig, senke die Kerze hinein und bestimme die Zeit bis zu ihrem Erlöschen. Wiederhole den Versuch mit einem leeren Glas.

Aufgabe: Notiere und erkläre deine Beobachtungen.

V3 Kartoffelknollen atmen

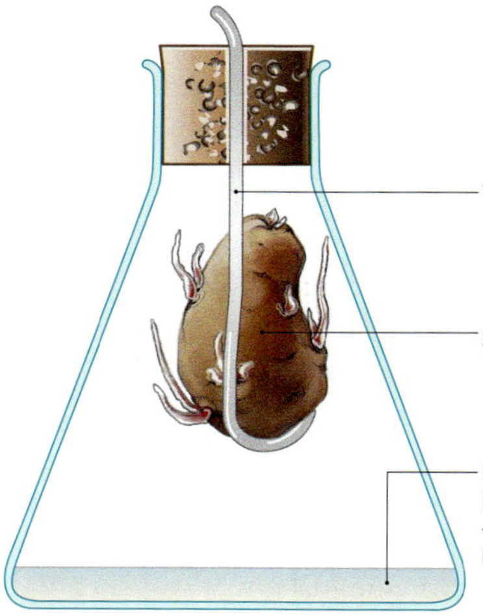

Material: Bariumhydroxid-Lösung (10%ig, ätzend!); Weithalserlenmeyerkolben mit passendem Stopfen; Draht; Verbrennungslöffel oder Bindfaden mit Nadel; Universalindikatorlösung; keimende Kartoffel

Durchführung: Fülle in den Erlenmeyerkolben 1 cm hoch Bariumhydroxid-Lösung ein und gib einige Tropfen Indikatorlösung dazu. Befestige die keimende Kartoffel entweder auf dem Verbrennungslöffel oder ziehe sie mit der Nadel auf einen Bindfaden. Verschließe dann den Kolben wie in der Abbildung gezeigt. Lass den Versuchsansatz für 1 bis 2 Tage an einem warmen Ort stehen.

Aufgaben:

a) Fertige ein Versuchsprotokoll an. Orientiere dich dabei an der Methodenseite 22. Beachte, dass sich mit einem Universalindikator durch Farbveränderungen Basen und Säuren nachweisen lassen. Verbindet sich Kohlenstoffdioxid mit Wasser, so bildet sich dabei Kohlensäure, die die Base Bariumhydroxid neutralisieren kann.

b) Kartoffelknollen speichern einen Stoff, der erst zu Glucose für die Zellatmung abgebaut werden muss. Plane ein Experiment, mit dem du diesen Stoff nachweisen kannst. Führe das Experiment nach Bestätigung deiner Planung durch den Fachlehrer durch. Protokolliere deine Ergebnisse.

V1 Eiweißnachweis

Material: Reagenzgläser, verdünnte Natronlauge (10 %), Kupfersulfatlösung (1 %), Reagenzglasklammer, Brenner, Siedesteinchen; Eiweißhaltige Pflanzenteile, z. B. Kartoffelpresssaft, Bohnensamen, Getreidekörner

Durchführung: Die Pflanzenteile werden zerkleinert und in je ein Reagenzglas gegeben. Dann werden jeweils 1 ml verdünnte Natronlauge, einige Tropfen Kupfersulfatlösung und einige Siedesteinchen hinzugefügt. Die Mischung wird leicht geschüttelt und über dem Brenner vorsichtig erhitzt.

Aufgabe: Notiere und erkläre deine Beobachtungen.

V2 Stärkenachweis in Pflanzenteilen

Material: Uhrglasschälchen, Iod-Kaliumiodidlösung, Pipette, Spatel, Mörser mit Pistill verschiedene Pflanzenteile oder Nahrungsmittel aus Pflanzen, wie gequollene Bohnen, gequollene Maiskörner, Brot, Nudeln

Durchführung: Entferne von den Pflanzensamen die Samenschale und zerkleinere sie anschließend im Mörser, gib von den zerkleinerten Pflanzensamen und den zu untersuchenden Lebensmitteln jeweils eine Probe auf ein Uhrglasschälchen. Tropfe mit der Pipette jeweils ein bis zwei Tropfen Iod-Kaliumiodidlösung auf die Probe.

Aufgabe: Überprüfe, ob in den untersuchten Substanzen Stärke enthalten ist. Protokolliere deine Ergebnisse.

V3 Fettnachweis mit der Fettfleckprobe

Material: Filterpapier, Pipette, Mörser mit Pistill, Fön, verschiedene Pflanzensamen, z. B. Raps, Sonnenblume, Haselnuss

Durchführung: Teile mit einem Bleistift das Filterpapier in vier gleiche Teile. Schreibe in drei der Teile den Namen einer der zu untersuchenden Substanzen, in den vierten Teil Wasser. Zerquetsche im Mörser die zu untersuchenden Samen, so dass etwas Flüssigkeit entsteht. Tropfe jeweils etwas von diesen Flüssigkeiten auf das vorbereitete Filterpapier. Gib zuletzt in das Viertel mit der Beschriftung »Wasser« einen Tropfen Wasser. Halte das Papier gegen das Licht. Trockne anschließende das Filterpapier und halte es erneut gegen das Licht.

Aufgabe: Notiere und erkläre deine Beobachtungen.

V4 Glucosenachweis mit der Fehlingprobe

Material: Reagenzgläser, 1 großes Becherglas für das Wasserbad, Heizplatte oder Brenner mit Dreifuß und Drahtnetz, Fehling-I- und Fehling-II-Lösung verschiedene Pflanzenteile, z. B. zerkleinerte Zwiebel, Traubensaft, pürierter Apfel

Durchführung: Gib 1 ml Fehling-I- und 1 ml Fehling-II-Lösung in ein Reagenzglas, schüttle etwas und füge etwas von der auf Glucose zu untersuchenden Substanz hinzu. Stelle das Reagenzglas in ein Wasserbad und erhitze es vorsichtig. Wiederhole das Experiment mit den anderen zu untersuchenden Substanzen

Aufgabe: Protokolliere deine Beobachtungen und fertige ein gemeinsames Protokoll für alle untersuchten Substanzen an.

3 Stoffwechsel bei Pilzen und Bakterien

3.1 Manche Pilze nutzen dem Menschen

Schon vor mehr als 5000 Jahren haben die Menschen in Vorderasien **Wein** hergestellt. Doch erst in der zweiten Hälfte des 19. Jahrhunderts entdeckte man, dass **Hefen** Traubensaft in ein alkoholisches Getränk umwandeln. Hefen sind **einzellige Pilze.** Unter dem Mikroskop erkennt man einzelne kugelige oder ovale Zellen, die gelegentlich zu lockeren Zellketten verbunden sind. Zur Vermehrung teilt sich der Zellkern. Ein Kern wandert in eine knospenartige Ausstülpung der Zellwand. Schließlich bildet die heranwachsende Tochterzelle eine Trennwand und löst sich von der Mutterzelle. Diese Art der Vermehrung heißt *Sprossung.*

Im Gegensatz zu den meisten anderen Lebewesen verfügen Hefen über die Fähigkeit, Zucker auch ohne Zufuhr von Sauerstoff zur Energiefreisetzung abzubauen. Bei dieser besonderen Form des Zuckerabbaus, die man **Gärung** nennt, entstehen Alkohol und Kohlenstoffdioxid nach der folgenden Reaktionsgleichung:

$$C_6H_{12}O_6 \rightarrow 2\ C_2H_5OH + 2\ CO_2 + 2\ H_2O$$

Auch heute noch erzeugen die Winzer den Wein grundsätzlich auf die gleiche Weise wie im Altertum: Man lässt aus Trauben gepressten Saft in Gefäßen gären. Während man früher auf die Hefen angewiesen war, die sich auf der Schale der Weinbeeren befanden, setzt der Winzer heute speziell gezüchtete Hefen dem Traubensaft zu. Schimmelpilze sind für den Winzer vorwiegend Schädlinge. Die Ausnahme bildet eine Art von Grauschimmel: Bei trockener Witterung bewirkt er die »*Edelfäule*«, die zu einem höheren Zuckergehalt der reifen Weinbeeren führt. Der aus diesen Trauben gewonnene »Beerenauslese«-Wein wird besonders geschätzt.

Vor etwa 8000 Jahren lernten die Sumerer und Babylonier aus keimenden Getreidekörnern **Bier** zu brauen. 2000 Jahre später entdeckten dann ägyptische Bäcker, dass das bei der Gärung entstehende Kohlenstoffdioxid geeignet ist, Teig aufzulockern: Sie stellten unter Verwendung von Bier **Sauerteig** her. Da die Tätigkeit der Hefen auch den Geschmack verbessert, war das unter Verwendung von Sauerteig gebackene **Brot** den herkömmlichen Fladen weit überlegen. Heute ist industriell kultivierte reine *Bäckerhefe* Grundlage der Qualität unseres Brotes.

Die Herstellung von **Käse** beginnt damit, dass Bakterien die Milch sauer werden lassen. Häufig wird der Rohkäse anschließend mit Pilzsporen beimpft. Bei Brie oder Camembert wachsen Weißschimmelpilze auf der Oberfläche, bei Blauschimmelkäse werden Luftkanäle in den Käse gestochen, sodass der Pilz auch im Inneren zu finden ist. Die Pilze geben den Käsesorten ihr charakteristisches Aroma.

Heute werden Schimmelpilze vielfältig industriell genutzt. So dienen Pinselschimmel der Erzeugung von **Penicillin.** Schwarzer Gießkannenschimmel stellt **Citronensäure** für Limonaden her.

1 Begründe, warum jedem Brotteig Zucker zugefügt wird.

2 Plant eine Ausstellung zum Thema »Nutzung von Bakterien und Pilzen durch den Menschen«. Bringt passende Produkte in die Schule mit und gestaltet Informationstexte. Arbeitet in Gruppen zu drei bis vier Schülern.

1 Anwendungen von Pilzen. **A** Brot, Käse und Wein – hergestellt mit Hilfe von Pilzen; **B** Zellen der Bäckerhefe; **C** Edelfäule an Weinbeeren; **D** Schwarzer Gießkannenschimmel

Methode Internetrecherche

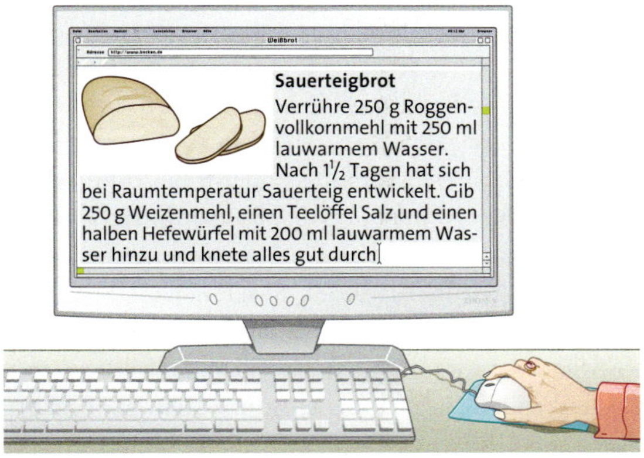

Die Tipps auf dieser Seite sollen dir helfen, im Internet gezielt Informationen zu finden und diese dann zu nutzen. Wenn du zum Beispiel wissen möchtest, welche Mikroorganismen für die Sauerteigbildung verantwortlich sind, wirst du im Internet sicher das Richtige finden.

Tipp: Ziel verfolgen

- Suche in einer begrenzten Zeit nur nach Sauerteigrezepten und dazugehörigen Mikroorganismen. Surfe nicht zu anderen Seiten.
- Schließe alle Fenster mit Werbung. Gib nirgends persönliche Angaben ein.

Tipp: Suchen

- Benutze eine *Suchmaschine.*
- Schreibe die Suchwörter mit richtiger Rechtschreibung. Beachte die unterschiedlichen Eingabemöglichkeiten der Suchmaschinen.
- Gib spezielle *Suchwörter* oder *Kombinationen* davon ein. Probiere »Sauerteig Bakterien«, »Sauerteig Mikroorganismen«, oder »Sauerteigbrot Rezept« aus. So erhältst du jeweils eine überschaubare Menge *Internetadressen* zu diesen Themen. Die Suchmaschinen sortieren die Seiten zu den Stichwörtern und geben einen kurzen Einblick in den Inhalt. Die passenden Seiten stehen oft am Anfang der Trefferlisten. Gibst du nur ein allgemeines Stichwort wie »Bakterien« ein, werden oft tausende von Seiten angezeigt.
- Wenn du eine gute Seite über Sauerteig gefunden hast, gibt es dort manchmal *Links* zu anderen Internetseiten. Oft lohnt es sich, solche *Verweise* zu verfolgen.

Tipp: Prüfen und Auswählen

- Prüfe, ob die Seite das enthält, was du suchst.
- Prüfe, ob die Seite für dich verständlich ist.
- Prüfe, wer die Seite anbietet, zum Beispiel eine Firma, eine Behörde, ein Verein oder privat.
- Prüfe, wie aktuell die Seite ist. Gibt es ein Datum?
- Prüfe die Qualität der Seite. Ist sie gut gestaltet und übersichtlich? Funktionieren die Links? Enthält der Text keine groben Fehler?
- Beachte, dass das Internet auch viel Falsches bietet, was nicht immer leicht zu erkennen ist. Vergleiche die Informationen von verschiedenen Seiten. Stimmen die Aussagen zum Sauerteig überein oder widersprechen sie sich? Welche Aussage erscheint dir glaubwürdiger?

Suchmaschinen
www.google.de
www.yahoo.de
www.blinde-kuh-de
www.altavista.de

Favoriten
www.nabu.de
www.naturdetektive.de
www.GEOlino.de
www.chemikus.de
www.wasistwas.de
www.deutschesmuseum.de
www.kinder-hd-uni.de
www.zoos.de

Tipp: Sammeln

- Speichere oft benutzte Adressen als *Lesezeichen (Favoriten).*
- Kopiere interessante Adressen zu deinem Thema in ein Textdokument. Schreibe darunter eine eigene kurze Notiz. Kopiere einen wichtigen Abschnitt, zum Beispiel ein Rezept, dazu.
- Drucke nur die Texte und Abbildungen aus, die du wirklich benötigst. Markiere beispielsweise einen Abschnitt und drucke das Markierte aus.

Tipp: Informationen verwerten

- Beachte, dass du fremde Texte und Bilder nicht als deine eigenen ausgeben darfst. Gib die *Quelle* an.

1 Erprobe und vergleiche verschiedene Suchmaschinen zu der selben Suchwortkombination.

2 Wähle ein Thema aus diesem Kapitel aus. Suche dazu eine Internetseite, die dir gut gefällt. Stelle die Seite vor. Gib ihre Adresse an. Gib auch an, von wem sie angeboten wird und wann sie erstellt wurde. Wie ist die Seite gestaltet? Fasse den Inhalt zusammen. Bewerte abschließend, was dir gut und was dir weniger gut gefällt.

3.2 Von der Gerste zum Bier

Die Kunst, aus keimenden Getreidekörnern ein berauschendes, alkoholisches Getränk zu bereiten, war schon im Altertum vor etwa 7000 Jahren v. Chr. weit verbreitet. Die alten Ägypter, Assyrer, Babylonier und Sumerer pflegten die Kunst des Brauens. Jedermann im Staat bekam eine bestimmte Menge an Bier zugeteilt, die herrschende Klasse bekam dabei ein besseres Bier als das »normale« Volk. Die Menschen hatten erkannt, dass es oftmals weniger gefährlich war, Bier zu trinken als Wasser. Im Bier konnten sich Krankheitserreger nicht vermehren und verbreiten, da bestimmte Bestandteile des Hopfens eine keimtötende Wirkung hatten. Um die Zeit ab Christi Geburt geriet das Getränk aber in den Verruf, barbarische Wirkung zu haben. Gallier und Germanen, die Feinde der Römer tranken Bier, die Mitglieder des römischen Imperiums bevorzugten dagegen Wein.

Im Mittelalter kam es zu einem Verfall der Bierkultur. Bierpanscher verwendeten Ochsengalle, berauschende Kräuter, Teer und Ruß, um das Bier herb, haltbarer und schmackhafter zu machen. Als der Verfall der Braukunst immer stärkere Ausmaße annahm, erließ im Jahre 1516 der Herzog Wilhelm IV. von Bayern das Reinheitsgebot. Bier durfte ab jetzt ausschließlich aus Gerste, Hopfen und Wasser gebraut werden. In Deutschland gilt diese älteste lebensmittelrechtliche Vorschrift noch heute. Hefe wird im Reinheitsgebot nicht erwähnt. Vermutlich wurde sie früher nicht extra zugesetzt, sondern die Gärung wurde durch natürlich vorkommende Hefen auf dem Hopfen ausgelöst.

Bier gehört bis heute zu den beliebtesten Getränken in Deutschland. Dabei gibt es mittlerweile eine Reihe von weiteren Verordnungen, die die Herstellung und den Verkauf regeln. Eine wichtige Rolle spielt dabei die so genannte Stammwürze. Man gibt die Stärke der Stammwürze vor der Vergärung in Prozent an. Eine Stammwürze von 12 Prozent bedeutet, dass in 1000 Gramm Bierwürze vor dem Vergären etwa 120 Gramm Eiweißstoffe, Mineralien, Vitamine und Aromastoffe enthalten waren, die aus Hopfen und Gerste stammten. Je nach Art des Biers schwankt die Stammwürze zwischen zwei und 28 Prozent. Die Biere werden vom Finanzamt nach ihrem Stammwürzgehalt in Einfachbiere, Schankbiere, Vollbiere und Starkbiere eingeteilt. In Deutschland werden am häufigsten Vollbiere getrunken. Sie machen 99 Prozent der verkauften Biere aus und haben einen Stammwürzgehalt von 11 bis 14 Prozent.

Sehr wichtig für die Herstellung von Bier ist die Verwendung einer geeigneten Hefe. Hefen sind kleine, meist einzellige Schlauchpilze. Man kennt von ihnen etwa 40 verschiedene Gattungen mit über 500 Arten. In der Natur besiedeln sie alle Stellen, an denen vergärbare, zuckerreiche Säfte frei werden. Sie wandeln dabei den aufgenommenen Zucker in einen Alkohol, das Ethanol, um, als Nebenprodukt entsteht dabei Kohlenstoffdioxid. Hefen vermehren sich meist ungeschlechtlich durch Zellsprossung. Aus einer Mutterzelle können so bis zu 20 Tochterzellen entstehen. Bei der Bierhefe dauert die Verdopplung durch Sprossung nur 90 Minuten. Nach der Art der verwendeten Hefe unterscheidet man in obergärige und untergärige Biere. Obergärige Hefe wird zum Beispiel für

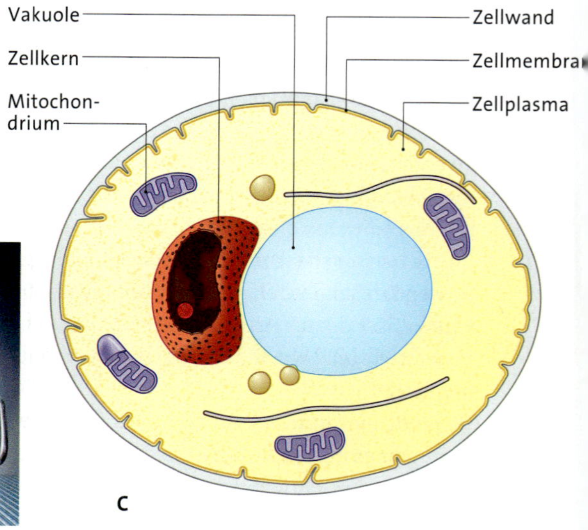

1 Von der Gerste zum Produkt. **A** Braugerste; **B** Verschiedene Biersorten; **C** Schematischer Bau der Hefezelle

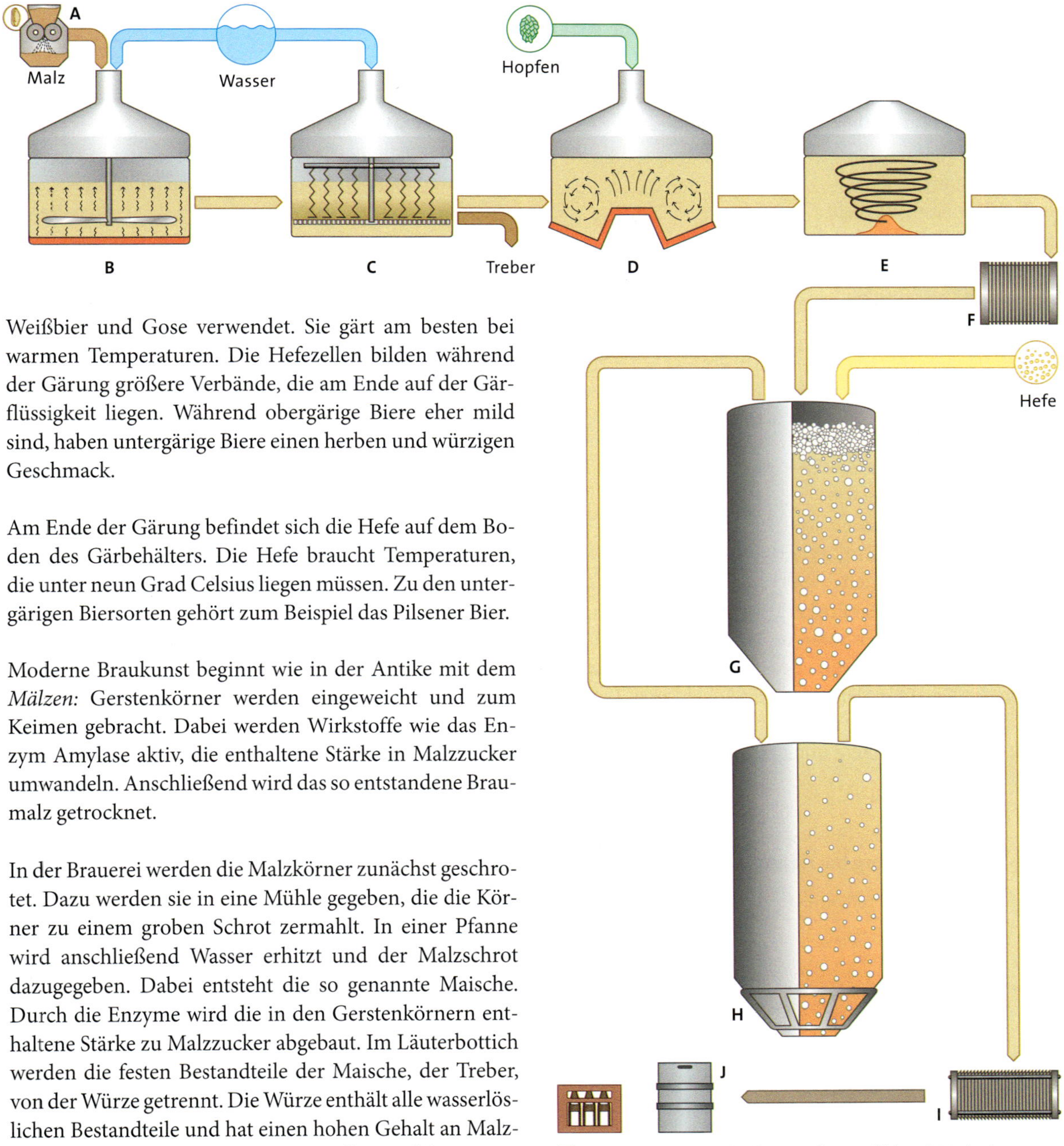

Weißbier und Gose verwendet. Sie gärt am besten bei warmen Temperaturen. Die Hefezellen bilden während der Gärung größere Verbände, die am Ende auf der Gärflüssigkeit liegen. Während obergärige Biere eher mild sind, haben untergärige Biere einen herben und würzigen Geschmack.

Am Ende der Gärung befindet sich die Hefe auf dem Boden des Gärbehälters. Die Hefe braucht Temperaturen, die unter neun Grad Celsius liegen müssen. Zu den untergärigen Biersorten gehört zum Beispiel das Pilsener Bier.

Moderne Braukunst beginnt wie in der Antike mit dem *Mälzen:* Gerstenkörner werden eingeweicht und zum Keimen gebracht. Dabei werden Wirkstoffe wie das Enzym Amylase aktiv, die enthaltene Stärke in Malzzucker umwandeln. Anschließend wird das so entstandene Braumalz getrocknet.

In der Brauerei werden die Malzkörner zunächst geschrotet. Dazu werden sie in eine Mühle gegeben, die die Körner zu einem groben Schrot zermahlt. In einer Pfanne wird anschließend Wasser erhitzt und der Malzschrot dazugegeben. Dabei entsteht die so genannte Maische. Durch die Enzyme wird die in den Gerstenkörnern enthaltene Stärke zu Malzzucker abgebaut. Im Läuterbottich werden die festen Bestandteile der Maische, der Treber, von der Würze getrennt. Die Würze enthält alle wasserlöslichen Bestandteile und hat einen hohen Gehalt an Malzzucker. Der Treber dient als wertvolles Viehfutter. Die Würze wird zusammen mit Hopfen in der Würzpfanne zum Sieden gebracht. Dabei treten einige Bestandteile des Hopfens wie Bitter- und Aromastoffe aus und gehen in die Würze über. Im Whirlpool werden Trübstoffe entfernt, danach kühlt die Würze ab und wird in den Gärtank gegeben. Dort kommt die Hefe dazu, die einen Teil des Zuckers in Ethanol und Kohlenstoffdioxid umwandelt. Im Lagertank reift das Jungbier anschließend noch einige Wochen. Letzte Reste der Hefe werden im Bierfilter abgetrennt, danach wird das Bier abgefüllt.

2 Moderne Brautechnik. A Schrotmühle; **B** Maischpfanne; **C** Läuterbottich; **D** Würzepfanne; **E** Whirlpool; **F** Würzekühler; **G** Gärtank; **H** Lagertank; **I** Bierfilter; **J** Abfüllung

1 Erläutere die Herstellung von Bier in einer modernen Brauerei. Orientiere dich an der Abbildung.

2 Begründe, dass die Würze erst abkühlen muss, bevor die Hefe dazugegeben wird.

3 Plane Experimente, mit denen sich zwei oder drei Inhaltsstoffe im Bier nachweisen lassen.

Aufgaben und Versuche Hefepilze nutzen

V1 Vergärung von Zucker durch Hefe

Material: Bäckerhefe; Haushaltszucker; Kalkwasser (Vorsicht ätzend!); lauwarmes Wasser; Erlenmeyerkolben mit durchbohrtem Stopfen; Glasstab; Gärröhrchen; Pipette; Schutzbrille

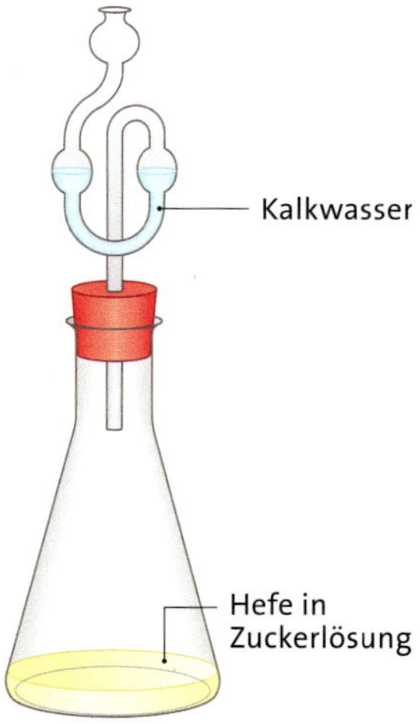

Durchführung: Löse im Erlenmeyerkolben 20 g Zucker in 150 ml Wasser. Teile den Hefewürfel in acht Teile und gib einen dieser Teile zu der Zuckerlösung. Verschließe nun den Kolben mit Stopfen und Gärröhrchen. Fülle anschließend mit Hilfe der Pipette 3 ml Kalkwasser in das Gärröhrchen. Lasse den Ansatz zwei Tage in einem warmen Zimmer stehen.

Aufgabe: Protokolliere und erkläre deine Beobachtungen.

A2 Fortpflanzung bei Hefen

A geschlechtliche Fortpflanzung

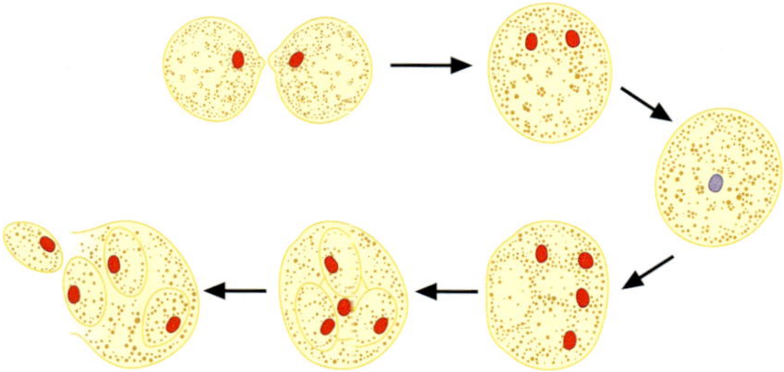

B ungeschlechtliche Fortpflanzung

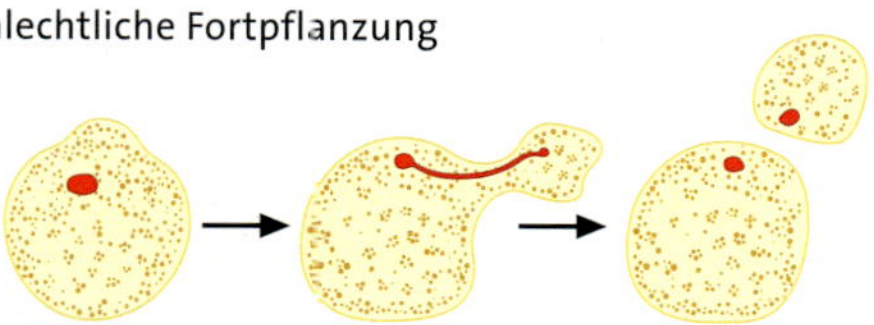

Aufgabe: Beschreibe die verschiedenen Fortpflanzungsformen der Hefe.

V3 Bierbrauen

Material: Wasserkocher; Wasser; Gärbehälter mit 10 Liter Inhalt und Auslauf mit Hahn (alternativ: 10-l-Wassereimer mit Auslauf und selbst gebastelten Hahn aus dem Aquariengeschäft); durchbohrter Deckel passend zum Gärgefäß; Gummistopfen; Gärröhrchen; Bierwürze-Konzentrat hell; Hopfenextrakt; untergärige Bierhefe; Waage; Haushaltszucker; Pipette; Bügelflaschen zum Abfüllen des Biers
Hinweis: Alle benötigten Materialien sind über das Internet unter www.bier-kwik-de beziehbar.

Durchführung: Spüle zunächst den Gärbehälter mit kochendem Wasser gründlich aus. Wiege danach auf der Waage genau 600 Gramm Bierwürzekonzentrat hell und 400 Gramm Zucker direkt in den Gärbehälter. Fülle anschließend drei Liter kochendes Wasser in den Gärbehälter und löse das Bierwürzekonzentrat und den Zucker *vollständig* auf. Fülle nun den Gärbehälter mit *kaltem* Wasser auf zehn Liter auf. Gib mit der Pipette genau einen Milliliter Hopfenextrakt dazu und rühre gut um. Anschließend wiegst du drei Gramm Hefe ab und streust sie über die gesamte Flüssigkeitsoberfläche. Rühre nach drei Minuten erneut um und setze den Deckel luftdicht auf. Befestige nun das Gärröhrchen mit dem Stopfen im Deckel-Loch und fülle Wasser bis zur Markierung in das Gärröhrchen. Lass den Behälter etwa sieben Tage ruhig stehen. Fülle das Bier danach in leere, gereinigte Bierflaschen, ohne Hefe dabei aufzuwühlen. Gib dann in jede Flasche etwa vier Gramm Zucker für die Nachgärung. Verschließe die Flaschen fest mit dem Bügel und bewahre sie für zehn Tage bei Zimmertemperatur auf. Kühle sie danach im Kühlschrank.

Aufgaben:

a) Beschreibe und erläutere die Vorgänge, die während der Hauptgärung ablaufen.

b) Erläutere, warum für die Nachgärung in der Flasche erneut Zucker, aber keine Hefe zugegeben wird.

3.3 Schimmelpilze verderben Nahrungsmittel

Mehrere Tage lang hatte das Toastbrot unbeachtet im Kühlschrank gelegen. Nun sieht man bereits durch die Verpackung hindurch, dass es ungenießbar geworden ist. Ein heller wattiger Filz überzieht die Scheiben; stellenweise sind sie blaugrün verfärbt: Das Brot ist *verschimmelt*, auf ihm wachsen **Schimmelpilze.**

Unter dieser Bezeichnung werden Pilze zusammengefasst, die eine Reihe gemeinsamer Eigenschaften aufweisen. Sie bilden keine Fruchtkörper. Ihre Vermehrung erfolgt überwiegend oder ausschließlich ungeschlechtlich durch Sporen. Diese werden beim *Köpfchenschimmel* in besonderen Behältern gebildet. Beim *Pinselschimmel* und beim *Gießkannenschimmel* entstehen am Ende bestimmter Hyphen Ketten von Sporen. Ein weiteres Kennzeichen der Schimmelpilze ist ihre hohe Wachstumsgeschwindigkeit. Von der Sporenkeimung bis zur Bildung neuer Sporen vergehen nur wenige Tage. Dies erklärt, weshalb ein Nahrungsmittel, das heute noch völlig unverdorben aussieht, morgen schon vom typischen Luftmycel eines Schimmelpilzes überzogen sein kann. Wenige Tage später zeigen winzige gestielte schwarze Kugeln den Befall mit Köpfchenschimmel. Blaugrüne Sporen weisen auf Pinsel- oder Gießkannenschimmel hin. Schimmelpilze haben ihren natürlichen Lebensraum im Boden, wo sie sich von verwesenden Materialien ernähren. Die Lebensmittel des Menschen stellen für sie ideale Nährböden dar. Nicht nur Brot, sondern auch reifes Obst, Milchprodukte und Fleischwaren werden von Schimmelpilzen befallen. Da ihre Sporen fast jederzeit und überall in der Luft vorkommen, ist es kaum möglich, Lebensmittel ohne besondere Maßnahmen vor dem Befall zu bewahren.

Schimmelpilze benötigen ausreichend Feuchtigkeit. Konservierungsmethoden versuchen Lebensmittel durch Feuchtigkeitsentzug vor Schimmel zu schützen.

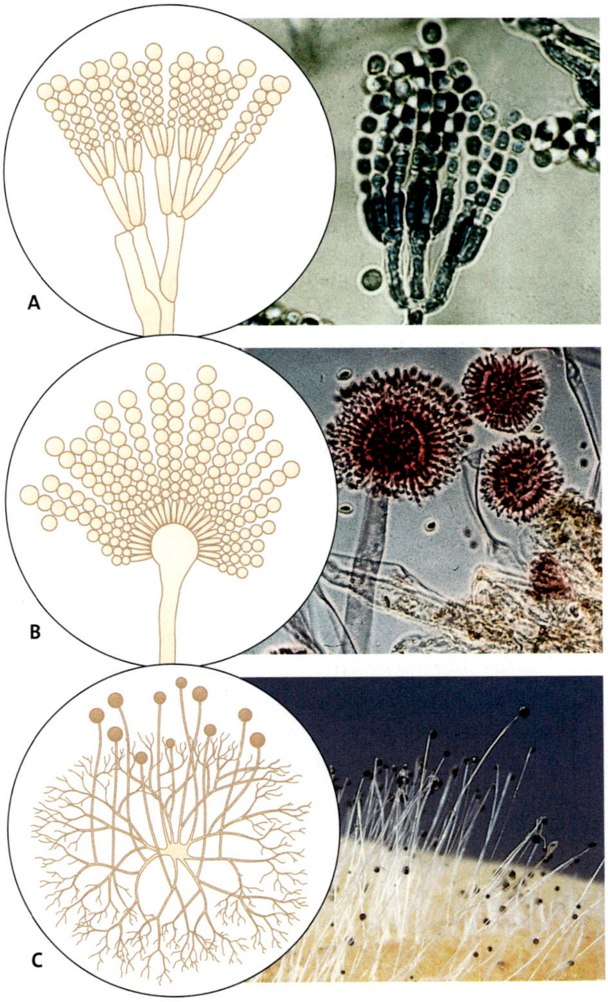

2 Schimmelarten. A Pinselschimmel; **B** Gießkannenschimmel; **C** Köpfchenschimmel

1 Erläutere, warum verpacktes Brot leichter verschimmelt als unverpacktes.

2 Entwirf eine Mindmap zu Konservierungsmethoden, die Schimmelpilzen und Fäulnisbakterien die Lebensgrundlage entziehen.

1 Brot verschimmelt

3.4 Menschen nutzen Bakterien

Frischmilch wird schon nach kurzer Zeit dickflüssig und sauer, wenn man sie offen stehen lässt, es bildet sich Sauermilch. Ursache dafür sind **Milchsäurebakterien,** die Milchzucker zu Milchsäure abbauen. Man bezeichnet diesen Vorgang als *Milchsäuregärung.* Die ausgeschiedene Milchsäure lässt die Eiweißstoffe der Milch gerinnen, die Milch wird dick. Zusätzlich verhindert die Milchsäure das Wachstum von Fäulniserregern. Durch die Verwendung unterschiedlicher Milchsäurebakterien entstehen Sauermilch, Jogurt oder Kefir. Auch bei der Herstellung von Käse spielt die Milchsäuregärung eine wichtige Rolle. Es werden hier noch zusätzliche Stoffe zugegeben, um die Gerinnung der Milch zu beschleunigen. Bei der Reifung können bestimmte Schimmelpilze den Geschmack und das Aussehen des Käses wesentlich beeinflussen.

Auch Gemüse kann durch Gärung haltbar gemacht werden. Dazu wird es zuerst in Salzwasser eingelegt, wodurch ihm Wasser entzogen wird. Die anhaftenden Milchsäurebakterien vermehren sich und es kommt zu einer langsamen Gärung. Auf diese Weise werden Sauerkraut, Gurken und Oliven haltbar gemacht.

Möchte man dagegen Frischmilch haltbar machen, müssen die Milchsäurebakterien abgetötet werden. Dazu muss die Milch für kurze Zeit auf 75 Grad Celsius erhitzt werden. Man nennt dieses Verfahren nach seinem Entdecker, Louis PASTEUR, Pasteurisieren. Dabei überleben allerdings die Sporen der Bakterien. Erst bei 120 Grad Celsius werden auch diese sicher abgetötet. Diesen Vorgang nennt man Sterilisieren. Essig entsteht ebenfalls durch Bakterien. Hier wandeln **Essigsäurebakterien** den Alkohol des Weins in Essigsäure um.

Neben der Herstellung von Nahrungsmitteln werden Bakterien auch zur Herstellung von Aroma- und Geschmacksstoffen genutzt. Bekanntestes Beispiel ist die Sojasoße, die durch Vergären einer Mischung von gesalzenen Sojabohnen und Weizenkörnern entsteht. Neben einigen Schimmel- und Hefepilzen übernehmen auch hier Bakterien die Hauptarbeit bei dem acht bis zwölf Monate andauernden Gärungsprozess.

Bakterien werden aber nicht nur zur Herstellung von Nahrungsmitteln genutzt. Ebenso wichtig sind sie bei der Herstellung von sogenannten Industriechemikalien. So stellt man mit Hilfe von Bakterien große Mengen Eiweiß spaltender Stoffe als Hilfsmittel für moderne Waschmittel her. Diese Enzyme sind besonders unempfindlich gegen Hitze und Laugen. Auch an der Herstellung hochwirksamer Arzneimittel wie bestimmter Impfstoffe oder Hormone sind Bakterien beteiligt.

Bakterien können auch bei der Reinigung kupferhaltiger Industrieabwässer oder dem Aufschluss von Erzen mit geringen Kupfermengen helfen. Sie entziehen dem Abwasser die giftigen Kupfersalze. So kann das wertvolle Metall wieder in den Produktionsprozess zurückgeführt werden.

1 Begründe,dass Jogurt haltbarer als Frischmilch ist.

2 Nenne Produkte, bei denen der Mensch Milchsäurebakterien gezielt nutzt.

3 Gib Verwendungsmöglichkeiten für Essig an.

4 Erstelle eine Mindmap, die die Nutzung von Bakterien durch den Menschen darstellt. Recherchiere mindestens zwei weitere Beispiele, die im Text nicht erwähnt wurden.

1 Bakterien lassen Milch sauer werden. **A** Milch; **B** Sauermilch; **C** Milchsäurebakterien (mikroskopische Aufnahme)

Aufgaben und Versuche **Bakterien in Haushalt und Garten**

Benutze für alle Versuche im Haushalt gut gereinigte Geräte und Gefäße.

V1 Aus Vollmilch wird Sauermilch

Material: 250 ml frische Vollmilch; flache Schale; Mikrowellenfolie; Löffel

Durchführung: Gib die Milch in die Schale. Bedecke diese mit der Folie. Stelle die Schale 2 bis 3 Tage an einen warmen Ort (ca. 25 °C), bis die Milch dick geworden ist.

Aufgaben:

a) Erläutere, wie es zur Bildung von Dickmilch gekommen ist.

b) Beschreibe Beschaffenheit und Geschmack.

V2 Aus Milch wird Jogurt

Material: 500 ml H-Milch; 1 Becher Biojogurt; 1 Kochtopf; 6 kleine Schraubgläser mit Deckel (je ca. 100 ml); 1 Thermometer; Teelöffel; Herd

Durchführung: Erwärme die Milch im Topf langsam unter ständigem Rühren auf ca. 70 °C. Lass sie anschließend im zugedeckten Topf auf etwa 40 °C abkühlen. Gib in jedes Glas einen Löffel Jogurt und füge dann die etwa 40 °C warme Milch hinzu. Rühre um, sodass eine gleichmäßige Durchmischung entsteht. Verschließe die Gläser. Stelle sie 15 Minuten in einen auf 50 °C vorgeheizten Herd. Schalte den Herd ab. Lass die Gläser noch etwa 6 Std. im Herd stehen. Stelle sie dann kalt.

Aufgaben:

a) Erläutere, wie es zur Bildung des Jogurts gekommen ist und begründe die einzelnen Schritte.

b) Beschreibe Beschaffenheit und Geschmack.

V3 Aus Milch wird Quark

Material: 2 l Vollmilch; Klarsichtfolie; Schale; Leinenbeutel; Gummibänder; Topf; Löffel

Durchführung: Stelle nach **V1** Dickmilch her. Hänge den Leinenbeutel in den Topf und befestige ihn. Gieße die Dickmilch in den Beutel und lass sie abtropfen. Entnimm dem Beutel den frischen Quark.

Aufgabe: Erläutere, wie aus Milch Quark wird.

V4 Aus Weißkohl wird Sauerkraut

Material: 1 Weißkohl; Kochsalz; 1 Stampfer; Schüssel; großes Einmachglas mit Deckel; Untersetzer und Porzellanschale passend zum Durchmesser des Glases; Küchenhobel; Küchenbrett; Küchenwaage; Holzlöffel; Gabel; Ziegelstein

Durchführung: Schneide den Kohl in feine Streifen. Gib die Schnitzel in die Schale und vermische diese mit dem Salz. Man rechnet 2 bis 3 g Salz pro 100 g. Gib den Kohl schichtweise in das Glas und stampfe die Schichten jedesmal fest in das Glas. Im ¾ gefüllten Glas soll der Kohl vom eigenen Saft bedeckt sein. Lege nun den Untersetzer oben auf. Presse die Porzellanschale auf den Untersetzer. Verschließe das Glas mit dem Glasdeckel, indem die Porzellanschale noch etwas niedergedrückt wird und beschwere den Deckel mit dem Ziegelstein. Stelle den Weißkohl etwa 14 Tage an einen kühlen Ort.

Aufgaben:

a) Beobachte während der nächsten 14 Tage die Vorgänge im Glas. Beschreibe diese.

b) Beschreibe, wie sich der Kohl nach 14 Tagen verändert hat.

c) Entnimm dem Glas eine Kostprobe und beschreibe das Ergebnis.

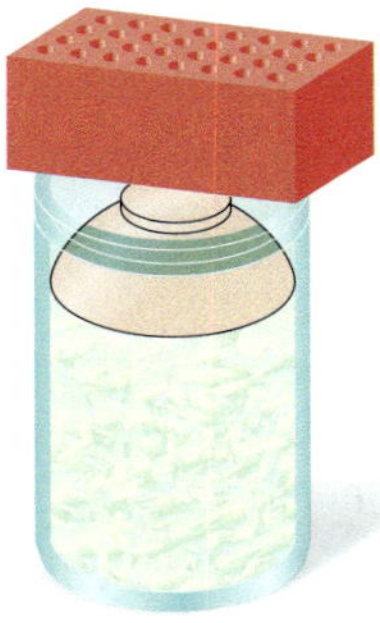

V5 Zersetzung von Gartenabfällen

Material: frischer Rasenschnitt; großer Karton; Thermometer (bis 100 °C)

Durchführung: Schneide in die Seiten des Kartons mehrere große Löcher. Fülle den Karton randvoll mit Rasenschnitt.

Aufgaben:

a) Prüfe über mehrere Tage morgens, mittags und abends die Temperatur im Grasschnitt. Vergleiche diese mit der Außentemperatur. Notiere.

b) Erläutere die Ergebnisse aus Aufgabe a).

Zusammenfassung Lebensprozesse von grünen Pflanzen, Pilzen und Bakterien

Basiskonzept System

Jedes Lebewesen, aber auch jede Zelle, besteht aus verschiedenen Bestandteilen. Diese Bestandteile unterscheiden sich in vielen Eigenschaften, stehen aber in engen Wechselbeziehungen untereinander.

Eine Pflanzenzelle enthält sowohl Chloroplasten als auch Mitochondrien. Die Vorgänge, die in diesen beiden Zellorganellen ablaufen, haben für die Zelle und die gesamte Pflanze grundlegende Bedeutung.

Die Ausgangsstoffe der Zellatmung, die Glukose und der Sauerstoff, sind die Endprodukte der Fotosynthese. Umgekehrt sind die Ausgangsstoffe der Fotosynthese, Kohlenstoffdioxid und Wasser, die Endprodukte der Zellatmung. Innerhalb der Zelle, aber auch innerhalb der Pflanze, können diese Stoffe von einer Zelle zur anderen oder von einem Zellorganell zum anderen gelangen und dort in die Stoffwechselprozesse eingehen. Dadurch stehen diese Stoffwechselprozesse in der Pflanze, aber auch in der einzelnen Zelle, untereinander in Verbindung.

Beide Stoffwechselprozesse müssen in der Pflanze ablaufen, damit alle Lebensvorgänge stattfinden können. Hier charakterisieren also die Vorgänge des Stoffwechsels das System Zelle und das System Pflanze.

Die Stoff- und Energiewechselprozesse der Organismen lassen sich weiter trotz aller Vielfalt grundsätzlich in den aufbauenden Stoffwechsel, Assimilation, und den abbauenden Stoffwechsel, Dissimilation, untergliedern. Bei der Assimilation werden aus körperfremden Stoffen körpereigene Stoffe aufgebaut.

Man unterscheidet dabei die autotrophe und die heterotrophe Assimilation. Heterotrophe Organismen wandeln unter Energieverbrauch körperfremde organische Stoffe in körpereigene organische Stoffe um. Autotrophe Organismen dagegen nehmen anorganische Stoffe auf und wandeln sie unter Energieverbrauch in körpereigene organische Stoffe um. Bei der Fotosynthese zum Beispiel wird die Lichtenergie der Sonne durch das Chlorophyll genutzt.

Im abbauenden Stoffwechsel werden energiereiche organische Stoffe zu energiearmen organischen und anorganischen Stoffen abgebaut. Dabei wird Energie freigesetzt. Bei der Zellatmung zum Beispiel werden energiereiche organische zu energiearmen, anorga-

1 Zellen stehen in Kontakt

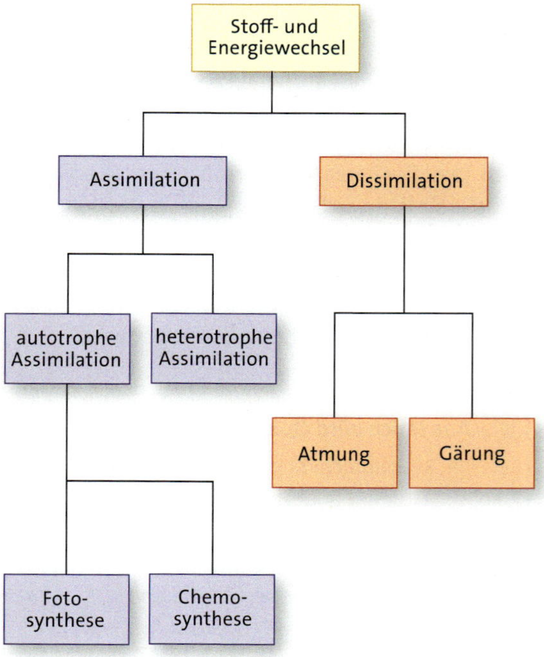

2 Übersicht über die Stoffwechselvorgänge

nischen Stoffen abgebaut. Erfolgt dieser Abbau unter Sauerstoffmangel, findet wie bei manchen Hefen alkoholische Gärung statt, bei der relativ energiereiche organische Endprodukte erhalten bleiben.

Basiskonzept Struktur und Funktion

Die Fotosynthese läuft in den Chloroplasten ab. Die Chloroplasten sind durch eine äußere Membran vom Zellplasma abgegrenzt. Dadurch wird gewährleistet, dass die Stoffwechselvorgänge in den Chloroplasten nicht durch Stoffe aus dem Zellplasma beeinflusst werden. Gleichzeitig ist diese Membran aber für bestimmte Stoffe durchlässig, die für den Ablauf der Fotosynthese benötigt werden oder als Endprodukte entstehen und an die anderen Zellbestandteile oder andere Zellen abgegeben werden müssen.

Im Inneren des Chloroplasten befindet sich eine Vielzahl geldrollenartig übereinander liegender Membranstapel, in denen der grüne Blattfarbstoff Chlorophyll eingelagert ist. Diese Membranstapel haben eine sehr große Oberfläche im Vergleich zur äußeren Chloroplastenmembran. Deshalb enthalten diese Membranstapel sehr viele Chlorophyllmoleküle, die für die Umwandlung der Lichtenergie in chemische Energie (ATP) notwendig sind. Ein ähnliches Prinzip findet man, wenn man den Bau der Mitochondrien, den Ort der Zellatmung, betrachtet. Auch hier haben wir eine äußere Membran, die das Zellorganell von seiner Umgebung abgrenzt, gleichzeitig aber den Austausch der Ausgangsstoffe und Reaktionsprodukte der Zellatmung mit der Umgebung ermöglicht.

Auch bei den Mitochondrien ist im Inneren eine zweite Membran zu finden, die sehr starke Faltungen aufweist, die auch hier der Oberflächenvergrößerung dienen. In dieser inneren Membran befinden sich eine Vielzahl von Enzymen, die für den Ablauf der Atmungsvorgänge notwendig sind. Nur durch diese Vergrößerung der »inneren Oberfläche« der Mitochondrien ist eine ausreichende ATP-Produktion zur Aufrechterhaltung der Lebensvorgänge der Zelle möglich. Gleichzeitig entsteht zwischen diesen beiden Membranen ein Zwischenraum, der bei den Reaktionen der Zellatmung zur Aufrechterhaltung von Konzentrationsunterschieden notwendig ist.

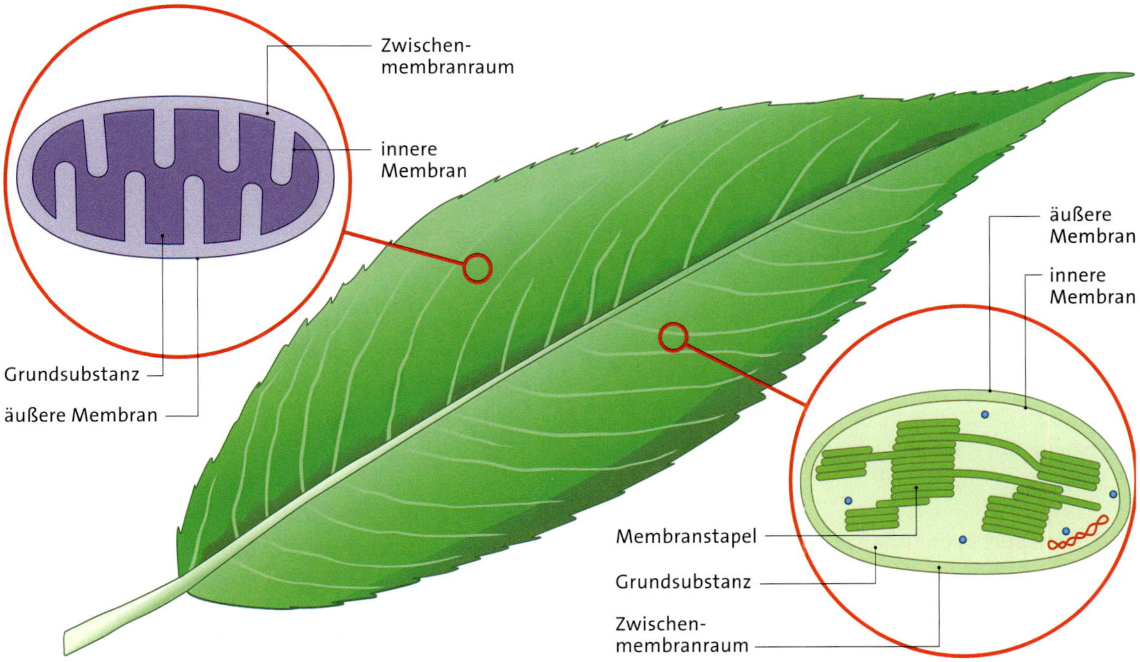

3 Orte der Fotosynthese und Zellatmung

Wissen vernetzt – Lebensprozesse von grünen Pflanzen, Pilzen und Bakterien

A1 Auswirkungen von Sporen

Eine Zeitung meldete:

Archäologen starben nach Graböffnung
Krakau. Zwei der Archäologen, die nach der Untersuchung einer mittelalterlichen Grabkammer von einer rätselhaften Krankheit befallen wurden, sind gestern verstorben; auch der Zustand der übrigen Wissenschaftler ist Besorgnis erregend. Während ein Teil der Bevölkerung glaubt, dass ein todbringender Fluch die »Grabschänder« traf, halten die Ärzte die Erkrankung für eine durch Schimmelpilzsporen ausgelöste lebensgefährliche Lungenentzündung.

Erläutere, welche Vorsichtsmaßnahmen die Forscher offensichtlich nicht ergriffen hatten.

A2 Blattaufbau

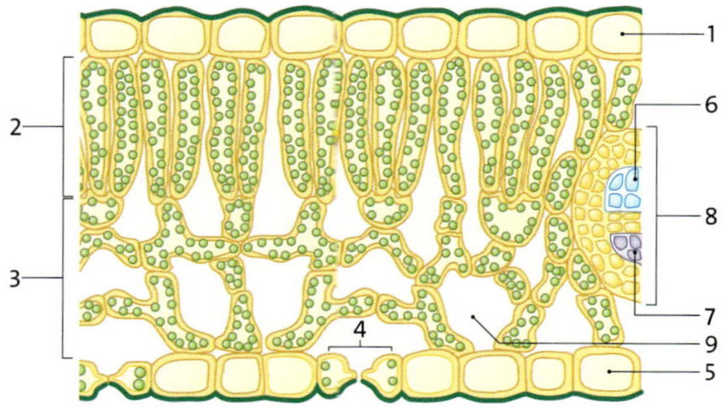

Die Abbildung zeigt den Querschnitt durch ein Buchenblatt.

a) Beschreibe den Blattaufbau mit Hilfe der nummerierten Blattteile.

b) Erläutere Struktur und Funktion am Beispiel der Spaltöffnung.

A3 Wachstumsfaktoren

Nenne sechs unterschiedliche Faktoren, die das Wachstum einer grünen Samenpflanze beeinflussen.

A4 Transport in der Pflanze

Erläutere für folgende Stoffe den entsprechenden Transportweg in der Pflanze:
(1) Wasser, (2) Kohlenstoffdioxid, (3) Nährsalze.

A5 Pflanzen atmen

Hinweis: Kohlenstoffdioxid wird in Kalkwasser gebunden. Dies trübt sich dabei milchig.

a) Beschreibe die dargestellte Versuchsanordnung.

b) Mit dem Blaseblag wird Luft durch die Versuchsanordnung gepumpt. Beschreibe das Versuchsergebnis und erläutere dieses.

c) Stelle für den hier gezeigten Stoffwechselprozess eine Gleichung auf.

A6 Transpiration

Die Abbildung zeigt einen Versuch zur Transpiration bei Pflanzen. Beschreibe das Experiment, indem du Material, Durchführung, zu erwartende Beobachtungen und eine Auswertung angibst.

A7 Vergleiche Fotosynthese und Zellatmung

Vergleiche Fotosynthese und Zellatmung tabellarisch miteinander. hinsichtlich Ort des Stoffwechselprozesses, Ausgangsstoffe, Reaktionsprodukte, Teilreaktionen und Bedingungen.

A8 **Sauerstoffproduktion**

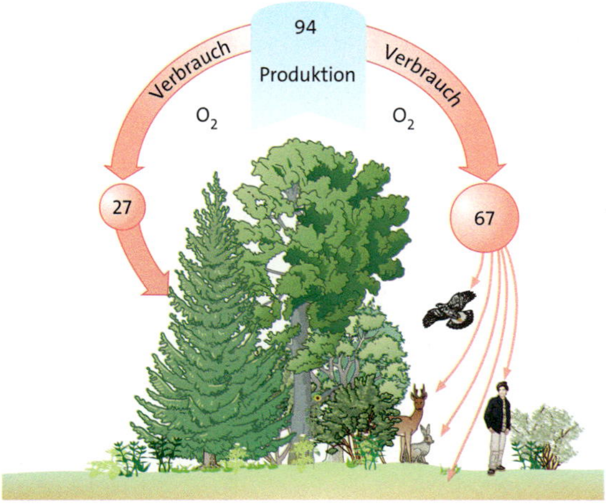

Die Abbildung zeigt die Sauerstoffproduktion der grünen Pflanzen in Milliarden Tonnen pro Jahr. Erläutere unter Verwendung der Grafik den Zusammenhang zwischen Fotosynthese und Zellatmung.

A9 **Lagerung von Vorräten**

Frisch geerntete Kartoffeln sind glatt und fest. Nach längerer Lagerung erscheinen sie welk und sind geschrumpft. Auch Äpfel schrumpfen bei längerer Lagerung und wiegen dann weniger als zum Zeitpunkt der Ernte.

a) Erkläre die beschriebenen Erscheinungen.
b) Beschreibe den Stoffwechselvorgang, der für die zu beobachtenden Veränderungen verantwortlich ist. Gib die Reaktionsgleichung für diesen Vorgang an.
c) Begründe, wie man Äpfel und Kartoffeln lagern sollte, um den Masseverlust und das Schrumpfen möglichst gering zu halten.

A10 **Zuckerrüben**

Nach der Zuckerrübenernte versuchen die Betriebe, die Zuckerrüben so schnell wie möglich zu verarbeiten. Begründe die Notwendigkeit der schnellen Verarbeitung und beschreibe den Stoffwechselvorgang, der dies erforderlich macht.

A11 **Weinherstellung**

Schon seit Jahrtausenden stellen die Menschen aus dem süßen Saft der Weintrauben Wein her.

a) Beschreibe den Stoffwechselprozess, der bei der Weinherstellung abläuft und gib für diesen Vorgang die Reaktionsgleichung an.
b) Die Gefäße, in denen der Wein hergestellt wird, müssen so verschlossen sein, dass keine Luft in sie gelangen kann, bei der Reifung entstehende Gase aber entweichen können. Begründe diese Aussage.
c) Wein, der über mehrere Tage in einem offenem Gefäß steht, wird sauer. Erläutere den Vorgang, der hier abläuft.

Organismen in ihrer Umwelt

Unterschiedliche Lebensräume

Beschreibt die abgebildeten Lebensräume. Stellt Vermutungen zu den jeweiligen Umweltbedingungen an und zieht Schlussfolgerungen für das Vorkommen von Pflanzen und Tieren. Erstellt eine Liste weiterer Lebensräume mit unterschiedlichen Lebensbedingungen.

Hecken sind wertvolle Ökosysteme

Hecken sind vom Menschen geschaffene Ökosysteme, die unsere Landschaft gliedern.

Erkundet in eurem Heimatort, wo überall Hecken zu finden sind. Fotografiert verschiedene Pflanzen und Tiere der Hecke. Gestaltet mit den Fotos und passenden Texten eine Ausstellung.

Leitet anhand der Abbildung die Umweltfaktoren ab, die kennzeichnend für dieses Ökosystem sind.

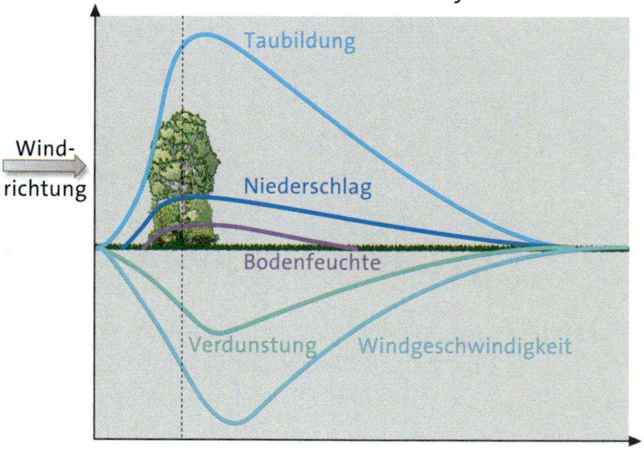

Solche Faktoren könnt ihr auch direkt vor Ort messen. Plant dazu eine passende Exkursion und überlegt, welches Material und welche Messgeräte ihr mitnehmen solltet.

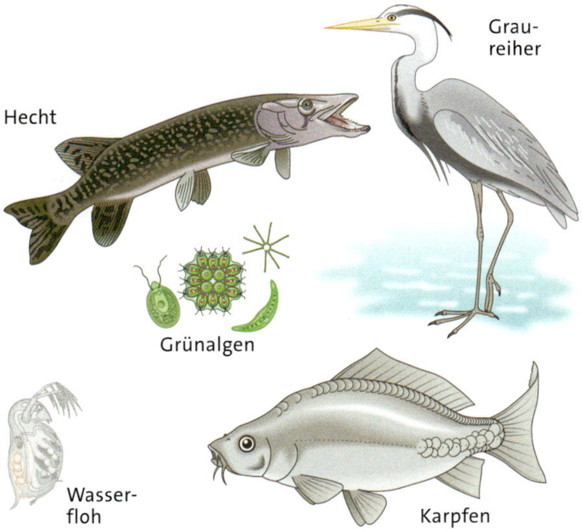

Stauseen sind künstlich angelegte Lebensräume

Informiert euch über die Bedeutung von Stauseen. Vergleicht die Lebensbedingungen in einem Stausee mit denen in einem natürlichen See. Plant Exkursionen zu einem Stausee und einem See. Stellt eine detaillierte Liste auf, welche vergleichenden Untersuchungen ihr vornehmen könntet.

Ein See ist Lebensraum für viele Arten

Lebewesen sind durch ihre unterschiedliche Merkmalsausprägung in Bau und Funktion an ihre Umwelt angepasst.

Belegt diese Aussage mit konkreten Merkmalen der abgebildeten »Seebewohner«. Informiert euch dazu im Lehrbuch und im Internet. Arbeitet in Gruppen und präsentiert eure Ergebnisse in geeigneter Form.

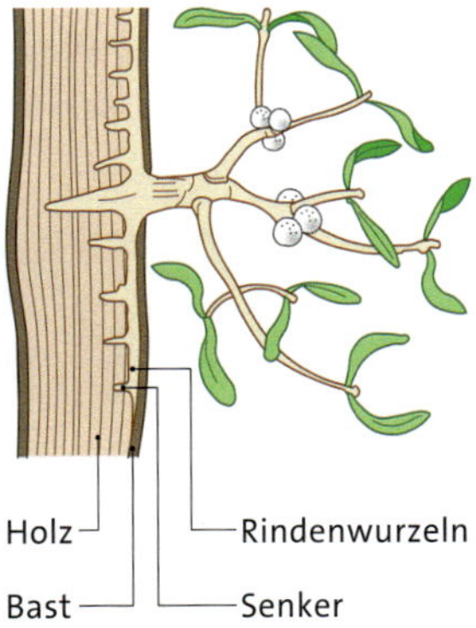

Die Mistel – ein Halbparasit

Die immergrüne Mistel wächst auf Bäumen. Wie alle immergrünen Pflanzen ist sie zur Fotosynthese fähig.

Informiert euch, warum die Mistel als Halbparasit bezeichnet wird. Wodurch unterscheiden sich Halbparasiten von Vollparasiten? Erarbeitet einen Vergleich und stellt diesen in der Klasse vor.

Welche Bedeutung haben Moose für den Wasserhaushalt des Waldes?

Sammle im Wald einige Moosproben. Weiche die Moosproben in einem mit Wasser gefüllten Becherglas ein. Nimm das Moos nach etwa fünf Minuten aus dem Wasser und lass es in einem Küchensieb kurz abtropfen. Wiege die einzelnen Moosproben anschließend mit einer Laborwaage. Notiere die Werte. Presse die Moose nun mit der Hand kräftig aus und wiege erneut. Notiere auch diese Werte und ziehe Schlussfolgerungen.

1 Was ist ein Ökosystem?

»Heute in den ersten beiden Stunden Biologie statt Deutsch!«, lautet die knappe Mitteilung der Klassensprecherin Jana kurz vor Beginn der ersten Stunde an ihre Klasse 9 c. Da niemand seine Biologiematerialien zur Verfügung hat, schlägt der Lehrer einen Unterrichtsgang in das Freigelände hinter der Schule vor. Die Klasse wird in kleine Gruppen aufgeteilt. Jede Gruppe soll einen Lebensraum beschreiben. Am Ende der Doppelstunde stellen die Gruppen ihre Beobachtungen der Klasse vor. Auf einer Fläche von wenigen Hektar fand man eine Wiese, mehrere Äcker, ein Feldgehölz, eine Feldhecke, zwei Obstbaumwiesen, den Rand eines Waldes, einen Teich und zwei Fließgewässer. Um genauere Aussagen zu treffen, sollen die einzelnen Lebensräume in einer weiteren Exkursion detaillierter untersucht werden.

Biologen interessieren sich besonders für die Umweltbedingungen in den Lebensräumen. Sie suchen nach Gründen, weshalb bestimmte Lebewesen beispielsweise auf einer Wiese vorkommen, in einem Wald jedoch nicht. Mit Thermometer, Lichtstärkemessgerät, Regenmesser, Hygrometer, Barometer und anderen Geräten misst man Temperatur, Lichtstärke, Niederschlagsmenge, relative Luftfeuchtigkeit oder Luftdruck. Auch die Umweltfaktoren im Boden wie Struktur, Wasserdurchlässigkeit oder Säure-, Mineralstoff- und Humusgehalt werden für die genaue Beschreibung bestimmt. Alle diese **abiotischen Umweltfaktoren** (gr. *abios*, ohne Leben) gemeinsam kennzeichnen den Lebensraum, den man auch als **Biotop** bezeichnet.

Tiere und Pflanzen bilden zusammen mit Bakterien und Pilzen eine Lebensgemeinschaft, die **Biozönose.** Alle Individuen einer Art, die beispielweise in der Wiese leben, bezeichnet man als **Population.** So bilden alle Pflanzen des Scharfen Hahnenfuß eine Hahnenfußpopulation und alle Siebenpunktmarienkäfer eine Marienkäferpopulation. Die Gesamtheit aller Pflanzenpopulationen der Wiese bildet die *Pflanzengesellschaft,* während man die Gesamtheit aller Tierpopulationen als *Tiergesellschaft* bezeichnet. Da es sich hierbei um Lebewesen handelt, werden sie auch als **biotische Umweltfaktoren** bezeichnet. Biotop und Biozönose zusammen bilden ein **Ökosystem.**

Die Zusammensetzung der Pflanzen- und Tiergesellschaft der Wiese hängt von den hier herrschenden abiotischen Faktoren ab. Pflanzen und Tiere sind durch ihre Merkmale an die Umweltbedingungen angepasst. So hat jede Art eine Minimal- und Maximaltemperatur, bei der sie gerade noch überleben kann. Zwischen diesen Extremwerten im sogenannten **Toleranzbereich** liegen die Temperaturen, bei denen sich das Lebewesen mehr oder weniger gut entwickelt. Als **Optimum** dieses Bereichs bezeichnet man die am besten geeignete Temperatur. Liegt ein Temperaturwert außerhalb des Toleranzbereichs, stirbt das Lebewesen. Für alle abiotischen Umweltfaktoren gibt es entsprechende Minimum-, Optimum- und Maximumwerte.

Zwischen den Lebewesen einer Wiese kann man Nahrungsbeziehungen beobachten. So ernähren sich beispielsweise Blattläuse vom Saft des Rispengrases. Marienkäfer und Florfliegen fressen Blattläuse und werden selbst eventuell von Spinnen oder Singvögeln gefressen.

1 Lebensräume im Umfeld der Schule.
A Wiese; **B** Acker; **C** Feldgehölz; **D** Feldhecke; **E** Obstbaumwiese; **F** Waldrand; **G** Teich; **H** Fließgewässer

2 Untersuchung von Tieren und Pflanzen am Schulteich

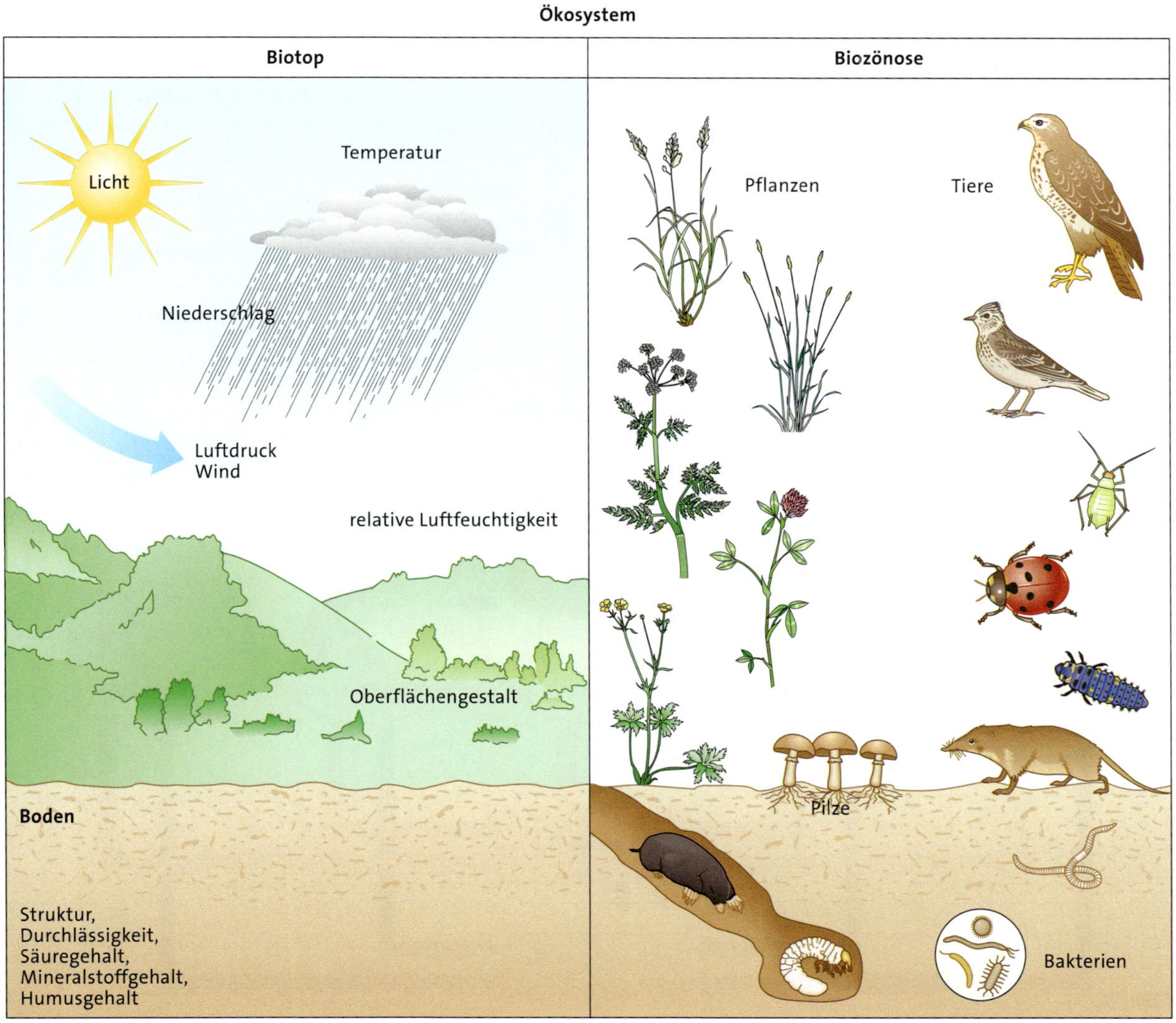

3 Ökosystem Wiese mit ihren abiotischen Faktoren

Mit Hilfe des Sonnenlichtes erzeugen die Pflanzen als **Produzenten** Nährstoffe, die zum Aufbau von Biomasse genutzt werden. Die Pflanzen fressenden Tiere nehmen diese Nährstoffe mit der Nahrung auf und sind **Konsumenten.** Regenwürmer, Pilze und Bakterien verwerten die Reste toter Lebewesen sowie Ausscheidungen der Tiere. Sie zersetzen sie zu Mineralstoffen und werden als Zersetzer oder **Destruenten** bezeichnet.

Als ein weiteres Produkt der Fotosynthese geben die Pflanzen Sauerstoff an die Umgebung ab. Dieser wird von den meisten Lebewesen zur Zellatmung benötigt und daher von ihnen aufgenommen. Als Produkt der Atmung entsteht Kohlenstoffdioxid, das an die Umgebung abgegeben und von den grünen Pflanzen für die Fotosynthese wieder aufgenommen wird. Fotosynthese und Atmung der Lebewesen sorgen auf diese Weise für einen nie endenden Stoffaustausch. Verschiedene andere Stoffe sind in ähnlicher Form zwischen Produzenten, Konsumenten, Destruenten und der unbelebten Umwelt in **Stoffkreisläufe** eingebunden.

Verändert man die Umweltfaktoren in einem Ökosystem, so verschwinden bestimmte Arten und andere kommen neu dazu. Die Trockenlegung einer Wiese führt zum Beispiel zum Verschwinden von Sumpfdotterblume, Wiesenschaumkraut oder Großem Brachvogel. Stickstoffdüngung verdrängt seltene Arten wie Knabenkräuter und Sumpfschafgarbe und Kalkung führt zum Rückgang der Flatterbinse. Noch einschneidender sind die Veränderungen für die Lebensgemeinschaft bei einer grundlegenden Veränderung durch den Menschen. So hat die Umwandlung einer Wiese in einen Acker tiefgreifende Veränderungen der Lebensgemeinschaft zur Folge. Es entsteht ein anderes, artenärmeres Ökosystem.

1 Definiere die Begriffe Biotop, Biozönose, Ökosystem, Population, Nahrungskette, Nahrungsnetz und Stoffkreislauf.

2 Nenne die Bedeutung einiger der in Abbildung 3 berücksichtigten abiotischen Faktoren für Lebewesen.

3 Erstelle drei Nahrungsketten der Wiese. Stelle durch Verknüpfungen ein Nahrungsnetz her.

4 Informiere dich über das Ökosystem Nasswiese. Welche besonderen abiotischen Bedingungen findet man hier im Vergleich zu einer normalen Wiese? Nenne Beispiele für hier lebende Pflanzen und Tiere und erläutere ihre Angepasstheiten an den nassen Lebensraum.

5 Nenne weitere Ökosysteme, die im Umfeld deiner Schule vorkommen und beschreibe sie kurz.

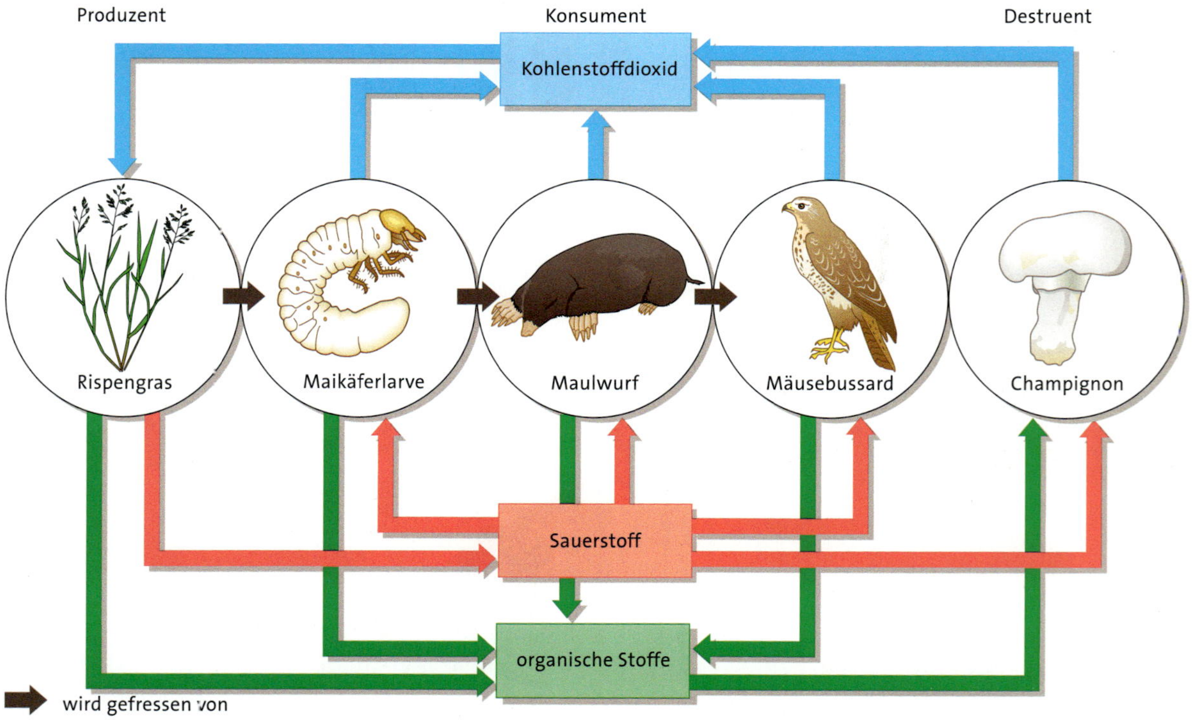

4 Nahrungs- und Stoffkreislauf

Methode Exkursionen

Das Wort **Exkursion** kommt aus dem Lateinischen und bedeutet Ausflug oder Streifzug. In der Biologie handelt es sich dabei meistens um einen Gang oder eine Fahrt in die Natur. Auf der Exkursion führt man Beobachtungen und Messungen durch und bestimmt zum Beispiel Tiere und Pflanzen.

Eine Exkursion muss gut vorbereitet werden. Zunächst werden der zu untersuchende Lebensraum, der Exkursionstermin und die Form der An- und Abreise festgelegt. Danach richtet sich die Auswahl der Geräte und Hilfsmittel. Wichtig sind eine witterungsgerechte Kleidung sowie die Mitnahme von Getränken und Proviant. Eine Flasche mit Mineralwasser eignet sich nicht nur als Durstlöscher, sondern durch das darin enthaltene Kohlenstoffdioxid auch zur Betäubung von zappelnden Insekten. Dazu verschließt man das Probenglas mit dem Insekt mit Verbandsmull und setzt es dann auf eine kurz zuvor geöffnete Mineralwasserflasche. Wenn die Luft im Probenglas durch Kohlenstoffdioxid ersetzt und das Tier betäubt ist, verschließt man das Glas wieder mit dem Deckel und untersucht das Insekt.

Protokollheft und Kartenmaterial sind wichtig für Dokumentation und Orientierung. Zum Schreiben benutzt man einen Bleistift, da die Schrift bei Regenwetter nicht verwischt. Zur üblichen Exkursionsausrüstung gehören auch eine Uhr, ein Meterstock, eine Digitalkamera, Haushaltstücher, Sammelgefäße sowie eine Handlupe.

Mit den meisten Digitalkameras kann man sehr einfach Fotos an einer Stereolupe oder einem Mikroskop machen. Man schaltet dazu den Blitz ab, zoomt in eine leichte Telestellung und setzt das Objektiv der Kamera auf das Okular von Stereolupe oder Mikroskop. Während man mit der einen Hand Objektiv und Okular fest miteinander verbindet, löst man mit der anderen Hand vorsichtig aus.

Abhängig von der Art des zu untersuchenden Lebensraumes und den geplanten Untersuchungen erfolgt die Auswahl der weiteren Geräte und Bestimmungsbücher.

Im Exkursionsgebiet werden Arbeitsgruppen gebildet. Im Protokollheft werden zunächst das Datum, die Namen der Gruppenmitglieder sowie der genaue Ort der Probestelle festgehalten. Das **Messen**, das **Beobachten** und das **Sammeln** müssen sehr sorgfältig und umsichtig erfolgen. Die **Naturschutzbestimmungen** sind dabei zu beachten und alles ist genau zu protokollieren oder zu beschriften.

1 Plane eine Exkursion an ein Gewässer in der Schulumgebung. Erstelle eine Liste der Ausrüstungsgegenstände. Verwende auch Abbildung 1.

Materialliste
Protokollbuch/-bögen und Bleistift
Bestimmungsbücher
Kartenmaterial
Getränk, Proviant
Sonnen- und Mückenschutz
Sammelgläser und -dosen
Fotoapparat
Meterstock/Messband
Lupe/Lupenglas
Thermometer
Käscher/Küchensieb
pH-Teststäbchen
Messgeräte für Licht, Windstärke usw.
Ersatzbatterien

1 **Material für eine Exkursion in die Schulumgebung**

Aufgaben und Versuche Exkursion im Schulumfeld

V1 Untersuchung der Lichtstärke

Jahreszeit	relative Lichtstärke Wiese	Eiche	Buche	Fichte
März	100 %	20 %	20 %	5 %
August	100 %	10 %	5 %	5 %

Relative Lichtstärke in einer Wiese und in verschiedenen Wäldern im Frühjahr und im Sommer

Material: Lichtstärkemessgerät oder Papprohr; Kopierpapier; Schere

Durchführung: (1) Messung mit dem Lichtstärkemessgerät: Bei Messungen mit dem Lichtstärkemessgerät muss der Messfühler während der Messung genau waagerecht angeordnet sein und er darf sich nicht im Schatten eines Schülers befinden.

(2) Messung mit dem Papprohr: Schneide zunächst drei Blätter des Kopierpapiers in jeweils sechs gleich große Stücke. Richte dann das Papprohr gegen den Himmel und lege nach und nach die Blätter auf die obere Öffnung des Rohres. Sobald kein Licht mehr durch das Papier scheint, zähle die Blätter. In einem dunklen Buchenwald erscheint die Papprohröffnung schon nach Auflegen weniger Blätter dunkel, auf einer sonnigen Wiese dagegen erst nach Auflegen von mehr als zehn Blättern. Ein Blatt entspricht einer Lichtstärke von einer relativen Einheit.

Aufgaben:

a) Miss die Lichtstärke in verschiedenen Lebensräumen im Schulumfeld. Berücksichtige Grünland- und Waldstandorte. Die im freien Gelände gemessenen Werte werden gleich 100 Prozent gesetzt und die an den anderen Standorten gemessenen Lichtstärken in prozentuale Anteile umgerechnet.

b) Stelle das Ergebnis im Säulendiagramm dar. Erläutere.

V2 Untersuchung von Temperatur und Luftfeuchte

Uhrzeit	Temperatur Wiese	Temperatur Wald	relative Luftfeuchte Wiese	relative Luftfeuchte Wald
06:00	10 °C	12 °C	94 %	85 %
10:00	21 °C	18 °C	53 %	70 %
14:00	27 °C	24 °C	50 %	63 %
18:00	24 °C	22 °C	49 %	61 %
22:00	18 °C	19 °C	70 %	69 %

Lufttemperatur und relative Luftfeuchte über einer Wiese und im Wald im Verlauf eines Sommertags

Material: Thermometer; Hygrometer

Durchführung: Miss Temperatur und Luftfeuchte an den vorher festgelegten Probestellen. Wiederhole die Messungen zu verschiedenen Tageszeiten. Halte das Thermometer und das Hygrometer zur Messung jeweils etwa einen Meter über dem Boden in den Körperschatten. Lies die Messwerte immer erst ab, wenn die Anzeige annähernd konstant ist.

Aufgaben:

a) Stelle die Messwerte grafisch dar. Erläutere die Schwankungen der Werte innerhalb eines Lebensraumes und erkläre die Unterschiede in den verschiedenen Lebensräumen.

b) Vergleiche die Temperaturen in den verschiedenen Lebensräumen mit den jeweiligen Lichtverhältnissen. Erläutere.

V3 Bestimmung der Bodenart

Material: verschiedene Bodenproben

Durchführung: Bodenarten unterscheiden sich durch ihre Korngröße. Sie können mit Hilfe der Fingerprobe unterschieden werden. Reibe, rolle und quetsche dazu eine feuchte, gut durchgeknetete Bodenprobe zwischen den Fingerspitzen.

Ergebnis der Fingerprobe	Bezeichnung (Korndurchmesser)
klebrig, dünn ausrollbar, färbt	Ton (< 0,002 mm)
leicht körnig, formbar	Schluff (0,06–0,002 mm)
körnig, haftet nicht, nicht formbar	Sand (2,0–0,06 mm)

Aufgabe: Ermittle für die Bodenproben jeweils die Bodenart.

V4 Wasserdurchlässigkeit verschiedener Böden

Material: Messbecher (1 l); Konservendose ohne Boden oder Plastikrohrabschnitt (∅ ca. 10 cm); Uhr mit Sekundenzeiger; Wasser

Durchführung: Entferne an der Probestelle die Laubstreu oder kürze die Pflanzen. Drücke die Dose oder das Rohr einige Zentimeter in den Boden und gieße einen Liter Wasser gleichmäßig hinein, ohne dass die Dose überläuft oder leer läuft. Miss die Zeit in Sekunden, in der ein Liter Wasser versickert.

Aufgabe: Vergleiche die Wasserdurchlässigkeit jeweils mit der in V3 bestimmten Bodenart und stelle Zusammenhänge her. Erläutere.

V5 Bestimmung des pH-Wertes

Material: Bodenproben; Teelöffel; destilliertes Wasser; Bechergläser (breite Form, 100 ml); Messzylinder; Rundfilter (∅ 100 mm); pH-Stick oder pH-Teststäbchen (Messgenauigkeit 0,5 pH-Einheiten)

Durchführung: Gib drei gehäufte Teelöffel der Bodenprobe in das Becherglas, füge 50 ml destilliertes Wasser hinzu und rühre kräftig um. Falte nun einen Rundfilter zum Trichter und tauche ihn mit der Spitze nach unten in das Wasser, sodass das Wasser in den Filterkegel aufsteigt. Tauche den pH-Stick in das Wasser und lies die Anzeige ab, sobald der Messwert konstant ist.

pH-Wert	Bodenreaktion
bis 4,5	stark sauer
4,6 bis 6,9	sauer
7,0	neutral
7,1 bis 8,0	schwach alkalisch
8,1 bis 9,0	alkalisch

Aufgaben:

a) Vergleiche die Ergebnisse mit der Tabelle und beschreibe die Bodenreaktion.

b) Recherchiere, welche Pflanzenarten besonders saure oder basische Böden tolerieren.

c) Benenne in V6 bestimmte Pflanzenarten, die besonders gut an den pH-Wert des Standortes angepasst sind. Erläutere die Konsequenzen für diese Arten.

V6 Bestimmung von Pflanzen und Kleintieren

Material: Lupe; Pflanzenbestimmungsbücher; Tierbestimmungsbücher; zwei gleich große Joghurtbecher; Gummiband; Frischhaltefolie; spitze Schere

Durchführung: Betrachte blühende Pflanzen in deinem Untersuchungsgebiet genau. Finde unter Verwendung der Bestimmungsbücher ihre Namen heraus. Schneide aus einem der Joghurtbecher (Becher 1) den Boden heraus und verschließe den Boden dann mit Frischhaltefolie, die du mit einem Gummiband befestigst. Sammle mit diesem Kleintierkäfig Insekten und andere Kleintiere auf Pflanzen und an weiteren Orten. Streife sie mit dem Becher 1 ab und verschließe ihn sofort mit dem anderen Becher. Eingeklemmt zwischen Frischhaltefolie und Becherboden des zweiten Bechers kannst du das Tier jetzt mit der Lupe betrachten und unter Verwendung der Tierbestimmungsbücher seinen Namen herausfinden.

Aufgaben:

a) Schreibe die Namen der Pflanzen und Tiere in das Protokollheft. Gib die Häufigkeit ihres Vorkommens jeweils durch eines der folgenden Symbole an: 1 Einzelexemplar; 2 wenige Exemplare; 3 häufig; 4 massenhaft. Notiere auch, auf welchen Pflanzen du die Tiere jeweils gefunden hast und was sie dort gerade taten.

b) Informiere dich über die Ansprüche ausgewählter Pflanzen und Tiere an den Lebensraum und erkläre ihr Vorkommen an deiner Probestelle.

c) Erstelle eine Nahrungskette aus Lebewesen, die du gefunden hast.

2 Umweltfaktoren wirken auf Lebewesen

2.1 Ökologische Potenz

Von unseren Zimmerpflanzen wissen wir, dass manche viel Sonne benötigen, andere dagegen nicht dem direkten Sonnenlicht ausgesetzt sein dürfen. Auch müssen einige viel gegossen werden, andere kommen mit wenig Feuchtigkeit aus. Jede Pflanze stellt arteigene Ansprüche an ihren Standort, also an ihre Umwelt.

Das Gleiche gilt auch für die Pflanzen der Wälder. So wachsen einige Pflanzen nur an dunklen Standorten. Die Fähigkeit einer Art, Schwankungen von Umweltfaktoren innerhalb eines Bereiches zu ertragen, bezeichnet man als **ökologische Potenz.** Zu den Umweltfaktoren, die das Pflanzenwachstum beeinflussen, gehören Feuchtigkeit, Licht, Temperaturverhältnisse und die Zusammensetzung der Mineralsalze im Boden.

Das *Knäuelgras* ist fast überall zu finden. Dieses 30 bis 120 Zentimeter hohe Süßgras wächst an hellen, trockenen Standorten auf einer Wiese genauso gut wie an dunklen, feuchten Standorten im Wald. Das Knäuelgras besitzt demnach eine große ökologische Potenz. Arten mit einer großen ökologischen Potenz für viele Umweltfaktoren sind meist formenreich und weit verbreitet.

2 Pflanzen im Wald.
A Knäuelgras;
B Waldsauerklee

Den *Waldsauerklee* findet man dagegen nur an dunklen, feuchten Stellen im Wald. Er zählt zu den Schattenpflanzen. Zum Wachsen benötigt er nur geringe Lichtmengen. Volle Lichteinstrahlung überdauert der Waldsauerklee nur kurze Zeit. Er kann dazu seine Blättchen nach unten klappen. Deshalb sucht man ihn an lichten Stellen vergeblich. Der Waldsauerklee besitzt daher eine geringe ökologische Potenz.

1 Umweltfaktoren, die das Leben im Wald beeinflussen

An lichten Stellen eines Laubwaldes wächst dagegen häufig ein Lippenblütler mit purpurroten Blüten und herz- bis eiförmigen Blättern, der *Waldziest*. Er verträgt ebenfalls keine volle Lichteinstrahlung. Findet man an unterschiedlichen Waldstellen gleichermaßen gut ausgebildete Pflanzen, beträgt die Lichtmenge, die dort ankommt, etwa 70 Prozent. Der Waldziest wird dann über 60 Zentimeter groß, bildet dunkelgrüne Laubblätter und zahlreiche Blüten aus. Das Lichtangebot ist an diesen Stellen für den Waldziest optimal, das **Optimum** ist erreicht.

Bei stärkerer Lichteinstrahlung, zum Beispiel am Waldrand, bleiben die Pflanzen kleiner. Sie besitzen auch deutlich kleinere, gelbgrüne Laubblätter und weniger Blüten. Übersteigt die Lichtmenge 90 Prozent, zum Beispiel nach einem Kahlschlag des Waldes, geht der Waldziest ein. Das **Maximum** für den Umweltfaktor Licht wird in diesem Fall überschritten.

Beträgt die durchschnittliche Lichtmenge etwa 60 Prozent, werden die Pflanzen nicht groß, bilden kleine, dunkelgrüne Laubblätter und keine Blüten mehr aus. Das **Minimum** für diesen Umweltfaktor, bei dem die Pflanzen gerade noch überleben, ist erreicht.

Die Spanne zwischen dem Minimum und dem Maximum bezeichnet man als **Toleranzbereich.** Außerhalb der Grenzen des Toleranzbereiches wirkt der Umweltfaktor störend auf wichtige Lebensfunktionen wie Fortpflanzung und Stoffwechsel. An für die Pflanzen ungünstigen Standorten werden keine Blüten und Samen ausgebildet. Auch die Fotosyntheseleistung nimmt ab. Liegt der Umweltfaktor längere Zeit außerhalb des Toleranzbereiches, stirbt die Pflanze.

Toleranzbereiche und Optimumwerte von abiotischen Umweltfaktoren können sich aber verschieben, wenn sich andere Umweltfaktoren ändern. So vertragen einige Pflanzen um so mehr Schatten, je mehr Wasser und Mineralsalze zur Verfügung stehen.

Auch biotische Faktoren wie die *Konkurrenz* haben einen entscheidenden Einfluss auf das Vorkommen von Pflanzen. Diese Erscheinung können wir bei vielen Waldbäumen beobachten. Das Optimum verschiedener Bäume wie der Rotbuche, der Stieleiche, der Esche, der Kiefer und der Schwarzerle für den Umweltfaktor Bodenfeuchtigkeit liegt im mittleren Bereich. Dennoch findet man die Waldkiefer auf sehr trockenen Standorten, aber auch im Moor. Auf den für sie optimalen Böden mittlerer Feuchte wächst die Waldkiefer nicht, da sie dort mit der Rotbuche und der Stieleiche um diesen Umweltfaktor konkurriert. Weil die Kiefer verglichen mit den anderen Waldbäumen gegenüber dem Umweltfaktor Bodenfeuchtigkeit aber den größten Toleranzbereich besitzt, wird sie von ihnen aus ihrem Optimumbereich vertrieben.

1 Erläutere die Abbildung 1. Unterscheide in biotische und abiotische Umweltfaktoren.

2 Vergleiche Wuchsform und Blütenbildung des Waldziestes bei unterschiedlichen Lichtstärken. Erkläre die Unterschiede.

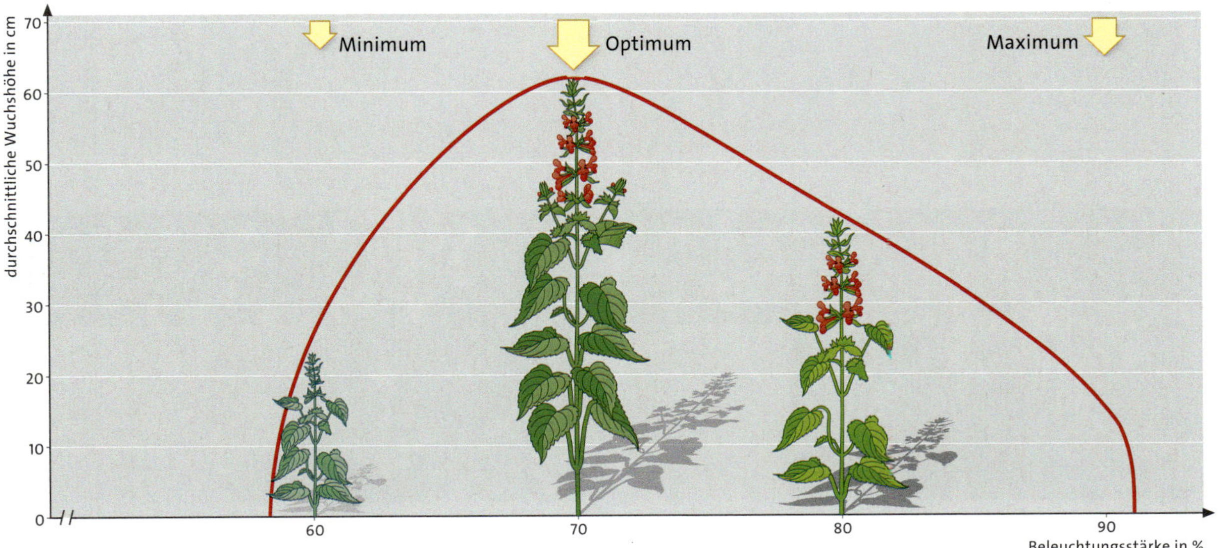

3 **Wachstum von Waldziest bei unterschiedlichen Lichtstärken**

2.2 Licht und Temperatur bestimmen die Aspekte eines Laubwaldes

Am Boden eines Buchenwaldes kann man schon im zeitigen Frühjahr die grünen Blattspitzen des Märzenbechers entdecken. Noch vor dem Laubaustrieb der Bäume ist der Waldboden von vielen weiteren blühenden Kräutern bedeckt. Durch einen Teppich aus weiß blühenden Buschwindröschen leuchten die gelben Blüten des Scharbockskrautes und die violetten Blütenstände des Hohlen Lerchensporns. Kommt man im Sommer an denselben Ort, ist von diesen **Frühblühern** nichts mehr zu sehen. An ihrer Stelle wachsen nun andere Kräuter wie die Goldnessel. Wie lassen sich diese Veränderungen erklären?

Im März und April tragen die Bäume noch Knospen. Durch die unbelaubten Baumkronen fällt viel Licht auf den Waldboden. Dieses Licht nutzen die Blätter der Frühblüher zur Fotosynthese. Dabei bauen sie Speicherstoffe wie Stärke und Fette auf, die sie während der kalten Jahreszeit in unterirdischen **Speicherorganen** lagern. Durch diese energiereichen Stoffe können die Pflanzen im nächsten Frühjahr wieder austreiben und sich zeitig fortpflanzen. Je nach Pflanzenart dienen unterschiedliche Organe zur Speicherung der Nährstoffe. Beim Märzenbecher ist es eine Zwiebel, die aus dicht gepackten, dickfleischigen Speicherblättern besteht. Beim Buschwindröschen werden die Nährstoffe in **Erdsprossen** gespeichert. Dies sind braune, etwa bleistiftdicke Sprossabschnitte, die im Boden waagerecht unter der Oberfläche wachsen. Andere Pflanzen wie der Lerchensporn speichern die Nährstoffe in einem verdickten unteren Teil des Sprosses, der **Sprossknolle.** Beim Scharbockskraut dienen verdickte Abschnitte der Wurzeln, die **Wurzelknollen,** als Nährstoffspeicher.

Schon bald nach der Entfaltung ihrer Blätter beginnen die Frühblüher zu blühen. Im Mai, wenn die Bäume ein dichtes Blätterdach ausbilden, erreicht nur noch wenig Licht den Waldboden. Dann beginnen die oberirdischen Organe der Frühblüher zu welken. Die Nährstoffe werden in die unterirdischen Speicherorgane verlagert. Dort bleiben sie gespeichert, bis sie im nächsten Jahr wieder zur Bildung der oberirdischen Pflanzenteile benötigt werden.

Im Sommer wird der Waldboden durch das Laub der Bäume stark beschattet. Am Waldboden können dann nur **Schattenpflanzen** wie der Waldsauerklee gedeihen, die mit wenig Licht auskommen. Stärker lichtbedürftige Pflanzen wie Roter Fingerhut und Waldgreiskraut wach-

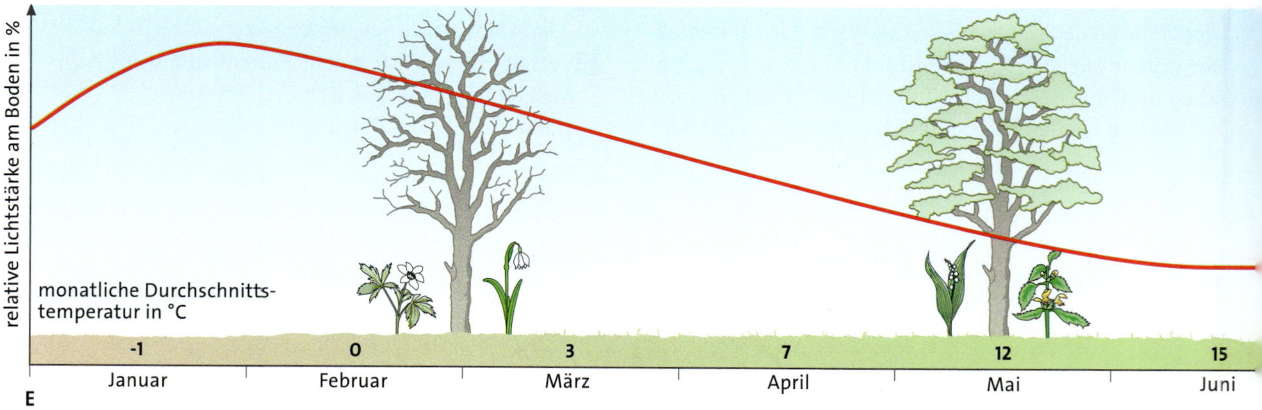

1 Frühblüher mit Speicherorganen und Laubmischwald im Jahresverlauf.

A Märzenbecher mit Zwiebel;
B Buschwindröschen mit Erdspross;

sen dagegen nur auf Lichtungen, die durch gefällte oder umgestürzte Bäume entstanden sind.

In den Laubwäldern leiten im Herbst sinkende Temperaturen und kürzer werdende Tage die Verfärbung der Blätter ein. Schließlich sind in diesen *sommergrünen Wäldern* alle Blätter abgeworfen und buntes Laub bedeckt den Boden. Die Laubbäume stellen sich so auf die niedrigen Temperaturen des Winters ein. Ihre Blätter würden die Winterfröste nicht überstehen. Auch würden sie ständig Wasser durch Verdunstung verlieren, die Wurzeln könnten aber bei gefrorenem Boden kein neues Wasser aufnehmen. Mit den in dicken Knospen gut geschützten Blattanlagen können die Laubbäume den Winter jedoch in einem Ruhezustand unbeschadet überdauern.

So bieten Laubwälder in jeder Jahreszeit einen anderen Anblick. Diese unterschiedlichen Erscheinungsbilder im Jahresverlauf bezeichnet man als **Aspekte.**

Im Unterschied zu den sommergrünen Laubwäldern sehen die *immergrünen Nadelwälder* zu jeder Jahreszeit recht ähnlich aus. In den dunklen Fichtenwäldern mit ihren dicht stehenden Bäumen fällt das ganze Jahr über zu wenig Licht auf den Waldboden, um viele Kräuter gedeihen zu lassen. Frühblüher sucht man dort vergeblich. Nur sehr wenige, schattenverträgliche Pflanzenarten und Moose wachsen hier.

Im Gegensatz zu den Laubbäumen behalten Fichten, Kiefern und Tannen ihre Nadeln auch im Winter. Ihre harten, widerstandsfähigen Nadeln können Fröste ertragen. Vor zu starker Verdunstung sind sie durch eine geringe Oberfläche geschützt. Daher können Nadelbäume den Winter ohne Wasseraufnahme überstehen. Im Frühjahr bieten die ganzjährig am Baum bleibenden Nadeln den Vorteil, dass bereits die ersten warmen, sonnigen Tage zur Fotosynthese genutzt werden können. Nadelbäume sind daher besser als Laubbäume an Regionen mit niedrigen Temperaturen und einer kurzen warmen Jahreszeit angepasst.

1 Beschreibe den jahreszeitlichen Verlauf von relativer Lichtstärke, Temperatur und Wachstumsperioden in einem Laubwald.

2 Erläutere die Auswirkungen von Lichtstärke und Temperatur auf die Aspektfolge eines Laubwaldes.

3 Erläutere den Lebenszyklus eines Frühblühers am Beispiel des Buschwindröschen.

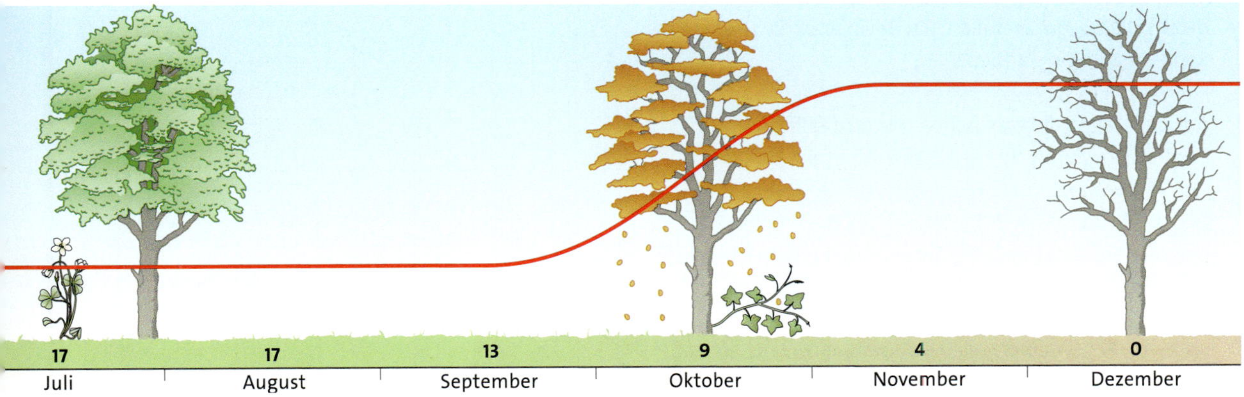

C Hohler Lerchensporn mit Sprossknolle;
D Scharbockskraut mit Wurzelknollen;

E relative Lichtstärke und Temperatur am Waldboden sowie Blühperiode bei Pflanzen der Krautschicht (Schema)

Methode Tabellen lesen und Diagramme zeichnen

In den Naturwissenschaften werden die Eigenschaften von Stoffen, die Merkmale von Lebewesen oder die Häufigkeit von Ereignissen oft in Tabellen aufgelistet. Dies ermöglicht ein rasches und gezieltes Nachschlagen der Daten.

Manche Tabellen enthalten auch Angaben über Umweltansprüche. Im nebenstehenden Beispiel erfährst du etwas über die Ansprüche ausgewählter Kulturpflanzen in Bezug auf Licht, Feuchtigkeit und Stickstoffgehalt des Bodens.

Um mit der Tabelle zu arbeiten, suchst du in der ersten Spalte den Pflanzennamen. Dann gehst du in der betreffenden Zeile nach rechts bis du die Spalte mit der gesuchten Standortbedingung findest. Zur Auswertung brauchst du noch die Legende, damit du weißt, wofür die Zahl steht.

Kulturpflanze	**bevorzugter Standort**		
	L	F	N
Rübe	9	6	9
Kartoffel	8	5	7
Apfel	7	5	5
Möhre	8	4	4
Pflaume	7	4	x
Stachelbeere	4	x	6
Erdbeere	7	5	6
Quitte	8	4	4

Legende:
Lichtzahl (L): 1 Tiefschatten, 5 Halbschatten, 9 Volllicht
Feuchtezahl (F): 1 starke Trockenheit, 5 mittlere Feuchte, 9 Nässe
Stickstoffzahl (N): 1 stickstoffarm, 5 mäßig stickstoffreich, 9 übermäßig stickstoffreich, x breiter Toleranzbereich

1 Standortansprüche ausgewählter Kulturpflanzen (nach Ellenberg)

Von der Tabelle zum Diagramm

Um Daten anschaulich vergleichen zu können, kannst du ein Diagramm erstellen. Ein Beispiel dafür zeigt das Säulendiagramm in Bild 2.

Auf der wagerechten x-Achse stehen die Pflanzennamen. Die senkrechte y-Achse enthält die Skala für den Umweltanspruch. Hier steht zum Beispiel die Lichtzahl von 1 bis 9. Es bietet sich an, die y-Achse so einzuteilen, dass ein Zentimeter immer einer Lichtzahl entspricht.

Wenn du beide Achsen beschriftet hast, kannst du beginnen für jede Pflanze eine Säule zu zeichnen, deren Höhe der angegebenen Lichtzahl entspricht.

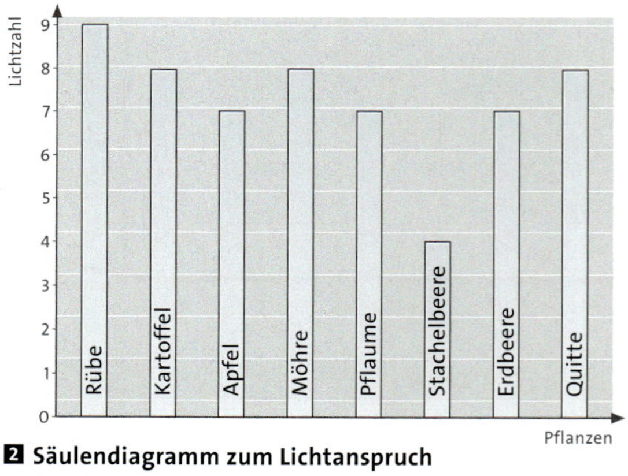

2 Säulendiagramm zum Lichtanspruch ausgewählter Kulturpflanzen

1 Gib für den Anbau von Erdbeeren Ratschläge für einen günstigen Standort. Arbeite mit der Tabelle in Abbildung 1.

2 Zeichne auf kariertem Papier oder auf Millimeterpapier ein Säulendiagramm zur Veranschaulichung der Feuchtezahlen. Nimm als Vorlage die Abbildung 2 zu Hilfe.

3 Vergleiche anhand der Tabelle die verschiedenen Stickstoffzahlen der Kulturpflanzen miteinander. Formuliere auswertende und vergleichende Sätze, zum Beispiel: »Rüben benötigen einen übermäßig stickstoffreichen Boden.« Oder du schreibst »Quitten bevorzugen stickstoffärmere Böden als Erdbeeren.«

1 Lichtblatt. **A** Aussehen; **B** mikroskopischer Querschnitt

2 Schattenblatt. **A** Aussehen; **B** mikroskopischer Querschnitt

2.3 Licht- und Schattenblätter

Rotbuchen gehören zu den Schattengehölzen. Sie wachsen sogar an Standorten, die nur ein bis zwei Prozent der Lichtmenge erhalten, die Bäume auf dem freien Feld bekommen. Buchen können deshalb auch in dichten Beständen gut gedeihen.

Die Buche bildet eine kräftige, stark belaubte Krone aus. Innerhalb der Baumkrone herrschen ganz unterschiedliche *Lichtverhältnisse*. An die Blätter am Rand gelangt mehr Sonnenlicht als an die Blätter im Kroneninneren. Die Anpassung an diese Lichtverhältnisse zeigt die unterschiedliche Gestalt der Blätter.

Die äußeren **Lichtblätter** sind etwas kleiner und dicker. Der mikroskopische Blattquerschnitt verrät weitere Besonderheiten. Die Blätter besitzen zum Beispiel eine dicke Cuticula. Ihr Palisadengewebe ist mehrschichtig. Auch das Schwammgewebe ist stark ausgebildet.

Durch die intensive Sonneneinstrahlung kann das Licht bis in die tieferen Gewebeschichten vordringen. Der Wassergehalt eines Lichtblattes liegt bei etwa 85 Prozent. Bei einer bestimmten Lichtintensität produziert die Pflanze mehr organische Stoffe als sie selbst für ihre Lebensprozessse benötigt. Sie erzielt einen Stoffgewinn. Diesen Punkt erreicht ein Lichtblatt bei ca. 1000 Lux.

Schattenblätter, die im Kroneninneren liegen, kommen dagegen mit viel weniger Licht aus. Sie sind größer und dünner als Lichtblätter. Das einschichtige Palisadengewebe trägt eine Epidermis mit dünner Cuticula. Der Wassergehalt eines Schattenblattes beträgt über 90 Prozent. Die Fotosyntheseleistung ist geringer als bei Lichtblättern. Ein Stoffgewinn durch die Fotosynthese wird schon bei einer Lichteinstrahlung von 350 Lux erreicht.

1 Vergleiche Licht- und Schattenblatt einer Buche miteinander. Lege dazu eine Tabelle an. Nutze die Abbildungen 1 und 2.

2.4 Biotische Umweltfaktoren

Habicht und Sperber sind so ähnlich, dass der Sperber auch als »kleiner Habicht« bezeichnet wird. Beide jagen auch auf die gleiche Weise. Sie verfolgen oft ihre Beute, meist Vögel, im Unterholz von Wäldern und ergreifen sie im Flug mit den Krallen. Unterschiedlich ist jedoch ihre Körpergröße und die Größe der Beutetiere. Der größere Habicht verfolgt zum Beispiel Tauben und Hühnervögel, der kleinere Sperber dagegen Singvögel. Die artspezifische Körpergröße ist eine Angepasstheit an die jeweiligen Beutetiere. Solche Artunterschiede werden als **Biodiversität** bezeichnet. Dieser Begriff bezieht sich nicht nur auf die Artunterschiede in den Erbanlagen, sondern auch auf die Unterschiede im Erscheinungsbild, in der Lebensweise und in der Nutzung des Lebensraums. Durch die Ausnutzung eines unterschiedlichen Nahrungsangebots ist es Habicht und Sperber möglich, den gleichen Lebensraum auf verschiedene Weise zu nutzen. Sie besetzen verschiedene **ökologische Nischen.** Mit diesem Begriff bezeichnet man die Gesamtheit aller abiotischen und biotischen Umweltfaktoren, die für die Existenz einer bestimmten Art wichtig sind. Inwieweit können Laborversuche solche Freilandbeobachtungen bestätigen?

Die beiden Pantoffeltierchenarten *Paramecium aurelia* und *Paramecium caudatum* haben fast die gleichen Umweltansprüche. In der aus Bakterien bestehenden Kahmhaut auf der Wasseroberfläche eines Heuaufgusses finden sie genügend Nahrung und können sich schnell vermehren. In getrennten Kulturgefäßen zeigt sich, dass sich *Paramecium aurelia* etwas schneller vermehrt. Werden beide Arten gemeinsam in einem Kulturgefäß gehalten, wird Paramecium caudatum durch Paramecium aurelia verdrängt.

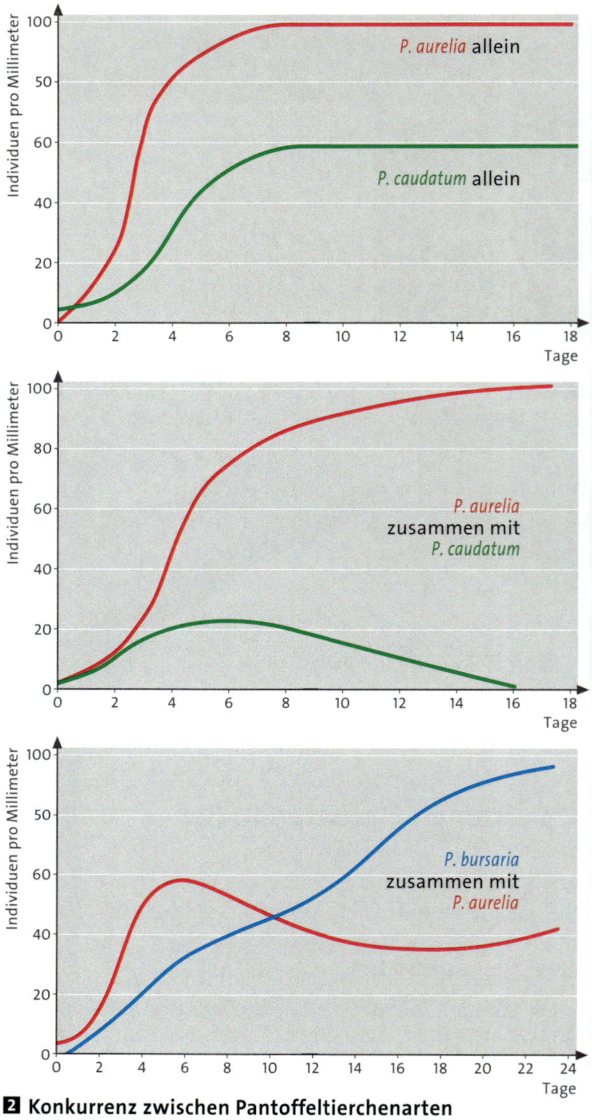

2 Konkurrenz zwischen Pantoffeltierchenarten

1 Habicht. **A** Erwachsenes Weibchen; **B** Beutetiere

3 Sperber. **A** Erwachsenes Weibchen; **B** Beutetiere

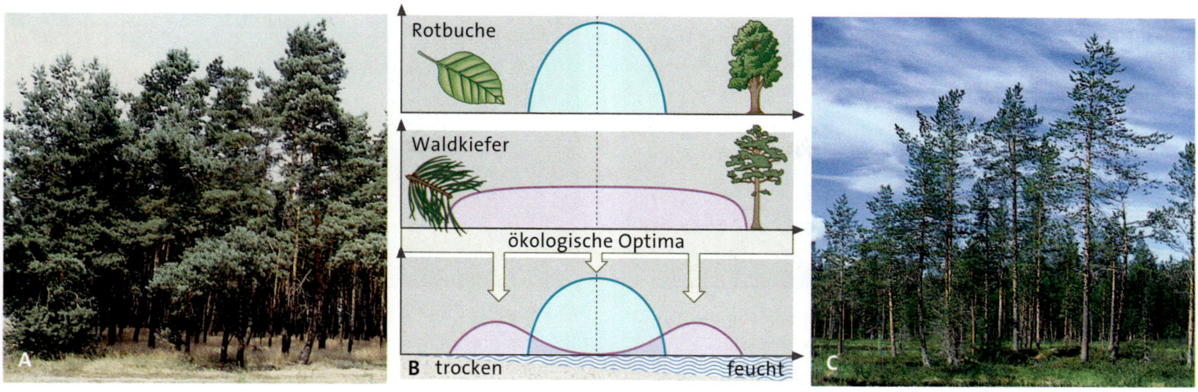

4 Physiologisches und ökologisches Optimum. **A** Waldkiefer auf trockenem Boden (Sand); **B** Verdrängung der Waldkiefer durch die Rotbuche im mittleren Feuchtebereich; **C** Waldkiefer auf feuchtem Boden (Moor)

Beide Arten besetzen die gleiche ökologische Nische und können deshalb nicht nebeneinander überleben. Man spricht hier von einem **Konkurrenzausschluss.** In einem Kulturgefäß mit *Paramecium aurelia* und *Paramecium bursaria* ergibt sich jedoch, dass diese beiden Arten nebeneinander existieren können. *Paramecium bursaria* kann aufgrund einer Symbiose mit einzelligen Grünalgen in sauerstoffärmeren Bereichen der Kahmhaut überleben, während *Paramecium caudatum* die obere, sauerstoffreichere Schicht besetzt. Durch die Besetzung unterschiedlicher ökologischer Nischen wird demnach eine **Konkurrenzvermeidung** erzielt.

Auch bei Pflanzen kann man entsprechende Beobachtungen machen. So gilt die Waldkiefer als typischer Baum für sehr trockene Böden wie beispielsweise Sand. Mit ihrer langen Pfahlwurzel kann sie mehrere Meter tief bis zum Grundwasser vordringen. Jedoch findet man Waldkiefern auch auf sehr feuchten Böden. Sie hat also eine große Toleranzbreite in Bezug auf die Bodenfeuchtigkeit. Sie fehlt aber, soweit der Mensch nicht eingegriffen hat, in den Bereichen mit einer mittleren Bodenfeuchtigkeit. In Anpflanzungen konnte man zeigen, dass die Waldkiefer hier am besten wachsen würde, also hier ihr *physiologisches Optimum* besitzt. Auf mittelfeuchten Böden haben aber auch andere Baumarten wie die Rotbuche ihr physiologisches Optimum. Durch die Konkurrenz dieser Baumarten wird die Waldkiefer an Standorte »gedrängt«, auf denen sie sich aufgrund ihrer hohen Toleranzbreite behaupten kann. Dies bezeichnet man als *ökologisches Optimum*. Die Kiefer bevorzugt also nicht diese Böden, wie oft behauptet wird, sondern ist hier nur genügend *konkurrenzstark*. Die Konkurrenz zwischen Waldkiefer und Rotbuche wird als *zwischenartliche Konkurrenz* bezeichnet. Wenn sich dagegen bei nebeneinander stehenden jungen Waldkiefern die stärkste Pflanze durchsetzt, liegt eine *innerartliche Konkurrenz* vor. Die Wechselwirkungen zwischen den Organismen sind **biotische Umweltfaktoren.**

Zwischen Lebewesen sind auch andere Formen von Wechselwirkungen möglich. Die Beziehungen zwischen den Pantoffeltierchen und den Bakterien werden als **Räuber-Beute-Beziehung** bezeichnet. Räuber sind Organismen, die ihre Beute töten und sich von deren Substanzen ernähren. Wenn eine Katze eine Maus frisst, ist

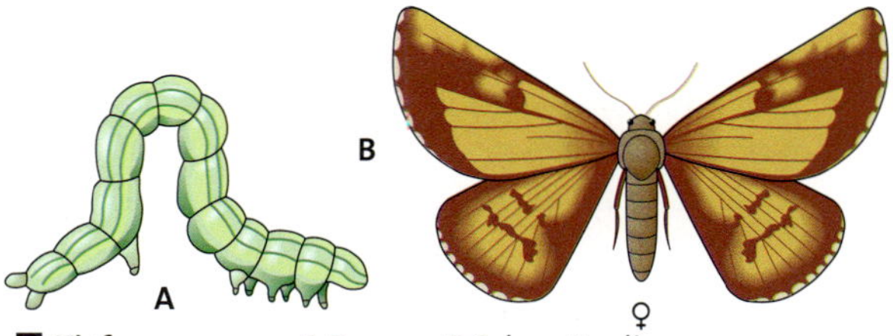

5 Kiefernspanner. **A** Raupe; **B** Schmetterling

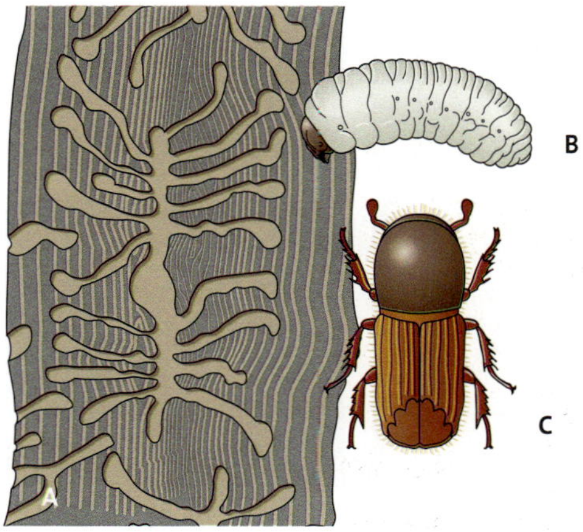

6 Buchdrucker.
A Fraßgänge unter der Baumrinde; **B** Larve; **C** Käfer

7 Hallimasch. **A** Parasit auf Baumrinde; **B** Pilzhyphen im Baumgewebe

9 Sandröhrling. **A** Pilz; **B** Symbiont an Baumwurzel

dies eine klare Räuber-Beute-Beziehung. Aber auch wenn eine Maus ein Getreidekorn frisst, liegt eine vergleichbare Situation vor. Das Lebewesen im Pflanzensamen, der Pflanzenembryo, wird beim Fressen getötet. Wie ist aber die Situation, wenn die Raupe des Kiefernspanners Kiefernnadeln oder die Larve des Buchdruckers unter der Rinde pflanzliches Gewebe frisst? Es werden zwar die gefressenen Gewebe getötet, die Pflanze selbst bleibt jedoch am Leben. Dies wird als **Parasitismus** bezeichnet.

Parasiten leben auf oder in einem anderen Organismus, dem *Wirt*, aber sie töten ihn nicht. Sie schädigen ihn durch Entnahme von Nährstoffen, durch Zerstörung seiner Gewebe und Organe oder durch die Ausscheidung von giftigen Stoffwechselprodukten.

Pilze zeigen eine besondere Vielfalt ökologischer Wechselwirkungen mit anderen Organismen. Der Hallimasch beispielsweise ist ein Parasit auf der Rinde vieler Bäume.

8 Symbiose.
A Blattlaus und Ameise; **B** Kaffernbüffel und Madenhacker; **C** grüner Süßwasserpolyp; **D** Blüte und Fledermaus

Seine Hyphen dringen in die lebenden Zellen ein und zerstören die Gewebe. Dieser Pilz besiedelt aber auch totes Holz, zum Beispiel in Baumstümpfen. Eine ganz andere Situation findet man beim Sandröhrling. Seine Hyphen dringen zwar auch in Pflanzengewebe ein, nämlich in die Wurzeln von Waldkiefern. Sie zerstören jedoch nicht die Zellen. Statt dessen gibt der Pilz Wasser und Nährsalze, die er aus dem Boden aufgenommen hat, an die Wurzeln des Baumes ab. Im Gegenzug wird der Pilz von den Zellen des Nadelbaums mit Nährstoffen versorgt. Hier liegt eine Lebensgemeinschaft zwischen Pilz und Baum vor mit einem etwa gleichwertigen Nutzen für beide Partner. Diese Beziehung wird als **Symbiose** bezeichnet. Symbiosen sind in der Natur weit verbreitet. Ameisen »betrillern« mit ihren Fühlern Blattläuse, um diese zur Abscheidung von zuckerhaltigem Kot zu veranlassen. Der Vorteil für die Blattläuse besteht darin, dass sie von den Ameisen bewacht und gegen Fressfeinde beschützt werden. Eine ebenfalls nur lockere Partnerbeziehung besteht zwischen dem Kaffernbüffel und einer Vogelart, dem Madenhacker, der die Haut des Büffels von Zecken säubert. Der grüne Süßwasserpolyp enthält in seinen Zellen Grünalgen, die ihre Fotosyntheseprodukte an den Polypen abgeben.

Symbiontische Beziehungen, die für mindestens einen der Partner lebensnotwendig sind, werden auch als *Mutualismus* bezeichnet. Dazu gehören die Beziehungen zwischen Blütenpflanzen und ihren Bestäubern. Manche Pflanzen des tropischen Regenwaldes sind auf den Besuch von Fledermäusen angewiesen. Sie locken diese mit ihrem Duft an und bieten den Tieren Pollen und Nektar als Nahrung. Bei der Nahrungsaufnahme erfolgt dann die Bestäubung.

1 Mäusebussard und Schleiereule ernähren sich im Wesentlichen von Mäusen. Sie besetzen aber nicht die gleiche ökolog. Nische. Bewerte diesen Sachverhalt.

2 Viele Pilze können nur in Symbiose mit Bäumen Fruchtkörper bilden. Erläutere diese spezifische Symbioseform, die als Mykorrhiza bezeichnet wird.

Wissen kompakt Lebensgemeinschaft Symbiose

1 Flechten. **A** Wand-Gelbflechte; **B** Trompetenflechte; **C, D** Schnitt durch eine Flechte

Symbioseform: Flechten
Vorkommen: weltweit mit etwa 20 000 Arten in allen Lebensräumen, auch extreme Ökosysteme wie Hochgebirge und Tundra werden besiedelt
Merkmale: Flechten sind in Symbiose lebende Pilze und Algen, die eine selbstständige neue Lebensform bilden. Die Algen betreiben Fotosynthese und erzeugen so Nährstoffe und Sauerstoff, die der Pilz für sich nutzen kann. Der Stoffaustausch zwischen beiden Lebewesen erfolgt sehr rasch: Bereits zwei Minuten nach Beginn der Fotosynthese durch die Algen lassen sich die ersten Zucker im Pilz nachweisen. Die Pilzhyphen umgeben ihren Symbiosepartner und bilden den Flechtenkörper. Sie bestimmen also das Aussehen und die Form der Flechte. Im Bereich der Rinde ist das Geflecht aus Hyphen besonders kompakt, im Markbereich dagegen lockerer. Der Pilz speichert Wasser mit Nährsalzen und gibt bei der Zellatmung Kohlenstoffdioxid ab, das die Algen zur Fotosynthese nutzen. Flechten können bestimmte Stoffe wie Säuren und Farbstoffe erzeugen, die ein Partner allein nicht bilden kann.

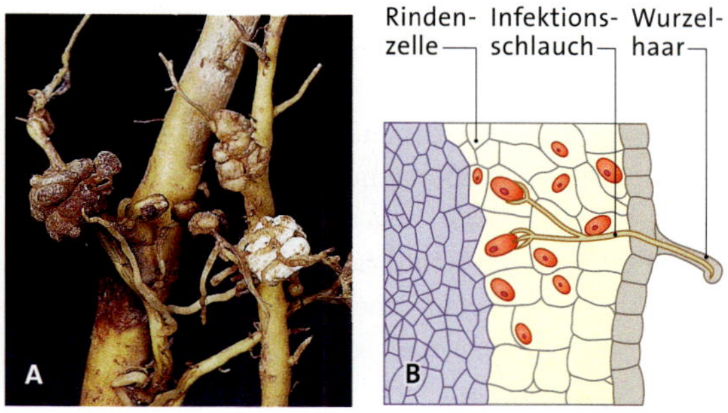

2 Knöllchenbakterien. **A** Wurzel mit Wurzelknollen; **B** Infektion einer Wurzel mit Bakterien

Symbioseform: Wurzelknollen durch Knöllchenbakterien
Vorkommen: nur bei bestimmten Samenpflanzen, zum Beispiel Erlen und Schmetterlingsblütengewächsen wie Klee, Lupine und Luzerne
Merkmale: Die Bodenbakterien der Gattung *Rhizobium* sind stäbchenförmig, brauchen Sauerstoff und ernähren sich wie viele Bakterien heterotroph von organischen Stoffen. Sie können zum Beispiel über junge Wurzelhaare in die Wurzelrinde einer Lupine eindringen. Dazu nutzen sie einen Infektionsschlauch. In bestimmten Zellen kommt es zur Teilung der Bakterien und zur Bildung von Wuchsstoffen. Sie führen zur Vermehrung der Wurzelrindenzellen, so dass Knöllchen entstehen. Die Bakterien sind im Vergleich zur Pflanze in der Lage, Luftstickstoff zu binden und diesen in Ammonium-Ionen umzuwandeln. Die Pflanze erhält so Stickstoffdünger und kann auch auf stickstoffarmen Böden wachsen. Lupinen betreiben Fotosynthese und stellen dabei Nährstoffe und Sauerstoff her. Die organischen Zwischenprodukte der Fotosynthese werden durch die Bakterien genutzt. Außerdem erhalten die Bakterien den dringend benötigten Sauerstoff und einen geschützten »Wohnraum« im Inneren der Wurzel.

1. Beschreibe Bau und Lebensweise einer Flechte. Nutze dazu die Abbildung 1.
2. Begründe, dass das Zusammenleben von Lupine und Knöllchenbakterien eine Form der Symbiose ist.
3. Recherchiere nach weiteren Symbiosen im Internet. Beschreibe die Symbiosen.

3 Ökosystem Wald

3.1 Wälder unterscheiden sich

Fährt man mit dem Auto oder dem Zug durch bewaldete Gebiete Deutschlands, stellt man fest, dass viele Wälder überwiegend von Rotbuchen gebildet werden. In den meisten Regionen Deutschlands fällt über das Jahr verteilt so viel Niederschlag, dass der Boden nicht austrocknet. Auf solchen frischen Böden können die Wurzeln der Rotbuchen stets genügend Wasser aufnehmen. Unter diesen Bedingungen wachsen Rotbuchen vor allem in ihrer Jugendphase schneller als andere Bäume. Dadurch überwachsen sie diese Baumarten, die schließlich durch die Beschattung zu wenig Licht zum Wachsen erhalten. So werden die meisten anderen Bäume im Verlauf vieler Jahrzehnte verdrängt und es entsteht ein **Laubwald** mit der Rotbuche als einziger Baumart.

In manchen Gegenden Deutschlands findet sich sandiger Boden, der bei Regenfällen nur wenig Wasser speichert und schnell wieder austrocknet. In anderen Gebieten reicht der jährliche Niederschlag nicht aus, um Rotbuchenwälder wachsen zu lassen. Hier ist der *Kiefern-Eichen-Wald* der vorherrschende Waldtyp. Einen Wald, der zu ungefähr gleichen Teilen von Laub- und Nadelbäumen gebildet wird, bezeichnet man als **Laub-Nadel-Mischwald.**

An sehr trockenen Standorten geht der Kiefern-Eichen-Wald in einen aus Kiefern gebildeten **Nadelwald** über. Die Nadeln der Kiefern sind vor Austrocknung besser geschützt als die Blätter der Laubbäume mit ihrer großen Oberfläche. Kiefern besitzen zudem tief reichende Pfahlwurzeln, mit denen sie tiefer gelegene, feuchte Bodenschichten erreichen können. So sind sie an trockene Standorte besser angepasst als die meisten Laubbäume.

1 Rotbuchenwald

Auch auf nassen Böden sucht man Rotbuchen vergeblich. Ihre Wurzeln sind empfindlich gegen Überflutungen und hoch anstehendes Grundwasser. An den Ufern von Flüssen und Seen findet man daher Wälder aus anderen Baumarten, die längere Überschwemmungen und hohe Grundwasserstände gut ertragen können. Wälder, die im Überschwemmungsbereich von Flüssen wachsen, bezeichnet man als **Auenwälder.** An den nassesten Stellen dieser Wälder gedeihen vor allem Weiden, Erlen und Pappeln, an den weniger nassen Eschen, Ulmen und Stieleichen.

Wälder an den Ufern stehender Gewässer heißen **Bruchwälder.** In diesen Wäldern steht das Grundwasser dicht unterhalb der Bodenoberfläche. Dort wachsen vor allem Schwarzerlen und verschiedene Weiden-Arten, sofern genügend Mineralstoffe im Boden vorhanden sind. An Standorten mit schlechterer Mineralstoffversorgung gedeihen vorwiegend Birken.

2 Waldtypen und ihr Vorkommen auf Böden mit unterschiedlicher Feuchtigkeit und in unterschiedlicher Höhenlage

3 Kiefernwald

Nicht nur die Bodenfeuchtigkeit des Standorts wirkt sich auf das Vorkommen von Waldtypen aus, sondern auch die Höhenlage. Im Flachland, wo die Temperaturen im Jahresmittel vergleichsweise mild sind, herrschen Rotbuchenwälder vor. In den kühleren Lagen der Mittelgebirge fallen oft mehr Niederschläge. Hier gesellen sich zu den Rotbuchen auch Bergahorn, Bergulme und Esche.

Steigt man im Gebirge noch höher, trifft man bald keine Laubbäume mehr an, sondern nur noch Nadelbäume wie Fichten und Lärchen. Deren Nadeln sind an die niedrigen Gebirgstemperaturen mit längerer Frostdauer, die heftigen Winde und die stärkere Sonnenstrahlung besser angepasst als die weicheren und empfindlicheren Laubblätter. An den steilen Gebirgshängen ist der Boden sehr flachgründig und kann deshalb wenig Wasser speichern. Bäume, die dort wachsen, müssen daher an eine schlechte Wasserversorgung angepasst und vor zu starker Austrocknung geschützt sein.

Nadelbäume erfüllen diese Voraussetzungen besser als Laubbäume. Sie bilden in unseren Breiten in ungefähr 1500 Metern über dem Meeresspiegel auch die **Waldgrenze.** Noch weiter oben wird der Winter immer länger und die warme Jahreszeit immer kürzer. Hier ist der Sommer zu kurz, um hohe Bäume mit kräftigen Stämmen wachsen zu lassen. In dieser **Krummholzzone** gedeihen stattdessen die niedrig wachsenden Latschenkiefern. Bei etwa 2000 Metern über dem Meeresspiegel liegt die **Baumgrenze.** Oberhalb davon gedeihen überhaupt keine Bäume mehr, sondern lediglich kleine Sträucher und Gräser. Diese großen Höhen werden in Deutschland aber nur in den Alpen erreicht.

Wälder werden seit mehr als zwei Jahrtausenden intensiv von Menschen genutzt. Daher findet man in etlichen Regionen nicht mehr die Waldtypen, die man aufgrund des Standorts erwarten würde. Besonders auffällig sind die auch im Flachland angepflanzten **Fichtenforste.** Fichten, die natürlicherweise nur in höheren Berglagen vorkommen, wachsen schnell und können schon nach achtzig bis hundert Jahren geschlagen werden. So bilden sie eine wichtige Grundlage für die Forstwirtschaft.

1 Begründe, warum in vielen Regionen Deutschlands nahezu reine Rotbuchenwälder wachsen, in denen kaum eine andere Baumart vorkommt.

2 Entwickle mit Hilfe der Abbildung 2 eine tabellarische Übersicht über Waldtypen. Gib Umweltbedingungen und charakteristische Baumarten an.

3 Manche Baumarten überleben in bestimmten Höhenlagen, andere nicht. Begründe diesen Sachverhalt.

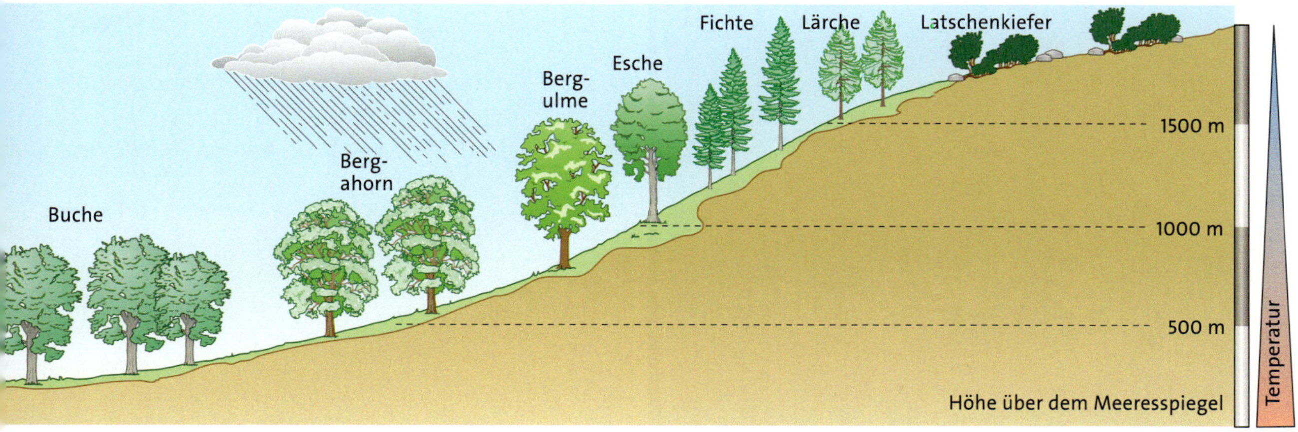

3.2 Der Wald ist in Stockwerken aufgebaut

Kommt man an einem heißen Sommertag in einen Laubwald, ist man von der angenehmen Kühle überrascht. Die Kronen der Bäume fangen hier den größten Teil des Sonnenlichtes auf. Die Baumkronen bilden das oberste Stockwerk des Waldes, die **Baumschicht.** Zu dieser Schicht gehören zum Beispiel auch Rotbuchen, Eichen, Fichten und Kiefern. Die Baumschicht kann in unseren Wäldern mehr als 30 Meter hoch werden. In lichteren Wäldern wie dem *Eichen-Hainbuchen-Wald* findet sich unter der obersten Baumschicht, die von Eichen gebildet wird, noch eine zweite Schicht aus Hainbuchen. Diese kann eine Höhe von bis zu 20 Metern erreichen. Dort, wo Licht durch das dichte Kronendach dringt, hat sich eine **Strauchschicht** entwickelt. An diesen Stellen wachsen Sträucher wie Faulbaum, Gemeine Hasel und Schwarzer Holunder, die bis zu sechs Meter hoch werden können. Auch Kletersträucher wie die Waldrebe und junge Bäume gehören zur Strauchschicht. Am Waldrand bildet diese Schicht einen Windschutz, der das Austrocknen des Bodens verhindert.

1 Schichten eines Laubmischwaldes. A Foto; **B** Schema

In Laubmischwäldern erreicht oft noch so viel Licht den Waldboden, dass dort krautige Pflanzen wie Waldbingelkraut und Waldmeister gedeihen können. Sie bilden die **Krautschicht,** die eine Höhe von maximal einem Meter erreicht. Zur Krautschicht gehören auch Gräser und Baumsämlinge. Ist der Boden nicht zu stark durch Laub bedeckt, findet man hier auch Pflanzen wie die Moose. Im Wald häufig vorkommende Moose sind das Frauenhaarmoos und das Hornmoos. Im Herbst kann man hier auch die Fruchtkörper vieler Pilze finden.

Nicht in allen Wäldern sind Strauch- und Krautschicht vorhanden. Vor allem in Rotbuchenwäldern mit dicht geschlossenem Kronendach und in den dunklen *Fichtenforsten* mit ihren dicht stehenden Bäumen dringt zu wenig Licht durch die Baumkronen. In diesen Wäldern findet man nur ganz vereinzelt Kräuter wie den Waldsauerklee, der auch bei sehr geringen Lichtstärken noch wachsen kann.

Unmittelbar am Waldboden sammeln sich Laub und Nadeln an, die von den Bäumen gefallen sind. Diese so genannte Streu bildet die **Streuschicht.** Sie kann mehrere Zentimeter mächtig sein. Wenn sie durch Regen genügend durchfeuchtet ist, wird sie von einem weißen Pilzgeflecht durchzogen. Die Pilze sorgen zusammen mit anderen Bodenlebewesen für den Abbau der Streu. Daher wird die Streuschicht nicht mit jedem Jahr mächtiger, sondern verändert über die Jahre ihre Stärke kaum.

Unterhalb der Streuschicht beginnt der Waldboden. Seine oberste Schicht wird durch eine grauschwarze **Humusschicht** gebildet. Je nach Wald- und Bodentyp ist sie unterschiedlich mächtig ausgeprägt. In dieser Schicht werden abgestorbene Pflanzenteile und tote Tiere von Kleinstlebewesen zersetzt. Die Stoffe, die bei diesen Zersetzungsvorgängen entstehen, bilden den grauschwarzen **Humus.** Zum Schluss der Zersetzung werden Mineralstoffe freigesetzt, die von den Pflanzen für deren Stoffwechsel und zum Wachstum benutzt werden. Daher ist die Humusschicht intensiv von Wurzeln durchzogen.

Vor allem die Wurzeln der Bäume beschränken sich nicht nur auf die Humusschicht. Sie wachsen auch in die tiefer im Boden liegenden Schichten hinein, die meist bräunlich gefärbt und arm an Humus sind. Auf diese Weise verankern sich die Bäume im Boden und können sogar Stürmen widerstehen. Mit ihren Wurzeln sind sie aber auch in der Lage, aus tieferen Bodenschichten Wasser aufzunehmen. Dadurch sind sie weniger abhängig von frisch gefallenem Regen und können ihre weit ausladenden Kronen auch in Trockenzeiten mit Wasser versorgen. Den Bereich des Bodens, der von Wurzeln durchzogen wird, bezeichnet man als **Wurzelraum.** Er kann weit mehr als einen Meter tief in den Boden hineinreichen.

1 Beschreibe die Stockwerke, die man in Laubwäldern finden kann. Nenne typische Arten für diese Stockwerke.

2 Informiere dich über die in Abbildung 2 dargestellten Pflanzen. Erstelle Steckbriefe.

2 **Pflanzen der Krautschicht.** **A** Waldbingelkraut; **B** Waldmeister; **C** Waldsauerklee

3.3 Nahrungsbeziehungen

Grüne Pflanzen erzeugen mit Hilfe von Licht durch Fotosynthese aus Wasser und Kohlenstoffdioxid Traubenzucker. Sie sind **Erzeuger** oder **Produzenten.** Auf den Blättern vieler Pflanzen kann man häufig große Kolonien von Blattläusen finden. Beobachtet man das Leben dieser Tiere, hat es den Anschein, als lebe eine Blattlaus an der Pflanze wie im Schlaraffenland. Mit ihrem Stechrüssel sticht sie die unter Druck stehenden Siebröhren in den Leitbündeln der Pflanze an und lässt den Pflanzensaft in ihren Verdauungstrakt fließen. Die Blattlaus ernährt sich also von der Pflanze. Man bezeichnet sie daher als **Erstverbraucher** oder **Konsument 1. Ordnung.** Nach Herausfiltern der lebensnotwendigen Nährstoffe wird die überschüssige zuckerhaltige Flüssigkeit als Honigtau wieder ausgeschieden. Er lockt Ameisen an, die den nährstoffhaltigen Saft aufsaugen. Als Gegenleistung wehren die Ameisen manche Feinde der Blattläuse ab.

Schnell zeigt sich aber, dass den Blattläusen dennoch auch Gefahren drohen. Ein Marienkäfer hat seine Oberkieferzangen in den Körper einer strampelnden Blattlaus gebohrt und führt mit seinen Mundwerkzeugen nun Kaubewegungen aus, wobei er den flüssigen Inhalt der Blattlaus einsaugt. Auch die Larven der Marienkäfer ernähren sich von Blattläusen. Eine Larve des Siebenpunkt-Marienkäfers frisst bis zur Verpuppung 300 bis 500 Blattläuse, das erwachsene Tier dann noch einmal eine ähnlich große Zahl. Weitere Blattlausräuber sind die Larven der Florfliegen, die man deshalb als Blattlauslöwen bezeichnet, sowie die Larven von Schwebfliegen und Gallmücken. Auch Ohrwürmer findet man als Räuber in der Blattlauskolonie. Sie alle sind also in diesem Fall **Zweitverbraucher** oder **Konsumenten 2. Ordnung.**

Marienkäfer, Ohrwürmer oder Insektenlarven werden wiederum von Singvögeln oder Spinnen erbeutet. Dies sind dann **Drittverbraucher** oder **Konsumenten 3. Ordnung,** die selbst wiederum weiteren Arten als Nahrung dienen können. Es wird also deutlich, dass zwischen den Lebewesen des Waldes Nahrungsbeziehungen bestehen, die man in der hier beschriebenen einfachsten Form *Nahrungsketten* nennt. Das letzte Glied einer Nahrungskette wird als **Endverbraucher** oder **Endkonsument** bezeichnet.

In Wirklichkeit sind die Beziehungen zwischen den Lebewesen eines Waldes jedoch noch viel verzweigter. Die Blätter dienen nicht nur Blattläusen als Nahrung, sondern auch Raupen oder Rehen. Raupen werden von Singvögeln gefressen und diese wiederum vom Sperber oder Baummarder. Junge Rehe können vom Fuchs erbeutet werden und in einem Naturwald eventuell auch vom Luchs. Als Endverbraucher kann der Luchs sogar einen Fuchs als Beute greifen und verzehren. Die einzelnen Nahrungsketten sind so miteinander verknüpft, dass ein *Nahrungsnetz* entsteht. Eine solche Darstellung lässt ahnen, wie vielfältig und verzweigt die Beziehungen der Lebewesen untereinander in Wirklichkeit sind.

Die größte Zahl der Tierarten im Wald sind Pflanzenfresser. Blattlaus, Borkenkäfer, Reh oder Waldmaus gehören zu diesen Konsumenten 1. Ordnung. Manche Tiere wie das Wildschwein und das Eichhörnchen nutzen neben pflanzlicher auch tierische Nahrung. Man bezeichnet sie als Allesfresser. Zu den von Pflanzenfressern lebenden Konsumenten 2. Ordnung gehören zum Beispiel der Marienkäfer, der Buntspecht und die Kohlmeise. Diese werden wiederum von Konsumenten 3. Ordnung wie Radnetzspinne, Sperber oder Baummarder gefressen. Am

1 Nahrungskette. **A** Traubenkirsche; **B** Blattlaus; **C** Marienkäfer (▶ = ... wird gefressen von ...)

Ende der Nahrungskette stehen im Naturwald Endkonsumenten wie Wolf, Luchs oder Bär.

Die Konsumentenstufen können allerdings je nach Jahreszeit oder Alter bei bestimmten Konsumenten auch wechseln. Je höher eine Art in der Nahrungskette steht, umso geringer ist meistens ihre Individuenzahl. Diese Abnahme der Individuenzahl von Stufe zu Stufe ergibt eine **Nahrungspyramide.** Im Forst fehlen manche weiter oben in der Nahrungskette stehende Arten. Deshalb können sich hier manche Pflanzenfresser stark vermehren und dann große Schäden an den Pflanzen verursachen. Der Mensch greift daher als Jäger oder Förster immer wieder in die Forstökosysteme ein und ersetzt damit zum Teil fehlende Endkonsumenten.

1 Ordne die Tiere im mittleren Teil der Abbildung 3 A nach Konsumenten erster, zweiter und dritter Ordnung. Begründe, dass die Zuordnung nicht immer eindeutig ist.

2 Erläutere, welche Folgen eintreten, wenn innerhalb einer Nahrungskette ein Glied ausfällt.

3 Definiere anhand der Abbildung 2 den Begriff Nahrungsnetz.

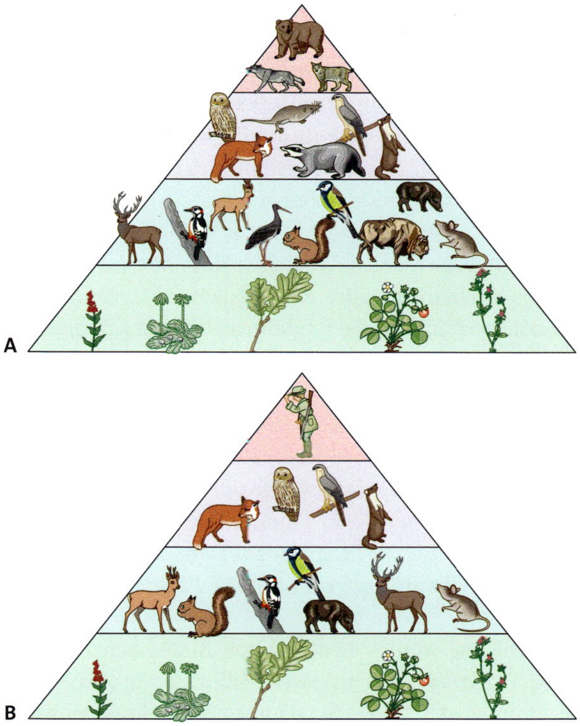

3 Nahrungspyramide. A Naturwald; **B** Forst

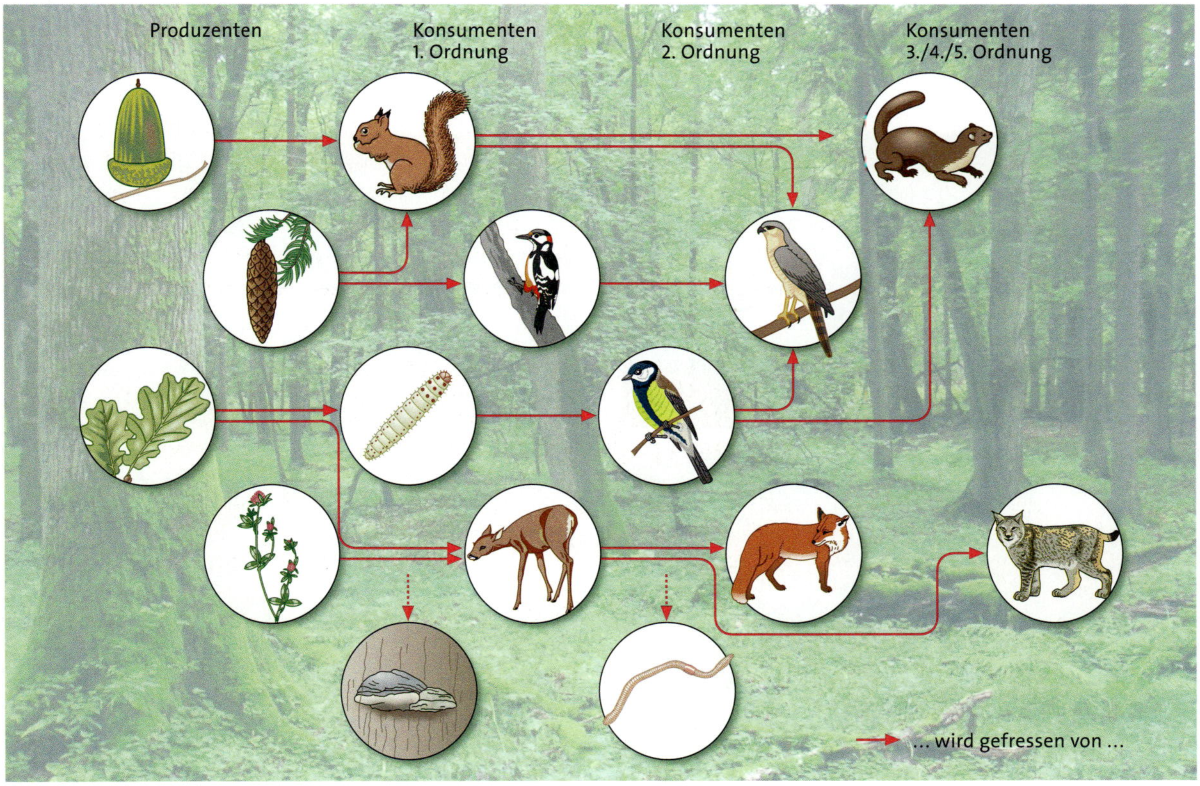

2 Nahrungsnetz

3.4 Regulation der Populationsdichte

Insekten machen in Zeitungen in der Regel keine Schlagzeilen. Doch manchmal gibt es Ausnahmen. Einige Insektenarten treten hin und wieder in derart großen Individuenzahlen auf, dass sie zum Beispiel Felder oder ganze Waldstücke kahl fressen können.

Aus Süddeutschland oder Italien kommen in manchen Jahren Meldungen über eine Maikäfer-Plage. Die Larven dieser Käferart, die Engerlinge, leben im Boden und ernähren sich von Wurzeln. In Obstplantagen oder neu aufgeforsteten Wäldern können sie bei massenhaftem Befall die Bäume zum Absterben bringen. Die Käfer, die sich mit Vorliebe von Eichenlaub ernähren, aber auch auf Buche, Ahorn, Rosskastanie oder Obstbäume gehen, fressen manchmal ganze Bäume innerhalb einer Nacht kahl. Ähnliche Auswirkungen auf Kartoffelfelder hat ein Massenbefall mit Larven des Kartoffelkäfers.

Nadelbäume werden häufig durch Borkenkäfer geschädigt. Diese weniger als zwei Millimeter großen Käfer legen unter der Borke der Bäume senkrecht verlaufende Gänge an. Dort erfolgt auch die Eiablage. Die aus den Eiern geschlüpften Larven legen dann seitliche Gänge an. Dabei ernähren sie sich vom Bast der Bäume, einem dünnen Gewebe, in dem die Assimilate transportiert werden. Bei starkem Befall durch Borkenkäfer können diese Leitungsbahnen vollständig zerstört werden. Die Bäume sterben in der Folge ab.

In manchen Jahren treten diese und andere Schädlinge von Waldbäumen in Massen auf, in anderen kommen sie nur vereinzelt vor. Woran liegt das? Die **Populationsdichte** wird unter anderem durch die Witterung beeinflusst. Borkenkäfer entwickeln sich am besten bei trockenem, warmem Wetter. Ist der Sommer hingegen feucht und kühl, dauert die Entwicklungszeit der Larven länger, außerdem sterben viele Larven bereits vor der Verpuppung. Die Raupen des Eichenwicklers sind sehr empfindlich gegen Spätfröste. Treten im April oder Mai noch Nachtfröste auf, erfriert ein Großteil der Raupen. Die Zahl der Schmetterlinge, die sich im folgenden Sommer fortpflanzen kann, bleibt dann gering. Weil solche Einflüsse auf die Individuenzahl allein durch abiotische Faktoren bewirkt werden und nicht von der Größe der Population abhängig sind, spricht man von **dichteunabhängigen Faktoren.**

Je größer eine Population wird, umso mehr nimmt die Konkurrenz um Nahrung zwischen den einzelnen Individuen zu. Eine hohe Populationsdichte fördert zudem die Verbreitung von Parasiten und Krankheiten. Solche **dichteabhängigen Faktoren** sorgen dafür, dass die Individuenzahl nach einer Phase des Wachstums wieder zurückgeht.

1 Massenbefall durch Insekten. **A** Maikäfer; **B** Larven des Kartoffelkäfers

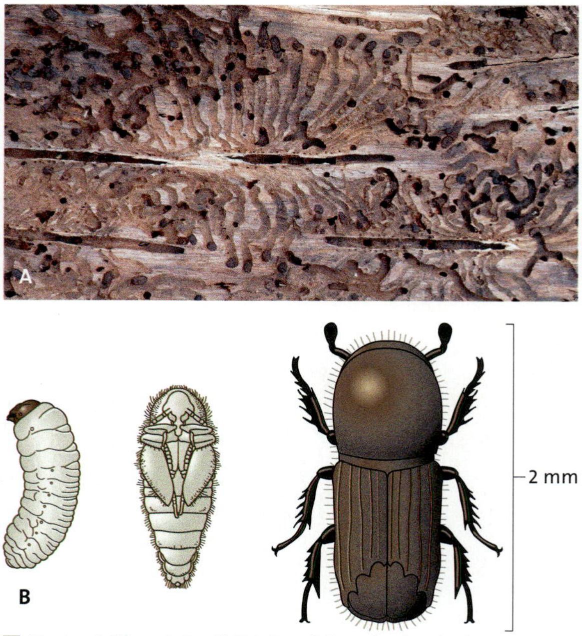

2 Borkenkäfer. **A** Fraßbild des Fichtenborkenkäfers; **B** Larve, Puppe und Käfer

Die Regulation der Populationsdichte wird noch von anderen Faktoren beeinflusst. So stehen die Lebewesen in einer Nahrungskette in gegenseitigen Abhängigkeiten zueinander, die sich auf ihre Populationsdichten auswirken. Dies konnte in einem Laborexperiment nachgewiesen werden: In einem Versuchsgefäß wurden Pflanzen fressende Milben gehalten, die sich von Orangenschalen ernährten. Ausgelegte Steine boten den Tieren Versteckmöglichkeiten. Dann setzte man einige Tiere einer Raubmilbenart hinzu, die sich von den Pflanzen fressenden Milben ernährten. Über mehrere Monate wurden nun in diesem **Räuber-Beute-System** regelmäßig die Individuenzahlen beider Milbenarten gezählt. Es stellte sich heraus, dass die Populationsgrößen wellenartige Schwankungen aufwiesen. Dabei waren die Kurven von Räubern und Beutetieren phasenverschoben, das heißt, besonders hohe oder niedrige Individuenzahlen traten zu unterschiedlichen Zeiten auf. Welches sind die Ursachen für solche phasenverschobenen Populationswellen? Sind viele Beutetiere vorhanden, finden die Räuber reichlich Nahrung. Die Räuber können sich vermehren, während die Zahl der Beutetiere sinkt. Nun finden die Räuber nicht mehr genügend Nahrung und ihre Zahl sinkt ab. Daraufhin vermehrt sich die Beute wieder. Man kann die gegenseitige Beeinflussung der Populationsdichten in einer solchen Nahrungsbeziehung auch anschaulich in Form eines Pfeildiagramms darstellen.

Massenvermehrungen von Schadinsekten sind in Monokulturen wegen des gleichartigen Nahrungsangebotes besonders häufig. Deshalb sind Mischwälder viel weniger anfällig als beispielsweise Fichtenmonokulturen. Zur Vermeidung von Massenvermehrungen kann man auch die Fressfeinde der Schädlinge fördern. So stehen Waldameisen unter Naturschutz, weil sie große Mengen an Insektenlarven vertilgen. Durch die Anlage von künstlichen Nisthöhlen kann die Zahl der Spechte und anderer Höhlenbrüter gesteigert werden. Buntspechte ernähren sich unter anderem von den Larven der Borkenkäfer. In Ökosystemen mit komplexen Nahrungsnetzen sind die Verflechtungen zwischen den verschiedenen Arten so vielfältig, dass eine Massenvermehrung einzelner Arten nur selten vorkommt.

1 Informiere dich über die Lebensweise von Maikäfer, Fichtenborkenkäfer, Eichenwickler und Kartoffelkäfer. Erstelle zu jeder Art ein Informationsplakat.

2 Erläutere die Regulation der Populationsdichte in einem Räuber-Beute-System anhand der Abbildungen 3 und 5.

3 Interpretiere die Versuchsergebnisse im dargestellten Versuch in Abbildung 4.

4 Begründe, dass eine Massenvermehrung von Schadinsekten in naturnahen Wäldern seltener vorkommt als in artenarmen Wirtschaftswäldern.

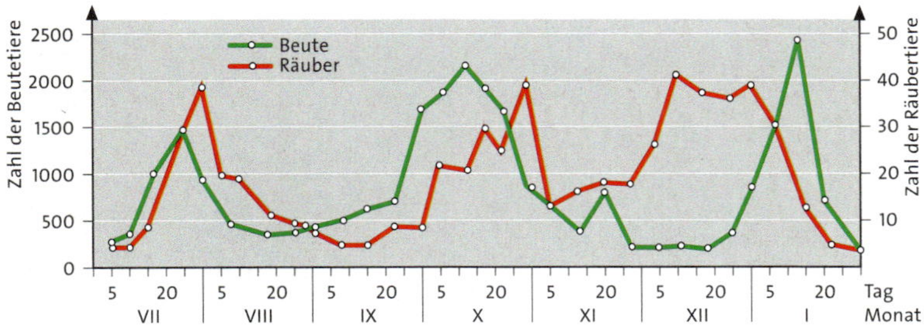

3 **Räuber-Beute-System im Laborexperiment mit Milben**

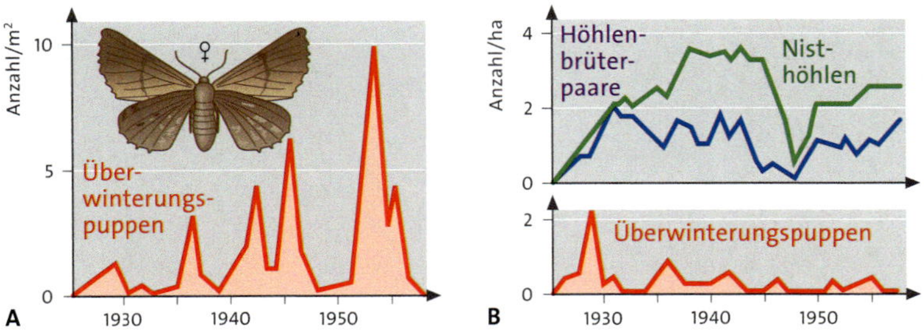

4 **Kiefernspanner.** **A** Überwinterung von Puppen in Wäldern ohne Vogelschutz; **B** in Wäldern mit künstlichen Nisthöhlen

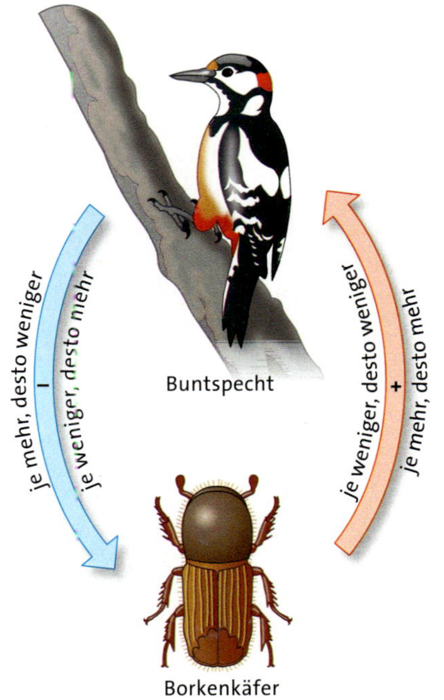

5 **Pfeildiagramm eines Räuber-Beute-Systems**

3.5 Stoffkreisläufe

Fotosynthese und Atmung sowie Ernährung, Verdauung und Ausscheidung sind wichtige Stoffwechselvorgänge bei Lebewesen. Dabei werden Stoffe aufgenommen, umgewandelt und nicht verwertbare Reste abgegeben. Für Lebewesen besonders wichtig sind Wasser, Sauerstoff und Kohlenstoff sowie Stickstoff und Phosphor. Diese Stoffe sind in kleine oder globale **Stoffkreisläufe** eingebunden, an denen außer den Lebewesen auch die unbelebte Umwelt beteiligt ist.

Wasser wird von den Lebewesen ständig aus der Umwelt aufgenommen und auch wieder an sie abgegeben. Im Rahmen von Fotosynthese und Zellatmung ist der **Wasserkreislauf** mit dem **Sauerstoffkreislauf** und dem **Kohlenstoffkreislauf** verknüpft. So reagiert das Wasser in der Fotosynthese der grünen Pflanzen mit Kohlenstoffdioxid zu Traubenzucker und Sauerstoff. Bei der Zellatmung reagieren Traubenzucker und Sauerstoff umgekehrt zu Kohlenstoffdioxid und Wasser. Die Pflanzen tauschen die Gase Kohlenstoffdioxid und Sauerstoff überwiegend über die Oberfläche ihrer Blätter mit der Luft aus. Tiere besitzen für den Austausch Atemorgane wie Lungen, Kiemen oder Tracheen. Da sich die Gase im Wasser lösen, tauschen Wasserbewohner Sauerstoff und Kohlenstoffdioxid teilweise auch im Wasser aus. In der Luft sind etwa 21 Prozent Sauerstoff und etwa 0,04 Prozent Kohlenstoffdioxid enthalten. Da auf der Nordhalbkugel der Erde im Sommerhalbjahr mehr Fotosynthese stattfindet als im Winterhalbjahr, sinkt im Sommer der Kohlenstoffdioxidgehalt der Atmosphäre. Der Kohlenstoff wird in Traubenzucker und andere Fotosyntheseprodukte eingebaut. Im Winterhalbjahr wird durch Atmung mehr Biomasse abgebaut als durch Fotosynthese entsteht. So steigt in dieser Zeit der Kohlenstoffdioxidgehalt der Atmosphäre wieder an.

Seit Beginn der industriellen Revolution nutzen Menschen in großem Maße fossile Brennstoffe wie Erdgas, Erdöl und Kohle zur Energiegewinnung. Dadurch steigen die mittleren Kohlenstoffdioxidkonzentrationen in der Luft kontinuierlich an. Da das Kohlenstoffdioxid ähnlich wie das Glasdach eines Treibhauses wirkt, hat dies in den vergangenen Jahrzehnten zu einem globalen Anstieg der durchschnittlichen Temperatur geführt.

Zum Aufbau ihrer körpereigenen Eiweiße benötigen die Lebewesen neben Kohlenstoff auch Stickstoffverbindungen. Der **Stickstoffkreislauf** gehört damit ebenfalls zu den wichtigen Stoffkreisläufen. Luft besteht zu 78 Prozent aus gasförmigem Stickstoff. Trotzdem ist Stickstoff in Ökosystemen oft ein wachstumsbegrenzender Faktor. Dies liegt daran, dass Pflanzen Luftstickstoff nicht in elementarer Form nutzen können. Fast alle Pflanzen müssen Stickstoff daher in Form von Ammonium- und Nitrationen aus dem Boden oder dem Wasser aufnehmen.

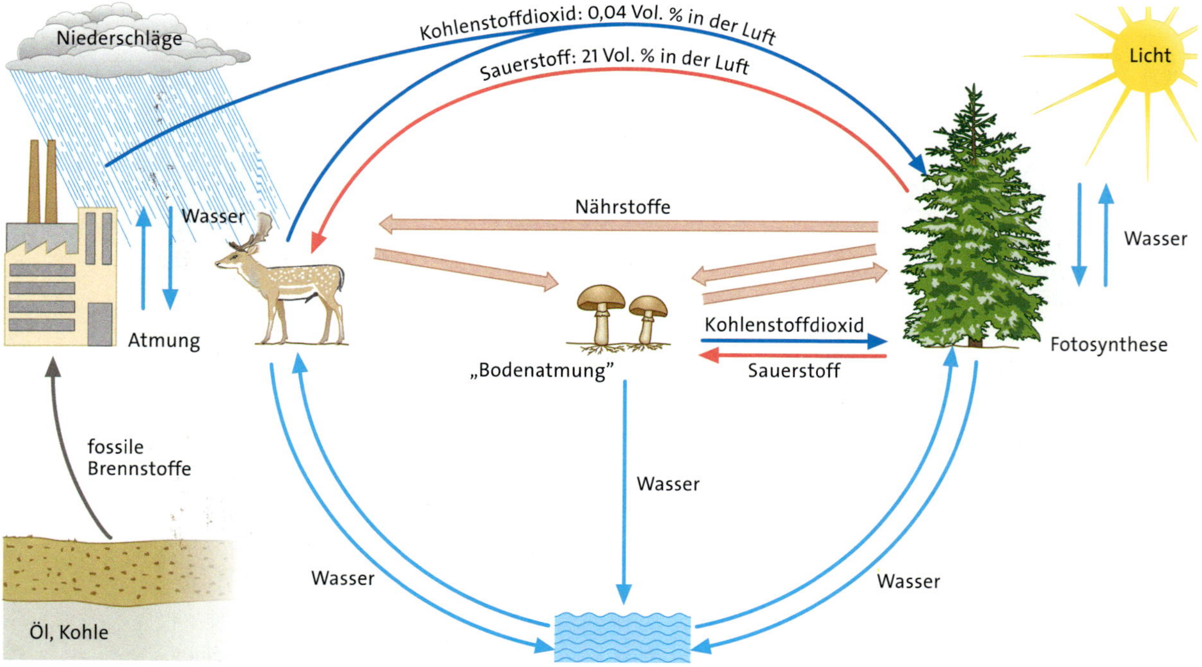

1 **Kohlenstoff- und Sauerstoffkreislauf**

Einige Pflanzenarten sind in besonderer Form an stickstoffarme Böden angepasst. Sie leben oft in enger Gemeinschaft mit Knöllchenbakterien. Diese findet man zum Beispiel in den Wurzeln von Schwarzerle oder Lupine. Sie sind in der Lage, gasförmigen Luftstickstoff in pflanzenverfügbare Ammoniumionen umzuwandeln. Die Pflanzen stellen den Bakterien im Gegenzug die erforderliche Energie zur Verfügung. Andere Pflanzen solcher Standorte wie der Sonnentau betätigen sich als »Fleischfresser«, indem sie mit speziellen Fangeinrichtungen Insekten und andere Tiere fangen und verdauen.

Die von den Pflanzen aufgenommenen stickstoffhaltigen Ionen werden von ihnen zum Aufbau von Eiweißen verwendet. Tiere benötigen ebenfalls Stickstoff zum Aufbau ihrer Eiweiße. Anders als Pflanzen können sie diese jedoch nicht direkt aus stickstoffhaltigen Ionen aufbauen, sondern müssen die Eiweiße mit ihrer Nahrung aufnehmen. Sie bauen diese aufgenommenen Eiweiße dann zu körpereigenen Eiweißen um. Wenn Pflanzen und Tiere sterben, werden ihre Eiweißstoffe von Destruenten abgebaut. Dabei entstehen wieder Ammonium- und Nitrationen.

Es gibt Bakterienarten, die Luftstickstoff zu Stickstoffsalzen umwandeln. Andere Bodenbakterien sind in der Lage, Ammoniumionen in andere stickstoffhaltige Ionen umzubauen oder sie wieder zu Luftstickstoff abzubauen. Damit ist der Stickstoffkreislauf geschlossen. Der **Phosphorkreislauf** ist ein weiterer für Lebewesen wichtiger Stoffkreislauf, weil sowohl die Erbsubstanz als auch wichtige Moleküle des Energietransports, zum Beispiel das ATP, zu den Phosphorverbindungen gehören. Pflanzen nehmen das Element als Phosphat-Ion auf. Mit der Nahrung wird es an Tiere weitergereicht und über deren Ausscheidungen sowie die Zersetzung von toter Biomasse durch Destruenten gelangt es zurück in Böden und Gewässer. Manche phosphatreiche Gesteine haben ebenfalls eine Bedeutung als Phosphorquelle. Sie werden zur Herstellung von Mineraldünger genutzt. Kontakt zur Luft hat der Phosphorkreislauf nicht.

1 Erläutere die in den Abbildungen 1 bis 3 dargestellten Stoffkreisläufe.

2 Die dargestellten Kreisläufe können als Recyclingsysteme bezeichnet werden. Erkläre.

3 Bei uns nimmt die Kohlenstoffdioxidkonzentration der Atmosphäre im Frühjahr und Sommer ab, im Herbst und Winter zu. Die Jahresmittelwerte steigen seit Jahrzehnten. Erkläre diese Beobachtung.

4 Ammoniak aus der Tierhaltung und Stickstoffoxide aus dem Kraftfahrzeugbetrieb gelangen in den letzten Jahrzehnten in großer Menge in die Atmosphäre. Erläutere den weiteren Weg dieser Stoffe im Stickstoffkreislauf und beurteile die Folgen für die Ökosysteme.

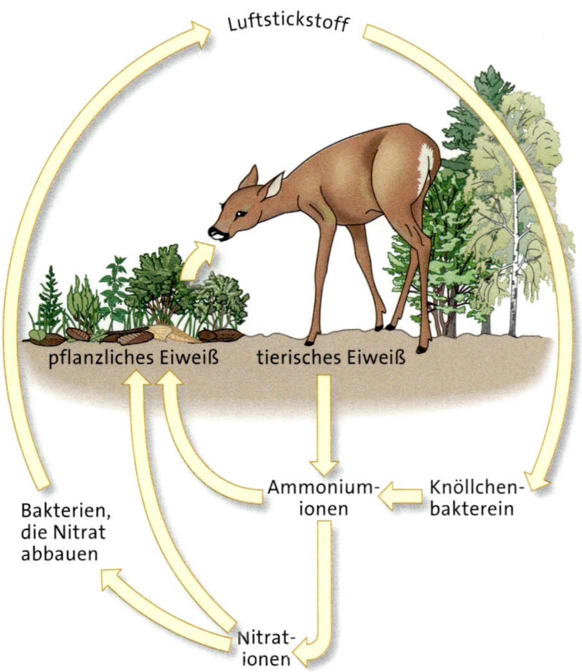

2 **Stickstoffkreislauf**

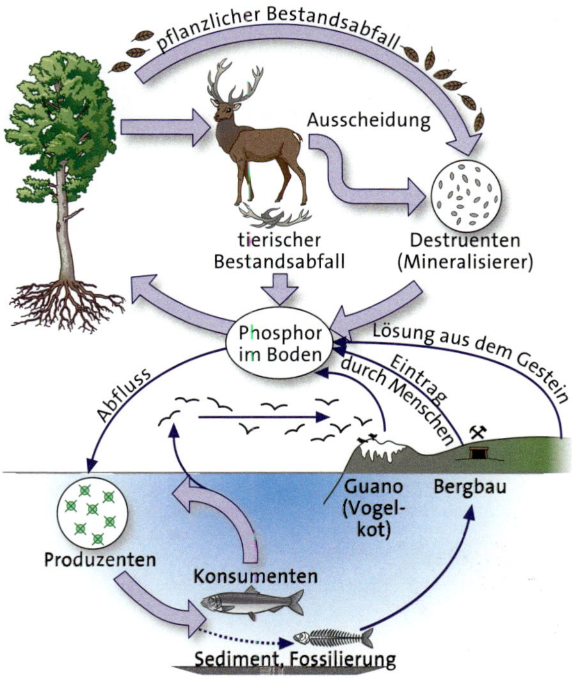

3 **Phosphorkreislauf**

1 **Fotosynthese: Lichtenergie wird zu chemischer Energie**

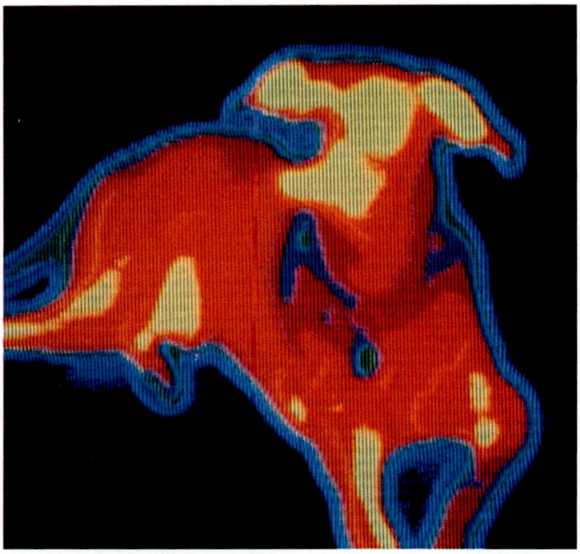

2 **Wärmebild: Chemische Energie wird zu Wärmeenergie**

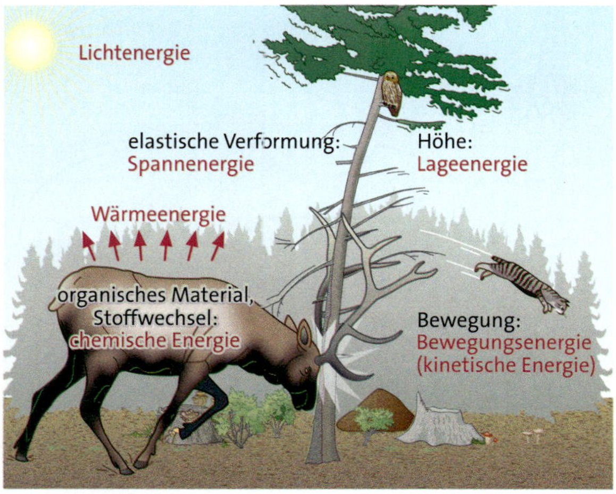

3 **Energieformen**

3.6 Der Weg der Energie

Beobachtet man Pflanzen, so stellt man fest, dass sie immer zum Licht wachsen. Licht wird in der Fotosynthese der grünen Pflanzen zum Aufbau energiereicher Biomasse wie Traubenzucker, Stärke und Cellulose verwendet und somit in chemische Energie umgewandelt. Diese wiederum können Lebewesen im Rahmen ihrer Stoffwechselprozesse in elektrische Energie, in Bewegungsenergie, in Lageenergie oder Wärmeenergie umwandeln. Bei Tieren entstehen so zum Beispiel elektrische Spannungen an Nervenzellen, Bewegungen in Muskelzellen oder im Vergleich zur Umgebungstemperatur höhere Körpertemperaturen. Bei der Verbrennung von einem Gramm Traubenzucker zu Kohlenstoffdioxid und Wasser werden etwa 17,2 Kilojoule an Energie frei. Bei der Umwandlung der verschiedenen **Energieformen** ineinander gilt das Prinzip der Energieerhaltung. Das bedeutet, bei der Energieumwandlung kommt weder Energie hinzu noch geht Energie verloren. Allerdings werden bei der Zellatmung etwa 60 Prozent der Energie als Wärme freigesetzt. Diese kann nicht mehr in andere Energieformen umgewandelt und somit nicht mehr für Stoffwechselvorgänge verwendet werden, sodass zur Aufrechterhaltung des Lebens auf der Erde ständig Energie von der Sonne nachgeliefert werden muss.

Der Energiegehalt einer chemischen Verbindung ist ein relativer Wert, genauso wie die Höhe eines Berges. Bezugsgröße für die Höhe eines Berges ist die Meereshöhe mit null Metern. Bei chemischen Stoffen ist die Festlegung einer Bezugsgröße nicht so leicht möglich. Der Energiegehalt eines Stoffes wird vor allem von den Bindungskräften, die in den Teilchen enthalten sind, bestimmt. Diese Energie wird zum Beispiel bei einer Verbrennung in Form von Wärme frei. Der Energiegehalt komplexer chemischer Verbindungen, wie beispielsweise Traubenzucker oder Zellulose, ist dabei besonders hoch. Verbrennt man Kohlenhydrate, so wird die in ihnen enthaltene chemische Energie überwiegend in Wärmeenergie umgewandelt. Der Mensch kann mit chemischer Energie aus Cellulose in Form von Brennholz also zum Beispiel eine Wohnung heizen. Lebewesen übertragen etwa 40 Prozent der in Traubenzucker gespeicherten chemischen Energie schrittweise auf ATP, das sie für Stoffwechselvorgänge nutzen. Der Rest wird zur Produktion von Körperwärme verwendet.

Etwa ein Prozent der auf die Erde treffenden Lichtenergie der Sonne wird von Produzenten im Rahmen der Fotosynthese in chemische Energie umgewandelt. Setzt man die in dieser Biomasse enthaltene Energie gleich 100 Prozent, so werden davon etwa zehn Prozent über die Nahrungskette an Konsumenten 1. Ordnung weitergereicht, während 90 Prozent von den Pflanzen für Stoffwechselprozesse verwertet werden oder als tote pflanzliche Biomasse übrigbleiben. Diese wird von Destruenten genutzt oder in Form von Holz und anderen nachwachsenden Rohstoffen vom Menschen verwertet. Die von den Pflanzenfressern aufgenommene Biomasse wird zu etwa zehn Prozent an Konsumenten 2. Ordnung weitergegeben. Etwa 90 Prozent werden auch hier für die körpereigene Zellatmung genutzt oder als tote Biomasse an Destruenten beziehungsweise in der Landwirtschaft als Nahrungsmittel weitergereicht. Ähnlich sind die Verhältnisse auf den nächsten Nahrungsstufen, sodass bei den Konsumenten 3. Ordnung nur noch etwa 0,1 Prozent der ursprünglich von den Produzenten in Biomasse gebundenen Energie ankommen. So fließt die gespeicherte Energie von einem Glied der Nahrungskette zum nächsten, bis sie zur Aufrechterhaltung der Lebensvorgänge genutzt wird. Dieser in Form einer Einbahnstraße ablaufende **Energiefluss** im Ökosystem hat seine Quelle in der Sonne. Die von den Produzenten gebundene Energiemenge nimmt von Nahrungsstufe zu Nahrungsstufe um den Faktor 10 ab. Wegen dieser hohen Verluste ist die Zahl der Nahrungsstufen in einem Ökosystem begrenzt. Mehr als fünf oder sechs Stufen findet man selten in einer Nahrungskette. Ordnet man diese Nahrungsebenen aufeinander folgend an, so erhält man eine Pyramidenform. Legt man die mit jeder Stufe abnehmende Energie zugrunde, so spricht man von einer **Energiepyramide**.

1 Erläutere unter Einbeziehung der Abbildung 4, weshalb man von einem Kreislauf der Stoffe und einem Fluss der Energie spricht.

2 Auch der Mensch ist Mitglied der Energiepyramide. Erläutere, welche Stufe ein Mensch einnehmen kann.

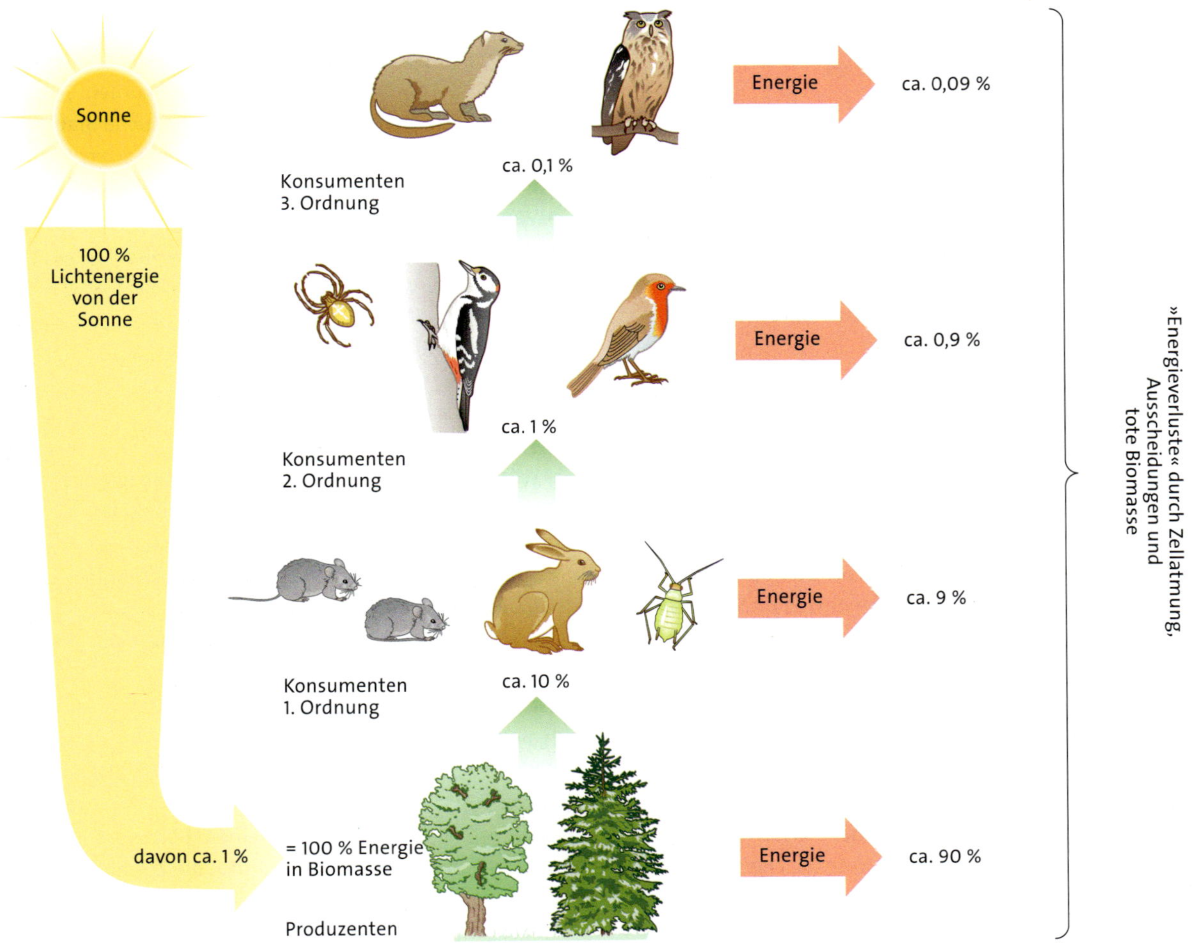

4 Weg der Energie

Aufgaben und Versuche | Untersuchungen im Wald

V1 Vegetationsaufnahme

Protokollblatt Vegetationsaufnahme

Ort: *Börsteler Wald* Datum: *15. 5. 2008*

Flächengröße: *100 m²* Höhe über NN: *25 m*

Waldtyp: *Stieleichen-Hainbuchen-Wald*

Schichtung	Baumschicht	Strauchschicht	Krautschicht	Moosschicht
Höhe	*25 m*	*3,5 m*	*max. 0,9 m*	*max. 0,1 m*
Deckung	*70%*	*15%*	*55%*	*1%*

Gefundene Pflanzenarten		Deckungsgrad
Baumschicht	*Stieleiche* *Hainbuche* *Rotbuche*	*3* *3* *2*
Strauchschicht	*Schwarzer Holunder* *Faulbaum*	*2* *1*
Krautschicht	*Sternmiere* *Wald-Flattergras* *Buschwindröschen* *Efeu* *Goldnessel* *Maiglöckchen* *Sauerklee* *Wald-Frauenfarn*	*2* *2* *1* *1* *1* *1* *1* *1*
Moosschicht	*Frauenhaarmoos*	*+*

Material: Maßband; Paketschnur; Holzpflöcke; Schreibwerkzeug; Klemmbrett; Pflanzenbestimmungsbücher

Durchführung: Grenze im Wald eine als Probefläche geeignete quadratische Fläche mit 10 m Kantenlänge ab. Erstelle eine Vegetationsaufnahme. Fertige weitere Vegetationsaufnahmen auf anderen Flächen an.

Aufgaben:

a) Notiere zunächst, wie im Protokollblatt angegeben, die Angaben zur Probefläche. Schätze dann die prozentualen Deckungsgrade der einzelnen Schichten.

b) Bestimme die Pflanzenarten und erstelle für jede Schicht getrennt eine vollständige Artenliste.

c) Gib für jede Pflanzenart den Deckungsgrad entsprechend folgender Vorgaben an:

- \+ die Art kommt nur vereinzelt vor
- 1 die Art bedeckt weniger als 5 % der Fläche
- 2 die Art bedeckt 5 bis 25 % der Fläche
- 3 die Art bedeckt 25 bis 50 % der Fläche
- 4 die Art bedeckt 50 bis 75 % der Fläche
- 5 die Art bedeckt mehr als 75 % der Fläche

V2 Blattläuse in der Nahrungskette

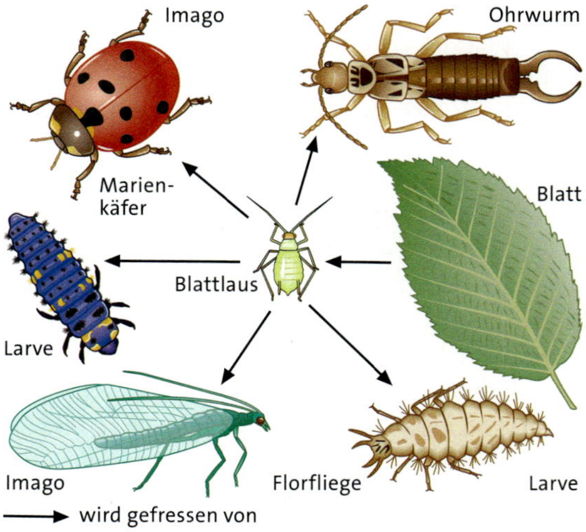

Material: Handlupe; Stereolupe; Petrischale; spitze Pinzette; Präpariernadel; Marmeladengläser

Durchführung: Suche an Sträuchern oder Bäumen nach Blattläusen und deren Eiern. Untersuche Blattlauskolonien unter Einbeziehung folgender Fragestellungen:

- Wie groß sind die Blattlauskolonien?
- Wie dicht sitzen die Tiere in einer Kolonie?
- Unterscheiden sich die Tiere einer Kolonie in der Größe? Werden Jungtiere geboren?
- Wie viele geflügelte Tiere sind vorhanden?
- Gibt es unterschiedlich gefärbte Tiere?
- Sind Blattlauseier vorhanden?
- Wo und wie saugen die Tiere?
- Welche Farbe haben die befallenen Pflanzenteile?
- Welche Blattlausräuber sind in der Nähe oder in der Kolonie und wie verhalten sie sich?
- Sind Ameisen vorhanden und wie verhalten sie sich gegenüber den Blattläusen?

Entnimm ein Blatt mit einer Blattlauskolonie und betrachte Einzeltiere unter der Stereolupe. Betrachte auch die Mundwerkzeuge einer Blattlaus.

Aufgaben:

a) Protokolliere deine Beobachtungen in der Blattlauskolonie.

b) Zeichne eine Blattlaus, die auf einem Blatt sitzt, unter der Stereolupe und beschrifte die Zeichnung.

c) Werte deine Beobachtungen unter der Überschrift »Blattläuse in der Nahrungskette« aus.

V3 Tiere unter der Borke

Material: Malpinsel; Schraubenzieher; Pillengläser; Gummiband; Verbandsmull; Mineralwasser (in der Flasche) mit Kohlenstoffdioxid; Handlupe; Stereolupe; 4-Well-Kammer oder kleine Petrischale; Bestimmungsbücher für Bodentiere

Durchführung: Hebe mit dem Schraubenzieher Borkenteile von Bäumen ab. Besonders geeignet sind kranke oder tote Bäume. Bringe mit Hilfe des Pinsels Tiere, die du unter der Borke findest, in ein Pillenglas und verschließe es. Bewegen sich die Tiere stark, so kannst du sie mit Hilfe von Kohlenstoffdioxid betäuben. Hierzu kannst du das Pillendöschen mit dem Tier mittels Verbandmull und Gummiband verschließen und dann umgedreht auf den Flaschenhals der geöffneten Mineralwasserflasche halten. Das ausperlende Kohlenstoffdioxidgas ersetzt jetzt nach und nach die Luft im Pillendöschen und betäubt die Tiere. Verschließe das Pillendöschen nun schnell mit dem Verschluss und beobachte die Tiere mit der Lupe. Gib die Tiere zur genauen Untersuchung mit der Stereolupe in eine Petrischale oder eine Well-Kammer.

Aufgaben:

a) Finde unter Verwendung der Bestimmungsbücher die Namen der gefangenen Tiere heraus. Informiere dich über die Lebensweise der Tiere und erstelle für zwei Arten einen Steckbrief.

b) Ermittle die Häufigkeit der Bodentiere unter Verwendung folgender Angaben: 1 Einzelexemplar; 2 wenige Exemplare; 3 häufig; 4 massenhaft.

c) Zeichne zwei Tiere und beschrifte deine Zeichnungen.

V4 Untersuchung von Bodentieren

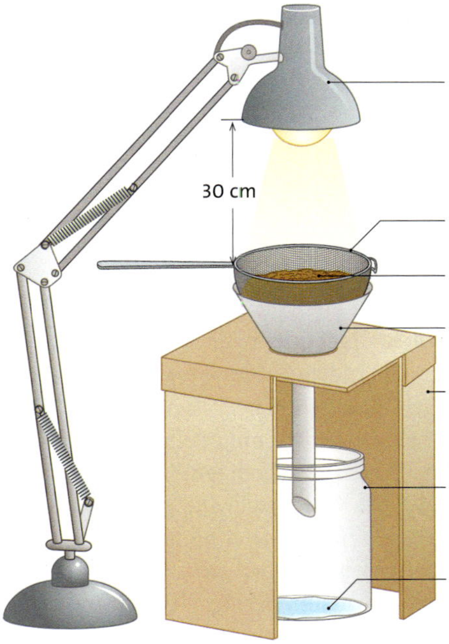

Material: Karton (Höhe 20 cm, Kantenlänge 15 cm); Küchensieb (Maschenweite 2 bis 3 mm); Trichter (passend zum Küchensieb); Marmeladenglas; Schere; Filtrierpapier; Wasser; Schreibtischlampe (25 Watt); feuchte Bodenprobe aus dem Wald; Stereolupe; Bestimmungsbücher

Durchführung: Schneide in den Boden des Kartons eine runde Öffnung, die etwas kleiner ist als der Durchmesser des Trichters. Bedecke den Boden des Marmeladenglases mit feuchtem Filtrierpapier. Stülpe den Karton mit dem Trichter so über das Glas, dass die Trichtermündung in das Glas ragt. Lege das Küchensieb auf die Trichteröffnung. Bedecke das Sieb 4 bis 5 cm hoch mit der Bodenprobe. Bestrahle die Probe mit der Lampe eine Stunde lang aus etwa 30 cm Höhe über dem Sieb. Nach dem Versuch werden die Tiere wieder im Wald ausgesetzt.

Aufgaben:

a) Das Vorkommen der Bodentiere hängt von Feuchtigkeit, Temperatur und Lichtstärke ab. Beschreibe ihr Verhalten während des Versuchs. Erkläre.

b) Kontrolliere das Glas eine Stunde nach Versuchsbeginn. Notiere deine Beobachtungen.

c) Bestimme die Namen der Tiere im Fangglas. Erstelle für zwei Arten einen Steckbrief.

3.7 Bedeutung des Waldes

Ohne den Einfluss des Menschen wären weite Bereiche Mitteleuropas von Wald bedeckt und auch heute nehmen die Wälder in Deutschland noch 31 Prozent der Fläche ein. Oft sind sie bei uns auch das Herzstück von Schutzgebieten. Wälder gehören daher zu den wichtigsten Ökosystemen in Mitteleuropa.

Die Einflüsse des Waldes auf das **Mikroklima** sind jedem Waldbesucher bekannt. An einem heißen Sommertag empfindet man den Wald als angenehm kühl. Selbst in Trockenzeiten erhalten die Pflanzen über die Wurzeln genügend Wasser, das sie bei der Transpiration über die Blätter wieder an die Luft abgeben. Hierbei erhöht sich die Luftfeuchtigkeit und durch die Verdunstungskälte vermindert sich die Lufttemperatur. So gibt eine 100jährige Buche täglich bis zu 400 Liter Wasser ab und kann dadurch die Luftfeuchtigkeit in unmittelbarer Umgebung um bis zu zehn Prozent erhöhen. Außerdem bremsen Wälder den Wind. Die Windgeschwindigkeit wird schon 100 Meter vor und bis zu 700 Meter hinter dem Wald um bis zu 40 Prozent gesenkt. Neben dem Einfluss auf das Mikroklima sind die Verminderung der Bodenerosion und die Wirkung als Staubfilter weitere positive Einflüsse der Wälder. Ein Hektar Waldfläche vermag bis zu 70 Tonnen Staub pro Jahr aus der Luft zu filtern. **Windschutz** und **Immissionschutz** kommen auch den landwirtschaftlichen Nutzflächen und den menschlichen Siedlungen im Umfeld der Wälder zugute. Für menschliche Siedlungen ist außerdem der durch den Wald zu erreichende **Lärmschutz** von Bedeutung. So kann ein 100 Meter breiter stark geschichteter Mischwald den Lärmpegel halbieren.

Wälder dienen zudem als Wasserspeicher. Der Teil der Niederschläge, der nicht von den Blättern festgehalten wird, fällt auf den Waldboden. Über Moospflanzen, die das Wasser wie ein Schwamm aufsaugen, gelangt es nach und nach in den Boden. Unter einem Quadratmeter Waldboden können 50 bis 200 Liter Wasser gespeichert werden. Hier wird es auch gefiltert und biologisch gereinigt, bevor es schließlich als sauberes Wasser das Grundwasser erreicht. Grundwasser aus Waldgebieten wird bevorzugt zur Trinkwasseraufbereitung genutzt. Der verzögerte Abfluss bewirkt, dass es nach starken Niederschlägen in waldreichen Regionen seltener zu Hochwassersituationen in den Bach- und Flussauen kommt. Auch Schlamm- und Geröllawinen sind in waldreichen Gebieten seltener, da die Wurzeln der Bäume die Waldböden wie ein Geflecht durchziehen und den Boden festhalten. Ebenso werden Schneelawinen durch die Sprossachsen der Gehölze gebremst.

Wälder sind auch ein **Rohstofflieferant** für Holz. Es wird vielseitig in der Bau- und Möbelindustrie verwendet und ist Grundstoff für die Papierproduktion. Als Baustoff erlebt Holz gerade eine Renaissance. Ökologisches Bauen und Wohnen mit heimischem Holz wird immer wichtiger, weil Holz sowohl bei der Erzeugung als auch bei der Entsorgung umweltfreundlich ist. Ein anderer Teil des Holzes dient als Brennholz zur Energiegewinnung in Privathaushalten und Heizkraftwerken. Holz ist damit ein wichtiger nachwachsender Rohstoff.

Aufgrund ihrer Fähigkeit Kohlenstoffdioxid zu binden werden Wälder im Rahmen der internationalen Klimaschutzabkommen als Klimafaktoren angesehen. Durch

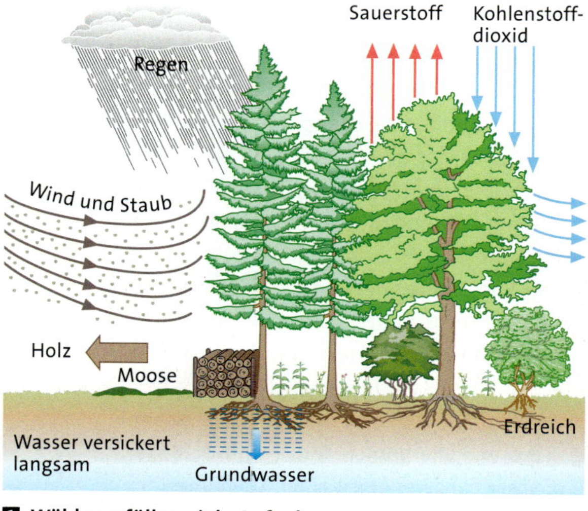

1 **Wälder erfüllen viele Aufgaben**

2 **Essbare Pilze aus dem Wald**

die Fotosynthese der Pflanzen binden sie in der Wachstumsphase in großem Umfang das Treibhausgas Kohlenstoffdioxid und senken somit den CO_2-Gehalt in der Luft. Für die Produktion von einem Kilogramm Holz entnimmt ein Baum etwa 1,5 Kilogramm Kohlenstoffdioxid aus der Luft. Am effektivsten sind die im Wachstum befindlichen Wälder, während ältere Wälder durch den höheren Stoffabbau erheblich größere Kohlenstoffdioxidmengen wieder freisetzen. Die Fotosynthese sorgt neben der Kohlenstoffdioxidfixierung für die Freisetzung des für alle aeroben Lebewesen lebenswichtigen Sauerstoffes.

Wälder werden immer wieder auch als Orte der Forschung genutzt. Oft sind es Naturwissenschaftler, die auf der Suche nach neuen Medikamenten oder Chemikalien auch in den entlegensten Winkeln der Erde nach unbekannten und im Verborgenen lebenden Arten mit besonderen Inhaltsstoffen suchen. Manche Erfolgsstory der Pharma- und Chemiekonzerne hat hier in den letzten Jahren begonnen. So entdeckten Pilzexperten, dass kleine zu den Zapfenrüblingen gehörende Pilze auf Kiefern- und Fichtenzapfen in der Lage sind, das Wachstum anderer Pilze in ihrer Umgebung zu verhindern und sich so vor Konkurrenten zu schützen. Als man nach den Ursachen forschte, fand man einen Inhaltsstoff mit pilztötender Wirkung, ein Fungizid, das Strobilurin genannt wurde. Pharmakonzerne wandelten diesen Naturstoff geringfügig ab und ließen ihn als Fungizid patentieren. Heute haben diese synthetischen Strobilurine im Pflanzeschutz eine große Bedeutung. Bereits 1999 entsprach ihr Anteil am weltweiten Fungizidmarkt mit einem Umsatz von 600 Millionen Dollar ca. 10 Prozent.

Neben der Bedeutung als Ökosystem und als Rohstofflieferant haben Wälder aus Sicht der Menschen noch weitere Aufgaben. So sind sie heute ein wichtiger Ort der Erholung. Wandern, Naturbeobachtung, Sport und Spiel sind begehrte Freizeitaktivitäten, die oft im Wald stattfinden. Hierzu wurden in vielen Wäldern markierte Wanderwege, Waldlehrpfade, Schutzhütten, Waldsportpfade oder Kinderspielplätze angelegt. Für Schüler werden Wälder hin und wieder im Biologieunterricht auch zum Lernort. Waldjugendspiele oder Exkursionen in den Wald gehören zu den verbreiteten Angeboten der Forstämter und Umweltbildungszentren. Die jungen Menschen erleben mit allen Sinnen die vielfältigen Umweltfaktoren und ihre Wechselbeziehungen in einem Ökosystem. Gleichzeitig können sie ein Gespür dafür entwickeln, wie Eingriffe des Menschen ein Waldökosystem nachhaltig verändern können. Das Erleben der Holzernte mit schweren Maschinen wie dem Harvester oder des großflächigen Absterbens von Bäumen in einem Nationalpark durch sauren Regen und Schädlingsbefall beeindrucken jeden Beobachter. Aus solchen authentischen Erfahrungen mit emotionalen Anteilen entwickelt sich nicht selten auch das Bedürfnis, selbst etwas für den Schutz der Wälder zu tun.

1 Erläutere an fünf Beispielen die Bedeutung des Waldes für den Menschen.

2 Recherchiere Beispiele für zwei Naturstoffe aus dem Wald, die als Ausgangssubstanz für die Entwicklung von Medikamenten oder Pflanzenschutzmitteln von Bedeutung sind.

3 Im Nationalpark findet man häufig viele abgestorbene Bäume, in anderen Wäldern dagegen selten. Erläutere diesen Sachverhalt.

3 Erfolgsstory Strobilurine

4 Wald als Lernort

3.8 Gefährdung des Waldes

Jedes Jahr im Herbst veröffentlicht die Bundesregierung einen *Bericht zum Zustand des Waldes in Deutschland.* Warum wird dieser Bericht verfasst?

Seit Ende der siebziger Jahre des zwanzigsten Jahrhunderts wurden vermehrt Schäden an Waldbäumen beobachtet. Betroffen waren vor allem Nadelwälder in höheren Lagen des Mittelgebirges. Die Nadeln vieler Bäume vergilbten und fielen ab, sodass die Kronen immer schütterer wurden. Auch Teile des Wurzelsystems waren geschädigt. Ähnliche **Schadsymptome** fand man auch bei Laubbäumen. In manchen Hochlagen der Mittelgebirge starben ganze Baumbestände innerhalb weniger Jahre ab.

Diese Beobachtungen führten zur Furcht vor einem umfassenden **Waldsterben.** Um das Ausmaß der Schäden zu erkennen, wurden sie in ganz Deutschland systematisch erfasst. An bestimmten Beobachtungspunkten registrierte man, wie stark die Kronen der Bäume vergilbt und durch das Absterben von Laubblättern oder Nadeln verlichtet waren. Die Ergebnisse wurden jährlich in einem Bericht veröffentlicht. Diese *Waldzustandserhebung* wird auch heute noch regelmäßig durchgeführt. Zusätzlich startete man umfangreiche Forschungsprogramme, um die Ursachen dieser *»neuartigen Waldschäden«* aufzuklären.

Die Ergebnisse zeigten, dass die Schäden nicht nur eine, sondern mehrere Ursachen haben, die miteinander in Wechselwirkung stehen. Vor allem aus Autoabgasen entsteht im Sonnenlicht Ozon, das in höheren Konzentrationen Blattzellen schädigt. Durch Verbrennungsprozesse in Industrie, Haushalten und Verkehr werden gasför-

1 Geschädigter Bergwald

2 Schadsymptome gesunder und geschädigter Fichten.
A gesunde Krone (0–10 % Nadelverlust);
B schwach geschädigte Krone (11–25 % Nadelverlust);
C stark geschädigte Krone (> 60 % Nadelverlust);
D gesunder und geschädigter Abschnitt des Wurzelsystems

mige **Luftschadstoffe** wie Schwefeldioxid und Stickstoffoxide freigesetzt. Sie reagieren mit dem Wasserdampf der Atmosphäre und bilden Schweflige Säure und Salpetersäure. Durch Wind können sie weit von ihrem Entstehungsort verfrachtet werden. Besonders in den Berglagen gelangen sie mit Niederschlägen auf die Erde zurück. Vor allem die Nadelbäume mit ihren ganzjährig benadelten Kronen kämmen die Säuretröpfchen regelrecht aus der Luft aus. Hohe Säurekonzentrationen schädigen Blätter und Nadeln direkt. Eine größere Rolle spielt aber der jahrelange Eintrag der Säuren in die Böden der Wälder. Dadurch werden Mineralstoffe, die für Wachstum und Stoffwechsel der Bäume nötig sind, aus dem Boden gelöst und mit dem Sickerwasser ausgewaschen. Den Bäumen fehlen dann diese Mineralstoffe. Sie entwickeln **Mangelsymptome,** die an vergilbenden Blättern und Nadeln erkennbar sind. Die Säuren setzen im Boden außerdem Verbindungen frei, welche die Wurzeln schädigen können. Stickstoffverbindungen stehen dagegen oft im Überfluss zur Verfügung. Diese stammen nicht nur aus Industrie und Verkehr, sondern auch aus Dünger, der in großen Mengen in der Landwirtschaft eingesetzt wird, und aus den Ausscheidungen von Nutztieren in der Massentierhaltung. Bäume, die auf diese Weise mit viel Stickstoff »gedüngt« werden, wachsen zwar zunächst schneller. Doch sind sie anfälliger für Krankheiten und Schädlinge wie zum Beispiel Borkenkäfer, da ihnen andere wichtige Mineralstoffe fehlen. Auch gegen extreme Witterungsereignisse wie tiefe Winterfröste und starke sommerliche Trockenheit sind sie empfindlicher. Ist das Wurzelsystem durch ungünstige Bodenverhältnisse geschädigt, werden die Bäume auch leichter durch Stürme umgeworfen.

Durch umfangreiche Maßnahmen zur Reinhaltung der Luft hat der Ausstoß von Schwefeldioxid stark abgenommen. Das befürchtete großflächige Waldsterben ist ausgeblieben. Dennoch sind die Wälder durch Stickstoffverbindungen und Ozon weiterhin belastet. Weitere Gefährdungen des Waldes entstehen aus der dichten Besiedlung durch den Menschen: Waldflächen werden zum Bau von Straßen und Siedlungen gerodet. Wild, das sich wegen Mangels an natürlichen Feinden stark vermehrt, behindert die Verjüngung des Waldes durch Verbiss von Jungbäumen. Daher sind zur Erhaltung des Waldes weiterhin umfangreiche Schutzmaßnahmen notwendig.

3 Ursachen der Gefährdung des Waldes.
A Luftverschmutzung durch Abgase; **B** Schädlingsbefall; **C** Flächenverbrauch; **D** Wildverbiss

1 Recherchiere den aktuellen Waldzustandsbericht Thüringens.

2 Unterscheide zwischen »natürliche Ursache« und »vom Menschen verursacht«. Erörtere Wechselbeziehungen zwischen beiden Ursachengruppen.

3.9 Monokulturen – durch den Menschen geschaffene artenarme Ökosysteme

Mitteleuropa war ursprünglich zu etwa zwei Dritteln mit Laubwald bedeckt, Nadelwälder dominierten lediglich auf trockeneren oder höher gelegenen Standorten. Nachdem der Mensch sesshaft geworden war und die Bevölkerung zunahm, wurden immer mehr Wälder gerodet und als Ackerland genutzt. Die verbliebenen Wälder lieferten Holz und dienten als Waldweide für das Vieh. Im Laufe der Jahrhunderte nahm die Fläche mit natürlichem Waldbestand immer weiter ab. Heute sind von den ursprünglichen Waldökosystemen nur noch unbedeutende Reste verblieben (»Urwald«), von denen einige in Nationalparks erhalten werden.

Der überwiegende Teil unserer Wälder wird wirtschaftlich genutzt. Viele dieser Wirtschaftswälder sind **Monokulturen** (gr. *mono,* allein; lat. *cultura,* Landwirtschaft, Anbau), in denen man nur eine einzige Baumart anpflanzt. Weit verbreitet sind Fichtenmonokulturen, die schnell wachsen und bereits nach 60 bis 80 Jahren geschlagen werden können. In solchen Fichtenforsten lassen sich Dichten von bis zu 1000 Bäumen pro Hektar erreichen. Der Vorteil dieser Nutzwälder liegt darin, dass man alle Bäume nach wenigen Jahrzehnten gleichzeitig schlagen und verkaufen kann. Durch die Pflanzung in geordneten Reihen ist der Einsatz von Maschinen einfacher und effektiver als in naturnahen Wäldern. Eine Sonderform von Nadelholz-Monokulturen sind Pflanzungen für Weihnachtsbäume, die bereits nach wenigen Jahren geschlagen werden.

Forste, in denen nur eine Baumart vorkommt, bieten wenigen anderen Organismen eine Lebensgrundlage. Solche Monokulturen sind deshalb artenarm. Allerdings bieten sie bestimmten Schädlingen ideale Nahrungs- und Vermehrungsbedingungen. Insbesondere Insekten, beispielsweise Borkenkäfer und die Raupen verschiedener Schmetterlingsarten, können in manchen Jahren ganze Waldstriche vernichten, wenn die abiotischen Umweltbedingungen eine massenhafte Vermehrung begünstigen. Man spricht dann von einer **Schädlingskalamität** (lat. *calamitas,* Schaden, Unheil). Zwar versucht man die natürlichen Fressfeinde von Forstschädlingen zu fördern und zu schützen, beispielsweise Waldameisen, doch können diese Arten Kalamitäten meist nicht verhindern. Dem Massenbefall von Borkenkäfern versucht man heute durch den Einsatz von Fallen vorzubeugen. Solche Fallen enthalten einen Lockstoff, den normalerweise paarungsbereite Borkenkäfer-Weibchen aussenden. Dieses *Pheromon* lockt Männchen in großer Zahl in die Fallen, wo sie getötet werden. Ein Großteil der Weibchen bleibt durch diese Maßnahme unbefruchtet. Auf diese Weise lässt sich das explosionsartige Populationswachstum eindämmen.

Gebiete mit fruchtbaren Böden und günstigem Klima nutzt der Mensch für den Ackerbau. Auch hierbei handelt es sich um Monokulturen, in denen zum Beispiel Mais, Weizen, Roggen, Kartoffeln oder Raps angebaut werden. Erst großflächiger Ackerbau ermöglicht den rationellen Einsatz von Maschinen und die Erzeugung großer Mengen preisgünstiger Nahrungs- und Futtermittel. In zunehmendem Maße dienen ackerbauliche Monokulturen auch dem Anbau von **nachwachsenden Rohstoffen,** etwa zur Herstellung von Bio-Ethanol als Treibstoff oder von Stärke als Grundlage für Verpackungsmaterialien.

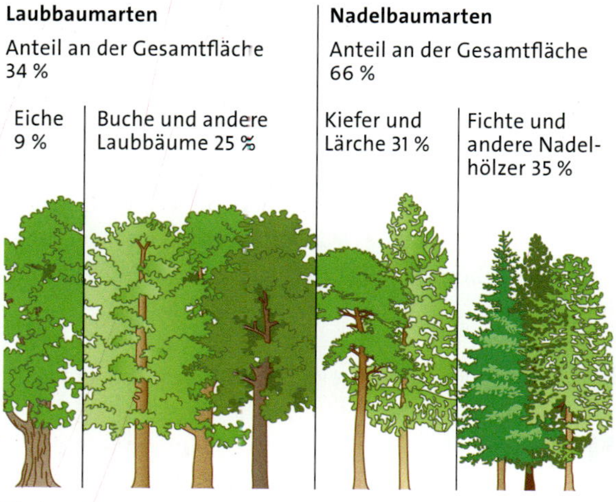

1 **Zusammensetzung der Wälder in Deutschland**

2 **Nadelbaum-Monokultur für Weihnachtsbäume**

Auch landwirtschaftliche Monokulturen sind artenarme Ökosysteme, die ohne Eingriffe des Menschen instabil wären. Vielfach verhindert man durch den Einsatz von chemischen Unkrautvernichtungsmitteln, so genannten *Herbiziden,* das Aufkommen von Wildkräutern, die mit der angebauten Art um Raum, Licht, Wasser und Mineralstoffe konkurrieren und dadurch den Ernteertrag vermindern könnten. Ähnlich wie in Forst-Monokulturen finden manche Krankheitserreger oder Fressfeinde in den ackerbaulichen Monokulturen vorzügliche Lebensbedingungen. Bestimmte Viren, Bakterien, Pilze, Würmer sowie Insekten können sich auf Ackerflächen in kürzesten Zeiträumen massenhaft vermehren und große Schäden anrichten. Würde der Mensch nicht eingreifen, gäbe es in manchen Jahren kaum etwas zu ernten.

Am häufigsten werden chemische Schädlingsbekämpfungsmittel eingesetzt, die auch **Pestizide** heißen. Allerdings lässt sich die Wirkung solcher Mittel nur selten ausschließlich auf die Schädlinge begrenzen. Bei unsachgemäßem Einsatz von Pestiziden können sogar die Ernte und die daraus erzeugten Lebensmittel mit Rückständen dieser Gifte belastet sein. Daher sucht man nach anderen Methoden der Schädlingsbekämpfung. Diese reichen vom gezielten Einsatz natürlicher Fressfeinde oder Krankheitserreger, die die Schädlinge dezimieren sollen, bis zum Anbau gentechnisch veränderter Nutzpflanzen, die weniger intensiv oder gar nicht mehr von bestimmten Schädlingen oder Krankheitserregern befallen werden, weil sie beispielsweise für die Schädlinge unangenehm schmeckende Stoffe enthalten.

Bei der *biologischen Schädlingsbekämpfung* setzt man natürliche Feinde der Schädlinge ein. Auf diese Weise lässt sich beispielsweise die Populationsdichte des Maiszünslers kontrollieren: Die Raupen dieses Schmetterlings befallen Stängel und Kolben der Maispflanzen, die bei starkem Befall absterben. Bekämpfen kann man den Maiszünsler durch die Larven einer Schlupfwespenart, die sich vom Gelege des Schädlings ernähren. Die Larven der Schlupfwespe lassen sich im Labor in großer Zahl heranziehen und bei Bedarf auf die Maisfelder bringen.

Der *integrierte Pflanzenschutz* besteht aus einer Kombination verschiedener Methoden der Schädlingsbekämpfung. Dabei spielt die ständige Kontrolle der Monokulturen eine wichtige Rolle, um Schädlingskalamitäten bereits im Ansatz optimal begegnen zu können. Da auf diese Weise zum Beispiel der Einsatz von Pestiziden deutlich reduziert werden kann, lassen sich sowohl die Kosten für den Pflanzenschutz als auch die Belastungen der Umwelt minimieren.

1 Monokulturen sind für die Ernährung der Menschheit unverzichtbar. Bewerte diese Aussage.

2 Begründe, dass Monokulturen wegen ihrer Artenarmut instabil und anfällig für Schädlingskalamitäten sind.

3 Erläutere die Vorteile des integrierten Pflanzenschutzes. Nimm Abbildung 4 zur Hilfe.

4 Informiere dich über die Gefährdung von Monokulturen im Umkreis deines Schulstandortes. Nimm Kontakt zu dortigen Förstern oder Landwirten auf und recherchiere, welche Methoden der Schädlingsbekämpfung eingesetzt werden. Präsentiere deine Ergebnisse in geeigneter Form.

3 Pheromon-Falle gegen Borkenkäfer

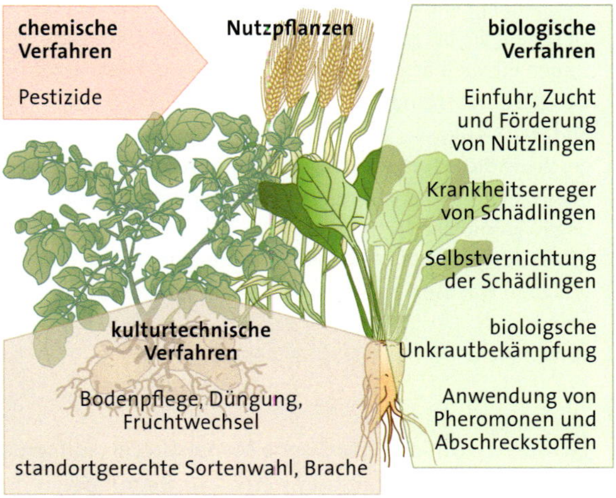

4 Methoden des integrierten Pflanzenschutzes

Wissen kompakt Monokulturen

Künstlich angelegte Monokulturen

Pro:
- Rationalisierung der Land- und Forstwirtschaft
- Ertragsmaximierung
- Sicherung der Welternährung
- Entwicklung neuer Industriezweige durch die Nutzung nachwachsender Rohstoffe
- Bereitstellung von Arbeitsplätzen

Contra:
- Zerstörung natürlicher Ökosysteme
- Bodenverdichtung durch die maschinelle Bearbeitung
- schnelle Ausbreitung von Schädlingen
- Künstliche Düngung
- Wind und Wassererosion auf brach liegenden Flächen
- schnelle Ausbreitung von Schädlingen

Natürliche Monokulturen

Merkmale: Natürlich gewachsene Monokulturen entstehen in der Natur und müssen durch den Menschen nicht erhalten werden. Obwohl es auch relativ artenarme Ökosysteme sind, besitzen sie eine ausreichende Regulationsfähigkeit. Im Außendeichgelände der Elbe ist zum Beispiel das Schilfrohr die dominierende Pflanze. Das Schilf ist sehr anpassungsfähig und konkurrenzstark und baut somit natürliche Monokulturen auf. Diese Monokulturen werden auch als Schilfröhricht bezeichnet.

Erscheinung: Im Winter sind nur die abgestorbenen Halme zu sehen, die bis zu vier Meter hoch werden. Die Halme tragen einige Blätter, an der Spitze der Halme entwickeln sich die Fruchtstände.

Blütezeit: August

geschlechtliche Fortpflanzung: Früchte werden durch Wind oder schwimmend verbreitet, untergeordnete Bedeutung

ungeschlechtliche Fortpflanzung: auch vegetative Fortpflanzung genannt; aus einem kriechenden Wurzelstock (Rhizom) wachsen im Frühjahr zahlreiche neue Sprosse empor

Vorkommen: Ufer nährstoffreicher Gewässer

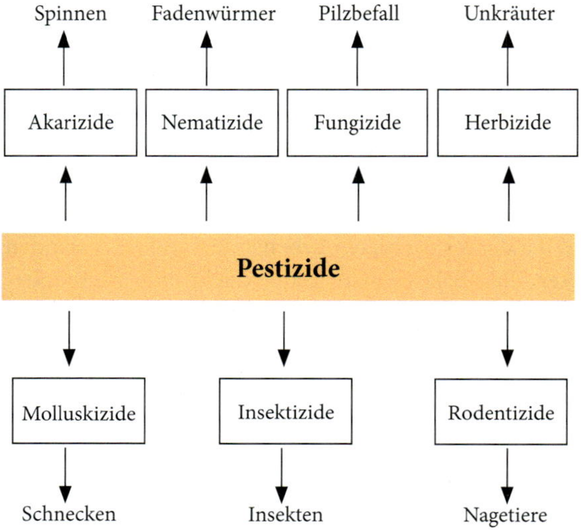

Pestizide

Merkmale: Vom Menschen angelegte Monokulturen besitzen eine nur stark eingeschränkte Regulationsfähigkeit. Der Mensch muss daher bei Schädlingskalamitäten die Populationsdichte durch den Einsatz von Pflanzenschutz- und Schädlingsbekämpfungsmitteln, den Pestiziden, künstlich regulieren.

Pro:
- Minderung des Ernteverlusts durch Schädlinge
- Sicherung stabiler Lebensmittelpreise
- Schutz von Menschen und Tieren vor Krankheiten

Contra:
- lange Abbauzeiten der Pestizide
- Anreicherung in den Nahrungsketten
- langfristige Speicherung im Fettgewebe
- Vernichtung von Nützlingen

1 Auch natürlich gewachsene Monokulturen können sich über lange Zeiträume erhalten. Begründe.

2 Bewerte den Einsatz von Pestiziden in Land- und Forstwirtschaft.

Aufgaben und Versuche Monokulturen

A1 Kartoffeln – wichtige Monokulturen

Seit dem 16. Jahrhundert ist die Kartoffel in Europa ein wichtiges Grundnahrungsmittel. Sie enthält verschiedene Speicherstoffe, die für eine gesunde Ernährung bedeutend sind.

Aufgaben:

a) Kartoffelpflanzen werden heute vorrangig in Monokulturen angebaut. Erläutere Vor- und Nachteile dieser Anbauart.

b) Nenne wichtige Speicherstoffe der Kartoffel und erläutere deren Bedeutung für den Menschen.

c) Ein Feind der Kartoffelpflanze ist der Kartoffelkäfer. Obwohl er ausschließlich die Blätter der Kartoffelpflanze frisst und die Knollen nicht anrührt, kann er auf den Kartoffelfeldern großen wirtschaftlichen Schaden anrichten. Erkläre diesen Sachverhalt.

A2 Schädlingskalamitäten

Einem Waldbesitzer in Thüringen droht die Vernichtung seines mühevoll angebauten Kiefernwaldes durch den Kiefernspinner. Der Kiefernwaldbesitzer möchte seine Einnahmequelle Kiefernwald nicht verlieren, er geht zu einem Förster und erhofft sich von ihm sinnvolle Ratschläge zur Erhaltung seines Waldes. Der Förster gibt dem Ratsuchenden eine Liste mit verschiedenen Vorschlägen zur Schadensbekämpfung:

- Verschiedenen Firmen bieten Insektizide zum Besprühen des Kiefernbestandes per Hubschrauber an.
- Andere Firmen bieten Leimringe an, die im Februar an den Baumstämmen der Kiefern zu befestigen sind.
- Holzbetriebe raten die Kiefern zu fällen, um den gegenwärtigen Holzwert zu retten.
- Ökologen empfehlen auf Spinnerraupen spezialisierte Schlupfwespen anzusetzen. Diese legen ihre Eier in die Spinnerraupen und die schlüpfenden Schlupfwespenlarven ernähren sich von den Spinnerlarven.
- Umweltschützer raten dem Waldbesitzer, die Kiefernkultur langsam in einen natürlichen Mischwald umzuwandeln.

Aufgaben:

a) Führe eine Internetrecherche zum Kiefernspinner durch und begründe, dass dieser Schmetterling im Kiefernwald sehr schnell zu einem Schädling werden kann.

b) Diskutiere die Vorschläge des Försters. Favorisiere eine Maßnahme zu einer sinnvollen, ökologisch verträglichen Bekämpfung des Kiefernspinners und begründe deine Entscheidung.

c) Erläutere die Unterschiede zwischen künstlich angebauten und natürlich gewachsenen Kiefernmonokulturen.

1 See im Sommer

2 Pflanzen und Tiere des Sees.
1 Erle, **2** Rohrkolben, **3** Wasserschwertlilie, **4** Pfeilkraut, **5** Krebsschere, **6** Seerose, **7** Wasserpest, **8** Wasserlinse, **9** Hornblatt, **10** Wasserfrosch, **11** Kaulquappe vom Wasserfrosch, **12** Rückenschwimmer, **13** Schleie, **14** Schlammschnecke, **15** Teichmolch, **16** Mosaikjungfer

4 Ökosystem See

4.1 Zonierung des Sees

Langsam bewegt sich das Schlauchboot auf das Seeufer zu. Unter dem Boot sind im klaren Wasser grüne Pflanzen zu erkennen. Sie bewegen sich gemächlich mit der Strömung. Zieht man einige Pflanzen mit dem Ruder auf das Boot, hängen die Stängel und Blätter schlaff nach unten. Es sind Unterwasserpflanzen, wie Wasserpest und Hornblatt, die der **Tauchblattpflanzenzone** des Sees zugeordnet werden. Wie unterscheiden sich diese Pflanzen im Bau von den Landpflanzen?

Ein Festigungsgewebe ist bei den Wasserpflanzen nicht vorhanden. Daher können sie sich elastisch mit der Wasserströmung bewegen, ohne abzuknicken. Ihre Blätter sind klein, sodass auch diese dem Wasser wenig Strömungswiderstand entgegensetzen. Ein ausgeprägtes Wurzelsystem fehlt den Unterwasserpflanzen. Sie nehmen Mineralstoffe und Kohlenstoffdioxid mit ihren Blättern aus dem Wasser auf und geben Sauerstoff auf diesem Wege wieder ab. Spaltöffnungen und Leitungsbahnen fehlen deshalb, während ein luftgefülltes interzellulares Hohlraumsystem für den Gasaustausch im Inneren und für den Auftrieb im Wasser sorgt. Um genügend Stoffe mit der Umgebung austauschen zu können, ist eine möglichst große Blattoberfläche erforderlich. Wasserpflanzen verfügen daher über viele, zarte, meist geteilte Blätter, sodass eine große Oberfläche entsteht. Die kleinen Wurzeln dieser Pflanzen dienen nur der Verankerung im Seegrund.

Fährt man mit dem Boot weiter in Richtung Ufer, erreicht man einen Teppich Weißer Seerosen, deren Blätter sich auf der Wasseroberfläche schwimmend mit den Wellen auf und ab bewegen. Es sind Pflanzen der **Schwimmblattpflanzenzone.** Ihre großen Schwimmblätter und die weißen Blüten sind über sehr lange, elastische Stängel mit dem im Boden verankerten Wurzelstock verbunden. Diese Pflanzen besitzen ein ausgeprägtes Durchlüftungsgewebe, das über die auf der Blattoberfläche liegenden Spaltöffnungen mit der Außenluft verbunden ist. Ein Festigungsgewebe haben die meisten Schwimmblattpflanzen nicht.

Nachdem man sich mit dem Boot vorsichtig durch die zahllosen Schwimmblätter geschoben hat, ragen zunächst einzelne peitschenartige Halme der Gemeinen Teichsimse aus dem Wasser. Kurz darauf erreicht man die teilweise meterhohen Pflanzen der **Röhrichtzone.** Das für das Röhricht charakteristische Schilfrohr dringt bis zu einer Wassertiefe von einem Meter in den See vor. Ein weit verzweigter Erdspross und kleine daraus hervorgehende Wurzeln verankern die Pflanze im weichen Grund und geben ihr Standfestigkeit. Die Sprossachse ist hohl. Um den zentralen Hohlraum herum liegt ein Ring von Festigungsgewebe, der das Brechen des Halmes verhindert. Durch die Biegsamkeit der Halme bleiben die Pflanzen auch bei starkem Wind oder Wellenschlag unbeschädigt. Rohrkolben, Blutweiderich, Froschlöffel und andere Sumpfpflanzen kommen in den flacheren Röhrichtbereichen vor.

Am Ende der Röhrichtzone stößt man auf einen **Erlenbruchwald.** Nur wenig Licht fällt durch das dichte Blätterdach auf den nassen Boden. In der Strauchschicht dieses Waldes wachsen Schwarze Johannisbeere und Himbeere. Lianenartige Pflanzen wie Hopfen und Bittersüßer Nachtschatten klettern an Bäumen und Sträuchern empor. Zusammen mit der aus Seggen, Wasserschwertlilien, Sumpfdotterblumen und weiteren Arten bestehenden Krautschicht bilden sie ein kaum zu durchdringendes Dickicht. In diesem Bereich des Seeufers ist der Boden ständig durchnässt. Durch diese Nässe befindet sich im Boden nicht genügend Sauerstoff für die Zellatmung der Wurzeln.

Nur angepasste Arten wie Erlen, Weiden und Faulbaum können hier überleben. Um den geringen Sauerstoffanteil aufnehmen zu können, hat die Erle zusätzlich feine Wasserwurzeln. So kann sie auch längere Überflutungen des Wurzelbereichs während eines Hochwassers überdauern. Bei anderen Arten wie der Wasserschwertlilie durchziehen luftgefüllte Röhren die Pflanze. Sie versorgen die Wurzeln mit Sauerstoff.

Eine weitere Zone des Sees ist die **Tiefenalgenzone.** Hier findet man Arten wie Armleuchteralgen und Quellmoos. Die Tiefenalgenzone kommt nur in über zehn Meter tiefen, klaren Seen vor. Im Wasser des Sees findet man außerdem viele Tiere wie Schlammschnecke, Teichmolch, Wasserfrosch und Schleie.

1 Erläutere die Zonierung des Ökosystems See. Nutze die Abbildung 3.

2 Erstelle eine dreispaltige Tabelle. Schreibe in die erste Spalte die Pflanzenzonen eines Sees. Ordne diesen in der zweiten Spalte die Namen der jeweils typischen Pflanzen zu. Nenne in der dritten Spalte Angepasstheiten der Pflanzen an den jeweiligen Standort.

3 Erläutere, auf welche Weise sich der abiotische Umweltfaktor Licht in den einzelnen Pflanzenzonen verändert.

4 Ordne den einzelnen Pflanzenzonen verschiedene Tiere zu.

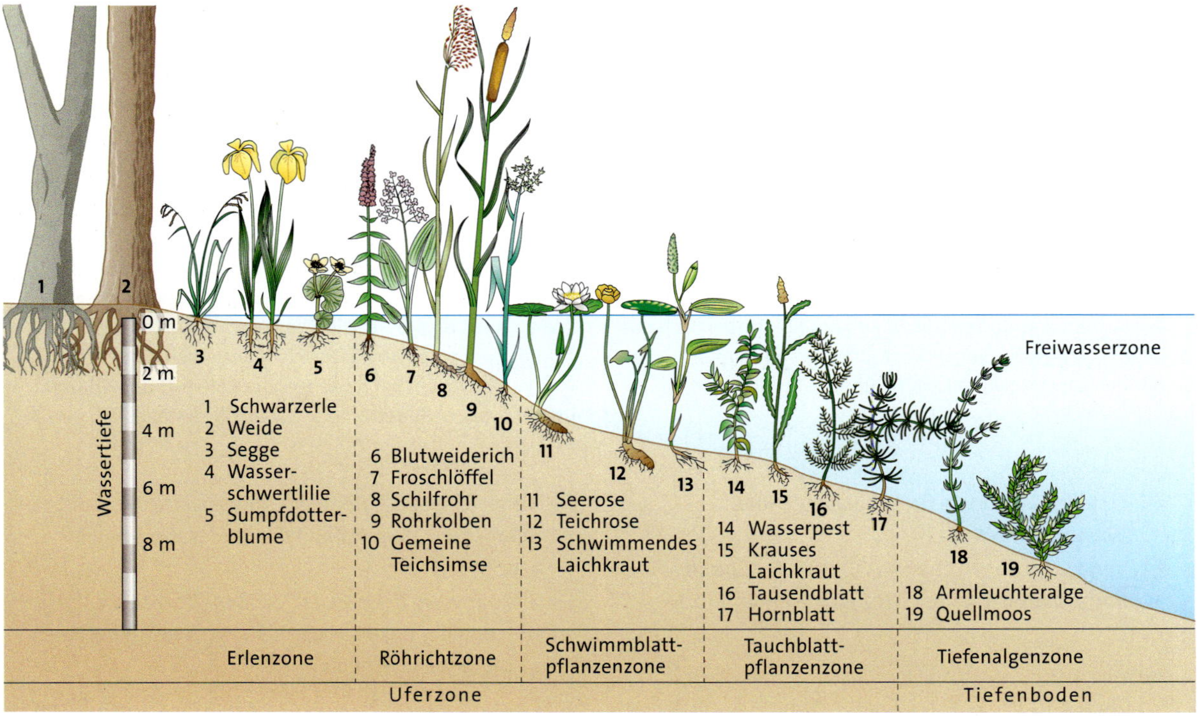

3 **Pflanzenzonen eines Sees**

Wissen kompakt | Pflanzen des Sees

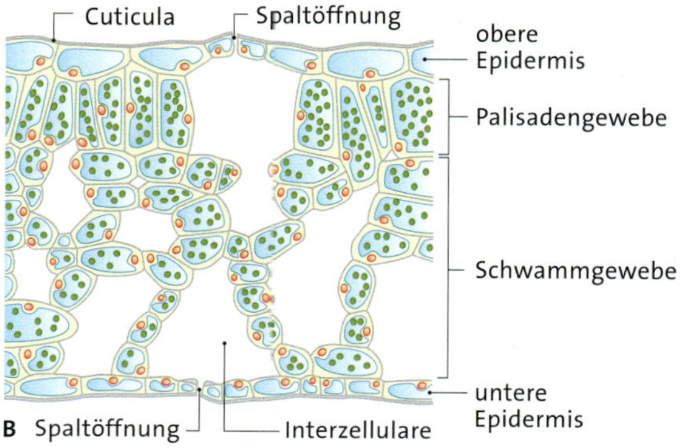

Name: **Sumpfdotterblume** *(Caltha palustris)*
Blütezeit: Mai bis Juni
Vorkommen: Erlenbruchwälder und Auenwälder, nasse Wiesen, Ufer, Gräben

Merkmale: Die Sumpfdotterblume ist eine Feuchtpflanze mit dickem, hohlem Stängel, der der Durchlüftung dient. Die großflächigen Blätter tragen leicht vorgewölbte Spaltöffnungen auf der Ober- und Unterseite. So kann auch bei hoher Luftfeuchtigkeit Wasserdampf abgegeben werden. Auf diese Weise wird der Wasser- und Mineralstofftransport aufrecht erhalten. Auch die Fotosynthese wird an lichtarmen Standorten durch die große Blattoberfläche begünstigt. Ein kurzer, dicker Erdspross mit langen, dünnen Wurzeln verankert die Pflanze im Boden.

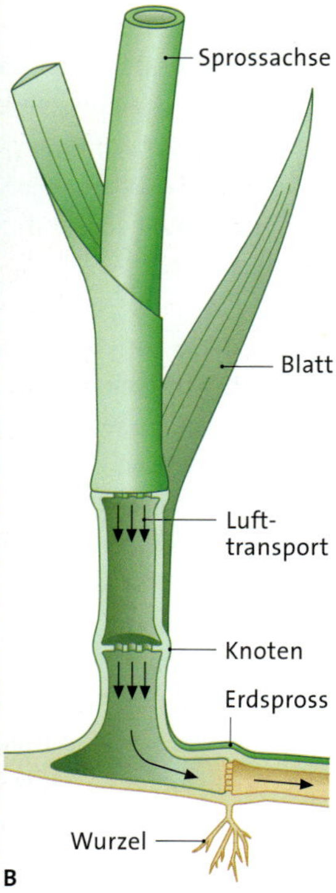

Name: **Breitblättriger Rohrkolben** *(Typha latifolia)*
Blütezeit: Juni bis August
Vorkommen: Röhrichtzone stehender und langsam fließender Gewässer
Vorkommen: Schlammwurzler in nährsalzreichen Gewässern

Merkmale: Der Breitblättrige Rohrkolben gehört zu den Süßgräsern und erreicht eine Höhe von maximal vier Metern. Die Pflanze bevorzugt mineralstoffreiche Flachwasserzonen und kann dort große, artenarme Bestände bilden. Rohrkolben verbreitet sich schnell durch kriechende Erdsprosse. Die Pflanze wird zum Beispiel zur Reinigung von Abwässern in Klärwerken eingesetzt. Rohrkolben ist ein nachwachsender Rohstoff und erlangt immer größere Bedeutung etwa als Dämmmaterial.

1 Erstelle Steckbriefe für Schwarzerle und Wasserhahnenfuß.

2 Vergleiche den Aufbau des Blattes der Sumpfdotterblume mit dem Blatt einer Landpflanze.

3 Vergleiche den Aufbau der Sprossachse der Weißen Seerose mit dem Aufbau der Sprossachse einer Landpflanze.

4 Erläutere am Beispiel der Weißen Seerose die Vernetzung der Basiskonzepte Struktur und Funktion sowie Angepasstheit.

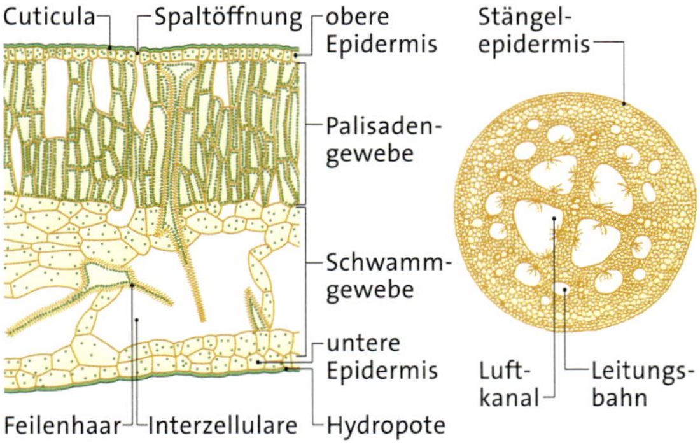

B Blatt quer — Spross quer

Name: **Weiße Seerose** *(Nymphea alba)*
Blütezeit: Juni bis September
Vorkommen: in stehenden und langsam fließenden Gewässern

Merkmale: Die Weiße Seerose ist eine Schwimmblattpflanze mit bis zu fünf Meter langen Blatt- und Blütenstielen. Sie lebt in mäßig mineralstoffreichen Gewässern mit schlammigem und zumeist sauerstoffarmem Boden. Um den dicken Wurzelstock im Gewässerboden mit Sauerstoff für die Atmung zu versorgen, besitzt die Seerose Spaltöffnungen auf der Oberseite der Blätter. Die hier aufgenommene Luft gelangt über die Interzellularen in den Blättern und die Luftkanäle in den Sprossachsen nach unten. So entsteht ein kontinuierlicher Luftstrom durch die gesamte Pflanze, der auch die Wurzeln mit Sauerstoff versorgt. Die Wurzeln dienen zur Verankerung und nicht der Wasseraufnahme. In der unteren Epidermis des Blattes liegen besondere Zellen, die Hydropoten, die der Wasseraufnahme dienen. Eine Wasser abstoßende Cuticula liegt über der oberen Epidermis. Die Feilenhaare in den Blättern sorgen für Stabilität.

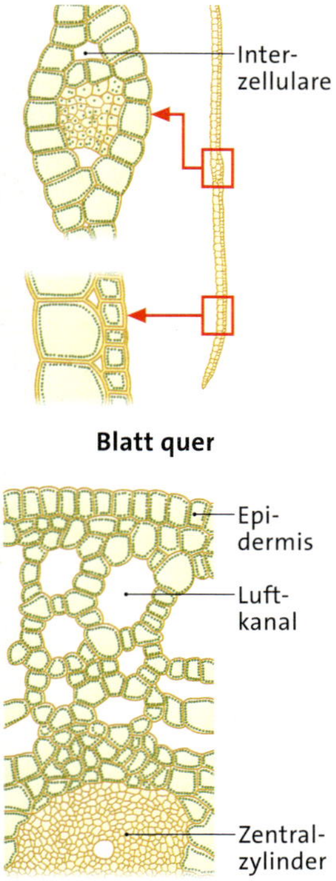

B Spross quer

Name: **Kanadische Wasserpest** *(Elodea canadensis)*
Blütezeit: Mai bis August
Vorkommen: wurde 1850 nach Deutschland eingeschleppt und entwickelte sich in Massen in stehenden und langsam fließenden Gewässern (Name!); bei uns kommen nur weibliche Pflanzen vor, die Bestandsdichte nimmt ab

Merkmale: Die Kanadische Wasserpest ist eine bis 60 Zentimeter lange Unterwasserpflanze. Stängel und Blätter sind an das Leben unter Wasser angepasst. Da die Pflanze vom Wasser umgeben und getragen wird, fehlen eine Cuticula als Verdunstungsschutz, ein Festigungsgewebe zur Stabilisierung und Leitgefäße zum Wasser- und Stofftransport. Das Blatt ist nur zwei Zellschichten dick. Die Interzellularräume im Blatt und die Luftkanäle im Spross ermöglichen den Gasaustausch in der Pflanze und verleihen ihr Auftrieb. Spaltöffnungen fehlen, weil der Gas- und Mineralstoffaustausch mit der Umgebung direkt über die Blattoberfläche erfolgt. Die Gesamtoberfläche der vielen Blätter ist daher groß, während die Einzelblätter klein sind, um dem Wasser wenig Strömungswiderstand entgegenzusetzen.

4.2 Wasservögel in ihrer ökologischen Nische

An einem See kann man mit ein bisschen Glück verschiedene **Wasservögel** beobachten: Enten- und Rallenarten halten sich in Ufernähe oder im freien Wasser auf. Etwas weiter entfernt schwimmt ein Haubentaucher, der immer wieder unter der Wasseroberfläche verschwindet. Am Schilfgürtel steht ein Graureiher, der ruhig im flachen Wasser auf Beute lauert.

Die Angepasstheit der Wasservögel an ihren Lebensraum und ihre Nahrungsaufnahme kommt im gesamten Körperbau, insbesondere in der Anordnung und Gestalt der Beine und Füße sowie in der Form ihrer Schnäbel zum Ausdruck. Der Graureiher beispielsweise zeigt als **Stelzvogel** eine relativ geringe Angepasstheit an das Wasser. Mit seinen langen Stelzbeinen schreitet er langsam mit steifen Schritten durch das flache Wasser. Die kleinen Häute zwischen den spreizbaren Zehen und die abstehende Hinterzehe verhindern, dass der Vogel im schlammigen Grund einsinkt. Erspäht der Reiher mit seinen scharfen Augen einen Fisch, erstarrt der Vogel und stößt mit seinem langen Hals den dolchartigen Schnabel blitzschnell in das Wasser. Der Reiher harpuniert auf diese Weise seine Beute. Dabei taucht er nur selten tiefer als 15 Zentimeter ein.

Enten und Taucher haben als **Schwimmvögel** einen breiten, flachen Rumpf, der wie ein Kahn vom Wasser getragen wird. Ihre Beine sind kurz und kräftig. Die Schwimmfüße haben bei Stock- und Reiherente Schwimmhäute zwischen den Vorderzehen. Der Spaltschwimmfuß des Haubentauchers trägt einen ganzrandigen Hautsaum an den Vorderzehen, die sogenannten Lappen. Beim Vorziehen des Laufes im Wasser werden die Zehen zusammengelegt, beim Ausstrecken werden sie gespreizt, sodass auf diese Weise die Schubkraft vergrößert wird. Während Schwimmhäute die schwimmende Fortbewegung im Wasser begünstigen, erlauben Schwimmsäume zusätzlich eine schreitende Fortbewegung, zum Beispiel zwischen den Halmen im Röhricht.

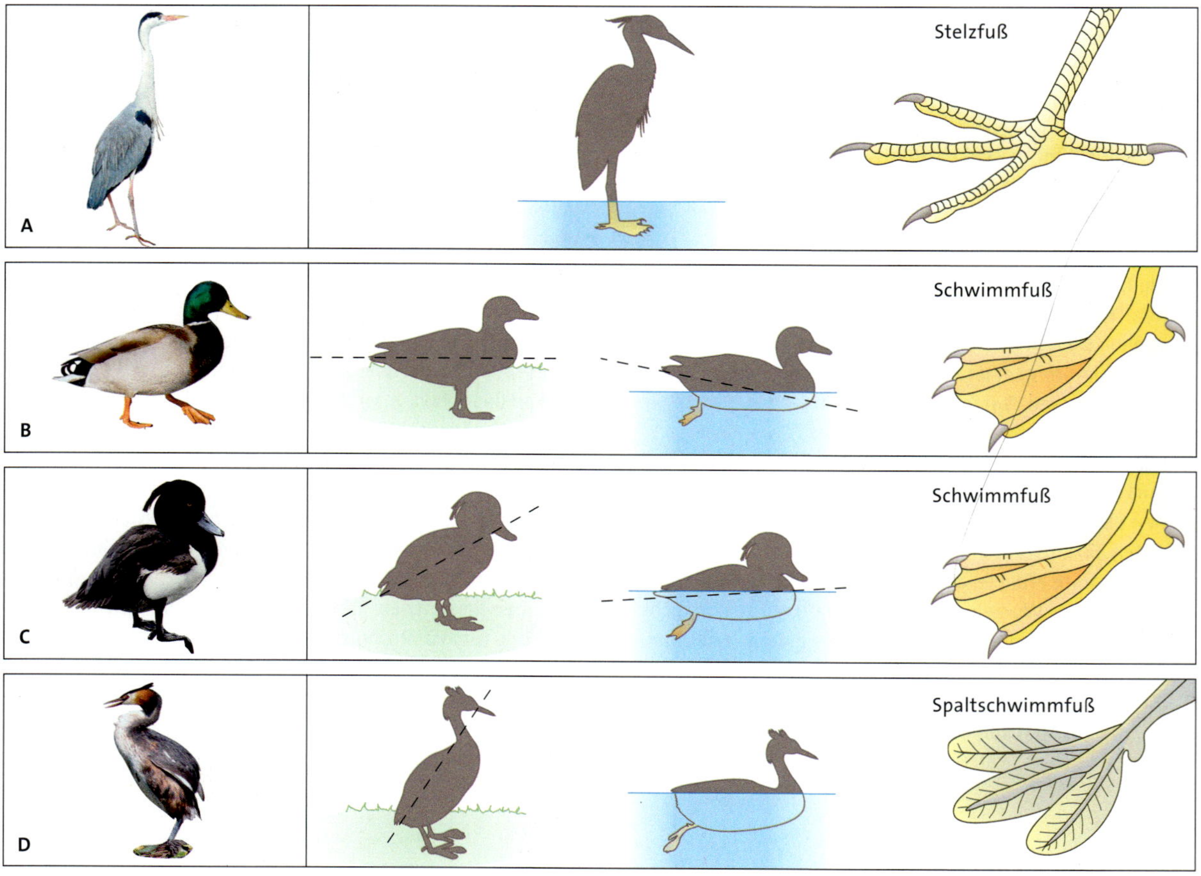

1 Wasservögel. A Graureiher; **B** Stockente; **C** Reiherente; **D** Haubentaucher

Vergleicht man Körperbau und Körperhaltung von Stockente, Reiherente und Haubentaucher, so fällt auf, dass die Beine immer weiter hinten am Körper ansetzen. Beim Haubentaucher spricht man sogar von Steißfüßen. Die Schwanzfedern werden in der genannten Reihenfolge immer kürzer und die Vögel liegen beim Schwimmen zunehmend tiefer im Wasser. Welche Auswirkungen haben diese Unterschiede? Der watschelnde Gang der Enten zeigt, dass die kurzen Beine für die Fortbewegung an Land wenig geeignet sind. Je weiter hinten sie ansetzen, umso schwerer fällt das Laufen. Das Tauchen wird hingegen durch hinten ansetzende Beine und einen kürzeren Schwanz begünstigt. Auch eine durch schwerere Knochen, kleinere Luftsäcke und Benetzung des Gefieders bedingte tiefere Lage des Körpers im Wasser erleichtert das Tauchen. Am wenigsten geeignet für das Tauchen ist somit die Stockente. Als Schwimmente nimmt sie mit ihrem löffelförmigen Schnabel bevorzugt Wasserlinsen von der Wasseroberfläche auf oder sie gründelt im flachen Wasser nach Pflanzenresten und Kleintieren. Die Hornlamellen des Entenschnabels wirken dabei wie ein Sieb. Die Reiherente taucht als Tauchente mehrere Meter tief und sammelt am Gewässerboden Muscheln, Schnecken und Würmer. Der beste Taucher ist der Haubentaucher. Er taucht bis zu 40 Meter tief, um mit seinem langen, schlanken Schnabel Fische zu fangen.

Auch bei den Brutplätzen besetzen die Wasservögel unterschiedliche ökologische Nischen. So bauen Blässralle und Haubentaucher Schwimmnester im flachen Wasser des Schilfgürtels, während zum Beispiel der Eisvogel etwa einen Meter lange, waagerechte Gänge in ein Steilufer gräbt. Hier zieht er in einer Höhle seine Jungvögel auf.

1 Beschreibe den Körperbau von Eisvogel und Blässralle möglichst genau. Ziehe dann Rückschlüsse bezüglich Tauchfähigkeit und Nahrung beider Arten und begründe. Nutze das Basiskonzept Angepasstheit und die Abbildung 2.

2 Erläutere, auf welche Weise bei den in Abbildung 2 dargestellten Vogelarten Nahrungskonkurrenz vermieden wird.

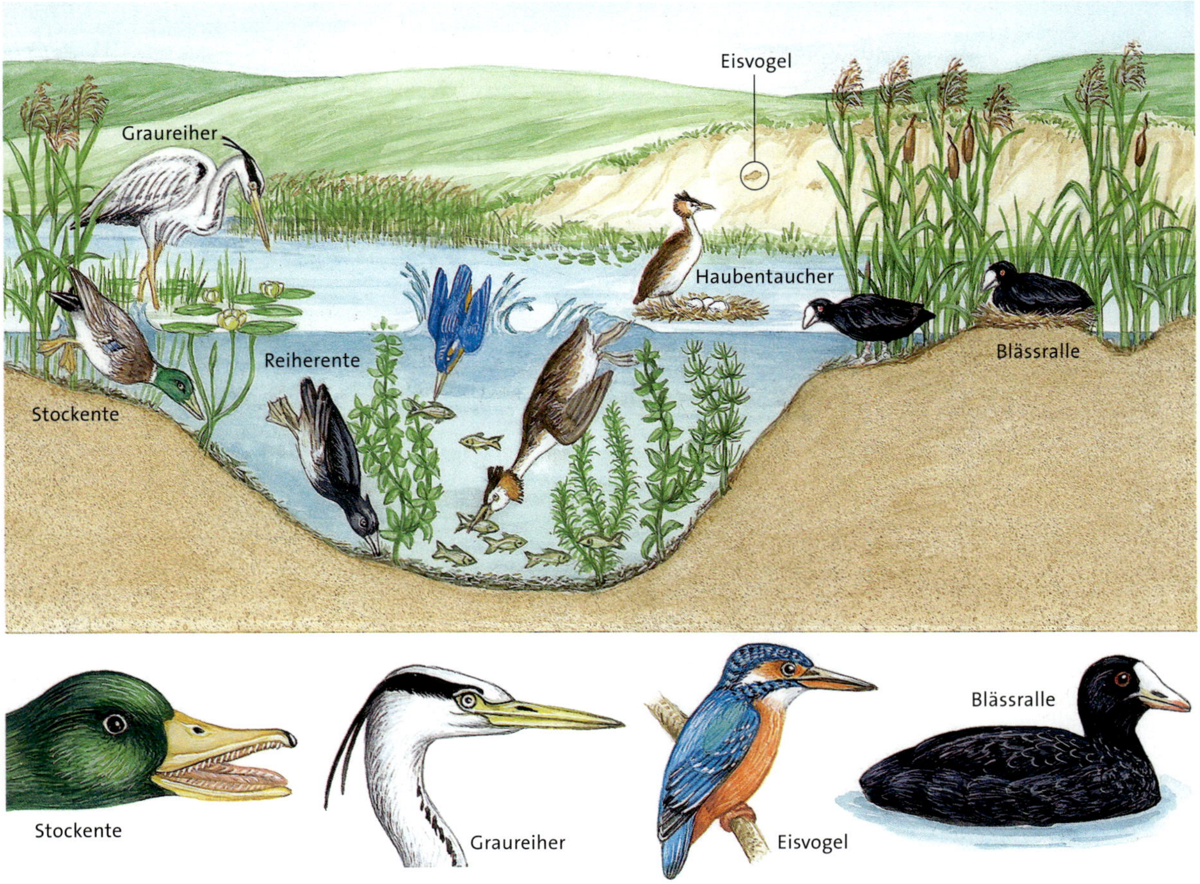

2 Nahrungs- und Bruträume der Sumpf- und Wasservögel

4.3 Der See im Jahresverlauf

Ein vereister See im Winter scheint nahezu unbelebt zu sein. Unter der Eisdecke verbringen allerdings sehr viele Lebewesen die kalte Jahreszeit. Weshalb sind sie hier so gut vor der Kälte geschützt?

Die physikalischen Eigenschaften des Wassers machen den See im Winter zu einem wichtigen Rückzugsgebiet für Lebewesen. Auf einem Sandstrand am See merkt man im Sommer, dass sich Sand in der Sonne sehr viel schneller aufheizt als Wasser. Nachts kühlt er sich allerdings auch viel schneller wieder ab. Wasser kann bei gleicher Temperaturerhöhung etwa sechsmal mehr Wärmeenergie aufnehmen und speichern als Sand. Das Wasser des Sees hat also zu Beginn des Winters noch viel Wärmeenergie aus den warmen Monaten gespeichert. Außerdem hat Wasser eine geringe Wärmeleitfähigkeit, sodass die Wärmeenergie im Wasser nur langsam weitergeleitet und erst dann an die kältere Luft abgegeben wird.

Gefrorenes Wasser hat eine deutlich geringere Dichte als flüssiges Wasser; daher schwimmt Eis an der Wasseroberfläche. Unter dieser isolierenden Eisschicht sind die Lebewesen gut vor der eisigen Winterluft geschützt. Hier befindet sich Wasser von ein bis vier Grad Celsius. Seine größte Dichte hat Wasser bei vier Grad Celsius. Diese ungewöhnliche Eigenschaft heißt *Dichteanomalie.* Wasser mit einer Temperatur von vier Grad Celsius sinkt deshalb immer in die tiefsten Schichten des Sees ab und sowohl kälteres als auch wärmeres Wasser liegt in Schichten darüber.

Im Winter schwimmt also das Eis an der Wasseroberfläche und es folgt darunter in Schichten das zunehmend wärmere Wasser. Man nennt diesen Zustand im See **Winterschichtung.** Obwohl nur wenig Fotosynthese betrieben wird, ist der Sauerstoffgehalt fast überall im See hoch. Dies liegt an der höheren Löslichkeit von Gasen bei niedrigen Wassertemperaturen. Lediglich am Seeboden wird bei der Zersetzung von Biomasse durch Bodenlebewesen Sauerstoff verbraucht und die Werte sinken ab.

Mit der Erwärmung des Wassers im Frühjahr gleichen sich die Temperaturen in den einzelnen Schichten und damit auch die Dichte an. Es kommt zur vollständigen Durchmischung des Wassers und damit zur **Frühjahrszirkulation.** Chemische Werte wie der Sauerstoffgehalt sind jetzt in allen Schichten des Sees gleich. Im Sommer ist das **Oberflächenwasser** im See relativ warm und dehnt sich aus. Dabei nimmt die Dichte des Wassers ab. In einigen Metern Tiefe wird es plötzlich kälter. Wasser mit einer Temperatur von vier Grad Celsius bildet das **Tiefenwasser,** das unten im See ruht. Das warme und leichte Oberflächenwasser wird durch Wind und den Tag-Nacht-Wechsel der Lufttemperatur ständig durchmischt und ist annähernd gleich warm. Zwischen beiden Schichten befindet sich eine relativ dünne Wasserschicht, deren Temperatur nach unten schnell absinkt. Man nennt sie **Sprungschicht.** Das Wasser des Sees ist somit in drei

1 See im Winter

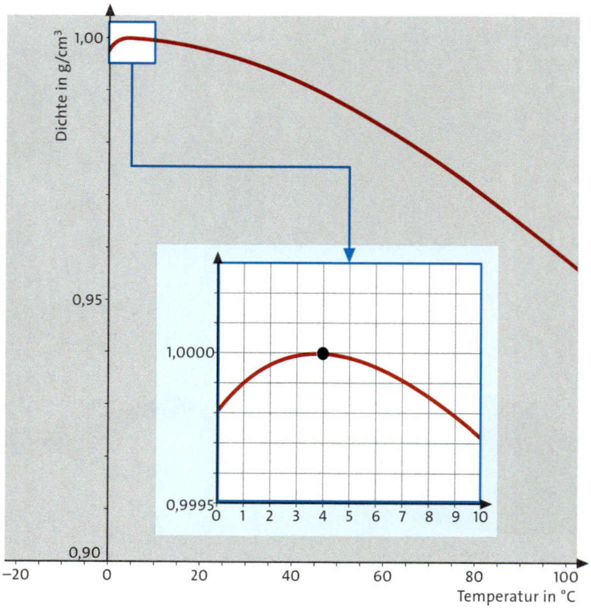

2 Dichteanomalie des Wassers

Schichten angeordnet. Man spricht von **Sommerschichtung.** Während im Oberflächenwasser durch die intensive Fotosynthese sehr viel Sauerstoff im Wasser entsteht, hat das Absinken abgestorbener Lebewesen und die intensive Veratmung der toten Biomasse durch Kleinstlebewesen in tieferen Schichten eine Sauerstoffarmut zur Folge.

Im Herbst können Stürme das Wasser wieder bis zum Grund umwälzen. In dieser **Herbstzirkulation** gleichen sich die Temperaturen und alle chemischen Werte in den einzelnen Schichten wieder einander an.

1 Berechne das Volumen von einem Kilogramm Eis. Welche Masse hätte das berechnete Volumen, wenn es sich um Wasser mit der Temperatur von 1 °C handeln würde? Nutze Abbildung 2. Begründe, weshalb der See von oben zufriert.

2 Erkläre unter Einbeziehung der Dichte, weshalb sich im Sommer das Oberflächenwasser durchmischt. Weshalb verändert sich die Dicke der Oberflächenwasserschicht ständig? Ziehe Schlussfolgerungen für die Lebensbedingungen im See.

3 Erkläre, weshalb sich die Lufttemperatur über einem flächenmäßig großen See im Jahresverlauf nicht so stark ändert wie über dem Festland.

4 Erläutere, in welcher Weise sich die Kohlenstoffdioxidkonzentration in den verschiedenen Schichten des Sees im Jahresverlauf verändert. Stelle deine Überlegungen auch in Grafiken dar. Verwende die Abbildung 3.

5 Viele Tiere wie Libellen- und Lurcharten überdauern die kalte Jahreszeit im Wasser. Erläutere diesen Sachverhalt unter Berücksichtigung der Faktoren Temperatur und Sauerstoffversorgung.

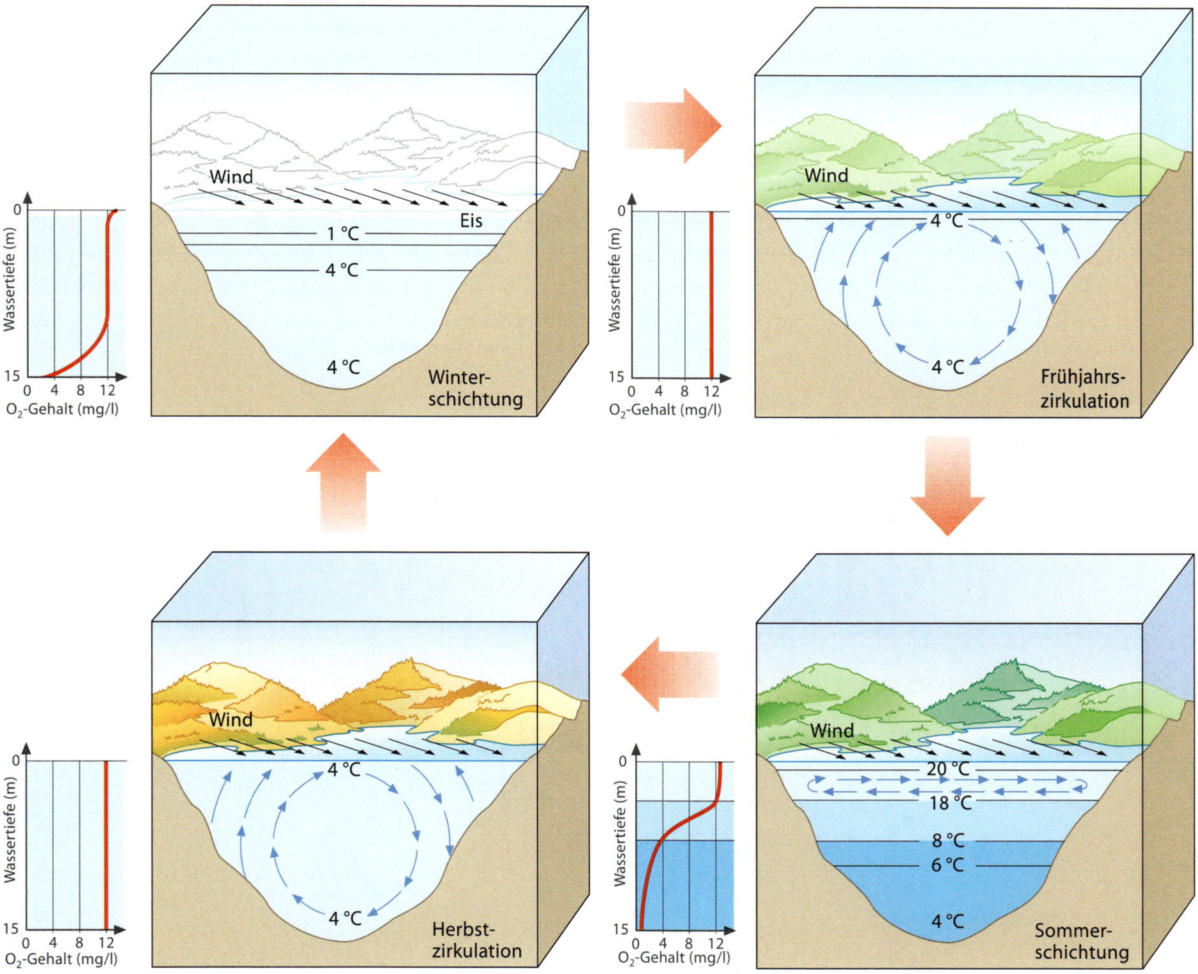

3 Die Jahreszeiten im See

4.4 Nahrungsbeziehungen im See

Betrachtet man im Frühjahr oder Sommer die Wasserfläche von Seen, ist die sonst blaue Färbung meist verschwunden und Gelb- oder Grüntöne bestimmen das Bild. Grund dafür ist die Massenentwicklung von Algen und Fotosynthese treibenden Bakterien. Durch die Fotosynthese erzeugen diese Lebewesen große Nährstoffmengen. Sie sind *Produzenten.*

Bereits wenige Wochen später ist das Grün des Seewassers wieder verschwunden. Die Planktonuntersuchung zeigt jetzt viele kleine Tiere wie Wasserflöhe, Hüpferlinge oder Rädertiere, die als *Konsumenten 1. Ordnung* die Algen fressen. Die Konsumenten 1. Ordnung sind Nahrung für *Konsumenten 2. Ordnung* wie Plötzen oder Larven von Libellen und Gelbrandkäfern. Diese dienen wiederum *Konsumenten 3. Ordnung* wie Hecht oder Graureiher als Nahrung. Ausscheidungen der Tiere und abgestorbene Lebewesen sinken im Gewässer zum Boden. Dort werden sie von am Boden lebenden Tieren wie Schlammröhrenwürmern und Wasserasseln gefressen. Die Bakterien und Pilze des Seebodens vollenden dann den Abbau der Biomasse und setzen dabei Mineralstoffe frei. Solche Lebewesen bezeichnet man als *Destruenten.* Die Lebewesen sind also über Nahrungsbeziehungen wie Kettenglieder miteinander verbunden. Sie bilden eine **Nahrungskette** im See. Da viele Tierarten, wie zum Beispiel die Plötze, sich von verschiedenen Gewässertieren und manchmal auch von Pflanzen ernähren, sind sie Glieder in verschiedenen Nahrungsketten. Sie können dabei sogar unterschiedliche Konsumentenstufen einnehmen. Aus der Verflechtung verschiedener Nahrungsketten entsteht so ein **Nahrungsnetz.**

Neben verschiedenen Stoffen wird auch Energie durch eine Nahrungskette transportiert. Dieser **Energiefluss** kann in der Nahrungskette des Sees von Stufe zu Stufe verfolgt werden. Die Menge der Energie wird in Joule angegeben. In der vom Licht durchfluteten obersten Wasserschicht wird Sonnenenergie von Produzenten bei der Fotosynthese in chemische Energie umgewandelt. Nur 0,5 Prozent der eingestrahlten Sonnenenergie können von den Produzenten genutzt werden. Treffen also beispielsweise zwei Millionen Joule Lichtenergie auf der Erde auf, so werden davon nur 10 000 Joule als chemische Energie von den Produzenten gespeichert. Der Rest wird ins Weltall reflektiert oder in andere Energieformen wie Wärmeenergie umgewandelt. Von der gespeicherten chemischen Energie werden 90 Prozent von den Pflanzen selbst veratmet und als Atmungswärme abgegeben oder sinken als organischer Abfall zu Boden. Die verbleibenden zehn Prozent nehmen Pflanzenfresser wie Wasserflöhe oder Rädertiere mit ihrer Nahrung auf. Sie nutzen die in der Biomasse gespeicherte Energie zur Aufrechterhaltung ihrer eigenen Lebensvorgänge sowie

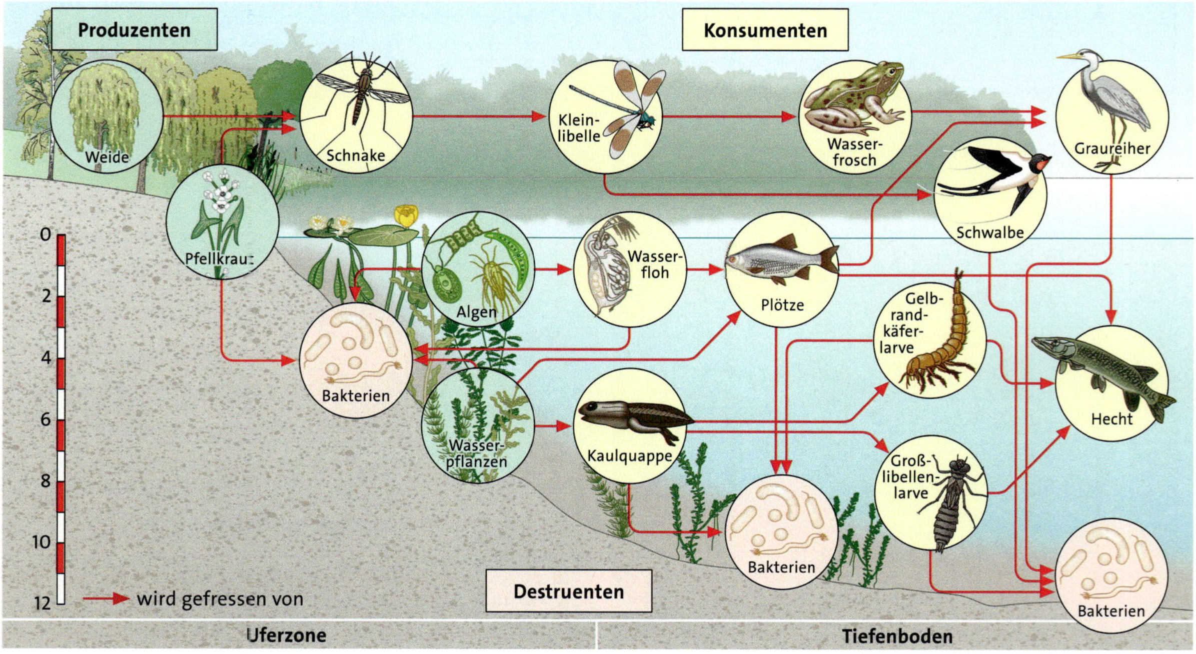

1 **Nahrungsbeziehungen im See**

zum Aufbau körpereigener Stoffe. Auch bei den Pflanzenfressern werden etwa 90 Prozent der in der Nahrung gespeicherten Energie durch Abbau des Traubenzuckers in der Zellatmung veratmet oder verbleiben in organischen Abfällen. Die restlichen zehn Prozent werden von den Konsumenten 2. Ordnung mit der Nahrung aufgenommen. Auf jeder weiteren Stufe der Nahrungskette gehen ebenfalls etwa 90 Prozent der aufgenommenen Biomasse als Wärmeenergie und organischer Abfall verloren und nur etwa zehn Prozent werden in die folgende Stufe der Nahrungskette weitergegeben. Absterbende Lebewesen und ihre Ausscheidungen sinken im See zu Boden. Diese organischen Abfälle werden dort von Destruenten wie Bakterien und Pilzen für ihren Stoffwechsel verwendet und damit letztlich auch in Wärmeenergie umgewandelt. Nahrungsketten können nicht beliebig lang sein, da es beim Übergang von einer zur nächsten Ernährungsstufe zu einem erheblichen »Energieverlust« kommt. Von den zwei Millionen Joule der eingestrahlten Sonnenenergie kommen bei den Endkonsumenten auf der vierten Stufe nur noch etwa zehn Joule an.

Durch den Menschen können Schadstoffe wie die Schwermetalle Cadmium und Quecksilber in den See gelangen. Beim Stofftransport durch die Nahrungskette werden auch diese von einer Stufe zur nächsten weitergereicht. Nimmt ein Konsument einen solchen Schadstoff auf, den er weder abbauen noch ausscheiden kann, so lagert er sich im Körpergewebe des Tieres ab. Konsumenten höherer Stufen nehmen jeweils die gesamte Schadstoffmenge ihrer Beutetiere auf und reichern sie so immer mehr an. Bei den Endgliedern der Nahrungskette können dann derart hohe Konzentrationen erreicht werden, dass sie erkranken oder sogar sterben.

Neben Schwermetallen haben vor allem Säuren große Auswirkungen auf Seen. Schwefeldioxid und Stickoxide entstehen bei Verbrennungsprozessen in Industrie und Verkehr. Sie gelangen mit Staub und Regen in die Gewässer. Daraufhin sinkt der pH-Wert, das Wasser wird sauer. Dadurch lösen sich mehr Metalle, einschließlich der giftigen Schwermetalle, aus dem Gewässerboden. Wirbellose Tiere reagieren besonders empfindlich auf niedrige pH-Werte. So können Krebse, Schnecken und Muscheln in solchen Gewässern nicht mehr leben. Auch Plankton und viele Insektenlarven vertragen nur geringe Säurewerte. Das wirkt sich auf den ökonomischen Nutzen aus: In Schweden und Kanada gibt es bereits seit langem versauerte Seen ohne Fische.

1 Erläutere mit Hilfe von Abbildung 1 die Ernährung der einzelnen Glieder einer Nahrungskette.

2 Der Hecht ist ein schmackhafter Speisefisch. Diskutiere unter Berücksichtigung der Energie- und Schadstoffproblematik, ob der Hecht der Rotfeder in jedem Fall als Speisefisch vorzuziehen ist.

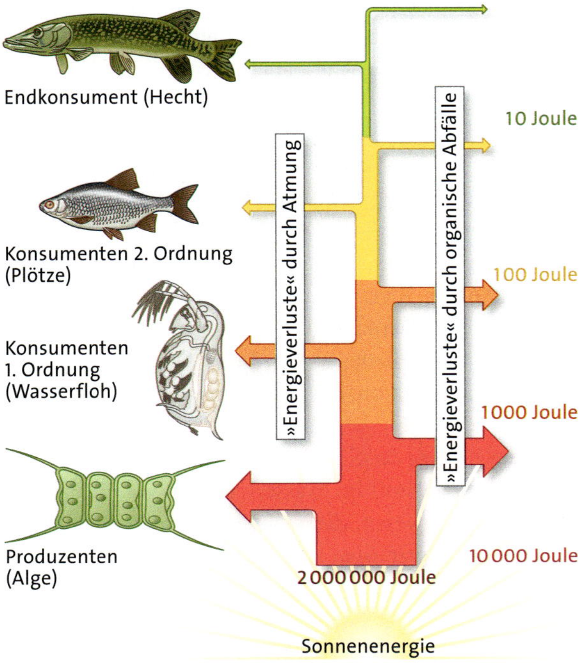

2 Nahrungskette und Energiefluss

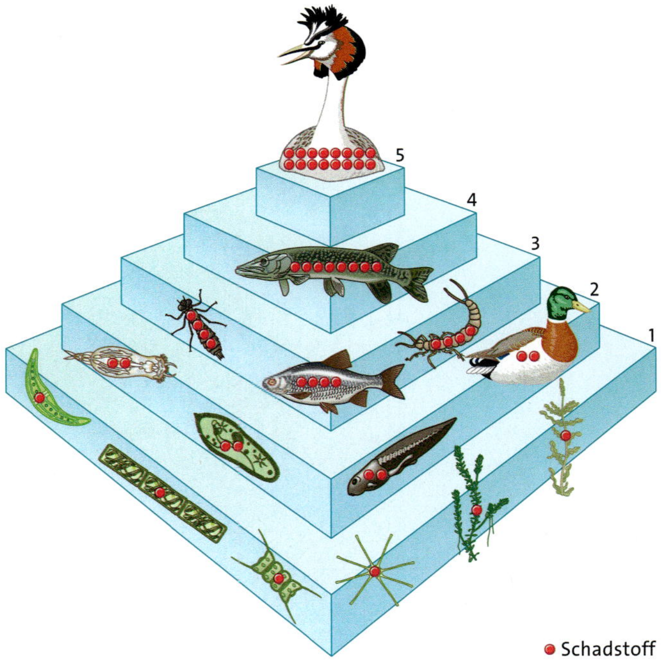

3 Schadstoffanreicherung

4.5 Stoffkreisläufe

Lebewesen sind über Nahrungsbeziehungen wie Kettenglieder miteinander verbunden. Dabei werden Stoffe und Energie durch die Nahrungsnetze transportiert. In der oberen Schicht des Sees reicht die Lichtstärke für Algen und Wasserpflanzen aus, um über die Fotosynthese Nährstoffe aufzubauen. In dieser **Nährschicht** entziehen sie dem Wasser Kohlenstoffdioxid und erzeugen Sauerstoff. Zum Aufbau ihrer körpereigenen Biomasse nehmen die Pflanzen außerdem *Mineralstoffe* wie Phosphate und Nitrate aus dem Wasser auf. Die Konsumenten nehmen die Biomasse mit der Nahrung auf. Die Nährstoffe werden in körpereigene Stoffe umgebaut oder zur Energiegewinnung veratmet. Dabei wird Sauerstoff verbraucht und Kohlenstoffdioxid und Wasser entstehen. Ausscheidungen und abgestorbene Biomasse sinken im See zu Boden. Hier und auf ihrem Weg in die Tiefe werden sie von Destruenten zerlegt. Da viele Destruenten für den Stoffabbau Sauerstoff verbrauchen, nimmt in tieferen Bereichen des Sees die Sauerstoffmenge schnell ab. Man nennt diesen Bereich die **Zehrschicht.** Mineralstoffe und Kohlenstoffdioxid werden von den Destruenten bei der Zersetzung ins Wasser abgegeben. Fehlt Sauerstoff am Gewässerboden, so können bei der Zersetzung der Biomasse durch spezielle Bakterien auch Methan, Schwefelwasserstoff und andere teilweise giftige Abbauprodukte entstehen. Manche von ihnen steigen als deutlich sichtbare Gasblasen im Wasser auf.

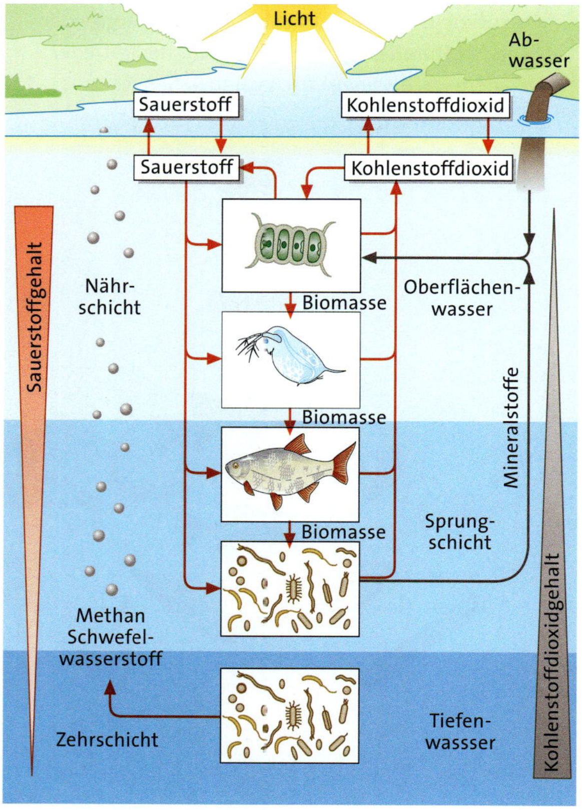

1 Stoffkreisläufe im See

In einem natürlichen Gewässer laufen die beschriebenen Prozesse über lange Zeiträume immer in ähnlicher Weise ab. Über die Jahrhunderte lagert sich am Boden in jeweils kleinen Mengen nicht zersetzte Biomasse ab und der See verlandet sehr langsam. Ein solcher See ist mineralstoffarm oder **oligotroph.** Eine große Zahl verschiedener Pflanzen- und Tierarten besiedelt in meist geringer Individuenzahl diese Gewässer.

Heute gelangen allerdings durch den Menschen in die meisten Gewässer zusätzliche Nährstoffe, Dünger und Abfallstoffe. Durch die landwirtschaftliche Nutzung wird zum Beispiel auf manchen Feldern mehr Gülle verteilt, als von den Pflanzen aufgenommen werden kann. Dieser Dünger kann mit dem Regenwasser in die Seen gespült werden. Auch aus defekten Kläranlagen und mit dem Oberflächenwasser aus Städten und Gemeinden können Mineralstoffe und Schadstoffe in die Seen eingeleitet werden. Der See wird dadurch mineralstoffreich oder **eutroph.** Zunächst kommt es durch das gute Mineralstoffangebot zu einem stärkeren Pflanzenwachstum. Tiere, die von den Pflanzen leben, vermehren sich ebenfalls und ihre Individuendichte steigt. Ihre Ausscheidungen und die abgestorbenen Lebewesen werden von Destruenten unter deutlich höherem Sauerstoffverbrauch zersetzt. Außerdem kann das Sonnenlicht durch die stärkere Trübung nicht mehr in tiefere Gewässerschichten eindringen. Hier ist nun kaum noch Fotosynthese möglich. Durch beide Prozesse sinkt der Sauerstoffgehalt im Tiefenwasser stark. Außerdem lagern sich größere Mengen unverbrauchter Biomasse am Boden ab. Manche Tierarten mit hohem Anspruch an den Sauerstoffgehalt ihrer Wohngewässer werden selten oder verschwinden ganz. Dasselbe gilt für Pflanzenarten, die an Gewässer mit niedrigen Mineralstoffkonzentrationen angepasst sind.

Wird der Eintrag der Nähr- und Schadstoffe noch größer, reicht der Sauerstoff im Wasser zum Abbau nicht mehr aus. Viele Lebewesen, die Sauerstoff zur Atmung benötigen, sterben jetzt. Man sagt, der See kippt um. Destruenten, die ohne Sauerstoff leben können, vermehren sich. Sie zerlegen einen Teil der Biomasse unter Abgabe giftiger Faulgase. Der Rest setzt sich als Faulschlamm ab. Ein solcher See verlandet schon in wenigen Jahrzehnten.

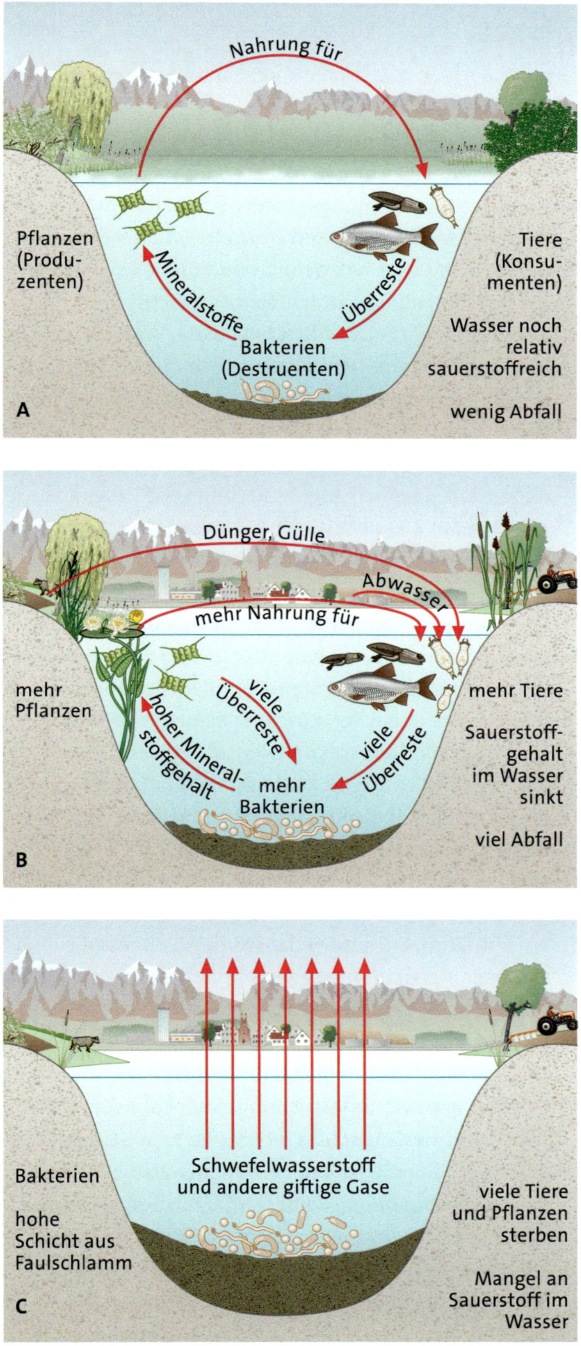

2 Eutrophierung im See.
A oligotrop; **B** eutroph; **C** umgekippt

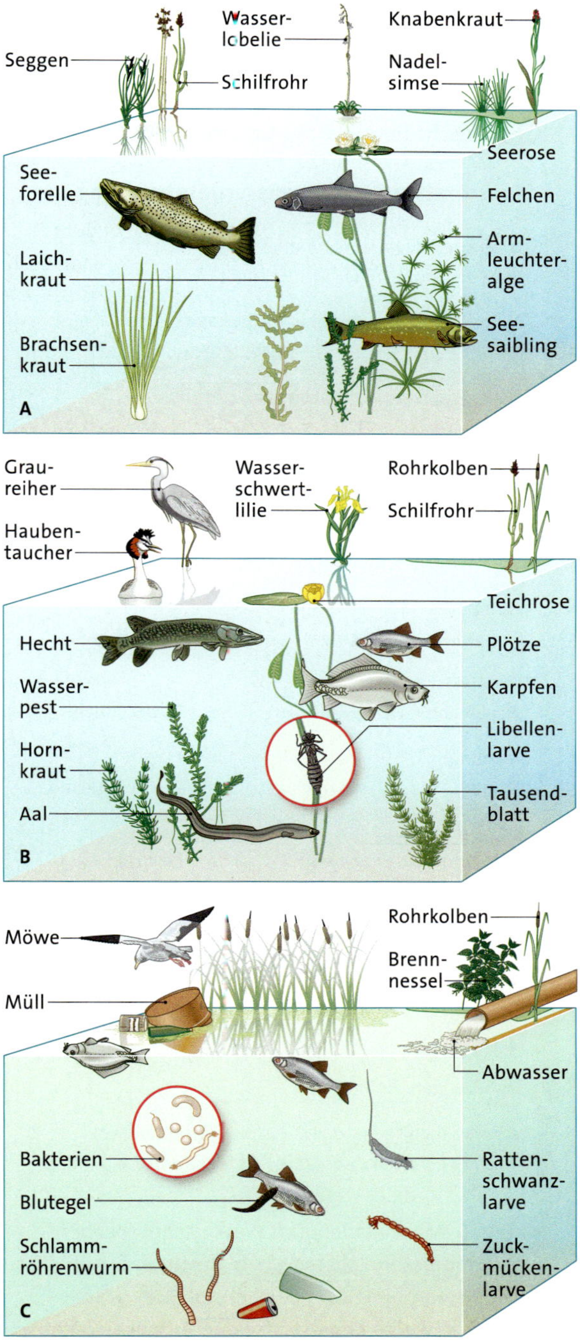

3 Änderung der Lebensgemeinschaft im See.
A oligotrop; **B** eutroph; **C** umgekippt

1 Erläutere, dass man das Umkippen von Seen vorwiegend im Spätsommer beobachtet. Verwende auch die Abbildung 2.

2 Um einige Seen sind Gräben gebaut oder Gewässerrandstreifen angelegt, die nicht landwirtschaftlich genutzt werden. Erkläre die Auswirkung dieser Maßnahmen.

Aufgaben und Versuche Wasseruntersuchungen

V1 Beschreibung eines Gewässerlebensraumes

Protokollblatt zur Gewässeruntersuchung

Name des Gewässers: *Kleine Hase*
Lage der Probestelle: *am Artland-Gymnasium*

Name des Probenehmers: *Naturkunde-Arbeitsgemeinschaft*

Datum: *27. 6. 2005* Uhrzeit: *8.30 Uhr*

Wetter:
☐ Regen ☒ bewölkt ☐ heiter-bewölkt ☐ sonnig

Lufttemperatur: *15,2 °C* Wassertemperatur: *16,1 °C*

Strömungsgeschwindigkeit bei Fließgewässern: *0,1 m/s*

Farbstärke:
☐ farblos ☒ schwach gefärbt ☐ stark gefärbt

Farbton:
☒ gelblich ☐ grünlich ☐ bräunlich

Trübung:
☒ klar ☐ schwach getrübt ☐ stark getrübt

Schaumbildung:
☒ kaum ☐ schwach ☐ stark

Geruchsintensität:
☐ geruchlos ☒ schwacher Geruch ☐ starker Geruch

Art des Geruchs:
☐ frisch ☐ chemisch ☒ aromatisch
☐ jauchig ☐ modrig ☐ faulig

Einleitungen: *keine*

Verunreinigungen: *etwas Rasenschnitt auf der Wasseroberfläche; einzelne Getränkedosen am Ufer*

Material: Marmeladenglas; Wasserschöpfbecher; Thermometer; Zollstock; Uhr; Bestimmungsbücher; Lupen; Sammelgläser; Küchensieb oder Wasserkäscher; weiße Kunststoffschale; Tuschkastenpinsel; Protokollblätter; Bleistift

Durchführung:

Lufttemperatur: Halte das Thermometer drei Minuten lang in einem Meter Höhe in den Körperschatten und lies die Temperatur ab.

Strömungsgeschwindigkeit: Bei Fließgewässern oder Zuflüssen kann diese Größe bestimmt werden. Lege den Zollstock an das Ufer, wirf ein Holzstück auf das Wasser und bestimme die Zeit, die das Holz benötigt um eine Strecke von zwei Metern zurückzulegen. Berechne die Strömungsgeschwindigkeit in m/s.

Wasseruntersuchung: Entnimm eine Wasserprobe, gib sie in das Marmeladenglas und führe sofort die Untersuchungen durch. Halte zunächst das Thermometer drei Minuten lang in die Wasserprobe und lies die Temperatur ab. Beurteile Färbung und Trübung des Wassers. Schüttle das Wasser kräftig im verschlossenen Marmeladenglas und beurteile die Schaumbildung. Eine starke Schaumbildung weist darauf hin, dass in dem Wasser sehr viele Reste abgestorbener Kleinlebewesen enthalten sind. Schüttle das Wasser erneut kräftig im verschlossenen Glas, öffne dann den Deckel und beurteile den Geruch.

Erfassung von Kleintieren im Wasser: Sammle jeweils fünf bis zehn Minuten lang Wassertiere zwischen Wasserpflanzen, unter Steinen und im Bodensediment. Führe dabei den Käscher gegen die Strömung. Übertrage die Tiere mit dem Pinsel in die mit etwas Wasser gefüllte Schale. Halte sie stets kühl und setze die Tiere nach der Untersuchung umgehend an der Probestelle wieder aus. Sollen Tiere im Unterrichtsraum untersucht werden, so müssen sie ständig kühl gehalten und nach der Untersuchung sofort wieder am Entnahmeort ausgesetzt werden. Beachte die Naturschutzbestimmungen.

Aufgaben:

a) Erstelle Protokollblätter zur Gewässeruntersuchung entsprechend dem nebenstehenden Muster.

b) Erstelle Gewässeruntersuchungsprotokolle für unterschiedliche Gewässer. Untersuche zum Beispiel einen See, einen Teich oder ein Fließgewässer. Trage jeweils die Ergebnisse deiner Untersuchungen sowie Einleitungen, Verunreinigungen und sonstige Bemerkungen zum Gewässer in das Protokollblatt ein.

c) Bestimme ausgewählte Pflanzen sowie die gefangenen Kleintiere. Verwende auch den Bestimmungsschlüssel auf Seite 97. Schreibe Namen und Häufigkeit der Arten auf die Rückseite des Erfassungsbogens. Notiere die Häufigkeit durch folgende Symbole: 1 Einzelexemplar; 2 wenige Exemplare; 3 häufig; 4 massenhaft.

d) Fertige auf Millimeterpapier eine Realkartierung im und am Gewässer an. Orientiere dich an der Karte auf Seite 61.

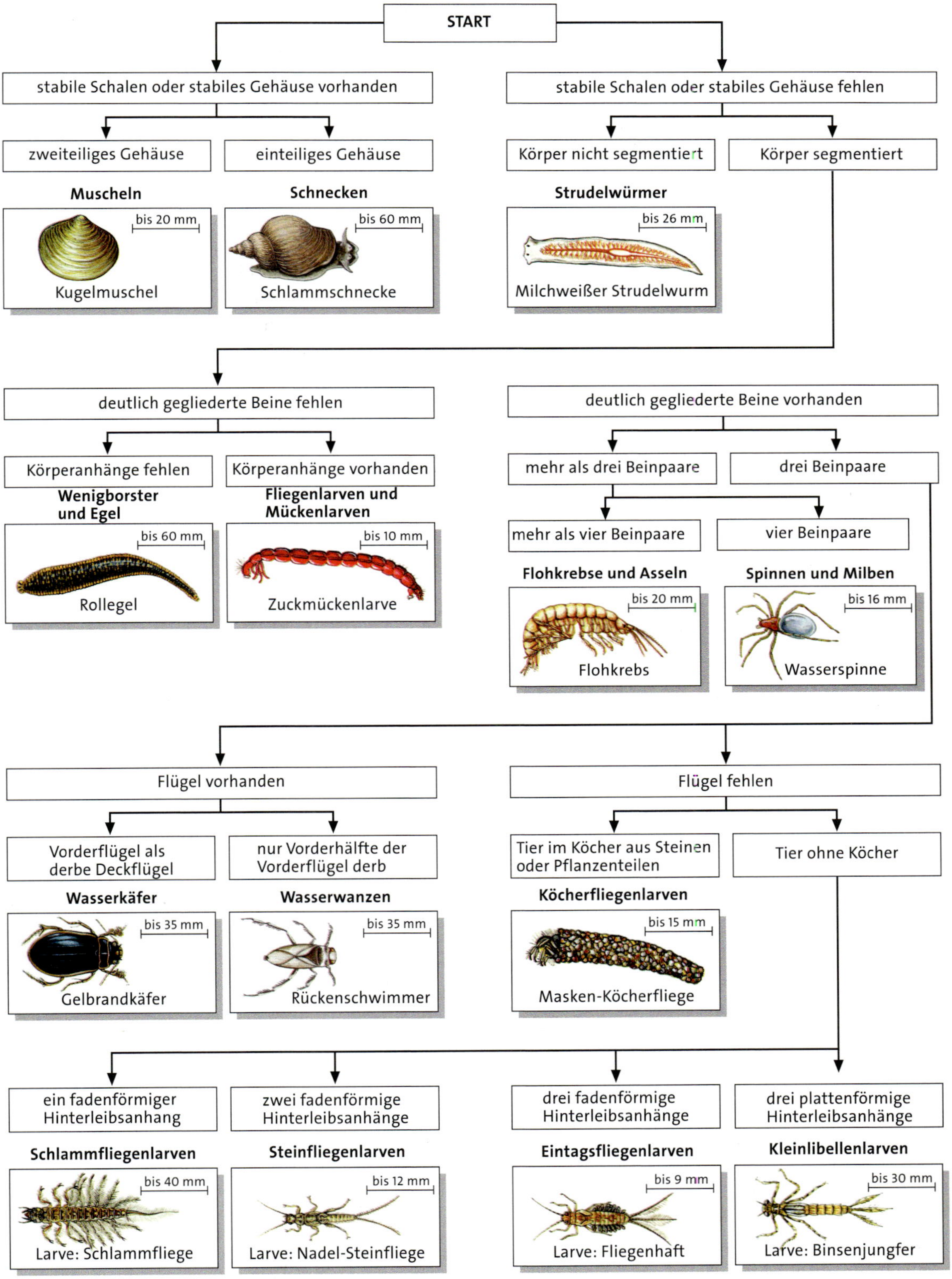

Bestimmungsschlüssel für häufige wirbellose Tiere des Süßwassers

Aufgaben und Versuche Wasseruntersuchungen

V2 Bestimmung der Sichttiefe

Material: 30 cm großer, weißer Plastikteller; 250 cm lange Holzstange; wasserfester Folienstift

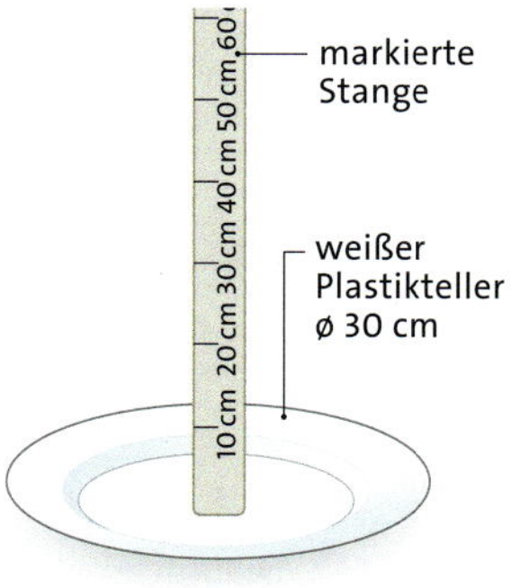

Durchführung: Fertige ein Messgerät für die Sichttiefe an. Nagle den Plastikteller auf das Ende der Holzstange. Markiere diese im Abstand von je 10 cm. Senke das Messgerät in das zu untersuchende Gewässer. Lies die Sichttiefe an der Stange ab, wenn der Teller gerade noch zu erkennen ist.

Hinweis: Die Sichttiefe ist ein Maß für die Wassertrübung.

Aufgaben:

a) Protokolliere die Sichttiefe zu verschiedenen Jahreszeiten.

b) Erläutere mögliche Unterschiede.

V3 Bestimmung der Wassertemperatur

Material: Thermometer; Flasche; Korken; Ringschraube; Ziegelstein; Schnur; Zollstock

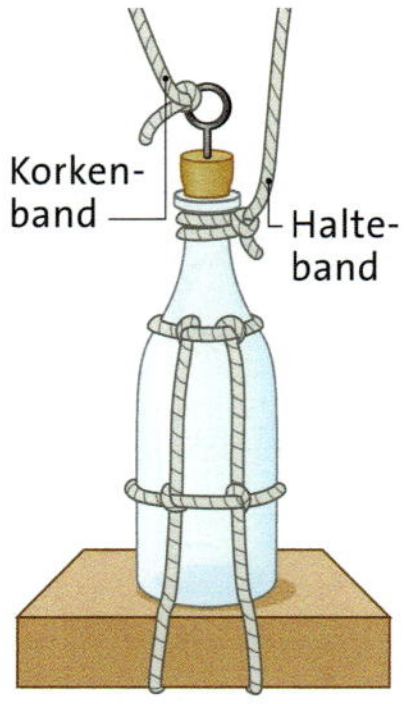

Durchführung: Baue ein Schöpfgefäß entsprechend der Abbildung. Mache im Abstand von einem Meter einen Knoten in das Halteband, um die Tauchtiefe festzustellen.
Versenke das Schöpfgefäß in unterschiedliche Wassertiefen und ziehe den locker eingesetzten Korken heraus. Ziehe die Wasserprobe langsam an die Oberfläche.

Aufgabe: Miss die Temperatur der Proben. Berechne daraus den Mittelwert.

V4 Messung des pH-Wertes

Material: Wasserproben aus V3; Universalindikator-Papier

Durchführung: Tauche je ein Stückchen Universalindikator-Papier kurz ins Wasser und lies den pH-Wert an der Farbskala ab. Berechne den Mittelwert aller Wasserproben.

Aufgabe: Protokolliere alle Messergebnisse.

Güteklasse	Zustand	Sichttiefe in cm	Wassertemperatur in °C	Sauerstoff mg/l	pH-Wert	Nitrat mg/l
I	**unbelastet:** klar, kaum Lebewesen, da wenig Nährsalze, Trinkwasserqualität	> 200	10–12	> 8	7,0	0–1
I–II	**gering belastet:** klar, Nährsalze, Uferbewuchs, Wasserpflanzen und Tiere, Badeseen	150–200	12–14	7–8	7,5 6,0	1–1,5
II	**mäßig belastet:** leichte Trübung durch Algen und pflanzliche Überreste	100–150	14–16	6–7	8,0 5,5	1,5–2,5
II–III	**kritisch belastet:** trüb durch Algen und Bakterien, am Boden Faulschlamm	70–100	16–18	5–6	8,5 5,0	2,5–5,0
III	**stark verschmutzt:** stark getrübt durch Bakterien, Fäulnisvorgänge, kaum Fische	40–70	18–22	3–5	9,0 5,5	5–30
III–IV	**sehr stark verschmutzt:** sehr starke Trübung verursacht durch Abwässer, Fäulnis	20–40	22–24	2–3	9,5 5,0	30–50
IV	**übermäßig verschmutzt:** übel riechend, außer Fäulnisbakterien keine Lebewesen	< 20	> 24	< 2	10 < 5	> 100

Messwerte zur Bestimmung der Wassergüte

A5 Bestimmung des Nitratgehalts

Material: Wasserproben aus V 3; Nitrat-Teststäbchen
Durchführung: Tauche jeweils ein Nitrat-Teststäbchen kurz in die Wasserprobe. Bestimme den Nitratwert.
Aufgabe: Protokolliere deine Messwerte und berechne den Mittelwert für alle Wasserproben.

A6 Wassergüte

Vergleiche deine Ergebnisse von V 2 bis V 5 und V 8 mit den Werten aus der Tabelle auf Seite 98. Ermittle in der linken Spalte die Wassergüte. Sollten deine Werte auf unterschiedliche Güteklassen hinweisen, nimmst du einen mittleren Wert an.

V7 Bestimmung des Phosphatgehaltes

Material: Wasserproben aus V 3; Phosphat-Testbesteck
Durchführung: Bestimme mit Hilfe des Testbesteckes den Phosphatgehalt der Wasserproben. Verfahre nach der entsprechenden Gebrauchsanweisung.

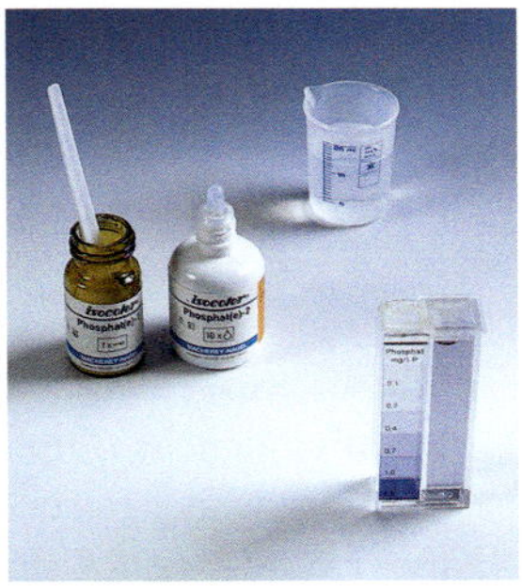
Phosphat-Test

Aufgaben:
a) Vergleiche die Messergebnisse miteinander. Erkläre mögliche Unterschiede.
b) Berechne den Mittelwert aller Messergebnisse. Werte.

V8 Bestimmung des Sauerstoffgehaltes

Material: Sauerstoff-Messgerät; Becherglas (200 ml); frische Wasserprobe
Durchführung: Schalte das Sauerstoffmessgerät ein. Kalibriere das Gerät nach der Gebrauchsanweisung. Spüle das Glas zweimal mit einem Teil der Wasserprobe. Fülle das Glas dann bis zur Hälfte mit Probenwasser. Schwenke darin die Messelektrode langsam, bis sich der angezeigte Sauerstoffgehalt nicht mehr verändert.

Aufgaben:
a) Führe zwei Messungen des Sauerstoffgehalts durch und berechne den Mittelwert.
b) Vergleiche den errechneten Mittelwert mit den Angaben in der Tabelle auf Seite 58. Welcher Wassergüte entspricht der Wert?

Sauerstoff-Messgerät

V9 Unterschiedlicher Sauerstoffgehalt

Material: Sauerstoff-Messgerät oder Sauerstoff-Testbesteck
Durchführung: Untersuche Proben aus unterschiedlichen Wassertiefen eines Sees. Bestimme auch den Sauerstoffgehalt bei verschiedenen Wassertemperaturen. Vergleiche die Werte des Wassers aus einem stehenden Gewässer (See, Teich) mit den Werten aus einem Fließgewässer (Bach, Fluss).
Aufgaben:
a) Erkläre Unterschiede im Sauerstoffgehalt bei verschiedenen Wassertemperaturen.
b) Wie unterscheidet sich der Sauerstoffgehalt eines Baches von dem eines Sees? Erkläre. Nutze dazu auch das Diagramm rechts unten.

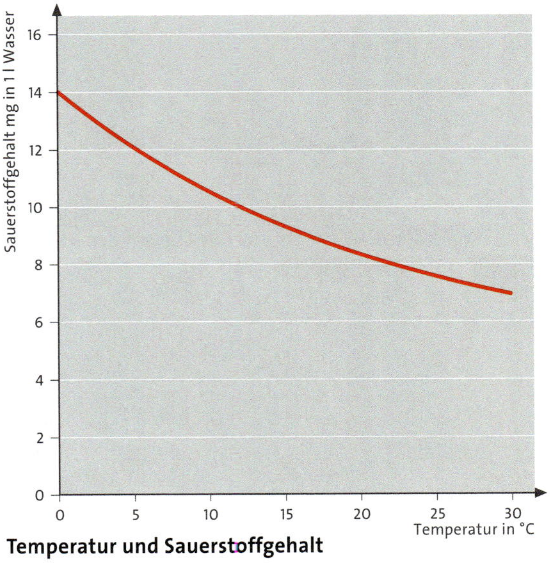

Temperatur und Sauerstoffgehalt

Zusammenfassung Organismen in ihrer Umwelt

Basiskonzept System

Wiesen, Wälder, Binnengewässer, Moore, Hecken und Gärten sind Ökosysteme. Biologen interessieren sich für die Umweltbedingungen in diesen Ökosystemen und suchen nach Gründen, weshalb bestimmte Lebewesen in einem Lebensraum vorkommen und andere nicht. Mit Messgeräten wie Thermometer, Lichtstärkemessgerät oder Regenmesser erfassen sie die Umweltbedingungen. Alle diese abiotischen Umweltfaktoren gemeinsam kennzeichnen den Lebensraum, den man auch Biotop nennt.

Tiere und Pflanzen bilden zusammen mit Bakterien und Pilzen eine Lebensgemeinschaft, die Biozönose. Da es sich hierbei um Lebewesen handelt, werden sie auch als biotische Umweltfaktoren bezeichnet. Biotop und Biozönose zusammen bilden ein Ökosystem.

Bei den einheimischen Waldökosystemen unterscheidet man zunächst zwischen Laubwäldern, Laub-Nadel-Mischwäldern und Nadelwäldern. Wälder im Überschwemmungsbereich von Flüssen bezeichnet man als Auenwälder, Wälder an den Ufern stehender Gewässer heißen Bruchwälder. Wälder zeigen eine typische räumliche Schichtung: Die Baumkronen bilden das oberste Stockwerk des Waldes, die Baumschicht. Dort, wo Licht durch das Kronendach dringt, findet man eine Strauchschicht und am Waldboden zusätzlich eine Krautschicht und eventuell eine Moosschicht. Bevor die Bäume im Frühjahr ein dichtes Laubdach ausbilden, entwickeln sich am Waldboden schon erste krautige Pflanzen, die Frühblüher. Sie besitzen unterirdische Speicherorgane, in denen sie in wenigen Wochen Speicherstoffe wie Stärke und Fette einlagern, um den Rest des Jahres mit diesen unterirdischen Organen zu überdauern. Moose, Pilze und Flechten findet man besonders am Waldboden sowie auf lebenden und abgestorbenen Gehölzen.

1 **Biotop und Biozönose bilden ein Ökosystem**

Gemeinsames Merkmal aller aquatischen Ökosysteme ist das Wasser als prägender abiotischer Umweltfaktor. Als Seen bezeichnet man stehende Gewässer, die mehr als zwei Meter tief sind. Ihr Boden ist in der Regel nicht durchgängig mit Pflanzen bewachsen, da ab etwa fünf Meter Wassertiefe nicht genug Licht vorhanden ist. Eher flach sind Teiche, Weiher und Tümpel, wobei Teiche künstlich angelegt wurden, während Weiher natürlichen Ursprungs sind. Tümpel zeichnen sich durch ihr zeitweiliges Austrocknen aus.

In der Uferzone größerer naturnaher Seen findet man eine charakteristische Abfolge von Pflanzengesellschaften. Vom Bruchwald über die Röhricht- und Schwimmblattpflanzenzone bis zur Tauchblattpflanzenzone trifft man sie immer wieder in ähnlicher Ausprägung an. Abhängig vom Mineralstoffgehalt unterscheidet man mineralstoffreiche eutrophe und mineralstoffarme oligotrophe Gewässer. Zwischen den Lebewesen sowie zwischen Lebewesen und ihrer abiotischen Umwelt bestehen vielfältige Wechselwirkungen. Jede Art hat ihre spezifischen Ansprüche an Temperatur, Licht oder chemische Faktoren wie Sauerstoff, Kohlenstoffdioxid und die verschiedenen Mineral- oder Nährstoffe. So benötigen Pflanzen zur Fotosynthese in jedem Falle Licht und Kohlenstoffdioxid, während aerobe Tiere und Kleinlebewesen auf Sauerstoff zur Atmung angewiesen sind. Mineralstoffe sind für das Wachstum der Pflanzen erforderlich. Kommen sie in großen Mengen im Wasser vor, kann sich die Pflanzenmasse in kurzer Zeit enorm vermehren und beim späteren Absterben der Pflanzen zum »Umkippen« des Gewässers führen. Die besonderen Eigenschaften des Wassers, insbesondere seine Dichteanomalie, führen zu charakteristischen Veränderungen eines Sees im Jahresverlauf. Diese durch die Begriffe Stagnations- beziehungsweise Zirkulationsphase gekennzeichneten Unterschiede haben durch die vielfältigen Wechselwirkungen im See großen Einfluss auf die abiotischen Faktoren und damit auf die gesamte Lebensgemeinschaft.

In den Nahrungsketten und Nahrungsnetzen der Ökosysteme findet ein intensiver Stoff- und Energieaustausch statt. Die Produzenten nutzen die Energie des Sonnenlichtes in der Fotosynthese zum Aufbau energiereicher organischer Stoffe wie Traubenzucker. Über Primär-, Sekundär- und Tertiärkonsumenten werden diese Stoffe und die in ihnen gespeicherte Energie schließlich bis zu den Destruenten weitergereicht oder von den jeweiligen Lebewesen für körpereigene Stoffe und Energie verbrauchende Prozesse genutzt.

Basiskonzept Struktur und Funktion

Lebewesen sind an ihren Lebensraum angepasst. So besitzen Landpflanzen Festigungsgewebe, um gegen die Schwerkraft in die Höhe wachsen zu können. Leitungsbahnen transportieren Wasser, Mineral- und Nährstoffe zwischen den verschiedenen Pflanzenteilen hin und her. Abschlussgewebe sorgen für einen geregelten Gas- und Wasseraustausch. Wasserpflanzen haben elastische Stängel mit vielen kleinen Blättern. Festigungsgewebe und Abschlussgewebe fehlen oder sind nur schwach ausgebildet, während ein umfangreiches Durchlüftungsgewebe den Gasaustausch mit der Luft begünstigt. Sie können so flexibel der Wasserbewegung folgen und über die insgesamt große Oberfläche Stoffe mit dem umgebenden Wasser austauschen. Diese Fähigkeiten haben bei vielen Wasserpflanzen zur Reduzierung oder zum Verlust der Wurzeln geführt.

Auch Wassertiere sind bezüglich ihrer Form und ihres Gasaustausches an das Wasserleben angepasst. Strömungsgünstige Körper, Schwimmflossen, Schwebeeinrichtungen, Saugnäpfe und Gewichte dienen dazu, ihre Position im Wasser gezielt den jeweiligen Erfordernissen entsprechend einzunehmen. Der Gasaustausch im Wasser erfolgt über die gesamte Körperoberflächen oder über Kiemen, die einen engen Kontakt des inneren Gastransportsystems mit dem Wasser herstellen.

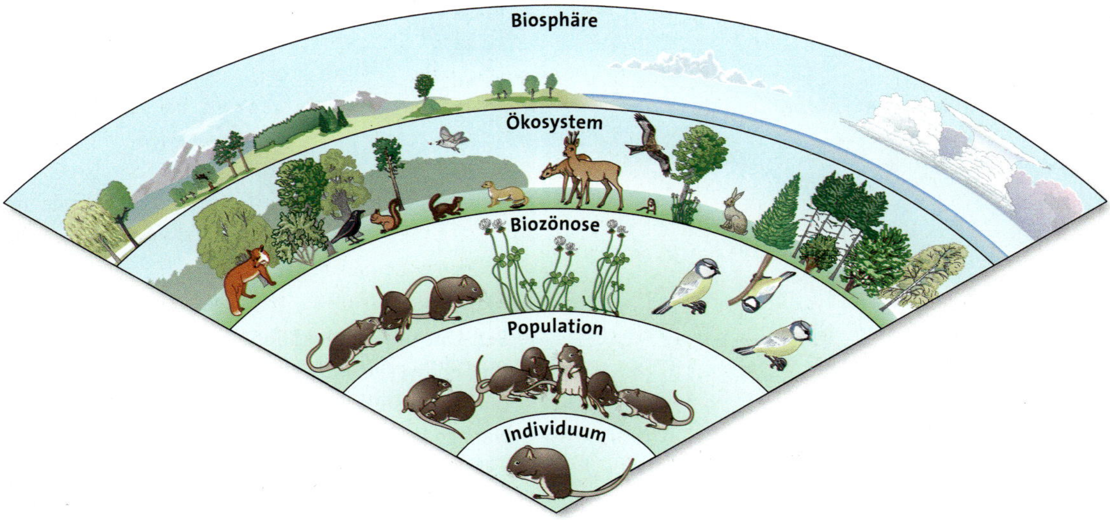

2 **Beziehungsebenen zwischen Lebewesen und ihrer Umwelt**

Wissen vernetzt Organismen in ihrer Umwelt

A1 Sonnen-und Schattenblätter

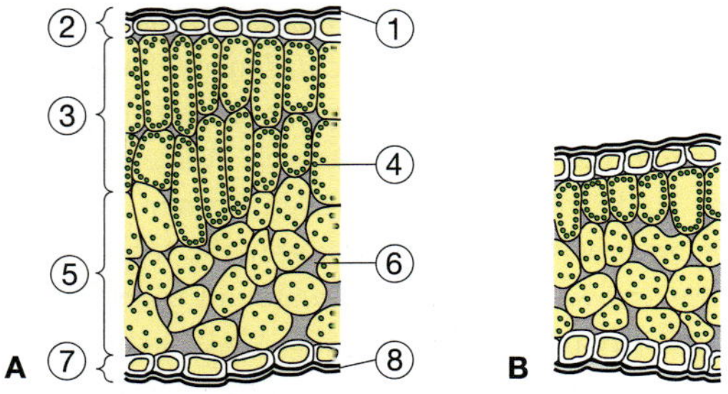

Die Abbildung A zeigt einen Querschnitt durch ein Laubblatt, das der Südseite der Baumkrone einer Buche entstammt. Die Südseite ist dem Sonnenlicht besonders ausgesetzt. Man spricht hier auch von einem »Sonnenblatt«. Der Querschnitt in Abbildung B gehört zu einem »Schattenblatt« im Innern der Baumkrone und auf der sonnenabgewandten Seite einer Buche.

Aufgaben:

a) Ordne den Ziffern in der Abbildung A die richtigen Begriffe zu.

b) Nenne die Unterschiede zwischen den beiden Blattformen. Erläutere, inwiefern die »Sonnenblätter« an ihre Lage im südlichen Bereich der Baumkrone gut angepasst sind.

c) Bei dem Mauerpfeffer ist die Struktur 1 wesentlich dicker als beispielsweise bei der Sumpfdotterblume. Erkläre diesen Unterschied.

d) Wende das Basiskonzept Struktur und Funktion auf Abbildung B an.

A2 Licht als abiotischer Faktor

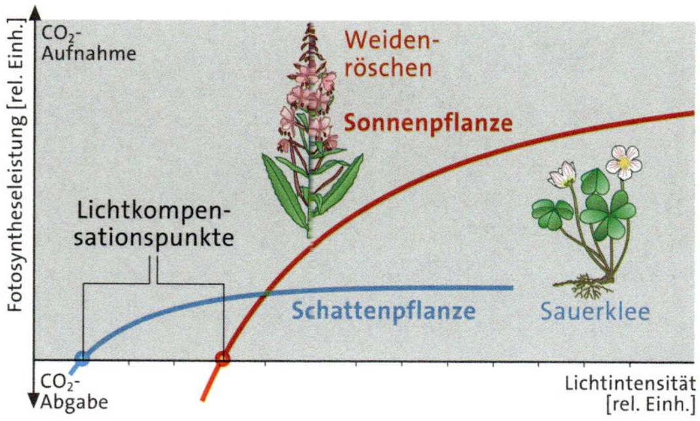

Aufgaben:

a) Erläutere den dargestellten Sachverhalt.

b) Nenne Standortfaktoren, die für den Lebensraum von Weidenröschen und Sauerklee maßgeblich sind.

A3 Lebensgemeinschaft im Wald

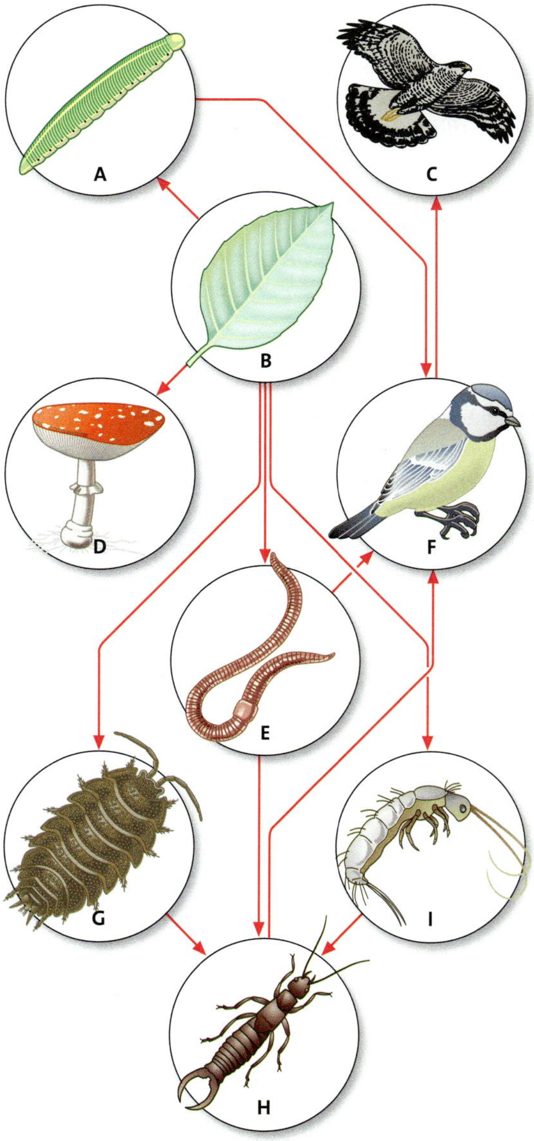

Aufgaben:

a) Benenne die in den Abbildungen A bis I dargestellten Lebewesen, informiere dich über ihre Ernährung und ordne sie den Ernährungsstufen in der Nahrungskette zu.

b) Erläutere anhand der Abbildung die Begriffe Nahrungskette und Nahrungsnetz.

c) Erläutere mit Hilfe der Abbildung einen Stoffkreislauf für das Ökosystem Wald.

A4 Bahndamm

Aufgaben:

a) Ein Bahndamm kann als »Lebensraum aus zweiter Hand« bezeichnet werden. Erläutere diesen Begriff und nenne weitere Beispiele.
b) Erläutere die abiotischen Faktoren, die den Lebensraum »Bahndamm« kennzeichnen.
c) Überlege, wie sich nach einer Stilllegung der Bahnstrecke der Bahndamm im Lauf der Zeit verändern würde, und begründe. Nutze das Basiskonzept Entwicklung.

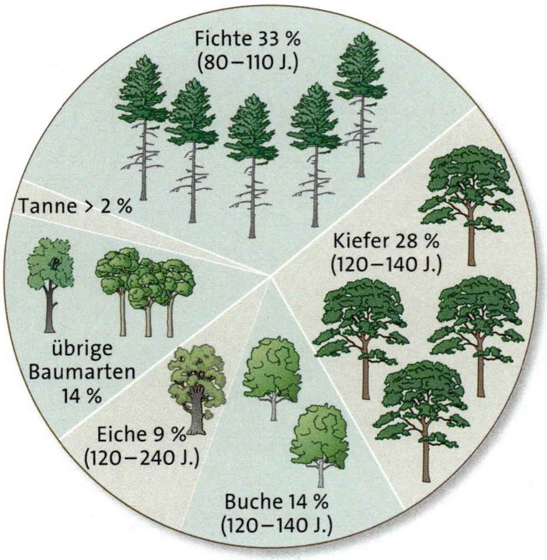

A5 Wald in Deutschland

Die Abbildung zeigt die Waldzusammensetzung in Deutschland. In Klammern sind die Umtriebszeiten angegeben.
Werte das Diagramm unter historischen und ökologischen Aspekten aus.

A6 Bärlauch

Der Bärlauch ist eine krautige Pflanze, die an schattigen Stellen frischer, nährsalzreicher Laubwälder wächst. Bereits im März schieben sich die ersten grünen Blätter durch die Bodenoberfläche. Die Blütezeit ist im Mai. Die Pflanzen verströmen jetzt einen intensiven Duft, der an die Küchenzwiebel erinnert. Betrachte die in der Abbildung dargestellten unterschiedlich alten Bärlauch-Pflanzen.

Aufgabe: Erläutere die Entwicklung der Pflanzen mit Hilfe der Abbildung.

A7 Sumpfdotterblumen

Auf Sumpfwiesen und am Ufer von Gewässern kann man häufig Sumpfdotterblumen finden.

a) Nenne Umweltfaktoren, die für das Vorkommen von Sumpfdotterblumen bedeutsam sind.
b) Kann man auch den Menschen zu den Umweltfaktoren der Sumpfdotterblume rechnen? Erläutere.
c) Wende das Struktur-Funktions-Konzept auf die Sumpfdotterblume an.

Wissen vernetzt Organismen in ihrer Umwelt

A8 Nahrungsketten am See

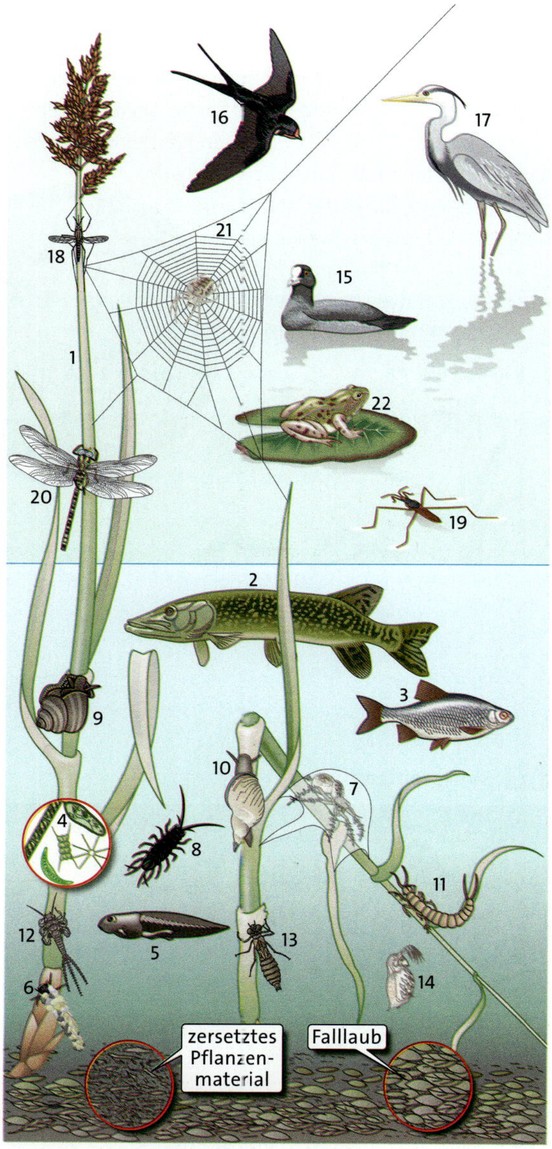

Die Abbildung oben zeigt verschiedene Lebewesen des Sees. In Klammern ist jeweils die Nahrung angegeben: Kleinlibellenlarve (Wasserfloh); Wasserspinne (Wasserassel, Kleinlibellenlarve); Spitzschlammschnecke (Pflanzen); Schilf; Plötze (Pflanzen, Schnecken, Insektenlarven); Gelbrandkäferlarve (Kleinlibellenlarve, Kaulquappe); Großlibellenlarve (Kleinlibellenlarve); Wasserfloh (Algen); Graureiher (Wasserfrosch, Fische, Gelbrandkäferlarve); Kaulquappe (Pflanzen); Schnake (Pflanzensaft, Nektar); Köcherfliegenlarve (zersetztes Pflanzenmaterial); Wasserläufer (Insekten); Kleinlibelle (Insekten); Posthornschnecke (Pflanzen); Wasserassel (Falllaub); Radnetzspinne (Insekten); Wasserfrosch (Insekten, Spinnen); Blässralle (Schilf, Kleintiere); Hecht (Plötze, Kaulquappe); Algen; Rauchschwalbe (Insekten).

Aufgaben:

a) Benenne die Gewässertiere, indem du die Ziffern aus der Abbildung in deinen Hefter überträgst und jeweils den zugehörigen Namen dahinter schreibst.

b) Stelle anhand der Abbildung Nahrungsketten zusammen.

c) Ordne die einzelnen Arten nach Produzenten, Konsumenten 1. Ordnung und Konsumenten höherer Ordnung.

A9 Eutrophierung eines Sees

Aufgaben:

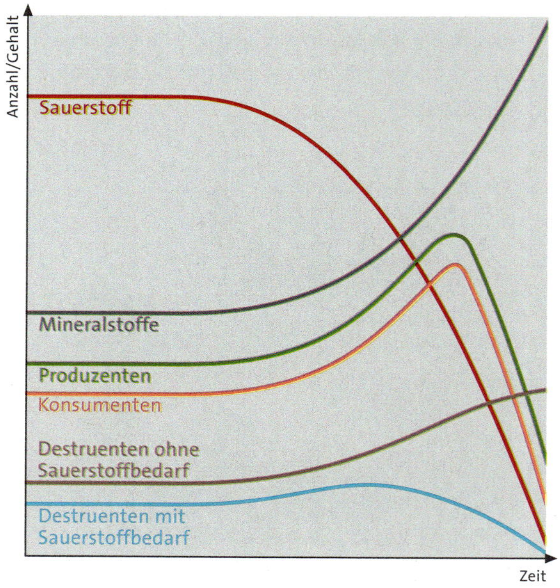

a) Beschreibe die Eutrophierung eines Sees anhand der dargestellten Kurvenverläufe.

b) Erläutere die Kurvenverläufe einzeln und im Zusammenhang.

c) Zwecks Sanierung wird in die Tiefenschicht mancher stark eutrophierter Seen mit so genannten Limnoaggregaten Luft eingeblasen. Beurteile diese Maßnahme.

A10 **Wasserflöhe im See**

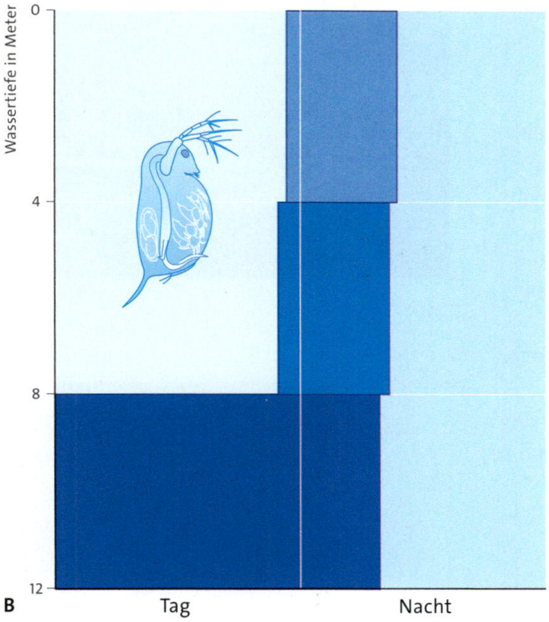

B

Aufgaben:

a) Abbildung A zeigt eine mikroskopische Aufnahme des Filterkamms am Bein eines Wasserflohs. Informiere dich über die Ernährung des Wasserflohs. Beschreibe unter Verwendung dieser Informationen und der Abbildung die Nahrungsaufnahme des Wasserflohs. Begründe, weshalb sich in Seen mit vielen Wasserflöhen ein kaum noch durch Algen gefärbtes Klarwasserstadium einstellt.

b) Abbildung B zeigt die relative Verteilung der Wasserflöhe im Tiefenprofil des Sees am Tag und in der Nacht. Erkläre die unterschiedliche Verteilung unter Verwendung deiner Kenntnisse über die Stellung des Wasserflohs in der Nahrungskette.

A11 **Nahrungskettensteuerung durch Raubfischbesatz**

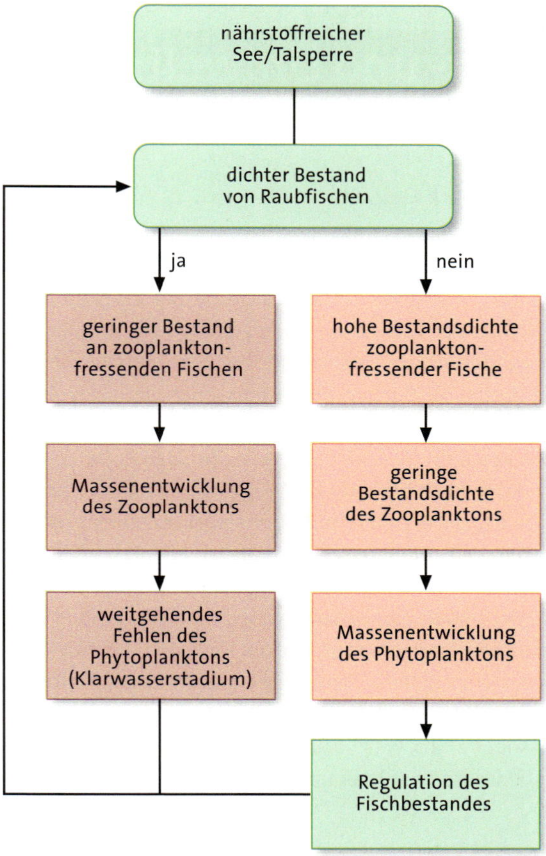

Massenentwicklungen von Algen können die Nutzung von Gewässern erheblich stören. So sind zum Beispiel als Erholungsgebiet genutzte Badeseen durch die vielen Algen und deren teilweise giftigen Ausscheidungen nicht mehr für den Badebetrieb geeignet. Auch in Seen, die Rohwasser für die Trinkwassergewinnung liefern, stellen Algen ein Problem dar. Sie müssen aufwändig und teuer durch Filter entfernt werden. Der Mensch versucht daher, Massenentwicklungen von Algen und Bakterien in den Seen entgegenzuwirken. Eine dieser Maßnahmen ist der Besatz mit Raubfischen.

Aufgaben:

a) Beschreibe die Folgen des Raubfischbesatzes anhand der Grafik.

b) Betrachte Seite 95 Abbildung 2 und erläutere die Folgen eines Hechtbesatzes im See für Wasserflöhe und Algen.

Natur- und Umweltschutz

Nationalpark Hainich

Der Nationalpark Hainich wurde 1997 gegründet und ist der einzige Nationalpark Thüringens. Seit 2011 zählt er zum UNESCO-Weltkulturerbe. Das wichtigste Ziel bei der Gründung des Nationalparks war der Schutz der dort existierenden Buchenwälder. Hier soll innerhalb des größten zusammenhängenden Laubwaldgebietes in Deutschland wieder ein Buchenurwald entstehen, der als typischer Lebensraum Mitteleuropas gilt.

Recherchiert, welche Pflanzen neben den Rotbuchen für den Nationalpark noch typisch sind. Vergleicht das Aussehen eines Buchenurwaldes, wie man ihn im Nationalpark auf einer großen Fläche erhalten will, mit einem wirtschaftlich genutzten Buchenwald.

Auch die Fauna des Nationalparks weist einige Besonderheiten auf. Hier findet man beispielsweise noch eine stabile Wildkatzenpopulation. Findet heraus, warum im Nationalpark Wildkatzen leben, während diese Tiere in den meisten wirtschaftlich genutzten Buchenwäldern fehlen.

Findet heraus, welche anderen seltenen oder sogar vom Aussterben bedrohte Tiere man im Nationalpark Hainich noch finden kann.

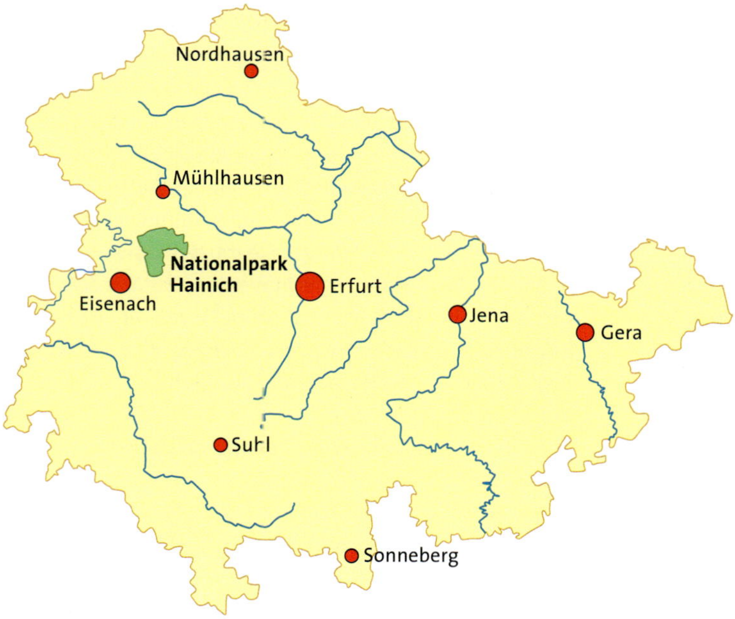

Wer war schon mal Vogel des Jahres?

Findet heraus, wie die abgebildeten Vögel heißen. Informiert euch, ob diese Arten in Deutschland unter Schutz stehen und ob sie in eurer Gegend noch vorkommen.

Recherchiert, was die Aktion »Vogel des Jahres« erreichen will und ob einer der hier abgebildeten Vögel schon einmal dabei war. Stellt in einer Übersicht Schutzmöglichkeiten für diese Vögel zusammen.

Wespenspinnen – Gewinner des Klimawandels

Seit einigen Jahrzehnten kann man die großen und auffällig gezeichneten Wespenspinnen in immer weiter nördlich gelegenen Gebieten Deutschlands finden. Früher kamen sie nur in Südeuropa vor.

Beschreibe das Aussehen der Wespenspinne. Die Tiere werden manchmal auch als Zebraspinnen bezeichnet. Entscheide, welchen Namen du für passend hältst. Begründe deine Aussage. Versuche herauszufinden, ob Wespenspinnen auch an deinem Wohnort vorkommen. Gib eine Erklärung für die Behauptung, dass Wespenspinnen Gewinner des Klimawandels sind.

Wirtschaftet der Mensch nachhaltig?

An den Küsten des Persischen Golfes sind in den letzten Jahrzehnten mitten in der Wüste mehrere Großstädte entstanden, die jeden Luxus bieten. Nicht nur Gebäude, selbst Bus- und Schnellbahnhaltestellen, haben Klimaanlagen. Bei 45 °C Außentemperatur kann man in zahlreichen auf 18 °C heruntergekühlten Malls einkaufen gehen, wer möchte, hat auch Gelegenheit Ski zu fahren, zu rodeln oder Eis zu laufen. Wasserlandschaften mit künstlich angelegten Palmalleen laden zum Bummeln am Abend ein ...

Informiere dich über die Freizeitangebote in Dubai und anderen Städten am Persischen Golf. Beurteile die Projekte unter Berücksichtigung des Energie- und Wasserbedarfs sowie der Verkehrsanbindung nach Europa, Ostasien und Amerika. Nimm begründet Stellung zur offen formulierten Frage.

1 **Ansicht des Waldes im 17. Jahrhundert**

2 **Ursprüngliche Wälder werden immer seltener**

3 **Fichten.** **A** Monokultur; **B** Windwurf

1 Der Mensch verändert die Umwelt

1.1 Landschaften haben Geschichte

Wie sah die Landschaft im Umfeld meiner Heimat vor 200 Jahren aus, welches Bild hätte ich vor 2000 Jahren gehabt und was werde ich in 200 Jahren sehen? Mit ähnlichen Fragen wird sich jeder schon einmal beschäftigt haben. Für die Vergangenheit lassen sie sich recht genau beantworten. Manche Antworten von Experten überraschen uns allerdings. Wer hätte zum Beispiel gedacht, dass es um 1800 in Deutschland kaum Wälder gab?

Vor 2000 Jahren war Mitteleuropa großflächig von Laubwäldern bedeckt. Im Gebirge gab es auch Nadelwälder. Waldfrei waren nur Hochmoore und Hochgebirge. Zur **Naturlandschaft** gehörten außerdem Seen, Weiher, Bäche und Flüsse. Das wäre auch heute noch so, wenn nicht der Mensch **Kulturlandschaften** aus einem bunten Mosaik von Äckern, Heiden, Wiesen, Weiden, Hecken und bebauten Flächen geschaffen hätte.

Solange die Menschen als Sammler und Jäger lebten, durchstreiften sie in kleinen Gruppen das Land und veränderten die natürlichen Lebensräume kaum. Mit dem Wechsel zum Ackerbau und zur Viehzucht vor etwa 7000 Jahren wurden sie sesshaft. Jetzt bauten sie feste Behausungen und rodeten den Wald in der Nähe ihrer Siedlungen, um Holz zu gewinnen und um Platz zu schaffen.

Große Landschaftsveränderungen traten in unserem Gebiet vor allem im Mittelalter auf. Die Bevölkerung wuchs und es wurde immer mehr Ackerland gebraucht. Man nannte den Acker Esch, Kamp oder Hagen. Während Häuser und Äcker eines solchen Dorfes meistens im Besitz einzelner Bauern oder Gutsherren waren, nutzen die Siedler die Landschaft zwischen den Dörfern gemeinschaftlich. Auch in diesen zwischen den Siedlungen liegenden Gebieten rodete man Bäume, um das Holz für den Hausbau und als Brennmaterial zu verwenden. Die Haustiere trieb man im Umfeld der Siedlungen in die Wälder, damit sie sich Nahrung suchten. Sie fraßen besonders gern die Triebe der jungen Gehölze, wie man es noch heute bei Rehen und anderen Pflanzenfressern beobachten kann. So gab es immer weniger junge Bäume, die bis zu stattlichen Baumriesen heranwuchsen. Hinzu kam ein weiteres Problem für die Wälder: Da es kaum Dünger für die Äcker gab, stachen die Bauern im Wald regelmäßig die oberste mit Pflanzen und Humus durchsetzte Bodenschicht ab und brachten diese Erdstücke als Dünger auf ihre Äcker. Da man sich bei dieser Arbeit sehr plagen musste, nannte man die Erdstücke Plaggen. Diese Bewirtschaftung führte zu einer weiteren Verminderung der Baumkeimlinge und die Mineralstoffversorgung für die Bäume verschlechterte sich. Auch zur Herstellung von Holzkohle, zur Salzgewinnung und zur Glasschmelze sowie in Hochöfen und als Grubenholz wurden große Holzmengen benötigt.

Im Laufe der Jahrhunderte lichteten sich die Wälder und wandelten sich schließlich in weitgehend baumfreie Heidelandschaften um. Durch diesen Raubbau gab es in Deutschland um 1800 noch einen Waldanteil von zwei Prozent. Holz, einer der wichtigsten Rohstoffe, war kaum noch verfügbar. Zur Brennstoffgewinnung wurde jetzt der Schwarztorf aus den Hochmooren genutzt. Mit der Zeit sahen sich deshalb viele Landesherren genötigt, Vorschriften zur Waldnutzung zu erlassen. Um der Holzarmut zu begegnen, begannen Forstleute im 18. und 19. Jahrhundert die verwüsteten Waldflächen hauptsächlich mit der raschwüchsigen, kälteresistenten Fichte aufzuforsten. Außerdem überführte man die bis dahin gemeinschaftlich genutzten Ländereien zwischen den Dörfern in Privatbesitz. Dies führte dazu, dass die Besitzer für ihre nunmehr eigenen Flächen wesentlich langfristiger planten. Man grenzte sie durch natürliche Zäune, die Hecken, von Nachbarflächen ab und nutzte sie schonender und nachhaltiger. Oft pflanzte man auch wieder Bäume an.

Heute ist die Fläche Deutschlands zu etwa 30 Prozent von Wald bedeckt. 60 Prozent davon bestehen aus Nadelhölzern, insbesondere Fichtenmonokulturen. Diese sind jedoch durch Windwurf, Schneebruch und Schädlingsbefall besonders gefährdet. Daher werden abgeerntete oder durch Brand und Sturm vernichtete Waldflächen in jüngerer Zeit überwiegend als naturnahe Mischwälder mit längeren Umtriebszeiten aufgeforstet. Diese Maßnahme ist allerdings relativ teuer.

1 Vergleiche die Bedeutung des Waldes für die Menschen im Mittelalter und heute.

2 Erkundige dich nach Flurstücksbezeichnungen oder Straßennamen mit dem Wort »Esch«, »Kamp«, »Hagen« oder »Rode« und informiere dich über die Nutzung der jeweiligen Bereiche früher und heute. Erkläre.

3 Erläutere, dass man heute beim Aufforsten mit Mischwald die längere Umtriebszeit in Kauf nimmt.

4 Erläutere den Begriff »Kulturlandschaft«. Nutze dazu auch die Abbildung 4.

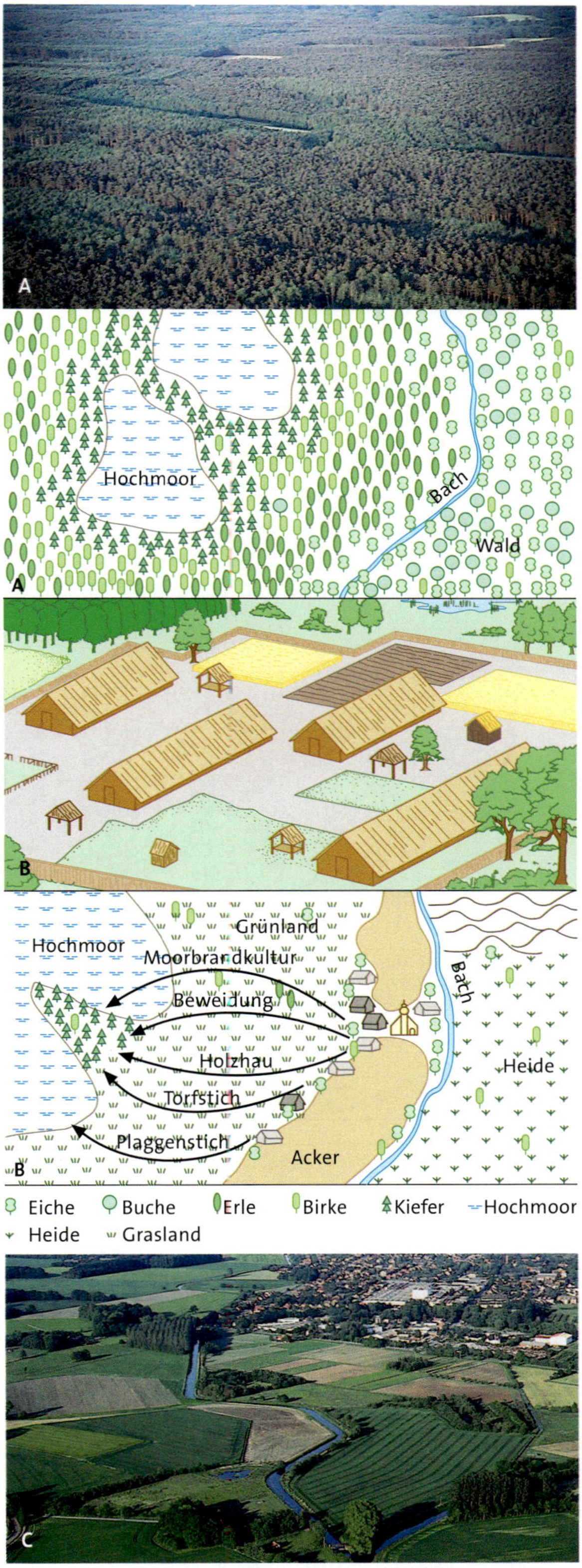

4 Von der Naturlandschaft zur Kulturlandschaft. A Waldland; **B** erste Siedlungen; **C** heutige Kulturlandschaft

1.2 Landwirtschaft verändert die Umwelt

Noch vor wenigen Jahrzehnten glichen viele Gebiete einer parkartigen Landschaft. Von Gehölzen umgebene Bauernhöfe, bunte Wiesen, saftige Weiden mit Kühen oder sich suhlenden Schweinen, ein Mosaik von Kartoffel-, Rüben- und Getreideäckern, Wälder, Feldgehölze und Hecken, Sandwege und Straßen mit Kopfsteinpflaster, Bäche und Weiher gehörten zum typischen Landschaftsbild. Handarbeit und der Einsatz einfacher Geräte bestimmten den Alltag der Bauern.

Heute prägen Mastställe mit industrieller Tierhaltung, großflächige Mais- und Getreideäcker, Entwässerungskanäle und geteerte Straßen das Bild vieler ländlicher Kulturlandschaften. Feuchtgebiete, Hecken und Feldgehölze sind hier selten geworden.

Mit der Industrialisierung der Landwirtschaft sind über Jahrhunderte gewachsene Strukturen der Landschaft in wenigen Jahrzehnten wieder verschwunden. Die Tierhaltung wurde in große Mastställe verlegt, um die Bestandszahlen unabhängig von der Hoffläche zu vergrößern. Durch Zukauf von Futter konnte man die Futterzusammensetzung optimieren. Durch Entwässerungsmaßnahmen, wie die Vertiefung und Begradigung von Bächen, konnten viele früher nasse und feuchte Grünlandflächen für den Ackerbau nutzbar gemacht werden. Trockene, mineralstoffarme Lebensräume wurden durch Bewässerung und Düngung ebenfalls zu fruchtbaren Äckern. Die Beseitigung von Hecken und Feldgehölzen war Voraussetzung für den Einsatz großer Maschinen. Häufig erfolgten die Maßnahmen großflächig im Rahmen behördlich geplanter Flurbereinigungsverfahren. Durch häufiges Düngen und Spritzen von Pflanzenschutzmitteln wurden die Felder immer öfter mit Maschinen befahren.

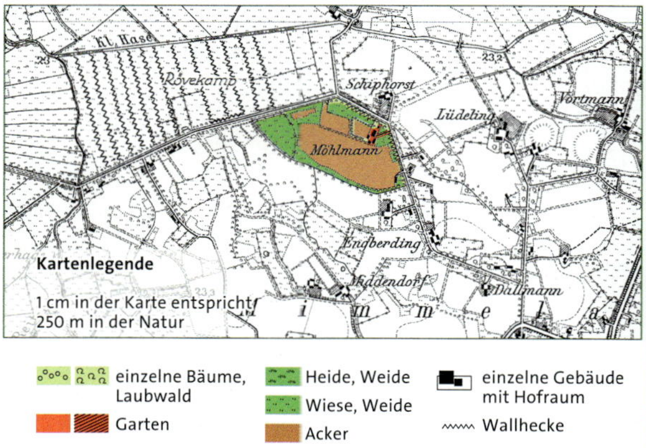

A

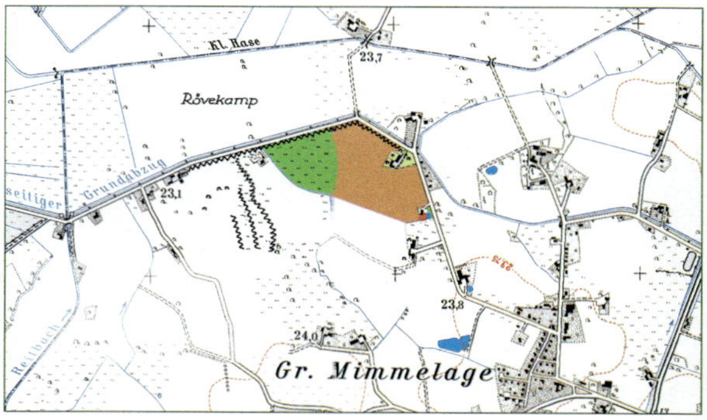

B

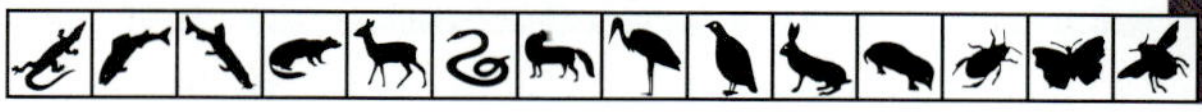

1 Landschaftsveränderung und Artenschwund. **A** um 1950; **B** heute

Für viele Wildtiere und Wildpflanzen brachten diese Veränderungen große Probleme. Besonders Arten, die an Extremstandorte wie Feucht- und Trockenbiotope angepasst sind, wurden immer seltener oder verschwanden ganz. Deshalb sind Pflanzen wie Sonnentau- und Orchideenarten oder Tiere wie Fischotter, Weißstorch, Zauneidechse und Laubfrosch, denen man noch vor 100 Jahren häufig in unserer Kulturlandschaft begegnete, heute sehr selten geworden. Auch Feuchtwiesenbewohner wie den Großen Brachvogel und den Kiebitz findet man in der heutigen Agrarsteppe kaum noch. Bodenverdichtung behindert ihre Nahrungssuche im ehemals feuchten Wiesenboden und frühzeitiges Mähen des Grünlandes zerstört ihre Gelege.

Der Einsatz von Insekten- und Unkrautvernichtungsmitteln schädigt wildlebende Tier- und Pflanzenarten ebenfalls. Etwa die Hälfte aller Tierarten in Deutschland ist gefährdet, bei Lurchen und Kriechtieren sind es sogar mehr als zwei Drittel. Auch bei den heimischen Pflanzenarten gelten etwa 40 Prozent als gefährdet. Hauptursachen für ihren Rückgang sind Nutzungsintensivierung der Flächen, Entwässerung und Mineralstoffanreicherung. Durch den Regen gelangt heute jährlich eine Stickstoffmenge auf die Böden in Mitteleuropa, wie sie vor 50 Jahren ein Bauern als Dünger auf seine Äcker brachte. Ursache dafür sind Luftschadstoffe wie Stickstoffoxide aus Autoabgasen oder Ammoniakgase aus der Tierhaltung. Sie reagieren in der Luft mit dem Regenwasser zu Nitrat- und Ammoniumionen und gelangen dann als Mineralsalzlösung auf den Boden. Dieser Eintrag erfolgt flächendeckend in allen Lebensräumen. Hinzu kommen in den landwirtschaftlich genutzten Gebieten Einträge von Dünger aus der Massentierhaltung in Form von Gülle.

Die Stickstoffüberschüsse gelangen zum Teil in das Grundwasser und in angrenzende Lebensräume. Hier verbreiten sich dann wenige durchsetzungsfähige Stickstoff liebende Pflanzenarten wie Brennnessel, Giersch und Wiesenkerbel.

Einige Bauern haben in den letzten Jahren den Weg der Massentierhaltung und des intensiven Ackerbaus wieder verlassen und setzen auf eine ökologisch orientierte Landwirtschaft mit umweltverträglicher Produktion. Artgerechte Tierhaltung, Fütterung der Tiere mit Produkten aus dem eigenen Anbau, Verzicht auf Pflanzenschutzmittel und chemisch erzeugten Dünger und eine Vermarktung vor Ort sind wichtige Kennzeichen des Biolandbaus. Es gibt verschiedene Gütesiegel, die Lebensmittel aus dem biologischen Anbau kennzeichnen und konkrete Vorgaben für die Produktion beinhalten.

1 Beschreibe mit Hilfe der Abbildungen 1 und 2 die Landschaftsveränderungen der letzten 150 Jahre sowie die Folgen für die wildlebenden Arten.

2 Bestimme anhand der Karten A und B in Abbildung 1 die Heckenlängen um 1900 und 2000, berechne den Heckenverlust in Prozent und erläutere die Folgen dieser Veränderungen.

3 Suche in Fotoalben, Büchern oder Postkartensammlungen nach alten Landschaftsfotos aus deinem Wohnort. Suche die jeweiligen Örtlichkeiten auf und vergleiche mit dem aktuellen Zustand. Beschreibe die Veränderungen und dokumentiere sie, indem du den in den alten Fotos gezeigten Bildausschnitten aktuelle Fotos gegenüberstellst.

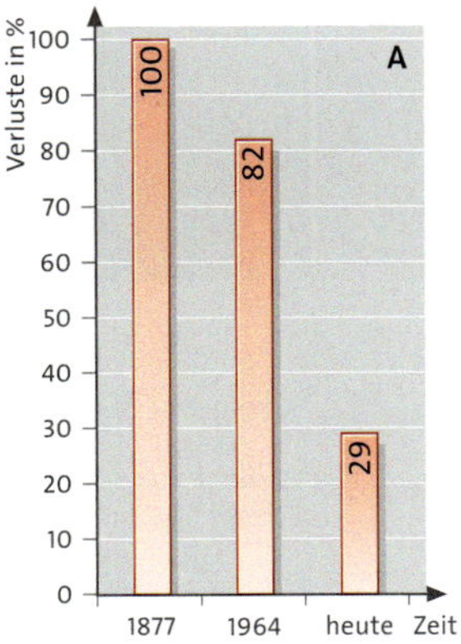

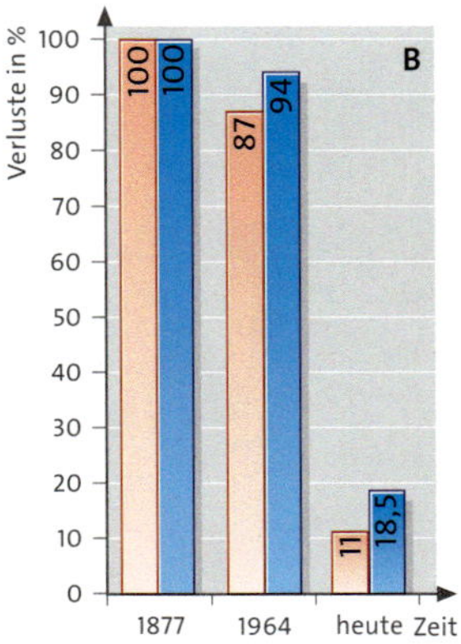

2 Landschaftsveränderungen in einem Flurbereinigungsgebiet. **A** Heckenverluste; **B** Fließgewässer ■ und Kleingewässerverluste ■ (Flurbereinigung ab 1964)

3 Gülledüngung

2 Globale Probleme

2.1 Veränderung natürlicher Lebensgrundlagen

Fallbeispiel 1: Trinkwasser. Das Bevölkerungswachstum, der zunehmende Lebensstandard vieler Menschen sowie unbedachte Verschwendung sind verantwortlich dafür, dass einige Ressourcen auf der Erde bereits knapp werden. Dazu gehört sauberes Wasser, ein unersetzlicher Rohstoff für alle Lebewesen.

In Deutschland verbraucht jeder Einwohner durchschnittlich knapp 130 Liter pro Tag im Haushalt, zum Beispiel zum Kochen, Spülen, Putzen und für die Hygiene. Viel größer sind jedoch die Wassermengen, die zur Herstellung von Lebensmitteln und Industrieerzeugnissen erforderlich sind. So werden zur Erzeugung von einem Kilogramm Getreide 1000 bis 2000 Liter Wasser benötigt, die Herstellung von einem Kilogramm Papier erfordert 250 Liter und der gesamte Produktionsablauf für einen Pkw kann bis zu 300 000 Liter Wasser verschlingen. Insgesamt benötigt jeder Einwohner in den Industriestaaten derzeit mindestens 1500 Kubikmeter Wasser im Jahr, in den USA sogar doppelt so viel.

Die Süßwasserreserven auf der Erde sind sehr ungleich verteilt. Bereits heute leiden etwa zwei Milliarden Menschen unter Wasserknappheit, 2025 sollen es Schätzungen zufolge mehr als drei Milliarden sein. Viele Gebiete, in denen Wasser schon heute knapp ist, haben zudem auch noch ein hohes Bevölkerungswachstum. Bereits in der Vergangenheit führten Dürren, etwa in den Randgebieten der südlichen Sahara, zu Hungersnöten, weil Ernten verdorrten und Viehherden verdursteten. Wasser kann nur in wenigen Regionen und dann mit hohem technischen Aufwand und unter immensen Kosten aus Überschussgebieten in Mangelgebiete gebracht werden, zum Beispiel über Kanäle. Der vermehrte Bau von Stauseen könnte mancherorts die Wasserversorgung verbessern.

In einigen Regionen hängt die Wasserversorgung ganzer Staaten von einem einzigen Fluss ab. Beispiele dafür sind Nil und Jordan. Wenn es in Zukunft nicht zu Kriegen um das Wasser kommen soll, sind in solchen Gebieten grenzüberschreitende Verträge zur gerechten Verteilung der Ressource Wasser nötig.

Unter dem hohen Bedarf an Süßwasser leiden auch viele Ökosysteme. Trockenlegung von Feuchtgebieten und die Verschmutzung von Seen und Flüssen sind Ursachen dafür, dass bereits viele Arten ausgerottet oder selten geworden sind.

1. Nenne mit Hilfe von Abbildung 1 Gebiete, die bereits heute unter Wassermangel leiden.
2. Begründe, dass in großen Teilen der Erde mit zunehmender Wasserknappheit zu rechnen ist.
3. Die zunehmende Nutzung der Ressource Wasser durch den Menschen hat auch negative Folgen für die Natur. Erläutere diesen Sachverhalt.
4. Das Wasser der Meere kann keine Lösung für die Wasserknappheit sein. Bewerte dies.

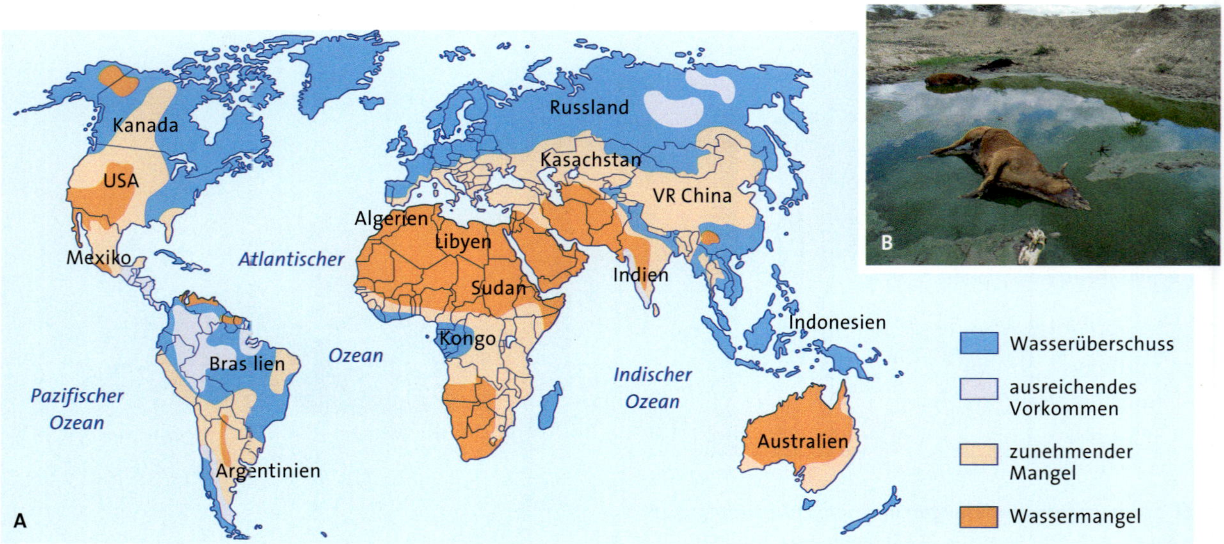

1 Knappe Ressource Wasser. **A** Weltkarte der Wasservorräte; **B** Folge von verschmutztem Wasser

Fallbeispiel 2: Ausbreitung von Wüsten. »Der Aralsee trocknet aus« – solche oder ähnliche Meldungen findet man immer wieder in den Zeitungen. Die Zuflüsse dieses mittelasiatischen Sees werden seit Jahrzehnten zur Bewässerung von Feldern genutzt. In den See selbst gelangt nur noch wenig Wasser. Als Folge davon sank der Wasserspiegel des Aralsees drastisch, die Fläche schrumpfte bereits um mehr als die Hälfte. Das Wasser im Restsee versalzt zunehmend, Fischerei ist nicht mehr möglich. Aus dem trocken gefallenen ehemaligen Seeboden bläst der Wind Salze und Schadstoffe aus und verteilt sie über große Strecken. Riesige Flächen wurden bereits zu Ödland.

Führen durch den Menschen verursachte großräumige Umweltzerstörungen zur Entstehung von wüstenartigem Ödland, spricht man von **Desertifikation** (lat. *desertus*, wüst). Davon betroffen sind vor allem die Randzonen der Wüsten. In vielen Gebieten ist die *Überweidung* durch Kamele, Schafe und Ziegen die wichtigste Ursache. Wenn sich zu viele Nutztiere von der spärlichen Vegetation ernähren müssen, wird die Pflanzendecke schließlich vollständig zerstört. Ziegen steigen sogar auf Sträucher und Bäume und fressen sie kahl. Zusätzliche Schäden verursacht der Brennholzeinschlag.

Ist die Vegetation erst einmal zerstört, trocknet der Boden tiefgründig aus. Zudem fehlen jetzt die Wurzeln, die die Bodenteilchen bis dahin zusammengehalten hatten. Der Boden ist nun der Abtragung durch Wind und Wasser schutzlos ausgesetzt. Bei starken Winden kommt es zu Staubstürmen, heftige Regenfälle spülen den Boden fort und bilden tiefe Abflussrinnen. Die natürliche Regeneration solcher durch **Bodenerosion** zerstörten Gebiete dauert Jahrzehnte bis Jahrhunderte.

Bodenerosion ist nicht nur in Entwicklungsländern, sondern auch in manchen Industriestaaten ein Problem. Wenn der Ackerboden nach der Ernte brach liegt, können auch dort Austrocknung, Wind oder Regen zu bedeutenden Bodenverlusten führen. Durch Bodenerosion und Desertifikation gehen jährlich weltweit fünf bis sieben Millionen Hektar Acker- und Weideland verloren.

Ein weiteres Problem besteht in Trockenräumen, in denen landwirtschaftliche Nutzflächen bewässert werden. Sorgt man nicht dafür, dass überschüssiges Bewässerungswasser wieder abgeleitet wird, verdunstet es. Dabei kristallisieren Salze aus, die sich im Laufe der Zeit im Boden ansammeln. Hat diese *Bodenversalzung* einen bestimmten Grad erreicht, können keine Pflanzen mehr wachsen. Versalzung ist eine weitere Ursache dafür, dass jedes Jahr beträchtliche Flächen für den Anbau verloren gehen.

5 Viele Gebiete mit Wassermangel sind gleichzeitig auch von Desertifikation betroffen. Erläutere diesen Zusammenhang.

6 Begründe, dass Desertifikation oft eine Folge des Bevölkerungswachstums ist.

7 Erkläre, warum versalzte Böden nicht mehr als Ackerland zu nutzen sind. Berücksichtige dabei den Mechanismus der Wasseraufnahme bei Pflanzen.

8 Recherchiere über die Austrocknung des Aralsees sowie die Desertifikation in den Sahelländern. Berichte.

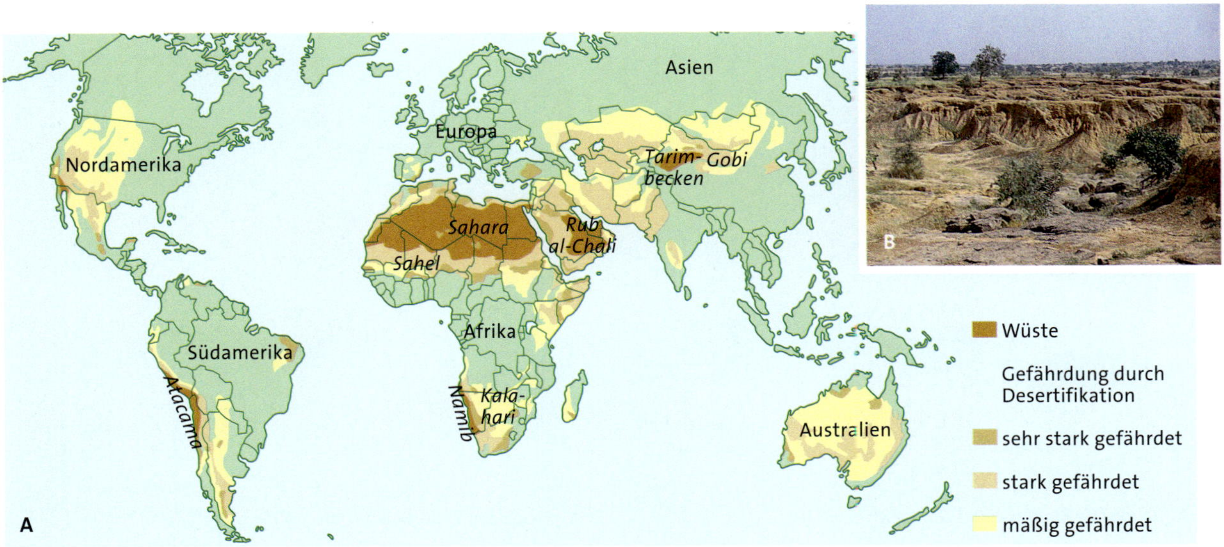

2 **Bedrohung der Ressource Boden.** **A** Von Desertifikation bedrohte Gebiete; **B** Folgen von Bodenerosion

Fallbeispiel 3: Tropische Regenwälder – Verlust an Lebensraum. Wälder umfassen etwa 90 Prozent der pflanzlichen Biomasse an Land. In Abhängigkeit von den Klimabedingungen haben sich sehr unterschiedliche Waldökosysteme entwickelt. In den feuchten Tropen wachsen die *immergrünen Regenwälder.* Kein anderes Ökosystem ist so artenreich wie der tropische Regenwald. Etwa 50 bis 75 Prozent aller Arten auf der Erde leben dort. So findet man bis zu 600 verschiedene Baumarten auf einem Hektar, während es in europäischen Laubwäldern meist nur fünf sind. Mehrere tausend Käferarten können auf einem einzigen Urwaldriesen vorkommen. Die Artenvielfalt der Regenwälder ist erst teilweise erforscht.

Schneller als die Erforschung geht die Zerstörung der Regenwälder voran. Jährlich werden etwa 13 Millionen Hektar vernichtet, in den nächsten 20 Jahren wird der Regenwald in vielen Staaten verschwunden sein. Verursacht wird diese Zerstörung einerseits durch das Bevölkerungswachstum in den Tropen, andererseits hat auch die Globalisierung der Wirtschaft ihren Anteil daran. In vielen Gebieten werden große Flächen gerodet, um neues Ackerland für eine wachsende Zahl an Menschen zu gewinnen. Regenwald wird aber auch zerstört, um Plantagen für Kakao, Kautschuk, Palmöl und andere Welthandelsgüter anzulegen. In Brasilien wurden riesige Regenwaldgebiete gerodet, um Rinderfarmen zu errichten. Das dort erzeugte Rindfleisch, zum Beispiel für Fastfood Hamburger, war lange Zeit eines der wichtigsten Exportgüter des Landes. Zusätzliche großräumige Zerstörungen werden durch den Holzeinschlag verursacht. Der Schwund tropischer Regenwälder hat sowohl regional als auch global negative Auswirkungen auf die Klimaentwicklung.

Mit den Regenwäldern verliert der Mensch einen unwiederbringlichen Reichtum – die Artenvielfalt. So werden viele Pflanzenarten bereits ausgestorben sein, bevor man sie zum Beispiel auf medizinisch nutzbare Inhaltsstoffe untersuchen konnte. Viele Tiere des Regenwaldes sind bereits ausgerottet, andere leben nur noch in kleinen Restpopulationen. So kommen Berggorillas lediglich in zwei kleinen Rückzugsgebieten im Dreiländereck zwischen Ruanda, Kongo und Uganda vor. Nicht mehr als 700 dieser größten Menschenaffen haben dort überlebt.

In manchen Staaten gibt es Bestrebungen, der rücksichtslosen Zerstörung der Regenwälder Einhalt zu gebieten. Die Ausweisung von Schutzgebieten kann helfen, einen Teil der Artenvielfalt zu bewahren. Da aber nur wenige Wälder ganz unter Schutz gestellt werden können, muss die Nutzung der übrigen Regenwaldgebiete in Zukunft behutsamer erfolgen als bisher.

9 Erläutere Gründe für den Rückgang tropischer Regenwälder.

10 Zerstörte tropische Regenwälder kann man nicht wieder anpflanzen. Begründe diese Aussage.

11 Informiere dich über den Lebensraum und die Lebensweise des Gorillas. Begründe die Gefährdung dieser Tiere in der heutigen Zeit.

12 Recherchiert nach weiteren Beispielen für die Zerstörung natürlicher Lebensgrundlagen. Präsentiert die Ergebnisse in einer Ausstellung.

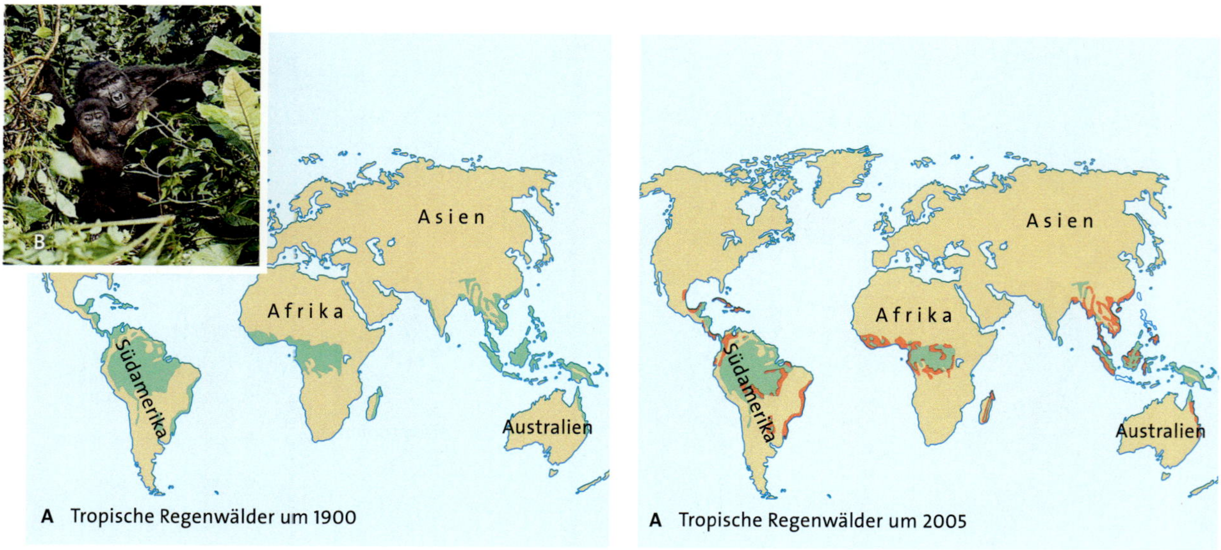

A Tropische Regenwälder um 1900

A Tropische Regenwälder um 2005

3 Tropischer Regenwald. **A** Verbreitung um 1900 und 2005; **B** Berggorilla – eine bedrohte Art des Regenwaldes

Methode Präsentieren am Computer

Gestaltungskriterien

- Verwende nur wenige Schriftarten – die Schriftgröße beträgt mindestens 16 pt; für Überschriften 36 pt
- Achte auf eine dezente und einheitliche Hintergrundfarbe.
- Wähle einen guten Kontrast zwischen Schriftfarbe und Hintergrund.
- Gliedere logisch und übersichtlich.
- Ein knapper Folientext steigert die Aufmerksamkeit der Zuhörer.
- Veranschauliche mit Bildern und Grafiken.
- Vermeide optische, akustische oder inhaltliche »Ballaststoffe«.
- Verwende Animationseffekte nur sparsam.
- Gestalte die Folienübergänge einheitlich.

Tipps fürs Vortragen

- Sprich deutlich, laut und nicht zu schnell.
- Halte während deiner Präsentation Blickkontakt zum Publikum und gehe auf Reaktionen ein.
- Stelle den Zuhörern das Thema möglichst anschaulich vor.
- Fasse zum Abschluss deiner Präsentation die wichtigsten Informationen zusammen und biete deinem Publikum die Möglichkeit, Fragen zu stellen. Sei offen für eine anschließende Diskussion.

Tipps für die Vorbereitung des Vortrags

- Versieh die Vortragsfolien am PC mit deinem Vortragskommentar im Notizbereich der Folie, drucke sie aus und verwende sie als Handzettel.
- Du erleichterst dir das Vortragen, wenn du wichtige Begriffe auf dem Handzettel unterstreichst. Sie dienen dir als »roter Faden«.
- Versuche die Inhalte durch eigene Erfahrungen oder Erlebnisse zu bereichern.
- Überlege dir sinnvolle Übergänge zwischen den Themenbereichen.
- Bei deiner Präsentation solltest du frei und flüssig sprechen. Übe den Vortrag zuvor ein.
- Um dein Thema zu veranschaulichen, kannst du Anschauungsmaterial wie Modelle mitbringen.

2.2 Klimawandel

Lange Hitzewellen in den Sommern 2003 und 2006, ungewöhnliche milde Wintertemperaturen wie 2006/2007, rapides Abschmelzen der Alpengletscher, Zunahme von Stürmen und Platzregen – nicht nur in Deutschland, überall auf der Erde gibt es Anzeichen für einen **globalen Klimawandel,** eine Erwärmung auf der Erde.

Lebewesen reagieren sehr sensibel auf Umweltveränderungen. So hängt beispielsweise der Termin des ersten Blattaustriebs oder der Beginn der Blüte bei vielen Pflanzen davon ab, wie lang und wie kalt der Winter war. Auch das erstmalige Erscheinen bestimmter Schmetterlingsarten, der Laichbeginn von Amphibien sowie Ankunft und Abflug von Zugvögeln können als Indikatoren für die Entwicklung des Klimas dienen. Untersuchungen, wann bestimmte Tierarten im Jahr erstmals oder letztmalig in der Natur beobachtet werden konnten und wann Pflanzen austreiben, blühen und zur Fruchtreife kommen, werden *phänologische Beobachtungen* genannt. Die Ergebnisse zeigen, dass beispielsweise Blattentfaltung und Blüte vieler heimischer Pflanzen in den letzten 30 Jahren im Mittel etwa sechs Tage früher begonnen haben und die Laubverfärbung im Herbst etwa fünf Tage später einsetzt. Die Vegetationsperiode hat also um etwa elf Tage zugenommen. Gegen Pollen bestimmter Pflanzen allergische Menschen leiden seit einigen Jahren bereits viel früher an den Symptomen von Heuschnupfen. Viele Vogelarten beginnen mit dem Brüten heute sechs bis 14 Tage früher als noch vor 30 Jahren, manche Zugvögel ziehen zur Überwinterung weniger weit weg, andere überwintern neuerdings sogar in ihren Brutgebieten. Diese Beobachtungen stimmen mit den Messergebnissen der Meteorologen überein, die in den letzten Jahrzehnten ebenfalls steigende Temperaturen ergaben. Welche Auswirkungen wird der Klimawandel in Zukunft haben und wo liegen die Ursachen für die Erwärmung?

In einem 2007 veröffentlichten Weltklimabericht, der im Auftrag der Vereinten Nationen (UN) erarbeitet wurde, gehen Klimaforscher davon aus, dass die Durchschnittstemperatur auf der Erde bis zum Jahr 2100 um einen Betrag von etwa 1,8 bis 4 Grad Celsius zunehmen wird. Im vergangenen Jahrhundert betrug die Erwärmung im Vergleich dazu weniger als ein Grad. Vom Klimawandel sind nicht alle Gebiete gleich betroffen. Besonders stark wird sich die Erwärmung in den höheren geographischen Breiten auswirken, zum Beispiel in der Arktis. Dort wird sich das bereits heute zu beobachtende Abschmelzen des Polareises um den Nordpol beschleunigen. Am Ende dieses Jahrhunderts könnte das Nordpolarmeer im Sommer bereits weitgehend eisfrei sein. Die Erwärmung des Meerwassers und das Abschmelzen von Gletschern, werden zu einem Anstieg des Meeresspiegels um bis zu einem halben Meter in den nächsten hundert Jahren führen. Auf die Meeresanrainerstaaten kommen somit enorme Kosten für die Erhöhung und Festigung von Deichen zu, um die Küsten vor Überschwemmungen zu schützen. Ob dies in den armen Entwicklungsländern, die ebenfalls betroffen sind, geleistet werden kann, ist ungewiss. Eine zusätzliche Bedrohung mancher Küstengebiete liegt darin, dass dort eine Zunahme von heftigen Stürmen und Sturmfluten erwartet wird. Einigen flachen Atollen im Indischen und Pazifischen Ozean droht durch den Anstieg des Meeresspiegels die vollständige Überflutung.

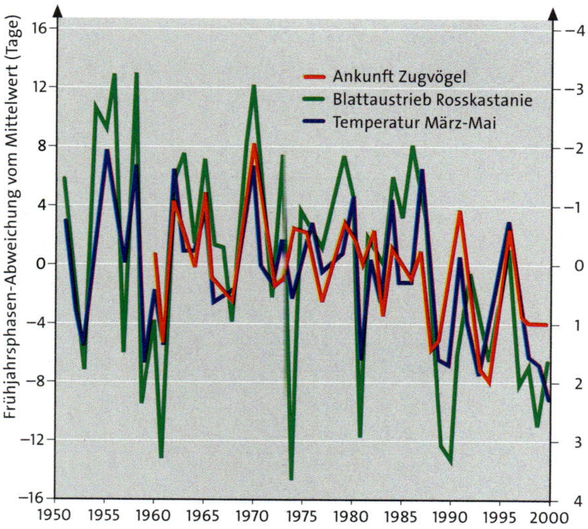

1 **Ergebnisse phänologischer Beobachtungen**

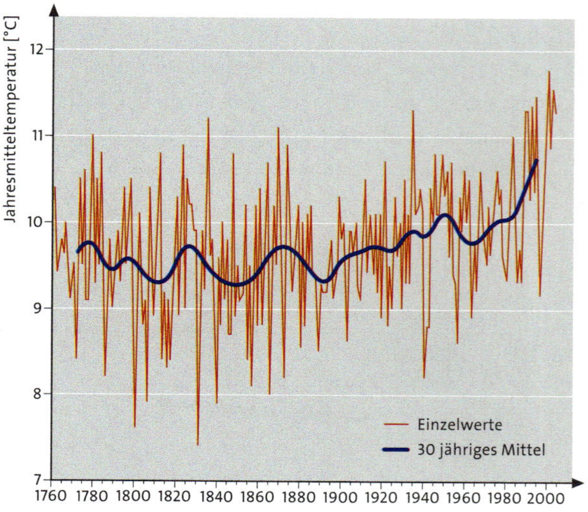

2 **Entwicklung der Jahresmitteltemperatur in Europa**

Mit dem Klimawandel verändern sich auch die Lebensbedingungen für Pflanzen und Tiere. Wärmeliebende Arten können sich in Gebiete ausbreiten, in denen es bislang zu kalt war. Es ändern sich jedoch nicht nur die Temperaturen, sondern auch die Niederschlagsverhältnisse. So wird prognostiziert, dass sich die Trockengebiete ausbreiten werden. In weiten Teilen Mitteleuropas wird sich in 100 Jahren vielleicht ein ähnliches Klima einstellen wie heute im Mittelmeerraum. Entsprechend wird sich auch die natürliche Vegetation verändern. Der Klimawandel wird auch Auswirkungen auf die Landwirtschaft haben. In einigen Gebieten wird es zu trocken und zu heiß für den Ackerbau werden, während sich die Kältegrenze des Anbaus weiter nach Norden verlagern wird.

Klimaänderungen hat es in der Erdgeschichte immer gegeben. Noch vor 12 000 Jahren waren große Teile Nordeuropas vollständig vereist, die letzte Eiszeit ging gerade zu Ende. Die Entstehung von wärmeren oder kälteren Perioden des Erdklimas wird mit Schwankungen der Sonnenaktivität und Änderungen der Stellung der Erde zur Sonne, etwa der Neigung der Erdachse, in Zusammenhang gebracht. Für den gegenwärtigen Klimawandel machen die meisten Klimaforscher allerdings vorwiegend den Menschen verantwortlich. Eine besondere Bedeutung wird dem hohen Ausstoß von Kohlenstoffdioxid in die Atmosphäre zugeschrieben. Dieses Gas entsteht nicht nur bei der Zellatmung, sondern auch bei der Verbrennung fossiler Energieträger, zu denen in erster Linie Kohle, Erdöl und Erdgas gehören.

Zusammen mit einigen anderen Spurengasen behindert das Kohlenstoffdioxid die Ausstrahlung von Wärme in den Weltraum. Die Wirkung ist ähnlich wie in einem Treibhaus. Deshalb spricht man auch vom *Treibhauseffekt*, der durch die zunehmende Konzentration von *Treibhausgasen* in der Atmosphäre verstärkt wird. Ein Ende der Erderwärmung soll nach Meinung von Experten langfristig durch eine Verminderung des Ausstoßes von Kohlenstoffdioxid zu erreichen sein.

Ein anderes, sehr wirksames Treibhausgas ist das Methan. Riesige Mengen dieses Gases lagern unter hohem Druck, als Methanhydrat in einer Art Eis gebunden, am Meeresboden. Wenn ein Teil dieses Eises durch die Erwärmung der Meere schmilzt und das Methan in die Atmosphäre freigesetzt werden sollte, wird sich die Erwärmung der Erde noch beschleunigen. Auch beim Auftauen von Dauerfrostböden in Sibirien und Nordamerika könnten erhebliche Mengen an Methan entstehen. Bereits heute steigt die Methankonzentration in der Atmosphäre durch Intensivierung und Ausweitung der Landwirtschaft: Reis wird häufig auf überfluteten Feldern angebaut, die Methan produzierenden Bakterien günstige Lebensbedingungen bieten. Auch im Pansen von Rindern, bei der Lagerung von Gülle und in Kläranlagen entsteht Methan.

1 Erläutere den Klimawandel anhand der Abbildungen 1 und 2.

2 Beschreibe die Temperaturprognosen in Abbildung 3. Nenne mögliche Gründe dafür, warum die verschiedenen Vorhersagen so weit auseinander gehen.

3 Recherchiere mit Hilfe von Erdkundebüchern und dem Internet, wie sich Klima und Pflanzenwelt in Deutschland im kommenden Jahrhundert verändern könnten, wenn die Prognose in Abbildung 4 zutreffen sollte.

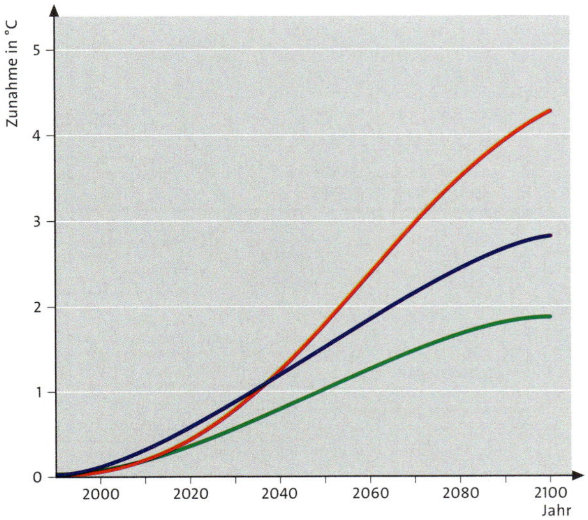

3 **Prognosen zur Zunahme der Temperatur auf der Erde**

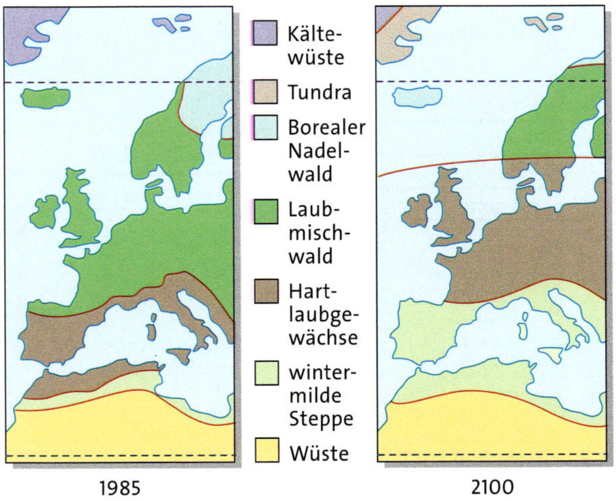

4 **Mögliche Verschiebung der Vegetationszonen in Europa**

2.3 Agenda 21 und Nachhaltige Entwicklung

Bevölkerungswachstum, Endlichkeit vieler Ressourcen, Zerstörung von Lebensräumen, Artensterben, Klimawandel: Die Liste der globalen Probleme und Herausforderungen ist lang. Wird es gelingen, im 21. Jahrhundert alle Menschen mit Nahrung, Trinkwasser, Energie und Rohstoffen zu versorgen? Kann die Umweltzerstörung durch den Menschen aufgehalten werden?

Viele Ressourcen auf der Erde sind endlich und können daher nur innerhalb bestimmter Grenzen genutzt werden. Dies wird am Beispiel der Energieversorgung besonders deutlich. Seit Jahrzehnten steigt der weltweite Bedarf an Energie. Gedeckt wird die Nachfrage noch immer vorwiegend über die fossilen Energieträger Erdöl, Erdgas und Kohle. Schätzungen zufolge reichen die Vorräte an Kohle immerhin noch 200 Jahre, an Erdöl aber höchstens noch 50 Jahre. Besonders stark ist die Nachfrage nach Erdöl gestiegen, weil sich beispielsweise in Indien und China, wo in den letzten Jahren ein starkes Wirtschaftswachstum stattgefunden hat, immer mehr Menschen ein eigenes Auto leisten können. Die erhöhte Nachfrage hat zu einem erheblichen Anstieg der Rohölpreise auf dem Weltmarkt geführt, der sich auch auf den heimischen Benzinpreis auswirkt.

Erdöl ist nicht nur ein wichtiger Energieträger, sondern auch ein unersetzlicher Rohstoff für die chemische Industrie. Deshalb muss der Mensch mit den noch vorhandenen Reserven in Zukunft besser haushalten. In vielen Industriestaaten hat bereits ein Umdenken eingesetzt. Um den Verbrauch an fossilen Energieträgern einzuschränken, bemüht man sich um Energiesparmaßnahmen und den verstärkten Einsatz von *erneuerbaren Energiequellen.* Zu den Energiesparmaßnahmen gehört zum Beispiel die Nutzung öffentlicher Verkehrsmittel statt des eigenen Autos oder die Wärmedämmung an Gebäuden. Erneuerbare Energiequellen sind unter anderem Wind, Wasserkraft, Sonnenenergie, Erdwärme und Biomasse. In Deutschland wird die verstärkte Nutzung dieser Energiequellen staatlich gefördert.

Versuche einzelner Staaten, sich den globalen Herausforderungen zu stellen, können nur ein Anfang sein. Sollen Maßnahmen wirklich greifen, müssen internationale Vereinbarungen angestrebt werden. Im Jahr 1992 trafen sich erstmals in der Geschichte ranghohe Regierungsmitglieder aus 178 Staaten zur »Konferenz der Vereinten Nationen über Umwelt und Entwicklung« in Rio de Janeiro. Die Versammlung beschloss ein Programm, das eine sichere und lebenswerte Zukunft für alle Menschen zum Ziel hat. Bekannt wurde dieses Dokument unter dem Namen **Agenda 21,** was soviel wie Handlungsplan für das 21. Jahrhundert bedeutet.

Ein wesentlicher Leitgedanke der Agenda 21 ist das Konzept der **Nachhaltigkeit** oder der **Nachhaltigen Entwicklung.** Darin wird gefordert, bei der Nutzung der vorhandenen Ressourcen auf kurzfristige Gewinne zu verzichten und stattdessen langfristige Erträge anzustreben. Bei der Nutzung ist eine möglichst umfassende Schonung der Umwelt zu berücksichtigen. Schließlich soll allen Menschen der Zugang zu den Ressourcen und Reichtümern der Erde ermöglicht werden. Insgesamt verfolgt das Prinzip der Nachhaltigkeit also das Ziel, mit den Naturgütern gerecht, schonend, umweltverträglich und zukunftsorientiert umzugehen. Kein Land der Erde soll auf Kosten der Natur, anderer Länder und zukünftiger Generationen leben und wirtschaften.

1 **Wichtige Inhalte der Agenda 21**

Die Umsetzung des Nachhaltigkeitskonzeptes steckt noch in den Anfängen. 1997 wurde im japanischen Kyoto ein Vertragswerk vorbereitet, um den Verbrauch fossiler Energieträger weltweit einzuschränken und dadurch den Ausstoß des Treibhausgases Kohlenstoffdioxid zu vermindern. Ziel des Kyoto-Protokolls ist es, zwischen 2008 und 2012 die Kohlenstoffdioxid-Mengen gegenüber dem Wert von 1990 weltweit um mehr als fünf Prozent zu verringern. Damit soll gleichzeitig ein nachhaltiger Umgang mit der Ressource Erdöl eingeleitet und ein Beitrag zum Klimaschutz geleistet werden. Einige große Staaten, allen voran die USA, sind diesem Vertrag allerdings bisher nicht beigetreten.

Die Ziele der Agenda 21 sind sehr vielfältig und umfangreich. Insgesamt umfasst das Aktionsprogramm 40 Kapitel, die in vier übergeordnete Themenbereiche gegliedert sind. Die Vorgaben zielen auf die Entwicklung neuer Wertvorstellungen und Konsumgewohnheiten und erfordern grundlegende gesamtgesellschaftliche Wandlungsprozesse, insbesondere in den reichen Industriestaaten. Dabei geht es nicht nur um Umwelt- und Ressourcenschutz, sondern auch um eine gerechtere Weltordnung.

Die Umsetzung der Agenda 21 erfordert Maßnahmen und Aktivitäten auf allen politischen Ebenen. Die gesetzlichen Grundlagen müssen von den Regierungen gelegt werden. Für den einzelnen Bürger sind jedoch Aktionspläne auf kommunaler Ebene, also am Wohnort, viel wichtiger, weil sie eine aktive Mitarbeit ermöglichen. Eine der wichtigsten Forderungen der Agenda 21 lautet deshalb *»Global denken – lokal handeln«*. Dazu kann beispielsweise ein Kohlenstoffdioxid-Vermeidungskonzept durch Verbesserungen im öffentlichen Nahverkehr oder ein Ausbau des Fahrradwegenetzes gehören. Sehr wichtig sind auch Projekte zur Umwelterziehung, um das Problembewusstsein möglichst vieler Menschen zu schärfen.

1 Erläutere die Bedeutung der in Abbildung 3 dargestellten globalen Probleme.

2 Recherchiert zu einigen Stichworten der Agenda 21 konkrete Beispiele und Projekte. Stellt die Ergebnisse in der Klasse vor und diskutiert über die Zielsetzungen.

3 Recherchiere bei den kommunalen Behörden, welche Ziele in der lokalen Agenda deines Schulortes festgeschrieben sind.

4 Nur eine weltweite Partnerschaft kann die Zukunft der Erde sichern. Diskutiert in der Klasse über diese These.

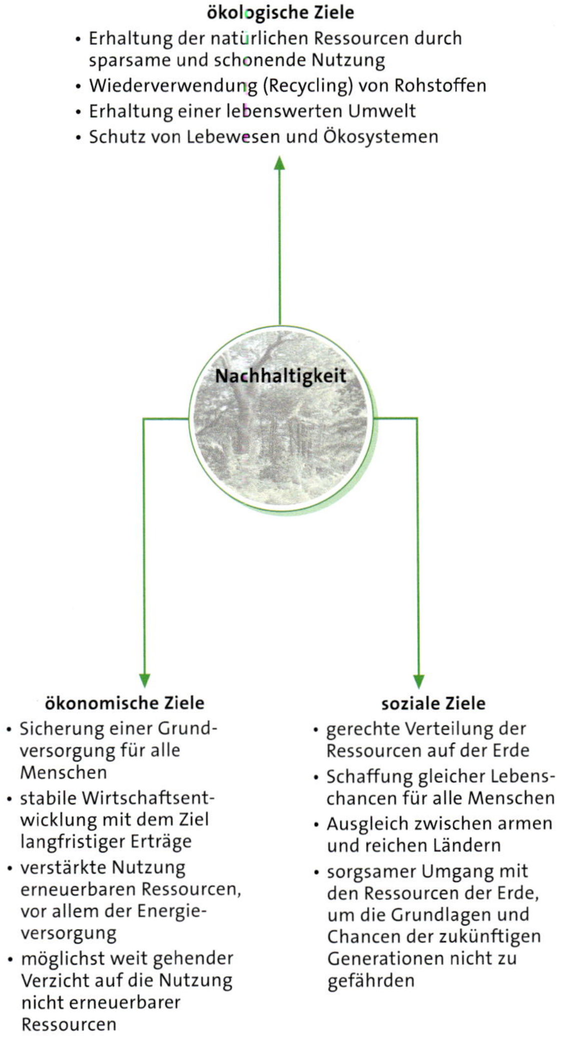

2 Weltweite Partnerschaft – Ziel der Agenda 21

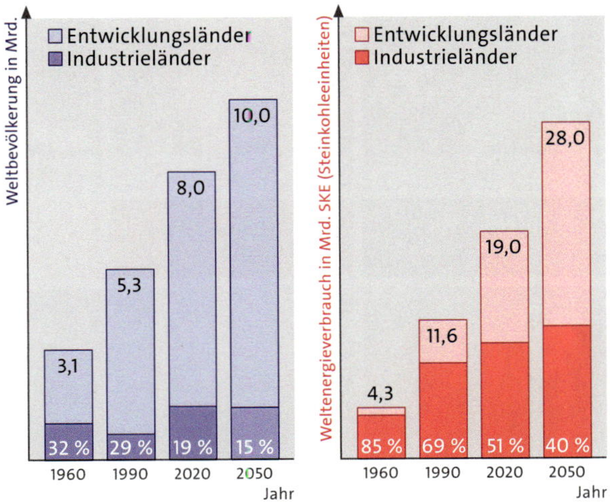

3 Globale Probleme (Prognosen für 2050)

3 Naturschutz in Deutschland

3.1 Biotop- und Artenschutz

Eine Obstwiese mit alten Apfelbäumen ist ein wertvoller Lebensraum für viele Tier- und Pflanzenarten. Er wurde von Menschen angelegt und muss durch Pflegemaßnahmen wie den regelmäßigen Schnitt der Obstbäume, biologischen Pflanzenschutz oder die Mahd der krautigen Pflanzen unter den Bäumen erhalten werden. Obwohl der Ökologe unter einem Biotop nur die abiotischen Faktoren eines Lebensraumes versteht, bezeichnet man die Pflege eines solchen Ökosystems als Maßnahme, die dem **Biotopschutz** dient. Entsprechend werden alle Maßnahmen, die dem Schutz und der Pflege der Landschaft dienen, dem Biotopschutz zugeordnet.

Baut man ein »Insektenhotel«, das Wildbienen- und Wespenarten als Eiablageplatz dient, so gehört diese Maßnahme zum **Artenschutz.** Dasselbe gilt für den Bau von Nisthilfen für Vögel, Fledermäuse oder Hornissen oder die Auswilderung von Luchs und Biber. Maßnahmen des Artenschutzes dienen somit gezielt der Unterstützung einzelner, meistens gefährdeter Arten.

In unserer Kulturlandschaft sind, bedingt durch die menschliche Nutzung, viele Lebensräume zu isolierten Inseln geworden. Straßen, Kanäle, Industriegebiete oder große Äckerflächen erlauben es vielen Tierarten nicht mehr, von einem Teillebensraum in den anderen zu wandern. Daher gehören Maßnahmen zur Biotopvernetzung ebenfalls zu den wichtigen Projekten des Naturschutzes.

Die Anlage einer Hecke kann zum Beispiel zwei voneinander isolierte Feldgehölze wieder miteinander verbinden und der Bau eines Krötentunnels unter einer Straße sorgt dafür, dass Erdkröten ohne große Gefährdung von ihrem Winterlebensraum im Wald zu ihrem Laichgewässer auf der anderen Straßenseite gelangen.

Das Wissen über die Gesamtzahl der heute auf der Erde lebenden Arten ist ungenau. Nirgendwo auf der Welt gibt es bisher ein Zentralarchiv, das alle Beobachtungen der Freilandbiologen amtlich erfasst. Die Schätzungen der Fachleute gehen deshalb weit auseinander und liegen zwischen drei und dreißig Millionen Arten. Oft werden Hochrechnungen durchgeführt, wobei man von gut untersuchten Gebieten auf andere schließt. So werden zum Beispiel seit etwa 25 Jahren sehr genaue Erfassungen der Käferarten in der Kronenschicht tropischer Regenwälder durchgeführt. Man fand etwa 160 Käferarten pro Baumart. Da rund 40 Prozent aller Insekten Käfer sind, bedeutet dies etwa 400 Insektenarten pro Baumart, was bei etwa 50 000 tropischen Baumarten 20 Millionen Insektenarten allein in den Tropen bedeuten würde. Während derartige Schätzwerte noch erhebliche Korrekturen erfahren können, ist heute sicher, dass sich die **Biodiversität,** das heißt die biologische Vielfalt an Ökosystemen auf der Erde sowie an Arten einschließlich der Sorten oder Rassen, in den letzten Jahrzehnten verringert hat. Der Rückgang der Biodiversität in Deutschland ist eng verknüpft mit den Veränderungen unserer Kulturlandschaft besonders in den letzten 150 Jahren. In Deutschland sind heute rund 28 000 Pflanzenarten und 45 000 Tierarten bekannt. Drei bis vier Prozent von ihnen gelten derzeit als ausgestorben und etwa 40 Prozent als gefährdet.

1 Rote Listen gefährdeter Pflanzen und Tiere – Beispiele und Gefährdungskategorien

Die ausgestorbenen, verschollenen und gefährdeten Arten fasst man seit Anfang der siebziger Jahre des 20. Jahrhunderts in **Roten Listen** zusammen. Sie werden verschiedenen Gefährdungskategorien zugeordnet. Die ausgestorbenen oder verschollenen Arten gehören demnach zur **Kategorie 0.** Hierzu zählen bei den Wirbeltieren alle Arten, die seit zehn und mehr Jahren nicht mehr nachgewiesen wurden. Etliche Großtierarten sind in Deutschland ausgestorben: Der Auerochse seit dem Mittelalter und Braunbär, Wisent und Elch im 17. bis 19. Jahrhundert.

Zur **Kategorie 1** zählt man die vom Aussterben bedrohten Arten. Das Überleben dieser Arten ist unwahrscheinlich, wenn die Gefährdungsursachen weiterhin einwirken oder bestandserhaltende Schutz- und Hilfsmaßnahmen fehlen beziehungsweise wegfallen. Fischotter, Birkhuhn oder Sumpfschildkröte gehören ebenso dazu wie weniger bekannte Arten, zum Beispiel Späte Adonislibelle, Kornrade und Acker-Leinkraut. Zur **Kategorie 2** zählt man stark gefährdete Arten. Sie kommen national nur in kleinen Beständen vor, gehen nahezu im gesamten Verbreitungsgebiet zurück und sind in vielen Landesteilen selten geworden oder verschwunden. Dies gilt für Laubfrosch, Steinkauz, Edelweiß, Bienen-Ragwurz und Langblättrigen Sonnentau. Zu den gefährdeten Arten, **Kategorie 3,** gehören solche, deren Bestände regional niedrig sind, lokal zurückgehen oder an manchen Orten verschwunden sind. Feldhase, Weißstorch, Lungenenzian und Fieberklee werden hier derzeit eingeordnet.

Die Ursachen des Artenrückgangs sind vielfältig. Ein Verursacher des Artenrückgangs bei Pflanzen ist die Landwirtschaft. Sie hat besonders durch Stickstoffeintrag und Entwässerung die Standortfaktoren für viele Pflanzenarten verändert und damit ihren Rückgang gefördert. Da an jede Pflanzenart im Mittel zehn Insektenarten gebunden sind, hatte dies auch Folgen für die Biodiversität bei Tieren. Verschwindet zum Beispiel der Lungenenzian durch Stickstoffdüngung, so kann auch der Lungenenzian-Ameisenbläuling nicht überleben, da seine Raupen den Enzian als Futterpflanze benötigen. Die Kornrade ist mit der Saatgutreinigung aus unserer Kulturlandschaft verschwunden und wandernde Fischarten wie Stör und Lachs verloren ihren Lebensraum mit dem Einbau von Schleusen und Staustufen in die Flüsse. Wolf und Bär wurden durch die Jagd ausgerottet, der Steinkauz verschwand mit alten Obstbäumen, in denen er brütet.

1 Erläutere, durch welche Aktivitäten des Menschen die in Abbildung 1 berücksichtigten Arten gefährdet sind.

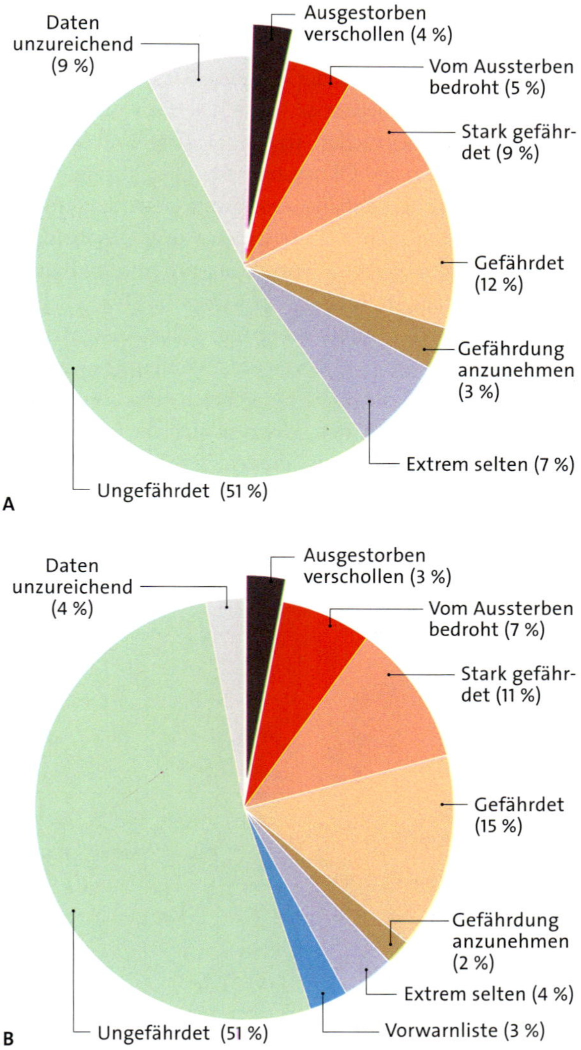

2 Prozentualer Anteil der Gefährdungskategorien. A Farn- und Blütenpflanzen; **B** Tiere (Legende siehe Abbildung 1)

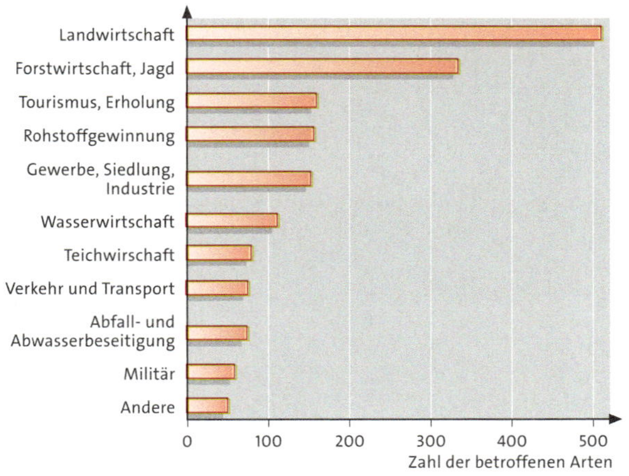

3 Ursachen der Gefährdung bei Farn- und Blütenpflanzen

3.2 Schutzgebiete

Das **Wattenmeer** ist eine der letzten großräumigen Naturlandschaften Mitteleuropas. In den letzten Jahrzehnten wurde immer deutlicher, wie einzigartig und wertvoll das Wattenmeer als Ökosystem ist. Gleichzeitig nahm der Druck auf den Lebensraum durch neue Siedlungen, Häfen, Deichanlagen, Leitungsstrassen und Ölbohrinseln zu. Ein breit angelegtes Forschungsprogramm brachte Gewissheit. Nährstoffeinleitungen über die Flüsse, Schadstoffeinleitungen, Abfallentsorgung, selbst Küstenfischerei und Tourismus zerstören das Wattenmeer immer stärker. Während die einen am liebsten alles unter strengen Schutz gestellt hätten, wehrten sich die Nutzer teilweise heftig und sahen ihre Existenz gefährdet. Ein Kompromiss musste gefunden werden. Man entschied sich schließlich für die Schutzgebietskategorie des **Nationalparks.** Zwischen 1985 und 1990 wurden die Wattenmeernationalparks in Schleswig-Holstein, Niedersachsen und Hamburg rechtsverbindlich ausgewiesen. Damit die Ziele zum Schutz der Küstenregion Wattenmeer auch für alle Menschen nachvollziehbar sind, wurden zahlreiche Ausstellungen in so genannten Nationalpark-Häusern eingerichtet.

Nationalparks sind die ältesten bestehenden Großschutzgebiete. Der Yellowstone-Nationalpark in den USA war 1872 der erste Nationalpark weltweit. Erst 100 Jahre später wurde der Nationalpark Bayerischer Wald als erstes deutsches Großschutzgebiet gegründet. Heute gibt es 15 Nationalparks in Deutschland und über 5000 weltweit.

Das **Naturschutzrecht** umfasst die zahlreichen Regeln, die sich mit dem Einwirken des Menschen auf die Biosphäre befassen. Die Resolution »Man and Biosphere« aus dem Jahre 1970 hat für das Weltnaturschutzrecht besondere Bedeutung. Mit diesem Programm reagierte die UNESCO auf die zunehmende Zerstörung

1 **Nationalparks und Biosphärenreservate**

der Lebensgrundlagen auf der Erde. Seither hat sie über 440 Gebiete in etwa 100 Staaten als **Biosphärenreservate** anerkannt. Während in Nationalparks möglichst keine menschliche Nutzung stattfinden soll, gehört sie in einem Biospärenreservat sogar zum Konzept. Der Mensch und die von ihm geschaffene Kulturlandschaft stehen hier im Mittelpunkt. Oft ist es eine ganz bestimmte Form der Landwirtschaft, die eine Kulturlandschaft geprägt hat, und die daher auch Voraussetzung für ihren Erhalt ist.

Seit der Weltkonferenz über Umwelt und Entwicklung 1992 in Rio de Janeiro gilt die Bewahrung der biologischen Vielfalt als gemeinsames Anliegen der Menschheit. Internationale Institutionen organisieren die Umsetzung der von der Staatengemeinschaft getroffenen Vereinbarungen, erarbeiten Richtlinien für die Praxis und unterstützen beziehungsweise überwachen die Realisierung auf nationaler Ebene. Mit der **Flora-Fauna-Habitat-Richtlinie** (FFH-Richtlinie) von 1992 hat die Europäische Union den europaweiten Schutz hunderter Tier- und Pflanzenarten sowie die Schaffung eines europaweiten Netzes von Schutzgebieten unter dem Namen »**Natura 2000**« beschlossen.

In Deutschland bildet das **Bundesnaturschutzgesetz** (BNatSchG) die gemeinsame rechtliche Basis für den Naturschutz in den Bundesländern. Diese verabschieden innerhalb dieses Rahmens eigene **Landesnaturschutzgesetze** und treffen detailliertere Regelungen. Die oberste Bundesbehörde für Umweltangelegenheiten ist das 1986 gegründete Bundesministerium für Umwelt, Naturschutz und Reaktorsicherheit. Es wird vom Umweltbundesamt, dem Bundesamt für Naturschutz und dem Bundesamt für Strahlenschutz fachlich unterstützt. Als Bürger oder Schule wendet man sich in Naturschutzangelegenheiten in der Regel an die Untere Behörde für Naturschutz und Landschaftspflege, die in der Verwaltung des Kreises oder der Stadt angesiedelt ist. Auch in manchen Gemeinden gibt es Mitarbeiter, die für Naturschutzangelegenheiten vor Ort zuständig sind.

1 Sammelt für ein Schutzgebiet aus der Umgebung eurer Schule Informationen und Material und stellt das Gebiet in einem Kurzvortrag vor.
Berücksichtigt in den Vorträgen alle Schutzgebietskategorien aus Abbildung 2.

3 Der Hainich – Nationalpark in Thüringen

Schutzgebietskategorie	Merkmale
Biosphärenreservat	großflächig; Zonierung nach Intensität menschlichen Eingriffs in Kernzone, Pufferzone und Entwicklungszone; Erhalt von Natur und Kulturlandschaft; Erhalt der natürlichen Entwicklungsfähigkeit; eingebunden in ein globales Netz; Verbote entsprechend dem Schutzzweck
Natura 2000 (FFH-Gebiete)	europäisches Netz von Schutzgebieten; Ziel aller Schutzbemühungen ist der günstigste Erhaltungszustand; die Flora-Fauna-Habitat (FFH)-Gebietsliste ist noch in der Bearbeitung
Nationalpark	Größe in der Regel über 10 000 Hektar; Erhalt eines möglichst artenreichen heimischen Tier- und Pflanzenbestandes; vom Menschen nicht oder wenig beeinflusst; verboten sind Zerstörung, Beschädigung, Veränderung und nachhaltige Störung
Naturschutzgebiet (NSG)	keine Mindestgröße, aber oft über 50 Hektar; Erhalt von Lebensgemeinschaften oder Biotopen heimischer Tier- und Pflanzenarten; Verbote wie im Nationalpark
Naturdenkmal (ND)	Einzelschöpfung mit besonderer Seltenheit, Eigenart oder Schönheit; Verbote wie im Nationalpark
Landschaftsschutzgebiet (LSG)	keine Mindestgröße; Erhalt der Leistungsfähigkeit des Naturhaushaltes, Nutzungsfähigkeit der Naturgüter, Landschaftsbild; es ist verboten, den Charakter des Gebietes zu verändern
Naturpark	Größe etwas 10 000 bis 20 000 Hektar; überwiegend Landschaftsschutzgebiet; Erhalt und Entwicklung der landschaftlichen Voraussetzung für Erholung; außerhalb von LSG und NSG keine Verbote

2 Schutzgebietskategorien

Zusammenfassung Natur- und Umweltschutz

Basiskonzept System

Solange Menschen als Sammler und Jäger die Erde bevölkerten, waren die durch sie hervorgerufenen Veränderungen in den Ökosystemen vergleichbar mit den Einflüssen anderer Tierarten. Erst durch die Sesshaftwerdung der Menschen und den Übergang zum Ackerbau und zur Viehzucht kam es zu Eingriffen, die die komplexen Wechselwirkungen in den natürlichen Ökosystemen deutlich und nachhaltig veränderten. Um Christi Geburt war Mitteleuropa von Wäldern bedeckt. Bis zum 18. Jahrhundert vernichtete der Mensch durch Ackerbau, Waldweide, Holznutzung und Plaggenstich fast alle Wälder. Lediglich zwei Prozent der Landesfläche waren um 1800 noch von Wald bedeckt. Zahlreiche Großtiere wie Wisent, Elch und Braunbär fielen den Veränderungen zum Opfer und starben aus.

Erstmals kam in dieser bedrohlichen Situation, in der es Holz als einen der wichtigsten Rohstoffe jener Zeit kaum noch gab, der Gedanke der Nachhaltigkeit bei der Nutzung natürlicher Ressourcen ins Blickfeld der Menschen. Dies bedeutete für den Wald: Nicht mehr Holz schlagen als nachwächst. Bald darauf entstanden die Forstwirtschaft und der Beruf des Försters. Großflächig wurden Wälder wieder angepflanzt, sodass heute 31 Prozent der Fläche Deutschlands mit Wäldern und Forsten bewachsen sind.

Bevölkerungsexplosion, Artensterben, der Klimawandel oder die zunehmende Verschmutzung von Wasser, Boden und Luft waren im 20. Jahrhundert Anlass für viele Gesetze und Maßnahmen zum Natur- und Umweltschutz. Während der Naturschutz in erster Linie von den Biowissenschaften geprägt wurde und sich unter anderem den Erhalt der natürlichen Vielfalt der Arten zum Ziel setzte, ist der Umweltschutz mit seinen Strategien eher technisch ausgerichtet. Er widmet sich Themen wie der Energieeffizienz oder dem Schutz von Wasser, Boden und Luft vor Schadstoffen.

Viele Aktivitäten des Natur- und Umweltschutzes spielten sich zunächst auf nationaler Ebene oder in den betroffenen Regionen ab. Erst in der zweiten Hälfte des 20. Jahrhunderts begann eine stärkere Globalisierung der Aktivitäten im Natur- und Umweltschutz. Von herausragender Bedeutung war die »Konferenz der Vereinten Nationen über Umwelt und Entwicklung« im Jahre 1992 in Rio de Janeiro. Erstmals in der Geschichte trafen sich hier ranghohe Regierungsmitglieder aus 178 Staaten. Die Versammlung beschloss ein Programm, das eine sichere und lebenswerte Zukunft für alle Menschen zum Ziel hat. Bekannt wurde dieses Dokument unter dem Namen Agenda 21, was soviel wie Handlungsplan für das 21. Jahrhundert bedeutet. Danach soll die ökonomische Entwicklung unter den Vorbehalt ökologischer und sozialer Verträglichkeit gestellt werden. Die drei Säulen der Nachhaltigkeit: Ökonomie, Ökologie und Soziales haben das Ziel, mit den Naturgütern gerecht, schonend, umweltverträglich und zukunftsorientiert umzugehen. Im Bildungsbereich werden die Gedanken im Rahmen der von der UNESCO-Kommission beschlossenen UN-Dekade 2005–2014 »Bildung für nachhaltige Entwicklung« verbreitet.

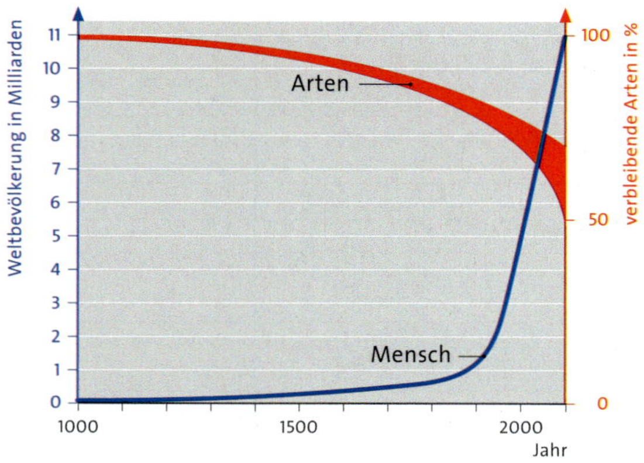

1 Bevölkerungswachstum und Artensterben

2 Nachhaltigkeitsprojekte in Schulen

Wissen vernetzt Natur- und Umweltschutz

A1 Die Kulturlandschaft verändert sich

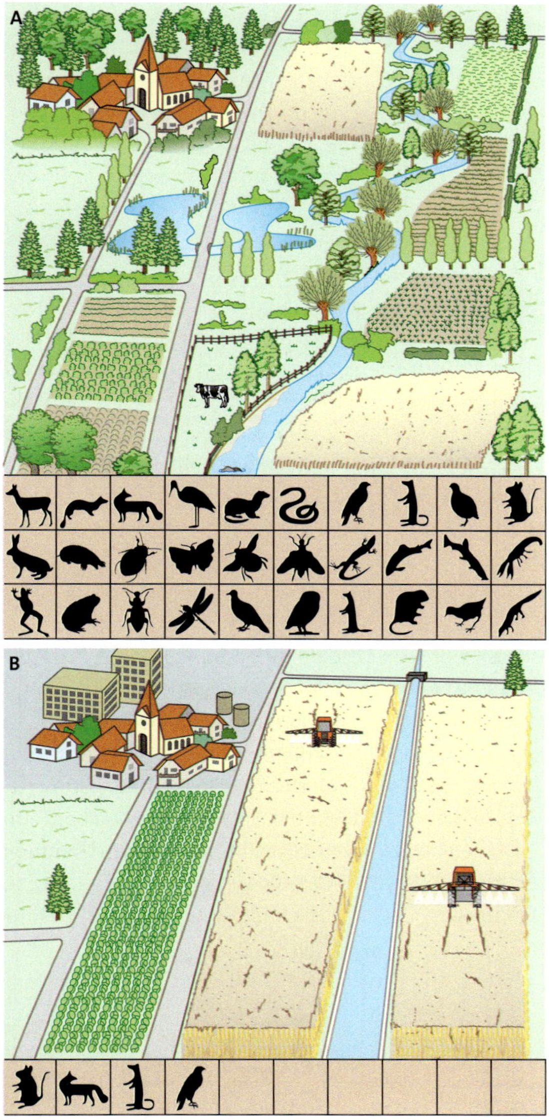

Die Abbildungen zeigen ein Dorf mit seinen landwirtschaftlichen Flächen um 1900 (A) und heute (B).

a) Beschreibe Veränderungen, die in dem Dorf in 100 Jahren bezüglich Ackerbau, Landschaftsbild und Artenvielfalt stattgefunden haben.

b) Bewerte die Veränderungen aus der Sicht der Landwirtschaft und des Naturschutzes.

c) Nenne mögliche Ursachen dafür, dass ausgewählte Wildtierarten heute in dem Dorf nicht mehr vorkommen.

A2 Klimawandel

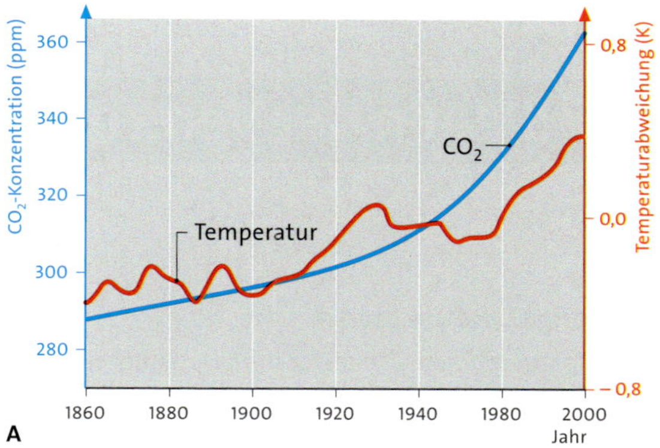

Verlauf der atmosphärischen Kohlenstoffdioxidkonzentration und der Abweichungen der Jahresmitteltemperatur der Erdoberfläche vom langjährigen Mittel

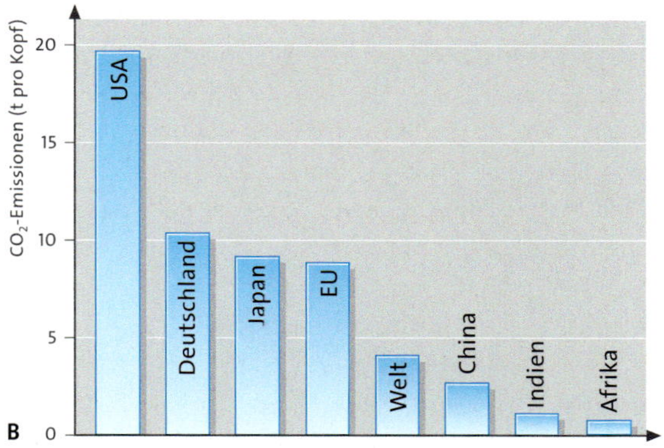

Jährlicher Pro-Kopf-Ausstoß von Kohlenstoffdioxid in verschiedenen Regionen der Erde

a) Interpretiere die Kurvenverläufe von Kohlenstoffdioxidkonzentration und Temperaturabweichung in Abbildung A.

b) Erkläre, auf welche Weise die Erhöhung der atmosphärischen Kohlenstoffdioxidkonzentration zu einem Temperaturanstieg führen kann.

c) Beschreibe mögliche Auswirkungen einer Temperaturerhöhung für Arten ausgewählter Ökosysteme.

d) Beschreibe anhand der Abbildung B den Kohlenstoffdioxidausstoß in unterschiedlichen Regionen der Erde. Erläutere die Daten und nenne Möglichkeiten, die zur Verringerung der Kohlenstoffdioxidfreisetzung beitragen können.

Grundlagen der Vererbung

Am Anfang stand ein Mönch

Ihren Anfang nimmt die Genetik schon Mitte der 1850er Jahre in einem Augustinerkloster in Brünn, das im heutigen Tschechien liegt.

Recherchiert, was dieses Kloster und der Augustinermönch Gregor Johann MENDEL (1822–1884) mit Genetik zu tun haben. Stellt eure Ergebnisse in geeigneter Form vor.

Erstellt zu zwei anderen Genetikern Steckbriefe, die einige Lebensdaten und ihre Forschungsarbeit vorstellen.

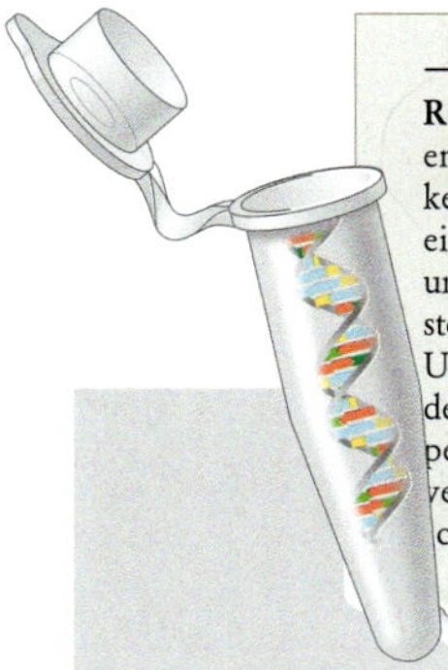

Rotenberg. Beim Einbruch in ein Einfamilienhaus wurde der Einbrecher von der heimkehrenden Tochter überrascht. Es kam zu einem Handgemenge, bevor der Einbrecher unerkannt, aber mit der Beute floh. In Verdacht steht J., ein Jugendlicher aus der Nachbarschaft. Unter den Fingernägeln der Tochter sind bei der Rauferei möglicherweise einige Hautschuppen des Täters hängen geblieben. Die Polizei versucht mit deren Hilfe jetzt, einen genetischen Fingerabdruck des Täters zu erstellen.

Der genetische Fingerabdruck

Informiert euch, wie ein genetischer Fingerabdruck eines Menschen gewonnen wird. Veranschaulicht eure Ergebnisse in Form eines Fließdiagramms.

Entscheidet und begründet dann anhand des Materials, wer der Täter war.

Recherchiert ein aktuelles Bespiel, bei dem diese Methode angewendet wurde. Berichtet.

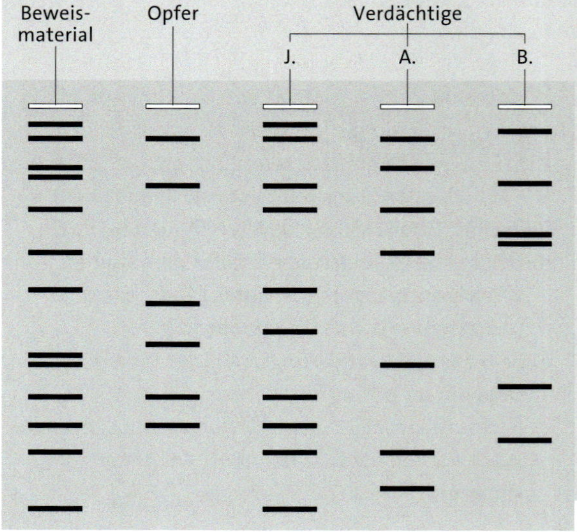

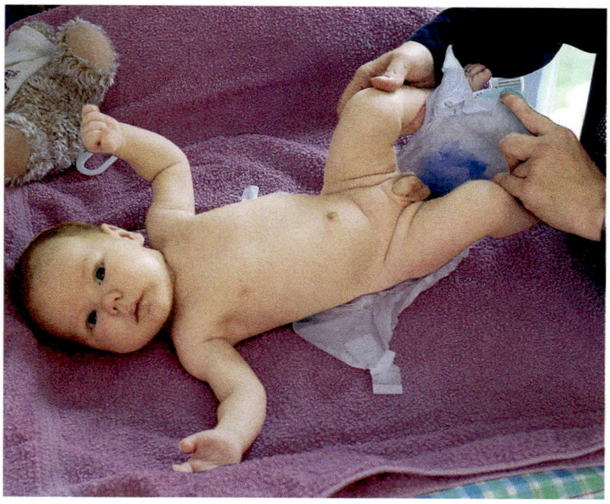

Phenylketonurie ist eine Erbkrankheit

Alle Neugeborenen werden in Deutschland gleich nach ihrer Geburt auf die Erbkrankheit PKU (Phenylketonurie) getestet. Das Foto zeigt zum Beispiel wie sich der Urin auf der Windel mit Hilfe eines Nachweisstoffes blau färbt. Diese Stoffwechselerkrankung beruht auf einem angeborenen Enzymmangel, sodass die Aminosäure Phenylalanin nicht richtig im Körper umgesetzt werden kann. Diese Aminosäure ist in vielen Eiweißstoffen der Nahrung enthalten. Sie wird bei einem Gesunden in Tyrosin, eine weitere Aminosäure umgewandelt. Bei einem PKU-Kranken tritt eine Mutation auf, die das Gen zur Umwandlung von Phenylalanin betrifft. Wird dieser Fehler nicht zeitig genug entdeckt, kommt es zu schwerwiegenden Folgen: Die Aminosäure Phenylalanin reichert sich im Blut an und wird zu einem giftigen Stoff, dem Phenylketon umgesetzt. Dieser Stoff zerstört vor allem Nervenzellen. Es kommt zu schweren Schäden im Gehirn und im gesamten Nervensystem. Sie können zu Lähmungen führen und sind nicht reparabel.

Recherchiert nach Therapien für PKU-Kranke. Prüfe in diesem Zusammenhang, ob Lebensmittelverpackungen (vor allem Süßigkeiten) einen Hinweis auf Phenylalanin enthalten. Begründe, warum diese Kennzeichnung nötig ist.

Zwei phänotypisch gesunde Eltern haben ein PKU-krankes Mädchen. Sie wünschen sich ein zweites Kind.

Plant ein Rollenspiel, in dem ihr mögliche Stammbäume aufstellt und über die Erkrankungswahrscheinlichkeit eines weiteren Kindes beratet. Nutzt dazu das Lehrbuch.

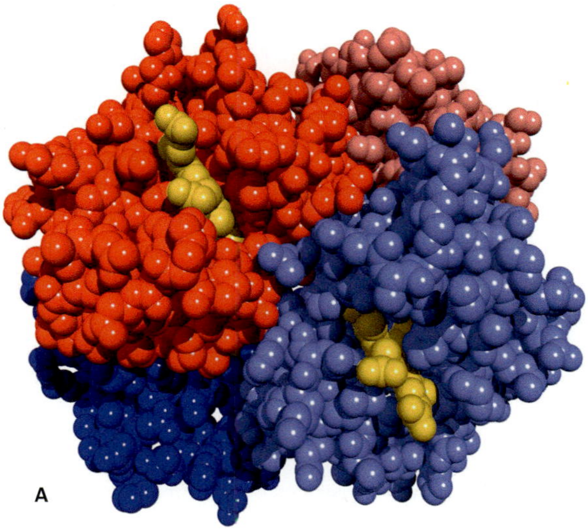

A

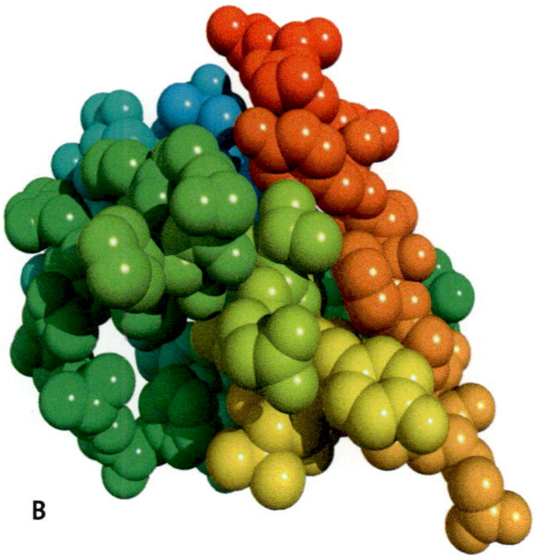

B

Unser Körper ist eine große Eiweißfabrik

Bei den abgebildeten Proteinen handelt es sich um die Eiweißbestandteile des Hämoglobins (**A**) und das Insulin (**B**). Welche Funktionen erfüllen diese Proteine im Körper?

Informiert euch im Lehrbuch, wie der Körper solche Proteine bilden kann. Schreibt dann eine kurze Zusammenfassung als Eintrag für ein Schülerlexikon.

1 Arten sind variabel

Pflanzen und Tiere kommen auf unserer Erde in einer solchen Vielzahl vor, dass es bis heute nicht gelungen ist, einen vollständigen Überblick zu erhalten. Bisher sind etwa 1,5 Millionen Arten benannt und beschrieben worden. Was unterscheidet eine Art von der anderen?

Jede Art ist durch ganz bestimmte Merkmale gekennzeichnet. So sind zum Beispiel alle Hunde Vierbeiner mit einer Schwanzwirbelsäule, laufen auf den Zehen und haben als Körperbedeckung ein Fell. Sie besitzen ein Fleischfressergebiss mit 42 Zähnen. Auch Sinnesleistungen wie der gute Geruchsinn treffen auf alle Hunde zu. Neben körperlichen Merkmalen sind auch viele Verhaltenweisen arttypisch. Hunde zeigen zum Beispiel ein ausgeprägtes Revier- und Rangordnungsverhalten. Diese **Konstanz der Merkmale** einer Art wird durch die Erbanlagen bedingt. Wenn Nachkommen ihren Vorfahren in körperlichen Merkmalen und bestimmten Verhaltensweisen ähneln und diese Anlagen wiederum an ihre Nachkommen weitergeben, spricht man von **Vererbung.** Diese Weitergabe von Erbanlagen oder **Genen** kann über viele Generationen erfolgen.

Für das neue biologische Forschungsgebiet, das die Gesetzmäßigkeiten dieser Weitergabe erforscht, schlug der englische Biologe William BATESON 1906 die Bezeichnung **Genetik** vor. Damals erkannte man bereits, dass auch bestimmte Erkrankungen des Menschen erblich bedingt sind. So wurde zum Beispiel eine Form der Kurzfingrigkeit als eine der ersten Erbkrankheiten mit genauen Verwandtschaftsbeziehungen beschrieben.

Obwohl damals schon Kenntnisse der Zellbiologie, wie der Bau und die Teilung von Zellkernen vorlagen, konnten die Wissenschaftler noch keine Beziehung zur Genetik herstellen. Auch der Zusammenhang zwischen biochemischen und genetischen Erkenntnissen wurde nur selten erkannt.

Betrachtet man die einzelnen Mitglieder einer Art genauer, stellt man fest, dass sie auch individuelle Merkmale haben. So sind die einzelnen Hunde zum Beispiel sehr unterschiedlich in Größe, Fellfarbe und Ohrenform. Man spricht auch von der **Variabilität** einer Art. Bei diesen individuellen Unterschieden handelt es sich nicht nur um körperliche Merkmale, sondern auch Verhaltensweisen und Charaktereigenschaften. Das äußere Erscheinungs-

1 Vielfalt bei Hunden

bild eines Organismus setzt sich also aus einer Vielzahl von Merkmalen zusammen. Man bezeichnet es auch als **Phänotyp.** Variabilität ist in der Pflanzen- und Tierwelt weit verbreitet. Man braucht sich nur einmal die Bäume einer Art in einem Wald anzusehen. Dann wird man feststellen, dass sie in Wuchsform und Größe variieren. Auch die Geschlechter können sich innerhalb einer Art unterscheiden. So haben die Männchen der Stockenten ein auffälliges Prachtkleid, während die Weibchen mit einem schlichten braunen Tarnkleid ausgestattet sind. Ursache für diese individuellen Unterschiede sind meist ebenfalls Erbanlagen. Die Summe aller Erbanlagen oder Gene eines Organismus wird als **Genotyp** bezeichnet.

Die genetische Vielfalt beruht auf zwei Mechanismen. Zum einen werden die Erbanlagen der Eltern bei der geschlechtlichen Fortpflanzung gemischt, es kommt zur Rekombination. Zum anderen können geringe Veränderungen das Genmaterial selbst ändern. Die Unterschiedlichkeit der Individuen hat eine wichtige Konsequenz: Manche Organismen haben Kombinationen des Erbmaterials, die zur Ausprägung von Merkmalen führen, die für das Überleben in der Umwelt besonders effektiv sind. Solche Individuen können sich bevorzugt fortpflanzen und ihre günstigen Erbanlagen an die Nachkommen weitergeben. So lässt sich auch erklären, dass sich das Erbmaterial einer Art in langen Zeiträumen verändern kann.

Nicht immer sind die Umweltbedingungen Ursache für die Auswahl bestimmter Phänotypen. Beim Hund sind die unterschiedlichen Rassen in Jahrtausenden durch die gezielte **Zucht** und Auslese des Menschen entstanden. Dieser Vorgang der Züchtung ging vom Wolf aus und dauerte wahrscheinlich über 15 000 Jahre. So sind zum Beispiel fossile Schädel von prähistorischen Haushunden aus der Steinzeit überliefert. Heute kennt man über 400 verschiedene Hundrassen. Sie werden je nach Nutzung unterschiedlichen Gruppen zugeordnet. Es gibt Wachhunde wie den Deutschen Schäferhund oder die Dogge, Hütehunde wie Collie und Neufundländer, Jagdhunde wie Terrier oder Dackel und Begleithunde wie Pudel und Pekinese.

Neben der Hundezucht gibt es noch zahlreiche weitere Beispiele für die Veränderung von Wildformen durch den Menschen. So wurde bereits vor mehr als 3000 Jahren in China aus Karauschen der Goldfisch gezüchtet.

1 Wähle ein Beispiel aus Abbildung 2 aus und erläutere an diesem Beispiel Konstanz und Variabilität der Art.

2 **Varietäten im Pflanzen- und Tierreich**

2 Zelluläre und molekulare Grundlagen der Vererbung

2.1 Bau des Zellkerns

Mit einem guten **Lichtmikroskop** lassen sich in pflanzlichen und tierischen Zellen schon viele Einzelheiten wie der Zellkern oder die Chloroplasten erkennen. Selbst die Teilung von Zellen und Zellkernen kann man beobachten. Den genauen Aufbau des Zellkerns, die Ribosomen oder die inneren Membransysteme sieht man damit jedoch nicht, da dafür das Auflösungsvermögen von Linsensystemen aus Glas nicht ausreicht. Alle Objekte, die kleiner sind als die halbe Wellenlänge des verwendeten Lichtes können durch Lichtstrahlen nicht mehr abgebildet werden. Da die Wellenlängen des Lichtes im Bereich von 400 bis 700 nm liegen, ist zum Beispiel ein Ribosom mit etwa 18 nm einfach zu klein.

Im Jahr 1924 entdeckte man, dass sich schnell bewegte Elektronen wie Licht verhalten, aber eine wesentlich kleinere Wellenlänge aufweisen. Aufgrund dieser Kenntnisse wurde 1935 das erste **Elektronenmikroskop** konstruiert. Als Elektronenquelle dient ein glühender Metalldraht. Die Elektronen bewegen sich mit hoher Geschwindigkeit durch eine Metallröhre, den Tubus. Hier herrscht ein Vakuum, damit keine Wechselwirkungen mit anderen Teilchen stattfinden. Der Elektronenstrahl wird durch elektromagnetische Linsen gebündelt und auf das Objekt gelenkt. Da das menschliche Auge keine Elektronenstrahlen wahrnehmen kann, wird das vergrößerte Bild auf einem Bildschirm sichtbar gemacht. Die Objekte müssen speziell vorbereitet werden. Man fertigt Ultradünnschnitte an, die zum Beispiel auf Kupfernetzen fixiert werden. Deshalb kann man keine lebenden Objekte beobachten.

Pflanzliche und tierische Zellen sind von einer Zellmembran umgeben, die den Stoffaustausch zwischen Zellumgebung und Zellinnenraum ermöglicht. Pflanzenzellen haben zusätzlich eine Zellwand, die ihnen Form und Festigkeit verleiht. Im Zellplasma sind verschiedene Zellorganellen eingebettet. Neben den bekannten Chloroplasten bei Pflanzenzellen findet man Mitochondrien zur Zellatmung und innere Membransysteme. Das **endoplasmatische Retikulum** ist ein solches Membransystem, das in der Zelle Reaktionsräume schafft. Es umgibt auch den Zellkern. Ein Teil dieser Membranen ist mit **Ribosomen** besetzt. Diese sehr kleinen Zellorganellen dienen der Synthese von Proteinen. Ein weiteres Membransystem ist der **Golgi-Apparat.** Er stellt die Verpackung

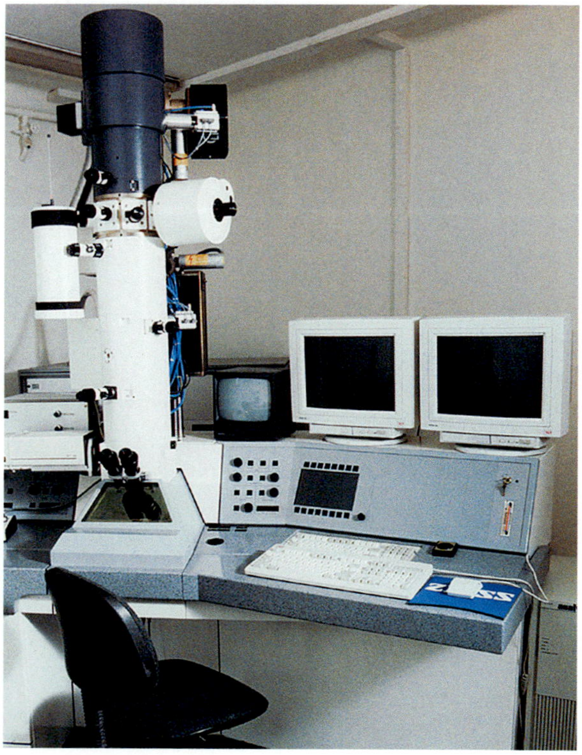

1 Elektronenmikroskop

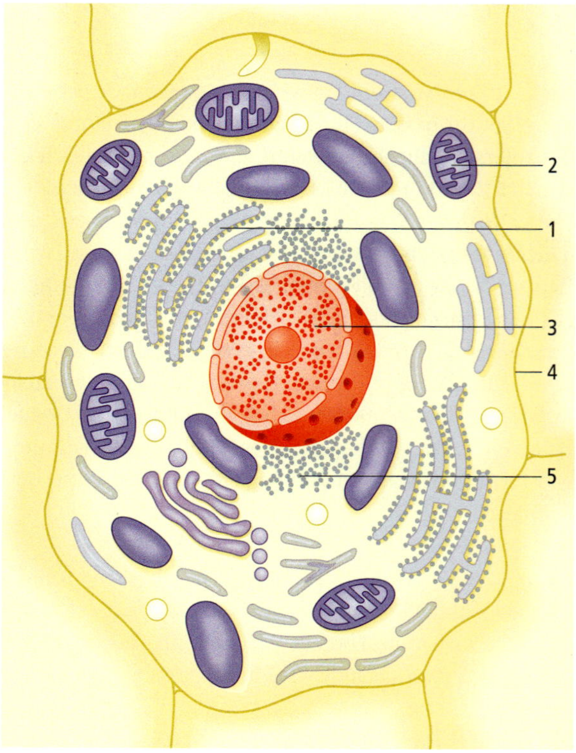

2 Elektronenmikroskopisches Schema einer tierischen Zelle

und den Transport von Stoffen in der Zelle sicher. Der **Zellkern** ist die zentrale Steuereinheit der Zelle. Er ist von einer Doppelmembran, der sogenannten Kernhülle umgeben. Diese Kernmembran trägt kleinste Öffnungen, durch die ein Stoffaustausch zwischen Kern- und Zellinnerem erfolgen kann. Im Inneren des Zellkerns befindet sich das Kernplasma. Darin ist das Erbmaterial in Form dünner Fäden, dem Chromatin, und das Kernkörperchen eingebettet.

Im Jahr 1961 gelang es, die zentrale Rolle des Zellkerns bei der Vererbung durch ein Experiment zu belegen. Dabei entnahm man aus dem unbefruchteten Laich eines normal gefärbten afrikanischen Krallenfrosches Zellkerne. In die leeren Hüllen der Eizellen wurden dann Zellkerne aus den Hautzellen eines Albinofrosches transplantiert. Tatsächlich entwickelten sich aus diesen manipulierten Eizellen neue Frösche, jedoch immer die Albinoform.

1 Gib in einer Tabelle die in Abbildung 2 gekennzeichneten Zellbestandteile und ihre Funktion an.
2 Beschreibe Bau und Funktion des Zellkerns.
3 Erläutere mit Hilfe der Abbildung 4 Durchführung und Ergebnisse des Experimentes mit Krallenfröschen.

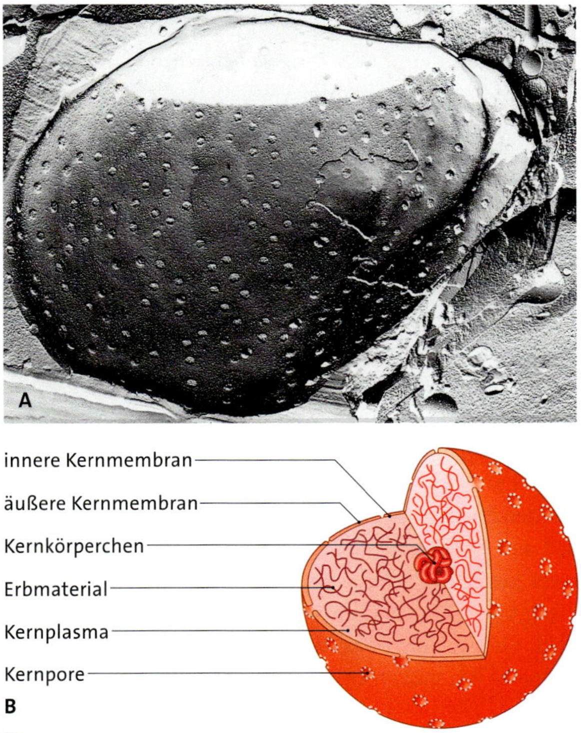

3 Zellkern.
A Elektronenmikroskopische Aufnahme; **B** Schema

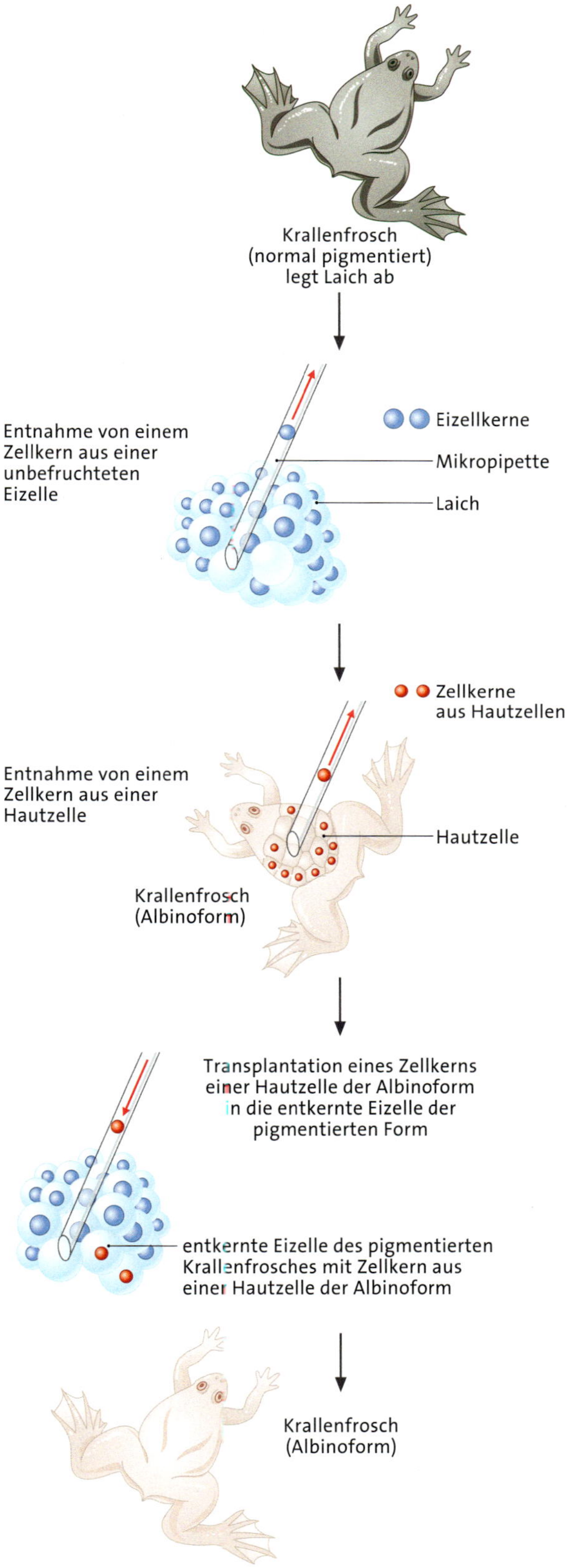

4 Zellkern bei der Vererbung

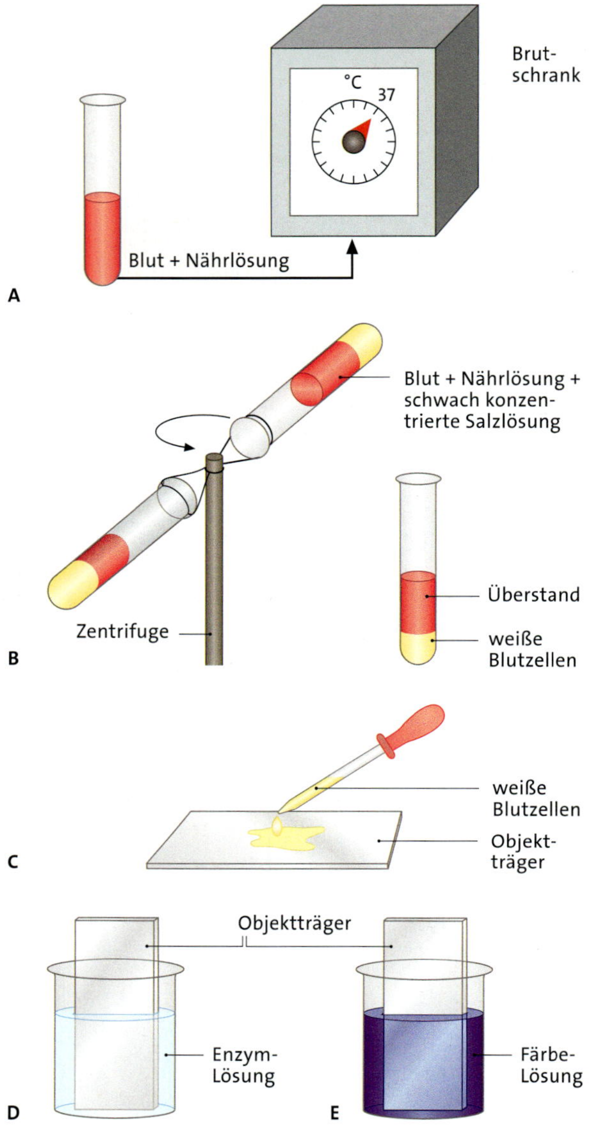

1 **Chromosomenpräparation**

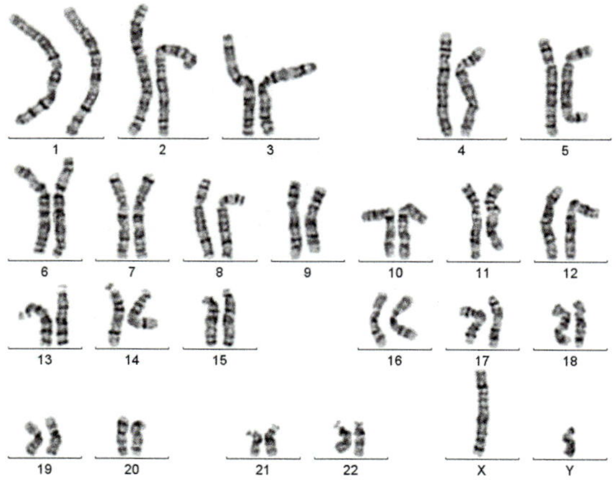

2 **Karyogramm**

2.2 Chromosomen sind Träger der Erbanlagen

Ende des 19. Jahrhunderts stellte man fest, dass sich im Zellkern fädige Strukturen befinden, die sich anfärben lassen. Man bezeichnete sie als **Chromosomen** (gr. *chromos*, Farbe; *soma*, Körper). Sie enthalten die Erbanlagen. Die Erbinformation befindet sich also im Zellkern jeder Zelle eines Lebewesens. Erst seit 1956 kennt man die genaue Anzahl der Chromosomen des Menschen, seinen **Chromosomensatz.** Jede Körperzelle eines Menschen enthält 46 Chromosomen. Jeweils zwei Chromosomen stimmen in ihrem Aussehen überein. Man nennt sie *homologe Chromosomen.* Der Chromosomensatz eines Mannes weist 22 solcher Chromosomenpaare auf. Sie heißen Körperchromosomen oder *Autosomen.* Hinzu kommen noch zwei unterschiedlich gestaltete Chromosomen, die als X-Chromosom und Y-Chromosom bezeichnet werden. Dies sind die Geschlechtschromosomen oder *Gonosomen.* Der Chromosomensatz einer Frau besteht ebenfalls aus 22 Autosomenpaaren und außerdem zwei X-Chromosomen als Gonosomen.

Menschliche Chromosomen können aus den Zellkernen Weißer Blutzellen präpariert werden. Hierzu werden einige Tropfen Blut in eine Nährlösung gegeben. Im Brutschrank vermehren sich die Weißen Blutzellen. Nach drei Tagen wird ihre weitere Entwicklung abgebrochen, indem der Zellkultur ein Zellgift zugegeben wird. Durch weitere Arbeitsschritte werden die Weißen Blutzellen dann aus dem Blut isoliert. Hierzu erfolgt zunächst eine Behandlung mit einer schwach konzentrierten Salzlösung, wodurch die Roten Blutzellen platzen. Ihre Überreste und die übrigen Blutbestandteile werden dann durch Zentrifugation von den Weißen Blutzellen getrennt. Eine alkoholhaltige Lösung sorgt dafür, dass die Weißen Blutzellen Flüssigkeit verlieren. Mit Hilfe einer Pipette lässt man die Lösung mit den Zellen auf einen Objektträger fallen. Dabei platzen die Weißen Blutzellen und deren Zellkerne. So werden die Chromosomen frei und auf dem Objektträger ausgebreitet. Die Chromosomen werden dann mit einer Enzym- und einer Färbelösung behandelt. Dadurch werden Bandenmuster aus hellen und dunklen Bereichen auf den Chromosomen sichtbar. Schließlich mikroskopiert man die Chromosomen auf dem Objektträger und fotografiert sie. Am Computer werden die Chromosomen nach Größe, Form und Bandenmuster sortiert. Der geordnete Chromosomensatz heißt **Karyogramm.**

1 Erläutere mit Hilfe der Abbildung 2 nach welchen Kriterien Chromosomen geordnet werden.

2.3 Zwei Chromosomen bestimmen das Geschlecht

Das Geschlecht eines Menschen kann anhand der beiden Gonosomen oder Geschlechtschromosomen identifiziert werden, die sich neben den 44 Autosomen in einer Körperzelle befinden. Während die beiden X-Chromosomen einer Frau gleich gestaltet sind, unterscheiden sich die Gonosomen eines Mannes in Größe und Gestalt: Im Vergleich zum X-Chromosom ist das Y-Chromosom deutlich kleiner, sein Zentromer befindet sich sehr nah am oberen Ende. Es weist außerdem eine geringere DNA-Menge auf. Das Y-Chromosom ist für die Ausbildung des männlichen Geschlechts verantwortlich. Das X-Chromosom besitzt neben Genen, die die Geschlechtsentwicklung steuern, auch viele Gene, die für körperliche Vorgänge bei Mann und Frau gleichermaßen von Bedeutung sind.

Gibt man den Chromosomensatz als Formel an, so schreibt man bei einer Frau: 46,XX. Dieser **Karyotyp** bezeichnet die Gesamtzahl der Chromosomen und die Art der Gonosomen. Der Karyotyp eines Mannes lautet entsprechend 46,XY.

Im Verlauf der Meiose werden die haploiden Geschlechtszellen gebildet. Die Eizellen einer Frau weisen stets 22 Autosomen und ein X-Chromosom auf. Dagegen entstehen beim Mann zwei verschiedene Arten von Spermiumzellen: Sie besitzen neben den 22 Autosomen entweder ein X- oder ein Y-Chromosom.

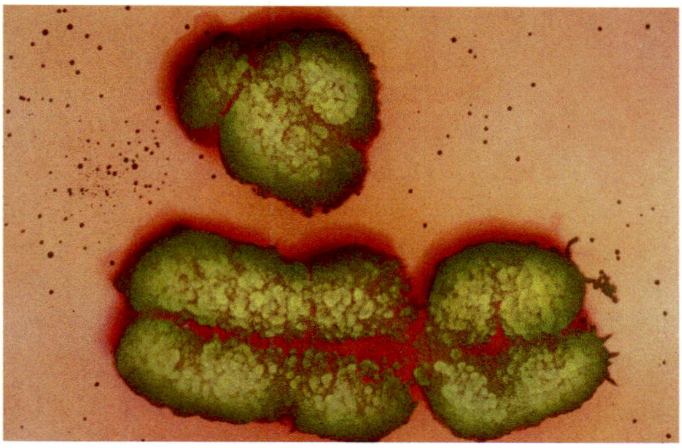

1 X- und Y-Chromosom
(elektronenmikroskopische Aufnahme)

Die Entscheidung über das Geschlecht eines Menschen hängt vom Zufall bei der Befruchtung ab. Dringt eine Spermiumzelle mit einem X-Chromosom in die Eizelle ein, entsteht eine Zygote mit 44 Autosomen und zwei X-Chromosomen. Verschmilzt dagegen eine Spermiumzelle mit einem Y-Chromosom mit der Eizelle, enthält die Zygote neben den 44 Autosomen ein X- und ein Y-Chromosom.

1 Lea und Leon sind Zwillinge. Begründe, ob es sich bei den beiden um eineiige oder zweieiige Zwillinge handelt.

2 Erkläre mit Hilfe eines Kreuzungsschemas, dass die Vererbung der Geschlechter im Verhältnis 1:1 erfolgt.

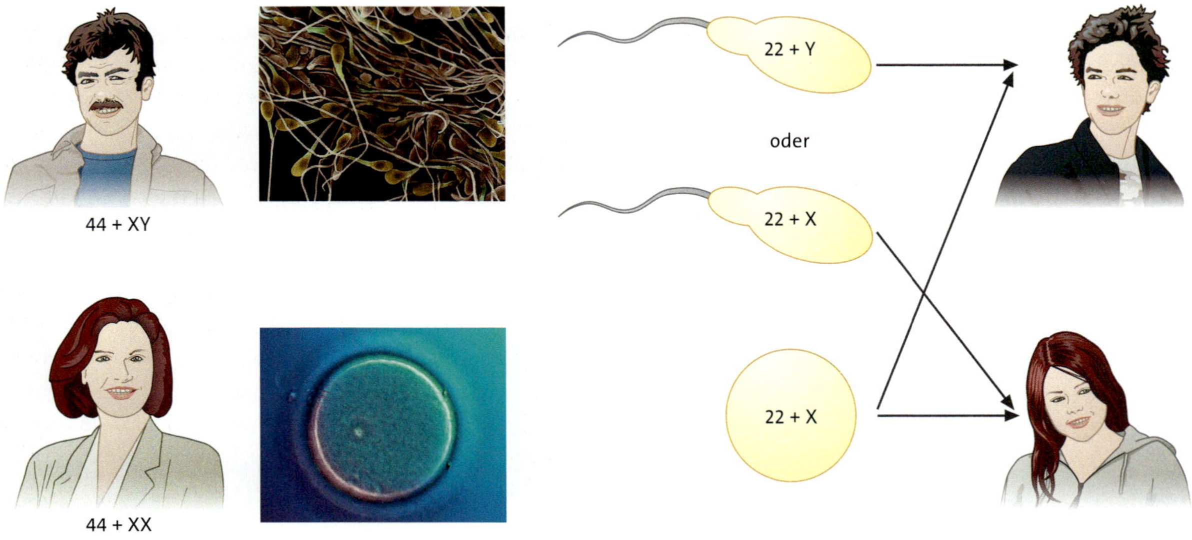

2 Vererbung des Geschlechts

2.4 Der kleine Unterschied

Ein Y-Chromosom ist deutlich kleiner als ein X-Chromosom und weist eine geringere DNA-Menge auf. Trotzdem ist es für die Ausbildung des männlichen Geschlechts verantwortlich. Dagegen enthalten alle Zellen männlicher und weiblicher Embryos X-Chromosomen. Da diese recht groß sind, tragen sie auch viele Gene, die nicht die Geschlechtsentwicklung, sondern körperliche Vorgänge steuern.

In einem menschlichen Embryo entwickeln sich, unabhängig ob die Zellen des Embyos zwei X-Chromosomen oder ein X- und ein Y-Chromosom enthalten, zuerst völlig gleichartig gebaute Geschlechtsdrüsenanlagen.

Wenn der Embryo zwei Monate alt ist, beginnt die Geschlechtsdifferenzierung. In den Zellen eines weiblichen Embyos sind zwei X-Chromosomen vorhanden, es fehlt jedoch das Y-Chromosom. Hier entwickeln sich die Geschlechtsdrüsenanlagen zu Eierstöcken. In den Zellen eines männlichen Embryos bestimmt dagegen das Vorhandensein eines Y-Chromosoms die Entwicklung männlicher Geschlechtsmerkmale. Aus den Geschlechtsdrüsenanlagen bilden sich hier Hoden.

Man vermutet, dass nur ein einziges Gen auf dem Y-Chromosom für diesen Unterschied verantwortlich ist. Man bezeichnet dieses Gen als Sry-Gen (sex-bestimmende Region des Y-Chromosoms). Bei Anwesenheit des Sry-Gens entwickeln sich die Geschlechtsdrüsenanlagen zu Hoden. Wenn dagegen das Sry-Gen fehlt, entstehen Eierstöcke.

Natürlich kann ein einzelnes Gen nicht die gesamte Geschlechtsentwicklung steuern. Man geht davon aus, dass dieses Gen einen Eiweißstoff bildet, der wiederum regulierend in die Aktivität weiterer Gene eingreift.

Ein bestimmter Sachverhalt blieb lange Zeit rätselhaft. Man weiß, dass die Wirkungsweise der Gene aller Chromosomen auf das Feinste aufeinander abgestimmt ist. Bereits gering erscheinende genetische Defekte, wie zum Beispiel das Fehlen eines einzelnen Chromosoms aus der Gruppe der Autosomen, stören das Zusammenwirken der Gene so garavierend, dass der Embryo nach kurzer Zeit stirbt.

Dies scheint jedoch für Geschlechtschromosomen nicht zu gelten. Schließlich weist der männliche Körper in seinen Zellen nur ein einzelnes X-Chromosom auf, zu dem das Y-Chromosom aufgrund seiner Kleinheit eigentlich kein »vollwertiger« Partner ist. In den Zellen einer Frau müsste dagegen, da zwei X-Chromosomen vorhanden sind, im Vergleich zum Mann eine doppelte Wirkung dieses Chomosoms vorliegen. Wenn dies jedoch der Fall wäre, sollte man in einem der beiden Geschlechter eine starke Störung der Embryonalentwicklung erwarten.

Man hat jedoch herausgefunden, dass bei Frauen von den beiden X-Chromosomen eines inaktiv ist, also im Prinzip nicht zur Wirkung kommt. Auch der größte Teil des Y-Chromosoms beim Mann ist inaktiv bis auf die geschlechtsbestimmenden Gene. So wird die Ausgeglichenheit in der Genwirkung, die sogenannte **Genbalance,** weitgehend erhalten.

1 Begründe, ob eine eindeutige Geschlechtsbestimmung per Ultraschall zu Beginn des zweiten Schwangerschaftsmonats bereits möglich ist.

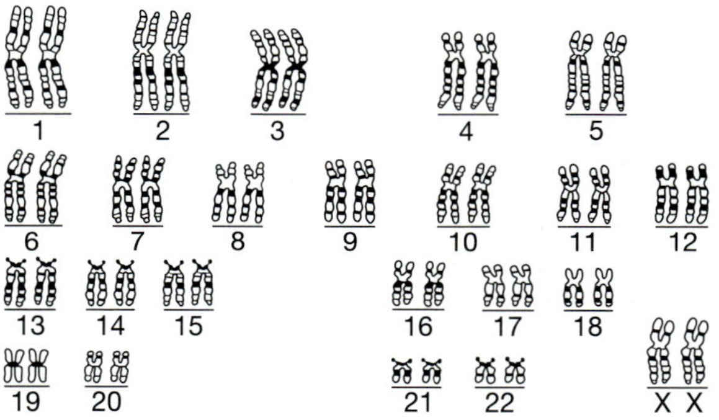

1 **Karyogramm einer Frau**

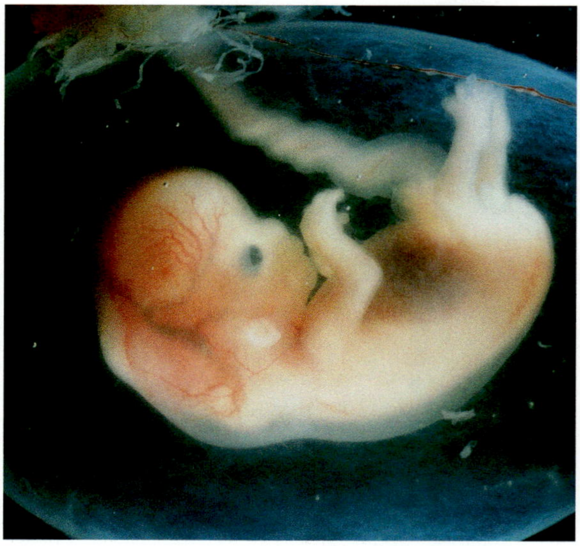

2 **Zwei Monate alter Embryo**

Aufgaben und Versuche Geschlechtsbestimmungen

A1 Geschlechtsbestimmung bei Vögeln

In den meisten Tiergruppen wird das weibliche Geschlecht durch zwei gleiche Geschlechtschromosomen festgelegt (XX), das männliche Geschlecht durch unterschiedliche Geschlechtschromosomen (XY). Dies muss aber nicht überall der Fall sein. So werden bei Vögeln die Weibchen durch XY, die Männchen durch XX bestimmt.

Auf den Geschlechtschromosomen liegen geschlechtsbestimmende Erbanlagen, die als Kontrollgene für die Aktivierung von mehreren, auf Autosomen liegenden Genen zuständig sind. Letztere bilden Geschlechtshormone, welche die Ausbildung der typischen Geschlechtsmerkmale bewirken.

Aufgaben:

a) Vergleiche die Geschlechtsbestimmung von Vögeln und Säugetieren. Ziehe Schlussfolgerungen.

b) Begründe mit Hilfe eines Kreuzungsschemas, in welchem Zahlenverhältnis die beiden Geschlechter bei Vögeln gebildet werden.

c) Erläutere, wie die auffälligen Unterschiede zwischen Männchen (A) und Weibchen (B) bei den Paradiesvögeln zustande kommen.

A2 Geschlechtsbestimmung bei Meeresschildkröten und Krokodilen

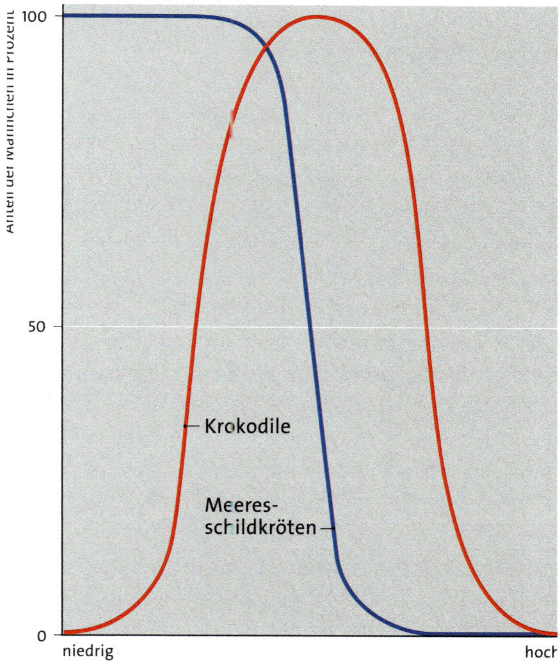

Biologen fiel auf, dass Reptilien zwar XX-Chromosomen bei Weibchen beziehungsweise XY-Chromosomen bei Männchen aufweisen, aber trotzdem das Verhältnis der Geschlechter der aus den Eiern schlüpfenden Jungtiere oft recht unterschiedlich ist. Deshalb führten sie folgendes Experiment durch:

Um die natürlichen Verhältnisse der Entwicklung von Reptilieneiern nachzuahmen, wurden Eier von Meeresschildkröten und Krokodilen in Sand vergraben und gleichmäßig mit einer Heizlampe bestrahlt. Die Temperatur der Lampe wurde konstant gehalten. Die Versuchsanordnung wurde mehrfach aufgebaut, wobei in den Anlagen unterschiedliche Bruttemperaturen eingestellt wurden.

Aufgaben:

a) Beschreibe die Versuchsergebnisse.

b) Formuliere eine begründete Hypothese, auf welche Weise die Geschlechtsbestimmung bei Reptilien erfolgt und vergleiche mit der Geschlechtsbestimmung bei Säugetieren.

2.5 DNA – der Stoff aus dem die Gene sind

Fast täglich liest oder hört man in den Medien Neues über die Genforschung. Um den Genen auf die Spur zu kommen, werden Zellen untersucht. Unter dem Mikroskop erkennt man im Zellinneren den Kern mit dem Erbmaterial. Bereits 1869 gelang es dem jungen Arzt Friedrich MIESCHER Substanzen aus Zellkernen zu isolieren, die er **Kern**- bzw. **Nukleinsäuren** nannte.

Um 1900 wurden die Einzelbausteine dieser Kernsäure analysiert. Man fand den Zucker *Desoxyribose, Phosphatreste* und vier verschiedene *organische Basen*. Die gleichen Stoffmengenverhältnisse dieser drei Grundbestandteile ließen auf einen regelmäßigen Aufbau der Kernsäure schließen. Nach dem vorhandenen Zucker nannte man die Erbsubstanz **Desoxyribonukleinsäure** (DNS) bzw. englisch **desoxyribonucleic acid** (DNA). Wie alle Makromoleküle besteht auch die DNA aus Einzelbausteinen, den Nukleotiden. Heute wissen wir, dass jedes Nukleotid aus einem Zuckermolekül, einem Phosphatrest und einer organischen Base besteht. Es handelt sich um eine der Basen *Adenin* (A), *Thymin* (T), *Guanin* (G) und *Cytosin* (C).

Um 1940 stellten Wissenschaftler fest, dass Chromosomen aus DNA und Proteinen aufgebaut sind. Aber erst in weiteren Experimenten mit Bakterien konnte AVERY 1944 beweisen, dass die DNA wirklich das genetische Material ist. Die DNA steuert sämtliche Lebensvorgänge der Zelle. Weitere Informationen über die Zusammensetzung der DNA verdanken wir dem Biochemiker Erwin CHARGAFF. Er untersuchte 1951 die Basenzusammensetzung der DNA bei verschiedenen Arten. Dabei fand er ein von Art zu Art unterschiedliches Mengenverhältnis. Außerdem fiel ihm eine Besonderheit auf. Die Mengen von Thymin und Adenin bzw. von Guanin und Cytosin waren annähernd gleich. Bei menschlichen Zellen lagen zum Beispiel folgende Verhältnisse vor: Adenin = 30,9 %, Thymin = 29,4 %, Guanin = 19,9 % und Cytosin = 19,8 %.

Mit diesen Ergebnissen waren schon viele Einzelheiten über die DNA bekannt. Es kam zu einem Wettrennen zwischen zahlreichen Forschungseinrichtungen, welche versuchten, die genaue DNA-Struktur aufzudecken. Als Ersten gelang die Entschlüsselung 1953 den zwei jungen Forschern James WATSON und Francis CRICK. Sie analysierten Röntgenuntersuchungen, die Rosalind FRANKLIN durchgeführt hatte. Mit Hilfe dieser Daten bauten sie ihr DNA-Modell. Es zeigt die Nukleinsäure als einen gewundenen Doppelstrang, der an eine Strickleiter erinnert. Diese **Doppelhelix** hat, wenn man sie von einem Chromosom des Menschen abwickelt, eine Länge von etwa sechs Zentimetern. Auf 46 Chromosomen einer Körperzelle des Menschen bezogen ergibt sich eine Länge von über zwei Metern. Die Strickleiter ist jedoch unvorstellbar dünn, ihr Durchmesser beträgt nur zwei Nanometer. Das entspricht zwei Milliardstel Metern. Die Stränge bestehen aus Zucker und Phosphatresten. Die Sprossen werden aus Basenpaaren gebildet. In jeder Windung befinden sich genau zehn Basenpaare. Dabei paaren sich immer Adenin mit Thymin über zwei Wasserstoffbrückenbindungen und Guanin mit Cytosin über drei Wasserstoffbrückenbindungen. Man spricht von *komplementärer Basenpaarung.*

Im April 1953 veröffentlichten WATSON und CRICK ihr maßstabgetreues Molekülmodell der DNA in der britischen Fachzeitschrift Nature. Ihr Artikel wurde zur Sensation. Die Forscher beschrieben nicht nur die genaue Struktur des Erbmaterials. Sie gaben auch einen ersten Hinweis, was mit der DNA passiert, wenn sich die Zelle teilt. Für ihre Leistungen erhielten CRICK und WATSON

1 James WATSON und Francis CRICK mit ihrem DNA-Modell 1953

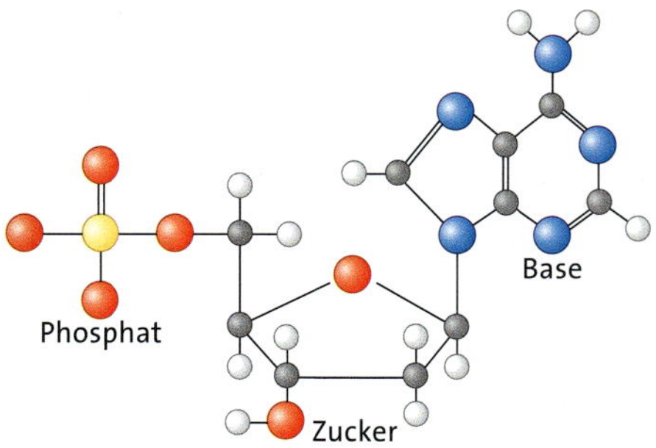

2 DNA-Nukleotid (schematisch)

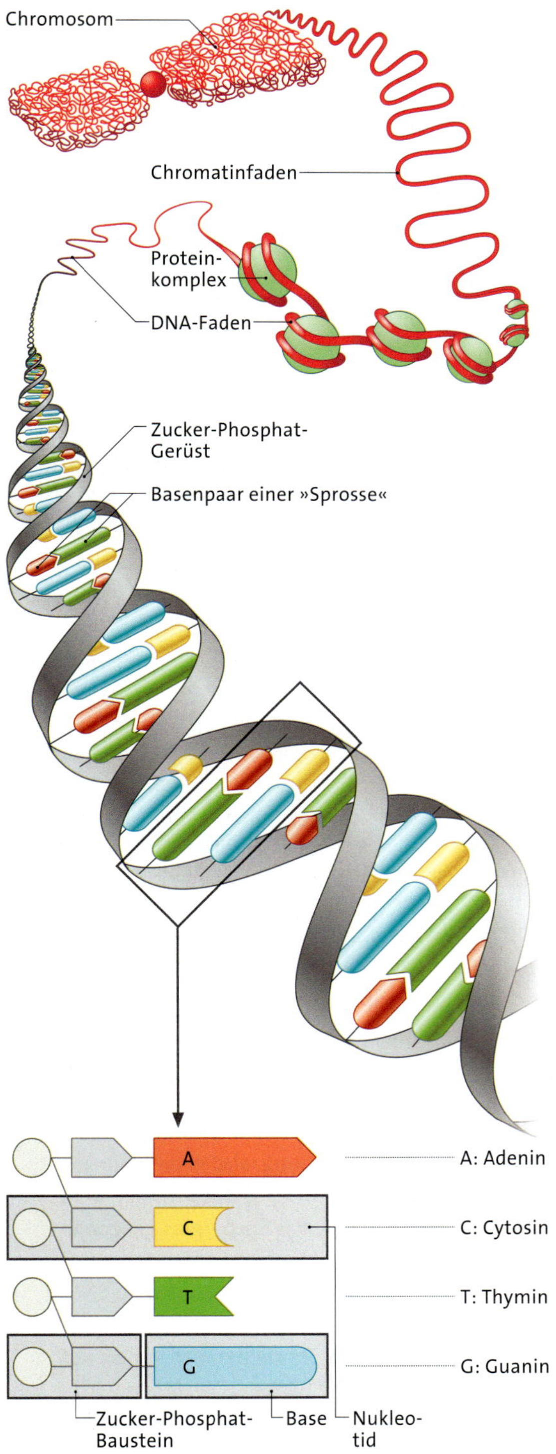

3 Bau der DNA

1962 gemeinsam mit ihrem Kollegen Maurice WILKINS den Nobelpreis für Medizin.

Der nun bekannte Aufbau der DNA ermöglichte es den Forschern, ein **Gen** als einen bestimmten Abschnitt des Erbmaterials zu definieren.

Die DNA liegt als Träger der Erbinformation in allen Zellen vollständig vor. Vor den ständig ablaufenden Zellteilungen muss sie sich deshalb verdoppeln. Dabei entsteht eine Kopie, die mit dem Originalstrang identisch ist. Vor der Verdopplung wird die DNA zunächst entschraubt. Nun soll der Doppelstrang in zwei Einzelstränge getrennt werden. Diese Aufgabe übernimmt ein Enzym, die *Helicase*. Es spaltet die Wasserstoffbrückenbindungen zwischen Adenin und Thymin bzw. Guanin und Cytosin. Die Trennstelle wird als *Replikationsgabel* bezeichnet. An die beiden Einzelstränge lagern sich dann neue Nukleotide aus dem Kernplasma an. Dabei setzen sich an den einen Strang nacheinander Einzelbausteine. Es kommt wieder zur komplementären Basenpaarung. Beim zweiten Strang werden Stücke aus mehreren Nukleotiden angesetzt. Die verbleibenden Lücken müssen später noch untereinander verknüpft werden. Auch diese Anlagerungen werden durch Enzyme vermittelt. So entstehen zwei neue Tochterstränge, in denen jeweils ein halber Elternstrang enthalten ist. Man nennt diese Verdopplung **semikonservative Replikation**. MESELSON und STAHL konnten diesen Verdopplungsmechanismus 1958 durch Experimente mit Darmbakterien nachweisen.

Treten bei einer Verdopplung Fehler auf, können Schäden an den Tochterzellen hervorgerufen werden. Um das zu verhindern gibt es Reparatur-Enzyme. Sie erkennen die nicht komplementären Nukleotide und ersetzen sie durch die richtigen Bausteine. Die Fehlerrate liegt deshalb bei nur einem Fehler pro einer Milliarde angelagerter Nukleotide.

1 Stelle wichtige Entdeckungen in Bezug auf die DNA in einer Zeitleiste zusammen.

2 Beschreibe den Aufbau der DNA anhand eines räumlichen Modells aus der Biologiesammlung. Begründe, dass es sich um ein Modell handelt.

3 Stelle ein Fließschema auf, das die Verdopplung der DNA wiedergibt. Beginne zum Beispiel folgendermaßen:

Öffnen des DNA-Doppelstranges
↓

Aufgaben und Versuche Erbsubstanz

V1 Chromosomen präparieren und mikroskopieren

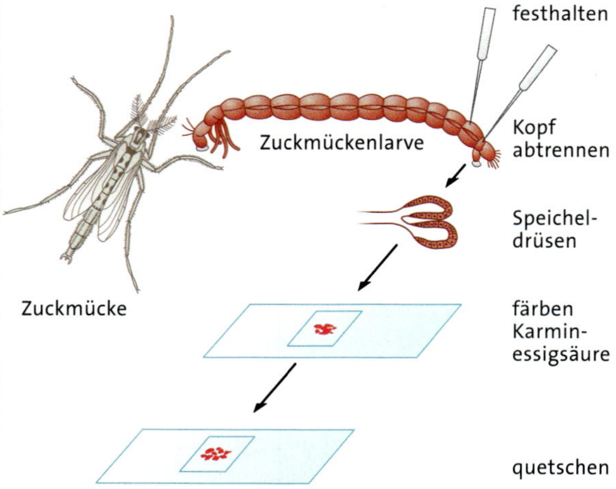

Material: Zuckmückenlarven (z. B. tiefgefroren, Zoohandlung); Pinzette; 2 Nadeln; Objektträger; Stereolupe; Pipette; Karminessigsäure; Deckglas; Streichhölzer; Mikroskop

Durchführung: Lege eine Zuckmückenlarve auf den Objektträger. Betrachte sie unter der Stereolupe. Der dunkle Kopf ist rundlich, während am Hinterleib büschelförmige Kiemen auffallen. Halte mit einer Nadel die Larve im vorderen Drittel fest und ziehe mit der zweiten Nadel den Kopf weg. Dabei werden die zwei bläschenförmigen Speicheldrüsen ausgeschwemmt. Ist das nicht der Fall, so streiche sie mit der zweiten Nadel aus. Entferne Kopf und Körper der Larve. Gib einen Tropfen Karminessigsäure zu den Speicheldrüsen und lege das Deckglas auf. Bewege das Präparat über der Flamme eines Streichholzes, bis sich Blasen bilden. Quetsche nun das Präparat durch vorsichtiges Drücken des Deckglases. Suche unter dem Mikroskop bei mittlerer Vergrößerung nach roten, quergestreiften Bändern, den Chromosomen. Betrachte sie bei starker Vergrößerung.

Aufgaben:

a) Vergleiche deine Beobachtung mit dem Chromosomenbild auf Seite 132.

b) Fertige zu deinen Beobachtungen eine Zeichnung an.

V2 DNA-Präparation

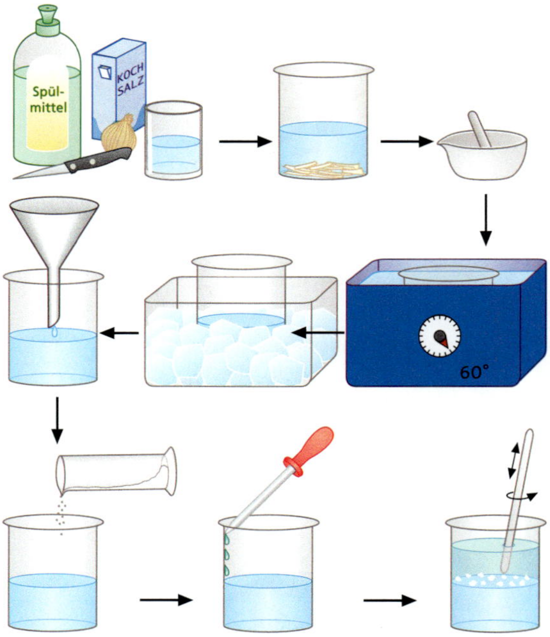

Material: Zwiebel (auch Tomate, Paprika oder Leber eignen sich); Spülmittel; Kochsalz; destilliertes Wasser; Feinwaschmittel; Ethanol; Brett; Messer; Becherglas (200 ml); Becherglas (50 ml); Pipette; Messpipette; Peleusball; Spatel; Glasstab; Mörser mit Pistill; Trichter; Filtrierpapier; Wasserbad; Eisbad

Durchführung: Die Zwiebel wird möglichst klein geschnitten und in das große Becherglas gegeben. Es werden 5 ml Spülmittel, eine Spatelspitze Kochsalz und 50 ml destilliertes Wasser hinzugegeben und vermischt. Die Mischung wird in den Mörser überführt, mit dem Pistill zu einem körnigen Mus verrieben und wieder in das Becherglas gegeben. Das Becherglas wird im Wasserbad für etwa 15 Minuten bei 60 °C erhitzt und anschließend im Eisbad auf Raumtemperatur gekühlt. Die Mischung wird filtriert, das Filtrat wird im kleinen Becherglas aufgefangen. Es genügen 2 bis 3 ml. Das Filtrat wird mit einigen Körnchen Feinwaschmittel versetzt und durch Schütteln vermischt. Mit Hilfe der Pipette wird die Mischung vorsichtig mit Ethanol überschichtet. Die DNA fällt aus und kann mit dem Glasstab als Faden aus der Flüssigkeit entnommen werden.

V3 Bausteine der DNA

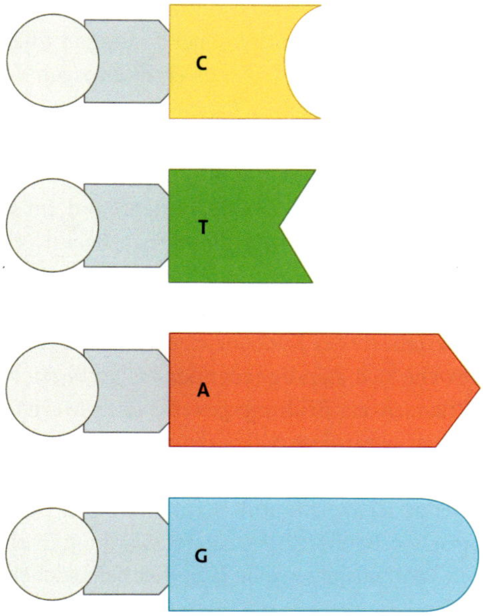

Material: farbiger Zeichenkarton oder weißes Zeichenpapier; Bleistift; Lineal; Zirkel oder Kreisschablone; Schere; Farbstifte; Kopiergerät

Durchführung: Zeichne die abgebildeten Symbole auf ein Blatt Zeichenpapier. Kopiere die so entstandene Vorlage etwa 10-mal. Färbe die Bausteine entsprechend der Abbildung und schneide sie aus. Du kannst auch die einzelnen Symbole aus farbigem Zeichenkarton ausschneiden und zusammenkleben.

Aufgaben:

a) Schneide aus farbigem Papier einen 2,5 cm breiten und 20 cm langen Streifen. Klebe nun einzelne Nukleotide auf und erstelle einen einfachen DNA-Strang.

b) Ergänze den DNA-Einzelstrang zu einem DNA-Doppelstrang, indem du passende Nukleotide auf der gegenüber liegenden Seite aufklebst.

V4 DNA und ihre identische Verdoppelung

Material: Vorlage für Nukleotid-Symbole aus V3; ca. 10 m Bindfaden; 3 Bogen Zeichenkarton oder dünne Pappe; ca. 50 Büroklammern; Schere; Klebstoff; Farbstifte; 2 Kartenständer; Kopiergerät

Durchführung: Vergrößere beim Kopieren die Nukleotid-Symbole aus V3. Klebe sie auf Karton

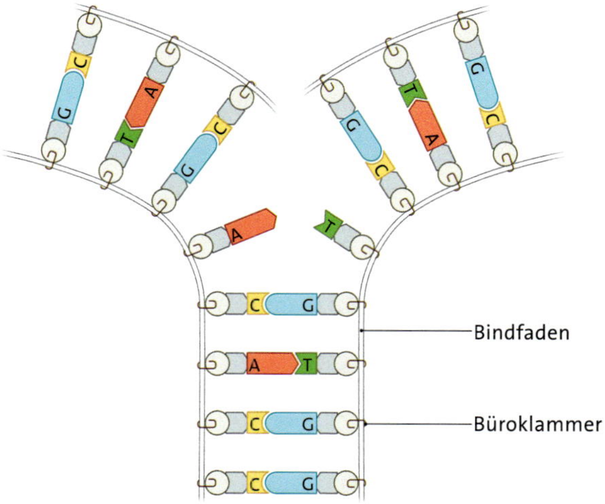

und schneide aus. Du kannst auch wieder mit farbigem Zeichenkarton arbeiten. Miss zwei Bindfäden von etwa 3 m Länge ab. Befestige die Nukleotid-Symbole mit Büroklammern daran. Hänge den so entstandenen DNA-Doppelstrang zwischen den Kartenständern auf.

Aufgaben:

a) Ziehe den Doppelstrang an einem Ende etwa zur Hälfte reißverschlussartig auseinander. Ergänze die Einzelstränge mit weiteren Symbolen, Büroklammern und Bindfaden zu Doppelsträngen.

b) Erkläre mit Hilfe deines Modells den Begriff »identische Verdoppelung« der DNA.

A5 Chromosomensätze bei Tieren

Chromosomenzahlen von Tieren			
Stechmücke	6	Biene	32
Mehlkäfer	20	Regenwurm	32
Karpfen	104	Kreuzkröte	22
Grasfrosch	26	Amsel	80
Haushuhn	78	Hase	48
Hauskatze	38	Hund	78
Pferd	64	Esel	62
Eidechse	38	Stubenfliege	12

Die Chromosomenzahl sagt nichts über die Entwicklungshöhe einer Art aus. Belege diese Aussage anhand der Tabelle.

3 Weitergabe der Erbinformationen

3.1 Mitose und Zellteilung

Die zahlreichen, unterschiedlich differenzierten Zellen eines Menschen, eines Hundes, einer krautigen Pflanze oder eines Baumes sind jeweils aus einer einzigen Zelle hervorgegangen: aus der befruchteten Eizelle, der *Zygote*. Das Wachstum eines Lebewesens beruht auf der Vermehrung von Zellen. Auch bei der Regeneration verletzter Gewebe, zum Beispiel nach einem Sonnenbrand, müssen neue Zellen gebildet werden, die die abgestorbenen Zellen ersetzen. Die Vermehrung von Zellen erfolgt durch **Zellteilungen.** Diese kann man besonders gut bei Wurzelspitzen von Pflanzen wie der Küchenzwiebel beobachten. Ein solches Gewebe sich ständig teilender Zellen bezeichnet man bei Pflanzen als **Bildungsgewebe** oder **Meristem.** Betrachtet man unter dem Mikroskop verschiedene Zellen im Meristem der Küchenzwiebel, fallen unterschiedlich aussehende Zellkerne und -strukturen auf. Bei der mikroskopischen Beobachtung einer Zellteilung in einer angefärbten Wurzelspitzenzelle der Küchenzwiebel ist zu sehen, dass vor der eigentlichen Zellteilung die Teilung des Zellkerns erfolgt. Diese Kernteilung nennt man **Mitose.** Den Ablauf der Mitose kann man in einzelne Zeitabschnitte oder Phasen einteilen.

In der ersten Phase, der *Prophase*, ist der Zellkern deutlich als ein im Querschnitt rundliches Gebilde zu erkennen, das von einer Kernmembran begrenzt ist. Zu Beginn der Prophase sind keine Chromosomen zu sehen, sondern ein Knäuel von Chromatinfäden, deren Gesamtheit man als **Chromatin** bezeichnet. Im Verlauf der Prophase verkürzen sich die Chromosomen durch Aufschraubung und Faltung und werden dadurch sichtbar. Kernmembran und Kernkörperchen werden in kleinere Teile zerlegt und sind nun mikroskopisch nicht mehr zu erkennen. Gleichzeitig bilden sich faserige Strukturen aus, die *Spindelfasern,* die von den Zellpolen ausgehen und mit den Chromosomen verbunden sind.

Während der *Metaphase* werden die Chromosomen mit Hilfe dieses Spindelapparates zur Zellmitte bewegt und dort in einer Ebene, der *Äquatorialebene*, angeordnet. So entsteht die *Äquatorialplatte.* Die Chromosomen sind nun maximal verdichtet oder *kondensiert*. Deutlich lässt sich der Bau der Chromosomen erkennen: Jedes Metaphase-Chromosom setzt sich aus zwei identischen Längshälften, den *Chromatiden*, zusammen. Sie werden an einer Einschnürungsstelle, dem *Zentromer*, zusammengehalten.

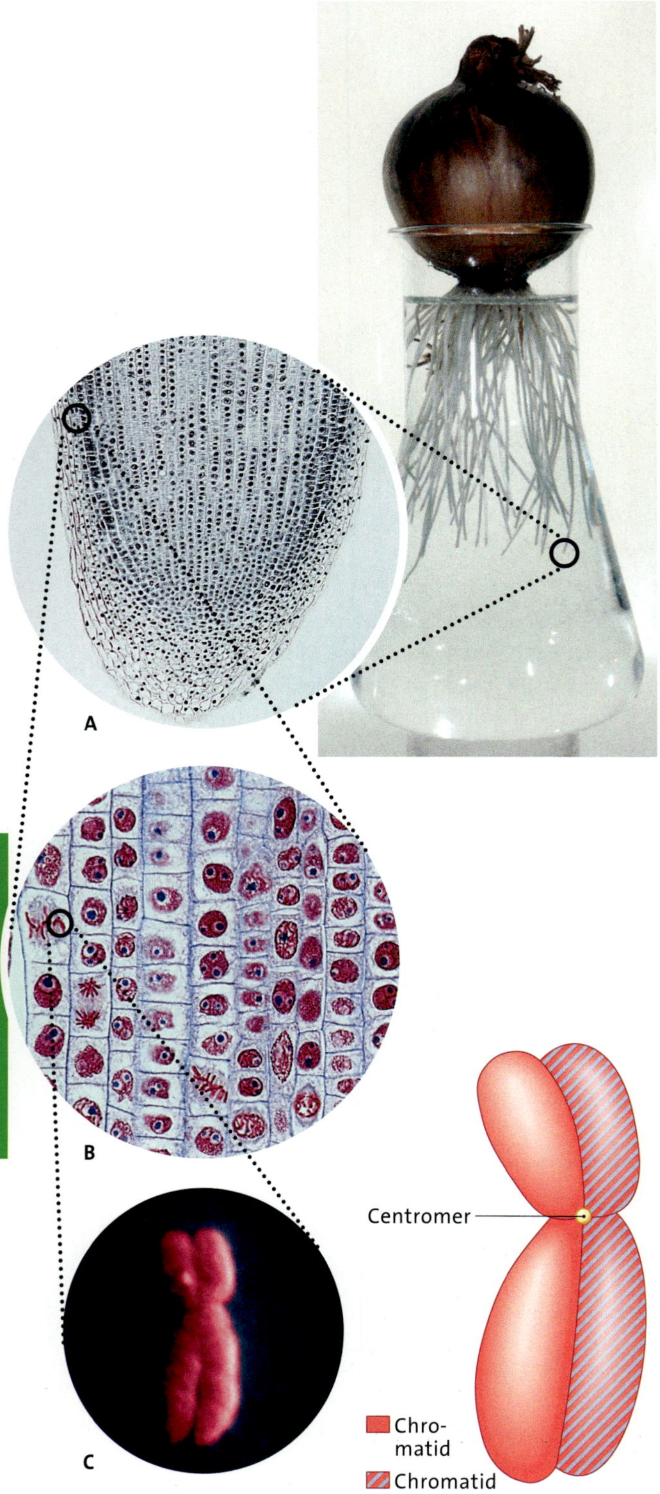

1 Küchenzwiebel. A Wurzelspitze (längs, mikroskopische Aufnahme); **B** Bildungsgewebe (Ausschnitt, mikroskopische Aufnahme); **C** Chromosom (links: mikroskopische Aufnahme, rechts: Schema)

Chromosomen, die aus zwei Chromatiden bestehen, bezeichnet man als **Zwei-Chromatiden-Chromosomen.**

In der *Anaphase* verkürzen sich die Spindelfasern. Die Chromatiden eines jeden Zwei-Chromatiden-Chromosoms werden voneinander getrennt und als **Ein-Chromatid-Chromosomen** zu den entgegengesetzten Polen gezogen.

Die letzte Phase der Mitose heißt *Telophase*. Die Chromosomen entschrauben und entfalten sich nun wieder. Gleichzeitig werden Kernmembranen und Kernkörperchen erneut sichtbar. Nach der Teilung des Zellkerns liegen somit zwei *Tochterkerne* vor. Im Zellplasma sind die Spindelfasern nicht mehr zu erkennen. Bereits während der Telophase beginnt die Zelle sich einzuschnüren. Durch Ausbildung von Zellmembranen kommt es zur **Zellteilung.** Aus der Ausgangszelle sind zwei Tochterzellen gebildet worden. Diese besitzen jeweils die gleiche Chromosomenzahl wie die Mutterzelle und sind damit diploid und genetisch identisch.

Vor einer erneuten Zellteilung der Tochterzellen müssen sich die Ein-Chromatid-Chromosomen verdoppeln. Dies geschieht in einem Zeitabschnitt zwischen der Zellteilung und der nächsten Mitose, den man als **Interphase** bezeichnet. Der gesamte Vorgang von einer Interphase zur nächsten heißt **Zellzyklus.**

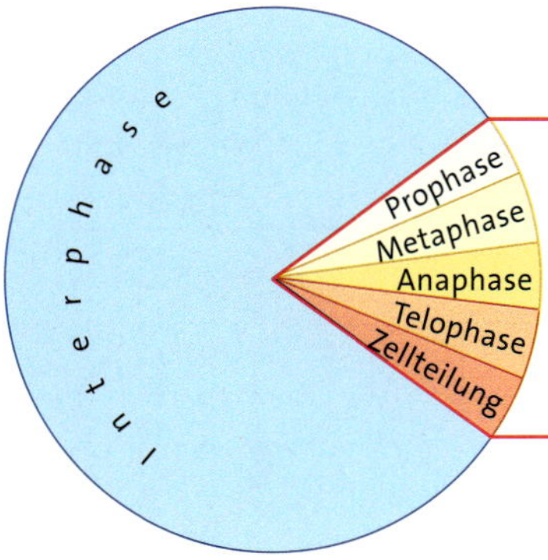

2 **Zellzyklus**

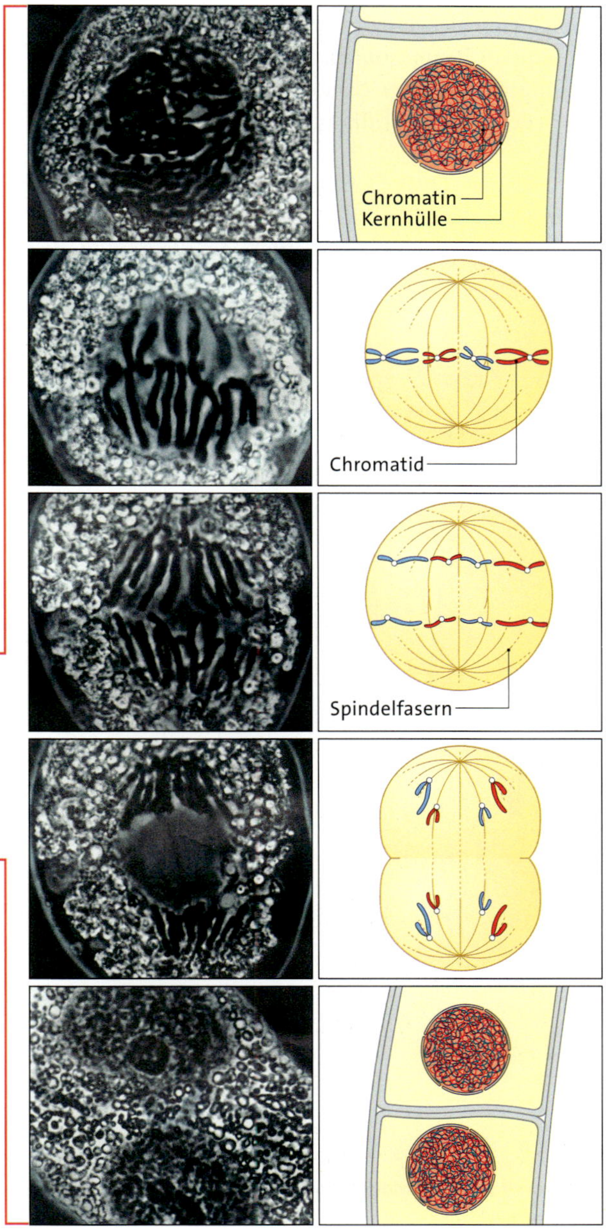

Die Dauer eines Zellzyklus ist je nach Zelltyp unterschiedlich. Der Zellzyklus einer Weißen Blutzelle des Menschen dauert unter optimalen Zellkulturbedingungen etwa 24 Stunden. Mitose und Zellteilung laufen in weniger als einer Stunde ab. Im Leben einer Zelle sind ihre Chromosomen also nur für wenige Minuten sichtbar.

1 Erstelle eine Tabelle, in der du den einzelnen Phasen des Zellzyklus den jeweiligen Zustand eines Chromosoms zuordnest und die jeweilige DNA-Menge nennst.

2 Beschreibe mit Hilfe der Abbildung 2 den Ablauf der Mitose.

3 Informiere dich, zum Beispiel über das Internet, über die Anzahl der Chromosomen bei verschiedenen Pflanzen. Leite daraus Schlussfolgerungen ab über die Bedeutung der Chromosomenzahl für den Komplexitätsgrad eines Lebewesens.

3.2 Geschlechtszellen entstehen durch Meiose

Bei der sexuellen Fortpflanzung verschmelzen die Zellkerne von je einer Spermiumzelle und einer Eizelle. Die befruchtete Eizelle des Menschen enthält 46 Chromosomen, die als 23 homologe Paare vorliegen. Auch alle Körperzellen des Embryos, die durch mitotische Zellteilungen aus der befruchteten Eizelle hervorgehen, enthalten wie die Körperzellen seiner Mutter und seines Vaters 46 und nicht etwa 92 Chromosomen. Demnach erfolgt vor der Verschmelzung von zwei Geschlechtszellen eine Halbierung der Chromosomenzahl von 46 auf 23 Chromosomen. Geschlechtszellen weisen einen **einfachen** oder **haploiden Chromosomensatz** auf. Bei der Befruchtung vereinigen sich zwei haploide Chromosomensätze zu einem doppelten oder **diploiden** Chromosomensatz.

Zur Bildung von haploiden Geschlechtszellen aus Geschlechtsmutterzellen sind zwei Zellteilungen, so genannte *Reifeteilungen*, erforderlich, die man zusammen als **Meiose** bezeichnet.

Die Halbierung des Chromosomensatzes einer Geschlechtsmutterzelle findet in der **1. Reifeteilung** statt. Sie hat vorher die Interphase durchlaufen und das gesamte DNA-Material liegt bereits doppelt vor. Da der Chromosomensatz auf die Hälfte reduziert wird, spricht man auch von **Reduktionsteilung.** Im Verlauf der Prophase I werden die Zwei-Chromatiden-Chromosomen sichtbar. Sie werden dann in der Metaphase I zur Zellmitte bewegt. Dabei finden sich die homologen Chromosomen zusammen und ordnen sich nach dem Zufallsprinzip in der Äquatorialebene an: Mal liegt ein Chromosom mütterlicher Herkunft, mal eines väterlicher Herkunft oberhalb der Äquatorialebene. In der nachfolgenden Anaphase I werden die Zwei-Chromatiden-Chromosomen zu den entgegengesetzten Zellpolen transportiert. Somit werden die beiden homologen Chromosomen eines Chromosomenpaares voneinander getrennt. Die einzelnen Chromosomen in den Zellen können dann zufallsbedingt mütterlicher oder väterlicher Herkunft sein und dementsprechend die Erbinformation mütterlicher oder väterlicher Gene tragen. Es ist zu einer Durchmischung des Erbmaterials gekommen, die man **Rekombination** nennt. An jedem Zellpol liegt

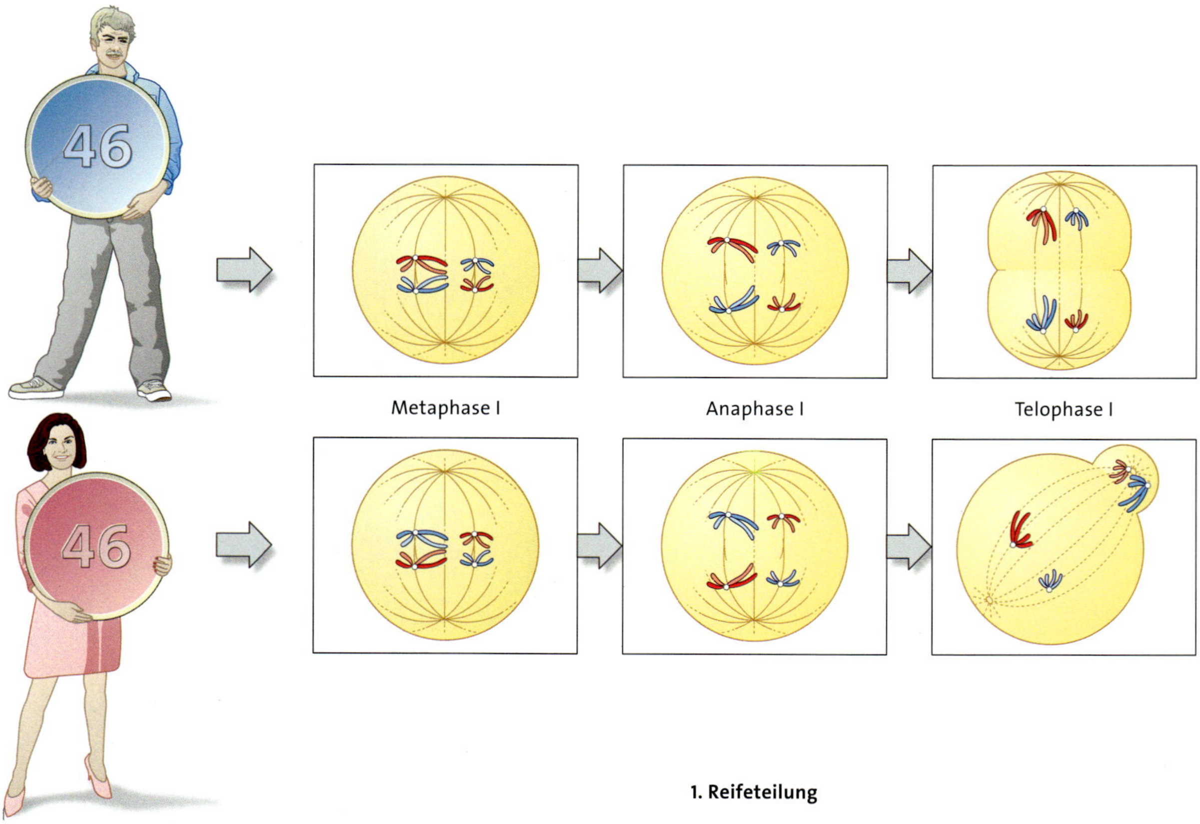

1 Bildung von Geschlechtszellen beim Menschen am Beispiel von zwei Chromosomenpaaren.
(Schema und mikroskopische Aufnahmen einer Eizelle sowie von Spermiumzellen)

nun ein einfacher Chromosomensatz aus Zwei-Chromatiden-Chromosomen vor. Diese werden dann in einer sofort anschließenden **2. Reifeteilung** in Ein-Chromatid-Chromosomen getrennt. Damit ist die 2. Reifeteilung mit einer mitotischen Zellteilung vergleichbar.

Aus einer Spermienmutterzelle entstehen vier haploide Spermiumzellen. Auch aus einer Eimutterzelle gehen vier haploide Zellen hervor. Allerdings verkümmern drei dieser Zellen zugunsten einer großen, plasmareichen Eizelle.

Die biologische Bedeutung der Meiose ist somit die Halbierung des diploiden Chromosomensatzes zum haploiden Chromosomensatz. Bei der Verschmelzung von zwei Geschlechtszellen mit jeweils einfachem Chromsomensatz entsteht dann wieder ein Individuum mit doppeltem Chromosomensatz. Darüber hinaus kommt es bei der Meiose zur Neukombination von Erbanlagen durch die zufällige Verteilung von Chromosomen väterlicher und mütterlicher Herkunft. Dies zeigt sich zum Beispiel bei Geschwistern, die nicht gleich aussehen, obwohl sie gleiche Eltern haben. Auch bei anderen Lebewesen, die sich geschlechtlich fortpflanzen, wird der doppelte Chromosomensatz bei der Bildung von Geschlechtszellen halbiert. Dies erklärt die gerade Anzahl von Chromosomen in deren Körperzellen. So sind es zum Beispiel beim Hund 78, bei der Stechmücke 6, bei der Zwiebel 16 und bei der Kartoffel 48 Chromosomen.

1 Definiere folgende Begriffe: Zwei-Chromatiden-Chromosom, homologe Chromosomen, diploider Chromosomensatz, Reduktionsteilung.

2 Beschreibe den Unterschied zwischen mitotischer und meiotischer Anaphase I.

3 Erläutere, worin sich die Meiose bei Mann und Frau unterscheidet.

4 Berechne, wie viele Chromosomen sich nach drei Generationen beim Menschen ergäben, wenn bei der Geschlechtszellbildung keine Meiose erfolgt. Stelle deine Ergebnisse in geeigneter Form grafisch dar.

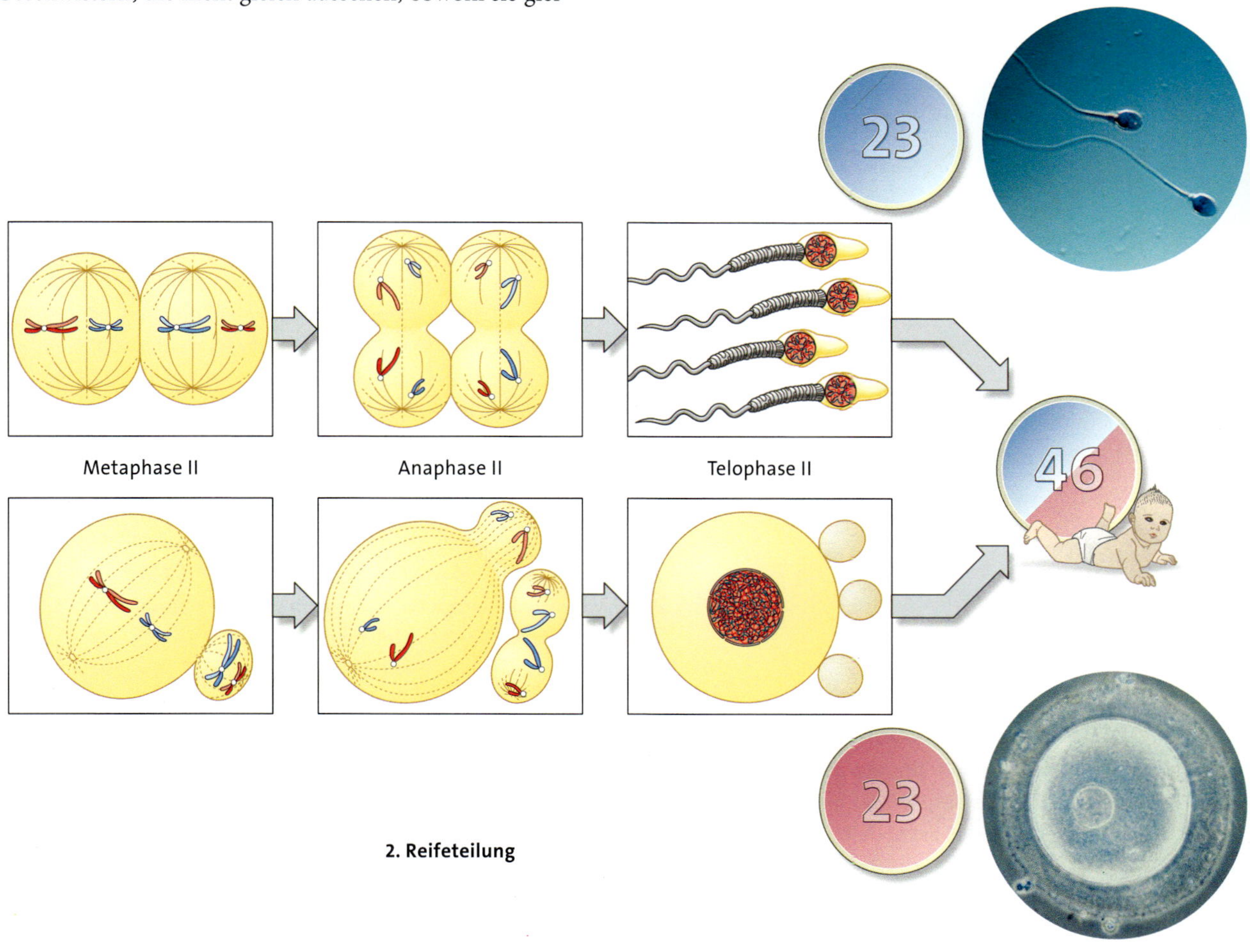

Aufgaben und Versuche Mitose, Meiose und Zellteilung

A1 Mitose und Zellteilung

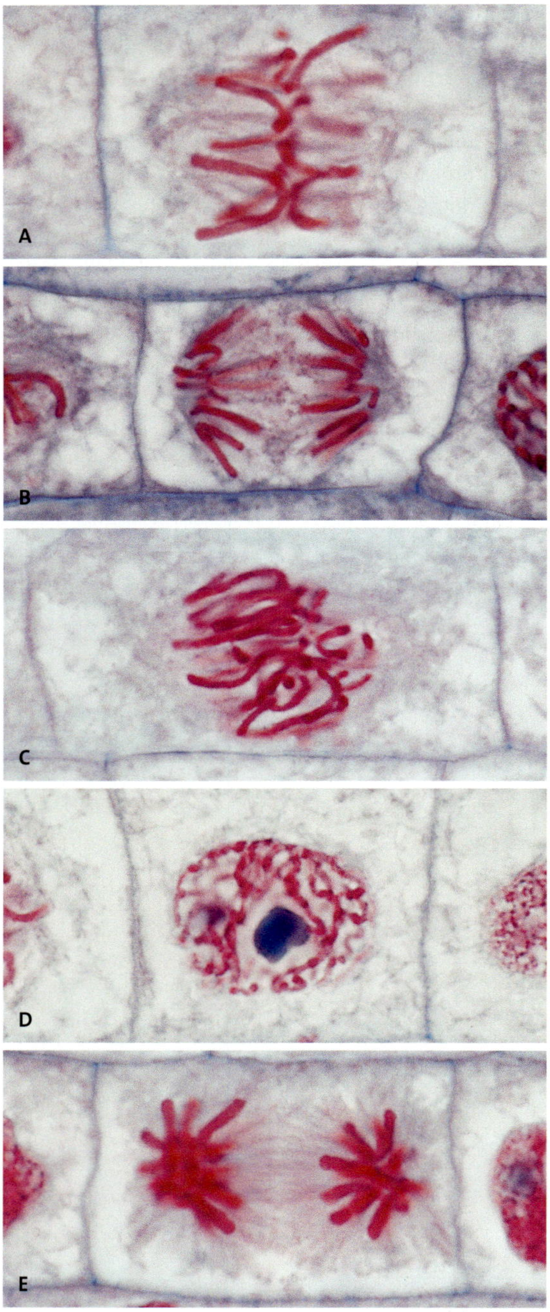

Die fotografischen Aufnahmen zeigen Präparationen von Wurzelzellen einer Zwiebel in verschiedenen Phasen des Zellzyklus unter dem Lichtmikroskop.

Aufgabe: Erläutere die jeweils dargestellten Phasen des Zellzyklus. Ordne sie.

V2 Bau von Chromosomenmodellen

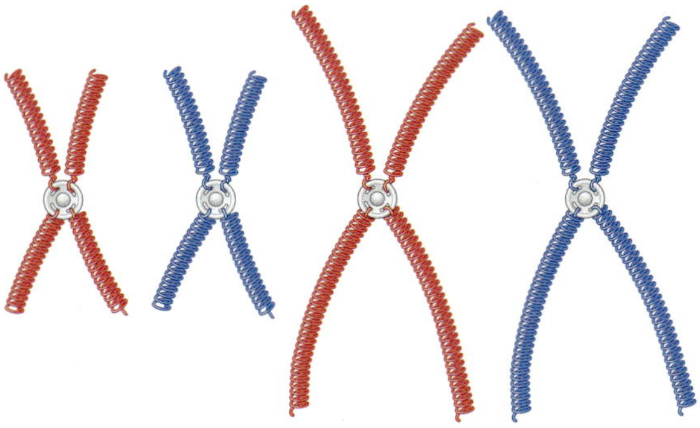

Material: Draht (zwei 40 cm lange rote und zwei 40 cm lange blaue sowie zwei 20 cm lange rote und zwei 20 cm lange blaue Stücke); vier große Druckknöpfe (mindestens 1 cm Durchmesser); Bleistift; weißes DIN-A4-Papier

Durchführung: Aus jeweils zwei gleich langen und gleich farbigen Drahtstücken sowie einem Druckknopf wird ein Modell eines Zwei-Chromatiden-Chromosoms gebaut. Hierzu wird jeder Draht durch zwei benachbarte Löcher einer Druckknopfhälfte gezogen. Mit Hilfe des Bleistifts werden die Drahtstücke aufgewickelt. Drahtstücke gleicher Farbe und Länge werden dann über einen Druckknopf miteinander verbunden.

Aufgaben:

a) Erläutere, welche Teile des Chromosomenmodells den Teilen eines Chromosoms entsprechen. Erkläre außerdem, was durch das Aufwickeln der Drahtstücke veranschaulicht wird.

b) Lege die vier Chromosomenmodelle auf das Blatt Papier. Stelle die Vorgänge bei der Kernteilung von Körperzellen im Rahmen der Mitose gemäß Abbildung 2 auf Seite 141 dar. Erläutere.

c) Nach der Entstehung der Tochterkerne soll einer davon im Modellversuch erneut geteilt werden. Vollziehe die Vorgänge im weiteren Verlauf des Zellzyklus am Modell nach.

d) Lege nun wieder die vier Chromosomenmodelle auf das Blatt Papier. Stelle dann die Vorgänge bei der Bildung von Geschlechtszellen im Rahmen der Meiose gemäß Abbildung 1 auf den Seiten 142 und 143 dar. Erläutere dabei die Unterschiede zu den Vorgängen bei der Mitose.

V3 Mikroskopische Untersuchung von Mitosestadien

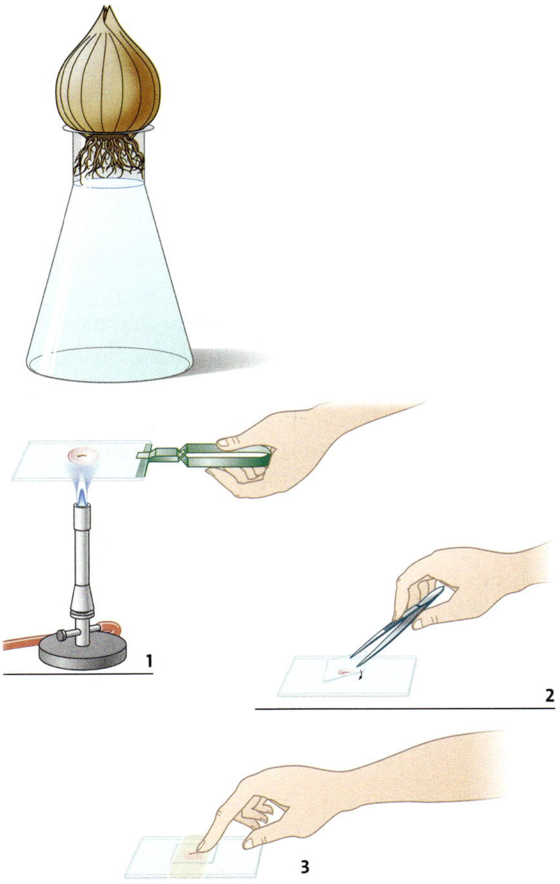

Material: Küchenzwiebel; Erlenmeyerkolben; kleine Petrischale; Rasierklinge; Schutzbrille; Bunsenbrenner; Mikroskop; 20 ml eines Gemisches aus 96%igem Ethanol und 100%iger Essigsäure (Mischungsverhältnis 1 : 3); Wasser; Karminessigsäure; Pipette; Pinzette; Filterpapier; Reagenzglashalter

Durchführung: Entferne zunächst von der Küchenzwiebel die trockenen Hüllblätter. Anschließend setzt du sie auf den mit Wasser gefüllten Erlenmeyerkolben. Dabei musst du beachten, dass die Zwiebel die Wasseroberfläche gerade nicht berührt. Orientiere dich an der Abbildung A. Nach zwei bis vier Tagen haben sich Wurzeln gebildet, die einige Millimeter lang sind.
Schneide von diesen Wurzeln die ersten ein bis zwei Millimeter mit einer Rasierklinge vorsichtig ab.
Lege die Wurzelspitzen anschließend für mindestens drei Stunden in die Petrischale in ein Gemisch aus Ethanol und Essigsäure *(Vorsicht, ätzend!)*. Nimm mit Hilfe der Pinzette die Wurzelspitzen wieder aus der Lösung und spüle sie mit Wasser ab.
Gib nun zum Färben der Wurzelspitzen einen Tropfen Karminessigsäure auf einen Objektträger und lege die Wurzelspitzen hinein. Ziehe danach den Objektträger mehrmals mit dem Reagenzglashalter durch die Flamme des Bunsenbrenners, bis die Lösung Blasen bildet. So färben sich die Wurzelspitzen intensiv und weichen auf. Am Ende des Erhitzens muss fast die gesamte Karminessigsäurelösung verdampft sein. Lege jetzt sehr vorsichtig ein Deckgläschen auf die Wurzelspitzen und decke es mit einem Streifen Filterpapier ab. Durch Druck mit dem Daumen zerquetschst du die Wurzelspitzen. So hast du ein Quetschpräparat hergestellt.

Aufgaben:

a) Mikroskopiere das Quetschpräparat bei mindestens 400facher Vergrößerung im Lichtmikroskop.

b) Suche unterschiedliche Mitosestadien, zeichne und beschrifte sie.

V4 Bestimmung des Chromosomensatzes

Material: Quetschpräparat von den Wurzelspitzen der Küchenzwiebel (auch Dauerpräparat möglich); Mikroskop

Durchführung: Suche zunächst bei kleiner Vergrößerung nach Wurzelzellen im Zustand der Metaphase. Wähle dabei möglichst Zellen, die eine Aufsicht auf die Äquatorialebene zeigen. Stelle nun die stärkste Vergrößerung ein und zähle die Chromosomen aus.

Aufgaben:

a) Bestimme die Chromosomenzahl in den Wurzelzellen der Küchenzwiebel.

b) Überlege, wie viele Chromosomen ein Pollenkorn der Zwiebelblüte enthält.

c) Überlege, wie viele Chromosomen im Zellkern der Blattzellen liegen müssen.

d) Gibt es Unterschiede zwischen der Chromosomenzahl einer Zelle im Röhrenblatt bzw. im Speicherblatt. Begründe.

4 Vom Gen zum Merkmal

In welcher Beziehung steht die genetische Information, die im Genotyp festgelegt ist, zu den phänotypischen Merkmalen eines Lebewesens? Wie wird zum Beispiel die genetische Botschaft für rot gefärbte Blüten bei der Ausprägung dieses Merkmals in den Zellen einer Erbsenblüte umgesetzt?

In den Zellen der Kronblätter einer rot blühenden Erbse wird der rote Farbstoff aus farblosen Vorstufen in den Vakuolen aufgebaut. Diese Synthese erfolgt im Zellplasma der Kronblattzellen mit Hilfe von Enzymen. Enzyme sind spezielle Proteine, die Stoffe auf-, um- oder abbauen. Den weiß blühenden Pflanzen fehlt das Enzym, das für die Synthese des roten Farbstoffs benötigt wird. Ihr Stoffwechsel ist verändert. Die Nachkommen aus der Kreuzung weiß blühender Erbsen untereinander haben ebenfalls weiße Blüten. Der veränderte Stoffwechsel ist somit erblich. Die Information für die Bildung des Enzyms zur Farbstoffsynthese ist in der Erbsubstanz in Form von **Genen** gespeichert. Man sagt, die Blütenfarbe ist genetisch festgelegt.

Ein Gen ist ein Abschnitt der Erbsubstanz DNA. Dieses lange fadenförmige Molekül ist ein Bestandteil der Chromosomen. Ein Gen kann also einem bestimmten Ort auf einem Chromosom zugeordnet werden.

Für die Ausprägung des Merkmals »rote Blütenfarbe« ist ein Gen verantwortlich, das die Information für den Aufbau des entsprechenden Enzyms enthält. Rot blühende Erbsen besitzen das funktionsfähige Gen und damit das entsprechende Enzym für die Merkmalsausbildung, während weiß blühende Erbsen ein verändertes Gen haben und dieses Enzym deshalb nicht herstellen können. Somit stellen Proteine das Bindeglied zwischen Genotyp und Phänotyp dar.

In jedem Lebewesen kommt eine Vielzahl unterschiedlicher Proteine vor. Proteine sind aus 20 verschiedenen Bausteinen, den Aminosäuren, aufgebaut. Je nach Art des Proteins sind die Aminosäuren in unterschiedlicher Anzahl und Reihenfolge miteinander verknüpft. In welcher Weise ist nun die Information für die Abfolge der Aminosäuren in der Erbsubstanz DNA gespeichert?

Die genetische Information ist in der Reihenfolge der Nukleotide verschlüsselt, ähnlich wie sich der Sinn von Wörtern durch die Kombination verschiedener Buchstaben ergibt. Man spricht vom **genetischen Code** oder Gencode. Man sagt auch, ein Gen *codiert* für ein bestimmtes

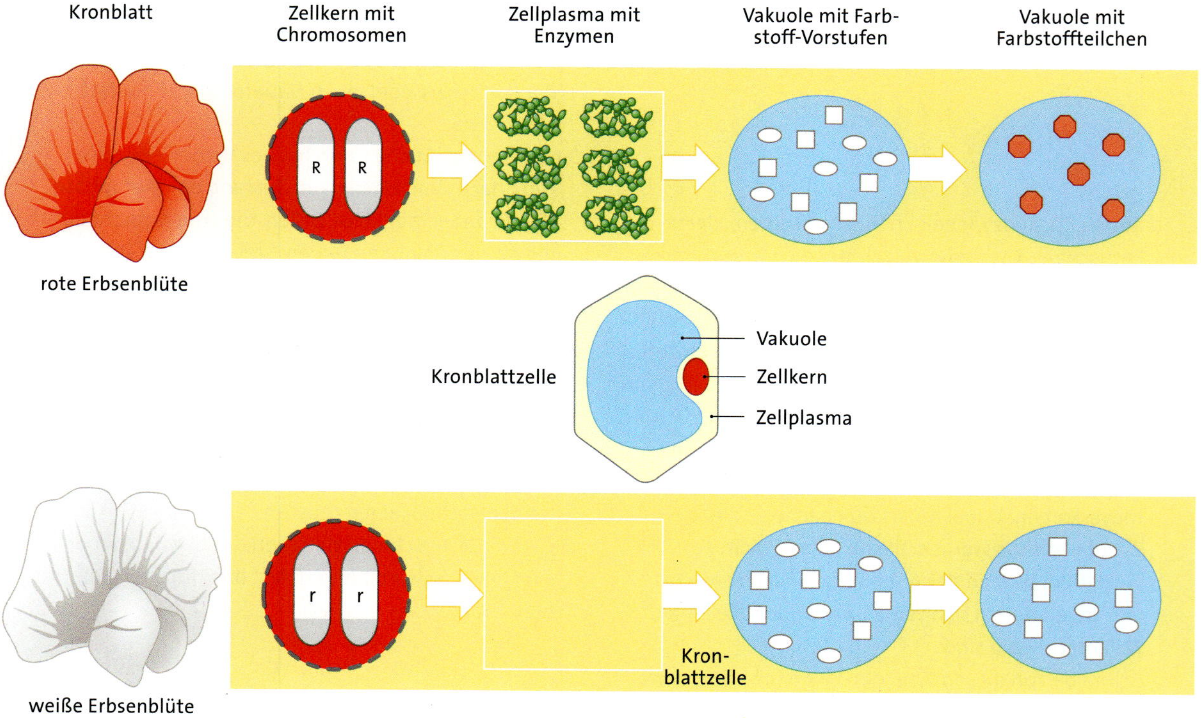

1 **Ausprägung des Phänotyps in Abhängigkeit vom Genotyp bei der Erbse**

Protein. Im Gegensatz zu unserem Alphabet mit seinen 26 Buchstaben kommt die genetische Information mit vier Buchstaben aus, nämlich den Basen Adenin, Thymin, Guanin und Cytosin. Wie aber können 20 verschiedene Aminosäuren durch nur vier verschiedene Basen verschlüsselt werden?

Die Information für eine Aminosäure wird nicht durch eine einzelne, sondern durch drei aufeinanderfolgende Nukleotide festgelegt. Durch solche **Tripletts** ergeben sich $4^3 = 64$ Kombinationsmöglichkeiten. Dadurch kann ein- und dieselbe Aminosäure sogar durch mehrere verschiedene Tripletts bestimmt werden, so wie verschiedene Wörter die gleiche Bedeutung haben können. Die Anzahl der Aminosäuren eines Proteins wird durch die Anzahl der Tripletts eines Gens bestimmt. Die genetische Information der DNA wird abgelesen und für die Bildung eines Proteins verwendet. Diesen Vorgang nennt man **Proteinbiosynthese.** Die Proteinbiosynthese erfolgt in zwei Schritten.

Im ersten Schritt wird das Gen, das für die Bildung eines bestimmten Proteins erforderlich ist, im Zellkern abgelesen und kopiert. Hierzu weichen die beiden Einzelstränge der DNA-Doppelhelix ähnlich wie bei der Replikation auseinander. An die ungepaarten Basen eines der beiden DNA-Einzelstränge lagern sich dann komplementäre freie Nukleotide an. Diese unterscheiden sich geringfügig von den DNA-Nukleotiden: Sie enthalten als Zucker Ribose statt Desoxyribose und die Base Uracil statt Thymin. Die Nukleotide werden zu einer neuen Nukleinsäurekette verbunden, die als Ribonukleinsäure, **RNA** (engl. *ribonucleic acid*) bezeichnet wird. Im Gegensatz zur DNA ist die RNA einzelsträngig. Die in der DNA gespeicherte Information wird in eine RNA-Kopie umgeschrieben. Dieser Vorgang heißt **Transkription.** Die RNA verlässt den Zell-

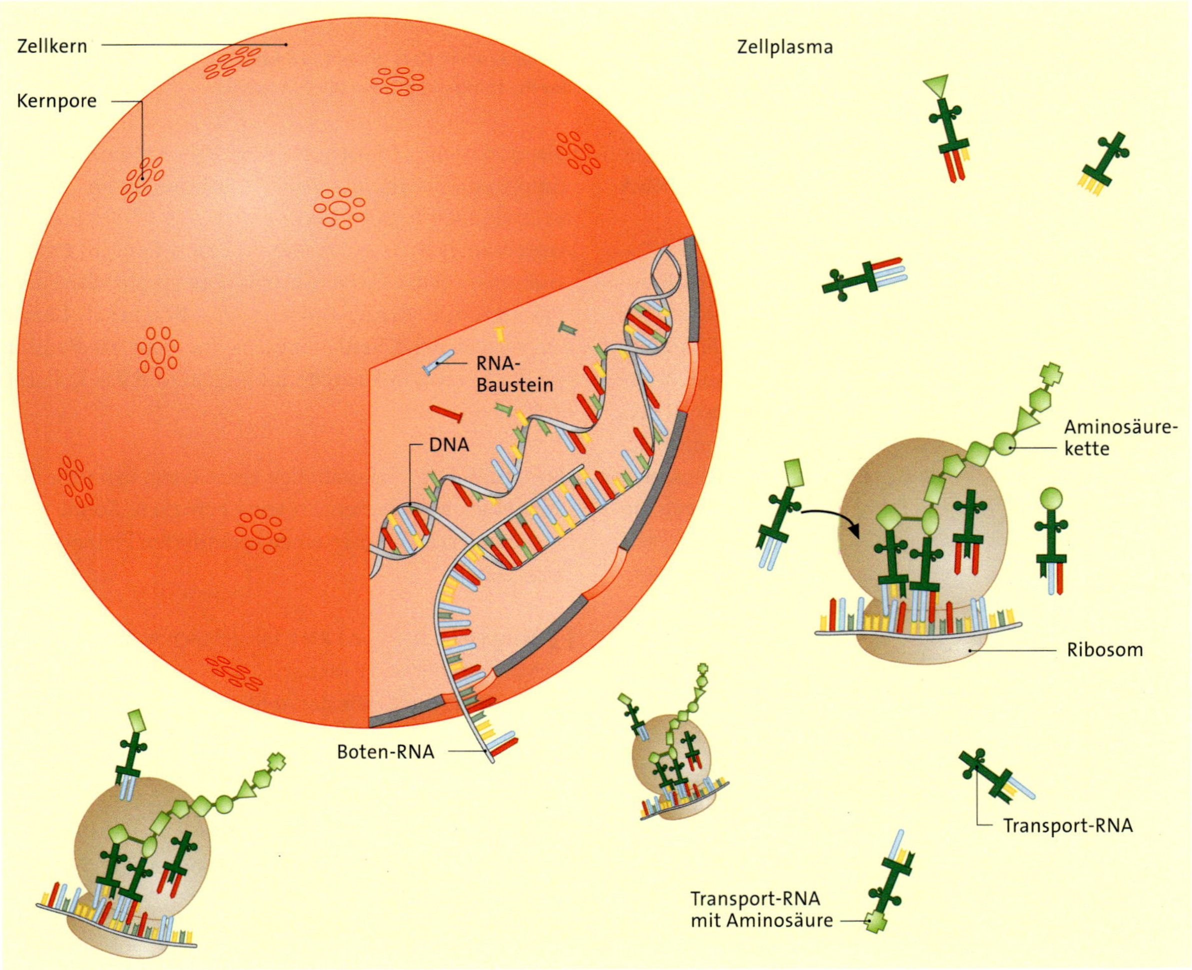

2 **Proteinbiosynthese**

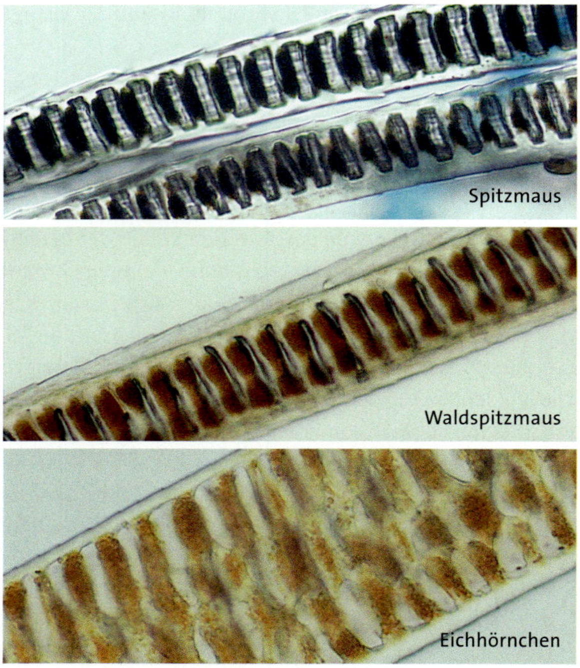

3 Haare verschiedener Säugetiere (mikroskopische Aufnahmen)

4 Das Protein Keratin, ein Produkt der Proteinbiosynthese (3-D-Modell)

kern durch die Kernporen und übermittelt die genetische Information ins Zellplasma. Sie wird daher **Boten-RNA** genannt.

Im zweiten Schritt gelangt die Boten-RNA zu den Ribosomen im Zellplasma und wird an diese gebunden. Die Boten-RNA dient als Anweisung für die Herstellung eines bestimmten Proteins. Die zur Proteinbiosynthese erforderlichen Aminosäuren gelangen durch andere RNA-Moleküle, die **Transport-RNA,** zu den Ribosomen. Jeweils eine Aminosäure ist an eine passende Transport-RNA gekoppelt. Diese besitzt als Erkennungsstelle ein Basentriplett, mit dem sie an eine komplementäre Stelle der Boten-RNA im Ribosom binden kann. Die Boten-RNA gleitet nun durch das Ribosom hindurch, sodass sich dort an das nächste freie Triplett eine weitere Transport-RNA mit ihrem komplementären Triplett anlagern kann. Die an die Transport-RNA-Moleküle gekoppelten Aminosäuren werden gelöst und untereinander verknüpft. Auf diese Weise verlängert sich die Aminosäurekette, während die Boten-RNA durch das Ribosom gleitet.

Die fertiggestellte Aminosäurekette löst sich schließlich vom Ribosom. Die genetische Information ist damit verwirklicht: Die Basenabfolge der Nukleinsäuren wurde in die Aminosäureabfolge eines Proteins übersetzt. Man nennt diesen Vorgang **Translation.**

Die durch die Translation gebildete Aminosäurekette nimmt eine bestimmte räumliche Struktur an. In dieser dreidimensionalen Form lagern sich häufig mehrere Aminosäureketten zu einem funktionsfähigen Protein zusammen. Jedes Protein erfüllt eine spezifische Funktion im Körper des Lebewesens, zum Beispiel als Enzym wie verschiedene Verdauungsenzyme oder als Baustoff wie das Keratin in Haaren und Nägeln und das Kollagen im Bindegewebe.

Eine veränderte Basenabfolge eines Gens kann die Bildung eines veränderten Proteins bewirken. Somit kann ein veränderter Genotyp einen veränderten Phänotyp zur Folge haben.

1. Vergleiche DNA und RNA hinsichtlich Aufbau, Vorkommen und Funktion.
2. Beschreibe mit Hilfe der Abbildung 2 den Vorgang der Proteinbiosynthese.
3. Vergleiche die biologische Funktion von Replikation und Proteinbiosynthese.
4. Berechne, wie viele Kombinationsmöglichkeiten sich jeweils ergäben, wenn einer Aminosäure 1, 2 oder 4 Basen zugeordnet wären.
5. Informiere dich, zum Beispiel im Internet, über Struktur, Vorkommen und Funktion von Keratin. Bereite hierzu einen Kurzvortrag vor.

5 Struktur von Eiweißstoffen

Bei mehreren Erbkrankheiten ist bekannt, dass sie auf Fehler im Bau von bestimmten Eiweißstoffen zurückzuführen sind. So wird die Sichelzellanämie durch den Einbau eines einzigen falschen Bausteins im Hämoglobinmolekül der Roten Blutzellen verursacht. Wieso kann ein derart winziger Fehler so tief greifende Konsequenzen haben?

Eiweißstoffe sind Riesenmoleküle, die meist aus Hunderten von Bausteinen zusammengesetzt sind. Diese Bausteine nennt man Aminosäuren. Man unterscheidet zwanzig verschiedene Aminosäuren, die in einem Eiweißstoff wie Perlen in einer Perlenkette aneinandergereiht sind. Dabei ist die Reihenfolge der Aminosäuren nicht willkürlich, sondern präzise festgelegt. Diese Reihenfolge wird als **Aminosäuresequenz** bezeichnet.

Das Bild einer langgestreckten Perlenkette gibt aber die räumliche Anordnung eines Eiweißstoffes nicht richtig wieder. Die Kette dreht sich nämlich oft in eine schraubenartige Form oder es legen sich mehrere Ketten parallel nebeneinander. In beiden Fällen entstehen faserartige Strukturen, wie sie für Gerüstsubstanzen wie Kollagen oder Keratin typisch sind. Im Gegensatz zu den faserförmigen Baustoffen sind die Moleküle von Enzymen und Hormonen meist ziemlich kugelig geformt. Sie werden deshalb als Globuline bezeichnet (lat. globus, Kugel). Kürzere Teilstücke mit regelmäßiger schraubenförmiger oder gefalteter Struktur wechseln mit unregelmäßig geformten Teilstücken ab.

Zwischen einzelnen Aminosäuren in den jeweiligen Teilstücken bestehen Bindungen, welche die Form stabilisieren. Da die verschiedenen Aminosäuren jeweils nur ganz typische Bindungen ausbilden können, wird die Form des Riesenmoleküls durch die Reihenfolge der Aminosäuren eindeutig festgelegt. Jede Veränderung in der Aminosäurensequenz bedingt somit Veränderungen in der Raumstruktur des Eiweißstoffs. Der fehlerhafte Einbau einer einzigen Aminosäure kann demnach die Raumstruktur so stark verändern, dass der Eiweißstoff biologisch kaum oder überhaupt nicht mehr wirksam ist.

Bei manchen Eiweißstoffen sind mehrere Moleküle zu einer Einheit verbunden. So verknüpfen sich vier Untereinheiten zum Hämoglobinmolekül, dem roten Blutfarbstoff. Bei der Bildung des Farbstoffs in den Zellen des roten Knochenmarks entstehen die vier Aminosäurenketten zuerst unabhängig. Dann lagern sie sich zum Hämoglobin zusammen, wobei auch hier Bindungen zwischen den Bausteinen der Untereinheiten geknüpft werden.

1 Erläutere mit Hilfe von Abbildung 1 die Strukturen von Eiweißstoffen.

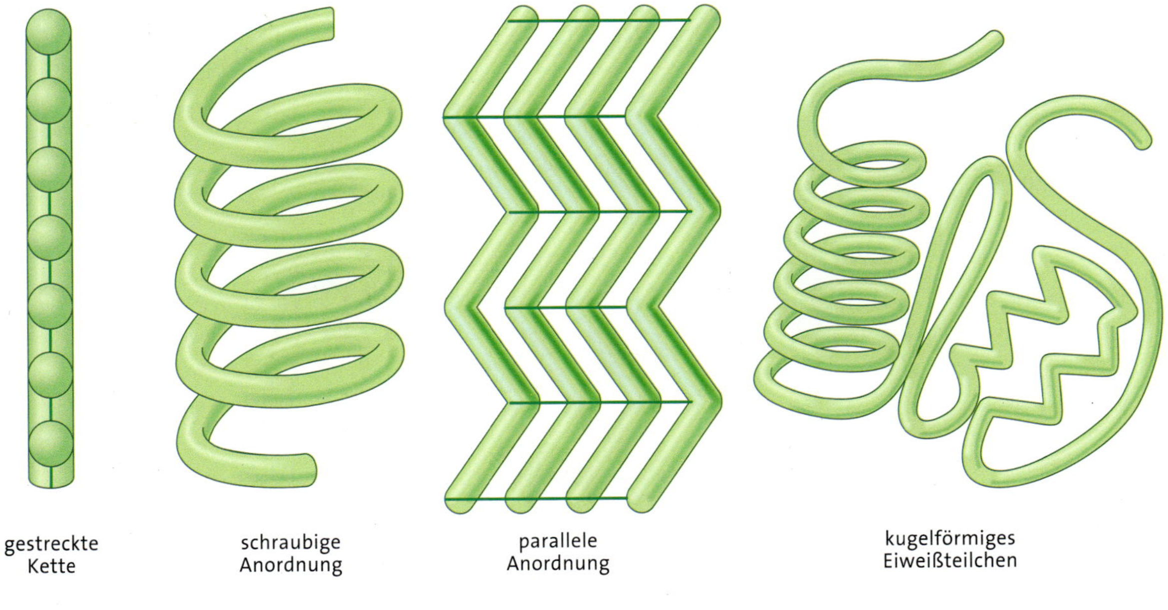

1 Räumliche Anordnung in Eiweißstoffen

6 Vererbung folgt bestimmten Regeln

6.1 Gregor MENDEL entdeckte erste Regeln der Vererbung

Lange Zeit bemühten sich Naturforscher vergebens, die Vererbung von Merkmalen zu erklären. Erst Mitte des 19. Jahrhunderts entdeckte Gregor MENDEL durch Versuche mit Pflanzen einige Gesetzmäßigkeiten der Vererbung. MENDEL war Augustinermönch in einem Kloster in Brünn, wo er sich intensiv mit der Botanik beschäftigte. Nach einem zweijährigen Studium der Naturwissenschaften in Wien begann er 1857 im Abteigarten seines Klosters mit Vererbungsversuchen. MENDEL experimentierte mit verschiedenen Zuchtformen der Gartenerbse, die sich in bestimmten Merkmalen wie der Blütenfarbe, der Samenfarbe und der Samenform voneinander unterschieden. Für seine Versuche verwendete er nur solche Pflanzen, die das bestimmte Merkmal über mehrere Generationen beibehielten. Solche Pflanzen bezeichnet man als **reinerbig.** So wählte MENDEL Erbsenpflanzen mit reinerbig weißen und reinerbig roten Blüten aus. Diese Pflanzen bildeten die Elterngeneration oder **Parentalgeneration (P).**

1 Gregor MENDEL (1822–1884)

MENDELverwendete als Technik für seine Kreuzungsversuche die **künstliche Bestäubung**: Er entfernte die noch unreifen Staubblätter der jungen weiß blühenden Erbsenpflanzen, um eine Bestäubung durch Pollenkörner derselben Pflanze zu verhindern. Dann bestäubte er die Narben

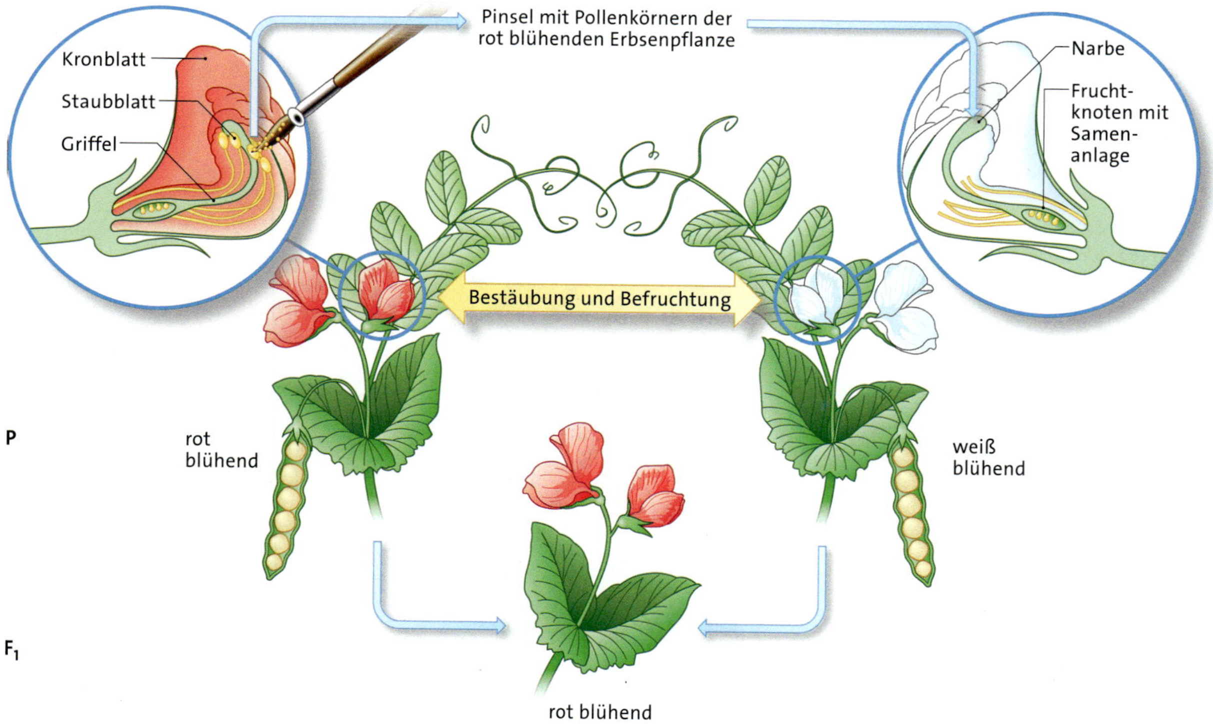

2 Kreuzung reinerbiger Zuchtformen der Erbse durch künstliche Bestäubung.
(Parentalgeneration einer rot und einer weiß blühenden Zuchtform, Filialgeneration einer rot blühenden Hybride)

dieser Blüten mit Pollenkörnern der rot blühenden Erbsenpflanzen mit Hilfe eines Pinsels. Durch Schutzhüllen um die behandelten Blüten verhinderte er eine Fremdbestäubung durch Insekten oder Wind.

Die Vereinigung von Geschlechtszellen unterschiedlicher Phänotypen heißt **Kreuzung.** Nach der Befruchtung der Eizellen in den Samenanlagen durch die männlichen Geschlechtszellen entstanden die Samen. Diese säte MENDEL wieder aus und beobachtete, wie sich die Pflanzen der 1. Tochtergeneration oder **Filialgeneration (F_1)** entwickelten. Obwohl er den Pollen einer rot blühenden Zuchtform auf eine weiß blühende Zuchtform übertragen hatte, waren zu seiner Überraschung alle F_1-Pflanzen rot blühend. Auch wenn er umgekehrt, bei einer *reziproken Kreuzung*, rot blühende Erbsen mit dem Pollen weiß blühender Erbsen bestäubte, erhielt er in der F_1-Generation wieder einheitlich rot blühende Pflanzen. Anhand dieser Beobachtungen sowie vieler weiterer Untersuchungen auch mit anderen Merkmalen formulierte er eine Gesetzmäßigkeit, die später als die **1. MENDELsche Regel** bezeichnet wurde: *Kreuzt man Lebewesen einer Art, die sich in einem Merkmal unterscheiden, für das sie reinerbig sind, so sind die Nachkommen in der F_1-Generation in Bezug auf dieses Merkmal untereinander gleich (uniform).* Man spricht daher auch von der **Uniformitätsregel.** Wie ist diese Uniformität zu erklären?

MENDEL nahm an, dass jedes Merkmal im Phänotyp durch das Zusammenwirken von zwei Erbanlagen ausgebildet wird, die jeweils von einem der beiden Eltern stammen. Heute weiß man, dass sich diese Erbanlagen, auch **Allele** genannt, am gleichen Ort auf zwei homologen Chromosomen befinden. Die durch Meiose gebildeten haploiden Geschlechtszellen besitzen nur eines von zwei homologen Chromosomen und damit nur eine Erbanlage. Die Geschlechtszellen reinerbig rot blühender Erbsen enthalten somit das Allel zur Ausbildung der Blütenfarbe Rot, die von reinerbig weiß blühenden Erbsen das Allel zur Ausbildung der Blütenfarbe Weiß. Treffen nun beide Geschlechtszellen bei der Befruchtung zusammen, enthält die Zygote ein Allel für »rot« und eines für »weiß«. Die Beobachtung, dass die Pflanzen ausschließlich rot blühend waren, erklärte MENDEL folgendermaßen: Die Anlage für rote Blütenfarbe ist »stärker« als die Anlage für weiße Blütenfarbe und unterdrückt sie. Man sagt, dieses Allel ist **dominant.** Es wird durch einen Großbuchstaben (R) gekennzeichnet. Die unterdrückte Anlage wird als **rezessiv** bezeichnet und mit dem entsprechenden Kleinbuchstaben (r) benannt. Reinerbig rot blühende Erbsen haben demnach den Genotyp RR, reinerbig weiß blühende Erbsen den Genotyp rr. Ihre gemeinsamen Nachkommen haben bezüglich des Merkmals »Blütenfarbe« den Genotyp Rr. Die F_1-Pflanzen sind somit in Bezug auf dieses Merkmal *mischerbig*, man spricht auch von Mischlingen oder *Hybriden*.

Bei dem beschriebenen *dominant-rezessiven Erbgang* entstehen ausschließlich rot blühende Erbsenpflanzen in der 1. Filialgeneration. Der Botaniker Carl Erich CORRENS (1864–1933) führte um 1900 Versuche durch, bei denen er reinerbig rot und weiß blühende Wunderblumen kreuzte. Er beobachtete eine besondere Ausnahme: Die entstehenden Mischlinge waren alle rosafarben. Bei der Wunderblume wird die Blütenfarbe also ebenfalls gemäß der 1. MENDELschen Regel vererbt. Weil die Blütenfarbe Rosa zwischen den Blütenfarben der Eltern liegt, spricht man von einem *intermediären Erbgang*.

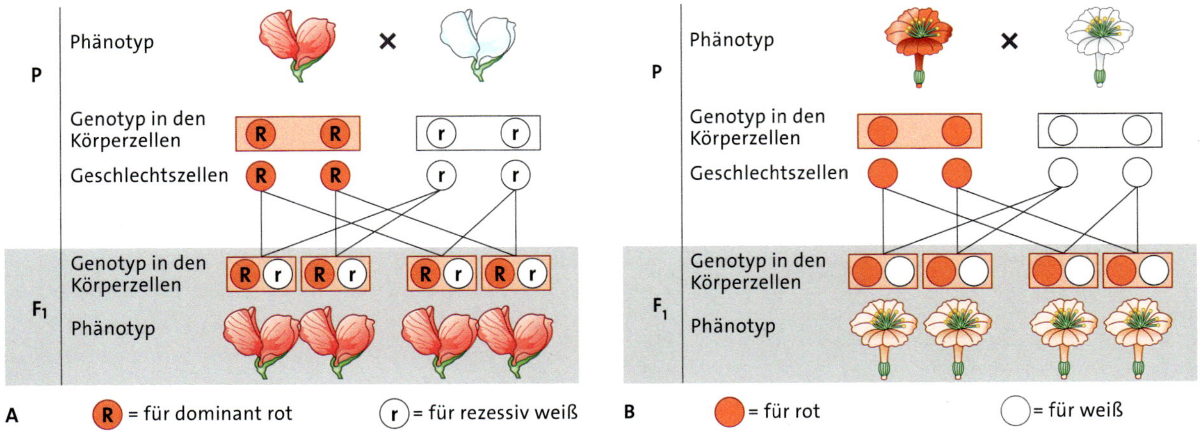

3 Uniformitätsregel. **A** dominant-rezessiver Erbgang bei reinerbigen Erbsen; **B** intermediärer Erbgang bei reinerbigen Wunderblumen

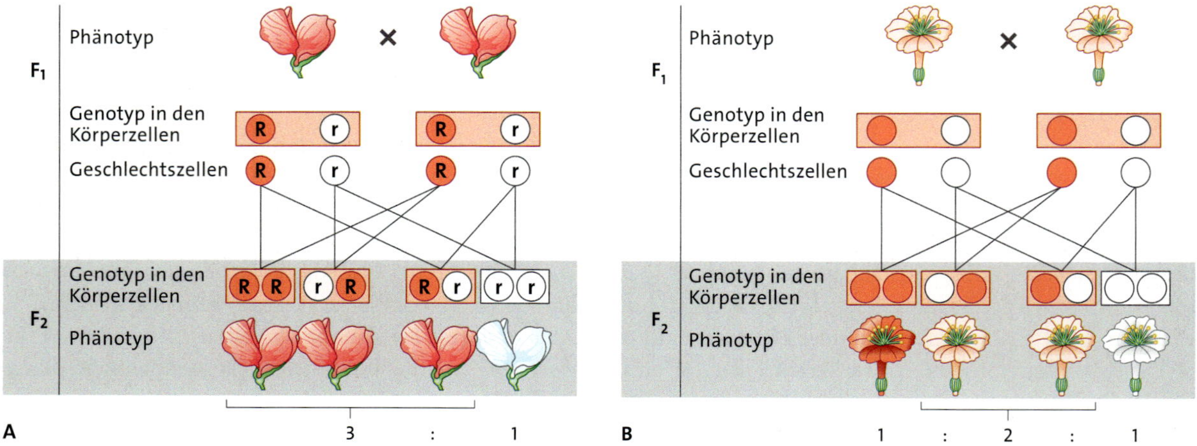

4 Spaltungsregel. A dominant-rezessiver Erbgang bei mischerbigen Erbsen; **B** intermediärer Erbgang bei mischerbigen Wunderblumen

Was geschieht, wenn die Hybriden der F_1-Generation miteinander gekreuzt werden? Zur Klärung dieser Frage säte MENDEL Samen von rot blühenden Erbsen-Hybriden aus und vermehrte sie durch Selbstbestäubung. Dann untersuchte er das Aussehen der **2. Filialgeneration (F_2)**. Er zählte etwa dreimal so viele rot blühende wie weiß blühende Erbsenpflanzen. Die Merkmale der Parentalgeneration spalteten sich somit in der F_2-Generation in einem Verhältnis von etwa 75 zu 25 Prozent wieder auf. Kontrollversuche mit anderen Merkmalen wie Farbe oder Form der Samen oder Hülsen ergaben stets ein ähnliches Verhältnis. Daraus leitete sich eine weitere Gesetzmäßigkeit der Vererbung ab, die später als **2. MENDELsche Regel** oder **Spaltungsregel** formuliert wurde: *Kreuzt man die Mischlinge der F_1-Generation untereinander, so spalten sich die Merkmale der Eltern in der F_2-Generation in einem bestimmten Zahlenverhältnis wieder auf.*

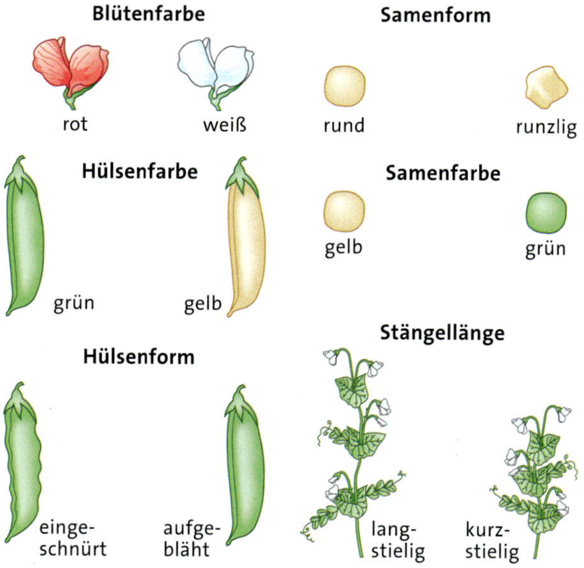

5 Merkmale von Erbsenpflanzen

Mit dem heutigen Wissen über die Verteilung der Chromosomen bei der Meiose und ihre Kombination bei der Verschmelzung von Geschlechtszellen kann dies erklärt werden: Alle rot blühenden F_1-Hybriden haben den Genotyp Rr. Die von ihnen gebildeten Geschlechtszellen enthalten jeweils eines der beiden homologen Chromosomen mit dem Allel R oder r. Bei der Befruchtung sind die Kombinationen RR, Rr, rR oder rr möglich. Die Pflanzen mit den Genotypen RR (reinerbig) und Rr beziehungsweise rR (mischerbig) blühen Rot, nur die reinerbigen rr-Erbsenpflanzen haben weiße Blüten. Das Verhältnis von 3 : 1, das hier beim Phänotyp vorliegt, trifft allerdings nur auf einen dominant-rezessiven Erbgang zu. Beim intermediären Erbgang, nach dem die Blütenfarbe bei der Wunderblume vererbt wird, ist das Verhältnis 1 : 2 : 1. Das heißt, etwa 25 Prozent der F_2-Pflanzen haben rote Blüten (zwei Allele für »rot«), 50 Prozent haben rosafarbene Blüten (ein Allel für »rot« und eines für »weiß«), und 25 Prozent haben weiße Blüten (zwei Allele für »weiß«).

1 MENDEL erhielt bei der Auswertung von Kreuzungsversuchen mit Erbsen für verschiedene F_2-Generationen folgende Ergebnisse: 6022 gelbe und 2001 grüne Samen; 5474 runde und 1850 runzelige Samen. Berechne das jeweilige Verhältnis.

2 Vergleiche den dominant-rezessiven mit dem intermediären Erbgang. Berücksichtige die 1. und 2. MENDELsche Regel sowie Phänotypen und Genotypen.

6.2 Neukombination von Erbanlagen

Erbgänge, bei denen sich die Eltern in nur einem Merkmal unterscheiden, nennt man **monohybrid.** MENDEL wollte auch wissen, wie mehrere unterschiedliche Merkmale gleichzeitig vererbt werden. So untersuchte er einen Erbgang mit zwei Merkmalen, einen **dihybriden Erbgang.** Er verwendete Erbsenpflanzen, die sich in den Merkmalen Samenform und Samenfarbe unterschieden. Die Samen der einen Zuchtform waren gelb und rund, die der anderen Zuchtform grün und runzelig.

Entsprechend der Uniformitätsregel hatten die Mischlinge der F_1-Generation den gleichen Phänotyp: Ihre Samen waren gelb und rund. Durch die Vereinigung des Erbgutes beider Eltern waren *doppelt-mischerbige* Mischlinge entstanden, bei denen die dominanten Merkmale »gelbe Samenfarbe« und »runde Samenform« die rezessiven Merkmale »grüne Samenfarbe« und »runzelige Samenform« überdeckten. Ein solcher Erbgang lässt sich an einem Erbschema in Form eines Kombinationsquadrates nachvollziehen.

Heute weiß man, dass die Anlage für die Ausbildung der Samenfarbe auf einem anderen Chromosom liegt als die Anlage für die Ausbildung der Samenform. Als MENDEL 15 Pflanzen dieser F_1-Mischlinge miteinander kreuzte, waren von den 556 gezählten Erbsensamen der F_2-Generation 315 gelb-rund, 101 gelb-runzelig, 108 grün-rund und 32 grün-runzelig. Es entstanden also vier verschiedene Samenformen, die in einem Zahlenverhältnis von etwa 9:3:3:1 auftraten. Dies zeigte, dass die Merkmale der Ausgangsformen unabhängig voneinander kombiniert werden konnten. Es kam auch zu Neukombinationen, nämlich gelben und runzeligen sowie grünen und runden Samen, und damit zur Entstehung neuer Zuchtformen. Diese Neukombination von Erbanlagen wurde in der **3. MENDELschen Regel,** der **Unabhängigkeitsregel** formuliert: *Kreuzt man Lebewesen einer Art, die sich in mehreren Merkmalen reinerbig unterscheiden, so können die einzelnen Anlagen unabhängig voneinander vererbt und neu kombiniert werden.* In der Tier- und Pflanzenzüchtung nutzt man die unabhängige Weitergabe von Erbanlagen, um neue Zuchtformen zu schaffen und gewünschte Merkmale miteinander zu kombinieren.

1 Ermittle das Zahlenverhältnis für die verschiedenen Phänotypen der F_2-Generation in Abbildung 1.

2 Erkläre anhand von Abbildung 1, wie die neuen Zuchtformen entstanden sind. Beziehe dabei deine Kenntnisse über die Meiose ein.

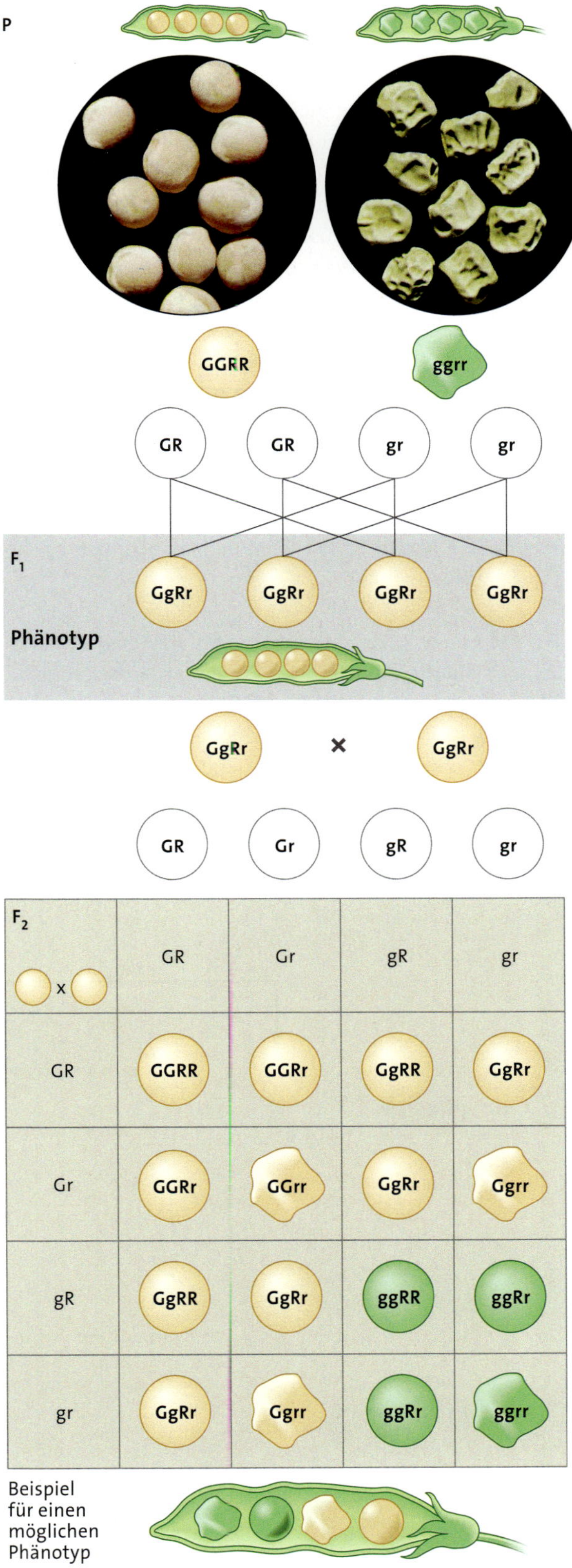

1 **Dihybrider Erbgang**

6.3 Die Rückkreuzung

In der Tier- und Pflanzenzüchtung ist es wichtig, dass man den Genotyp der Tiere oder Pflanzen, die gekreuzt werden sollen, genau kennt. Beim intermediären Erbgang lässt sich der Genotyp direkt aus dem Phänotyp ableiten: Rot oder weiß blühende Individuen der Wunderblume sind reinerbig, mischerbige Individuen haben stets rosafarbene Blüten. Beim dominant-rezessiven Erbgang aber können nur solche Individuen als reinerbig erkannt werden, die im Phänotyp das rezessive Merkmal zeigen, zum Beispiel das Merkmal »weiße Blütenfarbe« bei der Gartenerbse. Dagegen kann man rot blühenden Gartenerbsen ihren Genotyp nicht ansehen, da das dominante Merkmal »rote Blütenfarbe« auch bei mischerbigen Individuen im Phänotyp ausgeprägt wird, bei denen das Allel nur einmal vorliegt. Wie lässt sich bei dominant vererbten Merkmalen feststellen, welche Pflanzen oder Tiere reinerbig sind?

Bei Mäusen wird das Merkmal »schwarze Fellfarbe« dominant vererbt, das Merkmal »weiße Fellfarbe« rezessiv. Möchte man feststellen, ob ein Tier mit schwarzem Fell reinerbig oder mischerbig ist, bringt man es mit einer weißen Maus zur Fortpflanzung. Dies entspricht der Kreuzung mit einem Tier der Parentalgeneration. Deshalb bezeichnet man diese Art der Kreuzung als **Rückkreuzung.**

Wenn das untersuchte schwarze Tier mischerbig ist, so treten bei einer solchen Rückkreuzung zwei Phänotypen im Zahlenverhältnis 1:1 auf: 50 Prozent der Tiere zeigen das rezessive Merkmal »weiße Fellfarbe« (a) und müssen daher reinerbig sein (aa), 50 Prozent der Tiere zeigen das dominante Merkmal »schwarze Fellfarbe« (A). Diese Tiere können nur mischerbig sein (Aa), denn sie haben stets ein rezessives Allel von dem Elterntier mit weißem Fell erhalten.

Ist die untersuchte schwarze Maus reinerbig, so sind die Nachkommen, die aus der Rückkreuzung hervorgehen, gemäß der 1. MENDELschen Regel uniform: Sie haben ein schwarzes Fell und sind in Bezug auf den Genotyp mischerbig.

1 Erkläre anhand von Abbildung 1 die Rückkreuzung.

2 Erläutere, weshalb die Rückkreuzung auch Testkreuzung genannt wird.

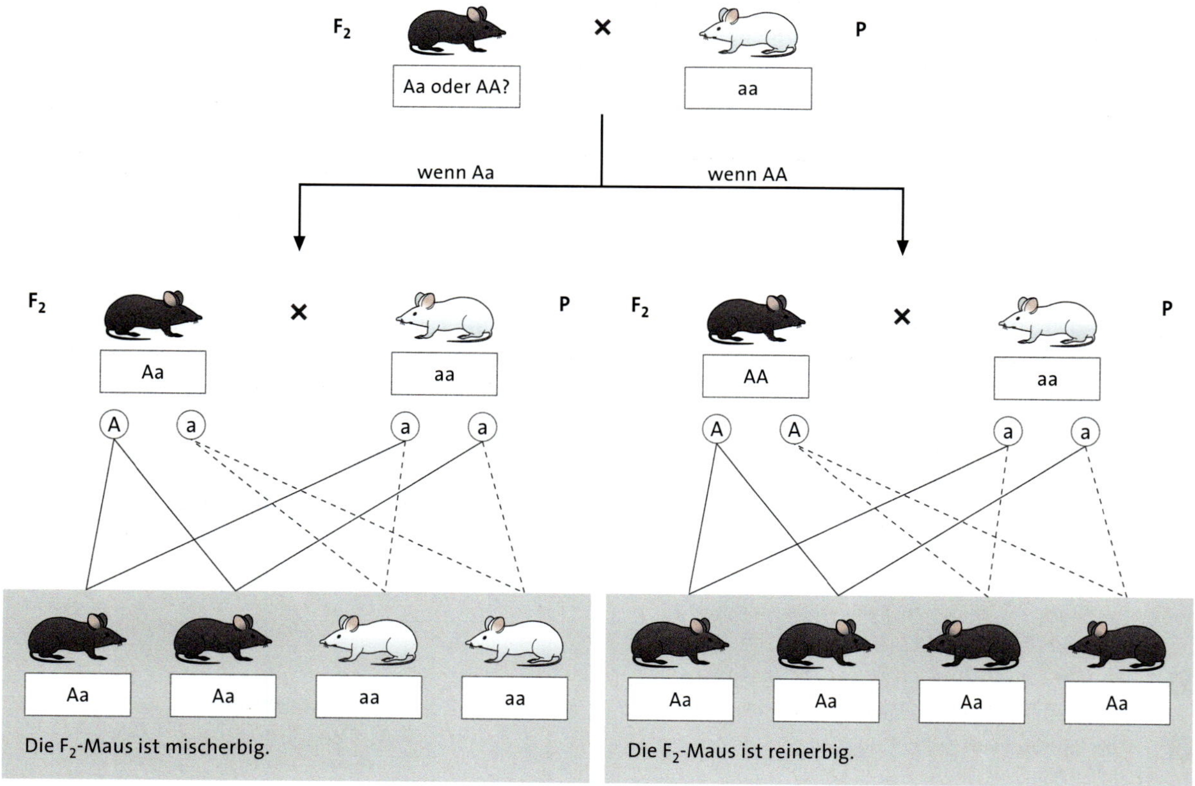

1 **Rückkreuzung**

Wissen kompakt Modellorganismen in der Genetik

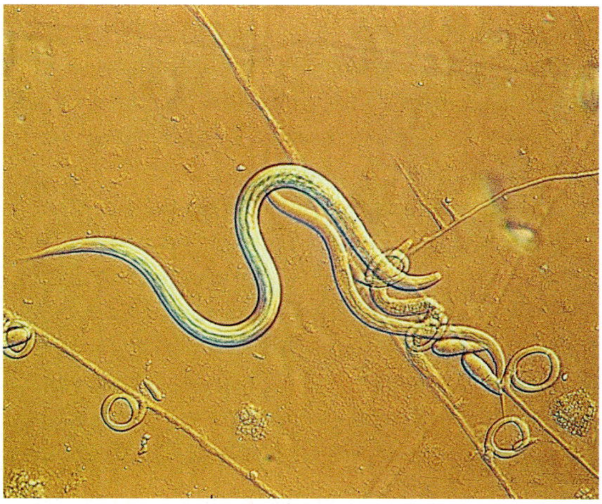

Name: Fadenwurm *(Caenorhabditis elegans)* **(LM)**
Größe: etwa 1 Millimeter
Anzahl der Chromosomen: 12
Anzahl der Basenpaare: 80 Millionen
Anzahl der Gene: etwa 19 000
Vorkommen: in feuchtem Boden
Besonderheiten: Der Fadenwurm besitzt einen sehr einfachen Körperbau, jedes Tier besteht aus exakt 959 Zellen. Die Entwicklung vom befruchteten Ei zum ausgewachsenen Wurm dauert nur wenige Tage. Er überlebt in eingefrorenem Zustand beliebig lange, sodass er für spätere Untersuchungen problemlos gelagert werden kann. Diese Eigenschaften machen ihn zu einem idealen Modellorganismus für Genetiker.
Bedeutung für die Genetik: Der Fadenwurm war das erste vielzellige Tier, dessen Erbinformation vollständig entziffert werden konnte. Die Genetiker wissen inzwischen sehr genau, wie die Entwicklung des Fadenwurms abläuft, das heißt, wann sich die Zellen während der Entwicklung teilen, welche Merkmale sie ausbilden und welche Funktion sie im Körper des Tieres übernehmen. Obwohl sich der Körperbau des Fadenwurms von dem des Menschen stark unterscheidet, lassen sich Erkenntnisse über grundlegende biologische Vorgänge auf den Menschen übertragen. So können Forscher die Mechanismen der Zellteilung und des Zelltodes besser verstehen. Dies ist zum Beispiel für die Krebsforschung von großer Bedeutung.

Name: Taufliege *(Drosophila melanogaster)*
Größe: wenige Millimeter
Anzahl der Chromosomen: 8
Anzahl der Basenpaare: 170 Millionen
Anzahl der Gene: etwa 14 000
Vorkommen: bevorzugt in faulendem, zur Gärung übergehendem Obst, dort erfolgt auch die Eiablage
Besonderheiten: Im Labor ist die Taufliege einfach und kostengünstig zu halten und zu vermehren. Die Entwicklung zur Imago dauert nur 9 Tage. Neben diesen Eigenschaften eignet sich die Taufliege auch deshalb sehr gut für genetische Untersuchungen, weil ihre Chromosomen in manchen Zelltypen besonders gut untersucht werden können.
Bedeutung für die Genetik: Taufliegen mit bestimmten Änderungen ihrer Erbsubstanz können missgestaltete Körperteile aufweisen. Dies sind zum Beispiel verkümmerte Flügel oder eine veränderte Augen- oder Körperfarbe. Anhand solcher Mutanten hat man inzwischen viele Gene gefunden, die notwendig sind, um einen Körper auszubilden, bei dem sich beispielsweise der Verdauungstrakt, die Augen und alle anderen Organe am rechten Platz befinden. Viele dieser Insektengene entsprechen ähnlichen Genen bei Wirbeltieren einschließlich des Menschen. So können durch systematische genetische Untersuchungen von *Drosophila* Fragestellungen erforscht werden, die auch die Entwicklungsbiologie des Menschen betreffen.

1 Informiere dich, zum Beispiel im Internet, über die Ackerschmalwand *(Arabidopsis thaliana)* und die Hefe *(Saccharomyces cerevisiae)* als Modellorganismen in der Genetik. Recherchiere weitere solcher Organismen.

2 Erläutere, welche Kriterien ein Lebewesen erfüllen sollte, das als Modellorganismus in der Genetik eingesetzt werden soll.

3 Begründe, dass sich der Mensch nicht als Modellorganismus in der Genetik eignet.

Aufgaben und Versuche – MENDEL und die Gesetzmäßigkeiten der Vererbung

A1 Kreuzung zweier Erbsenpflanzen

Die Kreuzung zweier reinerbiger Erbsenpflanzen ergibt in der F_1-Generation Nachkommen mit ausschließlich grünen Hülsen.

Aufgaben:

a) Benenne den Erbgang.

b) Zeichne ein Erbschema bis zur F_2-Generation.

V2 Vererbung eines Merkmalspaares

Material: Zeichenkarton in den Farben Weiß, Rosa und Rot; Schere; Stift

Durchführung: Zeichne auf jeden der 3 Zeichenkartons je 5 Blütensymbole (etwa in der Größe eines 2-Euro-Stücks), und schneide diese aus. Schneide aus dem roten und weißen Karton je 12 kleinere Kreise aus. Diese Farbpunkte symbolisieren Erbanlagen.

Parentalgeneration:

Aufgaben:

a) Lege mit den Blütensymbolen einen intermediären Erbgang, bei dem die Eltern 4 Nachkommen haben. Verwende Eltern mit den Blütenfarben Weiß und Rot. Ordne den einzelnen Blütensymbolen je 2 Farbpunkte als Erbanlagen zu.

b) Lege mit den Blütensymbolen einen dominant-rezessiven Erbgang, bei dem die Eltern 4 Nachkommen haben. Verwende Eltern mit den Blütenfarben Weiß und Rot. Ordne den einzelnen Blütensymbolen je zwei Farbpunkte als Erbanlagen zu.

c) Übertrage die Erbgänge, die du bei a) und b) erhalten hast, in dein Heft. Verbinde die Erbanlagen der Parentalgeneration und Filialgeneration mit Linien, die die jeweilige Kombination der Erbanlagen bei der Vererbung zeigen. Vergleiche.

d) Lege mit den Blütensymbolen eine Kreuzung von Mischlingen, die aus einem intermediären Erbgang stammen. Lege dann eine Kreuzung von Mischlingen aus einem dominant-rezessiven Erbgang. Gib zu jedem Erbgang die Genotypen an. Vergleiche.

e) Vollziehe mit Hilfe der Blütensymbole und der Farbpunkte eine Rückkreuzung für eine Blüte »unbekannten« Genotyps. Lege Blütensymbole und Erbanlagen wie folgt:

A3 Kreuzung von F_1-Erbsenpflanzen

In einem Lehrbuch findet sich folgende Beschreibung zur Kreuzung von Erbsen mit dem Merkmal Samenfarbe: »Kreuzt man zwei F_1-Erbsenpflanzen mit gelben Samen miteinander, erhält man in der F_2 drei gelbsamige und eine grünsamige Pflanze.«
Nimm begründet Stellung zu dieser Beschreibung.

V4 Vererbung von zwei Merkmalspaaren

Material: 2 Bögen Zeichenkarton oder dünne Pappe (DIN A4); Papier (DIN A2) oder Tapete; schwarzer Farbstift; Bleistift; Schere; Klebestift

Durchführung: Vergrößere die dargestellten Symbole für das Aussehen (Phänotyp) der Meerschweinchen auf etwa 400 % und klebe sie auf Zeichenkarton. Stelle auf gleiche Weise die Symbole für die Genotypen her. Es bedeuten: großes Quadrat, mit Großbuchstaben = dominantes Merkmal; kleines Quadrat, mit Kleinbuchstaben = rezessives Merkmal.

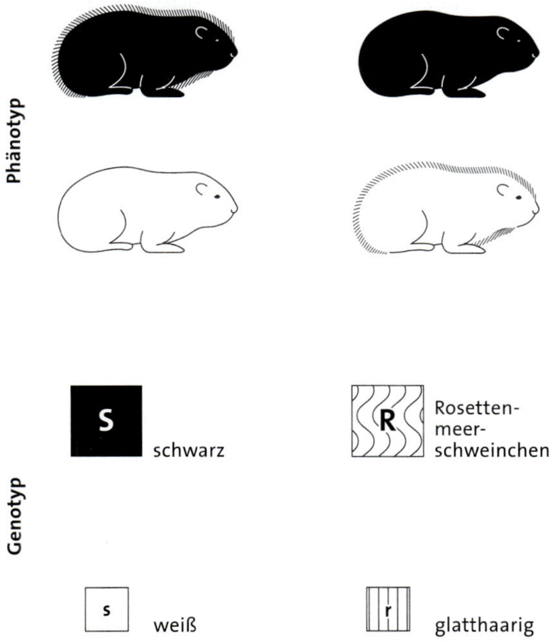

Zeichne auf das Papier – entsprechend der Abbildung rechts – ein Kombinationsquadrat mit 16 Kreuzungsfeldern. Wähle die Größe der Kreuzungsquadrate so, dass die Symbole der Phänotypen und Genotypen hineinpassen.

Aufgaben:

a) Erläutere den Erbgang der Kreuzung zweier reinerbiger Meerschweinchen.

b) Ermittle die möglichen Genotypen der Meerschweinchen in der F_2-Generation. Lege dazu den Erbgang für die Kreuzung der F_1-Mischlinge. Verwende die Symbole und ein Kombinationsquadrat.

c) Welche Bedeutung hat das Ergebnis von Aufgabe b) für den Züchter? Erläutere.

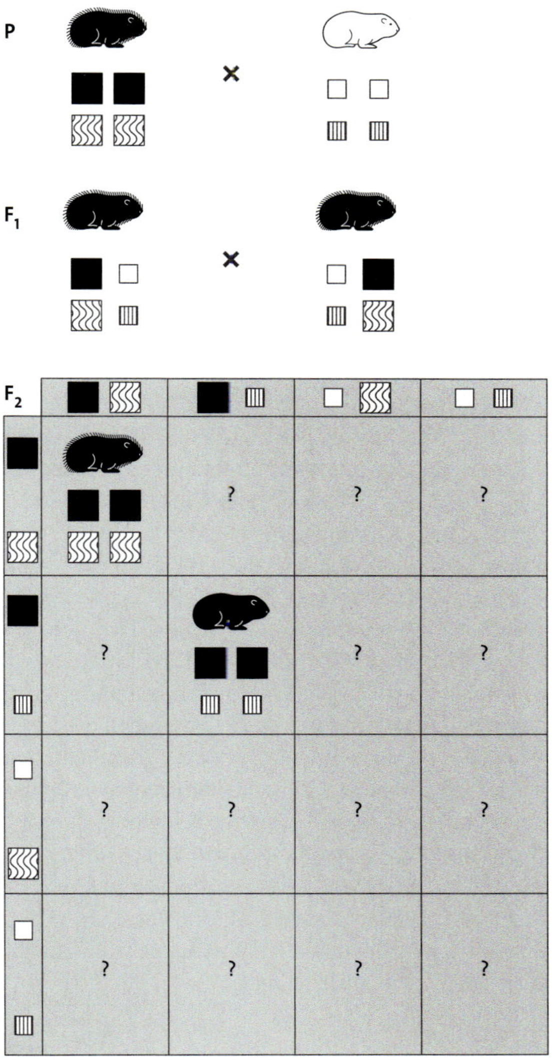

A5 Vererbung beim Menschen

Auch beim Menschen folgt die Vererbung vieler Merkmale den MENDELschen Regeln. So können Erbkrankheiten dominant oder rezessiv vererbt sein. Informiere dich, zum Beispiel über das Internet, über Mukoviszidose (Zystische Fibrose), und Chorea Huntington. Berücksichtige die Art des Erbgangs, das Krankheitsbild (Phänotyp) und die Häufigkeit in der Bevölkerung. Du kannst auch Berichte von Betroffenen recherchieren oder Kontakt zu Selbsthilfegruppen aufnehmen.

7 Mutationen sind Veränderungen des Erbguts

Der bekannteste Gorilla der Welt lebte bis zu seinem Tod im Jahr 2003 im Zoo von Barcelona. »Schneeflöckchen« hatte im Gegensatz zu seinen schwarzen Artgenossen ein weißes Fell und eine rosafarbene Haut. Als *Albino* fehlte ihm der Farbstoff Melanin in Fell und Haut. Auch bei anderen Tierarten und beim Menschen kommt *Albinismus* gelegentlich vor. Er entsteht durch sprunghafte Veränderungen im Erbgut. Solche **Mutationen** treten selten und zufällig auf. Sie können sich vorteilhaft, neutral oder nachteilig auswirken. Da Albinos kein Melanin ausbilden können, fehlt ihnen ein Schutz gegen die schädliche UV-Strahlung des Sonnenlichtes.

Wenn Mutationen in Geschlechtszellen auftreten, werden sie an die Nachkommen vererbt. Mutationen können alle Ebenen des Erbmaterials wie Gene, Chromosomen oder sogar den ganzen Chromosomensatz betreffen. Am häufigsten treten Mutationen auf der Ebene der Gene auf. Bei solchen **Genmutationen** können Nukleotide fehlen, zusätzlich vorliegen oder ausgetauscht sein. Dadurch entsteht ein »Druckfehler« in der Erbinformation. Da die Basenabfolge eines Gens die Abfolge der Aminosäuren im Protein bestimmt, wird dann unter Umständen das funktionsfähige Protein nicht mehr gebildet. Genmutationen sind zum Beispiel die Ursache für den genannten Albinismus bei Menschen und Tieren. Auch eine bestimmte Veränderung von Form und Länge des Schwanzes bei Mäusen ist auf eine Genmutation zurückzuführen: Hier ist ein einziges Nukleotid innerhalb eines Gens verändert, welches an der Ausbildung der Wirbelsäule während der Embryonalentwicklung beteiligt ist.

Genmutationen sind lichtmikroskopisch nicht sichtbar, da lediglich einzelne Nukleotide der DNA verändert sind. Es können aber auch ganze Abschnitte von Chromosomen fehlen oder zusätzlich am gleichen oder an einem anderen Chromosom vorhanden sein. Solche **Chromosomenmutationen** sind daher oft im Lichtmikroskop erkennbar. Zum Beispiel fehlt bei Menschen, die das so genannte Katzenschrei-Syndrom zeigen, bei einem Chromosom 5 ein endständiges Stück, während das homologe Chromosom 5 unverändert ist. Dies hat komplexe Veränderungen des Phänotyps zur Folge, wie eine verzögerte geistige und körperliche Entwicklung. Betroffene Kinder fallen im Säuglingsalter durch ein ungewöhnliches Wimmern auf, das an einen Katzenschrei erinnert.

1 Gorillamännchen »Schneeflöckchen«

Da bei Chromosomenmutationen größere Teile der Erbinformation fehlen oder mehrfach vorliegen, sind häufig mehrere oder viele Gene von der Veränderung betroffen. Somit werden dann viele unterschiedliche Proteine in der Zelle entweder überhaupt nicht oder in zu großer Menge gebildet.

Bei **Genommutationen** ist die Anzahl der Chromosomen einer Zelle verändert, das heißt, das gesamte Genom ist von der Veränderung betroffen. So kann ein einzelnes Chromosom vollständig fehlen oder zusätzlich vorhanden sein. Darüber hinaus kann auch der ganze Chromosomensatz einer Zelle vervielfacht sein. Bei Gräsern treten häufig vervierfachte Chromosomensätze auf. Die entstehenden tetraploiden Arten sind besonders widerstandsfähig und etwas größer als die diploiden Arten. In der Pflanzenzüchtung werden solche Genommutationen künstlich erzeugt, da zum Beispiel Erdbeeren oder Zitronen mit drei- oder vierfachem Chromosomensatz besonders große Früchte haben.

Oft sind Mutationen für deren Träger schädlich, da sie die Überlebenschancen eines Individuums verringern. Mutationen können jedoch auch nützlich sein, wenn die Mutanten durch einen veränderten Phänotyp bessere Überlebenschancen haben als ihre Artgenossen mit unverändertem Phänotyp.

Die meisten Unterschiede zwischen Angehörigen einer Art sind auf neutrale Mutationen zurückzuführen, die für die betroffenen Individuen keine wesentliche Bedeutung haben. Die Vielfalt der Blütenfarben bei Tulpen ist ein Beispiel hierfür.

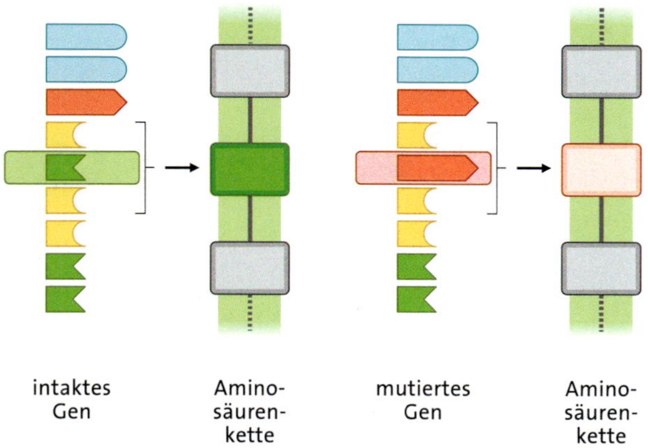

A

B

2 Genmutation. **A** Schema; **B** veränderter Schwanz bei einer Maus

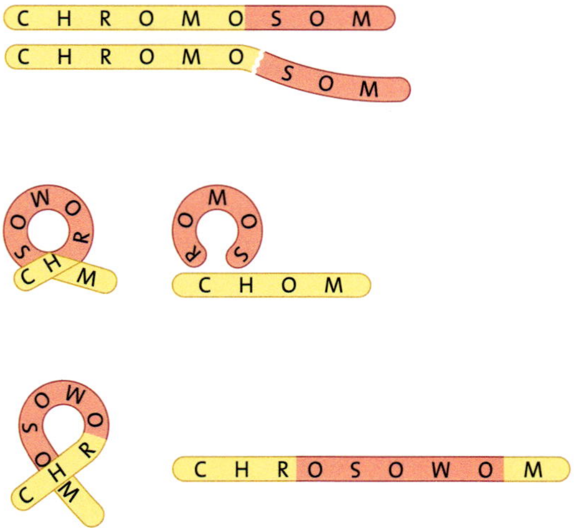

A

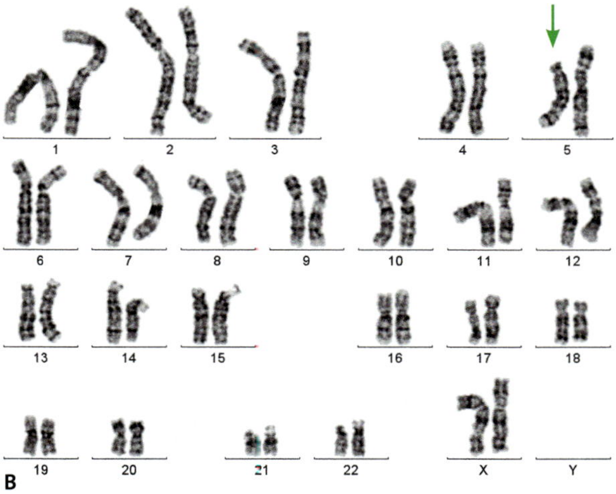

B

3 Chromosomenmutationen. **A** Schema; **B** Stückverlust am Chromosom 5

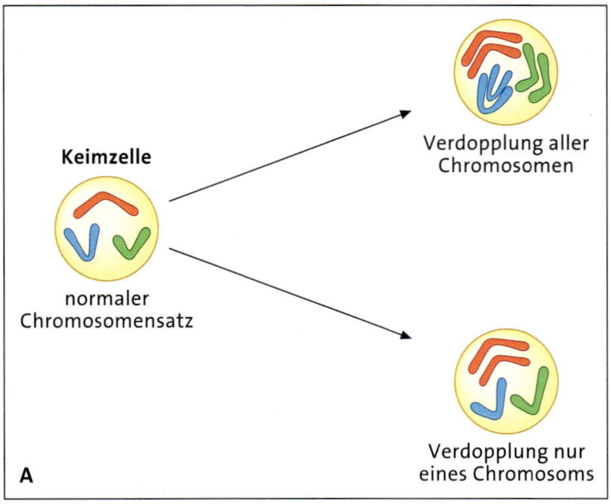

A

B

4 Genommutationen. **A** Schema; **B** Walderdbeere und Zuchtform der Erdbeere mit unterschiedlichen Chromosomensätzen

Von verschiedenen chemischen Substanzen wie zum Beispiel Asbest oder Stoffen, die in Tabakrauch oder in Lösungsmitteln von Lacken und Klebstoffen vorkommen, weiß man, dass sie Mutationen auslösen können. Zu solchen **Mutagenen** zählen auch radioaktive Strahlung, Röntgenstrahlen und UV-Strahlung. Je länger und stärker ein Mutagen auf ein Lebewesen einwirkt, umso mehr Mutationen treten innerhalb einer bestimmten Zeit auf. Aufgrund der Organentwicklung und des Wachstums sind Embryonen besonders gefährdet. Schwangere sollten sich deshalb dem Einfluss von Mutagenen möglichst nicht aussetzen, um Fehlbildungen des Embryos zu vermeiden.

Manche Mutationen stören die normalen, durch Enzyme gesteuerten Kontrollmechanismen für die Teilung und das Wachstum von Zellen. In diesem Fall kommt es zu einer ungehemmten Vermehrung der Zellen. Durch diese unkontrollierten Zellteilungen entsteht **Krebs.** Das veränderte Gewebe wird als Krebsgeschwulst oder **Tumor** bezeichnet. Es ist bekannt, dass zum Beispiel Hautkrebs durch übermäßige Sonneneinstrahlung und Lungenkrebs durch Tabakrauch oder Asbest ausgelöst werden kann.

Krebs auslösende äußere Ursachen werden als **Karzinogene** bezeichnet. Hierzu zählen die genannten Mutagene, aber auch bestimmte Viren oder Bakterien. Auch bei Pflanzen treten Krebserkrankungen auf. So kann ein bestimmtes Bodenbakterium in Wunden eindringen, die sich im Übergangsbereich zwischen Wurzel und Sprossachse, dem Wurzelhals, befinden und dort Wurzelhalstumore hervorrufen.

Daneben gibt es auch erbliche Formen von Krebs, beim Menschen zum Beispiel bestimmte Arten von Brust- oder Darmkrebs.

Heute sind eine Reihe von Genen bekannt, die bei der Entstehung von Krebs eine Rolle spielen. Sie können in zwei Gruppen eingeteilt werden.

Die erste Gruppe bilden Gene, die das Wachstum und die Teilung von Zellen regulieren. Sind solche Gene durch Mutationen vervielfacht, werden auch mehr regulierende Proteine in der betroffenen Zelle gebildet, sodass sich diese Zelle und ihre Tochterzellen deutlich häufiger teilen als nicht mutierte Zellen.

Zur zweiten Gruppe gehören Gene, deren Proteinprodukte normalerweise die unkontrollierte Zellteilung unterdrücken. Durch Mutationen in solchen Genen werden keine entsprechenden funktionsfähigen Proteine gebildet, sodass die Zellvermehrung über das normale Maß hinausgeht.

Die Entstehung von Krebs ist in der Regel nicht auf eine einzige Mutation, sondern auf mehrere, aufeinander folgende Mutationen zurückzuführen. Man spricht vom *Mehrschritt-Modell der Krebsentstehung*, zum Beispiel bei der Entstehung von Dickdarmkrebs.

In der ersten Phase entstehen zunächst harmlose Tumore, so genannte *Polypen*, die langsam und nicht ins Gewebe hinein wachsen. Sie sind das Ergebnis ungewöhnlich häufiger Zellteilungen, die durch Mutationen verursacht

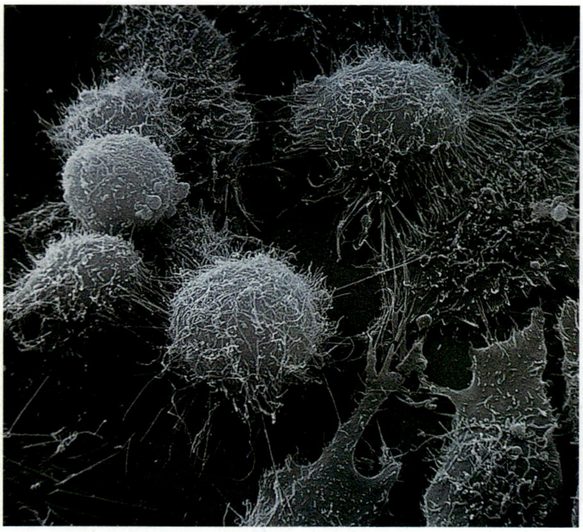

5 Krebszellen (elektronenmikroskopische Aufnahme)

6 Wurzelhalstumor bei der Himbeere

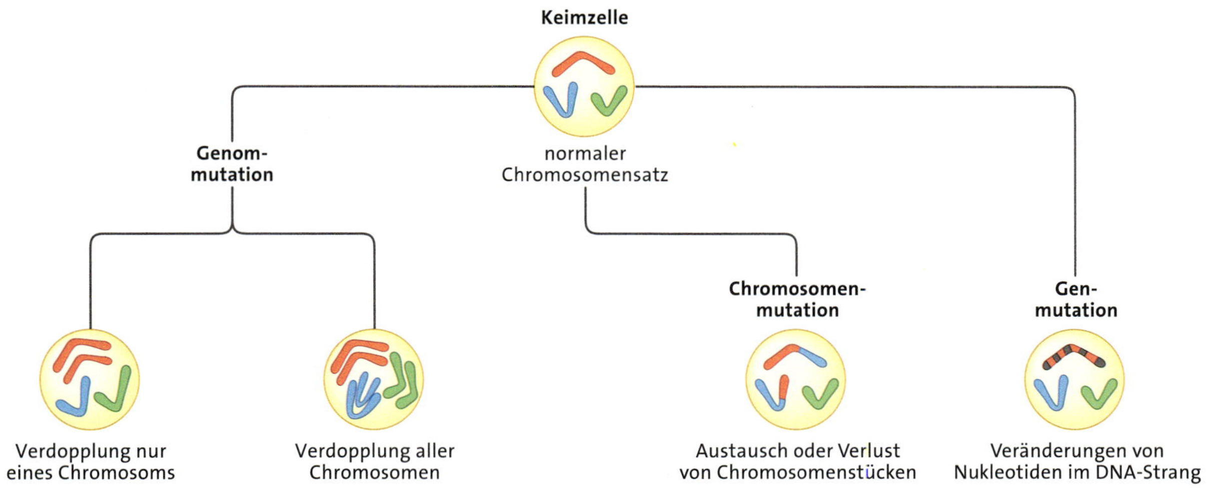

7 Mutationsformen

werden. Weitere Mutationen können die Entartung eines Polypen zu einem bösartigen Tumor bewirken, der sich meist recht schnell in das umliegende Gewebe ausbreitet: Es entsteht Dickdarmkrebs. Von hier können einzelne genetisch veränderte Tumorzellen über die Blut- und Lymphgefäße in andere Körperregionen gelangen. So bilden sich Tochtergeschwülste, so genannte **Metastasen** (gr. *meta;* weg, fort; *stase;* Ort).

Durch ärztliche Vorsorgeuntersuchungen kann die Entstehung eines Tumors frühzeitig entdeckt und behandelt werden. Ab einem bestimmten Alter werden regelmäßige Kontrollen zur Früherkennung von Darm-, Prostata- sowie Brustkrebs und Tumoren des Gebärmuttermundes bei Erwachsenen meist kostenfrei angeboten. Gegen eine Form von Gebärmutterhalskrebs, die durch bestimmte Viren ausgelöst wird, ist inzwischen im Jugendalter eine Impfung möglich. Darüberhinaus sinkt das persönliche Krebsrisiko erheblich durch den Verzicht auf lange, intensive Sonnenbäder, durch Nichtrauchen sowie eine abwechslungsreiche und ausgewogene Ernährung.

1 Definiere die Begriffe Mutation und Mutagen.
2 Vergleiche die drei Mutationstypen Genmutation, Chromosomenmutation und Genommutation anhand der Abbildungen 2 bis 4 und 7 miteinander.
3 Erläutere anhand von Beispielen, welche Auswirkungen Mutationen auf den Phänotyp haben können. Nimm hierzu die Abbildung 7 zu Hilfe.
4 Nenne Mutagene, die eine Schwangere zum Schutz ihres ungeborenen Kindes vermeiden sollte.
5 Erstelle ein Fließdiagramm zum Mehrschritt-Modell der Krebsentstehung am Beispiel des Dickdarmkrebses.
6 Informiere dich über verschiedene Krebsarten wie Dickdarm-, Brust- oder Lungenkrebs, deren Häufigkeit, Früherkennung und Vorsorge. Bereite hierzu einen Kurzvortrag vor.

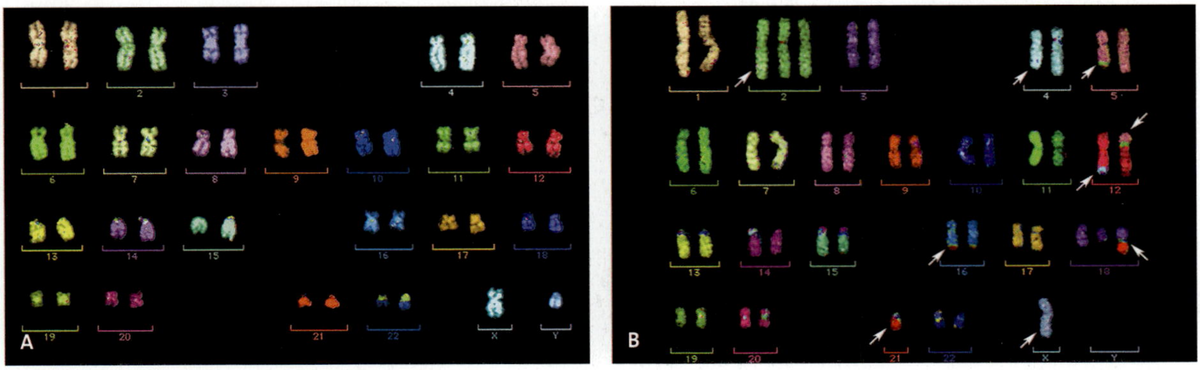

8 Farbige Darstellung von Chromosomen.
A intakte Chromosomen einer normalen Zelle; **B** veränderte Chromosomen einer Krebszelle

8 Die genetische Information ist flexibel – Modifikationen

Betrachtet man die Samen erbgleicher Pflanzen der Feuerbohne, entdeckt man, dass diese nicht alle gleich groß sind, sondern unterschiedliche Längen aufweisen. Die meisten Samen sind zwischen 16 und 20 Millimeter lang, daneben gibt es kürzere und längere Bohnen von minimal zehn und maximal 26 Millimeter Länge. Somit variieren die Bohnen trotz ihrer Erbgleichheit im Phänotyp.

Trägt man die jeweilige Anzahl der Samen gegen die Länge in ein Koordinatensystem ein, erhält man eine grafische Darstellung der Längenverteilung. Bei einer entsprechend hohen Anzahl von ausgemessenen Samen ergibt sich eine glockenförmige Kurve, die man GAUSSsche Verteilungskurve nennt.

Sät man die Bohnensamen aus und misst wiederum die Samenlänge der daraus wachsenden Feuerbohnen, ergeben sich ebenfalls unterschiedliche Werte, die unabhängig von der Samenlänge der Elterngeneration sind. In der grafischen Darstellung erhält man also wieder eine glockenförmige Verteilung. Wie kommt es zur unterschiedlichen Länge erbgleicher Bohnensamen?

Vererbt wird nicht die Anlage für eine bestimmte Länge, sondern Anlagen für einen Spielraum, der für die Feuerbohne zehn bis 26 Millimeter beträgt. Diesen Spielraum nennt man **Reaktionsnorm.** Umwelteinflüsse wie Feuchtigkeit, Bodenbeschaffenheit, Mineralstoffangebot, Temperatur und Licht wirken zusammen, sodass die Kombination günstiger und ungünstiger Faktoren dafür verantwortlich ist, welche Länge ein Bohnensamen innerhalb der Reaktionsnorm tatsächlich erreicht. Die Auswirkung von Umwelteinflüssen auf die Ausbildung des Phänotyps bezeichnet man als **Modifikation.** Modifikationen sind nicht vererbbar.

Auch Löwenzahnpflanzen zeigen Modifikationen. Teilt man junge Löwenzahnpflanzen in zwei Längshälften und pflanzt diese jeweils im Tiefland und im Hochgebirge aus, so entwickeln die erbgleichen Teilpflanzen verschiedene Modifikationen: Der im Tiefland ausgepflanzte Löwenzahn zeigt einen hohen, kräftigen Wuchs, im Hochgebirge dagegen ist er kleinwüchsig. Durch die jeweils unterschiedlichen Standortfaktoren wird also der Phänotyp des Löwenzahns beeinflusst. Die Ausprägung des Phänotyps wird somit durch das Erbgut wie durch die Umwelt bestimmt.

1 Nenne weitere Beispiele für Modifikationen.

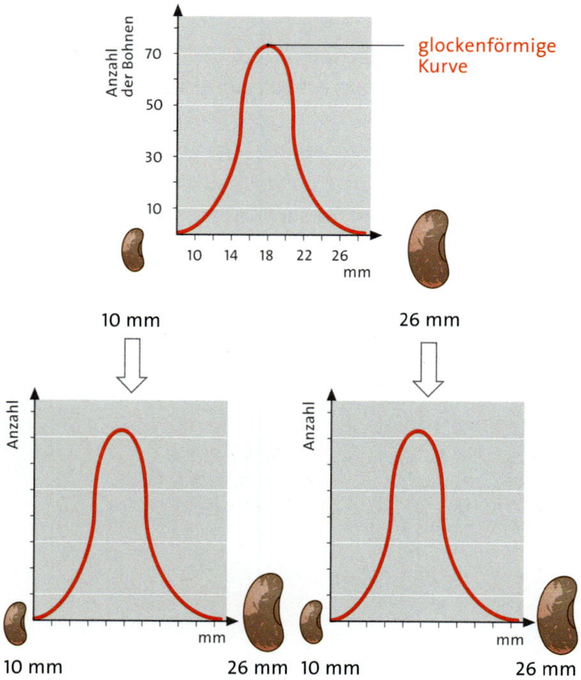

1 **GAUSSsche Verteilungskurven der Länge von Feuerbohnensamen**

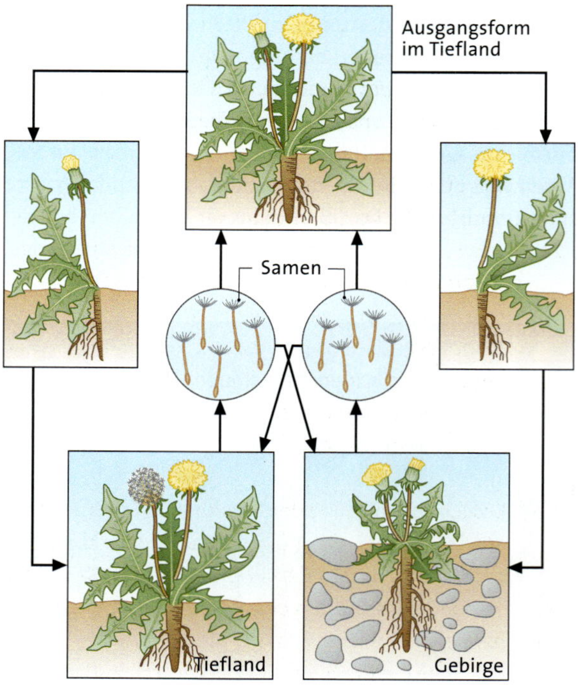

2 **Modifikationen beim Löwenzahn**

Methode Arbeit mit Abbildungen

Biologische Sachverhalte werden oft durch geeignete Abbildungen veranschaulicht. Bei den Abbildungen kann es sich um Fotos, detailgetreue Zeichnungen oder schematische Grafiken handeln. **Fotos** verwendet man häufig dort, wo ein bestimmter Sachverhalt illustriert werden soll. So könnte man zum Beispiel verschiedene Tiere und Pflanzen zeigen, die Mutationen aufweisen. Lassen sich Sachverhalte schlecht als Foto darstellen, bieten sich **detailgetreue Zeichnungen** an. Sie werden zum Beispiel genutzt, wenn bestimmte Verhaltensweisen oder Vorgänge gezeigt werden sollen.

Bei **schematischen Grafiken** wird zum Beispiel der Bau eines Lebewesens oder ein bestimmtes Organ dargestellt. Ähnlich wie bei einem Modell werden dabei die darzustellenden Inhalte oft etwas vereinfacht. Bestimmte Farben können zusätzliche Hinweise geben. So kann man das Nervensystem eines Tieres mit der Farbe Gelb darstellen. Solche Symbolfarben kann man auch für einzelne Zellbestandteile verwenden. Eine Beschriftung hilft zusätzlich beim Erkennen der einzelnen Bestandteile. Abbildungen können verschiedene Aufgaben erfüllen. Sie können einen Text illustrieren oder biologische Inhalte in anderer Weise noch einmal wiedergeben. Oft eignen sie sich auch zum Beschreiben und Vergleichen.

Mathematische Zusammenhänge werden durch Diagramme dargestellt. Dabei kann der Übergang zwischen Grafik und Diagramm fließend sein.

Hinweis zum Arbeiten mit Abbildungen

- Betrachte die Abbildung genau.
- Ordne sie einem Typ zu (Foto, Zeichnung, Diagramm).
- Beschreibe die dargestellten Zusammenhänge unter Verwendung der biologischen Fachbegriffe und der eventuell vorhandenen Beschriftung.
- Vergleiche verschiedene Teilabbildungen, wenn diese vorhanden sind.
- Ziehe eine Schlussfolgerung.

1 Beschreibe mit Hilfe der Abbildung 1 das Ergebnis der Experimente. Begründe, ob die Größe der Schafgarben in der Sierra Nevada genetisch bedingt ist oder ob es sich um eine fließende Modifikation handelt.

2 Erläutere die in Abbildung 2 dargestellte Mutationsform.

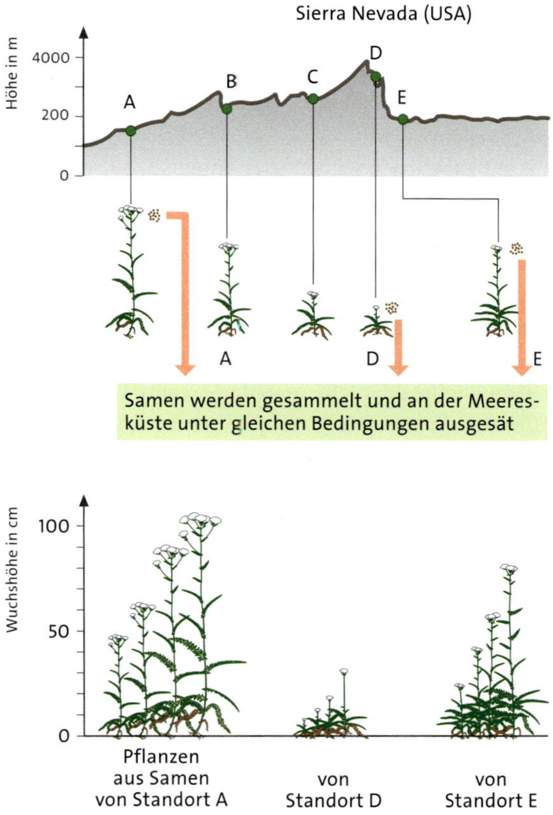

1 Größe von Schafgarben in einem amerikanischen Hochgebirge

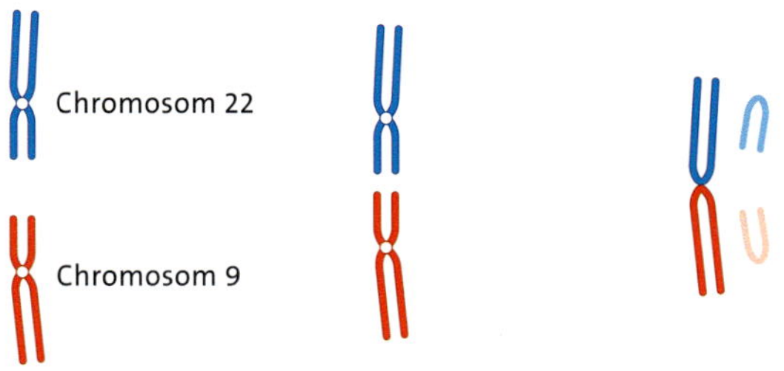

Eine solche Mutation ist Ursache für eine bestimmte Leukämieform. Außer diesem Blutkrebs werden auch andere Krebsarten wie Lungen-, Haut- und Hodenkrebs auf Mutationen zurückgeführt.

2 Mutationen als Auslöser für Krankheiten

9 Vererbung beim Menschen

9.1 Methoden der Erbforschung

Die Wissenschaft, die sich mit der Vererbung beim Menschen beschäftigt, heißt **Humangenetik.** Da aus ethischen Gründen keine Kreuzungsexperimente am Menschen durchgeführt werden, müssen andere Methoden herangezogen werden, um beispielsweise die Gültigkeit der MENDELschen Regeln nachzuweisen.

Bei der *Familienforschung* untersucht man das Auftreten von Merkmalen über möglichst viele Generationen hinweg, um Erbgänge zu ermitteln. So zeigt der abgebildete Stammbaum, dass Albinismus bei Männern und Frauen etwa gleich häufig auftritt. Ferner ist festzustellen, dass das Krankheitsbild nicht in jeder Generation auftritt. Dies lässt auf ein rezessiv vererbtes Gen für Albinismus schließen, das unabhängig vom Geschlecht vererbt wird. Albino-Eltern sind also wie ihre Nachkommen reinerbig. Wenn die Eltern keinen Albinismus zeigen, jedoch bezüglich dieses Merkmals mischerbig sind, können sie ein Albino-Kind bekommen.

In Deutschland kommt Albinismus durchschnittlich einmal bei 30 000 bis 40 000 Personen vor. Auf dem afrikanischen Kontinent tritt Albinismus dagegen deutlich häufiger auf, nämlich bei einer von etwa 10 000 Personen. Die Untersuchung einer großen Zahl von Menschen ist somit eine weitere wichtige Methode der Humangenetik.

Eine solche **genetische Bevölkerungsanalyse** gibt zum Beispiel Auskunft über die Verteilung und Häufigkeit von Erbkrankheiten. Es handelt sich dabei um statistische Aussagen, die die Gesamtbevölkerung betreffen. Die regionalen Häufigkeiten können von diesen Werten abweichen. Die Ergebnisse solcher Analysen nutzt man zum Beispiel, um durch Vorsorgeuntersuchungen von Säuglingen oft vorkommende angeborene Stoffwechselerkrankungen zu erkennen und gegebenenfalls zu behandeln.

Erbkrankheiten wie Albinismus, aber auch viele andere Merkmale beim Menschen, werden nach bestimmten Gesetzmäßigkeiten vererbt und bleiben im Laufe des Lebens in der gleichen Ausprägung erhalten. Dagegen verändern sich andere Eigenschaften wie zum Beispiel Körpergröße, Körpermasse oder auch Intelligenz. In welchem Maße wird die Ausbildung solcher Merkmale durch das Erbgut und die Umwelt beeinflusst?

Zur Klärung dieser Frage kann die Methode der *Zwillingsforschung* beitragen. Es gibt eineiige und zweieiige Zwillinge. Eineiige Zwillinge entstehen, wenn sich nach der Teilung der Zygote die entstandenen Tochterzellen voneinander trennen und weiterentwickeln. Die Erbinformation ist bei eineiigen Zwillingen identisch. Zweieiige Zwillinge entstehen, wenn zufällig nicht eine, sondern zwei Eizellen heranreifen und dann zeitgleich befruchtet werden. Wie Geschwister, die unterschiedlich alt sind, haben zweieiige Zwillinge unterschiedliche Erbanlagen, weil sie aus verschiedenen Zygoten entstanden sind.

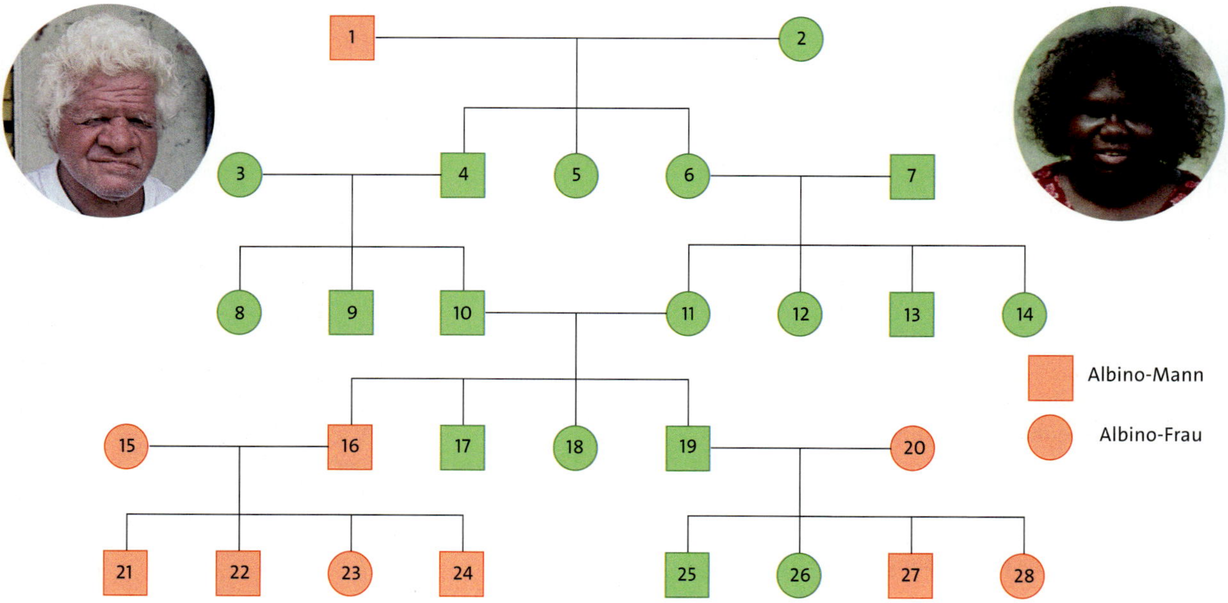

1 Stammbaum einer Familie mit Albinismus

Bei der Zwillingsforschung werden ausgewählte Merkmale bei ein- und zweieiigen Zwillingen statistisch erfasst und miteinander verglichen. Besonders interessant sind dabei die Ergebnisse der Untersuchungen von eineiigen Zwillingen, die in früher Kindheit getrennt wurden und einzeln aufwuchsen. Bei ihnen lässt sich der Einfluss von Erbgut und Umwelt besonders gut einschätzen. Vergleicht man zum Beispiel die Körpergröße bei gemeinsam aufgewachsenen ein- und zweieiigen Zwillingen, so stellt man bei eineiigen Zwillingen einen durchschnittlichen Unterschied von 1,3 Zentimetern fest, bei zweieiigen Zwillingen beträgt der Unterschied 4,5 Zentimeter. Hieraus folgert man, dass das Merkmal Körpergröße überwiegend genetisch festgelegt ist. Allerdings zeigen getrennt aufgewachsene eineiige Zwillinge einen Größenunterschied von durchschnittlich 2,1 Zentimetern. Diese Abweichung gegenüber zusammen aufgezogenen Zwillingen lässt auf einen Einfluss durch die Umwelt schließen. Ergebnisse der Zwillingsforschung zeigen weiterhin, dass neben körperlichen Merkmalen auch geistige Eigenschaften, wie Merkfähigkeit, schlussfolgerndes Denken und Zahlenverständnis in erheblichem Maße erbbedingt sind. Jedoch lässt dies keine direkten Aussagen über die Leistungsfähigkeit eines Menschen zu. Durch Erziehung und Lernen, also durch den Einfluss der Umwelt, können vorhandene Anlagen gefördert oder gehemmt werden. Erbgut und Umwelt bestimmen den Menschen also gemeinsam.

Neben den genannten Methoden lässt sich das Erbgut eines Menschen auch direkt untersuchen. Dieses wird in der Regel aus Blut, aber auch aus anderen Gewebeproben gewonnen. Je nach Präparationsmethode können dann die Chromosomen im Lichtmikroskop oder die DNA durch molekulargenetische Analysen untersucht werden.

1 Werte die Tabelle in Abbildung 2 aus.

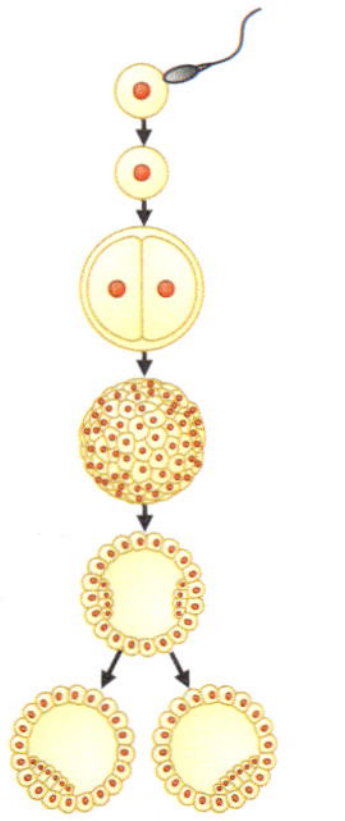

Zwillingspaare	Unterschiede in			Übereinstimmung in %		
	Körpergröße (cm)	Körpergewicht (kg)	Punkte beim Intelligenztest	Masern	Zuckerkrankheit	Tuberkulose
zweieiige Zwillinge	4,5	7,9	13,4	4,7	4,5	4,5
eineiige Zwillinge (getrennt aufgewachsen)	2,1	4,8	9,5	95	84	69
eineiige Zwillinge (gemeinsam aufgewachsen)	1,3	4,7	7,4			

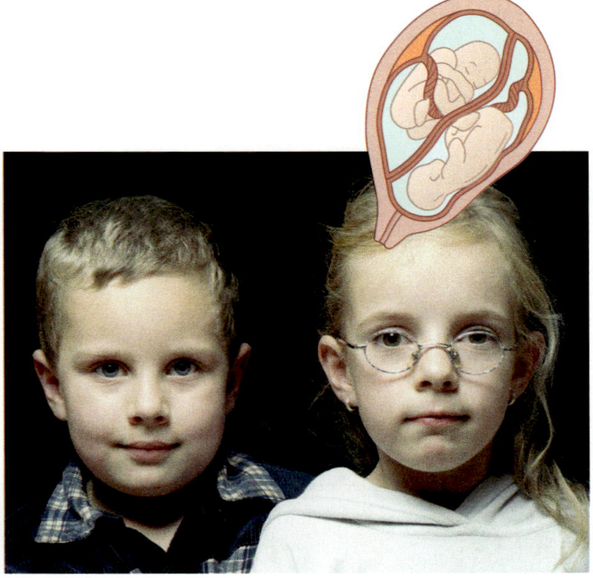

2 **Eineiige und zweieiige Zwillinge: Entstehung und Merkmalsvergleich**

9.2 Vererbung der Blutgruppen und des Rhesusfaktors

Zu den charakteristischen Merkmalen eines Menschen gehört seine Blutgruppe. Diese bleibt im Laufe des Lebens unverändert. Im so genannten AB0-System unterscheidet man die Blutgruppen A, B, AB und 0.

Das Blutgruppenmerkmal ist durch bestimmte Eiweißstoffe, die **Antigene,** gekennzeichnet. Sie befinden sich in der Zellmembran der Roten Blutzellen. Die Information zur Ausbildung dieser Antigene ist in Genen auf den Chromosomen verschlüsselt. Man bezeichnet sie als die Allele A, B und 0. Im Serum des Blutes befinden sich bei den Blutgruppen A, B und 0 weitere Eiweiße, die **Antikörper.**

Durch statistische Auswertung hat man herausgefunden, dass die Blutgruppen des AB0-Systems gemäß den MENDELschen Regeln vererbt werden. Es handelt sich um einen dominant-rezessiven Erbgang. Dabei sind die Allele A und B dominant über das Allel 0. Das bedeutet, dass Menschen mit der Blutgruppe A die Genotypen AA oder A0 haben können. Menschen mit der Blutgruppe B können für das Blutgruppenmerkmal ebenfalls reinerbig (BB) oder mischerbig (B0) sein. Menschen mit der Blutgruppe 0 haben stets den Genotyp 00 und sind somit reinerbig. Bei der Blutgruppe AB liegt Mischerbigkeit vor, die beiden dominanten Allele A und B ergeben den Genotyp AB. Im Phänotyp sind die Merkmale der Blutgruppen A und B gleich stark ausgeprägt. Man spricht von **Codominanz.**

Das AB0-Blutgruppensystem wurde früher bei Vaterschaftstests herangezogen. Mit Hilfe von Kreuzungsschemata kann bei bestimmten Blutgruppen eine Vaterschaft ausgeschlossen werden. Beispielsweise kann ein Kind mit der Blutgruppe 0 niemals einen Vater mit der Blutgruppe AB haben. Bei etwa 20 Prozent solcher Blutgruppen-Untersuchungen kann eine eindeutige Aussage über die Abstammung des Kindes getroffen werden. Heute werden andere Merkmale zum Vergleich herangezogen, in der Regel durch DNA-Analysen.

Das Rhesus-System ist ein weiteres erbliches Blutgruppensystem beim Menschen. Der Rhesusfaktor (Rh) befindet sich als Antigen ebenfalls in der Zellmembran der Roten Blutzellen. Menschen, die dieses Rhesus-Antigen besitzen, bezeichnet man als Rhesus-positiv (Rh-positiv oder Rh^{+}). Das Symbol für dieses dominante Allel lautet D. Rhesus-positive Menschen können für dieses Merkmal reinerbig (DD) oder mischerbig (Dd) sein. Das betrifft

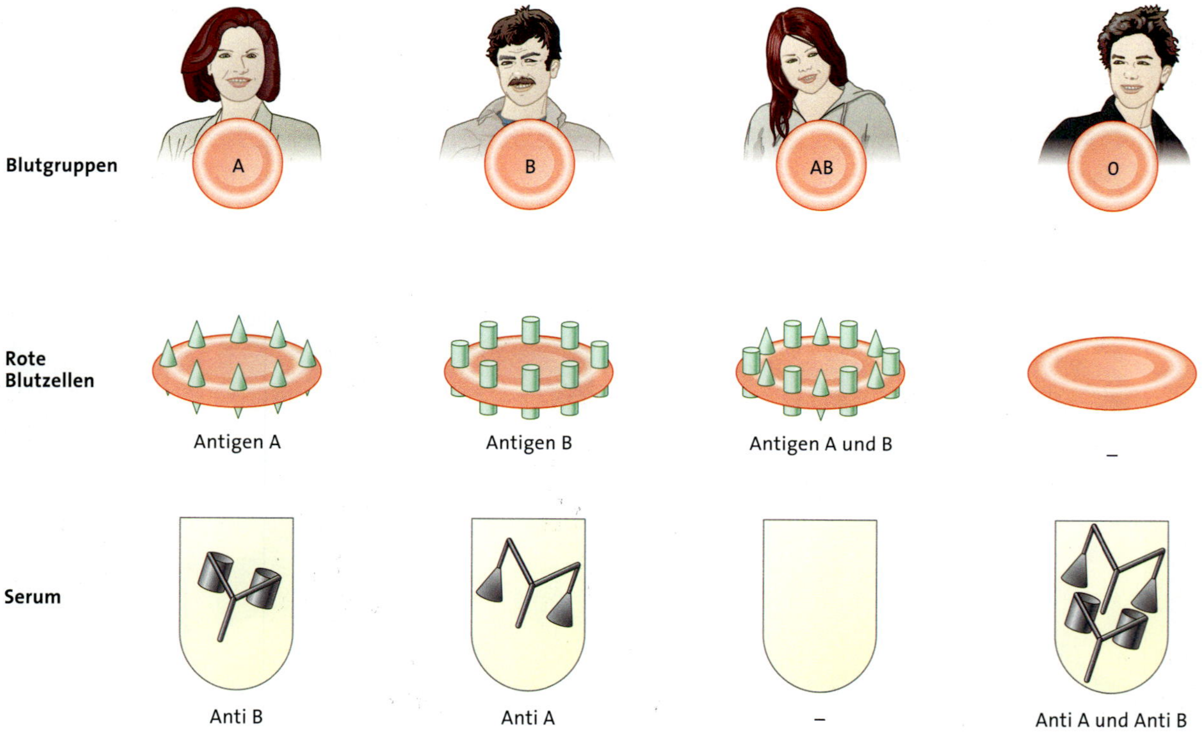

1 **AB0-System**

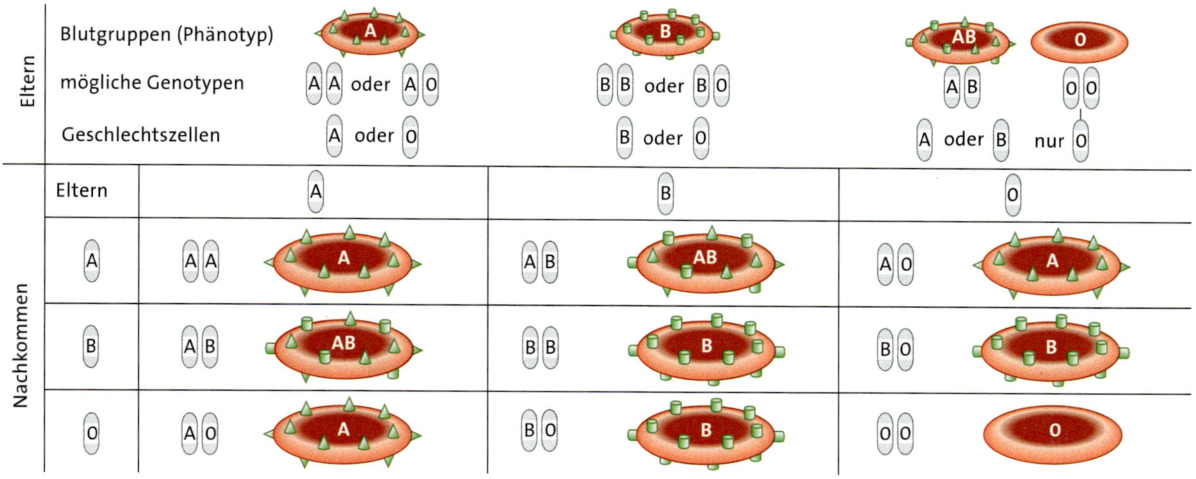

2 Vererbung der Blutgruppen des AB0-Systems

etwa 85 Prozent der Bevölkerung. Die übrigen 15 Prozent sind reinerbig für das rezessive Allel d (dd). Sie sind Rhesus-negativ (Rh-negativ oder rh^-) und haben keine Rhesus-Antigene in den Zellmembranen der Roten Blutzellen.

Wenn eine Rhesus-negative Frau (dd) und ein reinerbig Rhesus-positiver Mann (DD) ein Kind haben, ist dieses Rhesus-positiv (Dd). Beim Geburtsvorgang gelangt etwas Blut des Fetus in die Blutbahn der Mutter. Daraufhin werden dort Antikörper gegen das fremde Antigen D gebildet. Bei einer zweiten Schwangerschaft gelangen diese mütterlichen Antikörper gegen D über die Plazenta in den Embryo und verklumpen seine Roten Blutzellen. Es kommt dadurch zu einer schweren Blutarmut und eventuell zu einer Fehlgeburt. Um dies zu verhindern, spritzt man betroffenen Frauen gleich nach der ersten Geburt einen Eiweißstoff, der die wenigen Blutzellen des Kindes aus dem Blut der Mutter wieder beseitigt. Das Immunsystem der Mutter bildet dann keine Antikörper gegen D aus.

Neben dem AB0- und dem Rhesus-System kennt man noch 14 weitere Blutgruppensysteme mit 60 verschiedenen Antigenen.

1 Weise anhand eines Kreuzungsschemas nach, dass ein Mann mit der Blutgruppe AB nicht Vater eines Kindes mit der Blutgruppe 0 sein kann. Begründe deine Antwort.

2 Erläutere die Rhesus-Unverträglichkeit mit Hilfe der Abbildung 4.

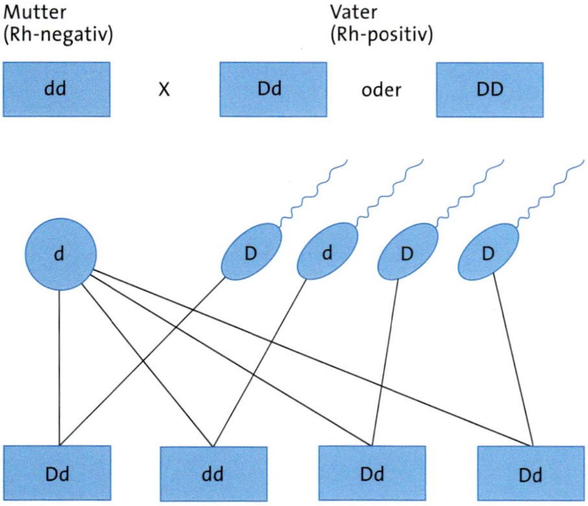

3 Vererbung des Rhesus-Faktors

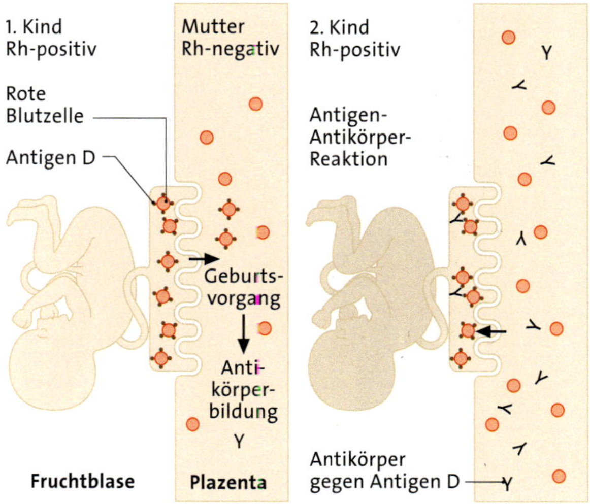

4 Rhesus-Unverträglichkeit

9.3 Genetisch bedingte Krankheiten und Behinderungen

Verschiedene Krankheiten und Behinderungen beruhen auf Mutationen. Oft werden genetisch bedingte Veränderungen des Phänotyps über Generationen hinweg vererbt. Sie können jedoch auch erstmals bei einem Menschen auftreten. Es handelt sich dann um *Neumutationen.* Wenn man einer Mutation keine eindeutige Ursache zuordnen kann, spricht man von einer **Spontanmutation.**

Die häufigsten Ursachen für erbliche Krankheiten sind Genmutationen. Ein Beispiel ist das sogenannte MARFAN-Syndrom, das nach dem französischen Kinderarzt Antoine MARFAN benannt ist. Bei Betroffenen ist ein einzelnes Gen auf Chromosom 15 verändert, was einen Bindegewebsdefekt zur Folge hat. Da Bindegewebe an verschiedenen Stellen des Körpers vorkommt, zeigen sich krankhafte Veränderungen bei zahlreichen unterschiedlichen Organen. Man spricht daher von einem *Syndrom.* Das MARFAN-Syndrom wird dominant vererbt und kommt bei etwa einem von 10 000 Menschen vor.

Jeder Säugling wird in Deutschland gleich nach seiner Geburt auf verschiedene Stoffwechselerkrankungen getestet. Eine dieser Krankheiten ist **Phenylketonurie** PKU. Bei dieser Störung kann die Aminosäure Phenylalanin im Körper nicht richtig umgewandelt werden. Diese Aminosäure ist in vielen Eiweißstoffen der Nahrung enthalten. Wie das Schema zeigt, wird sie mit Hilfe des Enzyms A in eine andere Aminosäure umgebaut, das Tyrosin. Es ermöglicht eine Reihe weiterer Stoffwechselvorgänge im Körper.

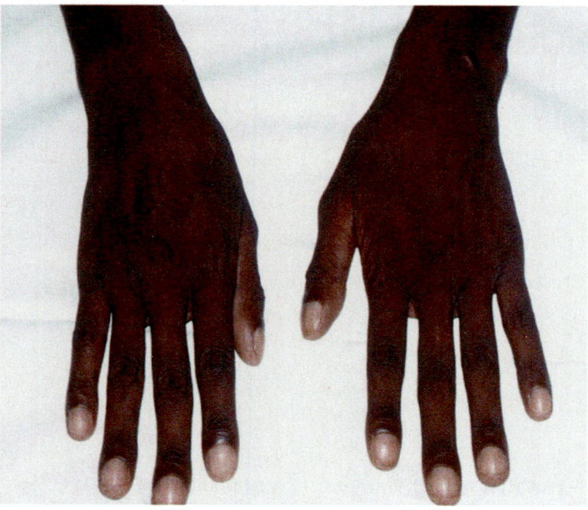

1 MARFAN-Syndrom. »Spinnenfinger«

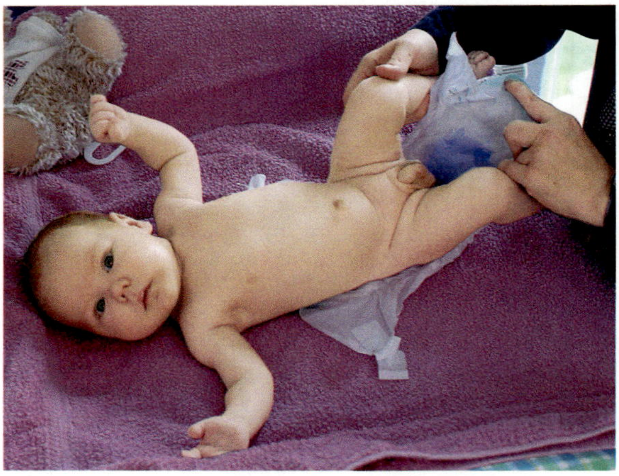

2 Phenylketonurie. Der Urin auf der Windel ergibt mit einem Nachweisstoff eine Blaufärbung.

Bei PKU-Kranken tritt eine Mutation auf, die das Gen betrifft, welches Enzym A verschlüsselt. Dadurch wird ein funktionsloses Enzym aufgebaut. Wird dieser Fehler nicht gleich nach der Geburt entdeckt, kommt es zu schwerwiegenden Folgen. Die Aminosäure Phenylalanin wird über die Nahrung aufgenommen. Sie kann jedoch nicht in Tyrosin umgewandelt werden. So reichert sich die Aminosäure im Blut an. Das daraus entstehende Phenylketon ist giftig und zerstört vor allem Nervenzellen. So kommt es zu schweren geistigen Schäden und Lähmungen. Sie sind nicht heilbar und verstärken sich mit zunehmendem Alter.

Vermeidbar sind diese Folgen nur durch eine sofort einsetzende Therapie. Ein PKU-kranker Säugling bekommt eine spezielle Nahrung. Sie enthält nur Spuren von Phenylalanin, dafür aber viel Tyrosin. Normale Proteine sind nicht erlaubt, da sie zu viel Phenylalanin enthalten. Wenn das Gehirn mit etwa 15 Jahren ausgereift ist, kann die Diät gelockert werden. Es reicht nun eine eiweißarme, natürliche Nahrung aus.

Hauptmerkmale des MARFAN-Syndroms	
Skelett	hoher Gaumen, Zahnfehlstellung, Wirbelsäulenverkrümmung, Trichterbrust, überdehnbare Gelenke, »Spinnenfinger«, überlange Gliedmaßen
Auge	Hornhautverkrümmung, Augapfelverlängerung, Linsenverlagerung, Linsentrübung, Netzhautablösung
Herz und Gefäße	Herzklappendefekte, Aortenaussackung, Aortenriss, niedriger Blutdruck
Lunge	Gewebedefekte

Im menschlichen Stoffwechsel gibt es noch eine Vielzahl weiterer chemischer Reaktionen, die ebenfalls durch Enzyme gesteuert sind. Diese werden von ganz bestimmten Genen verschlüsselt. Auch hier können Genmutationen die Gene so verändern, dass die Enzyme ihre Funktion verlieren. Fällt zum Beispiel im Stoffwechsel eines Menschen das mit B bezeichnete Enzym aus, kann er Tyrosin nicht mehr in Thyroxin umwandeln. Thyroxin ist aber ein wichtiges Schilddrüsenhormon, das Wachstum, Entwicklung und den Stoffwechsel des Menschen steuert. Sein Fehlen führt zum Kretinismus, einer schweren Erkrankung mit Wachstumsverzögerung, Hörschaden und Schwachsinn.

Ein Fehlen des Enzyms C hat harmlose Folgen. Es kommt zur Alkaptonurie, einer Erkrankung bei der sich der Harn der Betroffenen schwarz färbt. Hier kann die aus Tyrosin gebildete Säure nicht vollständig zu Kohlenstoffdioxid und Wasser abgebaut werden. Aus Tyrosin bildet sich im Stoffwechsel auch das Hautpigment Melanin. Es ist für die Färbung von Haut, Haaren und der Iris verantwortlich. Wird kein Enzym D gebildet, kommt es zu einem Farbstoffmangel und damit zum Albinismus.

Mukoviszidose ist eine der häufigsten Erbkrankheiten in Deutschland, die rezessiv vererbt wird. Etwa eins von 2000 Neugeborenen ist davon betroffen. Der Name bedeutet soviel wie Zähschleimigkeit. Die Erbkrankheit wirkt sich schon im Säuglingsalter aus. Der Gesundheitszustand des Betroffenen verschlechtert sich mit zunehmendem Alter. 1960 lag deshalb die Lebenserwartung nur bei fünf Jahren. Heute haben Mukoviszidose-Patienten eine höhere Lebenserwartung. Die Krankheit ist bisher nicht heilbar.

Erst 1990 konnte man den genauen Zusammenhang zwischen Ursache und Wirkung bei dieser Erkrankung aufklären. Das betroffene Gen befindet sich auf dem langen Arm des siebenten Chromosoms. Das gesunde Gen besteht aus 250 000 Nukleotidpaaren, die wiederum ein Protein aus 1480 Aminosäuren codieren. Dieses röhrenförmige Protein wird in die Zellmembranen von Drüsenzellen eingebaut. Es ist dort für den Transport von Chlorid-Ionen verantwortlich. Bei der Mukoviszidose ist dieser Eiweißstoff fehlerhaft. Die häufigste Genmutation ist ein Nukleotidverlust, der drei Basen betrifft. Deshalb fehlt die Aminosäure 508. Dies hat zur Folge, dass der Ionenkanal für Chlorid-Ionen blockiert oder erst gar nicht in die Membran eingebaut wird. Dadurch enthält der Schleim zu wenig Chlorid-Ionen. Er kann nicht genügend Wasser binden und wird sehr zähflüssig. Der zähe Schleim behindert die Atmung. Außerdem bewirkt er eine erhöhte Anfälligkeit für Infekte der oberen Atemwege und der Lunge. Viele andere Drüsengewebe wie Darm, Bauchspeicheldrüse und die Fortpflanzungsorgane sind ebenfalls vom zähen Schleim betroffen.

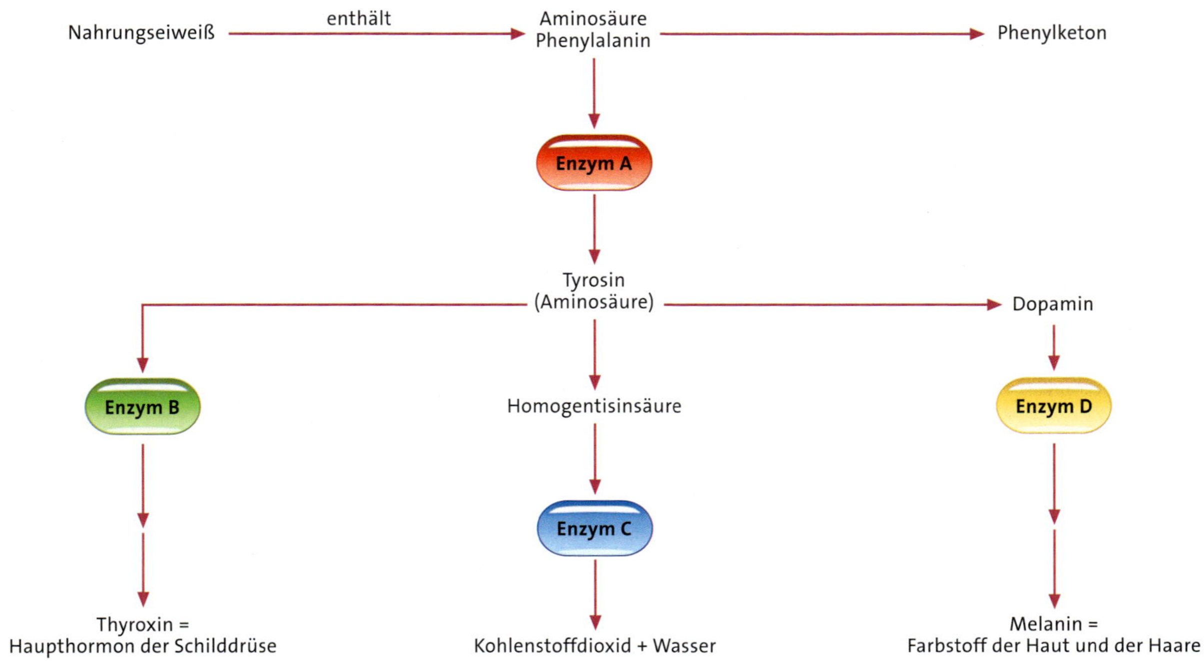

3 Phenylalaninstoffwechsel des Menschen

Bis heute sind über 400 verschiedene Mutationen bekannt, die zu unterschiedlich schweren Formen von Mukoviszidose führen. Die Therapie ist immer noch schwierig. Meist setzt man Schleimverflüssiger und Antibiotika gegen die immer wieder auftretenden Infektionen ein. Das Abklopfen des Brustkorbes und eine Bewegungstherapie mit Trampolinspringen helfen, um den festsitzenden Schleim zu lockern. An einer Gentherapie, bei der gesunde Gene in Schleimhautzellen eingeschleust werden, wird noch geforscht. Diese sollen mit einem Spray inhaliert werden.

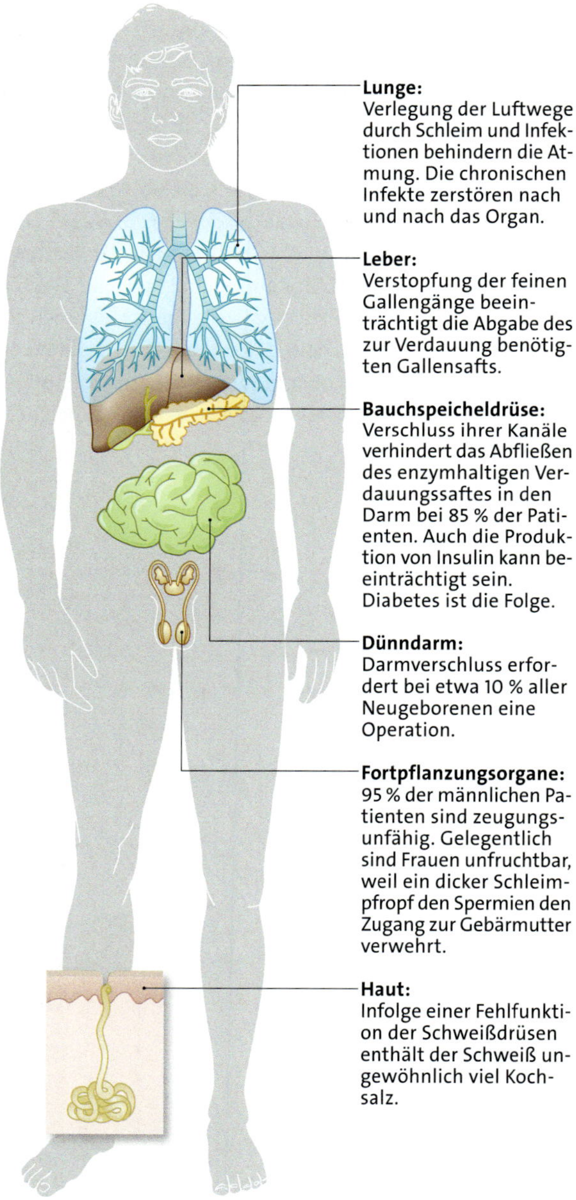

4 Mukoviszidose betrifft viele Organe

Manche Erbkrankheiten treten bei Männern wesentlich häufiger auf als bei Frauen. Die **Hämophilie** oder **Bluterkrankheit,** bei der die Blutgerinnung verzögert ist, tritt mit einer Häufigkeit von ca. 1 – 2 auf 10.000 männlichen Neugeborenen auf, bei Frauen aber nur extrem selten. Durch diese verzögerte Blutgerinnung können selbst kleine Verletzungen lebensbedrohlich sein. Der Geschlechtsunterschied erkärt sich dadurch, dass sich das verantwortliche Gen auf dem X-Chromosom befindet. Man spricht daher auch von einem **X-chromosomalen Erbgang**.

Das Allel für die Hämophilie ist rezessiv gegenüber dem Allel für normale Blutgerinnung. Bei Frauen tritt die Bluterkrankheit nur dann auf, wenn sie auf beiden X-Chromosomen jeweils das veränderte Gen tragen, also für dieses Allel reinerbig sind. Ist eine Frau mischerbig, hat sie also nur ein Allel für Hämophilie und zeigt eine normale Blutgerinnung. Sie ist damit phänotypisch unauffällig, kann das Allel für Hämophilie aber auf ihre Nachkommen übertragen. Sie ist Überträgerin oder **Konduktorin.** Ihre Söhne haben daher mit einer Wahrscheinlichkeit von 50 Prozent die Bluterkrankheit. Wenn sie das rezessive Allel ihrer Mutter geerbt haben, wirkt sich dies auch phänotypisch aus, da auf ihrem Y-Chromosom das entsprechende Allel fehlt.

Im Gegensatz zu Genmutationen kann man Chromosomenmutationen wie das **Katzenschrei-Syndrom** nur selten bei Neugeborenen feststellen. Durch Veränderungen des Erbmaterials, bei denen ein Stück eines Chromosoms fehlt oder zusätzlich vorliegt, wird ein Embryo in der Regel so stark geschädigt, dass er bereits im Muttерleib stirbt.

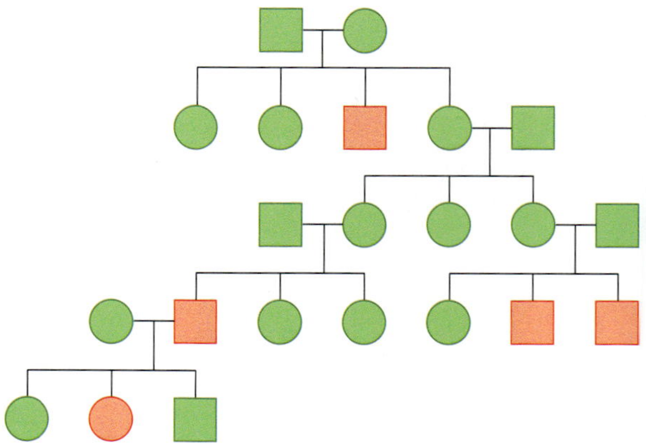

5 Stammbaum einer Familie mit Hämophilie

In den meisten Fällen von Genommutationen liegt ein überzähliges Autosom vor. Am häufigsten ist die **Trisomie 21,** bei der das Chromosom 21 im Chromosomensatz dreimal statt nur zweimal vorhanden ist. Diese Mutation wurde erstmals von dem Londoner Arzt John Down beschrieben und wird daher auch als Down-Syndrom bezeichnet. Bei der Trisomie 21 liegen Proteine, für deren Bildung Gene auf dem Chromosom 21 verantwortlich sind, in erhöhter Konzentration vor. Dadurch zeigen Menschen mit Down-Syndrom eine Reihe von Veränderungen: Sie sind klein, die Hände sind kurz, an den Handflächen kann man eine typische Furche erkennen. Der Kopf hat eine rundliche Form mit tiefsitzenden Ohren. Die Zunge ist vergrößert. Die meist typische Form der Augen ergibt sich durch eine schmale Lidfalte. Die Menschen leiden oft an Herzfehlern und einer erhöhten Infektionsanfälligkeit, vor allem im Magen-Darm-Bereich. Durch die verbesserte medizinische Versorgung haben Menschen mit Down-Syndrom heute eine deutlich höhere Lebenserwartung als früher. Bei der Trisomie 21 ist auch die geistige Entwicklung der Betroffenen beeinträchtigt. Früher wurden viele von ihnen in Heimen für geistig Behinderte verwahrt. Heute werden bereits im Kindesalter durch intensive Fördermaßnahmen Voraussetzungen geschaffen, die einen Schulbesuch und eine nachfolgende Berufsausbildung ermöglichen. Auf diese Weise können auch Menschen mit Down-Syndrom ein weitgehend selbstbestimmtes Leben führen.

Statistische Untersuchungen haben gezeigt, dass die Wahrscheinlichkeit für die Geburt eines Kindes mit Down-Syndrom mit zunehmendem Alter der Schwangeren steigt. Bei ihnen werden im Verlauf der Meiose häufiger Geschlechtszellen gebildet, die beide mütterlichen Chromosomen 21 enthalten. Auch bei Männern nimmt die Wahrscheinlichkeit einer Fehlverteilung der Chromosomen während der Meiose mit steigendem Alter zu. Neben der Trisomie 21 kennt man beim Menschen auch die Trisomie 13 und die Trisomie 18. Das Fehlen eines dieser Autosomen ist so schwerwiegend, dass ein Embryo schon in einem sehr frühen Entwicklungsstadium stirbt.

Der Überschuss oder Verlust eines Gonosoms hat insgesamt weniger schwerwiegende Folgen für den Phänotyp. Vergleicht man die geistige Entwicklung von Betroffenen mit derjenigen der durchschnittlichen Bevölkerung, lassen sich in der Regel keine Auffälligkeiten feststellen. Dies ist zum Beispiel bei Frauen mit einem fehlenden X-Chromosom der Fall. Ihr Karyotyp lautet 45,X0. Der Phänotyp wird als Turner-Syndrom bezeichnet. Ähnliches gilt auch für Männer, deren Chromosomensatz ein zusätzliches X-Chromosom aufweist. Sie haben das Klinefelter-Syndrom mit dem Karyotyp 47,XXY.

1 Nenne und vergleiche Beispiele für Gen-, Chromosomen- und Genommutationen beim Menschen.

2 Begründe, dass die Hämophilie vermehrt bei Männern auftritt.

3 Werte die Grafik bei Abbildung 6 aus.

4 Informiere dich, zum Beispiel über das Internet, über den Phänotyp von Frauen mit Turner-Syndrom und erstelle einen kurzen Bericht.

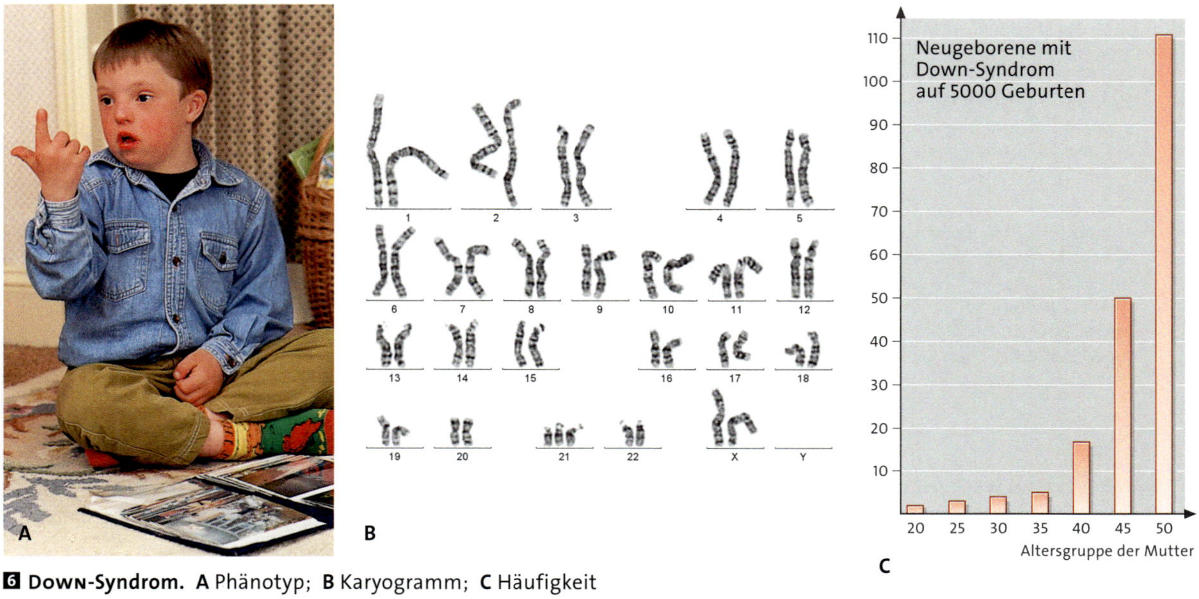

6 Down-Syndrom. **A** Phänotyp; **B** Karyogramm; **C** Häufigkeit

Methode Stammbäume in der Humangenetik

Zur Untersuchung von Gesetzmäßigkeiten der Vererbung beim Menschen erstellt man häufig Stammbäume. Durch die Auswertung eines Stammbaums kann man zum Beispiel ermitteln, wie bestimmte Krankheiten vererbt werden. Bei einem Stammbaum stellt man die Mitglieder der verschiedenen Generationen einer Familie durch Symbole und Verbindungslinien dar. Man berücksichtigt hierzu ihr Geschlecht und ihren Phänotyp. Je größer eine Familie ist und je mehr Generationen berücksichtigt werden können, desto einfacher ist es, bei der Analyse des Stammbaums vom Phänotyp eindeutig auf den Genotyp der einzelnen Familienmitglieder zu schließen und damit eine Aussage über den Erbgang zu treffen.

Allgemeine Vorgehensweise	**Beispiel: Vererbung der Kurzfingrigkeit**
Verwendete Symbolik Mann Frau Eltern Geschwister Merkmalsträger 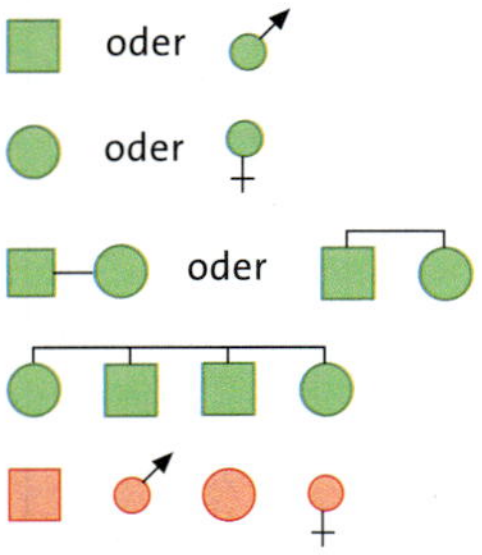	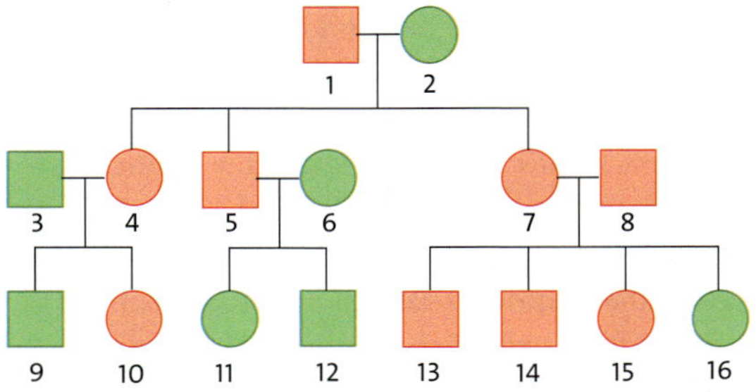
1. Wie wird das untersuchte Gen vererbt? ⟶ das betreffende Gen tritt meist gehäuft in jeder Generation auf ⟶ *dominanter Erbgang* ⟶ das betreffende Gen tritt selten auf, oft werden Generationen übersprungen, phänotypisch gesunde Eltern können Kinder mit diesem Merkmal haben ⟶ *rezessiver Erbgang*	⟶ das Merkmal tritt in jeder Generation relativ häufig auf, 9 von 16 Personen sind davon betroffen ⟶ *das Gen wird dominant vererbt*
2. Welche Form des Erbganges liegt vor? ⟶ das Merkmal tritt in beiden Geschlechtern mit gleicher Häufigkeit auf ⟶ *autosomaler Erbgang* ⟶ das untersuchte Merkmal zeigt sich gehäuft bzw. ausschließlich bei Männern ⟶ *X-Chromosomaler Erbgang* (das entsprechende Gen oder die entsprechenden Gene liegen auf dem X-Chromosom)	⟶ fünf Männer und vier Frauen sind betroffen ⟶ *es handelt sich um einen autosomalen Erbgang*
3. Zuordnung der Genotypen ⟶ autosomaler Erbgang: dominantes Allel Symbol A und rezessives Allel Symbol a ⟶ X-Chromosomaler Erbgang: Symbole X und Y, betroffenes X-Chromosom kennzeichnen z.B. durch Unterstreichen X	⟶ Genotyp für Personen 1, 4, 5, 7, 8, 10, 13, 14 und 15 ist immer Aa, sie sind heterozygot und Merkmalsträger ⟶ Genotyp für Personen 2, 3, 6, 9, 11, 12 und 16 ist immer aa, sie sind homozygot und keine Merkmalsträger

1 Nenne zwei weitere Erbkrankheiten, auf die der oben abgebildete Stammbaum zutreffen könnte. Begründe.

2 Führe eine Stammbaumanalyse für die Hämophilie in Abbildung 5 auf Seite 170 durch. Begründe deine Entscheidungen.

Aufgaben und Versuche Humangenetik

A1 Familienstammbaum

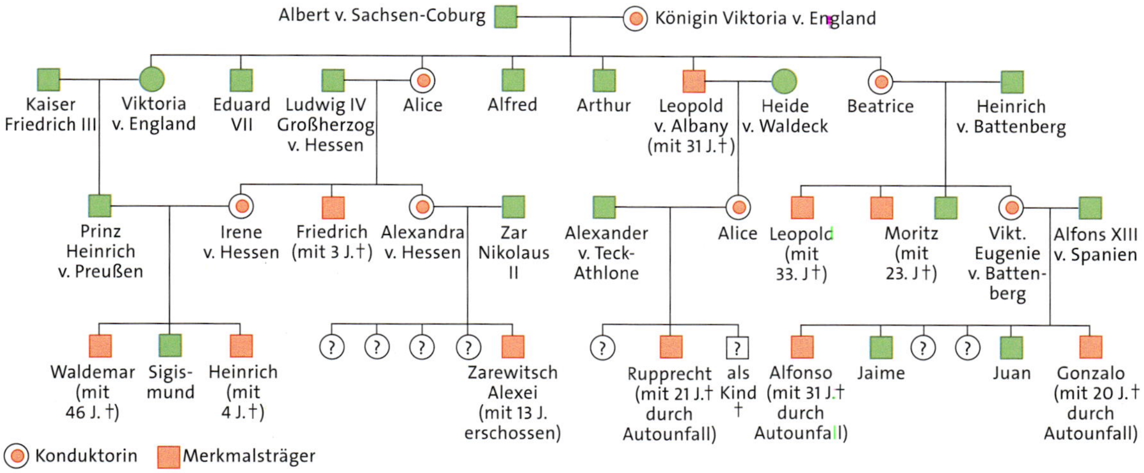

Die Abbildung zeigt einen Familienstammbaum für die Bluterkrankheit im europäischen Adel.

Aufgaben:

a) Erkläre die Vererbung der Bluterkrankheit mit Hilfe des Stammbaums.

b) Nimm begründet zu der Frage Stellung, ob es auch bluterkranke Frauen geben kann.

c) Begründe die weit über dem statistischen Durchschnitt liegende Häufigkeit der Bluterkrankheit bei den Personen im Stammbaum.

A2 Karyogramm

Die Abbildung zeigt ein Karyogramm, das für das so genannte EDWARDS-Syndrom typisch ist. Betroffene zeigen schwere Fehlbildungen an Herz, Kleinhirn, Ohren, Fingern und Füßen. Sie sterben in der Regel im ersten Lebensjahr.

Aufgaben:

a) Werte das abgebildete Karyogramm aus und begründe, um welchen Mutationstyp es sich handelt.

b) Erläutere eine Möglichkeit, wie die dargestellte Fehlverteilung der Chromosomen während der Meiose entstehen konnte. Fertige hierzu auch Skizzen an.

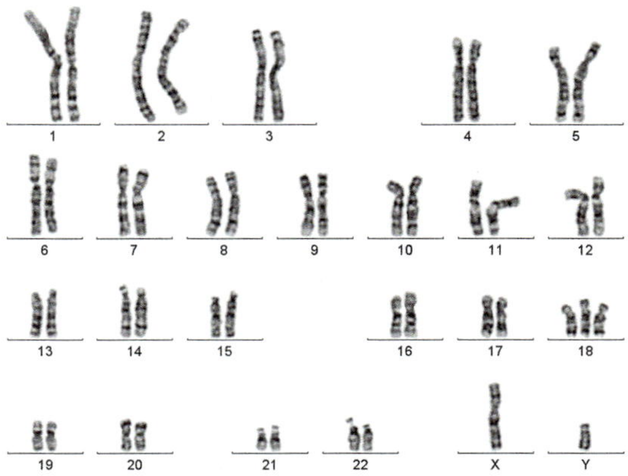

A3 Blutgruppenbestimmung

Die abgebildeten Säuglinge sind auf einer Geburtsstation vertauscht worden.

Aufgabe: Ermittle mit Hilfe der Blutgruppen, zu welchem der folgenden Elternpaare sie gehören:

Paar 1: 0 rh⁻ und A rh⁻

Paar 2: A Rh⁺ und B Rh⁺

Paar 3: A rh⁻ und 0 Rh⁺

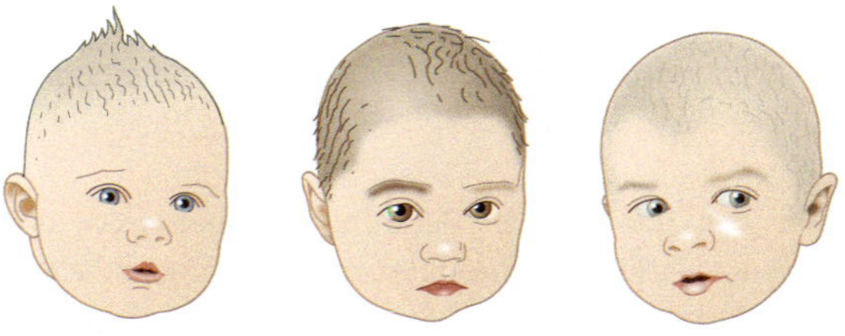

A Rh⁺ A rh⁻ AB Rh⁺

9.4 Humangenetische Beratung – pränatale Diagnostik

Die Hochzeit stand kurz bevor. In einem Gespräch unter Verwandten erfuhr die Braut, dass eine Schwester der Mutter des Bräutigams an der Stoffwechselerkrankung **Phenylketonurie** (PKU) litt. Die Braut war beunruhigt. Sie bat ihren zukünftigen Ehemann, mit ihr eine humangenetische Beratungsstelle aufzusuchen. Dort erfuhr sie, dass es sich bei der Erkrankung um einen Enzymdefekt handelt, der rezessiv monogen vererbt wird.

Bei dieser Erkrankung kommt es zu einer Anreicherung der Aminosäure Phenylalanin. Unbehandelte Neugeborene würden eine geistige Behinderung entwickeln. Mit einem spezifischen Test kann man heute frühzeitig die Krankheit bei einem Neugeborenen nachweisen. Im Falle einer Erkrankung würde durch eine Diät die Ausbildung der Krankheit verhindert.

Nachdem der beratende Humangenetiker das Brautpaar über die Krankheit aufgeklärt hatte, erstellte er aus den Angaben der Ratsuchenden die Stammbäume beider Familien. Aus ihnen ging hervor, dass nur in der Familie des Bräutigams die Stoffwechselerkrankung aufgetreten war. Wenn überhaupt, so konnte nur der Bräutigam als Heterozygoter das rezessive PKU-Gen besitzen. Nur im unwahrscheinlichen Fall, dass auch die Braut das PKU-Gen als Heterozygote besitzen sollte, könnten zukünftige Kinder mit einer Wahrscheinlichkeit von 25 Prozent an PKU erkranken. Um dem zukünftigen Ehepaar endgültige Gewissheit zu geben, schlug der Arzt einen **Heterozygotentest** für beide vor. Mit ihm könnte man bei Heterozygoten einen erhöhten Phenylalaningehalt im Blut feststellen. Der Test verlief nur bei dem Bräutigam positiv. Ein mögliches Kind würde phänotypisch gesund zur Welt kommen.

Aus dem geschilderten Beispiel lässt sich ableiten, wer den humangenetischen Beratungsdienst in Anspruch nehmen sollte. Grundsätzlich sollte jeder, der Grund zu der Annahme hat, dass für ihn oder seine Nachkommen ein genetisches Risiko besteht, eine entsprechende Beratungsstelle aufsuchen. In der Abbildung 1 sind Beispiele für solche Personen aufgezeigt.

Neben der genetischen Beratung können werdende Eltern auch vorgeburtliche Untersuchungsmöglichkeiten, die so genannte **pränatale Diagnostik** nutzen. So gehört heute die Ultraschalluntersuchung eines Fetus zu den Standardmethoden der Medizin. Mit ihr können ab der

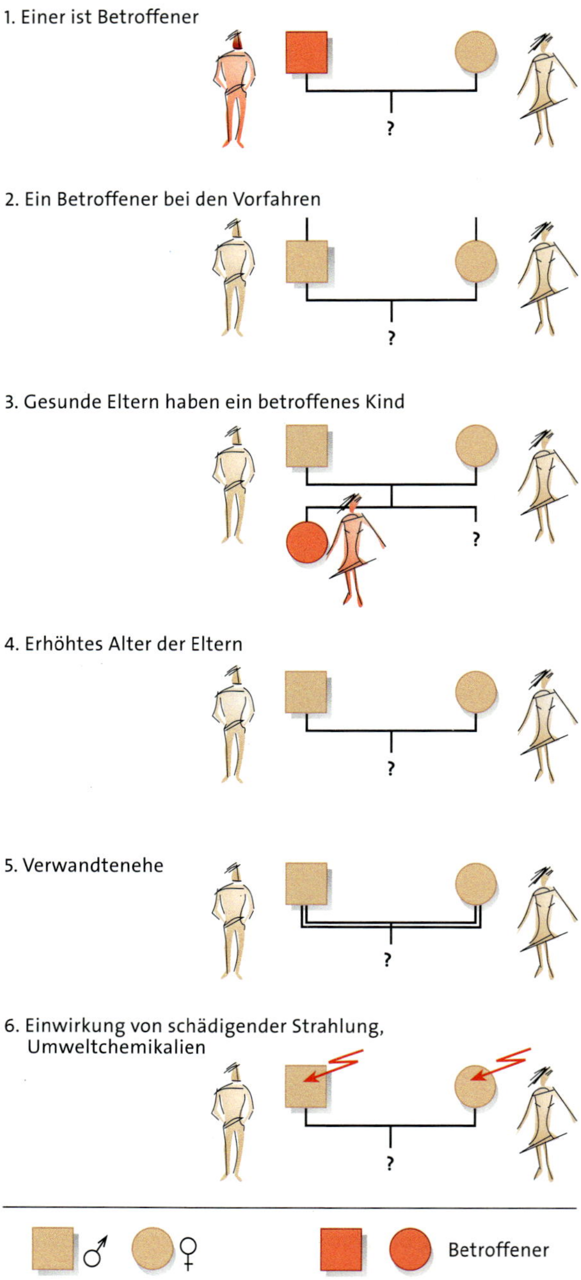

1 Beispiele für eine genetische Beratung

10. Schwangerschaftswoche sichtbare Veränderungen am Fetus festgestellt werden. Schon nach der achten Schwangerschaftswoche können aus der Zottenhaut der Plazenta Zellen entnommen werden. Die Entnahme wird als *Chorionzotten-Biopsie* bezeichnet. Ab der 14. Schwangerschaftswoche lassen sich fetale Zellen aus dem Fruchtwasser der Fruchtblase gewinnen. Der Vorgang wird als *Amniozentese* bezeichnet. Nach Anreicherung der Zellen und Anlage einer Zellkultur können Chromosomen-

untersuchungen und biochemische Untersuchungen durchgeführt werden. Die letzteren Methoden bergen für Mutter und Kind ein Risiko, das bei etwa einem Prozent liegt. Bei neueren Forschungen hat man im Blut der werdenden Mutter wenige fetale Zellen nachgewiesen. Sie gelangen über die Plazenta in das Blut der Mutter. In Zukunft wird es vielleicht möglich sein, diese aus dem Blut der Mutter in ausreichender Menge zu isolieren.

Es gibt mindestens 500 bis 1000 Abschnitte in der menschlichen DNA, die mit Krankheiten in Verbindung gebracht werden. Etwa 100 spielen in Deutschland bei der Diagnose von Erbkrankheiten eine Rolle.

Mit Hilfe gentechnischer Methoden lassen sich heute eine ganze Reihe dieser Abschnitte aufspüren. Man verwendet dazu DNA-Sonden. Es handelt sich um kurze Stücke der DNA, die bestimmten Abschnitten auf einzelnen Chromosomen spiegelbildlich entsprechen. Werden sie hinzugefügt, so lagern sie sich nur an die passenden Stellen der Chromosomen an. Dieser Vorgang wird **Hybridisierung** genannt. An jede DNA-Sonde wird ein Farbstoffmolekül angekoppelt.

Die Sonden binden sich in fetalen Zellen zum Beispiel an die zu Trisomien neigenden Chromosomen. Hierfür kommen die Chromosomen 13, 18 und 21 in Frage. In einem Fluoreszensmikroskop sind dann die markierten Moleküle sichtbar. Eine Trisomie ist in diesem Fall daran erkennbar, dass in einer Zelle drei Leuchtmarkierungen an Stelle der üblichen zwei auftreten. Diese Methode kann schon früher als die anderen geschilderten durchgeführt werden. Es lassen sich damit Trisomien und an X-Chromosomen gebundene Erbkrankheiten diagnostizieren.

Alle Untersuchungen haben das Ziel, Mutter und Kind vor Schaden zu bewahren. Tritt der Ausnahmefall ein, dass ein Kind mit einer Behinderung zur Welt kommen würde, so stehen die Eltern vor einer schwierigen Entscheidung. Sollen sie eine Abtreibung vornehmen lassen oder wollen sie ein behindertes Kind zur Welt bringen und aufziehen? Um Eltern vor einer solchen Situation zu schützen, wurde in England 1989 zum ersten Mal eine Methode erprobt, die man als Präimplantationsdiagnostik (PID) bezeichnet. Bei dieser Methode werden mehrere Eizellen einer Frau außerhalb des mütterlichen Leibes befruchtet. Den heranwachsenden Acht-Zellenstadien wird jeweils eine Zelle entnommen und einem Gencheck unterworfen. Ein gesunder Embryo wird dann der Mutter eingepflanzt. Die Befürworter der Methode wollen dadurch Abtreibungen weitgehend überflüssig machen. Die Gegner dagegen befürchten, das man die Methode missbrauchen könnte, um Kinder mit unerwünschten Eigenschaften auszusortieren.

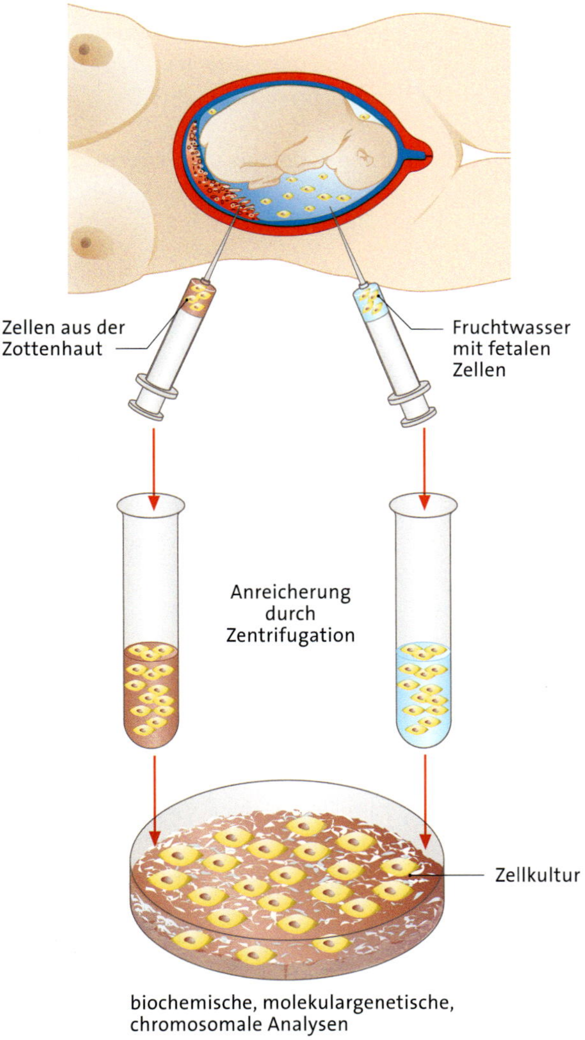

2 Pränatale Diagnostik

1 In der Familie einer 18-jährigen tritt die **Chorea Huntington** (Veitstanz) auf. Es handelt sich um eine nicht behandelbare dominant vererbbare Gehirnerkrankung, die zwischen dem 35. und 55. Lebensjahr auftritt.
Erläutere die Probleme, vor denen der beratende Arzt steht. Sollte zum Beispiel ein Gentest durchgeführt werden? Welche Folgen hätte ein positives Ergebnis für die junge Frau und die übrigen Familienmitglieder?

2 Stelle drei pränatale Diagnosemethoden in einer Tabelle zusammen. Wann und wie werden sie durchgeführt?

10 Der Mensch nutzt die Kenntnisse über die Vererbung

10.1 Herkömmliche Methoden der Tier- und Pflanzenzucht

Schon vor mehreren Tausend Jahren hat der Mensch Wildtiere gehalten und vermehrt. So dienten ihm zum Beispiel das Fleisch und die Milch von Rindern als Nahrung. Die zu Leder verarbeitete Haut nutzte er, um Bekleidung und andere Gebrauchsgegenstände herzustellen. Durch gezielte Auswahl und Vermehrung wurde versucht, Rinder mit einer hohen Milchleistung oder einer hohen Fleischproduktion zu erzeugen. Auf diese Weise entstand im Laufe der Zeit eine Vielzahl von Rassen. Die meisten unserer heutigen Nutztiere sowie Nutz- und Zierpflanzen sind das Ergebnis unterschiedlicher *Züchtungsmethoden*. Als **Züchtung** bezeichnet man Maßnahmen, die gewünschte Eigenschaften von Kulturpflanzen und Haustieren erhalten oder verbessern. Durch planmäßige Züchtung kann man zum Beispiel die Milchleistung von Rindern steigern sowie Ernteerträge bei Getreide- oder Obstsorten erhöhen. Wie aber geht der Mensch bei der Züchtung vor?

Die älteste Methode ist die **Auslesezüchtung.** Man wählt aus einer großen Anzahl von Tieren oder Pflanzen immer diejenigen zur Fortpflanzung aus, die ein gewünschtes, für den Menschen nützliches Merkmal zeigen. Jedoch muss man diese Auslese über mehrere Generationen hinweg durchführen, um das Zuchtziel zu erreichen. Ähnlichkeiten mit den ursprünglichen Wildformen gehen dabei häufig verloren.

Die Kenntnis der MENDELschen Regeln ermöglicht seit Beginn des letzten Jahrhunderts neue Methoden der Züchtung. Bei der sogenannten **Kombinationszüchtung** konnten nun Merkmale gezielt kombiniert werden. So kreuzte man verschiedene Tierrassen oder Pflanzensorten miteinander, um deren jeweiligen Merkmale in ihren Nachkommen zu vereinen. Moderne Rinderrassen zeichnen sich beispielsweise durch hohe Milchleistung, schnelle Gewichtszunahme oder fettarmes Fleisch aus. Aktuelle Kombinationszüchtungen bei Tomaten sollen zum Beispiel zu braunfäuleresistenten, ertragreichen Pflanzen mit aromatischen Früchten führen.

Eine besondere Form der Kombinationszüchtung ist die **Heterosis-Züchtung** (gr. *heteros*, anders). Dabei nutzt

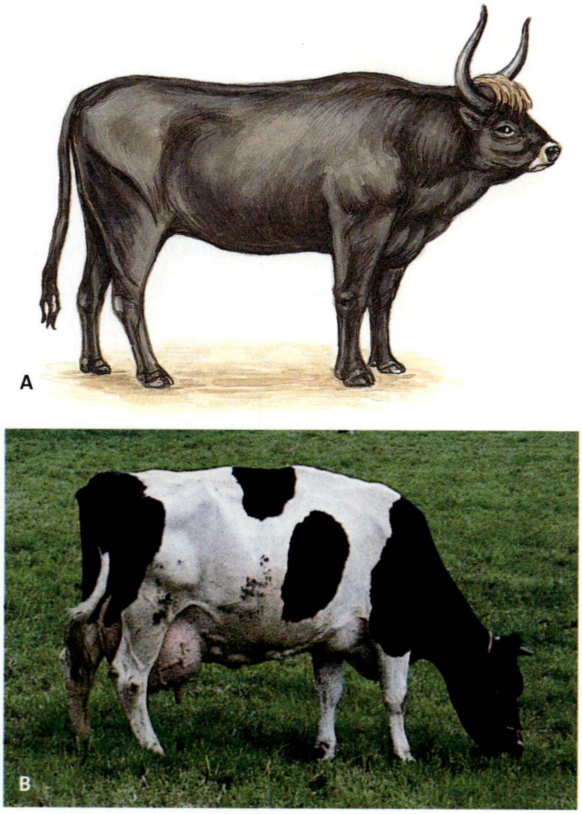

1 Züchtung. A Wildrind; **B** Heutiges Hochleistungsrind

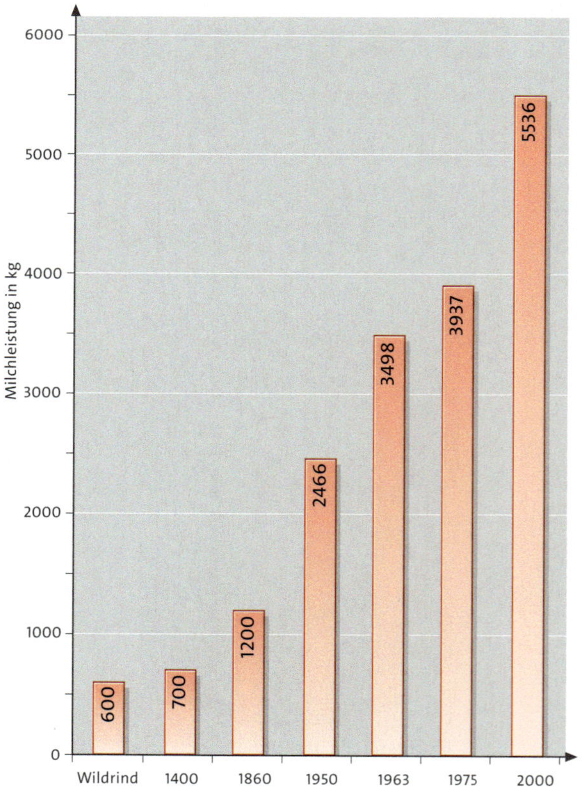

2 Entwicklung der jährlichen Milchproduktion bei Rindern

man die Beobachtung, dass mischerbige Individuen oft kräftiger, widerstandsfähiger und ertragreicher sind als reinerbige. Um den gewünschten Heterosis-Effekt zu erreichen, muss man zunächst über einen längeren Zeitraum *Inzucht* betreiben. Dies bedeutet, dass man nahe verwandte Individuen, die in vielen Merkmalen übereinstimmen, miteinander zur Fortpflanzung bringt. Auf diese Weise erhöht sich die Wahrscheinlichkeit, dass die Anlagen zahlreicher Merkmale bei den Nachkommen reinerbig vorliegen. Kreuzt man nun Angehörige zweier verschiedener Inzuchtlinien miteinander, sind die Nachkommen, die *Hybriden*, in vielen Merkmalen mischerbig. Bei manchen Nutzpflanzen wie dem Mais lässt sich der Ernteertrag so um mehr als 100 Prozent steigern. Allerdings verliert sich der Heterosis-Effekt in den nachfolgenden Generationen wieder. Hybridsaatgut und Hybridnutztiere müssen daher immer wieder neu durch Kreuzung von Inzuchtlinien erzeugt werden.

Am Beispiel des Saatweizens lässt sich die Entstehung heutiger Kulturpflanzen aus Wildformen gut nachvollziehen. Dabei konnten die Menschen ein natürliches Phänomen nutzen: Einige Wildgräser können sich untereinander kreuzen und dabei mehrfache Chromosomensätze bilden. Diese Erscheinung nennt man **Polyploidie.** Polyploide Individuen sind oft ertragreicher als solche mit diploidem Chromosomensatz. Ausgrabungen zeigen, dass der Mensch bereits vor 8000 Jahren polyploide Weizensorten anbaute. So entstand durch zufälliges Kreuzen zweier Wildgräser (AA x BB) mit je 14 Chromosomen zunächst der Wildemmer (AB). Dieser Hybride ist steril und kann sich nicht sexuell vermehren. Durch Meiosefehler entstanden jedoch auch Pflanzen mit dem Genom »AABB«, die sich nun erfolgreich fortpflanzen konnten. Planmäßige Auslese dieses Getreides, das mehr Ertrag brachte, führte zum Kultur-Emmer. Durch erneute Kreuzung mit einer Wildform des Ziegenweizens (DD) und anschließendem Meiosefehler entstand schließlich der Saatweizen mit sechsfachem Chromosomensatz, der zahlreiche und größere Körner als ältere Weizensorten bildet. Er ist außerdem sehr klimatolerant und seine Körner lösen sich gut von den Spelzen.

1 Nenne Eigenschaften von Nutztieren und -pflanzen, die für den Menschen nützlich sind.

2 Vergleiche Auslesezüchtung, Kombinationszüchtung und Heterosis-Züchtung. Berücksichtige hierbei die Vorgehensweise und die Vorteile der Methoden.

3 Erläutere die Entstehung von Saatweizen und Triticale mit Hilfe der Abbildung 3. Recherchiere, welche Merkmale bei der Neuzüchtung Triticale auftreten und berichte.

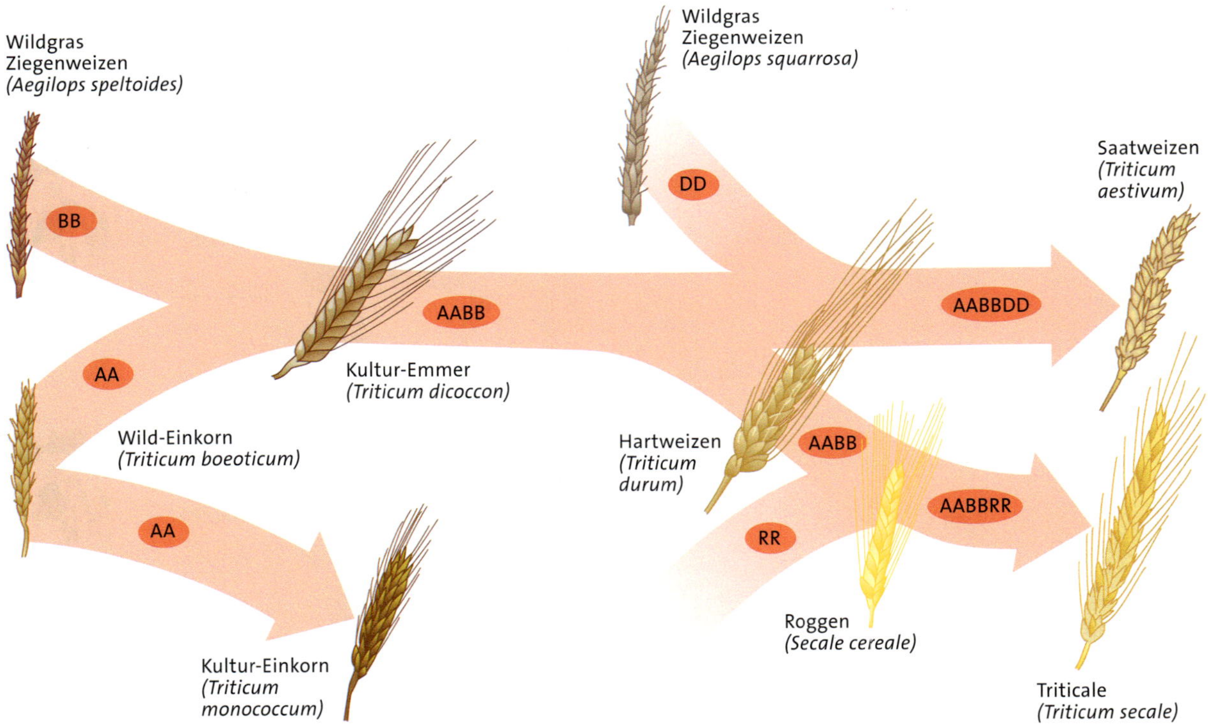

3 **Züchtung von Saatweizen und Triticale**

10.2 Biotechnik in der Tier- und Pflanzenzucht

In der Tierzucht versucht man, bestimmte Eigenschaften von Nutztieren gezielt und in kurzer Zeit zu erreichen. Zugleich sollen möglichst viele Nachkommen mit den erwünschten Eigenschaften erzeugt werden. Rinder, die viel Milch geben und deren Fleisch wenig Fett enthält, sollen zum Beispiel mehr als nur ein einziges Kalb pro Jahr bekommen. Da dies mit herkömmlichen Zuchtmethoden nicht möglich ist, nutzt man hierzu *biotechnische Verfahren*. Unter dem Begriff **moderne Biotechnik** fasst man alle Methoden, Verfahren und Produkte zusammen, bei denen man Lebewesen oder ihre zellulären Bestandteile nutzt. Die Gentechnik ist ein Teilgebiet der Biotechnik.

Eine Methode der Biotechnik, die routinemäßig in der Tierzucht angewendet wird, ist die **künstliche Befruchtung.** In Besamungsstationen werden Zuchtbullen mit gewünschten Eigenschaften gehalten. Das von ihnen gewonnene Sperma wird in Portionen verpackt und in flüssigem Stickstoff tiefgefroren. Bei Bedarf kann es verschickt werden und zur Besamung der Kühe dienen. So kann ein einzelner Bulle etwa 100 000 Nachkommen haben. In Deutschland werden etwa 95 Prozent aller Kälber durch künstliche Befruchtung erzeugt. Man kann auf diese Weise zwar die Qualität, nicht aber die Anzahl der erzeugten Nutztiere steigern. Führt man jedoch zusätzlich eine Hormonbehandlung der Zuchtkühe durch, können in ihren Eierstöcken gleichzeitig bis zu 25 Eizellen he-

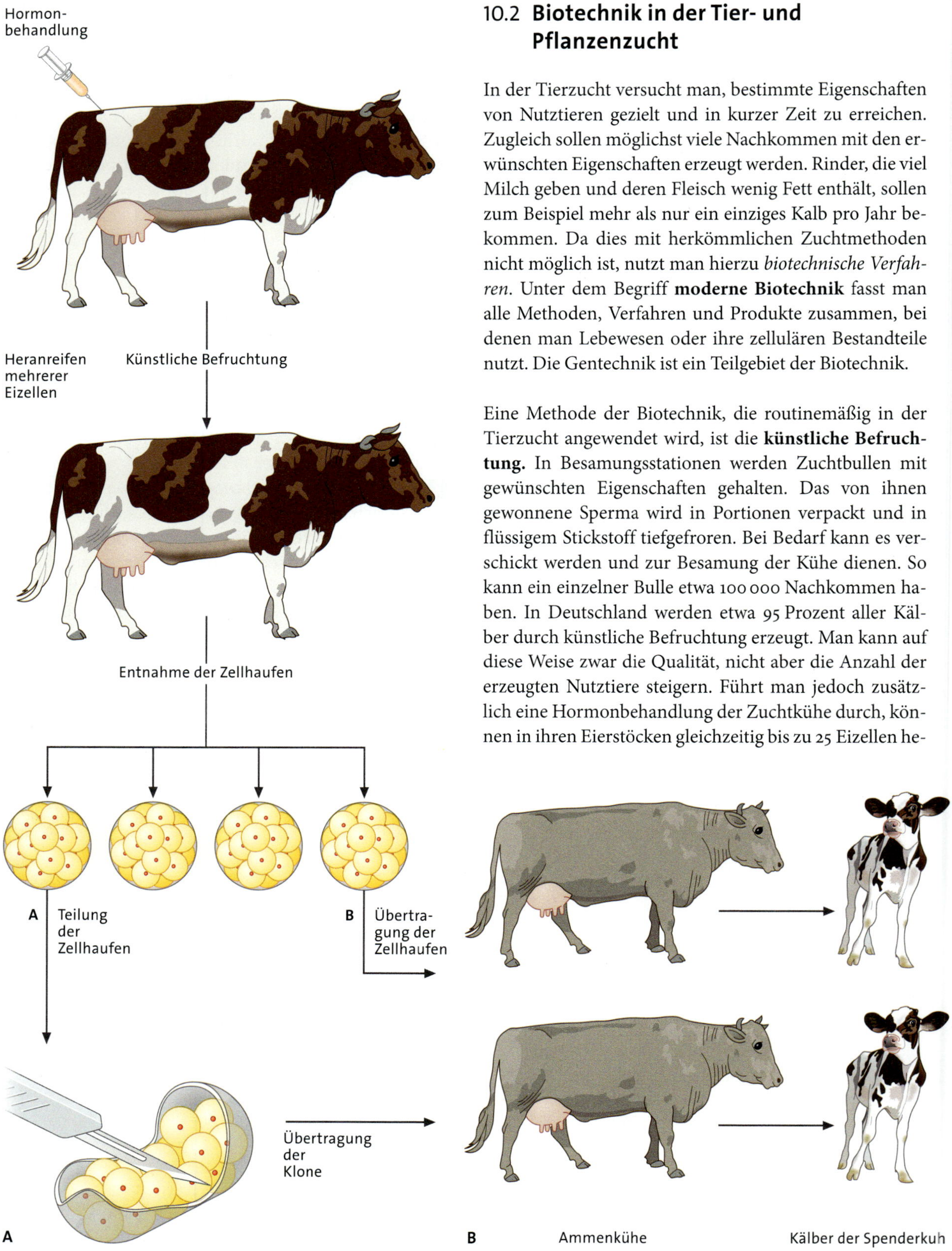

1 Reproduktionstechniken beim Rind. A Embryosplitting; **B** Embryotransfer ranreifen. Diese werden dann künstlich befruchtet. Nach fünf bis sieben Tagen entnimmt man die Embryonen aus der Gebärmutter der Spenderkuh und überträgt sie in die Gebärmutter anderer Kühe, sogenannter Ammenkühe.

Dieses Verfahren heißt **Embryotransfer.** Die Ammenkühe tragen dann die Embryonen der Spenderkuh aus. Die Anzahl der Nachkommen einer Spenderkuh kann weiter gesteigert werden, indem man ein **Embryosplitting** anwendet. Dazu werden die erzeugten Embryonen im 16-Zell-Stadium mittels einer feinen Glasnadel in zwei gleich große Hälften geteilt. Beide Zellhaufen werden anschließend auf jeweils eine Ammenkuh übertragen. Es entwickeln sich dann zwei genetisch identische Kälber, ein sogenannter **Klon.**

Klone lassen sich nicht nur aus Embryonen gewinnen, sondern auch aus Körperzellen ausgewachsener Tiere. Hierzu entfernt man zunächst den Zellkern einer unbefruchteten Eizelle. Anschließend entnimmt man einem anderen ausgewachsenen Tier eine Körperzelle, zum Beispiel eine Zelle aus dem Euter. Aus dieser entfernt man den Zellkern und bringt ihn mit der kernlosen Eizelle zusammen. Mit Hilfe eines schwachen Stromstoßes verschmelzen Eizelle und Zellkern. Nachdem sich aus der Zygote ein mehrzelliger Embryo entwickelt hat, wird dieser auf ein Ammentier übertragen. Der erste Klon, der aus einer Körperzelle eines ausgewachsenen Tieres hergestellt wurde, war das 1997 geborene Klonschaf »Dolly«. Dabei standen diesem einen lebensfähigen Klon allerdings 277 Fehlversuche gegenüber. Das Schaf verstarb schon 2003 an vorschneller Alterung. Das erste geklonte Kalb wurde 1998 erzeugt.

In der Pflanzenzucht wird das Klonen schon heute häufig genutzt. So klont man zum Beispiel Usambaraveilchen, Begonien oder seltene Orchideen mit Hilfe der **Gewebekulturtechnik.** Dabei werden aus den Blättern einer bestimmten Pflanze zunächst unter sterilen Bedingungen kleine Stücke geschnitten. Nach Übertragung dieser Gewebestücke in eine Nährlösung mit Pflanzenhormonen entwickelt sich daraus ein neues Gewebe aus undifferenzierten Zellen, der *Kallus*. Dieses Gewebe kann weiter geteilt und kultiviert werden. Durch Zugabe von Wachstumshormonen bildet sich zunächst der Spross und dann die Wurzel. Nach einiger Zeit hat man viele neue Pflanzen gezogen, die mit der Mutterpflanze genetisch identisch sind.

1 Recherchiere für alle vorgestellten Methoden der Biotechnik in der Tierzucht weitere Anwendungsbeispiele. Stelle deine Ergebnisse in geeigneter Form vor.

2 Beschreibe das Klonen durch Kerntransfer bei erwachsenen Tieren mit Hilfe der Abbildung 2.

3 Diskutiert in der Klasse Vor- und Nachteile des Klonens durch Kerntransfer. Recherchiert dazu weitere Beispiele und berücksichtigt methodische wie ethische Aspekte.

4 Stelle das Verfahren der Gewebekulturtechnik mit Hilfe einer beschrifteten Zeichnung dar.

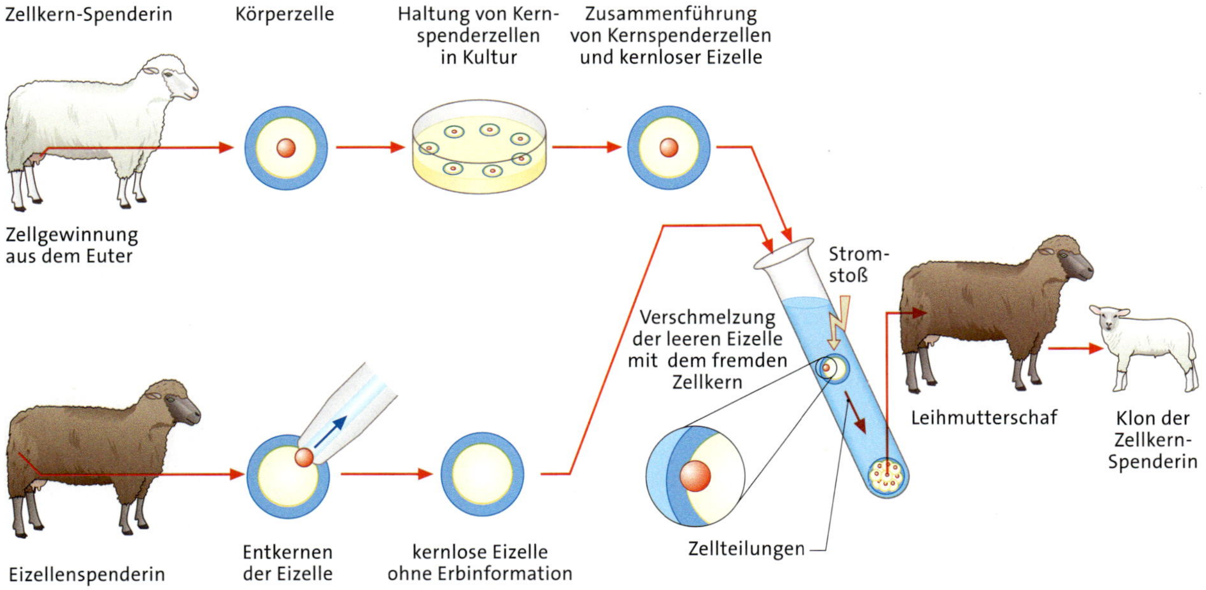

2 Klonen durch Kerntransfer beim ausgewachsenen Schaf

10.3 Methoden der Gentechnik

Biotechnische Verfahren arbeiten nicht nur mit ganzen Zellen oder Zellkulturen. Es ist auch möglich, gezielt in das Erbgut von Lebewesen einzugreifen. Hierbei setzt man Stücke des Erbgutes eines Lebewesens mit bestimmten Genen oder ein einzelnes Gen an anderen Stellen ein oder überträgt sie auf einen anderen Organismus. Man nutzt diese Möglichkeit zum Beispiel in der Tier- und Pflanzenzucht, bei der Therapie von Krankheiten oder bei der Herstellung von Impfstoffen und Enzymen. Der Zweig der Biologie, der die genetische Ausstattung von Lebewesen so verändert, dass sie ganz bestimmte Eigenschaften zeigen, heißt **Gentechnik.**

Für die Behandlung von Diabetes sind große Mengen Insulin erforderlich. Früher musste dieses Hormon aus den Bauchspeicheldrüsen von Rindern und Schweinen isoliert werden. Für die Versorgung von 100 000 Diabetikern müsste man pro Jahr drei Millionen Rinder oder 14 Millionen Schweine schlachten. Die Zahl der in Deutschland verfügbaren Rinder und Schweine würde damit nicht ausreichen, um alle insulinbedürftigen Diabetiker zu versorgen. Durch gentechnische Verfahren ist man in der Lage, ausreichend Insulin zu produzieren. Bei der gentechnischen Produktion gewinnt man zunächst DNA aus menschlichen Spenderzellen. Dann isoliert man mit Hilfe bestimmter Enzyme, sogenannter Restriktions- oder »Schneide«-Enzyme, den DNA-Abschnitt mit der Erbinformation für die Bildung von Insulin. Außerdem isoliert man aus Bakterien bestimmte Teile ihres Erbguts, die Plasmide. Dies ist DNA, die frei im Plasma in Form eines Ringes vorliegt. Die Plasmide werden ebenfalls mit Hilfe von Restriktions-Enzymen gespalten. Anschließend setzt man in die Schnittstelle das menschliche Gen mit der Erbinformation für die Insulinbildung ein und fügt die menschliche und die bakterielle DNA mit Hilfe von Ligasen, den »Binde-Enzymen«, zusammen. Die Plasmide mit der neu kombinierten DNA werden dann in Coli-Bakterien eingeschleust. Durch diesen Gentransfer sind also Bakterien entstanden, die menschliches Insulin herstellen. Mit jeder Teilung entstehen neue Bakterien, die das Hormon produzieren. Nach Abtötung der Bakterien kann das Insulin aus der Zellmasse isoliert, gereinigt und weiterverarbeitet werden.

Mit gentechnisch veränderten Coli-Bakterien lassen sich ebenfalls wichtige Grundstoffe für die Industrie herstellen. So werden zum Beispiel weltweit mehr als 4000 Tonnen der Aminosäure Cystein benötigt. Sie dient in Form von Acetylcystein (ACC) als schleimlösender Wirkstoff

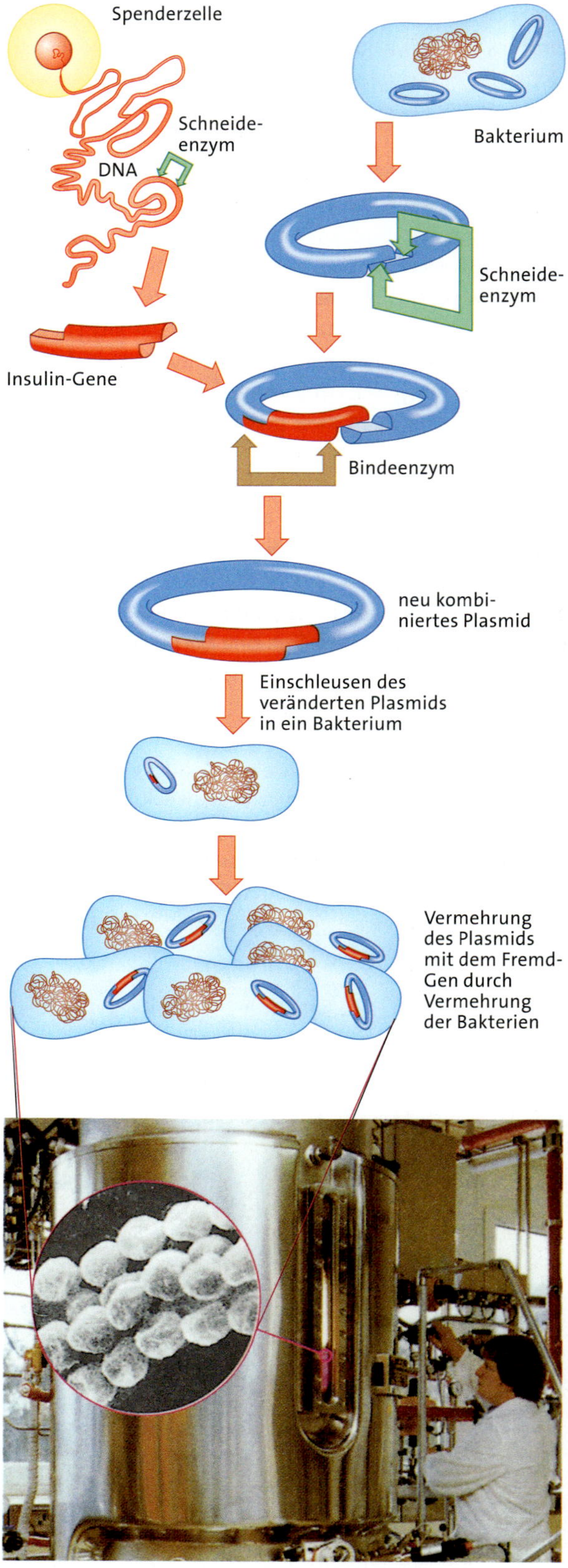

1 **Gentechnische Herstellung von Insulin**

in Hustenmitteln, schützt vor krebserregenden Substanzen und wird in Dauerwellen ebenso verwendet wie in Brotteig. Noch vor wenigen Jahren musste man Cystein in einem aufwändigen Verfahren aus Haaren, Federn, Hufen und Schweineborsten herstellen. Das gentechnische Verfahren hat nicht nur die Cystein-Produktion um 30 Prozent gesteigert, sondern auch die benötigte Menge an konzentrierter Salzsäure auf vier Prozent gesenkt. Da man auf tierisches Material nun ganz verzichten kann, entfällt außerdem das Risiko einer Verunreinigung mit BSE.

Es ist auch möglich, Gene mit Hilfe von Plasmiden in frisch befruchtete Eizellen von Nutztieren wie Rindern oder Schafen zu übertragen. Die Eizellen werden anschließend in die Gebärmutter von Ammentieren implantiert. Das Erbgut ihrer Nachkommen enthält dann einen Abschnitt eines anderen Organismus. Man spricht von **transgenen Organismen.** Transgene Tiere produzieren zum Beispiel Proteine, die manche Menschen aufgrund eines Gendefektes nicht selbst bilden können. Die Gentechnik ermöglicht es also, Lebewesen als »Bioreaktoren« für die Herstellung von Medikamenten zu nutzen. Man spricht bei diesem Verfahren von *»Gen-Pharming«*. Ein erstes Medikament, das man aus der Milch von transgenen Ziegen gewinnt, wurde 2006 in Europa zugelassen. Es handelt sich um das Protein Antithrombin, das die Blutgerinnung hemmt. Es kommt bei operativen Eingriffen und der Geburtshilfe zum Einsatz und schützt Patienten mit einem erblichen Antithrombinmangel vor der Bildung von Blutgerinnseln in den Venen.

Mit Hilfe der Gentechnik kann man auch transgene Pflanzen erzeugen. So hat man in das Erbgut einer Rapssorte ein Gen des Lorbeerbaums eingeschleust. Dieses Gen ist für die Bildung einer bestimmten Fettsäure verantwortlich, die für die Ernährung besonders wertvoll ist. Aus dem transgenen Raps gewinnt man Speiseöl, das neben den artspezifischen auch die neue Fettsäure enthält.

3 Zuckerrübe. A virusresistent; **B** nicht virusresistent

Transgene Pflanzen können auch eine Resistenz gegen Unkrautvernichtungsmittel, sogenannte Herbizide, aufweisen. Man kann nun auf den Feldern, auf denen beispielsweise herbizidresistenter Raps, Mais oder Baumwolle wachsen, unerwünschte Wildkräuter mit Unkrautvernichtungsmitteln bekämpfen, ohne dass die Nutzpflanzen geschädigt werden. Es gibt heute auch Pflanzen wie bestimmte Maissorten, die man gentechnisch so verändert hat, dass sie ihr eigenes Insektengift produzieren. Wenn Schädlinge Teile einer insektenresistenten Pflanze fressen, sterben sie. Ähnliches gilt für Pflanzen, die resistent gegen ein Virus sind. Beim Zuckerrübenanbau entstehen zum Beispiel große Schäden durch das *Rhizomania*-Virus. Es wird durch einen Bodenpilz auf die Zuckerrübe übertragen und lässt die Hauptwurzel der Pflanze verkümmern. Chemisch kann das Virus bisher nicht bekämpft werden. Mit Hilfe der Gentechnik züchtete man virusresistente Zuckerrüben. Diese werden seit 1993 in Freilandversuchen getestet.

2 Produktion menschlicher Enzyme durch transgene Schafe

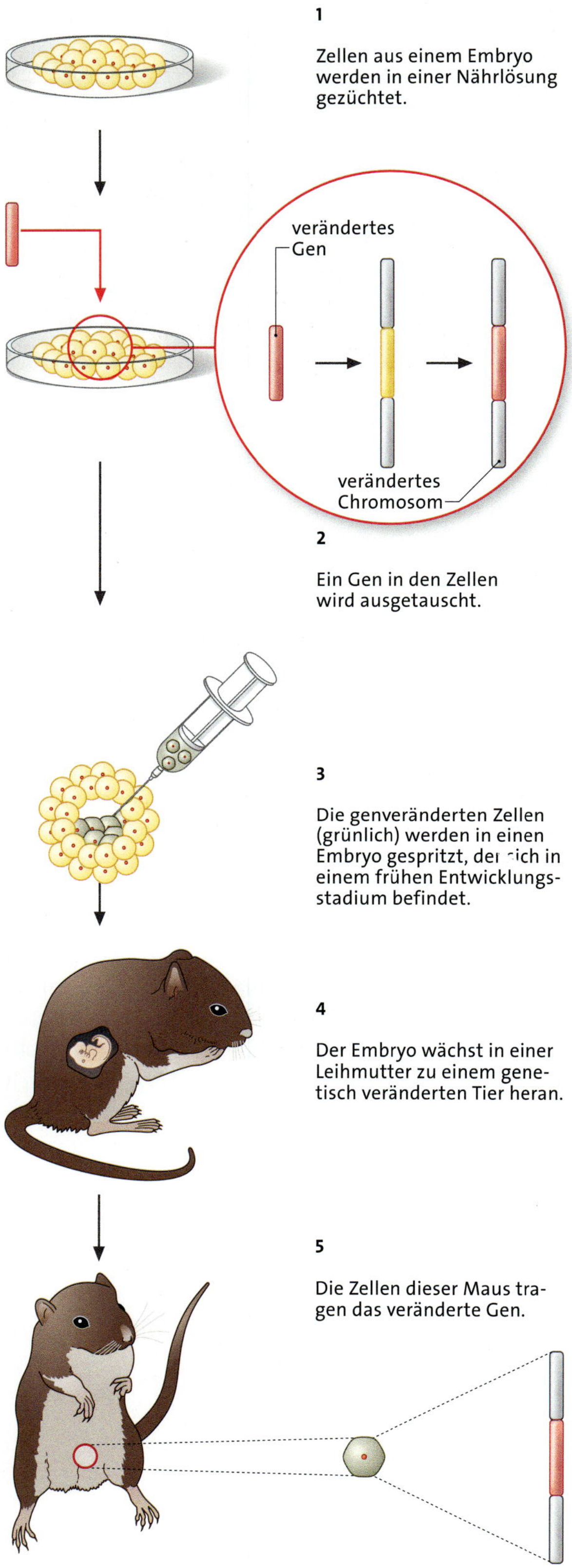

4 Herstellung einer Knock-out-Maus

Seit etwa 20 Jahren ist es möglich, Mäuse gentechnisch so zu verändern, dass bestimmte Gene gezielt ausgeschaltet werden. Man nennt sie daher **Knock-out-Mäuse** (engl. *to knock out*, außer Gefecht setzen). Aus den Folgen eines solchen Genausfalls lassen sich Rückschlüsse über die Bedeutung und Funktionsweise des Gens ziehen.

Bei der Erzeugung von Knock-out-Mäusen nutzt man einen Prozess, der auch bei der Bildung von Ei- und Spermienzellen stattfindet: die Rekombination. Hier lagern sich DNA-Abschnitte im Zellkern aneinander und werden durch Enzyme gegeneinander ausgetauscht. Dadurch ergibt sich eine Durchmischung väterlicher und mütterlicher Erbanlagen. Im Labor kann man auf diese Weise ein intaktes Gen durch eines ersetzen, das durch eine Mutation funktionsunfähig gemacht wurde. Man wendet dieses Verfahren auf Zellen an, die aus einem Mausembryo isoliert und in einer Nährlösung gezüchtet wurden. Die durch den Genaustausch veränderten Zellen werden dann in einen Mausembryo injiziert, der sich in einem frühen Entwicklungsstadium befindet und damit erst aus wenigen Zellen besteht. Dieser wird dann in die Gebärmutter eines Leihmuttertiers übertragen. Im Verlauf der weiteren Entwicklung des Embryos teilen sich auch die fremden Zellen. Dadurch entsteht eine Maus, deren Organe und Gewebe zum Teil aus genetisch veränderten Zellen bestehen. Solche Tiere bezeichnet man als Maus-Chimären. Kreuzt man sie miteinander, sind unter ihren Nachkommen auch homozygote Knock-out-Mäuse.

Im Jahr 2008 gelang es amerikanischen Forschern auf diese Weise ein Gen auszuschalten, das die Entstehung von Brustkrebs fördert. Bei den Versuchsmäusen ließ sich damit das Tumorwachstum und die Bildung von Metastasen stoppen. Auch für die Erforschung anderer Krankheiten wie Alzheimer oder Parkinson sind Knock-out-Mäuse wichtige Modellorganismen. Man hofft, dadurch die Entstehung und den Verlauf solcher Krankheiten besser verstehen und geeignete Therapien entwickeln zu können.

1. Beschreibe das Prinzip der Gentechnik anhand von Abbildung 1.
2. Nenne Eigenschaften von Bakterien, die sie zu einem bevorzugten Organismus in der Gentechnik machen.
3. Nenne Beispiele für transgene Organismen und erläutere ihre Nutzung durch den Menschen.
4. Beschreibe die Herstellung von Knock-out-Mäusen anhand von Abbildung 4.

10.4 Chancen und Risiken der Gentechnik

Meldungen über zerstörte Versuchsfelder mit gentechnisch verändertem Mais oder Raps findet man regelmäßig in der Presse. Sie zeigen wie komplex und manchmal auch verzerrt die Diskussion um Chancen und Risiken der Gentechnik aktuell ist. Um überhaupt mitreden zu können, braucht man entsprechende Sachkenntnisse. Obwohl gentechnische Methoden erst seit einigen Jahrzehnten angewandt werden, haben sich schon vielfältige Nutzungsmöglichkeiten ergeben. Hierzu zählen gentechnisch erzeugte Medikamente und Impfstoffe sowie erste Versuche zur Therapie von Erbkrankheiten. So waren 2007 in Deutschland bereits 122 gentechnisch hergestellte Arzneimittel zugelassen. Auch in der Produktion von Nutztieren und Nutzpflanzen spielt Gentechnik als Ergänzung zu herkömmlichen Zuchtmethoden eine wichtige Rolle.

Neben den vielen Möglichkeiten, die die Gentechnik bietet, sehen viele Kritiker aber auch Risiken. Einige transgene Nutzpflanzen besitzen zum Beispiel ein Resistenzgen gegen ein bestimmtes Antibiotikum. Es wird befürchtet, dass dieses Gen beim Verzehr der pflanzlichen Produkte auf im Menschen lebende Bakterien übertragen werden könnte. So könnten weitere Resistenzen gegen Antibiotika entstehen und diese schneller unwirksam werden lassen. Außerdem befürchtet man allergische Reaktionen beim Verzehr gentechnisch erzeugter Lebensmittel. So kann man zum Beispiel Gene der Sojabohne für bestimmte seltene essenzielle Aminosäuren auf andere Pflanzen beispielsweise Kartoffeln übertragen. Das ist zwar generell sinnvoll und beugt einem Mangel vor, es können jedoch gleichzeitig plötzlich Allergien auf vorher nicht allergene Pflanzen auftreten. Gentechnisch veränderte Produkte unterliegen daher nach der Novel-Food-Verordnung des Europaparlaments von 1997 der Genehmigung und müssen gekennzeichnet werden.

1 Gentechnik-Gegner

Das Verfahren zur Herstellung von transgenen Mäusen kann prinzipiell auch auf Zellen menschlicher Embryonen angewendet werden. Dies bedeutet allerdings, dass Embryonen von Menschen für Forschungszwecke »verbraucht« werden, womit sich große ethische Probleme ergeben. In Deutschland verbietet das Embryonenschutzgesetz die Erzeugung menschlicher Embryonen zu Forschungszwecken. Zu den eventuellen Möglichkeiten der Gentherapie beim Menschen äußern Kritiker zudem ethische Bedenken. Wenn es gelänge, einige Menschen vor Behinderungen oder Krankheiten mit Hilfe der Gentechnik zu bewahren, könnte der gesellschaftliche Druck, gesund sein zu müssen, wachsen. Diejenigen, die nicht dem Bild des »perfekten Menschen« entsprächen, wären in unserer Gesellschaft möglicherweise nicht mehr akzeptiert.

Die Kritik an gentechnischen Methoden ist also in vielerlei Hinsicht begründet, Kontrollen und Einschränkungen sind notwendig, um Missbrauch oder auch unkontrollierbare Folgen möglichst zu verhindern.

1 Erstelle eine Liste mit Argumenten »Pro« und »Contra« Gentechnik. Nutze auch die Abbildung 2.

2 Pressemeldungen

10.5 Bekämpfung von menschlichen Erkrankungen mit Hilfe der Biotechnologie

Die Biotechnologie eröffnet eine ganze Reihe von neuen Möglichkeiten, um Krankheiten des Menschen zu bekämpfen. Am Beispiel der **Zuckerkrankheit** lassen sich diese Möglichkeiten verdeutlichen.

Die erste Möglichkeit ist eine bestehende Erkrankung durch gentechnisch erzeugte Arzneimittel zu behandeln. Bei einer Zuckerkrankheit spritzt sich der Betroffene gentechnisch erzeugtes Humaninsulin: Damit werden die durch das fehlende Insulin verursachten Symptome bekämpft.

Eine zweite Möglichkeit bietet in Zukunft die so genannte **somatische Gentherapie.** Darunter versteht man eine Therapie mit der man die »kranken« Erbanlagen durch »gesunde« in den betroffenen Geweben ersetzt. Zunächst wird das zu übertragende Insulingen in das Erbgut einer »Genfähre« eingeschleust. Als »Genfähren« dienen bestimmte Viren. Diese transgenen Viren injiziert man in die Blutbahn oder in die entsprechenden Gewebe. Sie befallen die betreffenden Zellen und entlassen ihr Erbgut in diese. Dort übernimmt das eingeschleuste »gesunde« Gen die Insulinproduktion. Mit Hilfe der somatischen Gentherapie könnte man die Ursachen der Krankheit bei dem betroffenen Menschen beheben.

Die somatische Gentherapie ist auch zur Krebsbekämpfung geeignet. Hierbei schleust man ein Gen in die Krebszelle ein, das ein Selbstmordprogramm in der Tumor-

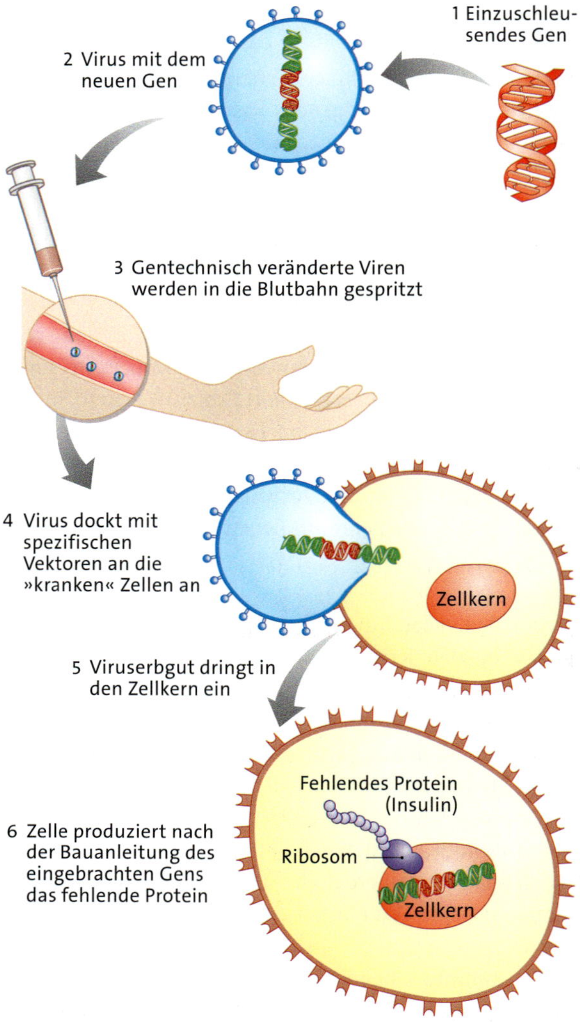

2 **Verschiedene Phasen einer somatischen Gentherapie**

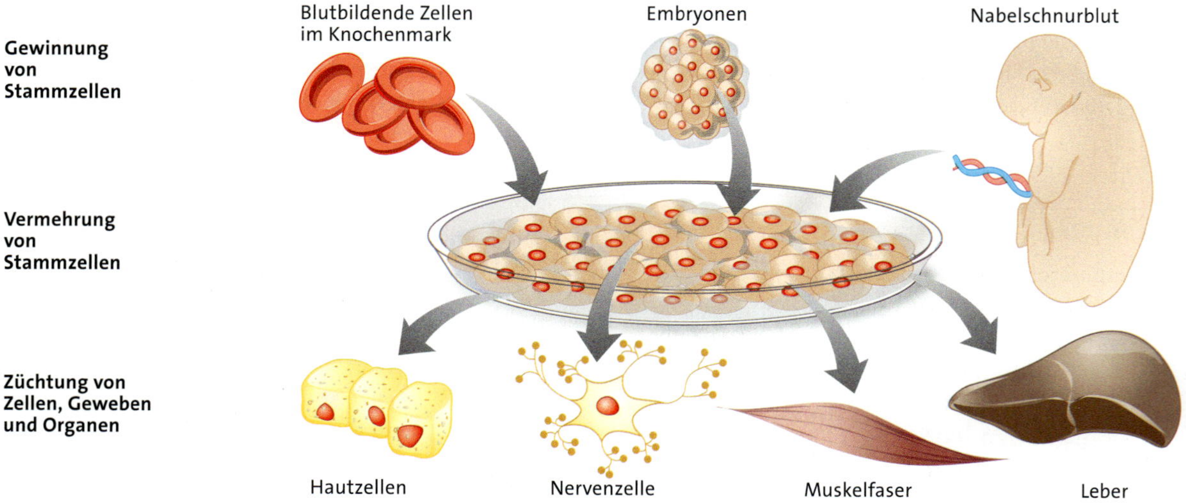

1 **Gewinnung von Stammzellen und ihre mögliche Verwendung**

zelle auslöst. Bisher steckt die somatische Gentherapie noch in den Anfängen. Es ist schwierig die Ersatzgene in ausreichender Zahl an der richtigen Stelle im Erbgut einzubauen und anzuschalten. Zusätzlich besteht die Gefahr, dass eingeschleuste Gene gesunde Erbanlagen außer Betrieb setzen oder sogar zerstören.

Die dritte Möglichkeit besteht darin, mit modernen zellbiologischen Techniken gesunde Gewebe herzustellen, die dann verbrauchte oder zerstörte Gewebe ersetzen. Diese Gewebe könnte man aus sogenannten **Stammzellen** züchten. Man unterscheidet zwischen embryonalen und adulten Stammzellen. Die ersteren werden aus vier bis sieben Tage alten Embryonen gewonnen. Man nennt solche Zellen totipotent. Sie haben die Fähigkeit sich in jede der über 200 verschiedenen Zellarten des menschlichen Körpers zu entwickeln. Im Falle der Zuckerkrankheit müsste man das Wachstum der Stammzellen so steuern, dass sie sich in LANGERHANNSsche Inseln der Bauchspeicheldrüse umwandeln. Anschließend kann man sie in die kranke Bauchspeicheldrüse verpflanzen, damit sie dort das fehlende Insulin produzieren. Allerdings muss man die Abstoßungsreaktion des Körpers unterdrücken. In Deutschland ist eine Therapie mit embryonalen Stammzellen verboten.

Inzwischen hat man im Nabelschnurblut und in vielen Organen des erwachsenen Menschen **adulte Stammzellen** entdeckt. Sie können sich nicht mehr in alle Zelltypen umwandeln. Gelänge es, diese Stammzellen aus dem Körper des Betroffenen zu isolieren und in Insulin produzierende Zellen umzuwandeln, so wäre diese Therapie in Deutschland erlaubt. Sie hat den Vorteil, dass das körpereigene Gewebe nicht vom Immunsystem angegriffen und damit abgestoßen wird.

Eine vierte Möglichkeit bestünde in einem Eingriff in die Keimbahn. Hierbei würde man die Gene in den Geschlechtszellen verändern oder ersetzen. Dieser als **Keimbahntherapie** bezeichnete Eingriff ist in Deutschland verboten.

Eine letzte Möglichkeit besteht darin, Erbkrankheiten erst gar nicht entstehen zu lassen. So kann man einer außerhalb des mütterlichen Körpers befruchteten Eizelle in einem frühen Entwicklungsstadium eine Zelle entnehmen. Ergibt eine Genanalyse dieser Zelle keine Gefahr für das spätere Kind, so wird der Embryo in die Gebärmutter der Frau reimplantiert. Diese Methode wird als **Präimplantationsdiagnostik** oder abgekürzt **PID** bezeichnet. In anderen Ländern wird PID inzwischen praktiziert. Es wird die Frage diskutiert, ob man nicht auch in Deutschland diese Methode in besonderen Ausnahmefällen zulassen sollte.

1 Grenze embryonale und adulte Stammzellen gegeneinander ab. Beschreibe unter Verwendung der Abbildung 1 mögliche Verwendungsmöglichkeiten beider Zelltypen.

2 Diskutiere die Frage, warum die Gewinnung von embryonalen Stammzellen als ethisch bedenklich und die von adulten Stammzellen als unbedenklich eingestuft wird.

3 Beschreibe anhand der Abbildung 2 das Vorgehen bei einer somatischen Gentherapie

4 Grenze die somatische Gentherapie gegen die Keimbahntherapie ab. Diskutiere Gründe, die für ein Verbot der Keimbahntherapie sprechen.

5 Beschreibe anhand der Abbildung 3 die Vorgehensweise bei der Präimplantationsdiagnostik. Diskutiere pro und contra dieser Methode.

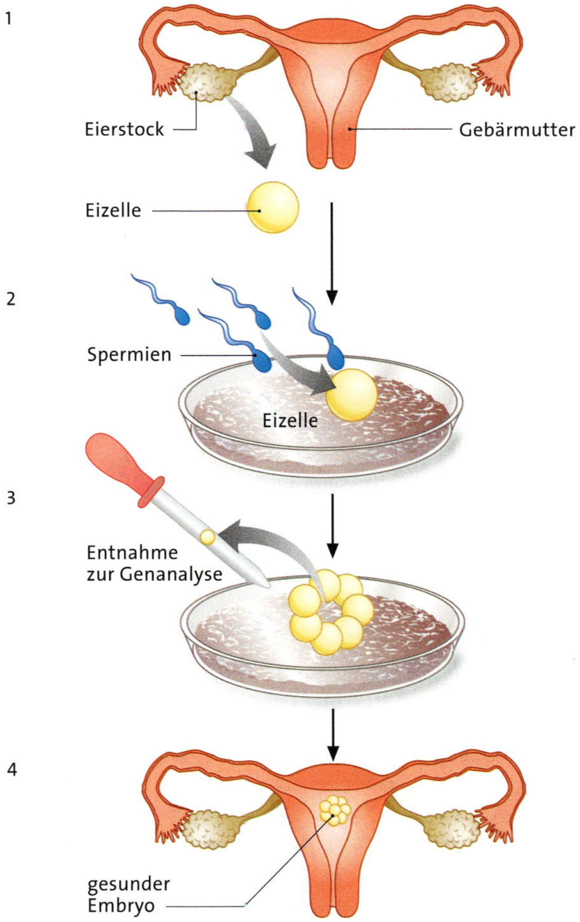

3 **Präimplantationsdiagnostik (PID)**

Zusammenfassung Grundlagen der Vererbung

Basiskonzept System

Lebewesen sind aus verschiedenen Bestandteilen aufgebaut, die sich durch spezifische Eigenschaften auszeichnen und miteinander kooperieren.

Der Grundbauplan der Lebewesen ist in der DNA festgelegt. Dieser Bauplan enthält eine Vielzahl von Genen, die die Grundlage für die Bildung von Eiweißen sind. Diese Eiweiße sind für die Ausbildung artspezifischer Merkmale verantwortlich. Die Gene der Lebewesen liegen in Zustandsformen, den Allelen, vor. So kann zum Beispiel bei Erbsenpflanzen das Gen für die Blütenfarbe als weißes oder rotes Allel vorliegen. Dadurch werden unterschiedliche Eiweiße gebildet und über Stoffwechselreaktionsketten entstehen so unterschiedliche Blütenfarben. Diese haben aber im System Erbsenpflanze trotz Variabilität die gleiche Bedeutung, beispielsweise Insekten anzulocken und somit die Fortpflanzung zu sichern.

Basiskonzept Struktur und Funktion

Bestimmte zelluläre und molekulare Strukturen ermöglichen bestimmte Funktionen für das Lebewesen.

Die Träger der Erbsubstanz sind zum Beispiel die Chromosomen, die im Zellkern lokalisiert sind. Durch ihre kompakte Struktur sind sie eine optimale Transportform des Erbmaterials bei mitotischen und meiotischen Zellteilungen. Sie ermöglichen die richtige Verteilung des Erbmaterials auf die Tochterzellen, erfüllen also eine ganz bestimmte Funktion.

Die Chromosomen sind aus Chromatinfäden aufgebaut, die aus DNA und Proteinen bestehen. Die DNA-Doppelhelix besteht aus zwei komplementären Einzelsträngen, bei denen sich die Basen Adenin (A) und Thymin (T) sowie Guanin (G) und Cytosin (C) gegenüber liegen. Eine Base bildet gemeinsam mit dem Zucker Desoxyribose und einem Phosphatmolekül ein Nukleotid. Vor jeder Zellteilung muss die DNA identisch verdoppelt werden, die Struktur der DNA lässt dies problemlos zu. Die Doppelhelix wird wie ein Reißverschluss geöffnet und in ihre Einzelstränge aufgetrennt. Durch die Anlagerung von komplementären Nukleotiden an die Mutterstränge können zwei identische DNA-Stränge gebildet werden. Auch an diesem Beispiel zeigt sich, dass ein Zusammenhang zwischen Struktur und Funktion besteht.

Auch am Zusammenspiel der Kernsäuren DNA und RNA lässt sich nachweisen, dass zelluläre Strukturen spezifische Funktionen zulassen. Durch die Abfolge der Basenpaare in der DNA wird der genetische Code festgelegt. Dabei verschlüsseln drei aufeinander folgende Tripletts die genetische Information für eine von 20 Aminosäuren. Der genetische Code ist universell, hat keine Leerstellen und ist nicht überlappend. Er ist die Grundlage für die Proteinsynthese.

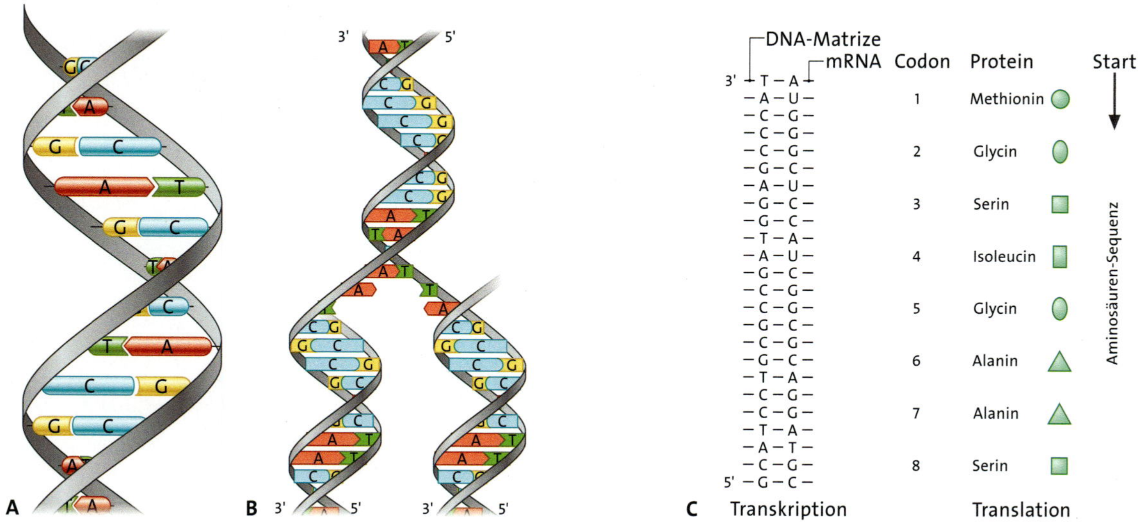

1 Molekulare Grundlagen der Vererbung. A DNA-Doppelhelix; **B** Replikation; **C** Genetische Informationsübertragung

Zuerst erfolgt die Transkription. Dabei wird ein Gen der DNA im Zellkern abgelesen und in Form einer Boten-RNA kopiert. Nachdem diese den Zellkern verlassen hat und in das Grundplasma gelangt ist, beginnt die Translation. Mit Hilfe der Ribosomen wird die Basenabfolge der Boten-RNA in die Aminosäureabfolge eines Proteins übersetzt. Die dafür erforderlichen Aminosäuren sind an die Transport-RNA gekoppelt. Für jede der 20 Aminosäuren gibt es eine passende Transport-RNA. Diese besitzt als Erkennungsstelle ein Basentriplett, mit dem sie an eine komplementäre Stelle der Boten-RNA im Ribosom binden können. Während die Boten-RNA durch das Ribosom gleitet, lagern sich stetig Transport-RNA-Moleküle an. Die an sie gekoppelten Aminosäuren werden abgegeben und miteinander verknüpft, bis sich die fertig gestellte Aminosäurekette schließlich vom Ribosom löst. Damit ist die genetische Information realisiert. Aus den Aminosäureketten bilden sich Proteine wie zum Beispiel der rote Blutfarbstoff Hämoglobin oder die Muskeleiweiße Aktin und Myosin.

Basiskonzept Entwicklung

Die Lebewesen sichern durch die Fortpflanzung die Arterhaltung. Die geschlechtlichen Fortpflanzung aber auch Mutationen sind eine Grundlage für die Entstehung variabler Nachkommen. Nur die am besten an die jeweils herrschenden Umweltbedingungen angepassten Lebewesen setzen sich durch. So können sich Arten immer wieder an sich ändernde Umweltbedingungen anpassen. Sie entwickeln sich. Dies zeigt sich eindrucksvoll an folgenden Beispielen.

Mutationen wirken in den meisten Fällen tödlich oder schädlich. So verringern sich die Überlebenschancen eines Individuums zum Beispiel durch Krebs. Mutationen können jedoch auch nützlich sein, wenn der veränderte Phänotyp zufällig bessere Überlebenschancen bietet.

Ein Beispiel dafür ist der Albinismus. Haut-, Haar- und damit natürlich auch Fellfarben entstehen über komplizierte Reaktionsketten durch das Zusammenwirken zahlreicher Gene. Beim Albinismus ist ein Gen dieser Stoffwechselkette defekt. Es ist das Gen, das zur Melaninbildung führt. Dieses Melanin ist die Grundlage für die Ausbildung der Haut-, Haar und Fellfärbung. Betroffene Tiere sind in der Natur nicht getarnt und damit werden sie von Fressfeinden meist schnell erkannt und getötet bevor sie sich fortpflanzen können. In schneereichen Gegenden haben diese weißen Tiere aber Vorteile. Dort sind sie besser getarnt, geben ihre veränderten Gene bei der Fortpflanzung weiter und setzten sich somit auf lange Sicht durch.

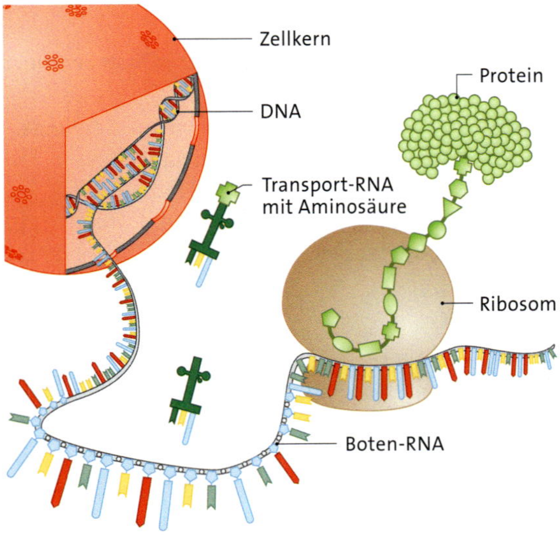

2 Proteinsynthese

3 Albinismus

Wissen vernetzt Grundlagen der Vererbung

A1 Gonosomen

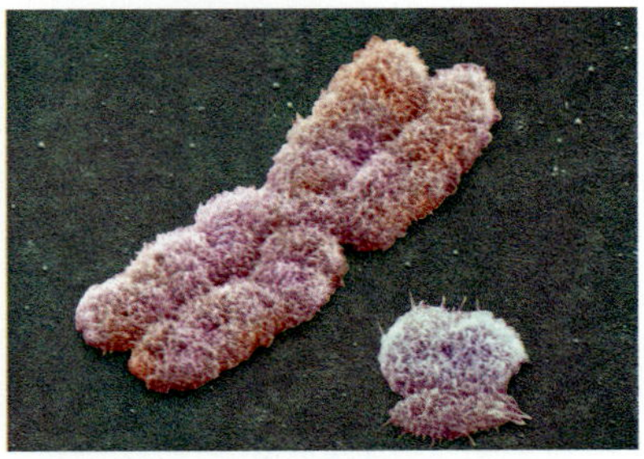

Die Abbildung zeigt eine rasterelektronenmikroskopische Aufnahme von Gonosomen des Menschen.

Aufgaben:

a) Erläutere die Merkmale des Chromosomensatzes eines Menschen.

b) Begründe, welches Geschlecht die Abbildung zeigt.

c) Vergleiche die beiden Gonosomen miteinander.

A2 Ordnen von Zellteilungsstadien

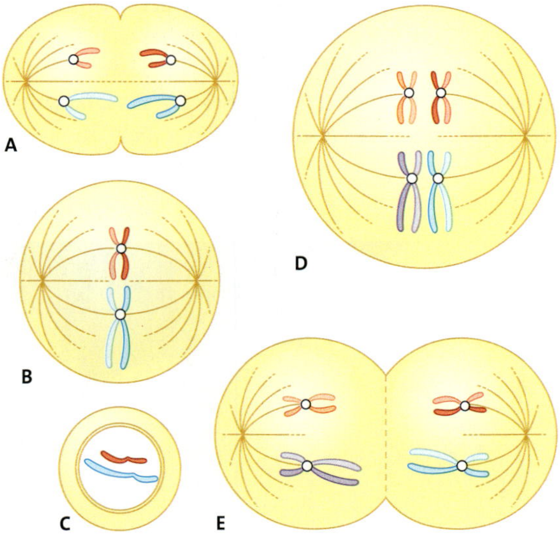

Die Abbildungen A bis E stellen Ausschnitte aus der Entwicklung eines bestimmten Zelltyps dar.

Aufgaben:

a) Nenne den Zelltyp und begründe deine Antwort.

b) Ordne die abgebildeten Stadien in die richtige Reihenfolge. Erläutere jeweils die Einordnung.

c) Beschreibe die Funktion der Strukturen, die in der Grafik mit gestrichelten Linien gezeichnet sind.

A3 Ungleiche Geschwister

Bei den abgebildeten Schweinen handelt es sich um gleichaltrige Geschwister, die auf unterschiedlichen Höfen gehalten wurden.

Aufgabe: Erkläre dies mit Hilfe des Basiskonzeptes Angepasstheit.

A4 Karyogramme

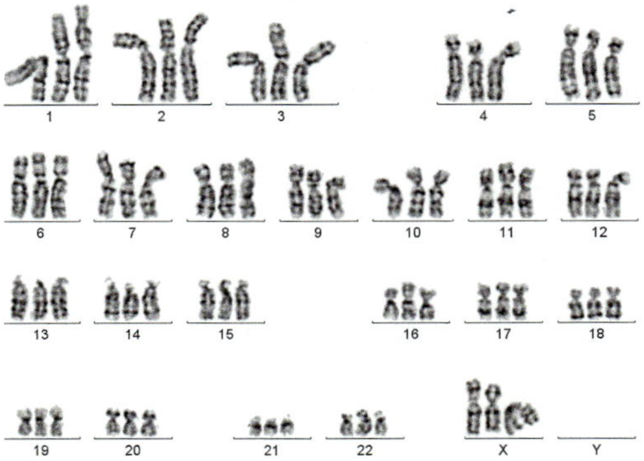

Die Abbildung zeigt das Karyogramm eines Embryos, der bereits in einem frühen Stadium in der Gebärmutter gestorben ist.

Aufgaben:

a) Erläutere allgemein die Methode zum Erstellen eines solchen Karyogramms.

b) Werte das abgebildete Karyogramm aus. Begründe, um welchen Mutationstyp es sich handelt.

A5 Vererbungsregeln

Eine reinerbige Hausmaus mit grauer Fellfarbe wird mit einem reinerbigen Tier, das weiß ist, gekreuzt.

Aufgaben:

a) Nenne die Phänotypen der F_1- und F_2-Generation.

b) Erkläre die Phänotypen der Nachkommen der F_2-Generation, wenn die graue Maus mischerbig wäre.

A6 Stammbaum

Die Abbildung zeigt den Stammbaum einer Familie, in der Kurzfingrigkeit auftritt.

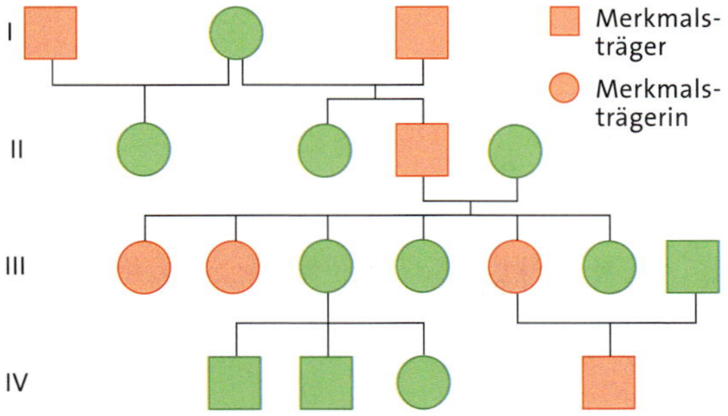

Aufgaben:

a) Übernimm den Stammbaum in dein Heft und gib alle Genotypen an.

b) Führe eine vollständige Stammbaumanalyse durch.

A8 Gentechnisches Verfahren

Die Abbildung zeigt die Einschleusung und Vermehrung eines gentechnische veränderten Plasmids in eine Bakterienzelle.

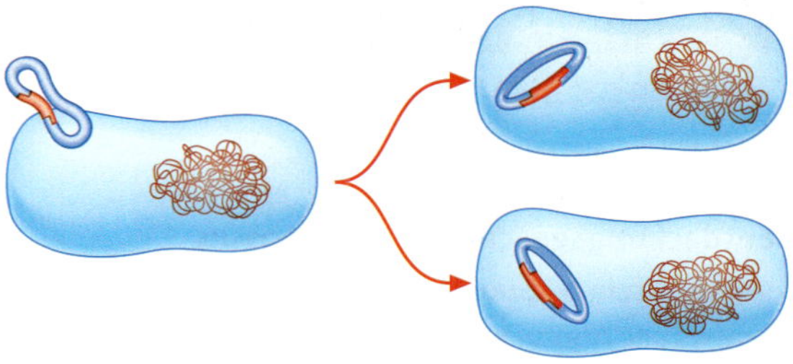

Aufgaben:

a) Erläutere die Herstellung eines gentechnisch veränderten Plasmids.

b) Beschreibe ein wirtschaftlich bedeutsames Beispiel für ein solches Verfahren.

A7 Auslesezüchtung

Aufgaben:

a) Benenne die Kohlsorten und weise das Basiskonzept Vielfalt an diesem Beispiel nach.

b) Erkläre die angewendete Züchtungsmethode der Auslesezüchtung.

c) Nenne Gründe, weshalb Menschen Tiere und Pflanzen züchten.

Die Entdeckungsgeschichte eines Fossils

In den kanadischen Rocky Mountains wurden bereits 1886 einzelne fossile Abdrücke gefunden, die einer Garnele ohne Kopf ähnelten. Sie wurden später mit dem Namen *Anomalocaris* bezeichnet, was soviel wie »merkwürdige Garnele« bedeutet. Als man 1909 im kanadischen Burgess-Schiefer zahlreiche Fossilien entdeckte, fand man die »Garnelen« wieder. Außerdem konnte man einen scheibenförmigen Abdruck bergen, den man zunächst für eine Qualle hielt. Später zeigte sich, dass beide Teile zu einem Tier gehörten.

Erzählt die Entdeckungsgeschichte des *Anomalocaris* weiter. Recherchiert dazu im Internet oder in entsprechender Fachliteratur. Berichtet über den Bau und die Lebensweise dieses Tieres im kambrischen Meer.

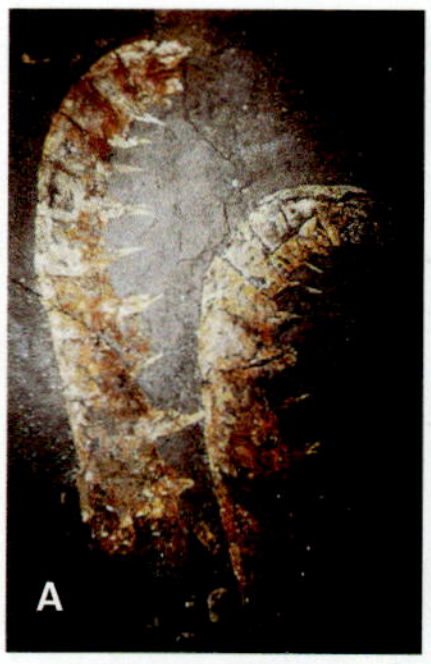

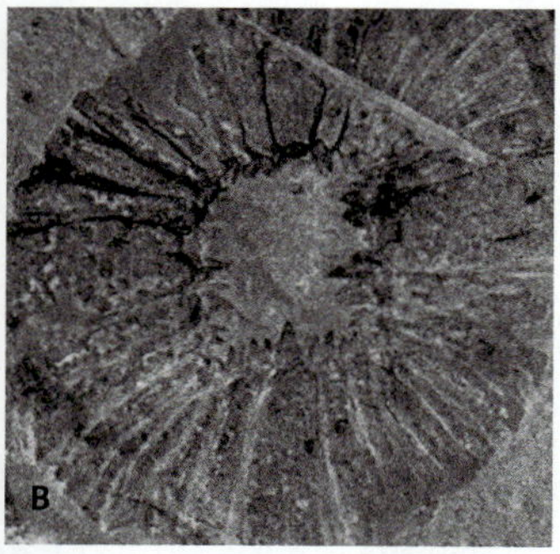

Vergangene Welten

Betrachtet die Abbildung aus dem Karbon. Beschreibt die Lebensbedingungen der Tier- und Pflanzenwelt in dieser Zeit. Gestaltet mit Hilfe weiterer Informationen eine kurze Präsentation zum Karbon. Beachtet neben den damals dort lebenden Organismen auch Angaben zu Klima und geographischen Verhältnissen.

Wie kommt der Storch zu seinen langen Beinen?

Seit jeher bewegt die Menschen die Frage nach der Herkunft und Entwicklung der Lebewesen. Viele Naturforscher und Biologen haben versucht, diese Frage zu beantworten und dabei unterschiedliche Theorien entwickelt.

Wendet die Theorien von LAMARCK und DARWIN auf die Entwicklung eines Storches an. Erklärt dabei vor allem, wie die langen Beine und der spitze, lange Schnabel entstanden sind.

Lest dazu im Lehrbuch nach und stellt zum Beispiel passende Fließdiagramme auf.

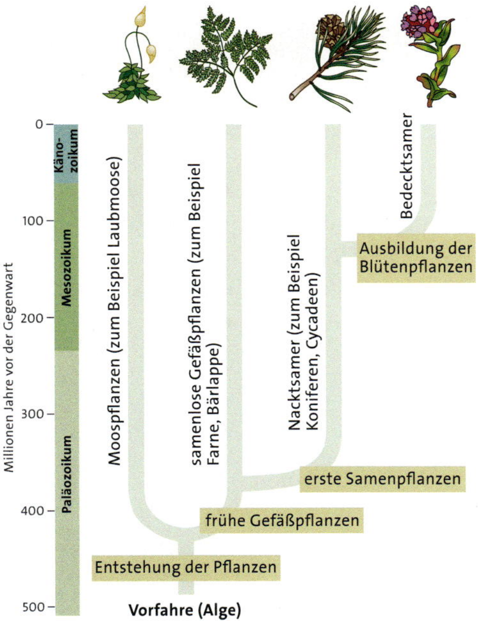

Vereinfachter Stammbaum der Pflanzen

Beschreibt mit eigenen Worten und mit Hilfe des angegebenen Stammbaumes die Entwicklung der Pflanzen.

Zoobesuch

Plant einen Besuch im Zoo zum Thema Primaten. Wählt fünf oder sechs verschiedene Affen-Arten aus und beobachtet über einen bestimmten Zeitraum ihr Verhalten. Erstellt dazu Protokolle. Beobachtungsschwerpunkte könnten sein: Nahrungsaufnahme, Spielverhalten, Verhalten zwischen Gruppenmitgliedern.

Bearbeitet diese Aufgabe in Kleingruppen. Ihr könnt eure Beobachtungen auch mit Fotos oder als kurzen Film festhalten.

Fasst eure Ergebnisse zusammen und präsentiert sie in geeigneter Form in der Klasse.

Neandertaler und moderner Mensch

Vergleicht beide Menschen miteinander und legt dazu eine Tabelle an. Informiert euch im Lehrbuch und in weiteren Medien. Stellt eure Ergebnisse vor.

1 Die Entwicklung der Lebensvielfalt auf der Erde

1.1 Verwandtschaft erzeugt Ähnlichkeit

Im Jahr 1901 entdeckten Forscher im zentralafrikanischen Regenwald eine bis dahin unbekannte Säugetierart, das Okapi. Diese scheuen, nachtaktiven Tiere sind Einzelgänger. Sie haben ein kastanienbraunes bis schwarzes Fell, die Beine und die hinteren Oberschenkel sind wie bei Zebras gestreift und auch ihr Körperbau ähnelt diesen Tieren. Bei oberflächlicher Betrachtung scheinen die Okapis also Ähnlichkeiten mit den Zebras zu haben. Eine genauere Untersuchung ergibt jedoch, dass sie viel mehr Gemeinsamkeiten mit den Giraffen aufweisen, die als Herdentiere tagaktiv in den Savannen Afrikas leben: Die Vorderbeine sind länger als die Hinterbeine, der Kopf mit Schnauze ist lang gestreckt, die Zunge ist überaus lang und kann weit herausgestreckt werden. Im Gegensatz zu Zebras gehen Okapis und Giraffen zudem immer im Passgang, das heißt, sie heben die beiden Beine einer Körperseite gleichzeitig. Sowohl Okapis als auch Giraffen ernähren sich von Blättern und beide sind Wiederkäuer. Während alle Giraffen zwei bis fünf vollständig von Fell überzogene Hörner tragen, haben bei Okapis nur die Männchen zwei kleine Hörner, deren Spitzen nicht vom Fell überwachsen sind. Abgesehen von der Fellzeichnung, den fehlenden Hörnern bei den Weibchen und dem kurzen Hals haben Okapis also viele Gemeinsamkeiten mit den Giraffen. Deshalb wird das Okapi auch als Waldgiraffe bezeichnet.

Vergleicht man Okapi und Giraffe mit anderen Säugetieren Afrikas, beispielsweise Flusspferden, Kaffernbüffeln und Antilopen, erkennt man auf den ersten Blick kaum Gemeinsamkeiten. Untersucht man jedoch die Gliedmaßen dieser Tiere, so stellt man fest, dass sie alle zwei oder vier mit Horn überzogene Zehen zum Laufen haben, die Hufe. Man kann deshalb Giraffen, Flusspferde, Antilopen und weitere Säuger als Paarhufer zusammenfassen.

Unter den Paarhufern sind Okapi und Giraffe recht ähnlich, von den übrigen genannten Tieren unterscheiden sie sich jedoch deutlich. Biologen nutzen solche abgestuften Ähnlichkeiten und Unterschiede, um die große Vielfalt der Lebewesen auf der Erde zu ordnen. So entsteht ein **System der Lebewesen.**

Sind die mehr oder weniger großen Ähnlichkeiten zwischen verschiedenen Lebewesen Zufall oder Ausdruck von Verwandtschaftsbeziehungen? Diese Frage hatte sich im 19. Jahrhundert schon der englische Naturforscher Charles DARWIN gestellt. Er kam zu dem Schluss, dass »gemeinsame Abstammung die einzige bekannte Ursache für die großen Ähnlichkeiten zwischen Lebewesen« ist. Beim Menschen stellt man manchmal Stammbäume auf, die eine nähere oder fernere Verwandtschaft ver-

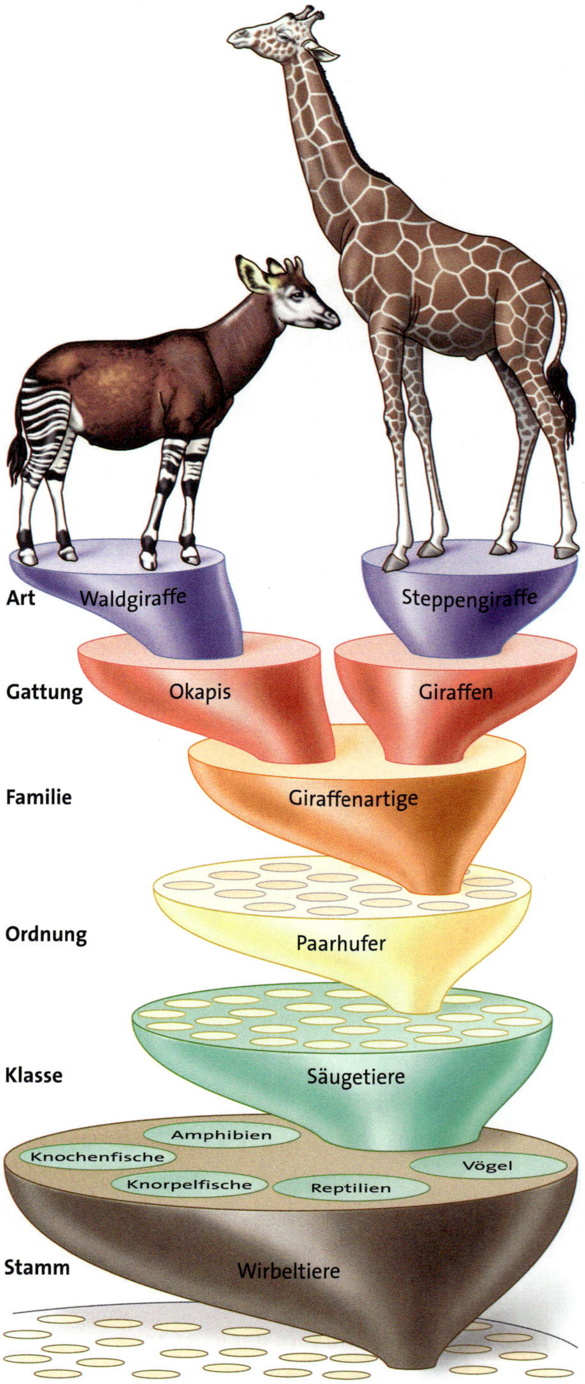

1 Einordnung von Okapi und Giraffe in das System der Wirbeltiere schiedener Familienmitglieder zeigen. In ähnlicher Weise ging DARWIN davon aus, dass alle Lebewesen durch einen gemeinsamen Stammbaum miteinander verbunden sind. Die heute vorkommenden Lebewesen sind das Ergebnis einer langen Stammesentwicklung, der **Evolution.** Die **stammesgeschichtliche Verwandtschaft** aller Lebewesen ist heute allgemein anerkannt. Welche Hinweise gibt es auf diese gemeinsame Stammesgeschichte?

Betrachtet man die Vordergliedmaßen von verschiedenen Wirbeltieren, so erkennt man, dass diese in der Regel auf eine bestimmte Funktion spezialisiert sind: Bei Huftieren dienen sie zum Laufen, bei Walen zum Schwimmen, bei Fledermäusen und Vögeln zum Fliegen, beim Menschen zum Greifen. Trotz dieser unterschiedlichen Spezialisierungen sind die Gliedmaßen alle aus den gleichen Knochen aufgebaut: Oberarmknochen, Unterarmknochen, Handwurzel-, Mittelhand- und Fingerknochen. Die Anzahl der Knochen, ihre Stärke und Länge sind bei den verschiedenen Wirbeltiergruppen unterschiedlich, der Grundbauplan ist jedoch gleich. Dies kann nur dadurch erklärt werden, dass diese Tiere miteinander verwandt sein müssen. Die unterschiedlichen Spezialisierungen der Gliedmaßen sind das Ergebnis langer stammesgeschichtlicher Entwicklungsvorgänge.

Merkmale, die trotz unterschiedlicher Funktion im Grundbauplan übereinstimmen und deshalb ursprungsgleich sind, nennt man **homolog.** Nicht alle Ähnlichkeiten beruhen auf **Homologien.** So haben beispielsweise Vögel und Insekten Flügel. Bei Vögeln werden die Flügel von einem knöchernen Innenskelett gestützt und die Tragflächen bestehen aus Federn. Insektenflügel sind demgegenüber im Wesentlichen Bestandteile des Außenskeletts aus Chitin – Knochen und Federn kommen nicht vor. Offenbar sind Vögel- und Insektenflügel in der Evolution unabhängig voneinander entstanden. Solche Merkmale, die eine ähnliche Funktion, aber eine unterschiedliche Herkunft haben, nennt man **analog.**

1 Erläutere mit Hilfe von Abbildung 1, wie man die Vielfalt der Lebewesen nach Ähnlichkeiten und Unterschieden ordnet.

2 Informiere dich anhand von Fachbüchern oder im Internet über Körperbau und Lebensweise von Zebras. Erstelle eine Liste von Unterschieden zu den Giraffenartigen. Fasse deine Ergebnisse in Form eines Kurzvortrags zusammen.

3 Vergleiche die Gliedmaßen in Abbildung 2 unter Anwendung der Basiskonzepte Struktur und Funktion sowie Entwicklung.

4 Bei Honigbienen gibt es Sammelbeine, Gelbrandkäfer haben Schwimmbeine, Heuschrecken tragen Sprungbeine. Begründe, ob es sich bei diesen Gliedmaßen um homologe oder analoge Merkmale handelt.

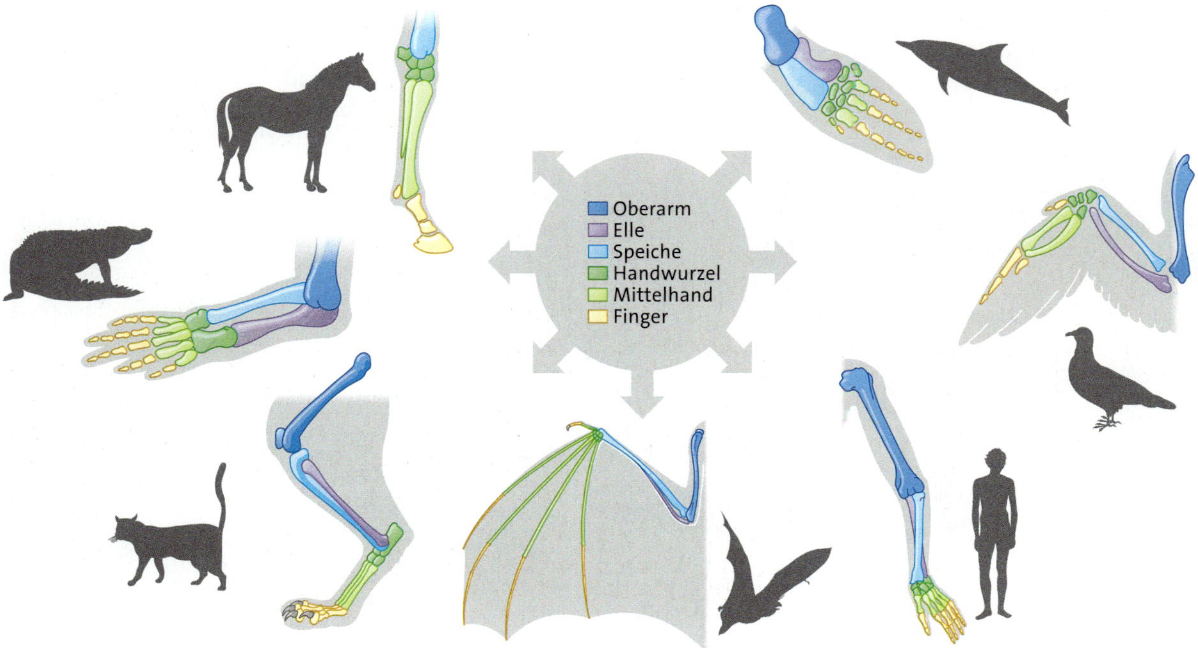

2 **Homologe Organe**

1.2 Fossilien sind Zeugen der Erdgeschichte

Dinosaurier kennt jedes Kind. Durch zahllose Filme, Bücher und Ausstellungen sind sie manchen Menschen besser bekannt als die heutige einheimische Tierwelt. Dennoch hat niemand je einen lebenden Dinosaurier zu Gesicht bekommen, weil diese Tiere bereits vor etwa 65 Millionen Jahren ausgestorben sind. Woher weiß man dennoch, wie die Tiere ausgesehen und gelebt haben?

In vielen Naturkundemuseen sind die Skelette von Dinosauriern ausgestellt. Betrachtet man diese genauer, so erkennt man, dass es sich dabei nicht um echte, sondern um versteinerte Knochen handelt. Solche durch Mineralieneinlagerungen versteinerte Reste ausgestorbener Lebewesen zählen zu den **Fossilien.** Die meisten Fossilien findet man in **Sedimentgesteinen,** die sich im Laufe sehr langer Zeiträume aus lockeren Ablagerungen am Boden von Seen oder auf dem Meeresgrund verfestigt haben.

In manchen Sedimentgesteinen wimmelt es nur so von kleineren Fossilien. In den Kreidefelsen der Insel Rügen oder in manchen Gebieten der Schwäbischen Alb lassen sich ohne langes Suchen fossile Reste von Meerestieren finden. Dennoch ist die Wahrscheinlichkeit, dass ein Lebewesen nach seinem Tod zu einem Fossil wird, sehr gering. Aasfresser, Pilze und Bakterien beginnen bereits kurz nach dem Tod mit der Verwertung der Biomasse. Bereits nach wenigen Tagen oder Wochen sind nur noch Hartteile wie Knochen, Schalen oder Gehäuse übrig. Wird ein toter Organismus jedoch schnell genug von einer Sedimentschicht bedeckt, kann der Verwesungsprozess abgebrochen werden. In diesem Falle ist die Entstehung eines Fossils möglich. Manchmal wurden auf diese Weise auch Abdrücke von Weichteilen, Federn, Pflanzenblättern oder Fußspuren fossil erhalten. Sehr selten findet man mehr oder weniger vollständige fossile Lebewesen. In Bernstein, der aus erstarrten Harztropfen entstanden ist, sind manchmal Insekten oder andere Kleinlebewesen eingeschlossen. Aus dem Dauerfrostboden der Arktis kennt man zum Beispiel tiefgefrorene Mammuts.

Die Wissenschaft, die sich mit der Untersuchung von Fossilien beschäftigt, ist die **Paläontologie** (gr. *palaios,* alt). Durch Vergleiche mit heute lebenden Organismen ist es möglich, das Aussehen ausgestorbener Tiere und Pflanzen aus Fossilien zu rekonstruieren. Bei Wirbeltierfossilien geben die Zähne zum Beispiel Auskunft über die Ernährung. So konnte der Dinosaurier *Tyrannosaurus* den Fleischfressern und *Diplodocus* den Pflanzenfressern zugeordnet werden. Genaue Auswertungen von Fossilfundstätten offenbaren zudem viele Informationen über die Entwicklung des Klimas, der Lebensräume und der Lebensgemeinschaften im Laufe der Erdgeschichte.

1 Skelett eines Diplodocus im Vergleich zum Menschen

Um ein Fossil richtig einordnen zu können, ist es natürlich wichtig, sein Alter zu kennen. Bei Fossilien, die in Sedimentgesteinen eingeschlossen sind, gibt die Schichtenfolge einen ersten Hinweis. Tiefer liegende Gesteinsschichten sind in der Regel älter als darüber liegende. Manche Fossilien treten nur in ganz bestimmten Gesteinsschichten auf. Sie dienen als **Leitfossilien** und ermöglichen in vielen Fällen die Zuordnung von Gesteinsschichten gleichen Alters auf der ganzen Erde. Mit Hilfe der Leitfossilien und der Untersuchung von Schichtenfolgen kann man jedoch lediglich feststellen, welche Fossilien älter oder jünger als andere sind, das wirkliche Alter bleibt verborgen. Heute lässt sich mit physikalischen Methoden relativ genau bestimmen, wann eine bestimmte Gesteinsschicht entstanden ist und wie alt die darin enthaltenen Fossilien sind. Auf diese Weise hat man beispielsweise herausgefunden, wann die Dinosaurier ausgestorben sind. Außer ihren versteinerten Knochen und Spuren ist offenbar nichts von ihnen übrig geblieben. Aber das stimmt nicht ganz.

Tatsächlich haben die Dinosaurier noch heute lebende Nachfahren – die Vögel. Den Beweis für diese Behauptung lieferten Fossilien von Tieren, die vor etwa 150 Millionen Jahren auf dem Grund einer tropischen Lagune von Sand und Schlamm bedeckt wurden. Die daraus entstandenen Fossilien wurden erstmal 1861 in einem Kalksteinbruch in der Nähe des bayerischen Ortes Solnhofen gefunden. Das Fossil, das wie eine Art Kreuzung aus Reptil und Vogel aussieht, erhielt den Namen *Archaeopteryx* oder »Urvogel«. Er besaß Federn und Flügel wie ein Vogel, hatte aber – ähnlich wie ein Dinosaurier – einen langen Schwanz, Zähne und an den Flügelspitzen drei Finger mit Krallen. Tatsächlich hat man ein Archaeopteryx-Exemplar lange für einen Dinosaurier gehalten, bis man schließlich seine versteinerten Federn entdeckte. Diese Fossilien zeigen also, dass es zwischen manchen Gruppen von Lebewesen Übergänge gibt, so genannte *Brückenformen*. Sie sind wichtige Hinweise auf die stammesgeschichtliche Entwicklung.

1 Begründe, dass Fossilien wichtige Zeugnisse für die Entwicklung des Lebens auf der Erde sind.

2 Erläutere mit Hilfe von Abbildung 2 die Entstehung von Fossilien.

3 Vergleiche Archaeopteryx mit heutigen Vögeln und Reptilien. Erläutere seine Sonderstellung.

4 Informiere dich über den Dinosaurier Diplodocus. Erarbeite ein Kurzreferat, das Körperbau, Lebensraum und Lebensweise berücksichtigt. Nutze dazu auch Abbildung 1.

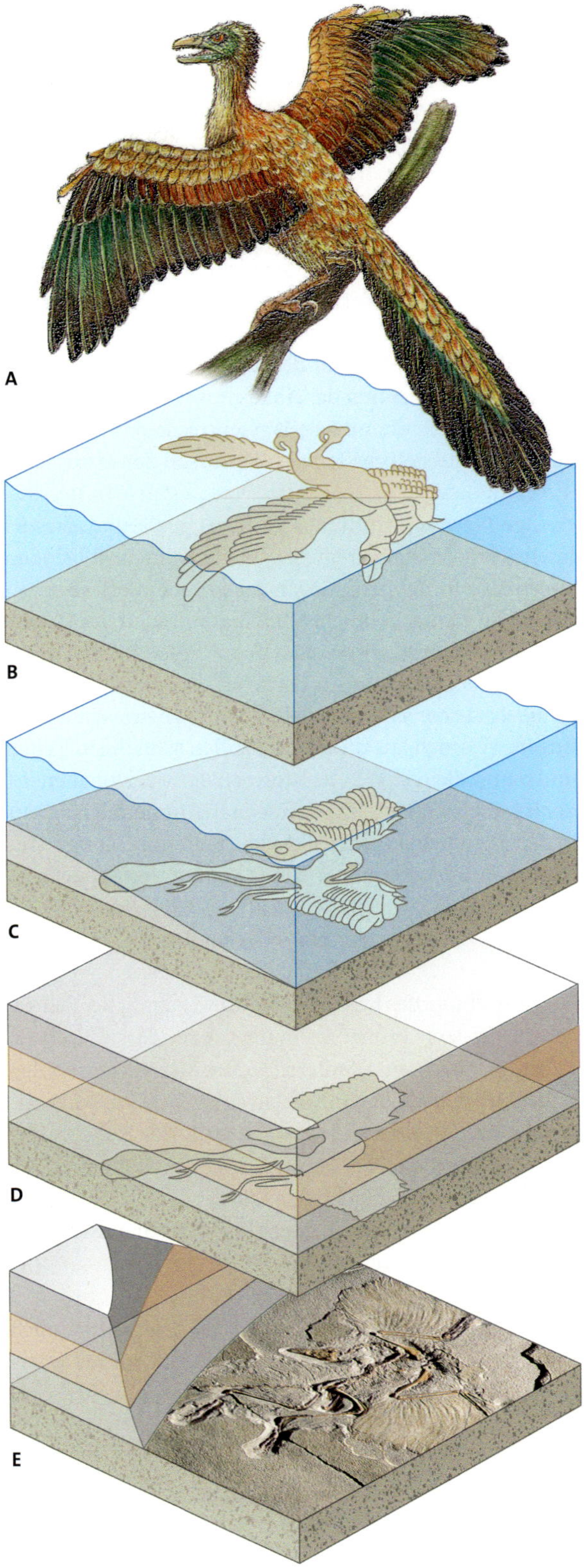

2 Urvogel.
A Rekonstruktion; **B** bis **E** Entstehung des Fossils

1.3 Die Geschichte der Erde und des Lebens – ein Überblick

Vor mehr als viereinhalb Milliarden Jahren entwickelten sich aus einer riesigen rotierenden Ansammlung von Staub, Eis und Gasen die Sonne und ihre Planeten – unser Sonnensystem. Wahrscheinlich war die Erde zunächst noch glutflüssig. Bestandteile mit einer hohen Dichte, vor allem Eisen und Nickel, sanken zum Erdinneren hin. Weniger dichtes Material, aus dem später die feste Erdkruste entstand, schwamm oben auf. Bald bildeten Gase eine erste Atmosphäre, in der aber noch kein Sauerstoff vorkam. Mit zunehmender Abkühlung der Erdoberfläche entwickelte sich der globale Wasserkreislauf und allmählich sammelte sich ein Teil des Wassers in den Urmeeren.

1 Umweltbedingungen auf der jungen Erde

Heftige Gewitter, sintflutartige Regengüsse und ein viel intensiverer Vulkanismus als heute prägten die folgenden Jahrhundertmillionen der jungen Erde. Experimente, in denen die wahrscheinlichen Bedingungen auf der Urerde simuliert wurden, zeigen, dass unter diesen Bedingungen organische Verbindungen entstehen konnten – die Bausteine des Lebens. Man spricht von der **chemischen Evolution.** Wie sich aus diesen Molekülen schließlich Zellen und damit die ersten Lebensformen entwickelt haben, ist noch weitgehend unklar. Auf jeden Fall finden sich bereits in den ältesten bekannten Gesteinen, die vor fast vier Milliarden Jahren entstanden sind, Spuren von einzelligen Lebensformen, ähnlich den heutigen Bakterien. Sie sind die ersten Zeugnisse der **biologischen Evolution.**

2 Lebensgemeinschaft an einem »Schwarzen Raucher«

Die Entstehung des Lebens erfolgte mit ziemlicher Sicherheit im Wasser. Früher vermutete man, dass die ersten Zellen im seichten Uferbereich des Meeres entstanden sind. Demgegenüber sind gegenwärtig viele Forscher davon überzeugt, dass sich das Leben in der Nähe vulkanischer Tiefseequellen entwickelt haben könnte. Noch heute gibt es an solchen heißen Quellen, den sogenannten »Schwarzen Rauchern«, ganze Lebensgemeinschaften, die unabhängig vom Sonnenlicht existieren.

Die ersten Lebensformen ernährten sich wahrscheinlich von organischen Verbindungen und deckten ihren Energiebedarf durch Gärung, ähnlich wie noch heute viele Bakterien und Hefepilze. Andere Arten nutzen chemische Reaktionen unter Beteiligung von Schwefelwasserstoff oder anderen anorganischen Verbindungen, bei denen Energie freigesetzt wird. Bereits vor etwa dreieinhalb Milliarden Jahren gab es aber auch Bakterienformen, die ihre Nährstoffe mit Hilfe der Fotosynthese unter Ausnutzung der Energie des Sonnenlichtes selbst herstellen konnten. Diese **Cyanobakterien** setzten erstmals größere Mengen an Sauerstoff frei, der sich zunächst nur im Wasser ansammelte und für die meisten damaligen Lebewesen giftig war. Diese drastische Umweltveränderung konn-

4,6 Mrd. | 3,9 Mrd. | 2,2 Mrd. | 1,5 Mrd. | 60C

Präkambrium

Entstehung der Erde

Entstehung des Lebens

Einzeller mit Zellkern

erste Vielzeller

erst

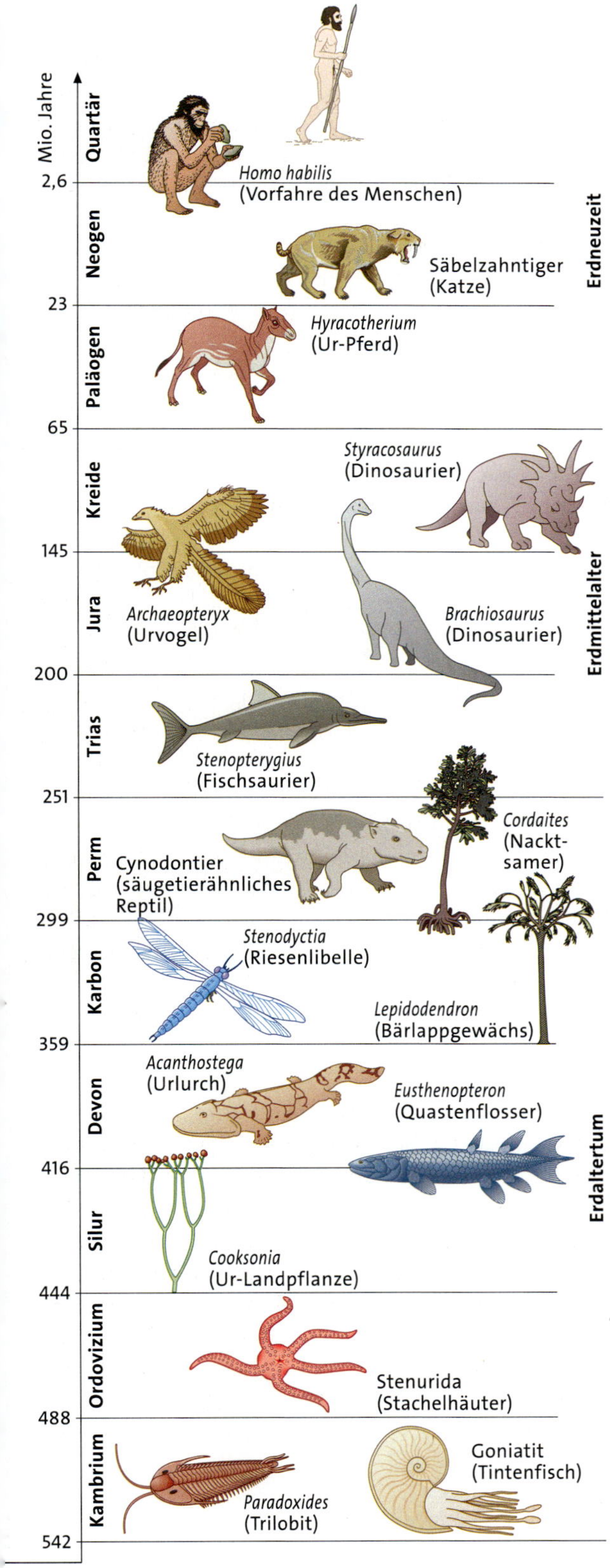

3 Zeittafel der Erdgeschichte

ten nur solche Organismen überleben, die sich mit Hilfe bestimmter Enzyme vor den schädigenden Wirkungen des Sauerstoffs schützen konnten. Manche Bakterien entwickelten sogar eine Strategie, den Sauerstoff zu nutzen: Energiegewinnung durch Zellatmung. Dies war ein wesentlicher Entwicklungsschritt, denn noch heute setzen die meisten Lebewesen die lebensnotwendige Energie durch diesen Prozess frei. Im Laufe der Zeit nahm der Anteil des Sauerstoffs in der Erdatmosphäre zu. Dadurch konnte sich in größeren Höhen die Ozonschicht ausbilden, die einen wirksamen Schutz gegen die schädliche UV-Strahlung der Sonne bot. Erst die Ozonschicht ermöglichte schließlich die spätere Besiedlung des Landes.

Doch zunächst gab es Leben noch ausschließlich im Wasser. In fast zwei Milliarden Jahren alten Gesteinsschichten kommen fossile Reste von Einzellern vor, die bereits einen Zellkern besaßen. Aus solchen Formen entstanden die ersten Vielzeller.

Fast sieben Achtel der gesamten Erdgeschichte waren bereits vergangen, als es vor etwa 600 Millionen Jahren – gerade war eine Eiszeit gewaltigen Ausmaßes zu Ende gegangen – zu einer wahren Explosion an Lebensformen kam. Fossilfunde aus Kanada, Australien und China belegen, dass zu dieser Zeit die ersten einfach gebauten Tiere erschienen. Zunächst waren sie noch, ähnlich wie Schwämme, am Boden festsitzend und filtrierten vermutlich Kleinstlebewesen als Nahrung aus dem Wasser. Doch bald gab es auch Arten, die sich mit Gliedmaßen laufend oder schwimmend fortbewegen konnten. Diese Tiere verfügten auch schon über leistungsfähige Sinnesorgane, mit denen sie gezielt auf Beutefang gehen konnten – die ersten räuberisch lebenden Organismen waren entstanden. Festsitzende Filtrierer und Pflanzenfresser konnten fortan nur überleben, wenn sie durch harte Schalen, Panzer, Stacheln oder andere Einrichtungen vor Fressfeinden geschützt waren. Feste Schutzeinrichtungen aus Kalk oder Chitin konnten sich viel leichter fossil erhalten als die bisherigen Lebewesen, die vorwiegend aus Weichteilen bestanden. Deshalb findet man in Sedimentgesteinen, die jünger als etwa 540 Millionen Jahre sind, bedeutend mehr Fossilien als in älteren Schichten.

Vor 540 Millionen Jahren endet der längste Abschnitt der Erdgeschichte, das **Präkambrium.** Die nun folgende Zeit ist durch Fossilien so gut dokumentiert, dass Geologen und Paläontologen sie in drei **Erdzeitalter** eingeteilt haben: **Erdaltertum, Erdmittelalter** und **Erdneuzeit.** Jedes dieser Zeitalter wird noch einmal in mehrere Abschnitte untergliedert.

Das Erdaltertum beginnt mit dem **Kambrium.** Alle heute bekannten Tierstämme sind zu dieser Zeit bereits vertreten, darunter verschiedene Formen von Gliederfüßern und die ältesten Vorfahren der Wirbeltiere. Im **Ordovizium** beschränkte sich das Leben – abgesehen von einigen Cyanobakterien, die bereits am Land existierten – noch immer auf das Meer. Vielzellige Algen erreichten bereits die Größe von mehreren Metern. In Flachwassergebieten entwickelten sich die ersten Sporenpflanzen, Vorfahren der heutigen Moose, Farn- und Samenpflanzen.

Im **Silur** erfolgte der Übergang der ersten Pflanzen zum Landleben. Zu den ältesten bekannten Fossilien gehört die Sporenpflanze *Cooksonia.* Die Eroberung des Landes wurde möglich durch die Entstehung von Strukturen, die zur Aufnahme von Wasser und Mineralstoffen aus dem Boden geeignet waren. Zudem brauchen Landpflanzen Festigungselemente und Schutzeinrichtungen gegen Austrocknung. Die im **Devon** lebende knapp einen halben Meter große Pflanze *Rhynia* bildete einen Erdspross, aber noch keine Blätter und Wurzeln aus. Sie hatte aber schon Leitgewebe und Spaltöffnungen. Die nackten Sprossachsen trugen am Ende Sporenkapseln. Später im Devon traten Blätter tragende Bärlapp- und Schachtelhalmgewächse auf, die teilweise schon Baumgröße erreichten.

Aus dem Devon sind auch die ältesten Landtiere nachgewiesen, Spinnentiere, Tausendfüßer und noch flügellose Insekten. Diese Gliederfüßer hatten mit Hilfe ihres Chitinpanzers Einrichtungen zum Verdunstungsschutz entwickelt. In den devonischen Meeren und Lebensräumen des Süßwassers lebten als Vertreter der Wirbeltiere zahlreiche Gruppen von Fischen. Zu ihnen gehörten auch Lungenfische und die nahe mit ihnen verwandten Quastenflosser. Diese Tiere verfügten über muskulöse Brust- und Bauchflossen mit einem handähnlichen Skelett. Außer den Kiemen zur Atmung im Wasser konnten sie über die Schwimmblase auch Luftsauerstoff atmen. Aus solchen Tieren entwickelten sich die ersten Landwirbeltiere, zu denen beispielsweise die Ur-Lurche *Ichthyostega* und *Acanthostega* gehörten. Lurche können zwar einen Teil ihres Lebens an Land verbringen, doch wegen ihrer feuchten Haut ohne Verdunstungsschutz und ihrer unbeschalten Eier sind sie weiterhin auf das Wasser angewiesen.

Erst die Reptilien eroberten mit ihrer verhornten Haut und den durch eine pergamentartige Hülle geschützten Eiern auch trockene Lebensräume. Erste Vertreter dieser Gruppe, wie das Ur-Reptil *Seymouria,* lebten im **Karbon.** In diesem Zeitabschnitt gab es umfangreiche Sumpfwälder aus riesigen Farnpflanzen. Große Mengen dieser Biomasse gerieten durch Überflutungen unter Luftabschluss und wandelten sich im Laufe der Zeit in Steinkohle um. Im **Perm** wurde das Klima trockener, die Anzahl an Feuchtgebieten nahm ab. Während dieser Zeit setzten sich in der Pflanzenwelt die Nacktsamer durch, in der Tierwelt dominierten die Reptilien. Massive Vulkanausbrüche und ein rascher Klimawandel führten am Ende

4 Lebewesen im Kambrium. **1** *Eldonia* (Stachelhäuter?); **2** *Odontogriphus* (Weichtier?); **3** *Vauxia* (Schwamm); **4** *Yohoia* (Gliederfüßer); **5** *Odaraia* (Gliederfüßer); **6** *Opabinia* (Krebstier?); **7** *Wiwaxia* (Weichtier?); **8** *Aysheaia* (Gliedertier); **9** *Marrella* (Gliederfüßer); **10** *Hallucigenia* (Gliederfüßer); **11** *Dinomischus* (?); **12** *Pikaia* (Wirbeltier-Vorfahr)

der Permzeit innerhalb einer halben Million Jahre zum größten Massenaussterben der Erdgeschichte. Allein etwa 90 Prozent aller Meerestierarten starben dabei aus.

Im Erdmittelalter, das **Trias, Jura** und **Kreide** umfasst, waren Reptilien die vorherrschenden Tiere in allen Lebensräumen. Am Ende des Jura entwickelten sich unter den Dinosauriern die größten und schwersten Landwirbeltiere aller Zeiten, unter ihnen der über 50 Tonnen schwere *Brachiosaurus.* Ebenfalls im Jura entwickelten sich aus einer bestimmten Gruppe von Dinosauriern die ersten Vögel, von denen *Archaeopteryx* der bekannteste ist. Die ältesten Säugetiere gab es bereits in der Trias. Sie gehen auf säugetierähnliche Reptilien zurück, beispielsweise *Cynognathus.* Am Ende der Kreidezeit führte wahrscheinlich ein großer Meteoriteneinschlag zu massiven Umweltveränderungen. In der Folge starben nicht nur die Dinosaurier aus, sondern beispielsweise auch die Ammoniten, den Tintenfischen verwandte Meerestiere, die in manchen Gesteinen zu den häufigsten Fossilien zählen.

Die Erdneuzeit wird in die Abschnitte **Paläogen, Neogen** und **Quartär** gegliedert. Im Paläogen begann die Blütezeit der Säugetiere. Sie besetzten nun viele ökologische Nischen, die vorher von Dinosauriern eingenommen worden waren. Auch Vögel und Insekten erreichten allmählich die heutige Artenvielfalt. Unter den Samenpflanzen entwickelten die Bedecktsamer viele neue Arten. Allerdings entwickelten sich in der Erdneuzeit nicht sofort die Arten, wie wir sie heute kennen. Viele Säugetiere, unter ihnen ein über sieben Meter langer Pflanzenfresser, sind längst wieder ausgestorben. Gleiches gilt auch für andere Tier- und Pflanzengruppen.

Im jüngsten Abschnitt der Erdgeschichte, dem Quartär, kühlte sich das Klima weltweit langsam ab. Vor knapp zwei Millionen Jahren wurde es so kalt, dass ein neues Eiszeitalter begann. Es war gekennzeichnet durch einen Wechsel von Kaltzeiten, in denen es zu großflächigen Vereisungen kam, und Warmzeiten, in denen sich das Eis wieder zurückzog. Während dieser Zeit entwickelte sich der Mensch zur dominierenden Lebensform auf der Erde. Die Leistungsfähigkeit seines Großhirns ermöglichte es ihm, die Umwelt wie kein anderes Lebewesen vor ihm seinen Bedürfnissen entsprechend zu verändern.

1 Bildet arbeitsteilige Gruppen. Erstellt Plakate mit Lebensformen aus verschiedenen Abschnitten der Erdgeschichte. Orientiert euch dazu an den Abbildungen 4 und 5. Bereitet Kurzvorträge über die Entwicklung der Erde und die Evolution in diesen Zeitabschnitten vor.

2 Erläutere die Bedeutung wichtiger Entwicklungsschritte im Laufe der Evolution. Nutze dazu die Hinweise im Text und in Abbildung 3.

5 Lebewesen aus dem Eiszeitalter. **1** Mammut; **2** Rentier; **3** Moschusochse; **4** Mensch; **5** Zwergbirke; **6** Wollnashorn; **7** Steinbrech; **8** Silberwurz; **9** Wollgras; **10** Netzweide

Wissen kompakt Ausgestorbene Wirbeltiere

Name: **Dunkleosteus** *(Panzerfisch)*
Lebenszeitraum: vor 400 Millionen Jahren (Devon)
Körperlänge: acht bis zehn Meter lang
Gewicht: etwa 1,8 Tonnen
Körpermerkmale: im Bereich von Kopf und Rumpf Knochenmerkmale (Panzer) vorhanden
Besonderheiten: erstes Wirbeltier mit Kiefer

Name: **Ichthyostega**
Lebenszeitraum: vor 380 Millionen Jahren (Devon)
Körperlänge: etwa 1,5 Meter lang
Gewicht: etwa 30 Kilogramm
Körpermerkmale: vier Füße; fünf Finger und Zehen
Besonderheiten: einer der ersten Vierfüßer, der zeitweise auf dem Land leben konnte

Name: **Hylonomus**
Lebenszeitraum: vor 300 Millionen Jahren (Karbon)
Körperlänge: etwa 20 Zentimeter lang
Gewicht: etwa 0,5 Kilogramm
Körpermerkmale: Haut mit Hornschuppen bedeckt
Besonderheiten: frühe Form eines Reptils mit Zähnen; effektivere Lungenatmung und dadurch größere Unabhängigkeit vom Wasser

Name: **Brachiosaurus**
Lebenszeitraum: vor 145 Millionen Jahren (Kreide)
Körperlänge: etwa 23 Meter lang und 15 Meter hoch
Gewicht: etwa 85 Tonnen
Körpermerkmale: sehr langer Hals und Schwanz
Besonderheiten: einer der größten Saurier, von denen ein komplettes Skelett vorliegt; Pflanzenfresser

1 Stelle Vermutungen an, welche heutigen Lebewesen von ihren Lebensumständen mit den abgebildeten fossilen Wirbeltieren vergleichbar sind.

2 Recherchiere und erstelle Steckbriefe für folgende Saurier: Triceratops, Iguanodon, Elasmosaurus.

Name: **Tyrannosaurus**
Lebenszeitraum: vor 70 Millionen Jahren (Kreide)
Körperlänge: etwa 13 Meter lang
Gewicht: etwa 4,5 bis sieben Tonnen
Körpermerkmale: aufrecht laufend
Besonderheiten: Fleisch fressender Dinosaurier mit vergleichsweise großem Gehirn

Name: **Pterodactylus**
Lebenszeitraum: vor 144 Millionen Jahren (Kreide)
Körperlänge: etwa 0,5 Meter; etwa zwei Meter Spannweite
Gewicht: etwa ein Kilogramm
Körpermerkmale: kurzer Schwanz; langer Kopf; schmales Maul mit kurzen, spitzen Zähnen
Besonderheiten: Flugsaurier mit hohlen Knochen; Vordergliedmaßen zu Flügeln umgewandelt; Flughaut zwischen Vorder- und Hinterbeinen; Haare

Name: **Trinaxodon**
Lebenszeitraum: vor 215 Millionen Jahren (Trias)
Körperlänge: etwa 0,5 Meter lang
Gewicht: etwa 20 Kilogramm
Körpermerkmale: wasserschützende Schuppenhaut, scharfe Zähne
Besonderheiten: Übergangsform zwischen Reptilien und Säugetieren: legte Eier und säugte Jungtiere

Name: **Archaeopteryx**
Lebenszeitraum: vor 150 Millionen Jahren (Jura)
Körperlänge: etwa 40 Zentimeter lang
Gewicht: etwa fünf Kilogramm
Körpermerkmale: Schwanz mit Wirbeln; knöcherner Kiefer mit Zähnen; Flügel mit Federn
Besonderheiten: Übergangsform zwischen Reptilien und Vögeln

3 Der Fischsaurier Ichthyosaurus war lebendgebärend. Recherchiere, aufgrund welchen Befundes man diese Schlussfolgerung ziehen kann.

4 Archaeopteryx hatte keinen ausgeprägten Brustbeinkamm und keine hohlen Knochen. Ziehe Schlussfolgerungen in Hinblick auf sein Flugvermögen.

Methode Museumsbesuch

Naturwissenschaft wird immer dann besonders spannend, wenn man vor Ort etwas ansehen, erkunden und selbst entdecken kann. Solche Orte können beispielsweise ein Kalksteinbruch, ein Museum, ein nahe gelegener See oder Wald oder auch eine Biotechnikfirma sein. Wie eine Wanderung in den Bergen will auch eine naturwissenschaftliche Exkursion gut vorbereitet sein.

Exkursionsziel

Einige interessante Exkursionsziele zum Thema Evolution sind in Thüringen das Phyletische Museum in Jena, das Museum der Natur in Gotha und das Naturhistorische Museum Schloß Betholdsburg Schleusingen. Insbesondere das Phyletische Museum in Jena, das von Ernst Haeckel begründet wurde, ist eine weltweit einzigartige Institution. Hier war und ist die Evolutionstheorie von Anfang an ein Hauptthema des Museums. Außerhalb von Thüringen bieten beispielsweise das Naturkundemuseum in Leipzig oder das Museum für Naturkunde in Berlin, deren Besuch ihr vielleicht im Rahmen einer Klassenfahrt einplanen könnt, interessante Ausstellungen zum Thema Evolution. Im Zoo oder im Botanischen Garten können Beispiele für Spezialisierung, Rückbildung, lebende Fossilien oder Primaten gefunden werden.

Ausrüstung und Vorbereitung
Welche Materialien und Ausrüstungsgegenstände, wie beispielsweise Hammer, Meißel, Schutzbrille, Fotoapparat, Schreibzeug, trittfeste Schuhe, Gummistiefel oder Arbeitshandschuhe, müssen mitgebracht werden?

Thematische Vorbereitung

Informiert euch vor der Exkursion auf der Homepage des Museums oder mit Hilfe von Lexika über Themenbereiche, zu denen ihr etwas wissen wollt, zum Beispiel zu »Erdzeitalter und ihre Fossilien«. Bereitet kurze Vorträge zur Einführung in diese Themen vor. Erarbeitet mögliche Fragenstellungen und verteilt Arbeitsaufträge. Überlegt euch im Vorfeld, wie die Ergebnisse der Exkursion vor Ort protokolliert und später zusammengestellt und präsentiert werden können.

Organisation
Wo befindet sich das Museum und wie erreichen wir es? Welche Kosten fallen an? Welche Öffnungszeiten hat das Museum? Welche Themenschwerpunkte bietet das Museum? Gibt es Führungen? Ist ein Freigelände, zum Beispiel ein Steinbruch angegliedert, in dem ihr »Steine klopfen« und nach Fossilien suchen könnt?

1 Übertragt das Beispiel der Planung des Museumsbesuchs auf eine andere Exkursion, zum Beispiel in einen Zoo, eine Recyclingfirma oder eine Biogasanlage.

Methode Screenshot

So machst du einen Screenshot:

Screen nennt man den Bildschirm des Monitors.
Ein Screenshot ist der Ausdruck dessen, was sich auf dem Bildschirm befindet, zum Beispiel eine Internetseite. Möchtest du eine Internetseite in ein Word-Dokument einfügen, so gehst du folgendermaßen vor:

1. Drücke die Tasten **Alt** und **Druck** gemeinsam. Die Internetseite ist nun in der Zwischenablage gespeichert.
2. Öffne ein Word-Dokument.
3. Gehe in der Symbolleiste unter **Bearbeiten** auf **Einfügen.** Die Abbildung wird in das Word-Dokument eingefügt und lässt sich ausdrucken.

So überträgst du ein Bild aus einer Internetseite:

1. Klicke das Bild mit der rechten Maustaste an. Es öffnet sich ein Feld, auf dem du mit der linken Maustaste das Wort **Kopieren** anklickst. Nun ist das Bild gespeichert.
2. Öffne dein Word-Dokument und gehe unter **Bearbeiten** auf **Einfügen.** Das Bild wird in das Word-Dokument eingefügt.
3. Klicke das Bild durch einen Doppelklick an. Es öffnet sich ein Feld zum Bearbeiten des Bildes. Wähle unter **Layout** das Feld **»Hinter dem Text«** und klicke auf **OK.** Jetzt kannst du das Bild auf der Word-Seite verschieben und die Größe ändern.

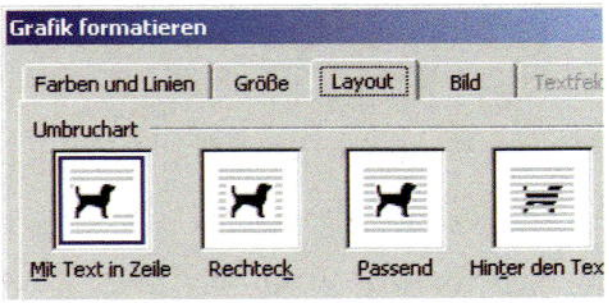

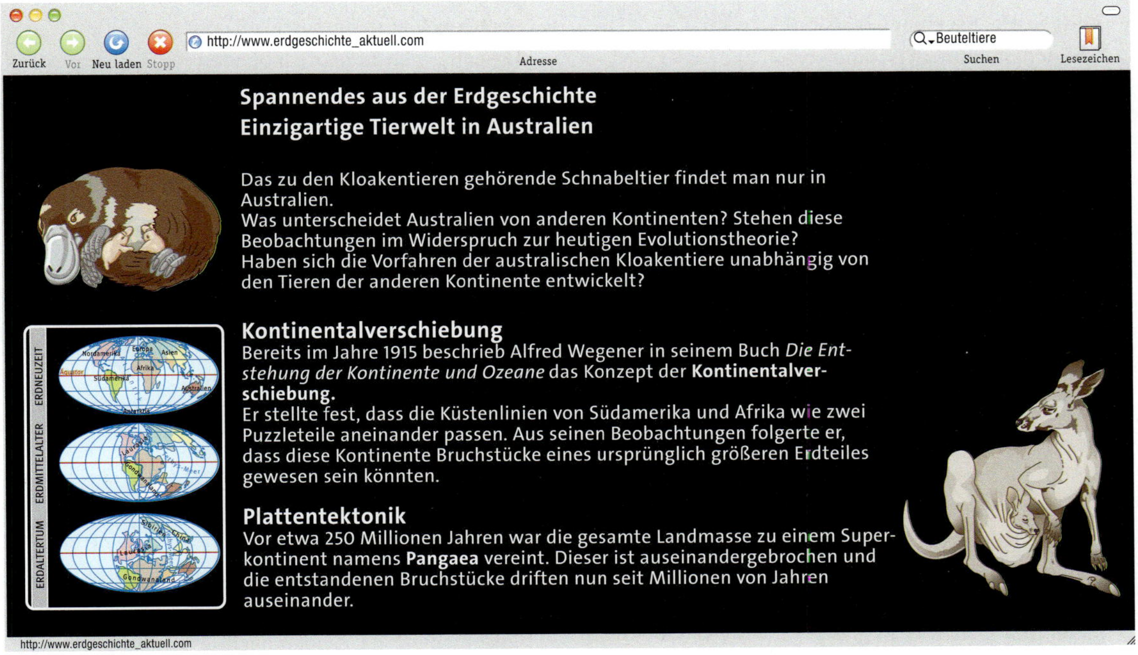

1 Zeige an Beispielen die Besonderheiten der Lebensformen Australiens im Vergleich zu den übrigen Kontinenten. Lege passende Screenshots an.

2 Veranschauliche durch Screenshots, wie die isolierte Lage Australiens sich im Zuge der Plattentektonik entwickelt hat.

Aufgaben und Versuche — Fossilien, Erdgeschichte, stammesgeschichtliche Verwandtsch

V1 Suche nach Fossilien

Material: Für unterwegs: Arbeitshandschuhe; Hammer; Meißel; Plastik- oder Papiertüten; Lupe; Papier- oder Zellstofftücher; Schreibzeug; feste Schuhe; möglichst Helm und Schutzbrille; Kärtchen für eine Beschriftung
Fürs Präparieren: harte und weiche Pinsel; wasserlöslicher Leim oder Alleskleber; Klarlack; Bestimmungsbücher für Fossilien, geologische Karte, z. B. aus der Schulbücherei

Durchführung:

A Vorbereitung
Lohnende Ziele für eine Fossiliensuche sind Steinbrüche, Kreidefelsen, Kiesgruben oder Braunkohletagebaue. Bei einer Exkursion in einen Steinbruch ist eine Kontaktaufnahme mit dem Betreiber notwendig. Dieser ermöglicht oft auch eine Führung und zeigt Orte, wo gesucht werden darf.

B Fossilsuche und Fossilbergung
Die persönliche Sicherheit ist immer wichtiger als jedes Fossil! Sei also vorsichtig bei wackelnden und rutschenden Steinen und erst recht an Steilwänden!

Halte dich genau an die Anweisungen der begleitenden Lehrkräfte oder eines anderen Exkursionsführers.

Achte beim Losschlagen von Funden immer darauf, dass du vom Fossil wegarbeitest und dich selbst und andere nicht durch Hammerschläge und Steinsplitter verletzt. Bewahre jedes Fundstück in Papiertücher gehüllt jeweils in einer Plastiktüte auf und lege ein Kärtchen mit Ort, Datum, Fundskizze und Name des Finders bei.

Ammonit

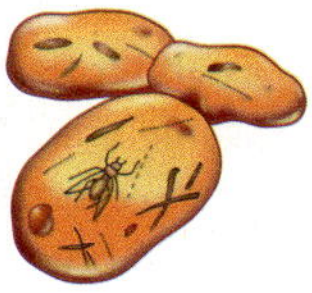
Bernstein mit Einschlüssen

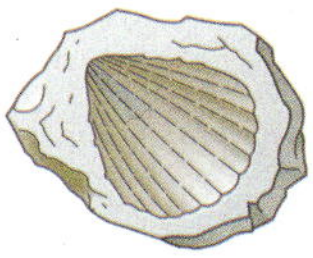
Muschel, Abdruck

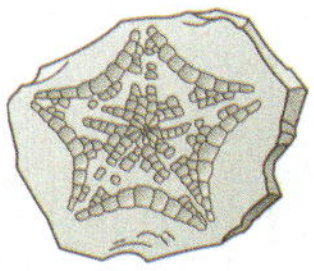
Seestern, Abdruck

Schnecke

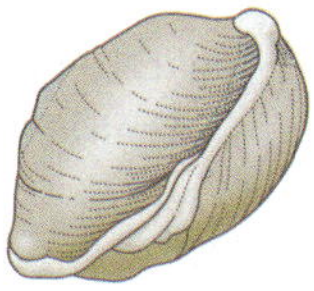
Armfüßer

C Präparation
Entferne in der Schule vorsichtig störende Teile des Gesteins, pinsele den Staub weg und klebe lose Teile vorsichtig wieder an. Gut ist es, wenn du die Fossilien mit Klarlack überziehst und so vor Beschädigungen sicherst. Jetzt kannst du den Fund in Ruhe durch die Suche in Nachschlagewerken genauer bestimmen und das Fundkärtchen ergänzen.

D Ausstellung
Zu jeder erfolgreichen Exkursion gehört eine Ausstellung. Hier zeigt ihr euren Mitschülern, Eltern und eventuellen Sponsoren der Exkursion die Fundstücke. Reizvoll ist es auch, die Geschichte der gefundenen Lebewesen darzustellen oder Beziehungen zu heute lebenden Verwandten zu finden.

E Aufbewahrung
Zuletzt ist es an der Zeit, die »Schätze« Platz sparend und schonend zu verstauen. Am besten eignen sich dafür verschließbare, mit Papiertüchern ausgepolsterte Kunststoffschachteln für kleinere Stücke. Größere Funde bewahrt man in offenen Pappschachteln auf, die gut in eine Schublade eingeordnet werden können.

Aufgaben:

a) Ordne die gefundenen Fossilien zeitlich ein. Nutze dazu die geologische Karte und die Bestimmungsliteratur

b) Recherchiert in Gruppen nach weiteren Informationen zu dem betreffenden Zeitabschnitt aus der Erdgeschichte. Präsentiert eure Ergebnisse in geeigneter Form.

c) Erstelle Steckbriefe zur Lebensweise der auf dieser Seite abgebildeten Fossilien.

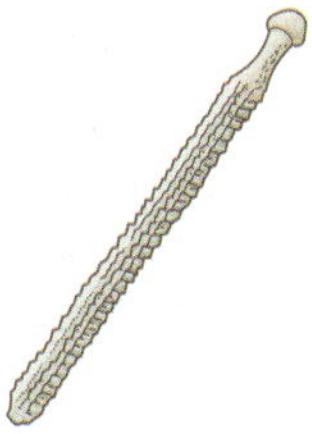
Seeigelstachel

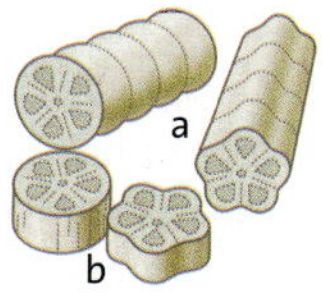

Seelilien
a) Stielstücke
b) Stielglieder

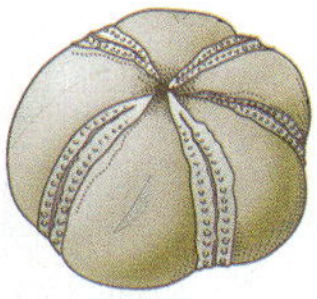
Seeigel

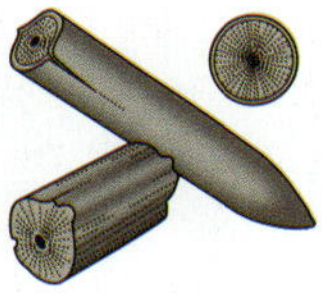
Donnerkeile

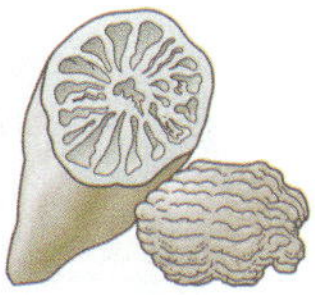
Korallen

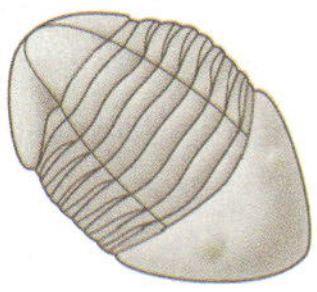
Trilobit

A2 Erdzeitalter

Aufgabe: Bringe die Abschnitte der Erdgeschichte in die richtige Reihenfolge und ordne sie dem Erdaltertum, dem Erdmittelalter und der Erdneuzeit zu: Kreide, Devon, Jura, Kambrium, Karbon, Ordovizium, Perm, Neogen, Silur, Paläogen, Quartär, Trias.

A3 Ausgestorbene Tiere

Aufgaben:

a) Benenne die abgebildeten ausgestorbenen Tiere.

b) Ordne sie dem jeweiligen Zeitabschnitt der Erdgeschichte zu, in dem sie gelebt haben.

c) Ordne die ausgestorbenen Tiere einer entsprechenden Tierklasse zu. Begründe.

d) Wende folgende Basiskonzepte an: Struktur und Funktion auf **1** und **4**; Entwicklung auf **2** und **3**.

A4 Dinosaurier mit Federn

Aus Fossilfunden ist bekannt, dass auch einige Dinosaurierarten über ein Federkleid verfügten, obwohl sie nicht fliegen konnten.

Aufgaben:

a) Welche Funktion könnten die Federn bei diesen Dinosauriern gehabt haben? Erläutere deine Überlegungen. Denke dabei auch an die Daunenfedern bei den heutigen Vögeln.

b) Beschreibe einen ähnlichen Funktionswechsel bei der Besiedlung des Landes durch die Wirbeltiere.

A5 Ein eigenartiges Tier

In Australien lebt das Schnabeltier, welches die Wissenschaftler lange Zeit nicht eindeutig einer Wirbeltierklasse zuordnen konnten: Das etwa 60 Zentimeter lange Tier hat einen »Entenschnabel« und Schwimmhäute zwischen den Fingern und Zehen. Es ist von einem Fell bedeckt und lebt überwiegend im Wasser. Das Schnabeltier ist ein guter Schwimmer und muss zum Atmen an die Wasseroberfläche kommen. Das Weibchen des Schnabeltieres legt Eier. Die geschlüpften Jungen ernähren sich zunächst von Muttermilch, bevor sie später Würmer, Insektenlarven und Schnecken fressen.

Aufgaben:

a) Diskutiert in der Gruppe, warum die Wissenschaftler Schwierigkeiten hatten, das Tier einer bestimmten Wirbeltierklasse zuzuordnen.

b) Schreibt alle Merkmale des Schnabeltieres einzeln auf Karteikarten. Erfasst dabei nur solche Merkmale, die für die Zuordnung des Tieres sinnvoll sein könnten.

c) Ordnet die Karten so, dass zueinander passende Merkmale jeweils für eine Wirbeltierklasse stehen. Benennt die zugehörigen Wirbeltierklassen. Beschriftet weitere Karten mit zusätzlichen Merkmalen dieser Klasse, die man am Schnabeltier prüfen müsste, um eine gesicherte Zuordnung vorzunehmen.

d) Recherchiert, welcher Wirbeltierklasse das Schnabeltier tatsächlich zugeordnet wurde.

e) Erkundet, ob es in dieser Klasse noch andere Tiere gibt, die ebenfalls Eier legen. Erstellt, wenn möglich, einen Steckbrief.

2 Die Erklärung der Artenvielfalt

2.1 Die Entwicklung der Evolutionstheorie

In den Savannen Afrikas gehören Giraffen zu den auffälligsten Säugetieren. Mit aufgerichtetem Hals erreichen sie eine Höhe von fast sechs Metern. Dadurch können sie das Laub mittelhoher Sträucher und Bäume als Nahrung erreichen. Die meisten anderen Pflanzenfresser der Savanne haben kurze Hälse und ernähren sich von Gräsern oder niedrigen Büschen. Wie lässt sich die Angepasstheit der Giraffen an ihre Nahrungsnische erklären?

Bis ins 19. Jahrhundert waren die meisten Biologen von der **Konstanz der Arten** überzeugt. Diese Auffassung wurde aus dem biblischen Schöpfungsbericht abgeleitet. So vertrat der schwedische Biologe Carl von Linné im 18. Jahrhundert die Ansicht, dass die Arten, wie wir sie gegenwärtig vorfinden, seit Beginn der Welt vorhanden waren. Auf Linné geht das noch heute verwendete Ordnungsprinzip von Lebewesen zurück, die **Systematik.**

Der Franzose Jean-Baptiste de Lamarck (1744 bis 1829) entwickelte als einer der Ersten die Vorstellung von einer Stammesentwicklung der Lebewesen, also einer Evolution. Er vermutete, dass sich jede heute lebende Art aus einem einfach organisierten Vorfahren entwickelt hat. Lamarck nahm eine Höherentwicklung als wesentliches Kennzeichen dieses Artwandels an. Während ihrer Entwicklung passten sich die Lebewesen auch an veränderte Umweltbedingungen an. Nach Lamarck ist der Giraffenhals dadurch entstanden, dass die Vorfahren der heutigen Tiere ihre Hälse zum Fressen nach oben reckten, als die Bäume immer höher wurden. Durch dieses Recken wurden die Hälse im Laufe der Zeit schrittweise immer länger. Lamarcks Vermutung, nach der alle Lebewesen einen angeborenen Drang zur Vervollkommnung besäßen und durch ständiges Üben erworbene Merkmale an ihre Nachkommen vererbten, gilt heute als widerlegt.

In den Jahren 1831 bis 1836 nahm der junge Naturforscher Charles Darwin (1809 bis 1882) an Bord des Vermessungsschiffes »Beagle« an einer Erdumseglung teil. Auf dieser Reise untersuchte er nicht nur die Lebewesen im Meer. Während der langen Liegezeiten des Schiffes hatte er auch Gelegenheit, an Land Pflanzen, Tiere und Fossilien zu sammeln. Beim Besuch von Inselgruppen, zum Beispiel den Galápagos-Inseln im Pazifischen Ozean, fiel Darwin auf, dass auf benachbarten Inseln oft unterschiedliche, aber sehr ähnliche Arten leben.

1 Giraffe. **A** bei der Nahrungsaufnahme; **B** Entstehung des langen Halses nach Lamarck; **C** nach Darwin

Nach England zurückgekehrt, widmete sich DARWIN der Auswertung seiner Sammlungen und Tagebuchaufzeichnungen. Dabei kam er immer mehr zu der Überzeugung, dass die Lehre von der Konstanz der Arten nicht zutreffen konnte. Über mehr als 20 Jahre trug DARWIN nun Belege für eine neue Evolutionstheorie zusammen. Wesentliche Hinweise erhielt er aus der Tier- und Pflanzenzüchtung. Solche Züchtungen zeigen die Veränderlichkeit der Arten, denn auf diesem Wege sind zum Beispiel alle Hunde- und Taubenrassen oder die verschiedenen Nutzpflanzen entstanden, die es in dieser Form vorher nicht gegeben hatte. Bei der Züchtung bringt der Züchter gezielt solche Individuen zur Fortpflanzung, die bestimmte gewünschte Eigenschaften haben. Diese *künstliche Zuchtwahl* diente DARWIN als Modell für seine 1859 veröffentlichte Theorie der **Entstehung der Arten durch natürliche Zuchtwahl.** Danach sind die Nachkommen eines Elternpaares nicht gleich, sondern unterscheiden sich immer etwas. Es treten auch immer wieder Lebewesen mit neuen Merkmalen auf. In der jeweiligen Umwelt überleben von der Vielzahl der Nachkommen diejenigen, die am besten angepasst sind, und pflanzen sich fort. Es findet also eine Auslese statt, eine **Selektion.** Über viele Generationen können auf diesem Wege neue Arten entstehen.

Nach DARWIN muss man sich die Entstehung der Giraffenhälse also folgendermaßen vorstellen: In einer Giraffenpopulation traten zufällig Individuen mit unterschiedlich langen Hälsen auf. Wurde die Nahrung knapp, erreichten Tiere mit längeren Hälsen auch noch Blätter an höher liegenden Zweigen. Solche Tiere konnten sich vermehrt fortpflanzen und die Anlagen für den längeren Hals auf ihre Nachkommen vererben, während Tiere mit kurzen Hälsen wenige oder keine Nachkommen hatten. Dadurch setzten sich im Laufe vieler Generationen Tiere mit langen Hälsen durch. Die von DARWIN formulierten Grundgedanken zur Evolution sind auch heute noch gültig. Spätere Forscher haben diese **Selektionstheorie** lediglich erweitert.

1 Erläutere mit Hilfe von Abbildung 1 die Entstehung des Giraffenhalses nach LAMARCK und nach DARWIN.

2 Erläutere unter Nutzung des Basiskonzeptes Entwicklung, warum Giraffen wie fast alle anderen Säuger nur sieben Halswirbel haben.

3 Erkläre am Beispiel der Taubenrassen das Ergebnis künstlicher Zuchtwahl.

2 Taubenrassen sind durch Züchtung aus der Felsentaube entstanden

2.2 Variation und Selektion

An Meeresküsten werden manchmal an einer Stelle hunderte von Schnecken- oder Muschelschalen angespült. Dann kann man in kurzer Zeit viele Fundstücke der gleichen Art sammeln. Auf den ersten Blick scheinen die Schalen einer Art alle gleich auszusehen. Sieht man jedoch genauer hin, fallen schnell Unterschiede auf, beispielsweise in Form, Größe und Musterung. Solche individuellen Unterschiede lassen sich bei allen Lebewesen beobachten. Diese **innerartliche Variation** wurde bereits von DARWIN erkannt und an vielen Beispielen dokumentiert. Die unterschiedliche phänotypische Merkmalsausprägung ist ein Beispiel für das **Basiskonzept Vielfalt.** Wie kommt die innerartliche Vielfalt zustande?

Viele Unterschiede zwischen den Angehörigen einer Art beruhen auf Umwelteinflüssen und unterschiedlichen Lebensbedingungen. So sind beispielsweise die Muskeln eines Sportlers aufgrund intensiven Trainings besonders gut entwickelt. Das Aussehen eines Menschen oder Tieres wird in hohem Maße von seinem Ernährungszustand beeinflusst. Viele Unterschiede sind jedoch vorwiegend genetisch bedingt, etwa die Hautfarbe oder die Struktur der Haare beim Menschen. Tatsächlich ist bei Arten mit geschlechtlicher Fortpflanzung jedes Individuum genetisch einzigartig. Eine Ausnahme von dieser Regel sind lediglich eineiige Zwillinge, die ein identisches Erbgut haben.

Die Ursache der genetischen Vielfalt sind spontan auftretende **Mutationen,** die an die Nachkommen weitergegeben werden. Mutationen allein können aber die genetische Vielfalt – etwa der Hunde- oder Taubenrassen – nicht erklären, denn dafür sind sie zu selten. Ein weiterer wichtiger Faktor ist die Tatsache, dass bei der Bildung und Verschmelzung der Geschlechtszellen die Chromosomen und durch Austausch auch die Gene ständig neu miteinander kombiniert werden. Diese **Rekombination** ähnelt dem Mischen eines Kartenspiels.

Bei seinen Untersuchungen war DARWIN nicht nur die große innerartliche Variation aufgefallen. Er hatte auch bemerkt, dass Lebewesen in der Regel viel mehr Nachkommen hervorbringen, als zur Erhaltung der Populationsgröße nötig wären. So legen einige Fischarten in kurzer Zeit mehrere Millionen Eier ab. Auch Pflanzen erzeugen manchmal sehr große Mengen an Samen. Was geschieht mit diesen vielen Nachkommen? Ein Großteil von ihnen dient anderen Arten als Nahrung. Doch ist es reiner Zufall, wer gefressen wird?

Betrachten wir dazu einen kleinen, unscheinbaren Schmetterling, den Birkenspanner. Diese Tiere sind nachtaktiv. Tagsüber ruhen sie mit ausgebreiteten Flügeln auf Birkenstämmen oder hellen Flechten. Dort sind sie wegen ihrer hellgrauen Körpermusterung kaum zu erkennen. Aufgrund dieser Tarnung werden Birkenspanner auch von Vögeln nur selten entdeckt und gefressen. Doch

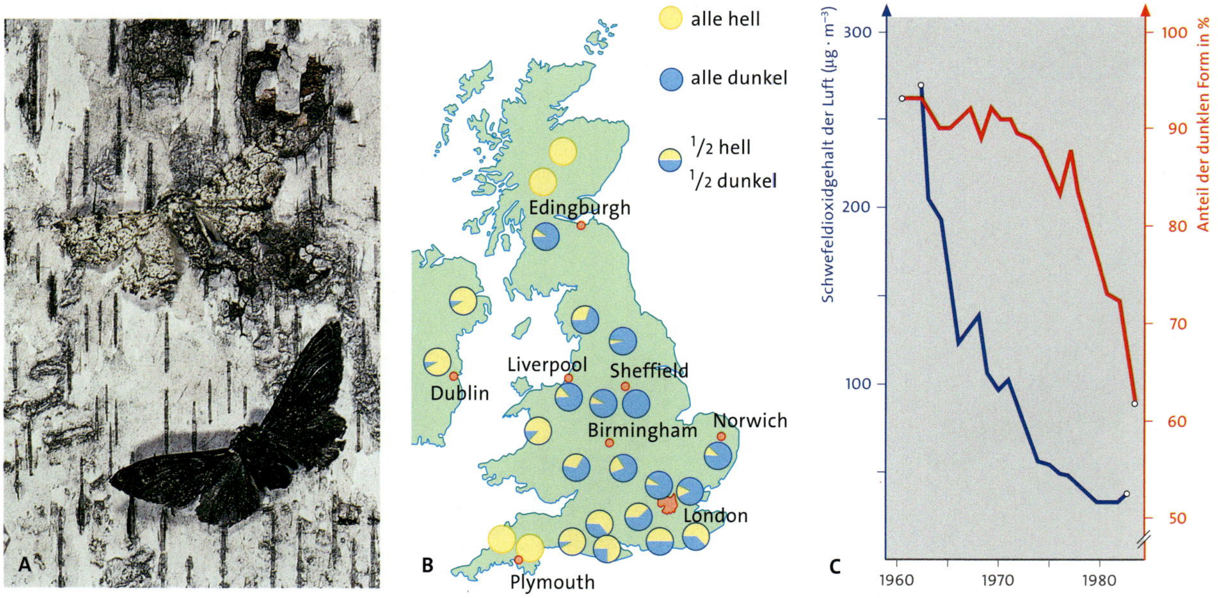

1 Birkenspanner. A Helle und dunkle Form auf einem Birkenstamm; **B** Verteilung der dunklen und hellen Form in Großbritannien um 1960; **C** Veränderung des Anteils der dunklen Form in Abhängigkeit von der Luftverschmutzung

gibt es immer wieder auch dunkel gefärbte Birkenspanner. Diese sind auf hellem Untergrund viel leichter zu sehen und werden daher auch öfter zur Beute von Vögeln. Ihre Chance, sich fortzupflanzen, ist folglich viel geringer als bei der hellgrauen Variante. In England wurde jedoch bereits im 19. Jahrhundert beobachtet, dass in einigen Landesteilen dunkle Birkenspanner immer häufiger wurden. Dort waren die Birkenstämme als Folge der Industrialisierung mit Staub und Ruß verunreinigt. Die Flechten starben durch die hohe Belastung mit Schwefeldioxid ab. Der Lebensraum bot nun vorwiegend dunkle Unterlagen. Dort hatten dunkle Birkenspanner eine höhere Überlebenschance. Durch den Rückgang der Luftverschmutzung wurden die Birken in den letzten Jahrzehnten wieder sauberer, die Flechten kehrten zurück. Daraufhin nahm auch wieder die helle Variante des Birkenspanners zu. Wie das Beispiel zeigt, hängt es also von den Umweltbedingungen ab, welche Varianten einer Art überleben und sich fortpflanzen können. Es findet eine **natürliche Selektion** statt. Solche Varianten, die der Umwelt besonders gut angepasst sind, haben einen Fortpflanzungsvorteil gegenüber schlechter angepassten Artgenossen.

Variation und Selektion sind die Grundelemente der Evolutionstheorie DARWINS. Sie bilden die Ursache für die Entwicklung der Lebewesen im Laufe der Stammesgeschichte. **Angepasstheit,** ein wesentliches Kennzeichen von Lebewesen und deshalb ein weiteres Basiskonzept, ist ebenfalls ein Ergebnis von Selektion.

Den Einfluss der Umwelt auf die Entwicklung von Angepasstheiten soll ein weiteres Beispiel verdeutlichen: Wasserfrösche sind in Färbung und Verhalten optimal an ihren Lebensraum angepasst. Jeder Wasserfrosch, der eine auffällige Farbe hat, kann leichter von einem Fressfeind erkannt werden und hat demnach eine geringere Überlebenschance. Dabei werden die extrem abweichenden Varianten besonders häufig gefressen, sodass sie sich nur selten fortpflanzen können. Diese **stabilisierende Selektion** sorgt dafür, dass die meisten Individuen bei gleich bleibenden Umweltbedingungen optimal angepasst bleiben. Ändert sich die Umwelt jedoch dauerhaft, ist die bis dahin geltende Angepasstheit nicht mehr optimal. Jetzt wird zugunsten besser angepasster Varianten selektiert. Dies nennt man **transformierende** oder **gerichtete Selektion.**

1 Ein gutes Beispiel für innerartliche Variation ist der Mensch. Erläutere diese Aussage und belege sie durch Beispiele.

2 Begründe, warum das Basiskonzept Entwicklung sowohl innerhalb einer Art als auch für verschiedene Arten angewandt werden kann.

3 Erläutere die Begriffe innerartliche Variation und Selektion am Beispiel des Birkenspanners. Arbeite dazu mit Abbildung 1.

4 Vergleiche anhand von Abbildung 2 stabilisierende und transformierende Selektion.

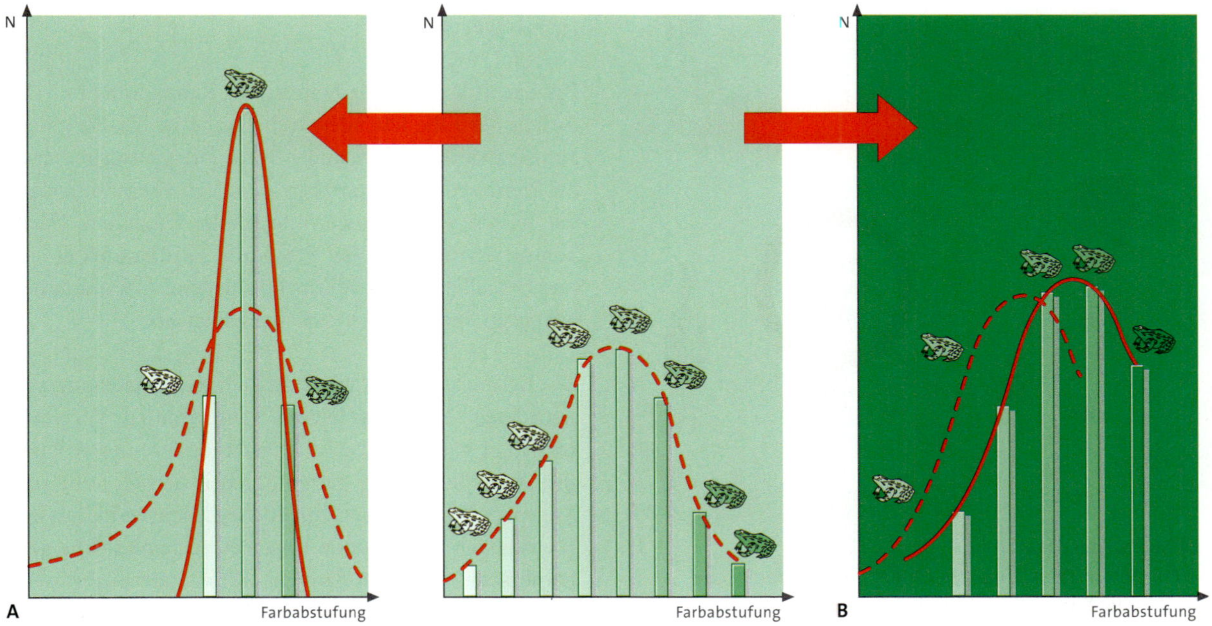

2 Wirken der Selektion. A stabilisierend; **B** transformierend

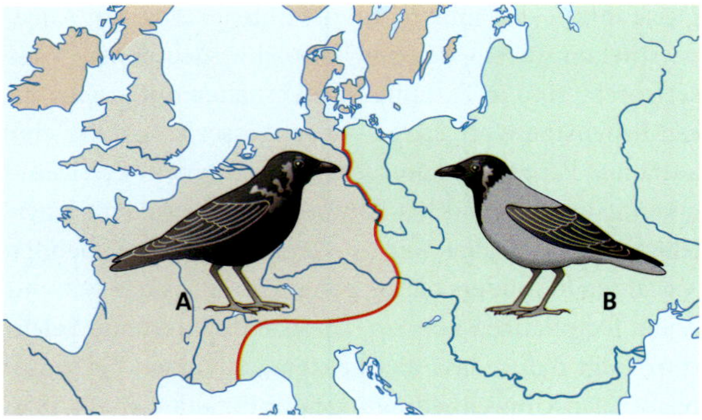

1 Verbreitungsgebiet von Rabenkrähe (A) und Nebelkrähe (B)

2 Modell der Artbildung.
A Entstehung von Teilpopulationen; **B** geographische Isolation; **C** neue Arten sind entstanden, die sich durch Fortpflanzungsbarrieren getrennt weiterentwickeln

2.3 Die Entstehung neuer Arten

Auf welche Weise die Selektion dafür sorgt, dass in einer Population bevorzugt die am besten an die Umwelt angepassten Varianten zur Fortpflanzung kommen, zeigen Beispiele wie Birkenspanner und Wasserfrosch. In den meisten Fällen dauert es schätzungsweise etwa 100 000 bis eine Million Jahre, bevor durch die Summierung kleiner Veränderungen neue Arten entstanden sind. Angesichts derart langer Zeiträume scheint es aussichtslos, nach Belegen für die Artbildung in der gegenwärtigen Tier- und Pflanzenwelt zu suchen. Doch bei genauer Beobachtung findet man tatsächlich Beispiele für Artbildungsprozesse, die noch nicht abgeschlossen sind.

Pferd und Esel kann man leicht voneinander unterscheiden. Andererseits sehen sich die Tiere so ähnlich, dass man von einer engen Verwandtschaft zwischen beiden Arten ausgehen kann. Diese Annahme wird noch dadurch gestützt, dass man Pferd und Esel miteinander kreuzen kann. Ist das Muttertier ein Pferd, nennt man den daraus entstandenen Mischling Maultier. Von Mauleseln spricht man, wenn das Muttertier ein Esel ist. Maultiere und Maulesel sind unfruchtbar – sie können keine Nachkommen haben. Zwischen Pferden und Eseln gibt es also eine **Fortpflanzungsbarriere,** ein wesentliches Kennzeichen verschiedener Arten. In der Regel erfolgt zwischen Männchen und Weibchen verschiedener Arten erst gar keine Paarung. Insofern bilden Pferd und Esel eine Ausnahme, die zeigt, dass die Fortpflanzungsbarriere zwischen diesen beiden Arten noch nicht vollständig ausgebildet ist.

Bei der in Westeuropa heimischen Rabenkrähe und der östlich der Elbe lebenden Nebelkrähe ist die Fortpflanzungsbarriere noch weniger vollständig ausgebildet als bei Pferd und Esel. Wo Raben- und Nebelkrähe aufeinander treffen, erzeugen sie miteinander fruchtbare Nachkommen. Anders als bei Pferd und Esel handelt es sich hier deshalb noch nicht um verschiedene Arten, sondern um *geographische Unterarten* derselben Art.

Die Beispiele zeigen, wie man sich die Entstehung verschiedener Arten aus einem gemeinsamen Vorfahren vorstellen kann: Sind zwei Populationen einer Art längere Zeit voneinander getrennt, leben sie sich – meist in Angepasstheit an unterschiedliche Lebensverhältnisse – buchstäblich auseinander. Ursachen für eine solche **geographische Isolation** können Klimaänderungen sein. Die Vorfahren von Raben- und Nebelkrähe wurden beispielsweise durch die nach Mitteleuropa vorrückenden

Gletscher der Eiszeit in eine Population in Südwest-Europa und eine in Südost-Europa getrennt. Dauert die Aufspaltung in zwei oder mehrere isolierte Teilpopulationen lange genug, bilden sich durch unterschiedliche Mutationen, Rekombination und Selektion zunächst verschiedene Unterarten, dann neue Arten. Von neuen Arten spricht man, wenn die Nachkommen aus den verschiedenen Teilpopulationen entweder keine fruchtbaren Nachkommen mehr haben oder sich gar nicht mehr miteinander fortpflanzen können.

Buntbarsche leben in den großen Seen Ostafrikas, im Victoria-, Tanganjika- und Malawisee. Man kennt mehrere hundert Arten. Die ostafrikanischen Seen bieten sehr unterschiedliche Lebensräume mit ganz verschiedenartigen Nahrungsquellen. Außerdem sind die Seen in viele, zum Teil weitgehend voneinander isolierte Becken gegliedert. Wie man heute weiß, schwankte der Wasserspiegel der Seen in jüngster geologischer Vergangenheit um mehrere hundert Meter. Dabei trocknete der Victoriasee zeitweise fast vollständig aus, aus dem Tanganjikasee wurden drei isolierte kleinere Seen. Später stieg der Wasserspiegel wieder. Durch die raschen Veränderungen der Umwelt und die großen Unterschiede der Lebensräume in verschiedenen Teilen der Seen kam es durch transformierende Selektion zu einer schnellen Veränderung der Buntbarschpopulationen und zur Entstehung neuer Arten. Dabei besetzten die Buntbarsche, die nur wenig Konkurrenz durch andere Fische haben, eine Fülle von ökologischen Nischen. Besonders vielfältig sind die Nahrungsnischen, die verschiedene Arten nutzen: Manche Fische schaben Algen von Steinen, andere Fressen Weichtiere, Insekten oder Plankton, wieder andere ernähren sich von ganz bestimmten Körpterteilen ihrer Beutetiere. Zur schnellen Artbildung bei den Buntbarschen hat wahrscheinlich auch die Ausbildung unterschiedlichen Balzverhaltens und verschiedenartiger »Hochzeitsfärbungen« in zeitweise getrennten Populationen beigetragen.

Die Entstehung neuer Arten wird durch die Selektionstheorie von Darwin verständlich. Andere Biologen haben jedoch in den letzten 100 Jahren weitere Faktoren gefunden, die Darwin noch nicht bekannt waren. Dazu gehören beispielsweise viele Befunde aus der Genetik. Weil viele weitere Teildisziplinen der Biologie zum Verständnis der Evolutionsprozesse beigetragen haben, spricht man heute auch von der **Synthetischen Evolutionstheorie.** Danach sind Mutation und Rekombination sowie Isolation wesentliche Voraussetzungen für die Selektion.

1 Pferd und Esel sowie Raben- und Nebelkrähe vermitteln einen Blick in die »Werkstatt der Evolution«. Erläutere diese Aussage.

2 Erkläre anhand von Abbildung 1 und 2 die Entstehung neuer Unterarten und Arten durch geographische Isolation.

3 Wende das Basiskonzept Struktur und Funktion auf die Nahrungsnischen einiger Buntbarscharten in Abbildung 3 an.

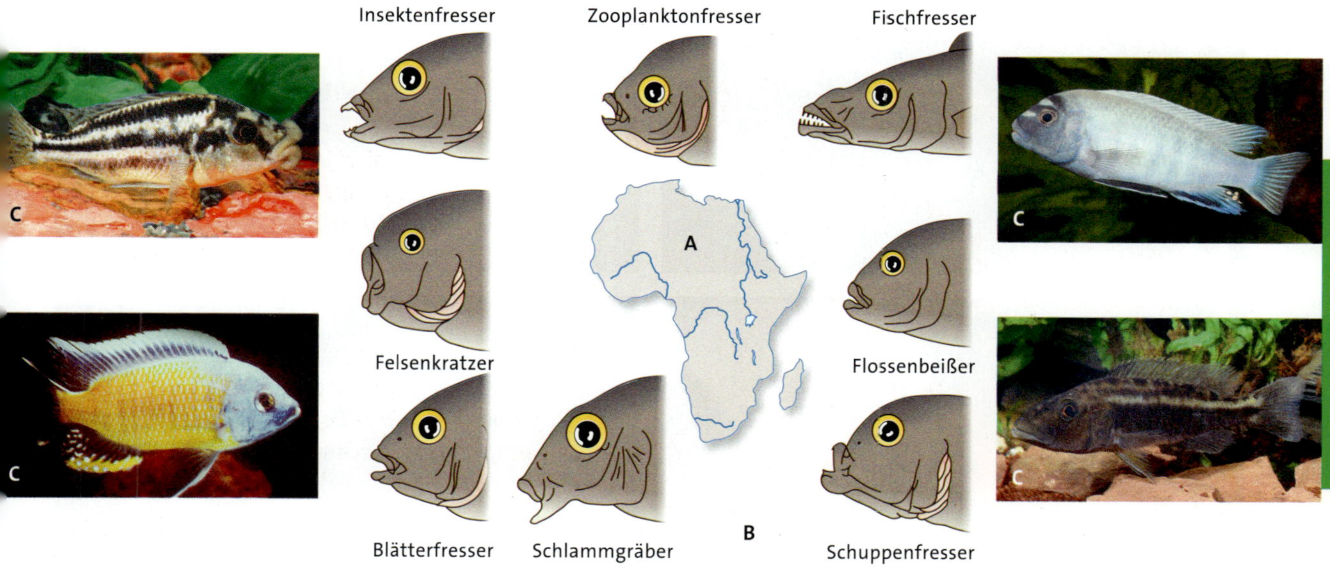

3 Buntbarsche.
A Lage der großen Seen in Afrika; **B** Köpfe von Arten mit unterschiedlicher Ernährungsweise; **C** Beispiele verschiedener Arten

2.4 Tarnen, Warnen, Täuschen – Ergebnisse der Evolution

Laubfrösche sind durch ihre hellgrüne Färbung in ihrer natürlichen Umwelt kaum zu entdecken. Sie verfügen über eine Tarnfärbung. Eine solche Angepasstheit zum Schutz, bei der Teile der Umwelt nachgeahmt werden, bezeichnet man als **Mimese** (gr. *mimesis,* Nachahmung). Stabheuschrecken sind nicht nur durch ihre Färbung, sondern auch aufgrund ihrer Körperform, die kaum von den umgebenden Ästen absticht, im Gebüsch verborgen und vor Fressfeinden geschützt. Tarnfärbung und Mimese werden oft noch durch ein besonderes **Tarnverhalten** verstärkt: Stabheuschrecken bleiben lange Zeit bewegungslos sitzen und fallen dadurch noch weniger auf.

Zu den Schutzmechanismen gehören auch **Schreckeinrichtungen.** Manche beruhen allein auf einem Überraschungseffekt. Augenfalter breiten bei Gefahr plötzlich ihre Flügel aus und zeigen dem Angreifer ihre Hinterflügel. Diese tragen runde, auffällige Flecken, die den Augen von Raubkatzen ähnlich sind.

Die schleimige Haut der Feuersalamander ist mit Giftdrüsen ausgestattet, die ein die Haut reizendes Sekret abgeben. Durch seine auffällige gelb-schwarze **Warnfärbung** schreckt der Feuersalamander zum Beispiel Vögel ab. Gelb-schwarze Warnfarben treten auch bei wehrhaften Wespen und Hornissen auf, die sich mit ihrem Giftstachel verteidigen können. Neben der Kombination schwarz-gelb treten auch schwarz-rot und schwarz-blau als Warnfarben auf. Obwohl diese Tiere besonders auffallen, scheint der Vorteil einer Warnfärbung zu überwiegen. Woran liegt das?

Vögel und Säugetiere lernen aufgrund unangenehmer Erfahrungen, die sie bei dem Versuch machen, giftige oder wehrhafte Tiere zu erbeuten. Sie werden in Zukunft den Kontakt mit ähnlich aussehenden Tieren vermeiden. Insgesamt ist es also vorteilhaft, eine Warnfärbung zu haben, denn in einer Population werden dann nur wenige Tiere von Fressfeinden erbeutet, sodass die Gefährdung des Einzeltieres gering bleibt.

Der Hornissenschwärmer ist ein harmloser Nachtfalter, der jedoch mit seiner auffälligen gelb-schwarzen Querstreifung und seinen durchsichtigen Flügeln einer Hornisse ähnlich sieht. Im Experiment konnte gezeigt werden, dass Vögel getäuscht werden und diesen wehrlosen Schmetterling meiden, obwohl er nicht stechen kann. Man nennt diese Nachahmung wehrhafter oder giftiger Vorbilder **Mimikry** (gr. *mimikos,* schauspielerisch). Alle Tarn-, Schreck- und Warneinrichtungen sind ein Ergebnis der Evolution. Von Generation zu Generation konnten immer diejenigen Nachkommen, die am besten angepasst waren, überleben und sich bevorzugt fortpflanzen.

1 Erläutere am Beispiel der Stabheuschrecke, wie sich Tarnfärbung, Mimese und Tarnverhalten im Laufe der Evolution entwickelt haben könnten.

1 Tarnen, Warnen und Täuschen im Tierreich.
A Stabheuschrecke; **B** Augenfalter; **C** Hornisse (Vorbild); **D** Hornissenschwärmer (Nachahmer)

2.5 Blüten und Blütenbesucher – gegenseitige Angepasstheiten

Doldenblütler, wie die Wilde Möhre, haben große, schirmförmige Blütenstände, auf denen man verschiedene Insektenarten bei der Aufnahme von Nektar beobachten kann – Käfer, Fliegen und Wespen. Die Tiere bepudern sich dabei mit Pollenkörnern. Beim Besuch weiterer Blüten der gleichen Art bestäuben sie diese dann. Die Nektardrüsen der Doldenblütler liegen offen und sind für viele Insektenarten zugänglich. Beim Wiesensalbei, einem Lippenblütler, ist dies anders. Der Eingang der Blüte ist durch eine Art Platte versperrt, die Nektardrüsen liegen tief in der Blüte verborgen. Sie sind nur für Insekten mit langen, rüsselartigen Mundwerkzeugen zu erreichen, wie sie bei Bienen und Hummeln vorkommen. Wenn diese die Platte wegdrücken, wird ein Hebelmechanismus betätigt, der den Pollenstaub auf ihren Rücken drückt. Bei der nächsten Blüte bleibt dieser an der Narbe kleben.

Zwischen Pflanzen und ihren Bestäubern besteht eine Beziehung zum gegenseitigen Nutzen: Die Pflanze liefert den Insekten Nahrung, diese sichern die Bestäubung. Im Laufe der Evolution haben sich dabei verschieden enge gegenseitige Abhängigkeiten entwickelt. Große, auffällig gefärbte Blütenblätter signalisieren den Standort von Nektar und Pollen. Für die Pflanzen lohnt sich der Aufwand am meisten, wenn nur ganz bestimmte Tierarten an Pollen und Nektar gelangen können und anschließend andere Blüten der gleichen Art aufsuchen. Tatsächlich kann man beobachten, dass viele Insektenarten ganz bestimmte Blüten bevorzugen. Dies liegt daran, dass der Bau der Blüte und die Mundwerkzeuge der Insekten vielfach perfekt aufeinander abgestimmt sind. Eine derartige wechselseitige Beeinflussung der stammesgeschichtlichen Entwicklung nennt man **Co-Evolution.**

Die Hummel-Ragwurz ist eine heimische Orchidee. Ihre Blüten ähneln in Aussehen und Geruch einer weiblichen Hummel. Die Hummelmännchen versuchen, diese »Weibchen« zu begatten. Dabei bleibt ein Pollenpaket an ihrem Kopf haften. Bei der nächsten Ragwurz-Blüte fallen sie wieder auf die falschen »Weibchen« herein und bestäuben dabei die Blüte. In diesem Fall erhält das Insekt also für die Bestäubung keine Gegenleistung. Man nennt solche Blüten deshalb auch *Täuschblüten.*

1 Recherchiere die Sicherung der Bestäubung bei verschiedenen Pflanzen durch Insekten, Vögel und Fledermäuse. Wende das Basiskonzept Struktur und Funktion an.

1 Doldenblütler mit Insekten

2 Biene beim Besuch einer Blüte des Wiesensalbeis

3 Hummel-Ragwurz

Aufgaben und Versuche Entstehung der Artenvielfalt

A1 Lebende Fossilien

A

B

Als lebende Fossilien bezeichnet man Pflanzen oder Tiere, die sich über lange Zeiträume der Erdgeschichte kaum verändert haben. Zu ihnen gehören der Quastenflosser *(Latimeria chalumnae)* und der Ginkgobaum *(Ginkgo biloba)*.

Aufgaben:

a) Beschreibe das Aussehen des Quastenflossers. Nenne Merkmale, die besonders auffällig sind.

b) Recherchiere Informationen zur Entdeckungsgeschichte des heute lebenden Quastenflossers. Finde dabei auch heraus, woher der Gattungsname Latimeria stammt. Stelle deine Ergebnisse als Kurzvortrag vor.

c) Erläutere, warum fossile Quastenflosser für die Stammesentwicklung der Wirbeltiere besonders interessant sind.

d) Beschreibe die Blätter des Ginkgobaumes. Informiere dich über die systematische Zugehörigkeit der Art. Erstelle einen Steckbrief.

e) Der Ginkgobaum gehört zu einer sehr alten Gruppe der Samenpflanzen. Belege diese Aussage, indem du dich über fossile Ginkgoarten informierst.

f) Recherchiere, welche Wirkstoffe des Ginkgobaumes in der Medizin genutzt werden.

g) Suche nach weiteren Beispielen für lebende Fossilien. Stelle begründete Hypothesen auf, warum sich diese Lebensformen seit Jahrmillionen kaum verändert haben.

A2 »Lebende Steine«

»Lebende Steine« *(Lithops)* kommen in den Trockengebieten Südafrikas vor.

Aufgaben:

a) Begründe anhand des Fotos, warum »Lebende Steine« ein Beispiel für Tarnung bei Pflanzen sind.

b) Recherchiere Aufbau und Lebensweise der »Lebenden Steine« und bereite einen Kurzvortrag vor. Orientiere dich dabei am Basiskonzept Struktur und Funktion.

A3 Grottenolm

Grottenolme sind Molche, die in den Karst-Höhlen Dalmatiens vorkommen. Wie viele andere unterirdisch oder in Höhlen lebende Tiere sind sie blind, besitzen aber noch Augenanlagen. Solche Reste einst funktionstüchtiger Organe nennt man auch Rudimente.

Aufgaben:

a) Erkläre, warum Rudimente wichtige Belege für die Evolution sind.

b) Erläutere die Entstehung der Augen-Rudimente beim Grottenolm nach der Evolutionstheorie von DARWIN.

V4 Evolutionsspiel

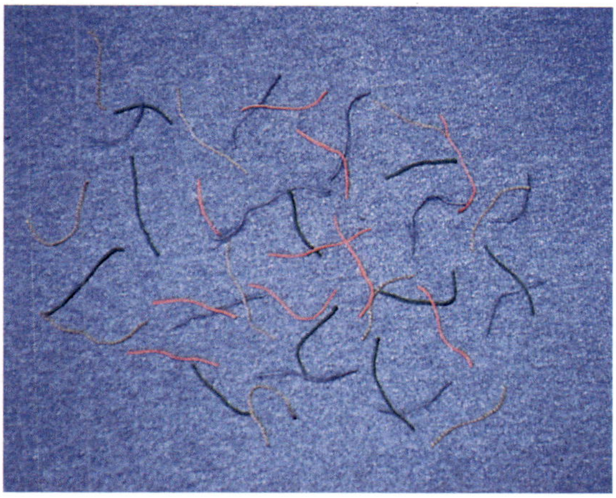

Material: Eine Rasenfläche von 2 × 2 m oder ein entsprechender Teppichboden mit Muster; verschiedenfarbige Spielfiguren (dem Untergrund angepasste und auffällige Farben, z. B. 5 cm lange Wollfäden in grün und rot als Wurmmodell für die Rasenfläche.
Hinweis: Die Spielfiguren werden im Spiel mehrfach verwendet, trotzdem sollten von jeder Farbe etwa 250 Stück bereitstehen.

Durchführung: **1.** Je 100 Fäden (die 1. Generation) in Grün, das im Farbton in etwa zur Unterlage passt, und in Rot, werden von einer Schülergruppe zufällig auf dem Rasen verteilt.
2. Fünf Schüler (die »Räuber«), die der Verteilung nicht zugesehen haben, suchen in möglichst kurzer Zeit je 30 Fäden. Ein Protokollführer notiert anschließend die Suchergebnisse.
3. Die nicht erbeuteten Spielfiguren vermehren sich jetzt, d. h. zu jedem Faden kommen drei Fäden der gleichen Farbe hinzu (2. Generation). Die neuen Spielfiguren werden erneut verteilt und erneut erbeutet (mindestens vier Generationen durchspielen).

Aufgaben:

a) Fertige ein Spielprotokoll über mehrere Generationen an.
b) Welche Aussagen bezüglich der Selektion sind hier möglich?
c) Variiere das Spiel durch unterschiedliche Größe und Form der Spielfiguren.
d) Spiele auch das Auftreten von Mutationen durch, z. B. längere oder kürzere Fäden. Finde eigene Beispiele und probiere sie aus.

V5 Der Flaschenhalseffekt

Wissenschaftler vermuten, dass die geringe genetische Vielfalt der heute lebenden Menschen auf eine Umweltkatastrophe in der Vergangenheit zurückzuführen ist, die nur ein kleiner Teil der damaligen Menschheit überlebte. Die Folgen eines solchen Ereignisses für die genetische Vielfalt einer Art lassen sich umschreiben mit dem in der Abbildung dargestellten »Flaschenhalseffekt«.

Material: 3 Glasflaschen mit unterschiedlich engem Halsdurchmesser; 500 unterschiedlich gefärbte Kunststoffperlen (zum Beispiel 300 blaue, 100 rote, 90 grüne und 10 gelbe Perlen)

Durchführung: Fülle die Perlen in eine der Flaschen; sorge für eine gute Durchmischung; drehe die Flasche einmal kurz um, sodass ein kleiner Teil der Perlen hinausfällt; wiederhole diesen Versuch dreimal mit jeder der drei Flaschen.

Aufgaben:

a) Erläutere das Modell in einem Kurzvortrag. Erkläre, was die Ergebnisse im Zusammenhang mit einem Bevölkerungsrückgang bedeuten.
b) Zähle die Anzahl der herausgefallenen Perlen jeder Farbe bei jedem einzelnen Versuch; vergleiche diese Zahlen mit der Gesamtzahl der Perlen der entsprechenden Farbe und berechne den Anteil der herausgefallenen Perlen.
c) Berechne für die drei Einzelversuche mit jeder der drei Flaschen Mittelwerte. Stelle die Ergebnisse in Diagrammform dar und vergleiche sie miteinander.
d) Informiere dich, ob es auch noch für andere Arten außer dem Menschen Hinweise auf eine »Flaschenhalsrevolution« gibt. Erstelle einen Bericht.

3 Evolution des Menschen

3.1 Menschen sind Primaten

Mit dem Namen Eva verbinden die meisten Menschen die Gestalt aus der biblischen Schöpfungsgeschichte. Nicht ohne Hintersinn nennt sich aber auch ein international angesehenes Institut EVA, das sich mit der Naturgeschichte des Menschen befasst: das Max-PLANCK-Institut für **ev**olutionäre **A**nthropologie in Leipzig (gr. *anthropos,* Mensch; *logos,* Lehre). Wissenschaftler aus der ganzen Welt erforschen hier menschliche Fossilien, die Evolution menschlicher Gene und die Vielfalt menschlicher Sprachen. Ausschließlich mit Menschen beschäftigen sie sich aber nicht. Ebenso sehr interessieren sie sich für das Sozialverhalten von Gorillas und die geistige Entwicklung von Schimpansen, die zu den **Primaten** gehören.

Die oft einfach als »Affen« bezeichneten Primaten sind eine außerordentlich vielgestaltige Säugetierordnung mit mehr als 200 rezenten Arten. Der Gorilla ist mit einer Körpermasse von bis zu 275 Kilogramm die größte Art, ein Mausmaki aus Madagaskar mit nur 30 Gramm die kleinste. Ähnlich vielfältig ist die Lebensweise der Primaten. Die nachtaktiven Mausmakis sind Einzelgänger und ernähren sich bevorzugt von Früchten und Insekten. Die tagaktiven Gorillas leben dagegen in Kleingruppen und fressen am liebsten wilden Sellerie und andere Kräuter. Schimpansen sind ebenfalls tagaktiv, leben in größeren Gruppen und machen regelmäßig Jagd auf kleinere Affenarten, die sie auch fressen.

Auch in ihrer Fortbewegung unterscheiden sich die Primaten. Gorillas und Paviane laufen hauptsächlich vierfüßig am Boden, können aber wie nahezu alle Primaten auch gut klettern. Andere Arten, wie die südostasiatischen Gibbons und Orang-Utans, hangeln durch die Baumkronen der dortigen Regenwälder und kommen fast nie auf den Boden. Nur eine Art bewegt sich aufrecht gehend auf dem Boden fort: der Mensch. Bei ihm ist der mit einer beweglichen Großzehe an das Klettern angepasste Greiffuß der anderen Primaten in einen Stand- und Schreitfuß umgewandelt. Die Wölbung in der Sohle des menschlichen Fußes erlaubt ein leichteres Abheben der Ferse beim Laufen und federt den Gang ab.

Dass der Mensch in der zoologischen Systematik zu den Primaten gehört, hatte der schwedische Naturforscher Carl von LINNÉ schon 1758 erkannt. Damit wird verständlich, warum die Leipziger Wissenschaftler auch Gorillas und Schimpansen erforschen. Menschen ähneln anderen Primaten tatsächlich in vieler Hinsicht. Erst hundert Jahre nach LINNÉ wurde allerdings klar, dass diese Ähnlichkeit auf gemeinsamer Abstammung beruht: Menschen, Schimpansen und Gorillas haben gemeinsame Vorfahren.

Orang-Utans, Gorillas, Schimpansen und die manchmal auch »Zwergschimpansen« genannten Bonobos bezeichnet man als Große Menschenaffen. Stammesgeschichtlich stehen diese vier Arten dem Menschen am nächsten. Erkennbar ist dies am Aufbau des Skeletts, das bei allen Arten weitgehend identisch ist. Ein Schwanz fehlt

1 Größenverhältnis von Gorilla und Mausmaki

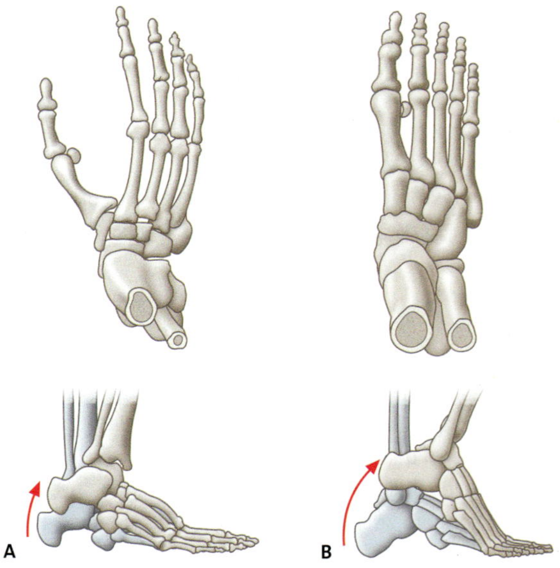

2 Füße. A Schimpanse; **B** Mensch

beispielsweise nicht nur dem Menschen, sondern auch sämtlichen Menschenaffen. Auch die Anzahl und Form der Zähne stimmt bei Menschenaffen und Menschen überein. Nur die Eckzähne sind bei den Menschenaffen wesentlich länger und schärfer als beim Menschen.

Vergleicht man die Hände von Affen und Menschen, fällt nicht nur auf, dass sie hervorragend zum Greifen geeignet sind. Auch der Besitz von flachen Fingernägeln ist ein gemeinsames Merkmal, das Primaten von anderen Tiergruppen unterscheidet. An ihren Zehen tragen Primaten ebenfalls Nägel und keine Krallen.

Weitere Merkmale, die Primaten auszeichnen, sind nach vorne gerichtete Augen, die dreidimensionales Sehen ermöglichen, der Besitz eines großen Gehirns und eine lange Entwicklungszeit. Das Gehirn eines Affen ist doppelt so groß wie das eines durchschnittlichen anderen, etwa gleich großen Säugetieres. Rekordhalter ist der Mensch mit einem Gehirn, das dreimal so groß ist wie das eines Schimpansen oder Gorillas. Typisch für Lebewesen mit einem großen Gehirn ist ihre Lernfähigkeit. Lernen benötigt Zeit und deshalb ist für Primaten auch eine lange Kindheit und Jugend typisch. Zum Vergleich: Eine Maus ist mit sechs bis acht Wochen geschlechtsreif, ein Mausmaki dagegen erst mit einem Jahr und ein Schimpanse erst mit elf Jahren. In dieser Zeit lernt ein Schimpanse in Westafrika beispielsweise, wie man es fertig bringt, mit einem Stein als Hammer und einer Baumwurzel als Amboss ebenso harte wie schmackhafte Nüsse zu knacken.

Natürlich fallen bei einem Vergleich der Skelette eines Schimpansen und eines Menschen auch Unterschiede auf. Beispielsweise sind die Arme eines Schimpansen deutlich länger als seine Beine, während beim Menschen die Beine länger sind als die Arme. Genau wie die unterschiedlich gebauten Füße beruht dies darauf, dass beide Arten an unterschiedliche Fortbewegungsweisen angepasst sind: der Mensch an den aufrechten Gang, der Schimpanse an das Hangeln im Geäst. An solchen anatomischen Unterschieden kann man auch erkennen, wie sich fossile Arten, die seit langem ausgestorben sind, fortbewegt haben.

Da sich alle Großen Menschenaffen in ihrer Anatomie sehr ähneln, glaubte man lange, dass keiner von ihnen dem Menschen stammesgeschichtlich näher steht als der andere. Diese Meinung änderte sich erst, als es möglich wurde, die Zusammensetzung von Proteinen und der Erbsubstanz DNA zu untersuchen. Bei diesen Untersuchungen stellte sich heraus, dass die DNA von Schimpansen und Bonobos die größte Übereinstimmung mit menschlicher DNA aufweist. Diese beiden Menschenaffen sind mit dem Menschen enger verwandt als mit dem Gorilla.

1 Informiere dich über die Vielfalt der verschiedenen systematischen Gruppen der Primaten.

2 Vergleiche Menschen und Menschenaffen hinsichtlich ihrer Anatomie und ihrer Lebensweise.

3 Erläutere den Stammbaum in Abbildung 4 und ziehe Schlussfolgerungen.

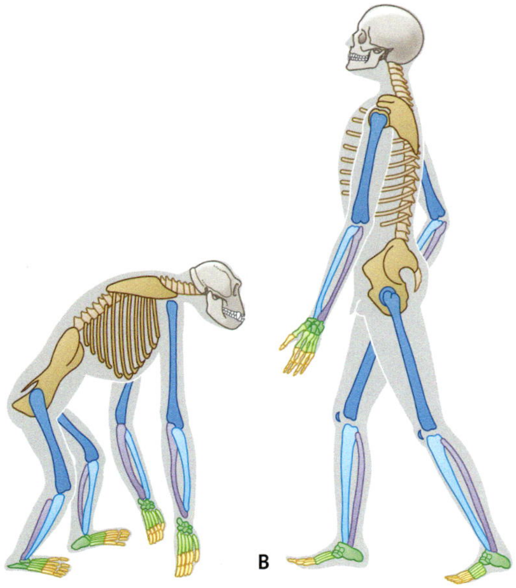

3 Skelettvergleich. **A** Schimpanse; **B** Mensch

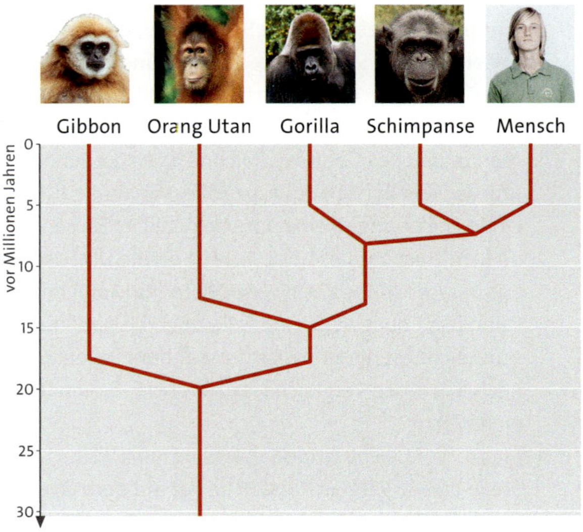

4 Stammbaum der Menschenaffen anhand von DNA-Befunden

Aufgaben und Versuche Vergleich Menschenaffe und Mensch

V1 Schädelvergleich

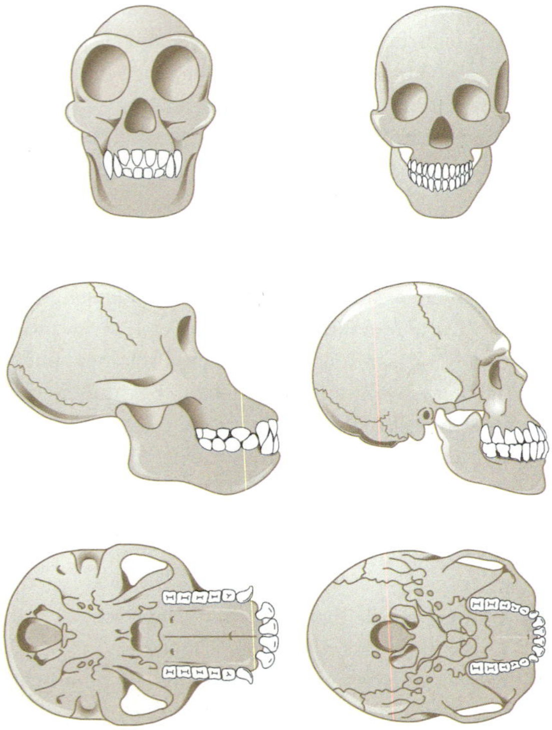

Material: Modelle eines Schimpansen- und eines Menschenschädels aus der Schulsammlung; zwei Overheadfolien und verschiedenfarbige Folienstifte, Overheadprojektor

Durchführung: Betrachte die Schädelmodelle von allen Seiten. Notiere Stichpunkte zu Form und Größe von Geschichts- und Hirnschädel, den Überaugenwülsten, der Lage des Hinterhauptsloches und Merkmalen des Gebisses. Zeichne dann die Schädelumrisse von der Seite auf die Folie. Verwende für beide Zeichnungen eine unterschiedliche Farbe. Falls du kein Zeichentalent bist, kannst du die Umrisse aus der Abbildung oben vergrößern und kopieren. Dann legst du jeweils eine Folie über die Abbildung und zeichnest die Umrisslinien mit dem Folienstift nach. Für einen Vergleich lege nun beide Folien übereinander.

Aufgabe: Vergleiche beide Schädel miteinander. Stelle diesen Vergleich mit Hilfe der auf dem Overheadprojektor projizierten Folien und Modelle in der Klasse vor.

V2 Wirbelsäule und aufrechter Gang

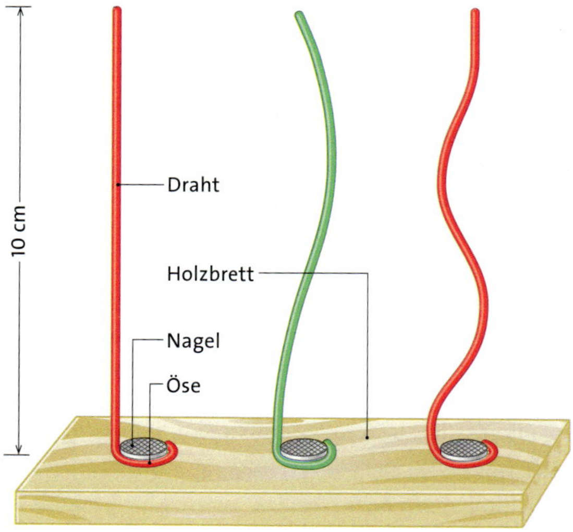

Material: Holzbrett (etwa 10 × 20 × 2 cm), drei etwas stärkere Drahtstücke (17, 14, 12 cm lang), Flachzange, Hammer, drei Nägel mit breitem Kopf

Durchführung: Baue obigen Versuch auf: Stoße dann das Holzbrett mit der ganzen Fläche hart auf den Tisch.

Aufgabe: Erläutere das Versuchsergebnis.

V3 Hand und Fuß

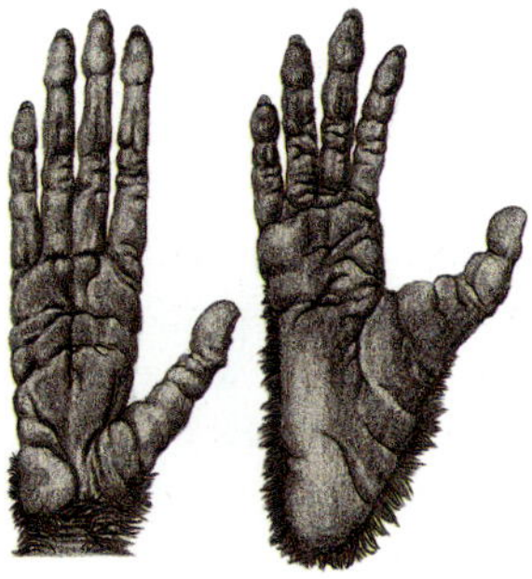

Material: Zeichenpapier, Bleistift

Durchführung: Lege deine Hand auf das Zeichenpapier und umrande sie mit dem Stift. Verfahre ebenso mit deinem Fuß.

Aufgabe: Betrachte die Abbildungen oben. Vergleiche dann deine Hand und deinen Fuß mit diesen.

V4 Exkursion in den Zoo

Vorbereitung und Durchführung: Informiert euch vor eurem Zoobesuch über die dort gehaltenen Primatenarten. Wählt dann fünf oder sechs Arten aus, die ihr in Gruppen (4 bis 6 Schüler) beobachtet. Dabei sollte vor allem das Verhalten von Menschenaffen untersucht werden. Nehmt euch für die erste Beobachtung 20 bis 30 Minuten Zeit. Macht dann eine Pause und beobachtet später noch einmal etwa 30 Minuten lang.

Aufgaben für die 1. Beobachtung:
Versucht einzelne Verhaltensweisen wie Fortbewegung, Nahrungsaufnahme, Rangordnungsverhalten, Eltern-Kind-Beziehungen und Aggressionsverhalten zu unterscheiden. Notiert euch Stichpunkte zur Fortbewegung und Nahrungsaufnahme.

Aufgaben für die 2. Beobachtung:
Versucht Häufigkeit, handelnde Tiere und Auslöser für bestimmte Verhaltensweisen genauer zu beobachten. Führt dazu ein Protokollblatt mit Strichlisten. Arbeitet dabei in Zweiergruppen.

Mögliche Fragen könnten sein: Wie oft haben welche Tiere Kontakt miteinander? Zeigen bestimmte Tiere mehr Imponier- bzw. Demutsverhalten als andere? Wie viele Körperkontakte gibt es zwischen Mutter und Kind? Welches Jungtier spielt mit wem und wie lange?

Ihr könnt für eure Beobachtungen auch weitere Schwerpunkte festlegen und einige Verhaltensweisen fotografieren.

Auswertung der Exkursion:
Sammelt eure Beobachtungsergebnisse und wertet diese in eurer Gruppe aus. Fasst sie in einem Kurzreferat für die Klasse zusammen und stellt dieses vor. So habt ihr zum Schluss einen Vergleich über Fortbewegung, Nahrungsaufnahme und Sozialverhalten bei mehreren Primatenarten. Ihr könnt eure Ergebnisse auch als Poster präsentieren.

A5 Menschenaffen zeigen vielfältige Verhaltensweisen

A

B

C

Aufgabe: Die Abbildungen zeigen verschiedene Verhaltensweisen bei Menschenaffen. Beschreibe diese so genau wie möglich.

3.2 Lucy und ihre Verwandtschaft

Nach Ansicht vieler Reisender gehört der Ostafrikanische Grabenbruch, der sich von Äthiopien bis nach Mosambik erstreckt, zu den schönsten Landschaften der Erde. Gleichzeitig ist dieses Gebiet mit seinen zahlreichen aktiven und erloschenen Vulkanen, wie dem Kilimandscharo und dem Ngorongoro-Krater, eine der weltweit bedeutendsten Fossilienfundstellen. Mit am berühmtesten wurde die Fundstätte *Laetoli* im Norden Tansanias.

Laetoli heißt in der Sprache der dort lebenden Masai »rote Lilie«. Hier hatte man schon 1934 Bruchstücke eines Kiefers gefunden, von dem man vermutete, dass er einem fossilen Menschen gehört hatte. Das Knochenstück geriet in Vergessenheit, bis 1978 eine Wissenschaftlergruppe unter Leitung der britischen Forscherin Mary LEAKEY im selben Gebiet versteinerte menschenähnliche Fußspuren entdeckte. Genauere Untersuchungen ergaben, dass die Spuren von mindestens zwei aufrecht gehenden Individuen stammten, die vor 3,7 Millionen Jahren durch erkaltete vulkanische Asche gewandert waren.

Wer die Spuren in der Asche von Laetoli hinterlassen hatte, wurde bald klar. Vier Jahre zuvor hatte der amerikanische Forscher Donald JOHANSON im Afar-Dreieck am nordöstlichen Rand des Grabenbruchs Teile eines 3,2 Millionen Jahre alten menschenähnlichen Skeletts gefunden. Es hatte den wissenschaftlichen Namen ***Australopithecus afarensis*** erhalten, wurde aber unter dem Spitznamen **»Lucy«** weltweit bekannt.

»Lucy« verfügte über ein Merkmal, das sie mit heutigen Menschen gemeinsam hat. Sie konnte aufrecht gehen. Ansonsten ähnelte ihre Anatomie aber eher der eines heutigen Menschenaffen. Ähnlich wie diese hatte sie relativ lange Arme und kurze Beine. Ebenso wie ihre gekrümmten Finger- und Zehenknochen ist dies ein Hinweis darauf, dass sie gut klettern konnte. Mit einer Körpergröße von einem Meter war sie relativ klein und ihr Gehirn war mit einer Größe von gut 400 Kubikzentimetern nur unwesentlich größer als das eines Schimpansen. »Lucy« und weitere Fossilfunde ermöglichten es, auch das 1934 gefundene Knochenstück zu bestimmen. Es stammte ebenfalls von *Australopithecus afarensis.*

Mit ihrer Merkmalskombination ist »Lucy« ein perfektes Bindeglied zwischen Affen und Menschen. Allerdings ist *Australopithecus afarensis* nicht die einzige Art, die dieses Kriterium erfüllt. *Paläoanthropologen,* die die Fossilgeschichte des Menschen erforschen, unterscheiden heute 13 Arten, die sie sechs verschiedenen Gattungen zuordnen. Allen gemeinsam ist neben einem kleinen Gehirn und mehr oder weniger guten Hinweisen auf den aufrechten Gang, dass sie alle in Afrika lebten. Der älteste Fund, *Sahelanthropus tchadensis,* ist sieben Millionen Jahre alt und stammt aus dem Tschad. Die jüngsten Funde aus der Gattung *Paranthropus* sind etwas mehr als eine Million Jahre alt und stammen aus Ost- und Südafrika.

Anhand sogenannter **Begleitfossilien**, wie den Knochen anderer Tiere und den Pollen von Pflanzen, kann man schließen, dass der bevorzugte Lebensraum von Australopithecus und seinen Verwandten Baumsavannen und Galeriewälder am Rande von Flüssen und Seen waren.

Ernährt haben sie sich hauptsächlich vegetarisch, wobei die Arten der Gattung Paranthropus vorwiegend faser-

1 Fußspuren von Laetoli

2 *Australopithecus afarensis* (Rekonstruktion)

reiche Pflanzenteile fraßen, während »Lucy« und andere Arten eher Allesfresser waren. Vermutlich haben sie sich dabei ähnlich wie Schimpansen, die mit Hilfe präparierter Stöcke Termiten fangen und mit Steinen Nüsse öffnen, einfacher Werkzeuge bedient.

Tatsächlich hatten Mary und ihr Mann Louis LEAKEY 1951 einige Kilometer westlich von Laetoli in der Olduvai-Schlucht Steine gefunden, die Bearbeitungsspuren aufwiesen. Mit einem Schlag- oder Hammerstein hatte jemand von einem anderen Stein scharfkantige Stücke abgeschlagen. Später durchgeführte Experimente zeigten, dass sich mit ihnen selbst Elefantenkadaver zerlegen ließen. Die LEAKEYS gingen davon aus, dass nur ein Mensch diese Werkzeuge hergestellt haben konnte. Diese Vermutung schien bestätigt, als ihr Sohn Jonathan 1960 in der Olduvai-Schlucht 1,8 Millionen Jahre alte, menschenähnliche Knochen einer bislang unbekannten Art fand. Mit einer Gehirngröße von 650 Kubikzentimetern schien diese neue Art eher als Hersteller der Steinwerkzeuge in Betracht zu kommen als »Lucy« und ihre Verwandten. Sie erhielt den Namen ***Homo habilis*** (lat. *homo,* Mensch; *habilis,* geschickt).

Eine zweite Art, die der Gattung Homo zugeordnet wurde, entdeckte Richard LEAKEY 1972 am Turkanasee, der früher Rudolfsee hieß. ***Homo rudolfensis*** lebte vor 2,5 bis 1,9 Millionen Jahren. Da aus dieser Zeit auch die ältesten bekannten Steinwerkzeuge stammen, vermutet man, dass er der erste Hersteller von Steinwerkzeugen war. Mit den scharfen Steinabschlägen haben die beiden Arten vermutlich die Kadaver toter Tiere zerlegt, deren Fleisch sie dann gegessen haben. Ein Fund deutet allerdings darauf hin, dass dies schon Mitglieder der Gattung Australopithecus getan haben könnten. 1999 wurde in Äthiopien *Australopithecus garhi* gefunden, der ebenfalls vor 2,5 Millionen Jahren gelebt hatte. Mit 450 Kubikzentimetern war sein Gehirn zwar deutlich kleiner als das von *Homo habilis,* aber zusammen mit ihm wurden Antilopenknochen gefunden, an denen man Schnittspuren von Steinwerkzeugen entdeckte.

Ob *Homo habilis* und *Homo rudolfensis* direkte Vorfahren des heutigen Menschen waren, ist umstritten. Der nur 1,5 Meter große *Homo habilis* besaß offenbar recht kurze Beine, aber lange Arme – und glich in dieser Hinsicht eher heutigen Menschenaffen. *Homo rudolfensis* war vermutlich größer, aber von ihm kennt man bisher nur wenige Knochenbruchstücke. Manche Forscher stellen beide Arten zur Gattung Australopithecus.

3 ***Homo habilis*** (Rekonstruktion)

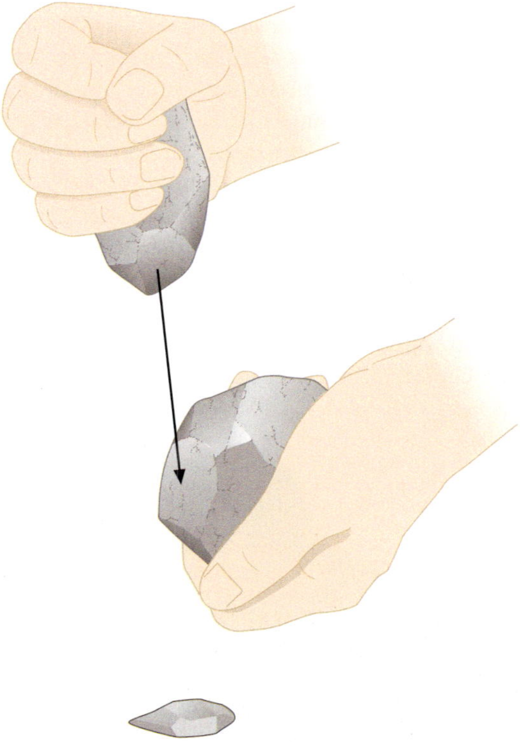

4 Herstellung einfacher Steinwerkzeuge

1 Nenne Merkmale von *Australopithecus afarensis* und *Homo habilis*. Erstelle eine Tabelle zum Vergleich der beiden Arten.

2 Begründe, dass es nahe liegt, Australopithecus Werkzeuggebrauch zu unterstellen.

3 Entwickle eine Hypothese zur Evolution des aufrechten Ganges. Berücksichtige dabei Vorteile, die sich aus dieser Fortbewegungsweise ergeben.

3.3 Entwicklungstendenzen bei unseren Vorfahren

Bei der Jagd und der Suche nach Nahrung hatten der **aufrechte Gang** und das **zweibeinige Laufen** eine Reihe von Vorteilen. Zunächst gehen diese Eigenschaften mit einer Energieersparnis einher. Vergleicht man den Energieaufwand eines aufrecht gehenden Menschen mit dem eines sich mit vier Füßen fortbewegenden Schimpansen, so stellt man fest, dass der Mensch mit dem gleichen Energieaufwand eine doppelt so lange Strecke zurücklegen kann. Zusätzlich ewärmte sich bei starker Sonneneinstrahlung der aufrecht gehende Mensch nicht so stark, da der Körper weniger von den Sonnenstrahlen und von der abgestrahlten Erdwärme getroffen wurde. Die kurze Körperbehaarung ermöglichte der Gattung Homo ein besseres Schwitzen. Durch die entstehende Verdunstungskälte konnte der Körper zusätzlich gekühlt werden. Der aufrechte Gang ermöglichte es auch, über die hohen Gräser der Savanne Beute und Feinde auszuspähen. Mit den verbesserten **Steinwerkzeugen** konnte die Beute getötet und zerlegt werden. Der Mensch ergänzte mit der Zeit die vegetarische Nahrung mehr und mehr durch tierische. Wissenschaftler vermuten, dass erst durch die gleichmäßigere Zufuhr von eiweiß- und fettreicher Nahrung die Entwicklung und Versorgung eines größeren Gehirns möglich wurde. Waren unsere Vorfahren bei der Jagd erfolgreich, so wurde soviel Nahrung wie möglich aufgenommen. Ein Teil dieser Nahrung wurde in Fettdepots im Körper gespeichert. Durch den aufrechten Gang waren Arme und Hände für weitere Aufgaben frei. Sie konnten zum Beispiel zum Tragen von Materialien und Nahrung zu den Wohnplätzen verwendet werden. Die Hände wurden immer vielseitiger eingesetzt. So konnte man mit ihnen zum Beispiel immer bessere Werkzeuge herstellen.

Viele Forscher nehmen an, dass die Sprache parallel zur Entwicklung der Werkzeugkultur entstanden ist. Es ist jedoch nicht bekannt, ob eine einfache Sprache schon für die Herstellung einfacher Werkzeuge bei *Homo rudolfensis* oder bei *Homo habilis* eine Rolle gespielt hat. Das Abschlagen von Steinen zur Herstellung von handlichen Splittern war wahrscheinlich auch durch einfache Nachahmung möglich. Um aber aufwändig bearbeitete Steinwerkzeuge, wie Faustkeile herzustellen, reichte Nachahmung nicht mehr aus. Faustkeile von *Homo erectus* wurden schon in Werkstätten erzeugt, was ohne Unterweisung und Absprache wohl kaum möglich war.

Ferner musste man oft den Rohstoff für die Faustkeile von weiter entfernten Orten heranschaffen. All dies ist ohne Arbeitsteilung und Sprache kaum vorstellbar. Wenn die dargestellten Vermutungen und Überlegungen richtig sind, so musste zumindest *Homo erectus* eine Sprache benutzt haben. Ob die Entstehung von Sprache bei den ersten Menschen der Gattung *Homo* vor mehr als 2 Millionen Jahren oder erst bei späteren Menschen vor 1,8 bis 1,5 Millionen Jahren erfolgte, ist umstritten. Manche For-

1 Homo habilis bei der Werkzeugherstellung

scher setzen die Entstehung der Sprache wesentlich später an. Nach ihrer Auffassung war erst *Homo sapiens* vor etwa 200 000 Jahren in der Lage zu sprechen. Beweise, wie zum Beispiel die richtige Stellung des Kehlkopfes und das Vorhandensein eines sprachmotorischen Zentrums im Gehirn fehlen bis heute.

Vergleicht man die Erbsubstanz des Jetztmenschen mit der des heutigen Schimpansen, so stellt man eine etwa 95%ige Übereinstimmung fest. Nur ein Bruchteil unserer Gene ist danach für alles »Menschliche« verantwortlich. Man vermutet, dass sich besonders jene Gene beim Menschen verändert haben, die das Wachstum und die Struktur des Gehirns beeinflussen. Schon geringe Änderungen im genetischen Programm können dramatische Folgen haben. So können zum Beispiel geringe Änderungen in den Genen, die für das Wachstum der Hirnzellen im Fetus verantwortlich sind, zu einer **Gehirnvolumenzunahme** geführt haben. Betrachtet man das Gehirnvolumen der verschiedenen Hominidenarten, so lässt sich ein sprunghaftes Wachstum ablesen. Trotzdem gehen einige Forscher davon aus, dass das Gehirnvolumen allmählich größer wurde. Sie weisen darauf hin, dass bis heute zu wenige Funde vorliegen, um ein allmähliches Wachstum des Gehirns ablesen zu können.

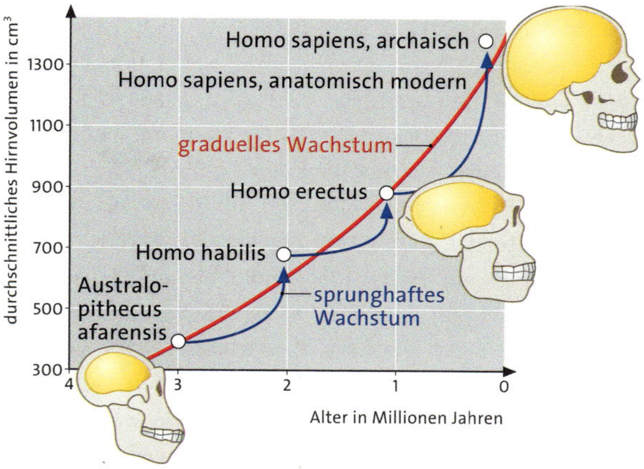

2 Veränderung des Hirnvolumens

1 Die Angepasstheit der Organismen an ihre Umwelt ist immer das Ergebnis einer evolutionären Entwicklung von Struktur und Funktion.
Belege diese Aussage am Beispiel der Gattung Homo. Nutze auch die Abbildungen 2 und 3.

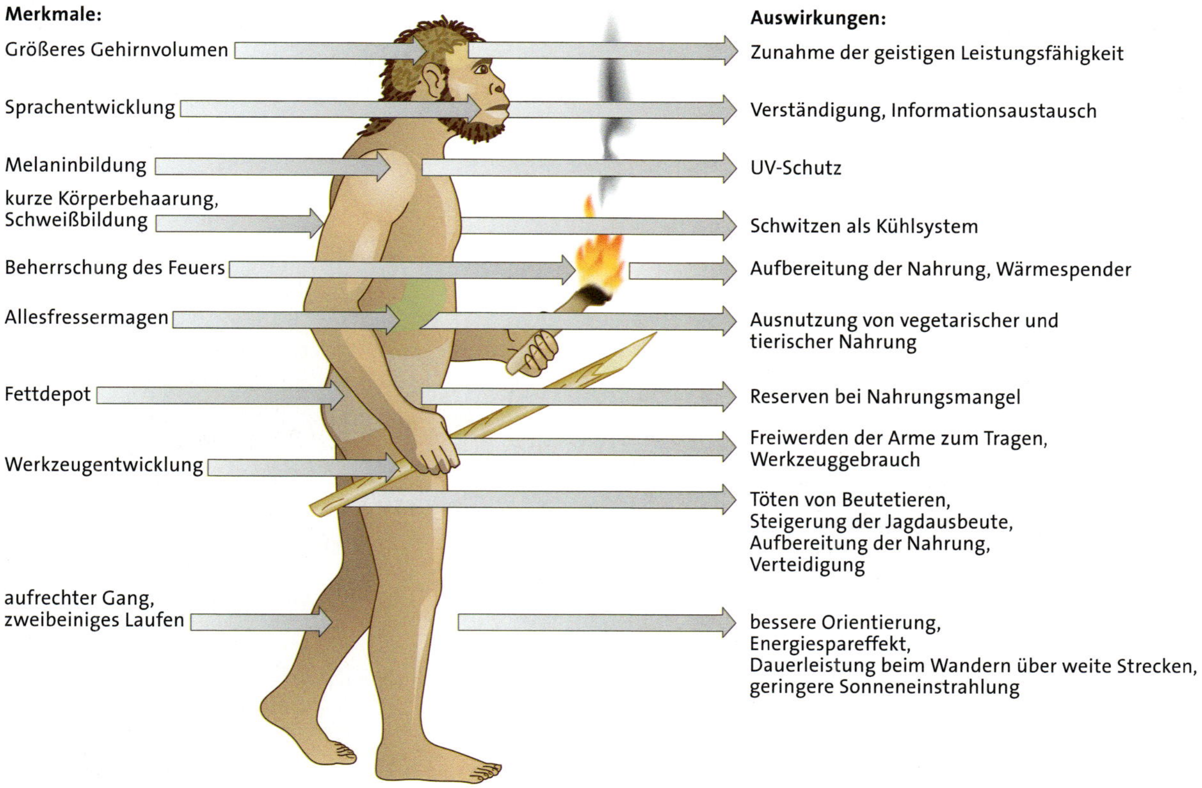

3 »Neuerungen« bei den ersten Menschen der Gattung Homo

3.4 Homo erobert die Welt

»Heit hawwi de Adam gefunne!« Im besten Pfälzisch verkündete der Arbeiter Daniel HARTMANN die spektakuläre Nachricht am 21. Oktober des Jahres 1907 seinen Freunden im Wirtshaus. Um den biblischen Adam ging es dabei natürlich nicht. Aber der Fund, den HARTMANN bei Mauer in der Nähe von Heidelberg gemacht hatte, war nicht weniger Aufsehen erregend. In einer verlandeten Schleife des Neckars, die als Sandgrube genutzt wurde, hatte er den Unterkiefer eines fossilen Menschen gefunden. Obwohl der »Sand-Daniel«, wie er auch genannt wurde, ein »einfacher« Arbeiter war, konnte er den Verdacht, es könne sich um den Kiefer eines Affen handeln, entkräften. Von dem Heidelberger Privatgelehrten Otto SCHOETENSACK, der aufgrund anderer Fossilfunde auf die Sandgrube aufmerksam geworden war, wusste er nämlich, dass ein Affenkiefer anders aussieht als der Kiefer eines Menschen. Um den Kieferknochen eines modernen Menschen handelte es sich ebenfalls nicht: Einerseits war er dafür zu kräftig, andererseits fehlte ihm das für heutige Menschen charakteristische Kinn.

Als Anhänger DARWINS war SCHOETENSACK davon überzeugt, dass dieser »Urmensch« ein Vorfahre des heutigen Menschen war. Er nannte ihn ***Homo heidelbergensis.*** Das Alter des Urmenschen von Heidelberg konnte erst hundert Jahre nach seiner Entdeckung mit modernen physikalischen Messmethoden geklärt werden. Er hatte vor 600 000 Jahren gelebt.

Der Unterkiefer von Mauer blieb nicht der einzige Fund, der in Deutschland vom »Heidelbergmenschen« gemacht wurde. In einem Braunkohlentagebaugebiet bei Schöningen am Harzrand fand man 1995 neben den Knochen von Wildpferden 400 000 Jahre alte Speere aus Fichtenholz. Als heutige Sportler Nachbildungen dieser Speere testeten, waren sie über ihre Wurf- und Flugeigenschaften erstaunt. Die *Schöninger Speere* waren Präzisionswaffen, mit denen die nicht nur bei Heidelberg lebenden Urmenschen Pferde, Waldelefanten und anderes Wild aus größerer Entfernung erlegen konnten.

Hundert Kilometer südlich von Schöningen, beim thüringischen Bilzingsleben, meinen Wissenschaftler Spuren eines Basislagers dieser frühen europäischen Jäger gefunden zu haben. Reste ehemaliger Feuerstellen und zeltähnlicher Behausungen, Steinwerkzeuge sowie Zähne und Knochenbruchstücke von mindestens zwei Erwachsenen und einem Jugendlichen deuten darauf hin, dass hier eine Gruppe dieser Menschen über längere Zeit gelebt hat. Die in Bilzingsleben tätigen Forscher schließen aus ihren Funden, dass dort *»vor fast 400 000 Jahren ein zu Geist und Kultur fähiges menschliches Wesen«* gelebt hat, mit *»variablen Technologien, fähig zum abstrakten Denken und mit einer bereits ausgebildeten Sprache.«* In wesentlichen Merkmalen glichen die Menschen von Heidelberg und Bilzingsleben demnach dem heutigen Menschen, den man als **anatomisch modernen Menschen** bezeichnet. Das Gehirn des *Homo heidelbergensis* war mit einem Volumen von 1100 bis 1400 Kubikzentimetern etwa doppelt so groß wie das des *Homo habilis.*

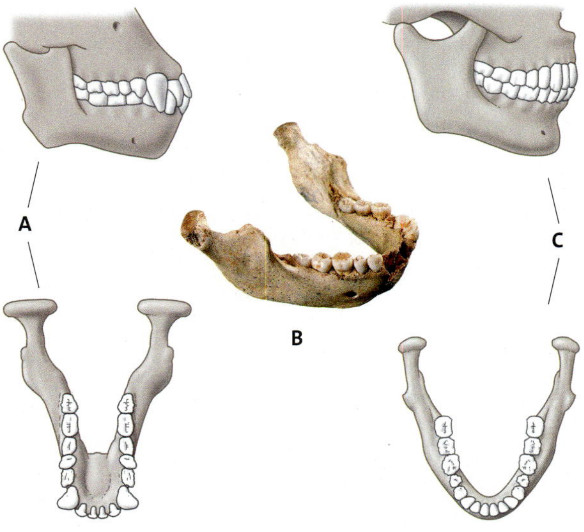

1 Unterkiefer. A Schimpanse; **B** Heidelbergmensch; **C** anatomisch moderner Mensch

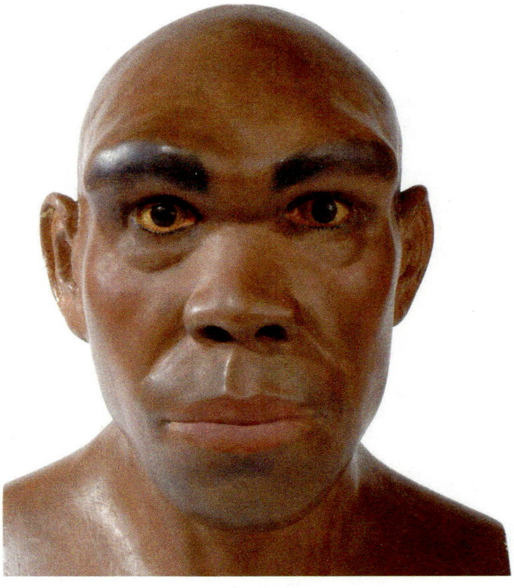

2 Rekonstruktion des Heidelbergmenschen

Anhand vieler weiterer Fossilfunde aus anderen Teilen der Welt kann man heute rekonstruieren, woher die Menschen aus Bilzingsleben, Heidelberg und Schöningen kamen und wer ihre Vorfahren waren. Einen wichtigen Hinweis lieferte ein 1984 am Ufer des Turkana-Sees gefundenes, fast vollständiges 1,6 Millionen Jahre altes Skelett, das unter dem Namen »Turkana Boy« bekannt wurde. Mit »Lucy« oder *Homo habilis* hatte dieser Mensch, dessen wissenschaftlicher Name ***Homo ergaster*** (gr. *ergastikos,* tätig, arbeitsam) lautet, nicht mehr viel Ähnlichkeit. Mit seiner hochgewachsenen, schlanken Gestalt glich er vielmehr den Menschen, die noch heute in dieser ostafrikanischen Region zu Hause sind: Seine Beine waren länger als seine Arme und ausgewachsen hätte er eine Größe von über 1,80 Metern erreicht. Sein Kopf glich mit den kräftigen Wülsten über den Augen, der fliehenden Stirn und dem fehlenden Kinn dagegen dem des Heidelbergmenschen. Das Gehirn von *Homo ergaster* war mit 880 Kubikzentimetern allerdings noch deutlich kleiner.

Ob *Homo ergaster* schon Großwild jagte, ist unbekannt. Allerdings wird ihm die Erfindung des **Faustkeils** zugeschrieben. Dieses Steinwerkzeug gilt als so vielseitig, dass man auch vom »Schweizer Messer der Steinzeit« spricht. Außerdem gibt es Hinweise, dass *Homo ergaster* das Feuer beherrschte – was Wanderungen in kältere Regionen der Erde erleichterte. Tatsächlich müssen schon vor knapp zwei Millionen Jahren Vorfahren des »Turkana Boys« aus Afrika ausgewandert sein. Ihre Spuren finden sich am Südrand des Kaukasus und in Südostasien.

Die Funde vom Südrand des Kaukasus stammen aus einem Ort namens Dmanisi in Georgien. Sie sind etwa 1,8 Millionen Jahre alt. Mit einer Körpergröße von 1,60 Metern waren die Menschen von Dmanisi nicht so groß wie der »Turkana-Boy«. Auch ihr Gehirn war mit 600 bis 800 Kubikzentimetern deutlich kleiner.

Ebenfalls bis zu 1,8 Millionen Jahre alt sind Funde fossiler Menschen aus Ost- und Südostasien. Ihr wissenschaftlicher Name lautet ***Homo erectus.*** Mit ihren kräftigen Überaugenwülsten und anderen Merkmalen ähnelten sie dem afrikanischen *Homo ergaster*. Allerdings besaßen sie ein größeres Gehirn. Es hatte ein Volumen von rund 1000 Kubikzentimetern.

Eine Million Jahre nach der ersten Auswanderungswelle setzte eine zweite ein. Nachkommen von *Homo ergaster* verließen Afrika und wanderten vor ungefähr 1,1 Millionen Jahren über das Mittelmeer oder Kleinasien nach Südeuropa ein. Von dort aus besiedelten sie Mitteleuropa. Der Ursprung des Heidelbergmenschen liegt also in Afrika.

1 Vergleiche die in Abbildung 1 dargestellten Unterkiefer.

2 Nenne Merkmale von *Homo ergaster, Homo erectus* und *Homo heidelbergensis*. Erstelle eine dreispaltige Tabelle, in der du die drei Arten vergleichst.

3 Erläutere, wie die Erstbesiedelung Europas und Asiens verlief. Nutze dazu Abbildung 3.

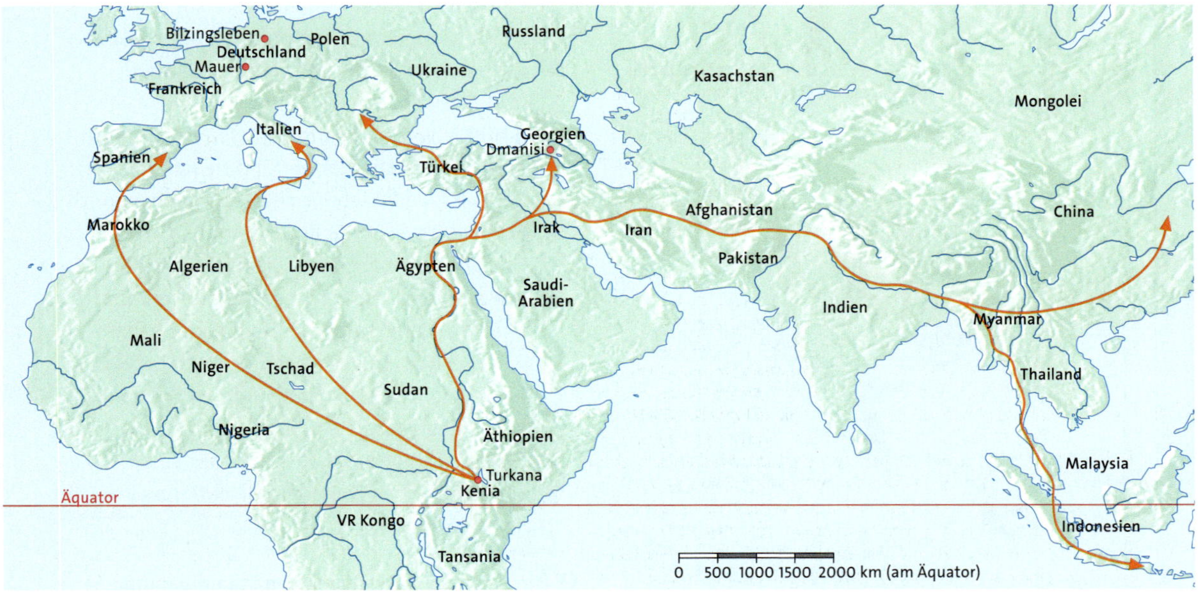

3 **Erstbesiedelung Europas und Asiens**

Methode Mit Stammbäumen zur Entwicklung des Menschen arbeiten

Mit Stammbäumen versucht man, mögliche Wege der Evolution aufzuzeigen. Dabei werden verschiedene Arten und deren Verwandtschaftsverhältnis in Abhängigkeit von der Zeit dargestellt. Man sucht nach gemeinsamen Stammformen, die Merkmale von beiden nachfolgenden Arten aufweisen. Dort legt man einen Gabelungspunkt fest. Die Entwicklung der beiden Arten ist von diesem Punkt an getrennt abgelaufen.

Beim Aufstellen von Stammbäumen nutzt man in der Regel **Fossilfunde.** Möglich sind heute auch ein DNA-Vergleich oder ein Vergleich von bestimmten Eiweißen im Körper der Lebewesen.

Für die Entwicklung des Menschen wirst du zwar die verschiedensten Stammbäume finden, ob sie jedoch genau der Wahrheit entsprechen, weiß niemand. Gerade unser Stammbaum hat besonders viele Lücken und unsichere Verzweigungen. Das liegt daran, dass man nur wenige Fossilien unserer Vorfahren gefunden hat. Die Funde beziehen sich oft auf kleine und unvollständige Skelettteile wie Schädelbruchstücke oder einzelne Zähne. Ganze Skelettfunde waren die Ausnahme. So lassen sich viele Stücke nur schwer in den bisherigen Stammbaum einordnen. Andere Widersprüche traten auf, weil Funde falsch zugeordnet oder datiert wurden. Hier helfen nur Neubewertungen und weitere Untersuchungen. Weitere Funde könnten ebenfalls hilfreich sein.

Wie du dem Stammbaum rechts entnehmen kannst, ist die Entwicklung des Menschen keineswegs geradlinig verlaufen. Viele Menschengattungen und Arten lebten gleichzeitig. Unsere Vorfahren bildeten also eher einen »Busch mit sehr vielen Zweigen«. Warum bestimmte Arten später wieder ausstarben, ist ebenfalls nicht immer bekannt.

1 Vergleiche die beiden Stammbäume auf dieser Doppelseite miteinander.
Nutze auch die Hinweise zum Auswerten in Abbildung 2.

2 Leite für beide Darstellungen je zwei Vorteile und Nachteile ab. Beurteile beide Stammbäume.

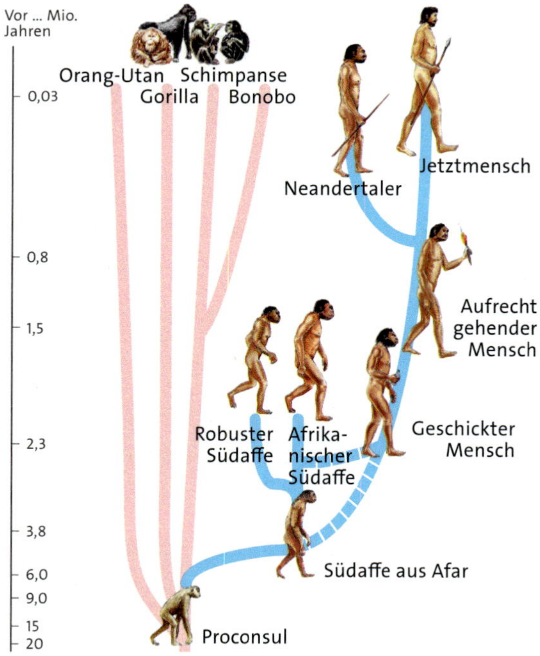

1 Stammbaum des Menschen und seiner Verwandten

- Gib zuerst das Thema des Stammbaumes an.
- Finde mit Hilfe der Zeitachse heraus, welchen Zeitraum der Stammbaum darstellt.
- An welchem Punkt beginnt der Stammbaum? Leite daraus den ältesten gemeinsamen Vorfahren ab.
- Ermittle, welche Gruppen (Arten oder Gattungen) dargestellt wurden. Sind sie mit dem deutschen oder lateinischen Namen benannt?
- Schlage unbekannte Bezeichnungen im Lehrbuch oder in einem Fachbuch nach.
- Wie sind die Gruppen miteinander verknüpft? Beachte: durchgezogene Linien oder Balken entsprechen einigermaßen sicheren Entwicklungslinien, fossil nicht belegte und vermutete Wege sind gestrichelt dargestellt.
- Gibt es Gruppen, die ausgestorben sind?
- Findest du noch weitere Informationen in dem Stammbaum?

2 Hinweise zur Auswertung von Stammbäumen

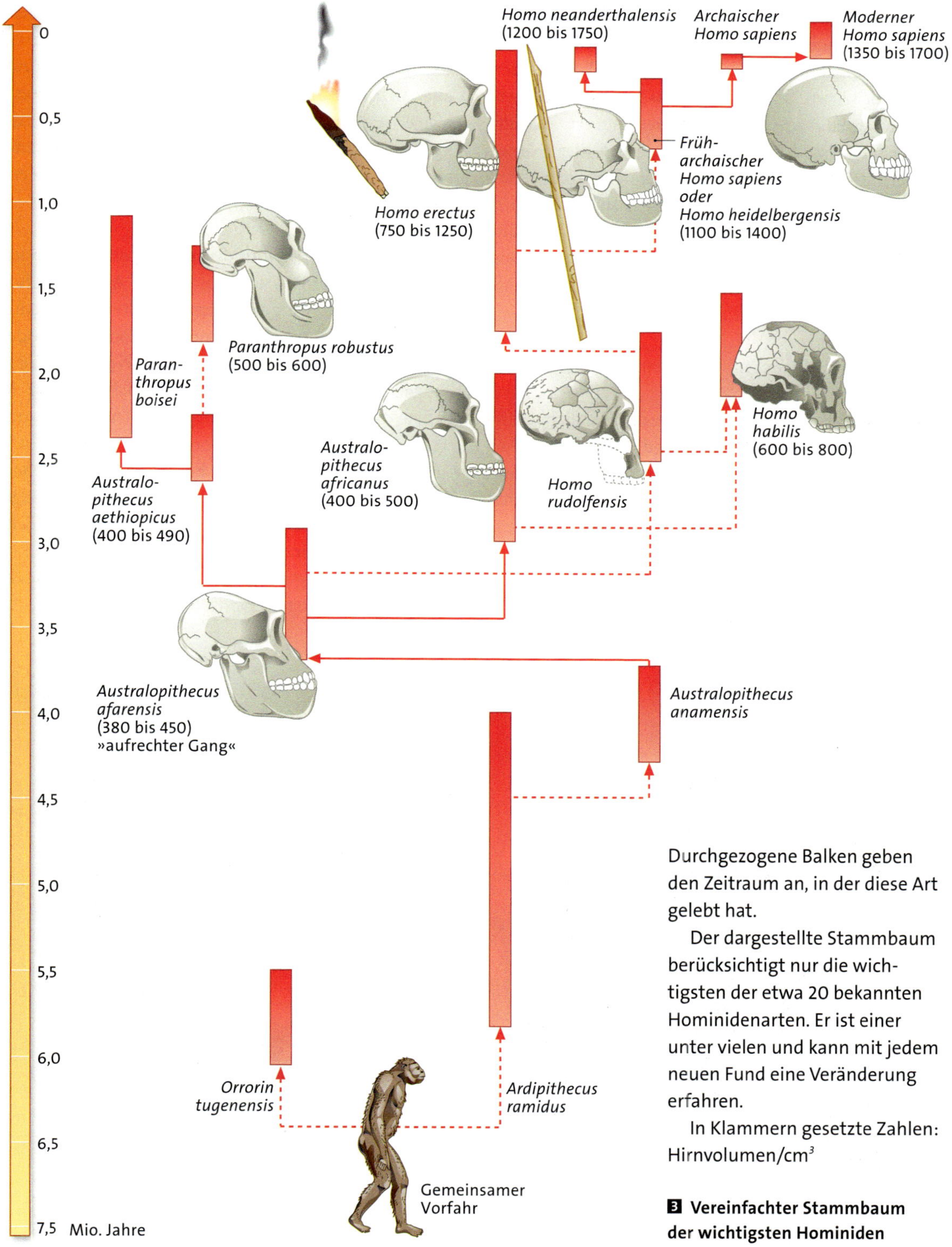

Durchgezogene Balken geben den Zeitraum an, in der diese Art gelebt hat.

Der dargestellte Stammbaum berücksichtigt nur die wichtigsten der etwa 20 bekannten Hominidenarten. Er ist einer unter vielen und kann mit jedem neuen Fund eine Veränderung erfahren.

In Klammern gesetzte Zahlen: Hirnvolumen/cm³

3 Vereinfachter Stammbaum der wichtigsten Hominiden

3.5 Ursprung und Vielfalt des modernen Menschen

Unterschiedlicher als ein Inuit und ein Masai können zwei Menschen kaum aussehen. Die in Nordkanada und Grönland lebenden Inuit sind durchschnittlich nur 1,60 Meter groß. Ihr kompakter Körperbau mit den relativ kurzen Armen und Beinen hat zur Folge, dass ihre Körperoberfläche im Verhältnis zu ihrem Körpervolumen verhältnismäßig klein ist. Auf diese Weise verliert der Körper relativ wenig Wärmeenergie. Genau die entgegengesetzten Verhältnisse findet man bei den im ostafrikanischen Hochland lebenden Masai. Ihr hochgewachsener, schlanker Körperbau erleichtert die Wärmeabgabe. Gleichzeitig schützt die dunkle Haut der Masai vor gefährlicher UV-Strahlung.

Trotz der Unterschiede in Körperbau und Hautfarbe gehören die Inuit und die Masai zur selben Art: *Homo sapiens*. Jahrhunderte lang war es allerdings üblich, Menschen unterschiedlicher Herkunft und unterschiedlicher Hautfarbe unterschiedlichen »Rassen« zuzuordnen. Dagegen wandte sich 1995 die UNESCO (engl., *United Nations Educational, Scientific and Cultural Organization*): Eine Einteilung in »Rassen« werde der Vielfalt der Menschen nicht gerecht. Dieser Begriff sollte daher nicht weiter verwendet werden.

Natürlich gibt es Unterschiede zwischen Bevölkerungsgruppen. Auffällig und leicht wahrnehmbar sind zum Beispiel unterschiedliche Hautfarben. Menschen anhand weniger oberflächlicher Merkmale zu klassifizieren, hat sich aber nicht als sinnvoll herausgestellt. »Unter der Haut«, betonen Anthropologen, die sich mit der Genetik und der Herkunft des Menschen befassen, »sind wir alle Afrikaner«. Genau genommen bedeutet dieser Satz zweierlei: Erstens sind sich alle heute lebenden Menschen genetisch bemerkenswert ähnlich und zweitens stammen wir alle von Vorfahren ab, die vor nicht allzu langer Zeit in Afrika gelebt haben.

Die ältesten Knochenfunde von anatomisch modernen Menschen stammen tatsächlich aus Afrika. Gefunden wurden sie 1967 in Äthiopien. Ihr Alter wird heute auf 195 000 Jahre geschätzt. Funde anatomisch moderner Menschen aus anderen Teilen der Welt sind deutlich jünger. In Europa beispielsweise tauchten diese Menschen, die nach einem Fundort in Südfrankreich auch als **»Cro-Magnon-Menschen«** bekannt sind, erst vor etwa 40 000 Jahren auf. Von den bereits in Europa lebenden Neandertalern unterschieden sich die Cro-Magnon-Menschen deutlich: Sie besaßen einen runderen Schädel mit einer höheren Stirn, kaum noch Überaugenwülste und ein ausgeprägtes Kinn. Außerdem waren Sie schlanker und hatten längere Beine.

1 Menschliche Vielfalt. **A** Masai; **B** Inuit

Als Vorfahren der heutigen Europäer scheiden die Neandertaler demnach aus. Vielmehr erhärten die Befunde eine Theorie zur menschlichen Evolution, die unter dem Namen »**Out of Africa**« bekannt ist. Danach stammen alle heute lebenden Menschen von afrikanischen Vorfahren ab. Einige dieser frühen anatomisch modernen Menschen wanderten aus Afrika aus und besiedelten nach und nach andere Teile der Erde. In Europa trafen sie dabei auf eine dort bereits ansässige Bevölkerung: die Neandertaler.

Auch der in Ostasien heimische *Homo erectus* scheidet nach dieser Theorie als Vorfahr des *Homo sapiens* aus. Dasselbe gilt für den europäischen *Homo heidelbergensis*, der heute als Vorfahr des Neandertalers gilt. Die Vorfahren dieser ersten Europäer lebten allerdings in Afrika. Aus dieser afrikanischen Form des *Homo heidelbergensis* entstanden vor 200 000 Jahren die ersten anatomisch modernen Menschen.

Im Juli des Jahres 2008 lebten auf der Erde 6,7 Milliarden Menschen. Je nach geographischer Herkunft sehen sie unterschiedlich aus, aber genetisch sind sie sich viel ähnlicher als alle heute lebenden Schimpansen. Wie lässt sich das erklären?

Genetiker vermuteten schon lange, dass eine globale Umweltkatastrophe in der Vergangenheit zu einem drastischen Bevölkerungsrückgang und damit auch zu einer genetischen Verarmung geführt haben könnte. Nach dieser Hypothese bestand die Menschheit danach nur noch aus sehr wenigen, voneinander weitgehend isolierten Gruppen. Äußerliche Unterschiede könnten dann recht schnell durch Anpassung an neue Lebensräume entstanden sein.

Diese auf den ersten Blick abenteuerlich erscheinende Hypothese wird heute durch Erkenntnisse von Vulkanforschern gestützt. Vor 71 000 Jahren kam es auf Sumatra zu einem verheerenden Vulkanausbruch, bei dem die unvorstellbare Menge von 2800 Kubikkilometern Asche in die Atmosphäre geschleudert wurde. Die Folge war ein globaler Temperatursturz um etwa fünf Grad Celsius. Zu den Überlebenden der Katastrophe gehörten die an Kälte angepassten Neandertaler. Die anatomisch modernen Menschen in Afrika traf es vermutlich härter. Den Berechnungen der Genetiker zufolge überlebten weniger als 10 000 Menschen, die aber in der Folgezeit sämtliche Kontinente bis auf die Antarktis besiedelten.

1 Beschreibe die Ausbreitungsgeschichte des anatomisch modernen Menschen. Nutze dazu Abbildung 2.

2 Erläutete die »Vielfalt« der heute lebenden Menschen an verschiedenen Beispielen.

3 Erläutere, warum man Afrika als »Wiege der Menschheit« bezeichnet.

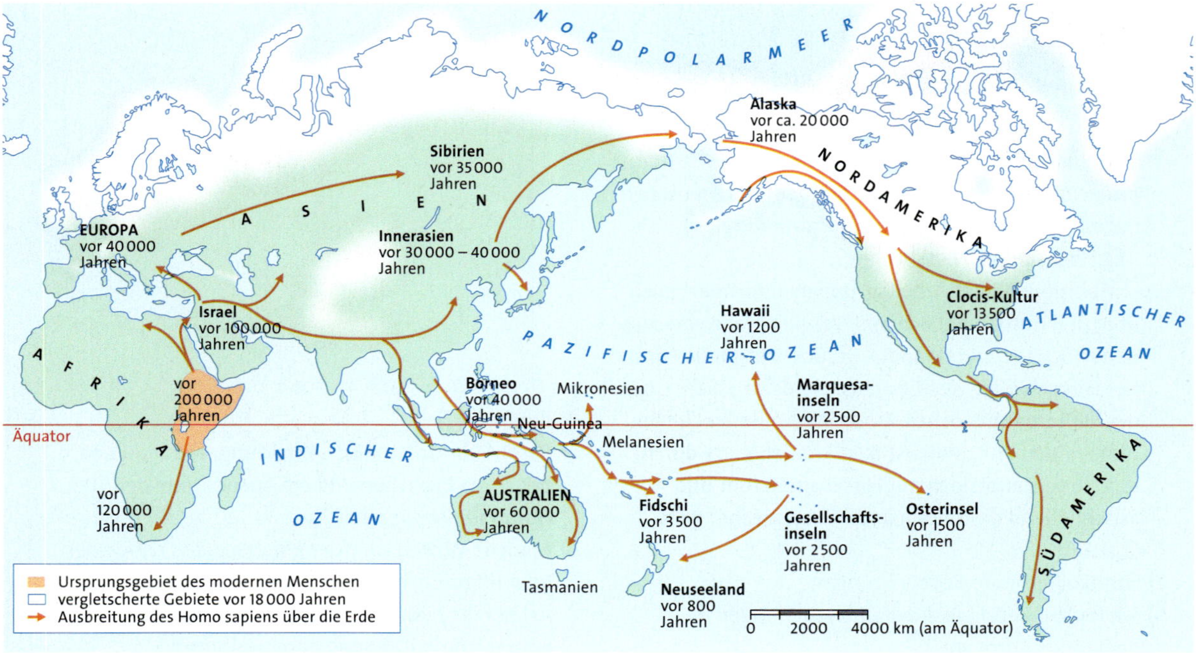

2 **Ausbreitung des anatomisch modernen Menschen**

Aufgaben und Versuche Die Evolution des Menschen

V1 Schädel im Vergleich

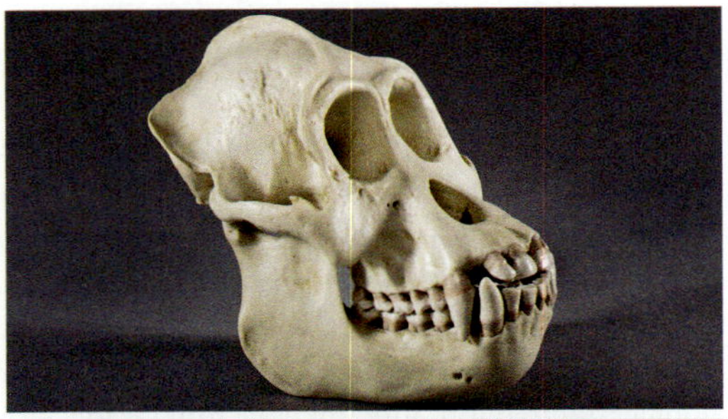

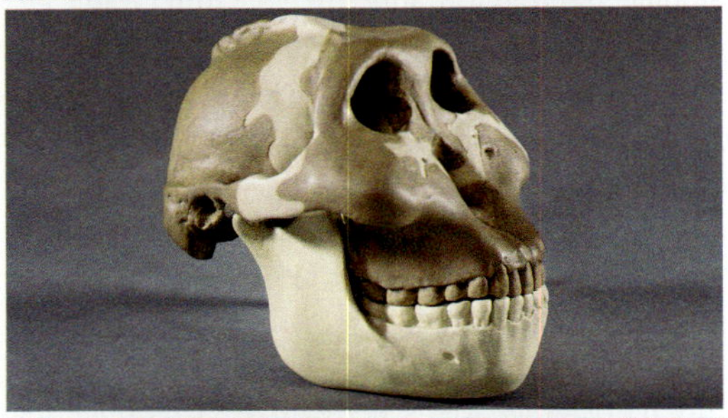

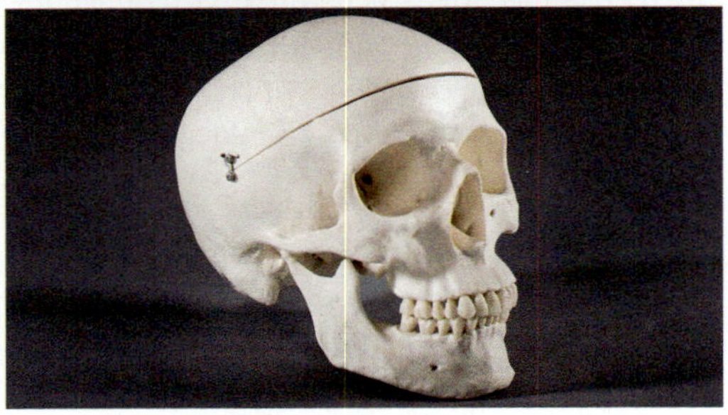

Material: Schädelmodelle verschiedener Primaten, z. B. eines Gorillas oder Schimpansen, eines *Australopithecus* und eines anatomisch modernen Menschen *(Homo sapiens)* aus der Biologiesammlung; 3 kg Hirsesamen; Messbecher

Durchführung: Bildet Arbeitsgruppen. Informiert euch über den Aufbau der Schädel. Vergleicht die verschiedenen Schädel miteinander. Berücksichtigt die Form des Hirnschädels, des Gesichtsschädels und die Lage des Hinterhauptsloches. Messt die Volumen der Gehirne, indem ihr zunächst das Schädelinnere durch das Hinterhauptsloch mit Hirsesamen füllt und anschließend die Samen in den Messbecher gebt.

Aufgaben:

a) Protokolliert eure Beobachtungen.

b) Stellt die Ergebnisse eurer Untersuchungen in geeigneter Form vor.

A2 Neandertaler und *Homo sapiens*

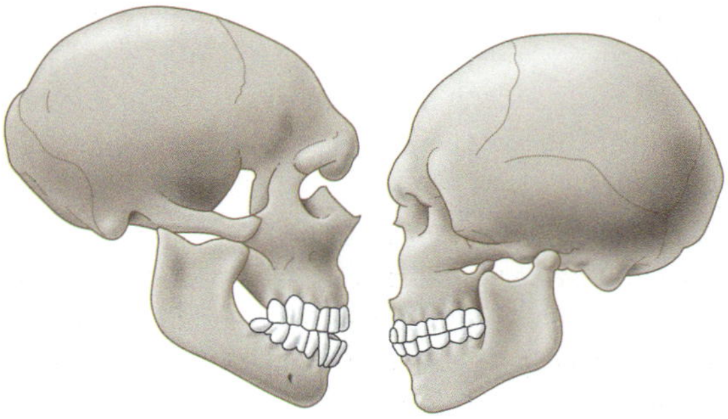

Neandertaler Cro-Magnon-Mensch

Aufgaben:

a) Vergleiche die abgebildeten Schädel eines Neandertalers und eines zeitgleich lebenden Cro-Magnon-Menschen.

b) Informiere dich über die Lebensweise von Neandertalern und Cro-Magnon-Menschen.

A3 Die Evolution der Gattung *Homo*

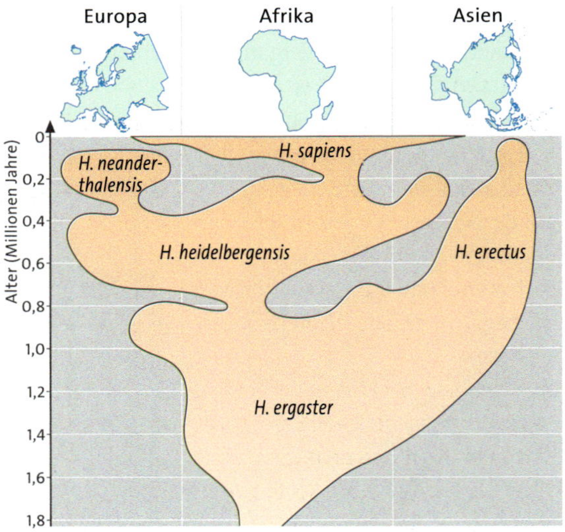

Aufgaben:

a) Beschreibe anhand der Abbildung, wie man sich heute die Evolution und die Ausbreitung der Art *Homo sapiens* vorstellt.

b) Manche Wissenschaftler glauben, dass einige der hier aufgeführten Arten in Wirklichkeit zur selben Art gehört haben. Erläutere, welche Gründe es für eine solche Auffassung geben könnte.

Methode Arbeiten mit einer Lernkartei

Den Unterrichtsstoff kannst du auf verschiedene Arten wiederholen. Eine Möglichkeit besteht im Arbeiten mit einer Lernkartei.

Erstellen der Lernkartei

Dazu benötigst du zunächst einen Karteikasten und die dafür passenden Karteikarten. Unterteile den Karteikasten mit Hilfe passender Trennwände in fünf unterschiedlich große Fächer (Bild 2). Zum Anfertigen der Lernkärtchen gehst du das jeweilige Stoffgebiet durch und schreibst nur das auf die Karteikarten, was wichtig und schwierig zu lernen ist. Wurde im Unterricht beispielsweise gerade die Entwicklung von Lebewesen behandelt, so kannst du die zugehörigen Seiten dieses Buches durchgehen. Auf eine Seite eines Kärtchens, die Antwortseite, schreibst du jeweils das auf, was du dir auf den betreffenden Seiten nur schwer merken kannst. Auf der anderen Seite, der Frageseite, notierst du dann die Frage, die mit der Rückseite beantwortet wird. Du kannst auch nach Bildern, Diagrammen, Tabellen oder Formeln wie in Bild 1 fragen.

Benutzen der Lernkartei

Stelle alle Lernkärtchen mit der Frageseite nach vorne in das erste Fach des Karteikastens. Nimm dir eine Karte aus diesem Fach heraus und versuche die Frage auf der Vorderseite zu beantworten oder nicht. Ist deine Antwort richtig, steckst du die Karte in das zweite Fach. Kannst du die Frage nicht oder nicht richtig beantworten, sortierst du die Karte wieder ins Fach 1 ein.

Wenn du so viele Karten richtig beantwortet hast, dass das zweite Fach fast voll besetzt ist, beginnst du die Karten im Fach 2 zu beantworten. Hier gilt die gleiche Regel wie in Fach 1. Die Karten, deren Fragen du richtig beantwortet hast, wandern in das Fach 3 und diejenigen, bei denen deine Antwort falsch war, steckst du zurück in Fach 1. Und so geht es immer weiter.

Bald sammeln sich im ersten Fach die Karten mit solchen Fragen, deren Beantwortung dir schwer fallen. Diese musst du besonders intensiv üben. Dagegen beherrschst du die Lerninhalte der Karten im hinteren Bereich gut.

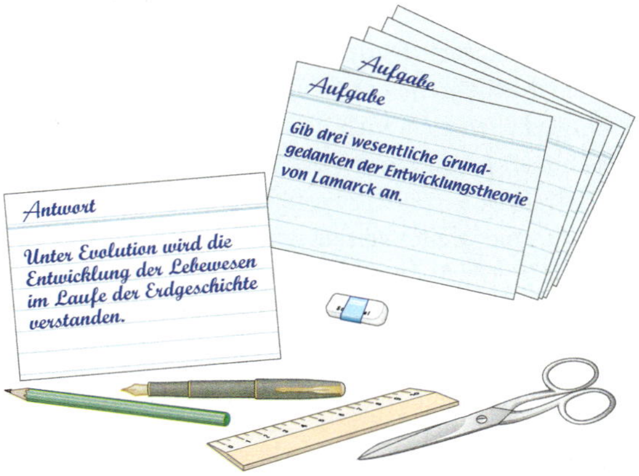

1 Erstellung von Lernkärtchen

2 Aufteilung des Karteikastens

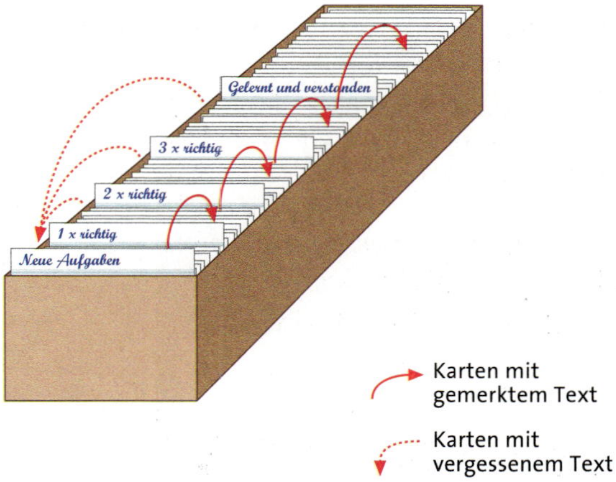

3 Arbeiten mit der Lernkartei

4 Die kulturelle Entwicklung des Menschen

Vom Faustkeil zum Laserskalpell, von der Höhlenzeichnung zum Internet: Diese Fortschritte machen deutlich, dass sich die Menschen nicht nur körperlich veränderten. Sie entwickelten sich auch geistig weiter. Bedingt durch die besondere Ausprägung des Großhirns erwarben unsere Vorfahren besondere Fertigkeiten, die sich im Laufe der Zeit immer weiter verfeinerten.

Durch die Aufrichtung ihres Körpers hatten die Menschen die Arme frei. Dadurch war es ihnen möglich, Geräte zu handhaben. Als erste **Werkzeuge** wurden Äste, Knochen und Steine so benutzt, wie sie gefunden wurden. Im Verlauf der Zeit lernten unsere Vorfahren dann, Steine und Stöcke so zu bearbeiten, dass neue Geräte entstanden. Die ältesten uns bekannten Geräte sind 2,5 Millionen Jahre alt. Sie stammen von frühen Vertretern des *Homo habilis.* Mit Steinwerkzeugen konnten Menschen Tiere erlegen, Felle schneiden, Nahrung zerkleinern und weitere Werkzeuge herstellen. Ein Beispiel dafür ist der *Faustkeil.* Alle früheren Menschenarten arbeiteten mit Steinwerkzeugen. Erst vor wenigen tausend Jahren lernten unsere Vorfahren, Metall zu bearbeiten. So entstanden leistungsfähige Werkzeuge, die sich gegen Steingeräte durchsetzten. Heute ermöglicht uns die Lasertechnologie sogar, das Licht als Schneidewerkzeug zu verwenden.

Gleichzeitig mit dem Werkzeuggebrauch entwickelte sich die **menschliche Sprache.** Ältere Werkzeugmacher konnten jüngeren die Bearbeitung, Besonderheiten des Materials und Methoden der Herstellung weitergeben. Durch verbale Kommunikation wurde es ebenfalls möglich, dass Jäger untereinander genaue Absprachen trafen. Mit einer vereinbarten Strategie konnten sie so auch Großwild wie Mammuts und Auerochsen erlegen. Sprache und Schrift ermöglichen uns, gewonnene Erfahrungen weiterzugeben. So baut jede Generation auf den Erfahrungen der vorherigen auf, was den Fortschritt beschleunigt. Durch die Erfindung des Buchdrucks konnten schließlich sehr viele Menschen auf einmal dieselben Informationen beziehen. Dieser Prozess wird heute durch Computer und weltweite Nachrichtennetze extrem beschleunigt. Über Kontinente hinweg werden in wenigen Sekunden Nachrichten ausgetauscht. Nahezu das gesamte Wissen der Menschheit steht an jedem Ort der Welt zur Verfügung.

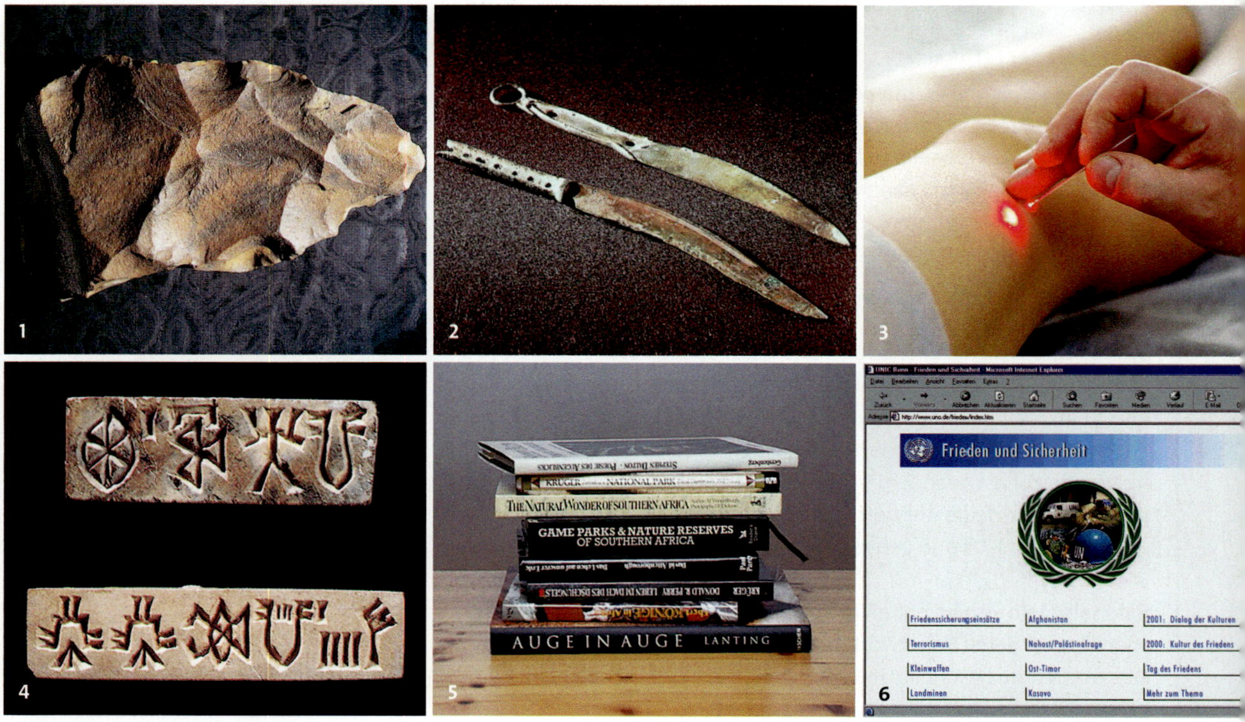

1 Zeichen kultureller Entwicklung.
1 Faustkeil, **2** Kupfermesser, **3** Laserskalpell, **4** Schriftzeichen (Ton), **5** Bücherstapel, **6** Weltweite Information,

Neben diesen Entwicklungen haben wir zahlreiche Hinweise auf das **künstlerische Schaffen** unserer Vorfahren. In Höhlen und an Felswänden gibt es viele steinzeitliche Malereien, von denen einige über 30 000 Jahre alt sind. Immer wieder haben die steinzeitlichen Menschen versucht, ihre Jagdtiere in Zeichnungen darzustellen. Auch erste kleine Plastiken tauchten in dieser Zeit auf. Dabei handelte es sich um Tierfiguren aus Elfenbein von Wildpferden, Mammut oder Wisent. Eine erste Flöte aus Schwanenknochen konnte man ebenfalls finden. Als Schmuck trugen die Menschen durchbohrte Knochenperlen, Federn und Tierzähne. Bis heute zeigt sich das künstlerische Schaffen des Menschen in den Bereichen von Musik, Malerei und Bildhauerei.

Auch **religiöse Vorstellungen** entwickelten sich im Laufe der kulturellen Evolution. Die frühen Höhlenmalereien dienten wohl dazu, Macht über Jagdbeute zu erlangen; die weiblichen Figuren werden als Fruchtbarkeitsgöttinnen gedeutet. Religiöse Rituale sind uns schon aus der Altsteinzeit bekannt. So pflegten die Neandertaler einen Höhlenbärenkult. Die Schädel der erlegten Tiere wurden gestapelt und nach bestimmten Regeln beigesetzt. Grabbeigaben wie zum Beispiel Nahrungsmittel, Waffen und Werkzeuge neben den Skeletten verstorbener Neandertaler weisen darauf hin, dass diese Menschen bereits eine Vorstellung vom Leben nach dem Tode hatten.

Aus Nordeuropa und Südengland sind uns beeindruckende Steinzeitbauten bekannt, die sicherlich religiösen Zwecken dienten. Es kann teilweise heute noch nicht erklärt werden, wie die damaligen Menschen in der Lage waren, die riesigen Felsbrocken zu Bauwerken zusammenzufügen.

Bis heute versuchen die Menschen, den religiösen Vorstellungen durch beeindruckende Bauten wie Kathedralen, Tempel und Moscheen Ausdruck zu verleihen.

1 Erkläre, dass sich steinzeitliche Malereien insbesondere in Höhlen und unter überhängenden Felswänden befinden.

2 Beschreibe durch welche körperlichen Veränderungen die geistige Entwicklung ermöglicht wurde.

3 Erläutere an Beispielen die Bedeutung von Schrift und Sprache für den Menschen.

4 Erläutere, warum Grabbeigaben auf eine Vorstellung von einem Leben nach dem Tode hindeuten.

5 Stelle vier weitere Meilensteine der kulturellen Evolution vor, die noch nicht in Abbildung 1 gezeigt sind.

7 Höhlenmalerei, **8** Venusfigürchen, **9** Moderne Kunst, **10** Bestattung eines Neandertalers, **11** Stonehenge, **12** Erfurter Dom

Zusammenfassung Evolutionsbiologie

Basiskonzept Entwicklung

Fast unübersehbar groß ist die Vielfalt an Lebensformen, die heute auf der Erde vorkommt. Wahrscheinlich besiedeln gegenwärtig mehrere Millionen Arten die unterschiedlichsten Lebensräume. Durch Fossilfunde weiß man, dass die Vielfalt der Lebewesen sich im Laufe der Erdgeschichte erst allmählich entwickelt hat: Die heutigen Lebensformen sind das Ergebnis einer seit vier Milliarden Jahren andauernden Evolution.

Im Präkambrium gab es zunächst nur Einzeller ohne Zellkern, später entstanden dann einzellige Lebensformen mit Zellkern, aus denen sich schließlich die ersten Vielzeller entwickelten. Für mehr als zwei Milliarden Jahre war das Meer der Hauptlebensraum. Dort entstanden vor mehr als 600 Millionen Jahren auch die ersten Tiere. Innerhalb einiger Jahrmillionen differenzierten sich die Tiere in verschiedene Bauplantypen, die Tierstämme. Bereits im Kambrium waren alle heute bekannten Tierstämme vertreten, zum Beispiel Hohltiere, Weichtiere, Ringelwürmer, Gliederfüßer sowie die Vorfahren der Wirbeltiere.

Auch Pflanzen lebten zunächst ausschließlich im Wasser. Erst im Silur, vor mehr als 400 Millionen Jahren, gelang Pflanzen erstmals die Besiedlung des Festlandes. Bald folgten die ersten Tiere, zunächst vor allem Gliederfüßer und andere Wirbellose, später mit den Amphibien die ersten Wirbeltiere. Das Erdmittelalter war die Blütezeit der Reptilien. Eine unübersehbare Vielfalt an Arten besiedelte die verschiedensten Lebensräume an Land, in der Luft und im Wasser. Die Wende vom Erdmittelalter zur Erdneuzeit brachte drastische Veränderungen mit sich: Viele Lebensformen starben aus, unter ihnen die Dinosaurier. Andere Gruppen, vor allem Säugetiere und Vögel, brachten neue Arten hervor und nahmen nun ökologische Nischen ein, die zuvor von Reptilien besetzt gewesen waren. In der Erdneuzeit entwickelten auch die Primaten eine größere Artenvielfalt. In den Savannen Ostafrikas lebten vor zwei bis drei Millionen Jahren verschiedene Primatenarten, unter denen sich auch die Ahnen der heutigen Menschen befanden.

Fossilfunde belegen also, dass die Vielfalt der Lebensformen auf der Erde einem langsamen, aber stetigem Wandel unterworfen ist. Dazu gehört auch das Aussterben von Lebewesen. Paläontologen schätzen, dass weit mehr als 90 Prozent aller Arten bereits wieder ausgestorben sind.

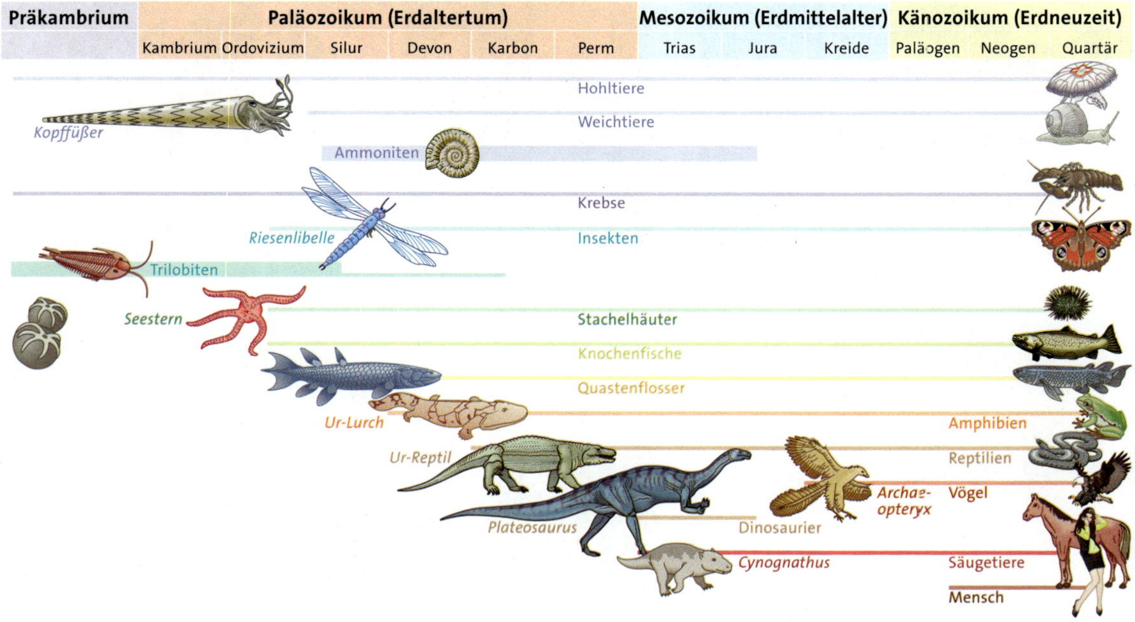

1 Entwicklung der Tiere im Laufe der Erdgeschichte

Vergleicht man die Baupläne von Lebewesen oder den Aufbau bestimmter Organe miteinander, so wird deutlich, dass sich die Vielfalt häufig auf Veränderungen eines Grundtyps zurückführen lässt. So haben beispielsweise die Gliedmaßen aller Wirbeltiere einen gemeinsamen Grundbauplan – sie sind ursprungsgleich oder homolog. Aus den Gliedmaßen der ersten Landwirbeltiere, zu denen beispielsweise der Ur-Lurch Ichthyostega gehörte, sind im Laufe der weiteren Evolution so unterschiedliche Strukturen wie die Laufbeine der Pferde, die Greifhand des Menschen, Vogelflügel oder Flossen bei Meeressäugern entstanden.

Die verwandtschaftlichen Beziehungen zwischen Lebewesen lassen sich durch die Suche nach gemeinsamen Merkmalen ermitteln. Nahe verwandte Arten haben viele gemeinsame Merkmale. Durch den Vergleich von Merkmalen und Auswertung von Fossilfunden lassen sich Stammbäume aufstellen, die den Verlauf der Evolution wiedergeben. In vielen Fällen sind die Fossilfunde allerdings so unvollständig, dass keine gesicherten Stammbäume aufgestellt werden können. Dies trifft auch für die Evolution des Menschen zu. Heute nutzt man auch den DNA-Vergleich und bestimmte Proteine, um Stammbäume aufzustellen.

Die Gliedmaßen der Wirbeltiere sind nicht nur ein Beispiel für stammesgeschichtliche Verwandtschaft, sondern auch für Angepasstheit an unterschiedliche Funktionen, etwa Fliegen, Laufen, Greifen. Angepasstheiten können im Laufe langer Zeiträume entstehen, da sich das Erbgut durch Mutation und Rekombination ständig verändert und in fast jeder Generation Phänotypen mit neuen Merkmalskombinationen auftreten. Diese Varianten sind dann der Selektion unterworfen: Diejenigen Individuen, die an die herrschenden Umweltbedingungen am besten angepasst sind, kommen bevorzugt zur Fortpflanzung und geben ihre Gene an die Nachkommen weiter. Weniger gut angepasste Individuen kommen erst gar nicht zur Fortpflanzung oder haben weniger Nachkommen. Die Grundzüge der Selektionstheorie wurden im 19. Jahrhundert erstmals präzise von Charles DARWIN formuliert.

Heute ist man über die Evolutionsmechanismen noch genauer informiert als zu Zeiten DARWINs. Die Synthetische Evolutionstheorie kombiniert Erkenntnisse aus verschiedenen Disziplinen der Biologie. So hat sich beispielsweise herausgestellt, dass Isolationsmechanismen für die Entstehung neuer Arten von großer Bedeutung sind.

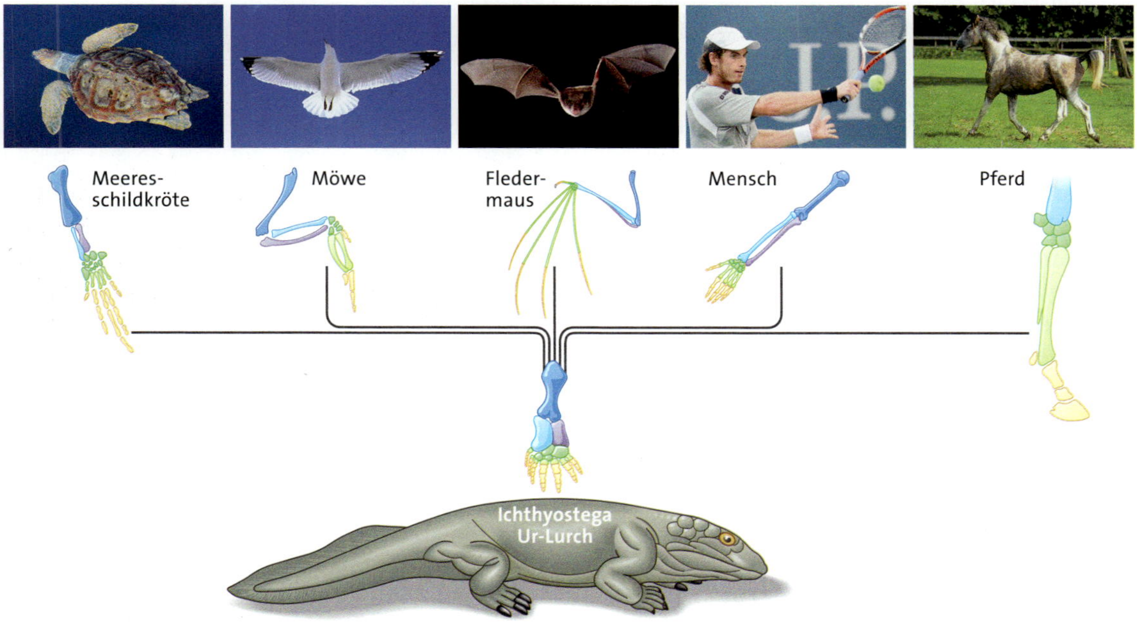

2 Wirbeltiergliedmaßen: Beispiele für Stammesgeschichtliche Verwandtschaft und Angepasstheiten

Wissen vernetzt Evolutionsbiologie

A1 Wirbeltier im Vergleich

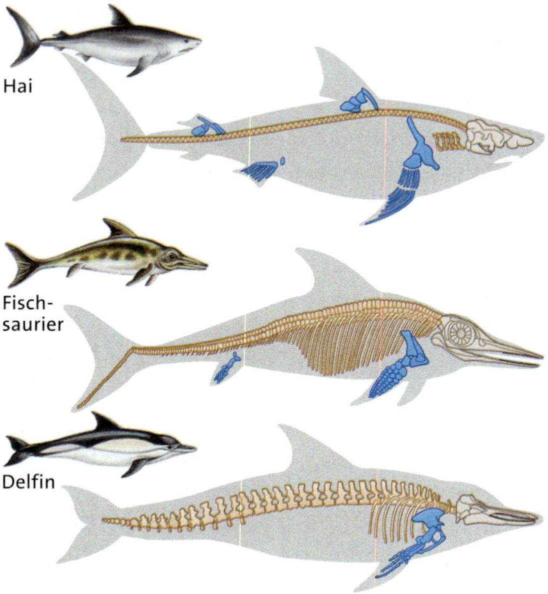

Haie, Delfine und die im Zeitalter des Jura weit verbreiteten, inzwischen aber ausgestorbenen Fischsaurier besitzen eine Wirbelsäule – ein Hinweis dafür, dass die drei Tiergruppen miteinander verwandt sind. Auch in zahlreichen anderen Merkmalen ähneln sie sich: Alle drei leben (bzw. lebten) im Meer, ernähr(t)en sich hauptsächlich von Fischen, zeichne(te)n sich durch eine auffallend ähnliche Körpergestalt aus und vermehr(t)en sich durch innere Befruchtung. Von den Fischsauriern weiß man auch, dass sie – ebenso wie die Delfine und die Mehrzahl der Haie – lebende Junge zur Welt brachten. Dennoch werden alle drei Gruppen innerhalb der Wirbeltiere unterschiedlichen Tierklassen zugeordnet.

Aufgaben:

a) Nenne die Klassen, denen die drei Tierarten zugeordnet werden. Begründe diese Einordnung.

b) Vergleiche den Bau der Vordergliedmaßen und begründe, ob es sich um homologe oder analoge Organe handelt.

c) Erkläre die Ähnlichkeiten der drei Gruppen in Körperbau und Lebensweise unter evolutionsbiologischen Gesichtspunkten.

d) Stelle begründete Überlegungen auf, woher bekannt ist, dass Fischsaurier lebende Junge zur Welt brachten.

A2 Wüstenpflanzen

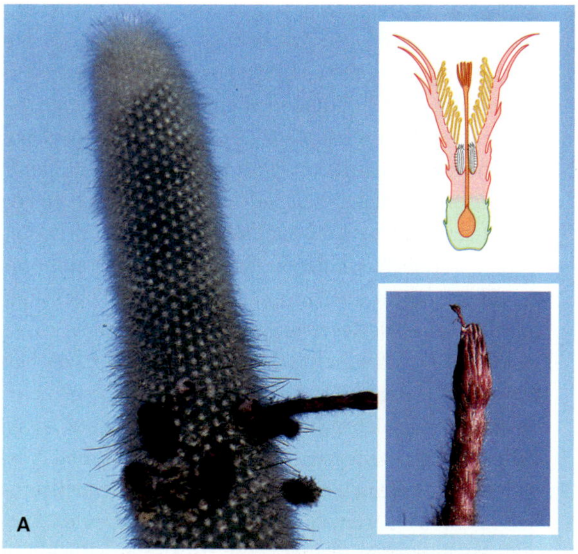

Der Säulenkaktus (A) ist eine Charakterpflanze der Wüstengebiete im Südwesten Nordamerikas. Ganz ähnlich aussehende Pflanzen, wie die Kandelaber-Euphorbien (B), kommen in Wüstengebieten der Alten Welt vor. Allerdings unterscheiden sich die beiden Arten im Aufbau ihrer Blüten.

Aufgabe: Begründe, ob die Ähnlichkeit zwischen den beiden Pflanzen auf gemeinsamer Abstammung oder auf gleichartiger Angepasstheit an ähnliche Lebensbedingungen beruht.

A3 Spechte

Grünspecht (A) und Grauspecht (B) sehen sich sehr ähnlich. In Mittel- und Osteuropa kommen beide Arten gemeinsam vor. Ausschließlich von Grünspechten bewohnt sind West- und Südeuropa, während ganz im Osten und im Norden nur Grauspechte vorkommen. Beide Arten können sich trotz ihrer Ähnlichkeit untereinander nicht fortpflanzen.

Aufgaben:

a) Recherchiere, welche Gemeinsamkeiten und Unterschiede es in der Lebensweise beider Arten gibt.

b) Erläutere, welche Evolutionsmechanismen zur Ausbildung der beiden Arten geführt haben. Berücksichtige dabei, dass große Teile Nord- und Mitteleuropas noch vor wenigen Jahrtausenden von Gletschern der Eiszeit bedeckt waren.

A4 Verwandtschaftsbeziehungen

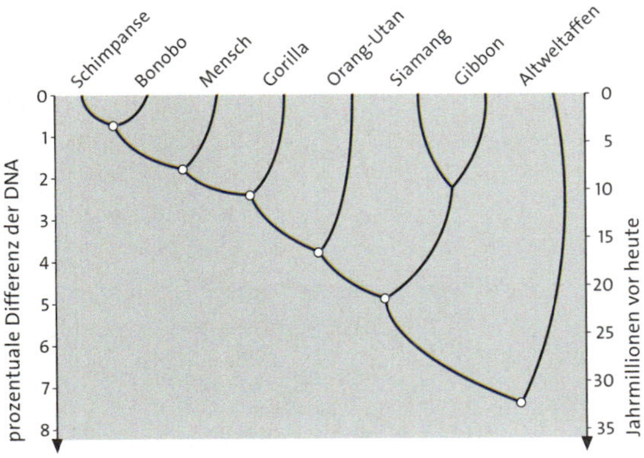

Die Abbildung zeigt die Verwandtschaftsbeziehungen zwischen Affen und Menschen, die aus einem Vergleich ihrer Erbinformation ermittelt wurde (linke Achse).

Dabei stellte man beispielsweise fest, dass bei Schimpansen und Bonobos 99,3 % der Erbinformation gleich und nur 0,7 % unterschiedlich ist. Die Punkte in der Grafik geben an, wann die letzten gemeinsamen Vorfahren gelebt haben.

Aufgabe: Beschreibe die Ergebnisse und werte sie unter Anwendung des Basiskonzeptes stammesgeschichtliche Verwandtschaft aus.

A5 Stammbaum

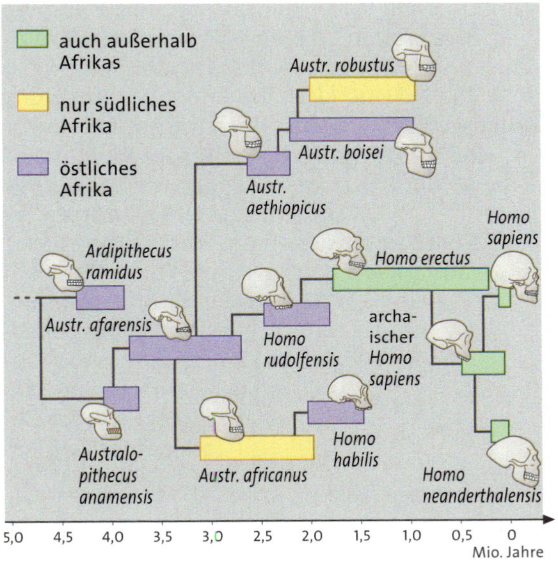

Die Abbildung zeigt eine Einordnung wichtiger Fossilfunde in einen Stammbaum.

Aufgaben:

a) Beschreibe, welche Fossilien in die direkte Entwicklungslinie zum Menschen gestellt werden. Vergleiche mit den im Lehrbuch erwähnten mutmaßlichen Ahnen.

b) Nenne Beispiele von Entwicklungen, die in einer Sackgasse enden.

c) In der Vergangenheit lebten zeitweise mehrere Arten der Gattungen Homo und Australopithecus gleichzeitig. Begründe diese Aussage.

d) Der Stammbaum der Entwicklung zum Menschen ist noch mit vielen Fragezeichen versehen. Erkläre diese Unsicherheiten. Berücksichtige dabei den Erhaltungszustand der meisten Fossilien und den Entwicklungszeitraum.

1 Stoffwechselleistungen grüner Pflanzen

Eine ungefähr 100 Jahre alte Buche erreicht bei günstigen Wuchsbedingungen im Freiland durchweg eine Höhe von 20 m und einen Kronendurchmesser von etwa 10m. Im Sommer trägt die Buche mindestens 600 000 Laubblätter und vergrößert damit die ca. 100 m^2, die sie als Pflanze an Platz einnimmt und mit ihrem Wurzelwerk oberflächennah erschließt, auf mehr als 1200 m^2 Blattfläche. Die Blätter weisen durch ihr weit verzweigtes Interzellularsystem im Schwamm- und Palisadengewebe eine große innere Oberfläche auf. Zusammen stehen hier mehr als 30 000 m^2 für Austauschvorgänge mit der Atmosphäre zur Verfügung. In den zahllosen Zellen des grünen Blattgewebes warten etwa 10^{14} Chloroplasten mit einem hohen Chlorophyllgehalt auf ihre Arbeit. Sie binden an einem Sonnentag 9500 l (oder 19 kg) Kohlenstoffdioxid, fast so viel wie ein Auto bei einer Fahrleistung von 100 km als Abgas ausstößt. Dafür müssen 36 000 000 l Luft die feinen Spaltöffnungen der Blattunterseite passieren, weil der Kohlenstoffdioxidgehalt der Atmosphäre derzeit bei etwa 0,04 % liegt. Noch nicht eingerechnet sind die Unmengen an Pilzsporen, Staubkörnern und anderen Schwebstoffen der Luft, die an der Blattmasse hängen bleiben. Umgekehrt befeuchtet der Baum unsere Atemluft, denn er setzt an einem warmen Tag bis zu 400 l Wasser um. Gleichzeitig setzen die Blätter etwa 8500 l (oder 12 kg) Sauersoff frei, den täglichen Bedarf von 10 Menschen. Für sich selbst verbucht der Baum dabei einen täglichen Gewinn von 12 kg Kohlenstoffverbindungen, die er in Stoffreserven (etwa Stärke) investiert oder in Holz festlegt. Und da gibt es immer noch Leute, die zur Motorsäge greifen, weil der Baum zu viel Schatten wirft, im Herbst sein ausrangiertes Laub fallen lässt oder einem Parkplatz oder einer Gemeinde im Wege steht.

1 Nur ein Baum?

2 Blätter der Buche. A Lichtblatt und Querschnitt; **B** Schattenblatt und Querschnitt

Bäume und andere grüne Pflanzen sind, wie mit dem Material eindrucksvoll gezeigt, für das Leben auf dem Planeten Erde sehr wichtig.

1 Samenpflanzen zeigen prinzipiell den gleichen Aufbau.
- **a)** Fertige eine beschriftete Skizze von einer Samenpflanze an.
- **b)** Erläutere die Funktion der Bestandteile für den Stoff- und Energiewechsel dieser Samenpflanze.

2 Formuliere die Summengleichung für die Fotosynthese und erläutere an zwei Beispielen, dass die Fotosynthese ein beeinflussbarer Prozess ist.

3 Erarbeite eine Übersicht zum Stoff- und Energiewechsel einer grünen Pflanze und ordne die Fotosynthese in diese Übersicht ein. Begründe deine Entscheidung.

4 Beweise, dass die Fotosynthese das Leben auf dem Planeten Erde ermöglicht.

5 Laubblätter bieten Vorausetzungen für den Ablauf der Fotosynthese. In den Kronen großer Buchen gibt es sowohl Licht- als auch Schattenblätter.
- **a)** Beschreibe den äußeren und inneren Bau von Licht- und Schattenblättern.
- **b)** Ordne den Blättern den entsprechenden Platz in der Buchenkrone zu und begründe deine Zuordnung.
- **c)** Weise an beiden Blättern nach, dass ein Zusammenhang zwischen Struktur und Funktion besteht.
- **d)** Begründe, dass die Blätter das Hauptorgan für die Fotosynthese sind.
- **e)** Erkläre, wie die Ausgangsstoffe für die Fotosynthese durch die Buchenpflanze bereitgestellt werden.

6 Bei der Sanierung eines alten Betriebsgeländes sollen zwei große, alte Buchen gefällt werden. Erarbeite für die Schulwandzeitung einen Artikel, der für den Erhalt der alten Buchen wirbt.
Begründe deine Argumente mit deinen Kenntnissen zum Stoff- und Energiewechsel der grünen Pflanzen.

7 Bei der Untersuchung der biochemischen Vorgänge in den Laubblättern der Samenpflanzen konnte nicht nur die Freisetzung, sondern auch der Verbrauch von Sauerstoff beobachtet werden.
- **a)** Erkläre diesen Sachverhalt.
- **b)** Nenne die Summengleichung für den Sauerstoff verbrauchenden Stoffwechselvorgang.
- **c)** Ordne diesen Vorgang begründet dem übergeordneten Stoff- und Energiewechselvorgang zu.

8 Frau Müller liebt im Schlafzimmer frische Luft, sie mag aber auch warme Zimmertemperaturen. Aus diesem Grund öffnet sie im Winter bei großer Kälte nicht gerne das Fenster. Frau Müller hat aber gelesen, dass Grünpflanzen Sauerstoff produzieren. So kauft Frau Müller vier große Grünpflanzen, diese sollen im Winter im Schlafzimmer Sauerstoff produzieren, damit die Luft immer frisch ist. Im Sommer können die Pflanzen die Terrasse neben dem Haus in eine grüne Oase verwandeln. Beurteile das Vorgehen von Frau Müller.

9 Frau Müller vergisst häufig die Zimmerpflanzen zu gießen. Unter Wassermangel verengen sich die Spaltöffnungen der Laubblätter dieser Pflanzen.
Erläutere die Folgen für
- **a)** den Ablauf der Fotosynthese,
- **b)** das Wachstum der Zimmerpflanzen.

10 Ein Gärtner züchtet in seinem kleinen Gewächshaus Gurkenpflanzen. Er macht bei seiner gärtnerische Arbeit folgende Beobachtungen:

Temperatur	Wachstum der Sprossachse pro Tag
5°	0 mm
10°	0 mm
15°	4 mm
20°	10 mm
25°	10 mm
30°	8 mm
35°	4 mm
40°	0 mm
45°	0 mm

Der Ertrag ist, wie die Tabelle zeigt, von abiotischen Umweltfaktoren abhängig.
- **a)** Definiere den Begriff abiotische Umweltfaktoren.
- **b)** Erkläre diese Beobachtungen.
- **c)** Erläutere zwei weitere Maßnahmen zur Ertragssteigerung.

Löst die folgenden Aufgaben in kleinen Gruppen oder mit einem Partner.

11 Durch Experimente ist nachzuweisen, dass Pflanzen verschiedene Stoffwechselreaktionen realisieren können.
- **a)** Plant Experimente, mit denen man beweisen kann, dass grüne Pflanzen unter bestimmten Bedingungen durch Fotosynthese Stärke und Sauerstoff produzieren. Führt dazu eine Internetrecherche durch.
- **b)** Plant ein weiteres Experiment das beweist, dass auch grüne Pflanzen Sauerstoff verbrauchen.
- **c)** Bereitet zu euren Vorüberlegungen eine Präsentation für die Mitschüler vor.
- **d)** Stellt die Präsentation in der Klasse vor und diskutiert eure Vorschläge.
- **e)** Führt zu a) und b) geeignete Experimente durch.
- **f)** Fertigt zu jedem Experiment ein Protokoll an.

2 Moore in Deutschland

Im 18. Jahrhundert waren noch etwa fünf Prozent der Landfläche Deutschlands mit Mooren bedeckt. Eine entscheidende Rolle bei ihrer Entwicklung spielen die Torfmoose. Sie siedeln sich in Feuchtgebieten wie Sümpfen, verlandenden Seen oder in feuchten Senken von Wäldern an. Dort wachsen sie zu mächtigen Polstern heran und bedecken große Flächen. So behindern sie viele der ursprünglichen Pflanzen im Wachstum. Torfmoose entziehen ihrer Umgebung Mineralstoffe. Außerdem geben sie Stoffe in den Boden ab, die diesen immer stärker versauern lassen. Nur wenige Pflanzen wie Preiselbeere, Sonnentau, Heidearten und Wollgras können unter diesen Bedingungen wachsen. Torfmoose werden 20 bis 30 Zentimeter groß. Sie wachsen jährlich etwa drei Zentimeter an der Spitze. Gleichzeitig stirbt ein Stück des unteren Pflanzenteils ab. Aus diesen Moosresten bildet sich Weißtorf. Mit der Zeit lagern sich immer neue Schichten auf.

Durch den Luftabschluss und den steigenden Druck wandelt sich der Weißtorf in Schwarztorf um. Die Torfschichten füllen nun die ursprüngliche Senke auf und wölben sich auf. So entsteht ein Hochmoor, das vom Grundwasser unabhängig ist. Das bedeutet, dass die Pflanzen auf der Kuppe das Grundwasser nicht mehr mit ihren Wurzeln erreichen können. Sie nehmen nur noch Regenwasser auf. Torfmoose können Wasser wie ein Schwamm aufsaugen und das Zwanzigfache ihrer Trockenmasse an Wasser speichern. Das Wasser gelangt direkt in die Blätter. Hier finden sich schmale langgestreckte Zellen mit Chloroplasten, die der Fotosynthese dienen. Zwischen diesen Zellen liegen große, tote Wasserspeicherzellen. In ihrer Zellwand befinden sich winzige Öffnungen, durch die Wasser eindringen kann.

Heute gibt es nur noch wenige Moorgebiete. Hauptursache für erste Zerstörungen waren großflächige Trockenlegungen für Acker- und Weideland. Außerdem lässt sich in Mooren Torf abbauen. Dieser wurde früher mit Spaten abgestochen, getrocknet und als Heizmaterial verwendet. Heute wird Torf maschinell gewonnen. Ohne auf die Zerstörung der Natur zu achten wurden meterdicke Torfschichten geerntet. Ginge der Abbau in diesem Tempo weiter, wären die einheimischen Vorräte in 15 bis 20 Jahren erschöpft. Hauptabnehmer für Torf sind Gärtnereien. Sie verwenden ihn für die Anzucht neuer Pflanzen. In Deutschland werden etwa drei Millionen Kubikmeter Torf an private Haushalte als Blumenerde verkauft. Dabei wachsen nur sehr wenige Kulturpflanzen wie Rhododendron oder Moorpflanzen gut auf diesem Material.

Seit 1990 stehen intakte Hochmoore unter Schutz. Auch beim Torfabbau wird mehr auf den Schutz der Natur geachtet: Gewinnt man heute Torf, so werden zuerst die oberen Bodenschichten abgetragen und gesichert. Hier befinden sich die Samen und Sporen typischer Moorpflanzen. Dieser Boden wird für die spätere Rekultivierung der abgetorften Flächen aufgehoben. Erlischt die Abbaugenehmigung, werden die Gebiete wieder vernässt.

1 Ökosystem Moor

2 Maschineller Torfabbau

1 Beschreibe die abiotischen Umweltfaktoren, die das Ökosystem Moor kennzeichnen. Nutze dazu den Text und die Abbildung 1.

2 Erläutere, warum Hochmoore wie Wald und See zu den Ökosystemen zählen.

3 Mikroskopiere ein Präparat von einem Moosblättchen des Sternmooses. Vergleiche dieses Moos mit dem abgebildeten Torfmoos. Nenne Unterschiede.

4 Plane ein Experiment, mit dem du das Wasserhaltevermögen von zwei verschiedenen Moosen (zum Beispiel Weißmoos und Torfmoos) vergleichen kannst. Stelle eine Arbeitshypothese auf, welches Moos besser Wasser speichern kann und schätze das Wasserspeichervermögen zunächst. Führe dann das Experiment durch und protokolliere deine Ergebnisse. Erkläre deine Ergebnisse mit Hilfe des Textes und der Abbildung 3.

5 Der Sonnentau zählt zu den geschützten Arten eines Hochmoores und ernährt sich neben der Fotosynthese von kleinen Insekten. Recherchiere zu dieser Pflanze und erstelle einen Steckbrief. Besorge dir eine Sonnentau-Pflanze (zum Beispiel aus einer Gärtnerei oder einem Botanischen Garten). Zeichne mit Hilfe einer Lupe ein Fangblatt. Beschreibe und erkläre dann die besondere Ernährungsweise des Sonnentaus.

6 Leite aus dem Text ein Fließdiagramm ab, das die Entwicklung eines Hochmoores zeigt.

Löst die folgenden Aufgaben in Partnerarbeit.

7 Recherchiert zu weiteren gefährdeten Tier- und Pflanzenarten in Mooren. Präsentiert eure Ergebnisse in einer geeigneten Form, zum Beispiel als Plakat oder als Computer-Präsentation.

8 Untersucht einen Torfboden und einen Humusboden auf seine Eigenschaften. Prüft dabei zum Beispiel den pH-Wert, den Kalkgehalt, den Nitrat-Wert und das Wasserhaltevermögen der beiden Bodenproben. Recherchiert die entsprechenden Experimentiervorschriften, erstellt einen Plan und lasst euch diesen vor dem Experimentieren vom Lehrer oder der Lehrerin bestätigen. Protokolliert eure Ergebnisse und vergleicht beide Böden. Zieht Schlussfolgerungen.

9 Stellt Argumente für und gegen den Schutz von Hochmooren auf. Führt dann eine Pro- und Contra-Diskussion.

10 Recherchiert, welche Möglichkeiten es zur Rekultivierung von Mooren gibt. Beurteilt solche Maßnahmen.

3 Torfmoos.
A Pflanze; **B** Wasserspeicherzellen

4 Sonnentau

5 Kraniche können in Mooren nisten

3 Tropischer Regenwald

Heute bedecken tropische Regenwälder nur noch sechs Prozent der Erdoberfläche. Trotzdem lebt in ihnen mindestens die Hälfte aller Tier- und Pflanzenarten der Erde. Viele dieser Arten sind noch nicht einmal entdeckt, andere müssen noch wissenschaftlich erforscht werden. Regenwälder liefern uns täglich viele Schätze: So stammen manche unserer Nahrungsmittel wie Bananen, Kokosnüsse, Paranüsse, Avocados oder die Ananas ursprünglich aus Regenwaldgebieten. Auch Genussmittel wie Kakao und Kaffee sind hier zu Hause. Außerdem liefern die Wälder Medikamente wie Chinin. Dieses Mittel gegen Malaria stammt vom Chinarindenbaum, der in den tropischen Bergregenwäldern der Anden wächst. Die Rinde enthält einen bitter schmeckenden Giftstoff.

Das Ökosystem Regenwald hat viele Besonderheiten: Neben der großen Artenvielfalt findet man hier eine noch stärker gegliederte räumliche Struktur als beim heimischen Wald. So können zwei bis drei Baumschichten auftreten, die noch von einzelnen Urwaldriesen, den Überständern, überragt werden. Daneben findet man eine Strauch- und Krautschicht, in der vor allem Schattenpflanzen dominieren. Bei den Pflanzen des Regenwaldes haben sich über die Jahrtausende unterschiedliche Überlebensstrategien entwickelt. So gibt es in Regenwäldern viele Aufsitzerpflanzen, die auf den Bäumen siedeln, ohne diesen zu schaden. Sie erhalten Wasser und Mineralstoffe aus der Luft. Andere Pflanze zählen zu den Lianen und wachsen bis zu den Baumkronen, wo sie genügend Licht bekommen. Am Boden leben nur wenige extreme Schattenpflanzen. Sie haben rötliche Blattunterseiten, womit sie das wenige Restlicht vo zwei bis drei Prozent für die Fotosynthese besser nutzen können. Auch bei Tieren lassen sich viele Besonderheiten finden. Viele Arten sind gut getarnt und im Regenwald kaum zu erkennen. Andere Arten tragen so genannte Warntrachten und signalisieren dadurch, dass sie giftig sind. Das Gift eines einzigen Pfeilgiftfrosches würde zum Beispiel 6000 Mäuse töten.

Der Mensch vernichtet täglich Regenwälder durch Brandrodung und Kahlschlag. So entstehen zum Beispiel neue Anbauflächen, Gebiete für den Bergbau oder Weiden für Rinder. Der Boden des Regenwaldes ist jedoch kaum fruchtbar. Nach drei bis vier Jahren sind Humus und Mineralstoffe verbraucht, sodass nur noch wertloser Boden übrigbleibt, auf dem man nichts mehr anbauen kann. Hält die heutige Zerstörungsrate an, wird es schon im Jahr 2060 keinen Regenwald mehr geben.

1 Waldvergleich.
A Tieflandregenwald; **B** Mischwald in Europa
(**1** Erde, **2** tote Pflanzenmasse, **3** lebende Pflanzenmasse)

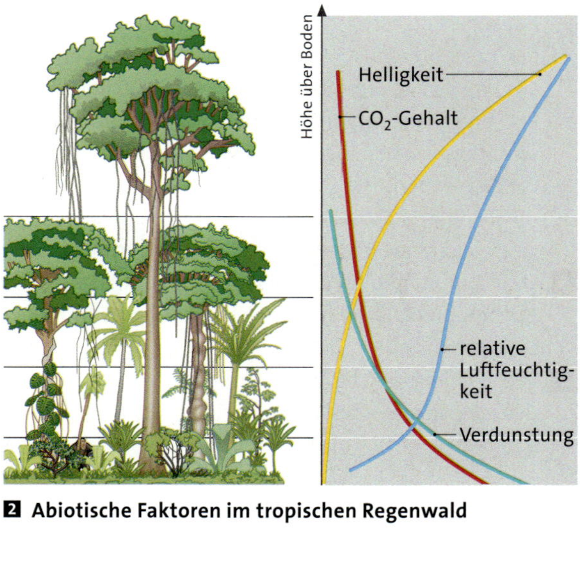

2 Abiotische Faktoren im tropischen Regenwald

3 **Roter Brüllaffe**

4 **Plattschwanz-Gecko**

5 **Würgefeige**

6 **Bromelie**

1 Vergleiche die räumliche Schichtung eines Tieflandregenwaldes und eines heimischen Mischwaldes. Nutze dazu die Abbildung 1.

2 Beschreibe die abiotischen Umweltfaktoren, die den Tieflandregenwald kennzeichnen. Nutze dazu den Text und die Abbildung 2.

3 Erläutere, welche Probleme sich ergeben, wenn man den Regenwald abholzt und die tropischen Böden landwirtschaftlich nutzt. Beziehe Abbildung 1 in deine Überlegungen ein.

4 Im Regenwald leben faszinierende Tiere und Pflanzen. Informiere dich über die Würgefeige und ihre Lebensweise. Schreibe eine Art Lebenslauf für diese Pflanze.

5 Der Plattschwanz-Gecko zeigt eine spezielle Angepasstheit an seine Umwelt. Erkläre mit Hilfe der Evolutionstheorie, wie diese entstanden ist.

6 Wende das Basiskonzept Struktur und Funktion auf eine Bromelie an.

Löst folgende Aufgaben gemeinsam mit einem Partner oder in einer Kleingruppe.

7 Recherchiert weitere Beispiele, wie der Mensch den Regenwald nutzt. Arbeitet dabei mit Fachliteratur und dem Internet. Denkt zum Beispiel an Nutzpflanzen, Rohstoffe, weitere Medikamente, die Bedeutung für das Weltklima und die dort lebenden Völker. Erstellt mit dem Material eine Computerpräsentation und stellt diese in der Klasse vor. Bewertet die gezeigten Präsentationen nach vorher festgelegten und in der Klasse bekannten Kriterien. Nutzt zum Beispiel Kriterien wie Anschaulichkeit, Gestaltung der Folien, Bildmaterial, Gliederung des Vortrages, Sprechtempo, Zusammenfassung, Quellenangaben.

8 Brüllaffen haben eine besondere Kommunikationsform. Recherchiert Informationen zu diesen Affen im Internet oder in Fachbüchern, vergleicht dann euer Material kritisch mit dem eurer Mitschüler und stellt in der Gruppe die wesentlichen Merkmale dieser Tiere, ihres Zusammenlebens und ihrer Kommunikation zusammen. Verwendet die entsprechenden Fachbegriffe.

9 Es gibt in Deutschland mehrere Organisationen, die sich mit dem Schutz des Regenwaldes beschäftigen. Informiert euch über eine Organisation. Berichtet über aktuelle Projekte. Außerdem hat Deutschland auf der UN-Konferenz zum Artenschutz in Bonn 2008 weitere Hilfen für den Regenwald beschlossen. Schreibt einen kurzen Artikel, der diese Beschlüsse vorstellt und begründet.

4 Züchtung von Pflanzen und Tieren – früher und heute

Schon seit der Zähmung der ersten Haustiere und dem Beginn des planmäßigen Anbaus von Pflanzen zur Versorgung mit Nahrungsmitteln, waren die Menschen darum bemüht, die Pflanzen und Tiere nach ihren Wünschen zu »verändern«. Heute bezeichnet man diese Bestrebungen als Züchtung. Während man in der ersten Zeit vor allem die Organismen zur Vermehrung ausgewählt hat, die möglichst viele der vom Menschen gewünschten Merkmale besaßen, ging man später dazu über, gezielt Organismen untereinander zu kreuzen um auch mehrere gewünschte Merkmale untereinander zu kombinieren. Mit der Entdeckung der MENDELschen Gesetze wurden diese mehr oder weniger zufälligen Züchtungsversuche auf eine wissenschaftliche Grundlage gestellt. Die immer weiter voranschreitende Aufklärung der Zellstruktur und damit auch der Struktur des Erbmaterials machte den Einsatz immer neuer Methoden in der Tier- und Pflanzenzüchtung möglich. So nutzte man beispielsweise die Erkenntnisse über Entstehung und Auswirkung von Mutationen um neue Merkmale bei Tieren und Pflanzen zu züchten. Die Entwicklung der Technik, einzelne Stücke des Erbgutes von einem Organismus in einen anderen zu übertragen und damit gezielt die Ausbildung von Merkmalen zu steuern, revolutionierte die Züchtung am Ende des 20. Jahrhunderts noch einmal. Diese Gentechnik genannte Form der Veränderung von Organismen ist aber bis heute umstritten.

Die Veränderung von Nutzpflanzen durch gentechnische Methoden bezeichnet man auch als »grüne Gentechnik«. Ein Beispiel für eine gentechnisch veränderte Pflanze ist die Kartoffelsorte »Amflora«. Sie wurde Anfang des Jahres 2010 von der EU für den kommerziellen Anbau zugelassen. Das Besondere an dieser Kartoffel ist, dass sie eine veränderte Stärkezusammensetzung hat. Die Sorte bildet fast ausschließlich die Stärke Amylopektin, die in der Industrie als nachwachsender Rohstoff zur Herstellung verschiedener Produkte wie beispielsweise Baustoffe, Verpackungsmaterialien, Folien, Tapetenkleister und auch für Kosmetika und Waschpulver eingesetzt wird. Als Speise- oder Futterkartoffel ist die Sorte »Amflora« nicht geeignet. Herkömmliche Kartoffeln enthalten große Mengen der Stärke Amylose, die für die industrielle Nutzung nicht geeignet ist und aufwendig unter hohem Energie- und Wasserverbrauch vom Amylopektin getrennt werden muss. Diese Trennung macht die Nutzung herkömmlicher Kartoffeln für die Industrie unwirtschaftlich.

Gegner der Gentechnik haben bis zuletzt versucht, die Genehmigung für den kommerziellen Anbau von »Amflora« zu verhindern. Auch nach der Genehmigung gab es noch immer Warnungen zu den vermuteten Gefahren des Anbaus gentechnisch veränderter Pflanzen. Auch die teilweise sehr handfesten Proteste, wie beispielsweise die Zerstörung der Felder mit gentechnisch veränderten Pflanzen, waren mit der offiziellen Zulassung nicht beendet. Hauptargument der Gentechnikgegner sind die Gefahren, die durch eine Übertragung der veränderten Gene auf andere Organismen bestehen und die bisher nur ansatzweise erforscht sind. Schließlich haben sich durchgesetzt: Ein Konzern, der diese gentechnische Kartoffelsorte gezüchtet hat, hat den Anbau Ende 2011 in Europa eingestellt und seine Gentechnikabteilung in die USA ausgelagert.

1 Amflorakartoffel. A Pflanzen auf Feld; **B** Wurzelknolle

1 Die Züchtung brachte für den Menschen erhebliche Erfolge. Die beiden folgenden Grafiken zeigen die Erträge der Haustiere im Vergleich zur jeweiligen Wildform, von der die Haustiere abstammen. Recherchiere weitere Beispiele für Zuchterfolge des Menschen.

2 Entwickle eine begründete Vermutung zu den Überlebenschancen solcher »Zuchterfolge« in der Natur.

3 Ein Beispiel aus der Pflanzenzucht ist die Züchtung der sogenannten Süßlupine im vergangenen Jahrhundert. Recherchiere, welche für den Menschen wichtigen Merkmale bei der Züchtung dieser Pflanze eine Rolle gespielt haben und wie es gelungen ist, die Kulturpflanze zu züchten.

4 Ein Gärtner hat in seinem Sortiment eine rot blühende Pflanze, die Samen in leicht aufplatzenden Kapseln bildet und eine weiß blühende Pflanze der gleichen Art, die Samen in fest geschlossenen Kapseln bildet. Zur besseren Ernte der Samen möchte er auch rot blühende Pflanzen mit fest geschlossenen Kapseln haben. Eine erste Kreuzung der beiden Arten ergab nur weiß blühende Pflanzen mit leicht aufplatzenden Kapseln. Formuliere unter Verwendung eines Kreuzungsschemas eine Arbeitsanweisung für den Gärtner, wie er weiter vorgehen müsste, um sein Ziel zu erreichen.

5 Eine Form der klassischen Züchtung ist die Mutationszüchtung.
- **a)** Erläutere die Entstehung von Mutationen und ihre Auswirkungen auf den Organismus.
- **b)** Nenne mögliche Mutationsformen.
- **c)** Erläutere das Vorgehen eines Züchters, der den Ertrag von Pflanzen durch Mutationen erhöhen will.

6 Eine weitere Form der Züchtung ist die Erzeugung polyploider Pflanzen. Ein Beispiel dafür ist der Weizen. In der Pflanzenzüchtung verwendet man oft das Gift der Herbstzeitlose, Colchicin, zur Erzeugung polyploider Pflanzen. Colchicin zerstört den Spindelapparat bei der Zellteilung.
- **a)** Erläutere den Begriff Polyploidie.
- **b)** Beschreibe die Entstehung polyploider Pflanzen bei Anwendung von Colchicin.
- **c)** Recherchiere die Gründe für die höheren Erträge, die man bei polyploiden Pflanzen erzielt.

7 Grundlage der Gentechnik ist die Veränderung der Erbinformation, die in der DNA in den Chromosomen gespeichert ist. Beschreibe den Aufbau der Chromosomen und der DNA.

8 Auch Mutationen sind Veränderungen der Erbinformation. Vergleiche Mutationen und gentechnische Veränderungen der DNA.

9 Informiere dich über weitere gentechnisch veränderte Pflanzen und gib dabei an, welche Eigenschaften der Pflanzen verändert wurden.

10 Beschreibe den Ablauf einer gentechnischen Veränderung eines Organismus an einem Beispiel.

11 Stelle in einer Tabelle Argumente der Befürworter und Gegner der »grünen Gentechnik« zusammen.

12 Neben der »grünen Gentechnik« gibt es mittlerweile eine Vielzahl industriell genutzter gentechnischer Verfahren. Nenne drei Beispiele für Produkte, deren Herstellung auf gentechnischen Verfahren basiert und erläutere die Vorteile, die die gentechnische Herstellung dieser Produkte hat.

13 Neben der Gentechnik gibt es auch noch andere Verfahren, die biologische Prozesse für die Herstellung von Produkten nutzen. Nenne drei Beispiele und gib einen kurzen Überblick über die biologischen Vorgänge, die diesen Verfahren zugrunde liegen.

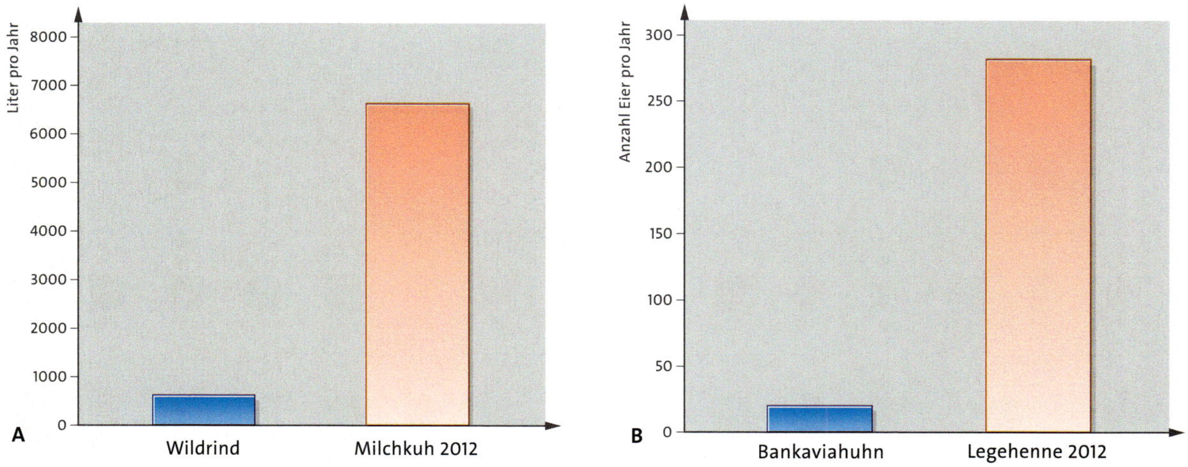

2 **Höhere Erträge durch Züchtung. A** Milchkuh; **B** Legehenne

5 Chorea Huntington – eine vererbbare Krankheit

Material 1: Chorea Huntington

Im Jahre 1872 beschrieb der Arzt George HUNTINGTON die nach ihm benannte Erbkrankheit. In Deutschland gibt es etwa 6000 Menschen, die von ihr betroffen sind. Die ersten Symptome zeigen sich meist zwischen dem 35. und 50. Lebensjahr. Chorea Huntington lässt sich auf ein einziges Gen zurückführen, das auf dem kurzen Arm des Chromosoms Nummer 4 liegt. Das Huntington-Gen enthält einen Abschnitt, in dem das Triplett CAG mehrfach wiederholt wird. Bei Gesunden findet man diese Wiederholung neun- bis 35-mal, bei einer Verlängerung dieser Sequenz über 37-mal entsteht die Erbkrankheit. Mit Beginn der Krankheit setzt ein Abbau von Nervenzellen in wichtigen Bereichen des Gehirns ein. Die Betroffenen zeigen unwillkürliche Muskelkontraktionen und Koordinationsstörungen. Außerdem ist der Gleichgewichtssinn gestört. Mit zunehmendem Fortschreiten der Krankheit verringert sich die geistige Leistungsfähigkeit, eine Wesensänderung tritt ein und die Betroffenen wirken oft verwirrt. Diese Erbkrankheit ist bisher nicht heilbar und endet tödlich. Psychologische und medikamentöse Therapien können den Verlauf etwas verlangsamen und mildern.

Seit 1993 steht ein Gentest für Chorea HUNTINGTON zur Verfügung. Dabei wird das Huntington-Gen aus einer Blutprobe isoliert und mit Hilfe einer Polymerasekettenreaktion (PCR) vervielfältigt (vgl. Material 2). Die erhaltenen Fragmente werden anschließend getrennt und so bestimmt, ob zu viele Wiederholungen vorliegen. Die Gendiagnose wird streng kontrolliert und darf nur auf ausdrücklichen Wunsch und bei entsprechender psychologischer Betreuung vorgenommen werden.

Material 2: Polymerasekettenreaktion (PCR)

Mit einer PCR lassen sich winzige DNA-Mengen vervielfältigen. So kann man zum Beispiel aus Blut, Speichel- oder Spermaproben die DNA in ausreichenden Mengen gewinnen und später weiter untersuchen. Solche vervielfältigten Proben braucht man zum Beispiel für den genetischen Fingerabdruck in der Verbrechensaufklärung, für vorgeburtliche Untersuchungen von Fruchtwasserzellen oder zur Gendiagnostik. Die Methode ist der Natur abgeschaut: Vor jeder Kernteilung muss sich auch hier das Erbmaterial in der Interphase identisch verdoppeln. Wie geht man bei einer PCR technisch vor?

Zuerst braucht man einen geeigneten Ansatz. Er enthält die DNA-Probe, freie Nukleotide, eine hitzebeständige DNA-Polymerase als passendes Enzym, eine spezielle kurze Start-DNA, den sogenannten Primer, und eine Salzlösung, die den pH-Wert etwa gleich hält. Im PCR-Automaten wird die Probe abwechselnd erhitzt und wieder abgekühlt. Dieser Zyklus wird 30-mal wiederholt. Nach etwa einer Stunde hat sich die DNA in ausreichender Menge vervielfältigt. Bei einem Zyklus wird der Doppelstrang erst einmal getrennt. An die beiden Einzelstränge lagern sich die Primer an. Dann kann das Enzym DNA-Polymerase die Einzelstränge mit Hilfe der freien Nukleotide wieder zu Doppelsträngen ergänzen. Aufgrund der komplementären Basenpaarung entstehen identische Doppelstränge.

1 Führe eine Stammbaumanalyse für den in Abbildung 1 angegebenen Stammbaum durch. Nutze dazu die Methodenseite 172. Begründe dann anhand deiner

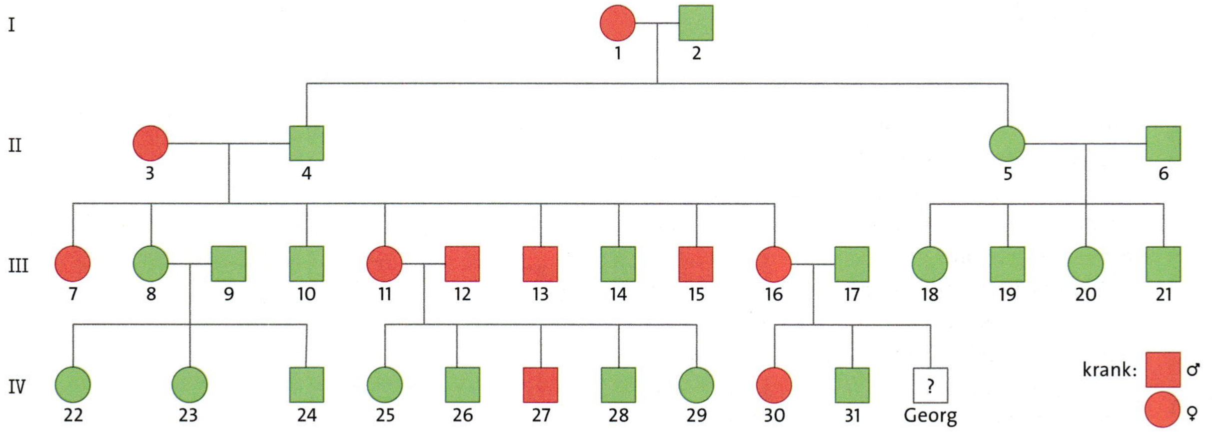

1 **Stammbaum einer Familie mit Chorea Huntington**

Ergebnisse, welcher Erbgang vorliegt. Gib für die Personen 1 bis 17 die entsprechenden Genotypen an.

2 Begründe, welcher Mutationstyp bei dieser Erbkrankheit vorliegt.

3 Beschreibe den Aufbau des Gehirns eines Menschen. Nutze dazu auch ein Gehirnmodell aus der Schulsammlung. Erkläre, welche Bereiche von der Erbkrankheit besonders betroffen sind.

4 Leite aus der Abbildung 4 und aus dem Textmaterial den Vorgang einer PCR ab. Beschreibe dieses Verfahren dann möglichst genau.

5 Nenne konkrete Anwendungsbereiche für eine PCR. Recherchiere zusätzlich aktuelle Beispiele, bei denen eine PCR als Vervielfältigungsverfahren für DNA eingesetzt wurde bzw. wird.

Löst die folgenden Aufgaben in Kleingruppen von drei bis vier Schülern.

6 Die im Stammbaum abgebildete Person 32 ist männlich, heißt Georg und macht sich Sorgen, ob sie ebenfalls an Chorea Huntington erkrankt ist. Georg hat die Leiden seiner Mutter miterlebt, die bereits an der Krankheit verstorben ist. Bei der 40-jährigen Schwester wurde die Krankheit ebenfalls festgestellt. Der 42-jährige Bruder ist jedoch nicht erkrankt. Georg möchte nun unbedingt wissen, ob er von der Krankheit verschont bleibt. Er entschließt sich für einen Gentest. Das Ergebnis ist hier dargestellt:

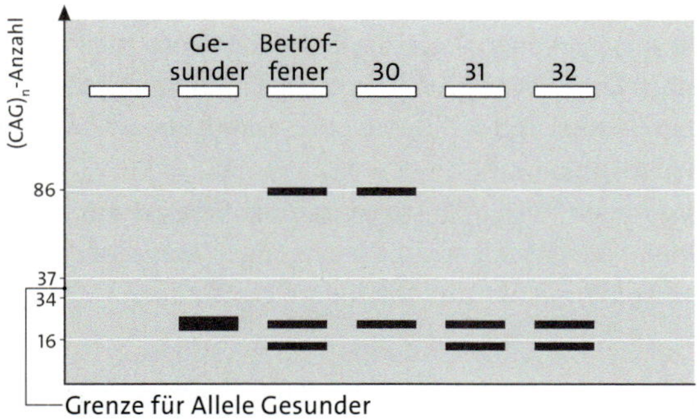

Wertet das Ergebnis der Gendiagnose in einem Gespräch aus. Plant und gestaltet dann ein Rollenspiel zu dieser Problematik. Ändert die Spielsituation, indem ihr zum Beispiel von einem anderen Untersuchungsergebnis ausgeht oder euch selbst in die Situation von Georg versetzt. Würdet ihr einen solchen Gentest machen lassen, wenn ihr betroffen wärt?

7 Mit Hilfe selbst gebastelter Modelle lassen sich viele Vorgänge in der Genetik besser darstellen und verstehen. Entwickelt ein Modell für die Polymerasekettenreaktion. Stellt dieses Modell in der Klasse vor.

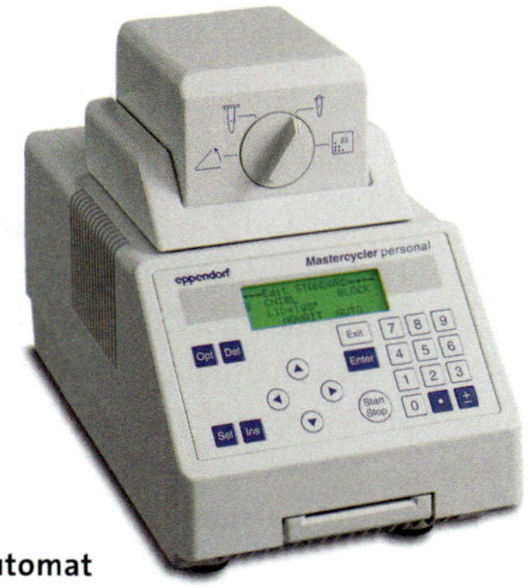

2 PCR-Automat

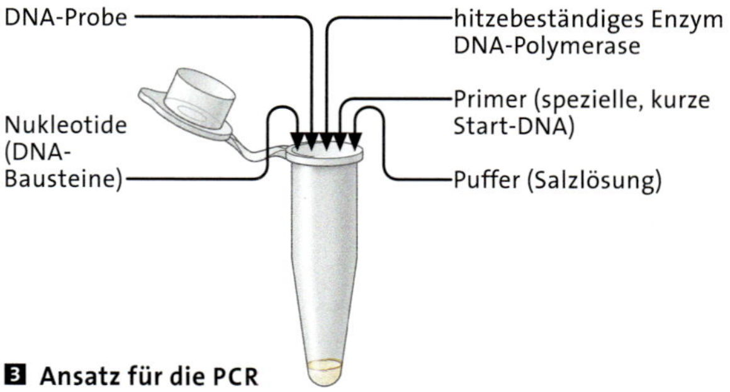

3 Ansatz für die PCR

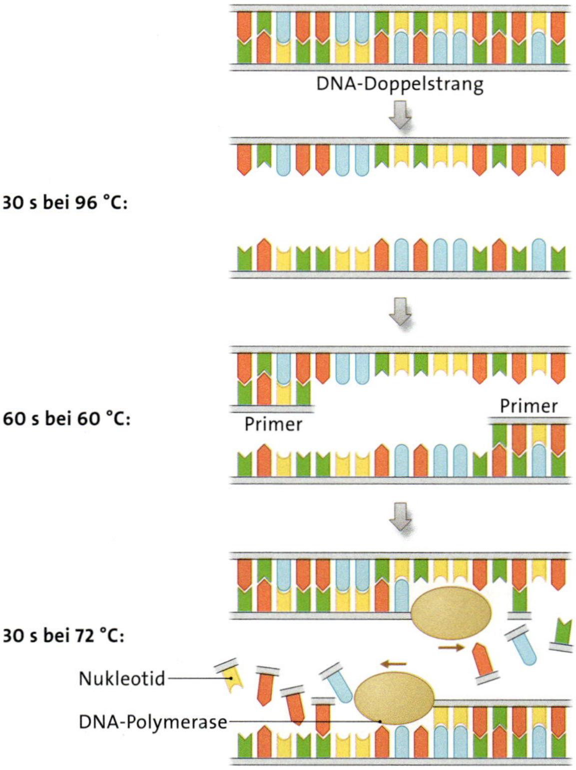

4 Ablauf eines PCR-Zyklus

6 Die Zwerg-Menschen von der Insel Flores

Flores ist eine kleine Insel im Osten Indonesiens. Dort stießen Forscher 2003 auf Knochenreste einer fossilen Menschenform, die bis heute viele Rätsel aufgeben. Der Flores-Mensch, mit wissenschaftlichem Namen *Homo floresiensis,* erreichte nur eine Körpergröße von etwa einem Meter. Ähnlich klein waren die meisten Arten der Gattung *Australopithecus.* Doch diese afrikanischen Vorfahren des Menschen sind seit mindestens zwei Millionen Jahren ausgestorben, während die »Zwerge von Flores« noch vor etwa 12 000 Jahren lebten. Die Untersuchung des Schädels ergab, dass die Flores-Menschen mit nur 400 Kubikzentimetern ein ungewöhnlich kleines Gehirnvolumen aufwiesen, ähnlich wie bei Schimpansen. Dennoch fand man zusammen mit den Skelettresten gut bearbeitete Steinwerkzeuge und Hinweise darauf, dass diese Menschenform Zwergelefanten jagte und das Feuer beherrschte.

Wie ist der Flores-Mensch einzuordnen? Einige Wissenschaftler meinen, es handle sich gar nicht um eine neue Menschart, sondern um einen kleinwüchsigen *Homo sapiens* mit krankhaft verkleinertem Gehirn. Dem widersprechen aber die meisten Fachleute. Sie weisen auf Ähnlichkeiten mit dem *Homo erectus* hin, die sich beispielsweise aus dem Vergleich der Schädel ergeben. Allerdings sind die Übereinstimmungen zwischen den Flores-Menschen und afrikanischen *Homo erectus*-Formen größer als die mit asiatischen Funden. Sollte der Flores-Mensch wirklich ein Nachfahre des *Homo erectus* sein, hätte neben dem *Homo sapiens* und dem Neandertaler also in der letzten Eiszeit noch mindestens eine weitere Art der Gattung *Homo* gelebt. Ausgestorben sind die »Zwerge von Flores« vor etwa 12 000 Jahren wahrscheinlich durch einen gewaltigen Vulkanausbruch.

1 Erstelle Steckbriefe für die Arten *Homo erectus* und *Homo floresiensis.* Beziehe Abbildung 1 mit ein und vergleiche beide Arten miteinander.

2 Die Karte in Abbildung 2 zeigt die Lage wichtiger Fossilfundorte. Stelle mit Hilfe von Atlaskarten fest, wie weit die Fundorte in Asien von denen in Afrika entfernt sind. Formuliere Fragestellungen zur Evolution des Menschen, die sich aus der Lage der Fundorte zueinander ergeben. Die Texte und Stammbäume im Lehrbuch geben dir Hinweise, wie Evolutionsbiologen diese Fragestellungen beantworten. Stelle diese Informationen übersichtlich zusammen.

3 Gleichzeitig mit den Flores-Menschen lebten auf der Insel auch Zwergelefanten (Abbildung 3), deren Schulterhöhe nur 1,20 Meter betrug. Andererseits gab es Riesenformen von Ratten. Stelle eine Hypothese auf, welche Selektionsvorteile die geringe Körpergröße für Elefanten und Menschen gehabt haben könnte. Entwickle auch eine Hypothese zum Riesenwuchs der Ratten.

Löst folgende Aufgaben in Kleingruppen oder mit einem Partner.

4 Recherchiert über die Lebensbedingungen und die heutigen Lebensformen auf Flores und benachbarten Inseln. Bereitet eine Ausstellung mit Plakatwänden über diesen Teil der Erde vor und berichtet über eure Ergebnisse. Bezieht die ausgestorbenen »Zwerg-Menschen« mit ein.

5 In verschiedenen Teilen der Erde leben auch heute noch kleinwüchsige Völker. Recherchiert wenigstens ein Beispiel und stellt es in einer Computer-Präsentation vor.

6 Informiert euch im Internet darüber, was man unter Klein- oder Minderwuchs bei heutigen Menschen versteht und berichtet über eure Ergebnisse.

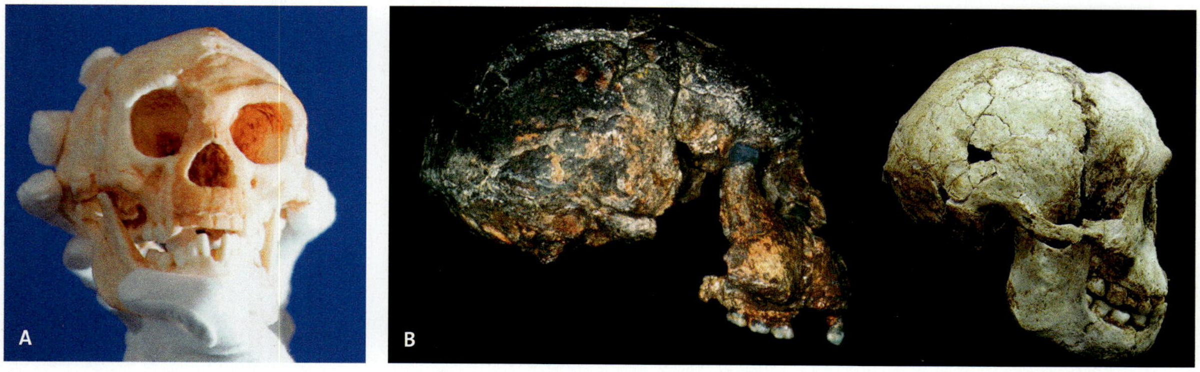

1 Schädel von *Homo floresiensis.* **A** Größenvergleich zum heutigen Menschen; **B** Gemeinsamkeiten mit *Homo erectus*

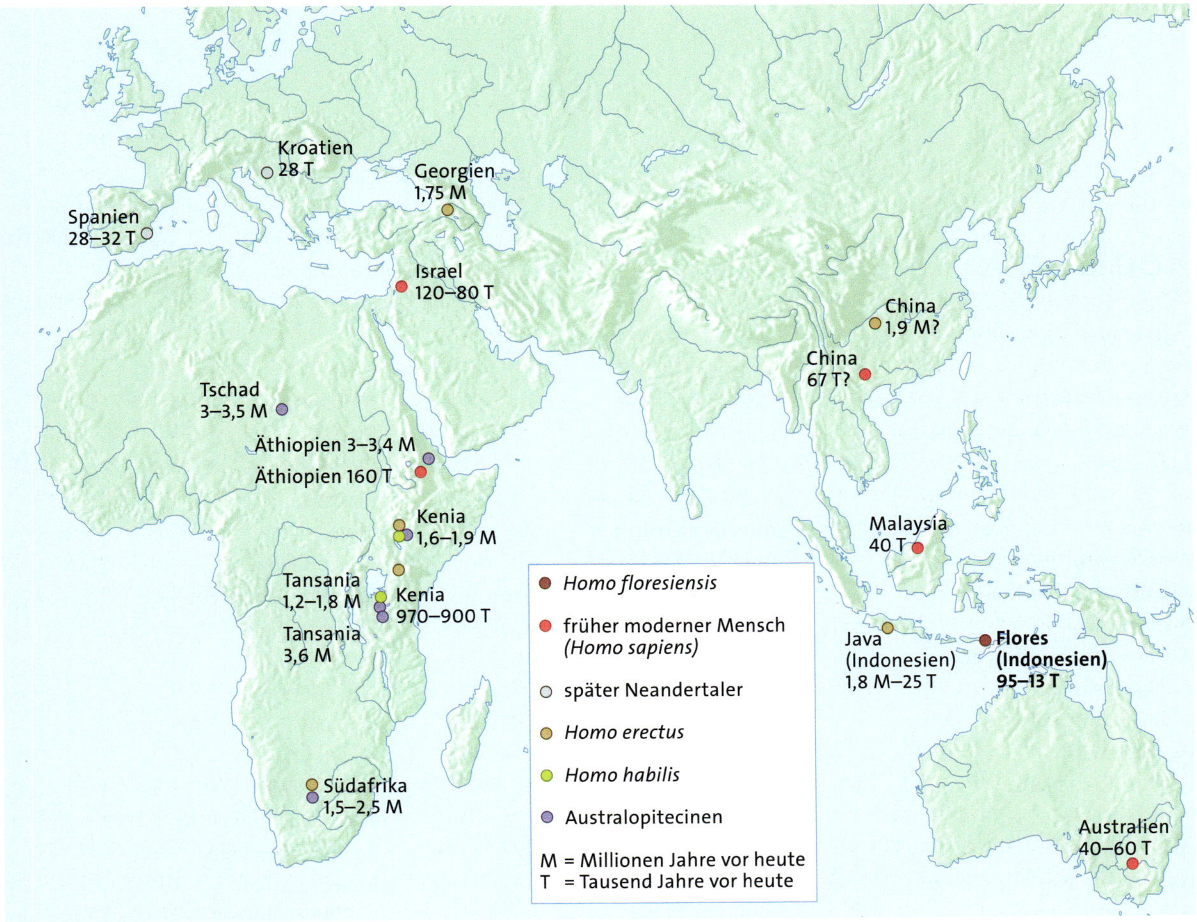

2 Bedeutende Fossilfundstätten zur Evolution des Menschen

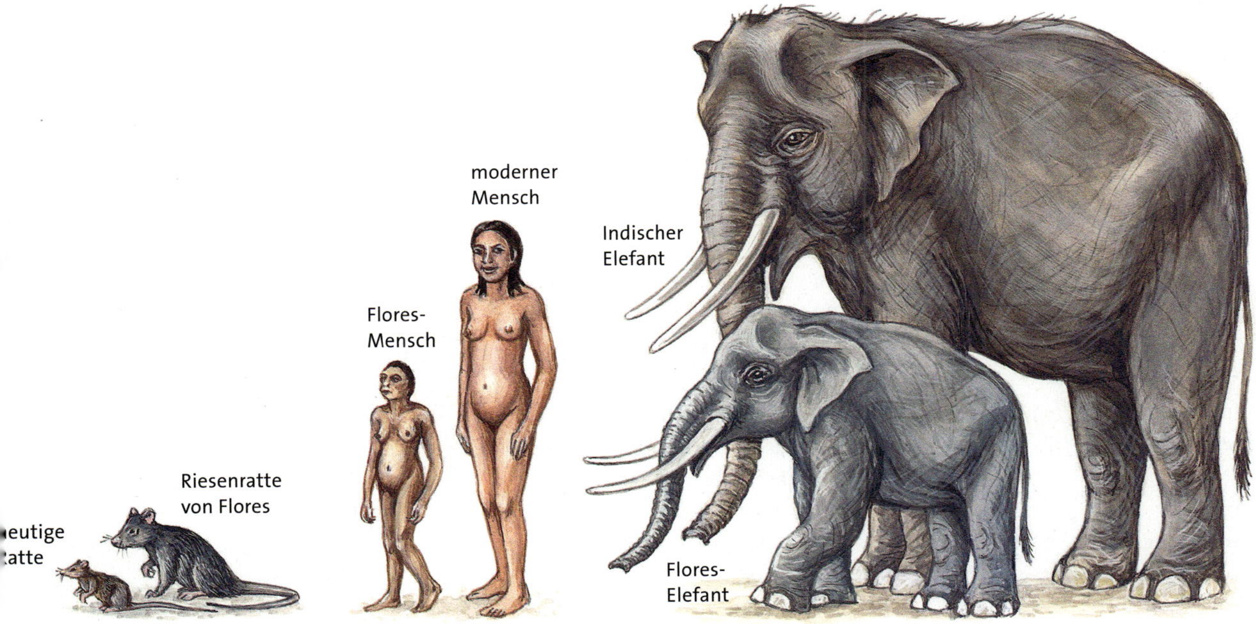

3 Zwerg- und Riesenformen auf der Insel Flores

Register

Seitenzahlen mit ff. weisen auf eine Behandlung auf mehreren Seiten hin; f. die folgende Seite.

Bildquellen

Umschlag (Vogel): Naturbildportal, Hannover (Cristina DeMattia); Umschlag (Landschaft): getty images, München (Brigitte Merz/ Look); 6.2: Prof. Dr. Wilhelm Weber, Reutlingen; 7.3: TopicMedia Service, Putzbrunn; 7.4: Antje Starke, Leipzig; 9.2A: TopicMedia Service, Putzbrunn (Struck); 10.1B: Uwe Anders, Cremlingen/Destedt; 14.1B: Picture-Alliance, Frankfurt (Helga Lade); 15.2A: Dr. Ursula Hofmann, Göttingen; 17.3A-B: Kage, Lauterstein; 19.A6: Johannes Lieder, Ludwigsburg; 27.1a: Wildlife, Hamburg (D.Harms); 27.1b: Arco Images, Lünen (Otmar Diez); 27.1c: Wildlife, Hamburg (D. Harms); 27.1d: i.m.a - Information.Medien.Agrar, Berlin; 27.1e: Okapia, Frankfurt (Nigel Cattlin/Holt Studios); 27.1f: Wolfgang Filser, Augsburg; 27.1g: Okapia, Frankfurt (TH Foto/Tschanz-Hofmann); 27.1h: ANDIA, Pacé (Duffour); 27.1i: Arco Images, Lünen (R. Philips); 27.1j: Wildlife, Hamburg (O.Diez); 27.1k: Okapia, Frankfurt (Harald Lange); 27.1l: Naturbildportal, Hannover (Manfred Ruckszio); 27.1m: StockFood, München (Dinodia Photo Library); 27.1n: Okapia, Frankfurt (Hans Reinhard); 28.1: Prof. Dr. Wilhelm Weber, Reutlingen; 28.2A: Okapia, Frankfurt (K. Porter/NAS); 29.1a-j: Frank Thomas, Trier; 31.1-2: Hans Tegen, Hambühren; 32.1A: Minkus images, Isernhagen; 32.1B: mauritius images, Mittenwald (Phototake); 32.1C: Okapia, Frankfurt (Karl Gottfried Vock); 32.1D: Uwe Tönnies, Laatzen; 34.1A: mauritius images, Mittenwald (Botanica); 34.1B: mauritius images, Mittenwald (Foodpix); 36.1: Michael Kampf, Leipzig; 37.1A-C: Uwe Tönnies, Laatzen; 37.2A: Dr. Manfred Keil - Lichtbild-Archiv, Neckargemünd; 37.2B: Okapia, Frankfurt (C.G.Gardener/OSF); 37.2C: Xeniel-Dia, Neuhausen; 38.1A, 38.1B: Minkus images, Isernhagen; 38.1C: Agentur Focus, Hamburg (Dr. Tony Brain/SPL); 39.1: Werner Wildermuth, Dachau; 40.1: Blickwinkel, Witten (McPHOTO); 43.A10: i.m.a - Information.Medien.Agrar, Berlin; 43.A11a: Caro, Berlin (Scheffbuch); 43.A11b: Manfred Simper, Wennigsen; 43.A9: Sabine Schönauer-Kornek, Wolfenbüttel; 44.2: Picture-Alliance, Frankfurt (ZB/Matthias Toedt); 44.3: Picture-Alliance, Frankfurt (dpa/Karsten Piepjohn); 45.1: A1PIX - Your Photo Today, Taufkirchen; 45.3: Okapia, Frankfurt (Karl Gottfried Vock); 46.1, 46.2, 47.3, 49.1, 50.1, 51.1: Rolf Wellinghorst, Quakenbrück; 52.1: mauritius images, Mittenwald (Ekholm); 52.2A: Tierbildarchiv Angermayer, Holzkirchen; 52.2B: Uwe Tönnies, Laatzen; 54.1A: Prof. Dr. Wilhelm Weber, Reutlingen; 54.1B: Tierbildarchiv Angermayer, Holzkirchen (Elfner); 55.1C: Uwe Tönnies, Laatzen; 55.1D: Tierbildarchiv Angermayer, Holzkirchen (Elfner); 58.1A: Alois Greiner, Braunschweig (Thielscher); 58.3A: Tierbildarchiv Angermayer, Holzkirchen (Wendel); 59.4C: Okapia, Frankfurt (Förster); 60.7A: Tierbildarchiv Angermayer, Holzkirchen; 60.8A: Tierbildarchiv Angermayer, Holzkirchen (Pfletschinger); 60.8B: Okapia, Frankfurt (Bruemmer); 60.8C: Okapia, Frankfurt (Birke); 60.8D: Tierbildarchiv Angermayer, Holzkirchen (Ziesler); 60 9A: Okapia, Frankfurt (Hecker); 61.1A: Prof. Dr. Wilhelm Weber, Reutlingen; 61.1B: TopicMedia Service, Putzbrunn; 61.1C: Xeniel-Dia, Neuhausen (Nittinger); 61.2A: Alois Greiner, Braunschweig (Schrempp); 62.1: mauritius images, Mittenwald (Thonig); 66.1A: Rolf Wellinghorst, Quakenbrück; 66.1B: Caro, Berlin (Sorge); 66.1C: Arco Images, Lünen (NPL); 68.1A: Okapia, Frankfurt (Hans Reinhard); 68.1B: Blickwinkel, Witten (J. Meul-Van Cauteren); 68.2A: Blickwinkel, Witten (M. Willemeit); 72.1: Rolf Wellinghorst, Quakenbrück; 72.2: Agentur Focus, Hamburg (Alfred Pasieka/SPL); 75.1, 76.2: Rolf Wellinghorst, Quakenbrück; 77.3: Agentur Focus, Hamburg (John Wright/SPL); 77.4:

Rolf Wellinghorst, Quakenbrück; 78.1: Joachim Schumacher, Gelsenkirchen; 78.2A: Helga Lade, Frankfurt (Eberhard Morell); 78.2B, 78.2C: Eidgenössische Forschungsanstalt für Wald, Schnee und Landschaft WSL, Birmensdorf; 79.3A: alimdi.net, Deisenhofen (Dirk v. Mallinckrodt); 79.3B: Okapia, Frankfurt (Chris Martin Bahr); 79.3D: Okapia, Frankfurt (Manfred Danegger); 80.2: Panther Media, München (Martina Berg); 81.3: Blickwinkel, Witten (F. Hecker); 82.1, 83.A1a: Rolf Wellinghorst, Quakenbrück; 83.A1b: Okapia, Frankfurt (Robert Maier); 83.A2: Wildlife, Hamburg (P. Hartmann); 84.1: mauritius images, Mittenwald (Jeff O‹Brien); 86.1A: Okapia, Frankfurt (Wolfgang Buchhorn); 86.2A: TopicMedia Service, Putzbrunn (kerscher); 87.3A: Okapia, Frankfurt (Hans Helfrich); 87.4A: Picture-Alliance, Frankfurt (M. Zonderwijk); 88.1A: Okapia, Frankfurt (Nils Reinhard); 88.1B: Okapia, Frankfurt (H. Farkaschovsky); 88.1C: TopicMedia Service, Putzbrunn (Harry Schweinsberg); 88.1D: Okapia, Frankfurt (Wolfgang Schulte); 90.1: Rolf Wellinghorst, Quakenbrück; 99.1: Hans Tegen, Hambühren; 99.2: HANNA Instruments Deutschland, Kehl am Rhein; 103.A4: Okapia, Frankfurt (Pelka); 103. A6: Frank Thomas, Trier; 103.A7: Prof. Dr. Wilhelm Weber, Reutlingen; 105.A10: Agentur Focus, Hamburg (Sinclair Stammers/SPL); 106.1: Okapia, Frankfurt (Manfred Danegger); 106.2: Wildlife, Hamburg (A. Krieger); 107.1: Reinhard-Tierfoto, Heiligkreuzsteinach; 107.2: TopicMedia Service, Putzbrunn; 107.3: Hans-Peter Konopka, Herne; 107.4: Westend 61, München (Fotofeeling); 108.1: Biblioteca Nazionale Marciana, Venedig; 108.2: Okapia, Frankfurt (Konrad Wothe); 108.3A: Uwe Tönnies, Laatzen; 108.3B: TopicMedia Service, Putzbrunn; 109.4A, 109.4C, 110.1A, 110.1B, 111.3: Rolf Wellinghorst, Quakenbrück; 112.1B: Lineair Fotoarchief, Berlin; 113.2B, 114.3B: Hans-Peter Konopka, Herne; 115.1: Michael Fabian, Hannover; 115.2: bildagentur-online, Burgkunstadt (TETRA Images); 115.3: TruePixel, Krefeld (Achim Meissner); 120.1a: mauritius images, Mittenwald (Oxford Scientific); 120.1b: Blickwinkel, Witten (J. Flohe); 120.1c: Okapia, Frankfurt (Thorsten Klapp); 120.1d: TopicMedia Service, Putzbrunn (Jakobi); 120.1e: Gudrun Bramsiepe, Dornum; 120.1f: TopicMedia Service, Putzbrunn (Nagel); 120.1g: Agentur Focus, Hamburg (John Devries/SPL); 120.1h: Tierbildarchiv Angermayer, Holzkirchen; 120.1i: Okapia, Frankfurt (Wolfgang Buchhorn); 120.1j: Rolf Wellinghorst, Quakenbrück; 122.1a: Outdoor-Archiv, Hamburg (Nils Bohn); 122.1b: Rolf Wellinghorst, Quakenbrück; 122.1c: photoplexus, Dortmund (Wolfgang Hinz); 123.3: Lineair Fotoarchief, Berlin (imagebroker/Oliver Gerhard); 124.2: Rolf Wellinghorst, Quakenbrück; 126.1: Agentur Focus, Hamburg (SPL); 127.1: Minkus images, Isernhagen; 127.1A, 127.1B: Dr. Thorsten Schweikardt, Biberach an der Riß; 128.1: Juniors, Hamburg; 129.2a: Minkus images, Isernhagen; 129.2b: Reinhard-Tierfoto, Heiligkreuzsteinach; 129.2c, 129.2d: Alois Greiner, Braunschweig; 129.2e, 129.2f: Okapia, Frankfurt; 130.1: Karly, München; 131.3A: Volker Rodenberg, Düsseldorf; 132.2: Institut für Humangenetik, Universitätsklinikum, RWTH Aachen, Leitung der Zytogenetik: Dr. rer.nat. Herdit M. Schüler; 133.1: Okapia, Frankfurt (NAS/Biophoto Associates); 133.2a: mauritius images, Mittenwald (Phototake); 133.2b: Okapia, Frankfurt (Jim Frazier/Mantis Wildlife Films/OSF); 134.2: Agentur Focus, Hamburg (SPL/Dr. G. Moscoso); 135.A1A, 135.A1B: A1PIX - Your Photo Today, Taufkirchen (Heinz Schmidbauer); 136.1: Agentur Focus, Hamburg (SPL/A. Barrington Brown); 140.1A: Dr. Manfred Keil - Lichtbild-Archiv, Neckargemünd; 140.1B: Johannes Lieder, Ludwigsburg; 140.1C: Agentur Focus, Hamburg (Dr. Wanner/eye of science); 141.2a-e: DocCheck Medical Services, Köln (Gabriele Huber); 143.1a: Okapia, Frankfurt (NAS/M. Abbey); 143.1b: Agentur Focus, Hamburg (Walker/ SPL); 144.A1A-E: Johannes Lieder, Ludwigsburg; 148.3a-c: Bundeskriminalamt, Wiesbaden; 150.1: akg-images, Berlin; 155.1: Okapia, Frankfurt (LSF/OSF); 155.2: FlyMove; 158.1: Okapia, Frankfurt (Prof.Bernhard Grzimek); 159.3B: Institut für Humangenetik, Universitätsklinikum, RWTH Aachen; Leitung der Zytogenetik: Dr. rer.nat. Herdit M. Schüler; 159.4B1: wikipedia.org (H. Hoffmeister, GNU-Lizenz Wikipedia); 159.4B2: wikipedia.org (Creative commons Vereinbarung); 160.5: Kage, Lauterstein; 160.6: Karly, München; 161.8A-B: Institute of Cancer Research, London; 164.1a: laif, Köln (Jonkmanns); 164.1b: Corbis, Düsseldorf (John Van Hasselt/Sygma); 165.2a: mauritius images, Mittenwald; 165.2b: Caro, Berlin (Aufschlager); 168.1: Agentur Focus, Hamburg (Ansary/ SPL); 168.2: Minkus images, Isernhagen; 171.6A: Agentur Focus, Hamburg; 171.6B, 173.A2: Institut für Humangenetik, Universitätsklinikum, RWTH Aachen, Leitung der Zytogenetik: Dr. rer.nat. Herdit M. Schüler; 180.1: Behring-Werke, Marburg; 181.3A, 181.3B: Syngenta Agro, Maintal; 183.1: Greenpeace Deutschland, Hamburg (Bernd Arnold/Visum); 187.3: Naturfoto-Online, Steinburg (S. Ernst); 188.A1: Agentur Focus, Hamburg (Andrew Syred/SPL); 188.A4: Institut für Humangenetik, Universitätsklinikum, RWTH Aachen, Leitung der Zytogenetik: Dr. rer.nat. Herdit M. Schüler; 189.A7b: Beat Ernst, Basel; 189.A7c: Imago, Berlin (Anka Agency International); 189.A7d: iStockphoto, Calgary (2010 LuVo); 189.A7e: iStockphoto, Calgary (Suzannah Skelton); 189.A7f: iStockphoto, Calgary (John Gollop); 190.1A: Erhard Mathias, Reutlingen; 190.1C: Natural History Museum, London; 191.1: Prof. Dr. Jürgen Lethmate, Ibbenbüren; 194.1: Picture-Alliance, Frankfurt (ZB); 196.1: Mesdag; 196.2: Agentur Focus, Hamburg (MacDonald/ SPL); 202.1: Michael Fabian, Hannover; 202.2: Markus Matzel, Witten; 202.3: Hauff Urwelt Museum, Holzmaden; 206.1A: Hans-Peter Konopka, Herne; 206.1B1, 206.1B2: Deutsches Museum, München; 208.1A: Animals Animals/Earth Scenes, Chatham (Breck P. Kent); 211.3C1, 211.3C2, 211.3C3, 211.3C4: Hippocampus Bildarchiv, Alsbach-Hähnlein; 212.1A: mauritius images, Mittenwald; 212.1B: A1PIX - Your Photo Today, Taufkirchen (HSC); 212.1C, 212.1D: TopicMedia Service, Putzbrunn; 213.1: Biosphoto, Berlin (Cornière Gilles); 213.2: Biosphoto, Berlin (Dhier Samuel); 213.3: Wildlife, Hamburg (M. Wendler/R. Nagel); 214.A1A: Max-Planck-Institut für Ornithologie, Seewiesen (Schauer/Group Fricke); 214.A1B: alimdi.net, Deisenhofen (Justus de Cuveland); 214.A2: Blickwinkel, Witten (R. Koenig); 214.A3: TopicMedia Service, Putzbrunn; 215.1: H. Behrens, Lehrte-Arpke; 217.4a: Juniors, Hamburg; 217.4b: Reinhard-Tierfoto, Heiligkreuzsteinach; 217.4c: Wildlife, Hamburg (Mallwitz); 217.4d: Okapia, Frankfurt (Sohns); 217.4e: Emanuel Bloedt Fotodesign, Dortmund; 218.1: 2 & 3d design Renate Diener, Wolfgang Gluszak, Düsseldorf; 219.A5A: mauritius images, Mittenwald (Steve Bloom); 219.A5B: TopicMedia Service, Putzbrunn (Lacz); 219.A5C: Arco Images, Lünen (Wothe); 220.1: Agentur Focus, Hamburg (Reader); 220.2, 221.3: Bilderberg, Hamburg (Rekonstruktion © W. Schaubelt, N. Kieser - Wild Life Art/Thomas Ernsting); 224.1B: Agentur Focus, Hamburg (SPL/ Agentur Focus); 224.2: Natural History Museum, London; 228.1A: A1PIX - Your Photo Today, Taufkirchen (HAG); 228.1B: Picture-Alliance, Frankfurt (NHPA/photoshot); 230.1-3: Matzke & Heinzig, Braunschweig; 232.1_1: Aquazoo - Löbbecke Museum, Düsseldorf (Ehrich); 232.1_2: akg-images, Berlin; 232.1_3: iStockphoto, Calgary; 232.1_4: Helmes, Georg, Aachen; 232.1_5: H. Behrens, Lehrte-Arpke; 233.1_10: Bilderberg, Hamburg (Schaubelt); 233.1_11: iStockphoto, Calgary (Matt Gibson); 233.1_12: mauritius images, Mittenwald (K. Hackenberg); 233.1_7: Corbis, Düsseldorf (The Gallery Collection); 233.1_8: akg-images, Berlin; 233.1_9: Hinterglasbild Allerheiligen I, 1911 v. Wassily Kandinsky, © VG Bild-Kunst, Bonn 2012; 235.2a: Blickwinkel, Witten; 235.2b: TopicMedia Service, Putzbrunn; 235.2c: Agentur Focus, Hamburg (Edward Kinsman); 235.2d: WpN World picture news, New York (über Focus); 235.2e: TopicMedia Service, Putzbrunn (Lenz); 240.1: Okapia, Frankfurt (Andreas Wellmann/ Natur im Bild); 240.2: Bildagentur Schapowalow, Hamburg (Weisser); 241.3A: Okapia, Frankfurt (Hans Reinhard); 241.4: Okapia, Frankfurt (Hans Reinhard); 241.5: Okapia, Frankfurt; 243.3: Face To Face Bildagentur, Hamburg; 243.4: Okapia, Frankfurt (Hans Reinhard); 243.5: Okapia, Frankfurt; 243.6: Prof. Dr. Ulrich Kull, Stuttgart; 244.1A: wikipedia.org (Flickr as InnoPlanta-AGIL Feldtag in Zepkow_4/BASFPlantScience/CC-Lizenz 2.0); 244.1B: BASF Plant Science Company, Limburgerhof; 247.2: Eppendorfer AG, Hamburg; 248.1A: ddp images, Hamburg (Richard Lewis); 248.1B: Peter Brown, Armidale.

Es war uns nicht in allen Fällen möglich, die Inhaber der Rechte ausfindig zu machen und um Abdruckgenehmigung zu bitten. Berechtigte Ansprüche werden selbstverständlich im Rahmen der üblichen Konditionen abgegolten.